KB097846

옥스퍼드
세계사

펠리페 페르난데스아르메스토 외 지음
이재만 옮김

옥스퍼드 세계사

교유서가

차례

서론 . 009

제1부

빙하의 자식들

인류의 전 세계적 확산과 문화적 발산의 시작
—약 20만 년 전부터 1만 2000년 전까지

제1장 빙하 시대에 출현한 인류: 한 적응적 종의 출현과 확산 . 025
_클라이브 갬블

제2장 빙하 속 마음: 농업 이전의 예술과 사고 . 069
_펠리페 페르난데스아르메스토

제2부

점토와 금속으로

농업의 출현부터 '청동기 시대 위기'까지 발산하는 문화들
—기원전 1만 년경부터 기원전 1000년경까지

제3장 온난해지는 세계로 . 111
_마틴 존스

제4장 농민의 제국들: 농경 국가와 농경 도시의 절정 및 위기 . 162
_펠리페 페르난데스아르메스토

제3부

제국들의 진동

기원전 제1천년기 초반의 '암흑시대'부터 기원후 14세기 중엽까지

제5장 물질생활: 청동기 시대 위기부터 흑사병까지 . 211
_존 브룩

제6장 지적 전통들: 철학, 과학, 종교, 예술—기원전 500년~기원후 1350년 . 257
_데이비드 노스럽

제7장 성장: 사회 조직과 정치 조직—기원전 1000년~기원후 1350년 . 302
_이언 모리스

제4부

기후의 반전

전염병과 추위 속에서의 확산과 혁신—14세기 중엽부터 19세기 초까지

제8장 수렴하는 세계: 경제적·생태적 조우—1350년~1815년 . 357
_데이비드 노스럽

제9장 르네상스, 종교 개혁, 정신 혁명: 근대 초 세계의 지성과 예술 . 403
_마누엘 루세나 히랄도

제10장 감정과 경험을 통한 연결: 근대 초 세계의 군주, 상인, 용병, 이주민 . 453
_안자나 싱

제5부

대가속

온난해지는 세계에서 빨라지는 변화—1815년경부터 2008년경까지

제11장 인류세: 변혁적인 두 세기의 배경 . 501
_데이비드 크리스천

제12장 근대 세계와 그 악마들: 예술과 학문, 사상에서의 이데올로기와 그 이후—1815년~2008년 . 550
_파올로 루카 베르나르디니

제13장 변화무쌍한 정치와 사회: 관계와 제도, 분쟁, 서구 헤게모니의 시작부터 미국 패권의 시작까지 . 591
_제러미 블랙

에필로그 . 631

독서안내 . 639
옮긴이의 말 . 653
도판 출처 . 657
찾아보기 . 663

서론

1928년 S. S. 밴 다인Van Dine의 작품 『비숍 살인 사건The Bishop Murder Case』의 주인공 파일로 밴스는 가상의 존재를 상상했다. 그 존재는 "세계들 전부를 무한한 속도로 한꺼번에 가로지를 수 있어 인류 역사 전체를 한눈에 볼 수 있다. 켄타우루스자리 알파별에서…… 그는 지구를 마치 4년 전에 보는 것처럼 볼 수 있다. 은하수에서 그는 지구를 마치 4000년 전에 보는 것처럼 볼 수 있고, 또 공간상 한 지점을 골라 빙하 시대와 현대를 동시에 목격할 수 있다!"

이 책은 독자에게 밴스의 시각만큼 특권적인 시각을 제공하지는 못할 것이다. 그렇지만 우리의 목표는 인류 역사에 붙잡힌 인간으로서는 닿기 어려운 객관적인 견지에서, 마치 시공간상 아득히 멀리 떨어진 은하계의 관찰자와 같은 견지에서 세계 전체를 조망하고—지구의 일부만이 아니라 전역에 걸쳐 실제로 일어난 변화를 검토하고—세밀하게 묘사하는 것이다.

밴스(윌러드 라이트Willard Wright가 필명 S. S. 밴 다인으로 집필하며 창조한 가상의 탐정)

의 학식은 과장되었으며 그의 과학은 터무니없었다. 그렇지만 시각이 역사관에 영향을 준다고 생각했다는 점에서 그는 옳았다. 가상의 시각으로 이동하는 기법은 과거를 보는 방식을 바꿀 수 있다. 관점을 조금만 바꾸어도 새로운 것을 발견할 수 있다. 예를 들어 폴 세잔은 정물화를 그릴 때 시점을 바꾸면서 인식하는 찰나의 지각들을 하나의 작품으로 결합하려 했다. 그는 사과가 담긴 그릇 테두리의 곡선들이 마치 서로 만나지 않는 것처럼 그렸다. 그리고 시각에 따라 과일의 모양이 달리 보이는 방식을 포착하고자 멜론을 이상하게 부푼 형태로 그렸다. 이런저런 물체들을 모아놓은 세잔의 그림에서 각 대상은 저마다 고유한 시각을 나타낸다. 그는 같은 주제를 그리고 또 그렸는데, 새로 바라볼 때마다 무언가 새로운 면을 보았고 작품을 회고할 때마다 불완전한 시각의 명백한 미비점이 불만스러웠기 때문이다.

과거는 세잔의 그림과 비슷하다. 또는 한 가지 시각으로는 그 실상을 드러낼 수 없는 원형 조각상과 비슷하다. 객관적 현실(정직한 관찰자들이 모두 똑같이 보인다고 동의하는 현실)은 저기 어딘가에, 찾기 어려운 먼 곳에 있다—있음직한 주관적 시각들을 모두 아우르지 않고는 그곳을 찾을 수 없을 것이다. 관점을 바꿀 때 우리는 새로운 면을 흘끗 보고서 캔버스로 돌아와 기존 그림에 그것을 끼워 맞추려 한다. 바꾸어 말하면, 클레이오[그리스 신화에 나오는 역사의 여신—옮긴이]는 우리가 나뭇잎 사이로 목욕하는 모습을 엿보는 여신이다. 우리가 새로운 관점에 들어갔다 나올 때마다 실상이 조금씩 더 드러나는 것이다.

일상의 경험을 통해 우리는 다중 시점의 이점을 알고 있다. '나의 방식으로 보려 해봐, 너의 방식으로 보려 해봐'라고 비틀스는 노래했다. 범죄를 재구성하려면 주인공의 시각과 피해자의 시각을 통합해야 한다. 어슴푸레한 사건을 재현하려면 여러 증인의 증언이 필요하다. 사회 전체를 이해하려면 권력과 부의 수준에 따라 삶이 제각기 어떠한지를 알아야 한다. 어떤 문화를 이해하려면 그 문화를 맥락에 집어넣고 이웃 문화들이 그 문화를 어떻게 생각하고 있거나 생각했는지 알아야 한다. 알맹이를 붙잡으려면 껍질을 벗겨야 한다. 그러나 과거는 붙잡을 수 있는 것이 아니다. 과거를 바라보는 최선의 방법은 과거에 맥락을 더하는 것이다. 과녁의 중심에 원을 둘러서 표적을 더 분명하게 표시하고 시선을 잡아끄는 것과 같은 이치다.

내가 상상할 수 있는 가장 극적이고 객관적인 관점은 파일로 밴스의 '가상의 호문쿨루스'['작은 인간'이라는 뜻으로 연금술로 만들어낼 수 있다고 생각한 인조인간이다—옮긴이]처럼 지구 전역과 지구의 과거 전체를 한꺼번에 볼 수 있는 존재의 관점이다. 지구사 역사가의 문제는 '우주의 망대에 올라선 은하계 관찰자에게는 역사가 어떻게 보일까?' 하는 것이다. 밴스의 창조물이라면 인류처럼 보잘것없고 이제껏 얼마 살지도 못한 종의 이름은 말하도록 유도를 해야 겨우 언급할 것이다. 인간보다는 풀이나 여우, 원생동물, 바이러스가 더 흥미롭게 보일 것이다. 생물학적 관점에서 보면 이 생명체들은 모두 적어도 인간만큼 눈에 띄는 특징—엄청나게 넓은 분포 범위, 경탄스러운 적응성, 놀라운 내구성—을 갖고 있다. 하지만 인간의 한 가지 특징은 분명 어떤 시각에서 보더라도 도드라질 것이다. 바로 다른 모든 종과 달리 변화무쌍한 문화를 정신없이 경험하거니와 다른 어떤 생물보다도 더 많은 문화, 더 다양한 문화를 갖고 있다는 사실이다. 사람들은 어지러울 만큼 서로 대비되는 방식으로 행동하는 반면, 다른 종들은 (몸과 유전자의 상당 부분이 우리와 흡사함에도 불구하고) 개체 간 차이의 폭이 비교적 좁다. 인간의 생활 방식과 식생활, 사회 구조와 정치 체제, 표현하고 소통하는 수단, 의례와 종교는 다른 어떤 문화적 동물—우리와 가장 비슷한 유인원들까지 포함해—보다도 풍성하다. 그 다양성이 바로 이 책의 주제다.

지난 60여 년 동안 관찰자들은 영장류의 여러 종에서 문화를 확인했고 다른 많은 종에도 문화가 있다고 주장했다. 그렇지만 인간의 문화는 다르다. 다른 종들과 비교해 우리는 이상하리만치 불안정하다. 모든 문화적 종의 공동체들이 일관성 없고 서로 대비되는 방식으로 변화함에 따라 분화하긴 하지만, 그 과정은 다른 어떤 동물보다도 사람들 사이에서 헤아릴 수 없을 만큼 더 많이, 당혹스러울 만큼 훨씬 더 다양하게 일어난다. 인류의 문화들은 '역사'라 불리는 일련의 끊임없는 변화를 기록한다. 그 문화들은 (오늘날에, 그리고 가까운 과거 거의 내내) 분명 갈피를 잡지 못할 만큼 점점 더 빠르게 스스로를 변형하고 분기하고 증식해왔다. 인류의 문화들은 여기저기서 시시때때로 급진적이고도 빠르게 변화한다.

이 책은 인간의 다양성과 관련된 주제들, 다양성을 에워싼 이야기들, 다양성을 관통하는 오솔길들을 살펴봄으로써 다양성 전체를 가능한 한 움켜쥐려는 시도다. 일각에서는 역사 전체를 망라하는 커다란 서사는 진보나 섭리, 또는 증대하는 복잡성, 또는 순환적 변화나 변증법적 갈등, 또는 진화, 또는 열역학, 또는 다른 어떤 비가역적 추세에 관한 서사라고 생각한다. 그렇지만 은하계 관찰자라면 분명 더 미묘하고 더 예측하기 어렵지만 더 흥미진진한 이야기들에 주목할 것이다. 이 책의 저자들은 데이터를 가로질러 나아가는 다섯 가지 경로를 중심으로 서술한다. 그 경로들을 거대 서사라고 불러도 좋고 메타 서사라고 불러도 좋다. 그러나 우리의 다섯 줄거리는 객관적으로 검증 가능하며 이 책에서 추적할 수 있다.

첫째 이야기는 발산과 수렴—삶의 방식들은 어떻게 증식하고 만나는가—이다. 분명 발산—내 생각에 은하계 관찰자라면 이 한 단어로 우리의 이야기를 요약할 것이다—이 우세하다. 발산은 우리 종이 고고학적 기록에 처음 출현했을 무렵 호모 사피엔스의 한정되고 안정된 문화가 흩어지고 스스로를 변형하여 오늘날 우리가 서로 놀랄 만큼 엄청나게 다양한 삶의 방식들로 갈라진 과정, 지구상에 거주 가능한 모든 환경을 빠짐없이 채운 과정을 나타낸다. 우리는 동아프리카의 한정된 환경에서 균일하게 생활하는 소규모 종으로 출발했다. 당시 모든 사람은 거의 똑같이 행동했다. 같은 먹을거리를 수렵, 채집했고, 복종과 우위를 나타내는 일군의 관습을 바탕으로 서로 이야기했고, 같은 기술을 사용했고, 우리가 아는 한 같은 의사소통 수단을 사용했고, 같은 하늘을 탐구했고, (최선을 다해 추측하건대) 같은 신들을 상상했다. 그리고 아마도 다른 영장류처럼 우두머리 수컷의 지배에 복종하면서도, 유일하게 재생력이 있고 유일하게 자연의 리듬에 조응하는 여성 신체의 마력을 경외했을 것이다. 이주 집단들은 새로운 환경에 적응하고 서로 간에 연락이 끊김에 따라 (제1부의 저자들이 보여줄 것처럼) 상반되는 전통들, 그리고 행동하고, 생각하고, 가족과 공동체를 꾸리고, 세계를 표현하고, 서로 간에, 그리고 환경과 이야기하고, 특정한 신들을 숭배하는 독특한 방식들을 발전시켰다.

약 1만 2000년 전까지 인간 집단들의 경제는 모두 비슷했다. 다시 말해 수렵하고 채집해서 생계를 꾸렸다. 하지만 기후 변화가 다양한 전략을 유도하는 가운데 일부 사람들은 전통 생활 방식을 유지하는 선택을 했고, 다른 일부 사람들은 목축이나 경작을 채택했다. 제2부의 제3장에서 마틴 존스는 그 이야기를 들려준다. 제4장과 제7장에서 분명하게 보여주듯이, 농경은 모든 종류의 문화적 변화를 가속화했다. 제5장에서 존 브룩이 보여주듯이, 인간이 통제할 수 없는 환경 요소들의 역학—기후의 급변, 지구의 격동, 때로는 지속되고 때로는 중단되는 미생물의 당혹스러운 진화, 우리를 포함하는 생태—에 대한 적응도 같은 기능을 했다. 더욱이 문화는 고유한 역학을 갖고 있는데, 어느 정도는 세계를 계속해서 고쳐 그리고 비전을 실현하도록 고무하는 인간의 상상력을 억누를 수 없기 때문이고, 어느 정도는 모든 변화(특히 과학, 기술, 예술 같은 문화의 몇몇 영역에서의 변화)가 새로운 가능성을 열어젖히기 때문이다. 그 결과는 우리 주변에서 눈으로 확인할 수 있다.

그렇지만 인류의 발산을 추적하는 것으로는 충분하지 않다. 전체 이야기 거의 내내 발산을 상쇄하는, 수렴이라 부를 수 있는 추세들도 나타났기 때문이다. 데이비드 노스럽의 글은 이 책의 제4부부터 갈수록 비중이 커지는 수렴이라는 주제를 꺼낸다. 문화들은 수렴을 통해 조금씩 교분을 쌓거나 다시 쌓았고, 생활 방식과 사고방식을 교환했으며, 점점 더 서로를 닮아갔다. 뿔뿔이 갈라진 문화들은 탐사의 가장자리에서, 또는 확대중인 영역의 긴장감 높은 경계에서, 또는 교역상이나 선교사, 이주민, 전사의 모험을 통해 서로를 만났다. 그들은 사람, 재화, 공격과 더불어 생각과 기술을 주고받았다.

수렴과 발산은 양립 가능한 것 그 이상이다. 수렴과 발산은 상호 보완적이다. 문화의 교환으로 신문물이 도입되고, 혁신이 자극을 받고, 온갖 종류의 변화가 촉발되기 때문이다. 유사 이래 대체로 발산이 수렴을 앞질렀다. 다시 말해 문화들은 상호 조우와 학습에도 불구하고 갈수록 다양해졌다(점점 더 서로 달라졌다). 대부분의 문화들은 오랫동안 서로 떨어져 있었다. 건널 수 없는 대양, 펄펄 끓는 사막, 험준한 산맥은 문화를 바꿀 수 있는 잠재적인 접촉을 단념시키거나 중단시키거나 가로막았다. 이론의 여지가 있는 국면에—이 책의 저자들은 그 국면을 어떻게, 또는 언제로 고정할지에 대해 동의할 수 없다—평형추가 발산에서 멀어지고 수렴이 더 두드러지게 되었다. 지난 500년 동안에는 수렴이 갈수록 활발하게 이루어졌다. 탐험은 거의 모든 인간 공동체의 고립에 종지부를 찍었다. 전 세계적 무역 덕에 모든 문화가 거의 모든 다른 문화와 닿을 수 있게 되었고, 전 세계적 통신 덕에 즉각 연락이 가능해졌다. 서구는 세계 패권을 쥔 꽤 오랜 기간 동안 유럽과 북아메리카의 문화를 나머지 세계로 전파하는 특권, 즉 서구의 예술과 정치, 경제 양식을 '지구화'하는 특권을 누려온 것으로 보인다. 발산이 멈추었던 것은 아니다. 단지 그늘에 가려졌을 뿐이다. 지구화의 껍질 아래에서는 기존 차이점들이 존속하고 새로운 차이점들이 생겨나고 있다. 그중 일부는 소중하고, 다른 일부는 위험천만하다.

발산과 수렴은 이 책에서 줄곧 서로 감겼다 풀렸다 하면서 또다른 가닥과 뒤얽힌다. 그 가닥을 이언 모리스는 제7장에서 '성장'이라 부른다. 가속적 변화는 이따금 머뭇거리고 뒷걸음질쳐 어느 시대에나 사람들을 당혹시키고 좌절시켰지만, 오늘날 되돌아보면 걷잡을 수 없이 속도를 높여온 과정으로 보인다. 인구, 생산, 소비의 증가 추세는 때때로 멈칫하면서도 거듭 재개되었다. 수렵 채집민 취락부터 농경 촌락, 성장하는 도시, 연담聯擔도시권[여러 도시가 인접해 같은 생활권을 형성하는 지역—옮긴이]에 이르기까지 인구가 점점 더 집중되었으며, 군장君長 사회부터 국가, 제국, 초국가에 이르기까지 갈수록 인구가 많고 통제하기 어려운 정치체들이 연이어 출현했다.

제11장에서 데이비드 크리스천이 분명하게 보여주듯이, 모든 유형의 가속은 에너지 소비량을 척도로 가늠할 수 있다. 어느 정도는 자연이 지구 온난화를 통해 인간의 활동을 가속화하는 데 필요한 에너지를 제공했다. 오늘날 우리는 인류가 연료를 흥청망청 소비해 온실 효과를 일으킴으로써 지구 온난화를 불러왔다고 생각하는 경향이 있다. 그러나 지구의 기후는 무엇보다 태양—너무도 강력하고 멀리 떨어져 있어 인류의 미미한 행동에는 반응하지 않는 항성—에, 그리고 우리 힘으로는 어쩔 수 없는 지구의 불규칙한 기울어짐과 궤도에 달려 있다. 일시적인 현상(제3부에서 다루는 기간에 기온이 내려간 '소小빙하기')과 다른 시기의 몇몇 소소한 변동(제1부와 제3부에서 다룰 것이다)을 빼면, 인간이 어찌할 수 없는 자연적 사건들이 약 2만 년간 지구의 기온을 높여왔다.

한편, 인류가 적극 참여한 세 가지 대혁명은 에너지 사용량을 대폭 늘려주었다. 첫째, 먹을거리를 찾는 것에서 생산하는 것으로 전환한 혁명, 즉 수렵, 채집에서 농작으로 전환한 혁명이 일어났다. 마틴 존스가 뚜렷하게 밝히듯이, 이 전환이 오로지 또는 전적으로 인간 창의력의 산물이었던 것은 아니다. 그렇다고 요행이었던 것도 아니다(다윈을 포함해 일부 탐구자들은 요행이라고 생각하곤 했다). 오히려 기후 변화에 대응한 장기간의 과정이었다. 이것은 식물과 동물(인간 포함)이 서로 의존하는 관계를 확립한 상호 적응 과정이었다. 다시 말해 인간은 다른 종들 없이는 생존할 수 없고 다른 종들도 인간 없이는 생존할 수 없는 관계가 확립되었다. 농경 능력을 손에 넣은 한에서, 농경의 시작은 전통적인 음식 목록을 고정하기를 원하지만 음식 공급을 보장해줄 새로운 방법을 찾아야만 했던 사람들이 일으킨 보수적인 혁명이었다. 그 결과로 진화의 정상적인 패턴이 천만뜻밖에도 중단되었다. 새로운 종이 최초로 '비非자연선택'에 의해, 특정한 목표를 위해 생물들을 분류하고 옮겨 심고 길러내고 교배하는 인간의 활동에 의해 생겨났다.

진화는 제8장과 제10장에서 기술한 과정에서 두번째로 뒤틀렸다. 그 과정이란 16세기 이래 세계의 대양들을 가로지르는 장거리 항해가 정기적으로 시작된 무렵의 '생태 혁명'이었다. 그 결과, 대륙 이동이 이루어진 1억 5000만 년 동안 서로 갈라지고 갈수록 멀어진 대륙들에서 제각기 분기해온 생활형들이 교환되기 시작했다. 어느 정도는 얻을 수 있는 음식의 다양성을 늘리려는 인간의 의식적인 노력의 결과였고, 어느 정도는 생물군—잡초, 해충, 미생물—을 들여온 활동, 이를테면 인간 집단의 교역, 탐험, 정복, 이주 등에 따른 의도치 않은 결과였다. 대륙에서 대륙으로 퍼져나간 이전의 발산적 진화 경로는 새로운 수렴적 패턴에 자리를 내주었다. 그 결과로 오늘날 세계 전역의 같은 기후대에서 동일한 생활형을 발견할 수 있다.

모든 결과가 인류에게 유리했던 것은 아니다. 익숙하지 않은 박테리아와 바이러스에 갑자기 노출된 집단의 경우 질병 환경이 악화되었다. 그렇지만 데이비드 노스럽과 데이비드 크리스천이 각각 제8장과 제11장에서 보여줄 것처럼, 우리 종에게는 다행스럽게도 미생물 세계의 다른 변화들이 부정적 효과를 상쇄했다. 예컨대 가장 치명적인 질병들 중 일부는 지구 온난화에 대응해 돌연변이를 겪고서 인간이 아닌 새로운 대상을 서식 표적으로 삼았다. 반면에 인간이 소화할 수 있는 식재료의 분포를 바꾸어놓은 압도적인 변화는 두 가지 결정적인 방식으로 에너지 공급량을 엄청나게 늘려주었다. 첫째, 한층 다양한 주식主食을 구할 수 있게 되어 이전까지 아주 한정된 종류의 작물이나 동물에 의존했던 사회들이 병충해와 생태적 재해를 모면할 수 있게 되었다. (새로 구할 수 있었던 일부 작물의 영양가가 예상만큼 높지 않았던 경우와 감자나 옥수수에 지나치게 의존하다가 건강이나 기근 발생 면에서 역효과를 맞은 일부 집단의 경우 등 예외가 있기는 했다.) 둘째, 생태 혁명의 효과로 세계에서 생산하는 음식의 양이 늘었다. 생태 혁명 덕에 농장주와 목장주는 이전까지 개척되지 않았거나 충분히 개척되지 않았던 토지—특히 불모지, 고지대, 한계지—를 식민화하고 기존 농지의 생산성을 대폭 끌어 올릴 수 있었다.

에너지의 다른 원천들도 음식 에너지를 크게 높여주었다. 예컨대 동물의 근력, 중력, 유수流水, 태엽 장치와 기어, 그리고 가연성 물질(주로 나무였고 그 외에 밀랍, 동식물성 지방, 토탄, 잡초, 타르, 석탄 등이 얼마간 사용되었다) 등이 음식을 데우고 요리하기 위해 열을 내는 데 쓰이곤 했다. 하지만 세계가 에너지를 동원하는 새로운 혁명적 방법에 의존하기 시작한 것은 산업화 단계에 이르러서였다. 이 시기에 화석 연료와 증기력이 사용되어 동력이 기하급수로 증대되었다. 우리가 알듯이 그 결과는 양면적이었다. 이언 모리스가 지적하는 대로 '일을 처리하는' 사람들의 역량은 가늠할 수 없을 정도로 강화되었다. 그러나 안자나 싱이 제10장에서 지적하듯이 그렇게 강화된 역량은 파괴적인 목표에 사용되었다—전시에 인명을 앗아갔고 환경 오염과 자원 고갈을 초래했다. 지난 100여 년간 전기가 증기를 대체하고 동력을 발생시키는 새로운 방법들이 화석 연료가 받는 중압을 줄이기 시작했지만, 양면적인 결과는 여전히 해결되지 않고 있다.

발산과 수렴, 가속적 변화와 더불어 이 책의 셋째 주제는 인간과 나머지 자연의 관계다. 자연은 끊임없이 변화한다. 때로는 문화 이야기의 일부인 인간의 영향—또는 오늘날 유행하는 전문 용어로 '인위 발생적anthropogenic' 영향—에 반응해 변화하지만, 인간이 통제할 수 없고 지금도 대체로 예측할 수 없는 방식으로 더 강력하게 변화하기도 한다. 기후 변화, 지진과 질병 발생 등이 그런 예다. 이제껏 모든 사회는 자연의 개발과 보존 사이에서 균형을 잡기 위해 행동을 조정할 수밖에 없었다. 문명은 인간의 목표에 맞추어 환경을 변경하는—예컨대 목축과 경작을 위해 풍경을 재형성한 다음 인간의 갈망을 채우도록 설계된 새로운 환경으로 덮어버리는—과정으로 이해하는 편이 최선일 것이다. 어떤 면에서 환경의 역사는 증가하는 인구의 필요와 증가하는 1인당 소비량을 충족하기 위해 개발을 심화해온 가속적 변화의 또다른 연대기다. 인간과 나머지 생물들의 관계는 줄곧 불편했고 갈수록 충돌을 일으켜왔다. 다른 한편, 인간은 생태계를 지배하고, 생물권을 대부분 장악하고, 우리가 보기에 위협적이거나 경쟁력 있는 종들을 없애고 있다. 그럼에도 우리는 불가항력의 돌연한 요동에 여전히 취약하다. 우리는 지진을 멈출 수도 없고, 태양에 영향을 줄 수도 없으며, 새로운 전염병을 모두 예상할 수도 없다.

인간의 환경 개입 이야기는 재앙을 가까스로 피해온 일련의 사건처럼 보인다. 우여곡절 모험담처럼 인류가 위기를 피할 때마다 상황이 복잡해지고 새로운 곤경이 더해졌다. 농경은 이를 실천한 사람들이 기후 변화를 견디고 살아남는 데 도움이 되었다. 그렇지만 농경으로 인해 가축들 사이에 새로운 질병의 저수지가 생겨났고, 사회들이 제한된 먹을거리에 의존해야 하는 처지가 되었으며, 전쟁, 노동, 관개, 물자 저장을 조직하고 단속하는 압제적인 정치체들이 정당화되었다. 산업화는 생산성을 엄청나게 끌어 올렸지만 '지옥 같은 대도시'와 '어둡고 악마 같은 공장'에서 노동하는 끔찍한 조건이라는 대가를 요구했다. 화석 연료는 막대한 에너지 저장고를 열어젖혔지만, 공기를 오염시키고 지구 온도를 높였다. 인공 살충제와 비료는 수백만 명을 기아에서 구했지만, 토양을 더럽히고 생물 다양성을 감소시켰다. 원자력은 세계를 자원 고갈에서 구하는 동시에 절멸 위험을 가져왔다. 의학은 수백만 명을 신체 질환에서 구했지만, 갈수록 만연하는 '생활 습관병'—대개 섹스, 음식, 약물, 술을 남용한 결과—이 삶을 계속 망가뜨리거나 끝내왔는가 하면 신경증과 정신병이 빈발하고 있다. 전체적으로 세계의 질병 환경은 도무지 양호하다고 볼 수 없다. 세계의 대다수 지역들에서는 치료 비용 때문에 효능을 높인 약물을 사용하지 못한다. 기술은 우리가 자초한 문제들로부터 번번이 우리를 구했지만, 그 결과는 더 크고 더 위험하고 더 값비싼 해결책을 요구하는 새로운 문제들뿐이다. 기술에 의존하는 세계는 파리 한 마리를 삼키며 시작하는 노래[〈파리를 꿀꺽 삼킨 할머니가 살았는데요There Was an Old Lady Who Swallowed a Fly〉—옮긴이] 속 할머니와 비슷하다. 할머니는 파리를 잡으려고 점점 더 큰 동물들을 연이어 삼키다가 결국에 '죽었다, 당연히'. 현재 우리에게는 기술에 점점 더 의존하는 것보다 더 나은 전략이 없다.

이 책의 넷째 주제는 대체로 변화하지 않는 것으로 보이는 한 영역과 관련이 있다. 그 영역을 문화의 제약이라고 부를 수 있을 것이다. 문화의 제약은 선과 악, 지혜로움과 어리석음의 단단한 혼합물인 인간 본성, 모든 문화적 경계를 넘어서고 시간이 흐르더라도 결코 크게 변하지 않는 듯한 인간 본성의 고정성과 보편성이라는 형태로 다른 모든 이야기의 불변하는 배경을 이루는 것으로 보인다. 이언 모리스의 지적처럼 우리는 '일을 처리하는 역량'을 키우고 있지만, 우리의 도덕, 세계와 서로에 대한 우리의 책무는 여전히 이기심의 수렁에 빠져 있고 적대감으로 분열되어 있다. 안자나 싱은 우리의 강화된 역량 중 얼마만큼이 파괴적인 목표를 위해 사용되는지 지적한다. 그 역량은 서로를 파괴하는 데, 우리가 의존하는 생태계를 파괴하는 데, 그리고 우리 모두의 거처인 생물권을 파괴하는 데 쓰이고 있다.

물론 일부 개선점을 지적할 수 있지만 다시 나빠질 수 있다는 유보 조건을 달아야만 한다. 이 책에서 추적할 수 있는 가장 위로가 되는 변화는 우리의 도덕적 공동체가 점차 확대되어 거의 인류 전체를 포괄하기에 이른 과정일 것이다. 이는 깜짝 놀랄 만한 성취인데, 사람들은 자신의 친족 집단이나 동포 집단 외부의 사람들에게 으레 호의적이지 않기 때문이다. 클로드 레비스트로스Claude Lévi-Strauss가 지적했듯이, 대다수 언어에는 집단의 성원을 뜻하는 용어 외에 '인간'을 가리키는 단어가 없다. 외부인은 보통 '짐승'이나 '악마'와 비슷한 무언가를 의미하는 단어로 불린다. 외모, 피부색, 문화·우선순위·능력의 차이와 같은 표면 이면의 공통된 인간성을 보도록 유도하려는 노력은 기나긴 악전고투였다. 마누엘 루세나 히랄도, 안자나 싱, 파올로 루카 베르나르디니, 제러미 블랙이 쓴 장에서 핵심 국면들을 추적할 수 있지만 그래도 맹점이 남는다. 일부 생명윤리학자들은 태아, 안락사의 희생자, 자각적 관심을 갖기에는 너무 작은 유아 같은 특정한 소수자들을 여전히 불완전한 인간이나 인권 자격이 없는 인간으로 여기고 있다. 일각에서는 비인간 동물들을 배제하는 한 우리의 도덕적 공동체가 결코 완전히 도덕적일 수 없다고 생각한다. 그리고 실제로 우리는 기회가 생기거나 필요하다고 생각할 때면 이주민과 난민을 박해, 착취하고, 소수 집단을 희생양으로 삼고, 적으로 추정되는 사람들을 절멸시키고, 빈민을 더욱 궁핍하게 만드는 한편 부당한 빈부 격차를 매몰차게 확대하고, 공유해야 할 자원을 독차지하고, 구멍 뚫린 '인권'에 경의를 표하는 등 종전과 같이 악랄하게 행동하고 있다. 폭력이 소멸하거나 적어도 저물어간다고 주장하기에는 시기상조로 보인다(데이비드 크리스천은 동의하지 않을 테지만). 현대식 무기의 파괴력에 대한 두려움에 대규모 전쟁은 감소했지만, 테러리즘은 틈새를 넓혀왔다. 테러리즘과 전쟁 범죄의 영역 밖에서 살인은 줄었으나 자살은 늘었다. 세계의 일부에서는 낙태가 유아 살해를 대체해왔다. 체벌은 부모의 무기고에서 사라졌지만, 사디즘은 관용되거나 심지어 존중된다. 전반적으로 사람들은 전보다 더 낫거나 더 나쁘지도 않고 더 어리석거나 더 똑똑하지도 않아 보인다. 그렇지만 도덕적 정체 상태의 효과는 중립적이지 않은데, 기술이 발전하면서 악함과 어리석음의 힘이 커지기 때문이다.

마지막으로 이 책은 인간 사회들의 관계 이야기를 내가 주도권이라 부르는 것—일부 인간 집단들이 다른 집단들에 영향을 끼치는 권력—의 이동이라는 관점에서 들려줄 수 있음을 보여준다. 변화를 주도하는 곳들의 분포는 전 세계의 권력 및 부의 분포와 대략 일치한다. 일부 예외가 있긴 하지만, 더 부유하고 더 강한 공동체들이 덜 부유하고 덜 강한 공동체들에 영향을 준다. 독자들이 앞으로 확인할 것처럼, 주도권 이동을 입증할 수 있는 지난 7000여 년 동안 주도권은 처음에 서남아시아와 지중해 동단 주변에 집중되었다. 서기 초부터는 대체로 확인할 수 없는 이유들 때문에 동아시아와 남아시아, 특히 중국에 집중되었고, 16세기와 17세기에는 몇몇 측면에서 확인할 수 있는 주도권 이동이 서쪽으로 느리게 진행되었으며, 19세기와 20세기에는 더욱 빠르게 진행되었다. 서구의 과학, 특히 천문학은 중국에서 자국과 대등한 수준으로 높게 평가받았다—중국이 서구의 '오랑캐'를 멸시하던 시절에 거둔 놀라운 성취였다. 18세기에 서유럽의 시장들은 전반적으로 인도와 중국의 시장들과 비교해 임금 수준이 더 높았으며, 특히 영국 금융 기관들은 새로운 경제적 주도권에 필요한 자금력을 더 잘 갖추고 있었다. 그러나 전반적인 생산성과 무역 수지 면에서 중국과 인도는 19세기 들어서도 한참 동안이나 세계를 선도했다. 오늘날 서구의 패권은 퇴조하고 있는 것으로 보인다. 그리고 중국이 가장 유력한 잠재적 패권국이라는 '정상' 위치에서 다시 부상하는 가운데, 세계는 주도권이 한곳에 고정되지 않고 문화들 사이에서 여러 방향으로 이동하는 상황으로 되돌아가고 있는 것으로 보인다.

서구의 두 가지 이념—자본주의와 민주주의—이 거둔 전 세계적 승리는 훗날 되돌아보면 서구 패권의 절정이자 종결로 보일지도 모른다. 20세기의 마지막 30년간 대부분의 독재정들은 몰락하거나 휘청거렸다. 전체주의의 한 형태인 파시즘은 20세기 전반에 붕괴했고, 호적수 공산주의는 1990년대에 허물어졌다. 그러는 사이 세계의 대다수 정부들은 규제를 완화해 시장의 힘을 해방시켰다. 그러자 여명이 곧 어두워졌고, 낙관주의자들이 살아 있음에 느꼈을지 모르는 모든 지복이 무참히 일그러졌다. 많은 국가들이 권위주의로 되돌아감에 따라 민주주의는 불안정한 것으로 입증되었다. 그리고 광신이 이데올로기들을 대체했다. 상호 의존성을 높여가는 지구화된 세계에서 수명을 다한 것처럼 보였던 민족주의가 뒤틀린 국가들에서 해충처럼 다시 출현했다. 세속주의자들이 불타 없어지기를 바랐던 종교가 테러리스트의 행위를 정당화하는 명분으로서 악취를 내뿜으며 다시 타올랐다—보통 테러리스트는 범죄자에게 조종당하는, 일관성 없고 제정신이 아닌 희생자로 보이면서도 근본주의자와 교조주의자처럼 말했다. 자본주의는 기만적인 것으로 드러났다. 자본주의는 부 자체가 아니라 부의 격차를 늘렸다. 21세기 초에 세계에서 가장 번영하는 축에 드는 나라들에서조차 배부른 자본가와 평범한 사람 사이 격차는 제1차세계대전 이전 이래로 전례가 없는 수준으로 벌어졌다. 한 명이 억만 달러를 벌어들이는 사이에 빈민 수천 명이 기본적인 위생이나 주거, 약이 부족해 죽는 등 세계 도처에서 꼴사납기 그지없는 불평등 스캔들이 터졌다. 일본과 에스파냐 국민의 기대 수명은 부르키나파소

국민의 기대 수명의 두 배에 달했다. 2008년 세계 '금융 붕괴'는 제대로 규제되지 않는 시장의 부당성을 드러냈지만, 아무도 어떻게 대처해야 할지 알지 못했다. 계속되는 경제적 동요는 극단주의 정치를 조장하는, 이미 만연한 불안정을 더욱 부채질했다. 자본주의는 비록 불신임을 받지는 않았을지라도 손상을 입었다. 그러나 자본주의를 대체하려는 노력도, 심지어 상처에 반창고를 붙이려는 노력도 없었다.

역사학은 변화에 관한 연구다. 그런 이유로 이 책은 연대기순으로 다섯 부분으로 이루어져 있다. 각 부분에서는 우선 환경사 전문가인 한 저자가 환경 배경을 짚으면서 인간과 환경의 상호 작용을 스케치한 다음 역시 자기 분야의 전문가인 다른 저자들이 해당 기간의 문화를 다룬다—으레 한 장에서 예술과 사상을, 다른 장에서 정치와 행위를 다룬다. 지금으로부터 1만 년 이전까지에 해당하는 초기에는 사람들이 생각한 것의 증거와 행동한 것의 증거가 워낙 긴밀히 얽혀 있는 터라 저자들이 저마다 하나의 장에서 둘 모두를 다루어야 했다. 그 이후 기간에는 한편으로 사람들이 생각과 감정을 기록한 방식과 다른 한편으로 정치와 사회에서 사람들이 실제로 행동한 방식 사이의 차이점과 유사점을 확인할 수 있을 만큼 증거가 충분히 남아 있으며, 그런 이유로 장을 추가했다.

이 책의 저자들 모두 멀찍이 물러서서 세계 전체를, 또는 가급적 거의 전체를 보려고 노력했음에도, 그리고 모두 발산과 가속, 환경 간 상호 작용, 문화의 제약, 주도권의 이동 같은 테마들을 염두에 두었음에도, 독자들은 저자들 사이에 긴장 관계가 있음을, 우선순위와 강조점에 차이가 있음을, 때로는 가치관이나 이데올로기적 교의, 종교적 믿음을 둘러싼 저변의 충돌이 있음을 알아챌 것이다. 그렇다 해도 이 프로젝트에 참여한 모든 학자는 동료애와 선의로 서로 아낌없이 협력하며 기쁘게 작업했다. 독자들이 알아주었으면 하는 또다른 점은, 내 동료들의 관점의 다양성이 역사의 다양성을 반영하고, 그리하여 우리가 여러 시각에서 역사를 바라보는 데 도움을 준다는 것이다.

PART

01

Children of the Ice

빙하의 자식들

인류의 전 세계적 확산과 문화적 발산의 시작
—약 20만 년 전부터 1만 2000년 전까지

CHAPTER
01

빙하 시대에 출현한 인류
한 적응적 종의 출현과 확산

클라이브 갬블

어니스트 겔너Ernest Gellner는 철학적 역사서 『쟁기, 칼, 책Plough, Sword and Book』에서 이렇게 말했다. “원시인은 두 번씩 살아왔다. 한 번은 그 자신을 위해, 다른 한 번은 우리를 위해, 우리의 재구성 과정 안에서.” 이 이중생활은 깊은 역사와 현재 사이에 가로놓인 명백한 간극을 헤아리려 애쓰는 고고학자들의 관심사다. 겔너의 세계사 구조는 다른 많은 세계사 구조와 마찬가지로 세 차례 혁명, 즉 농업 혁명, 도시 혁명, 산업 혁명에 의거했다. 겔너 이후 고고학자들은 약 5만 년 전 호모 사피엔스가 향후 문명에 필요한 인지 기능, 창작 기능, 사교 기능을 조합한 사건을 가리키는 네번째 ‘인간 혁명’을 추가했다.

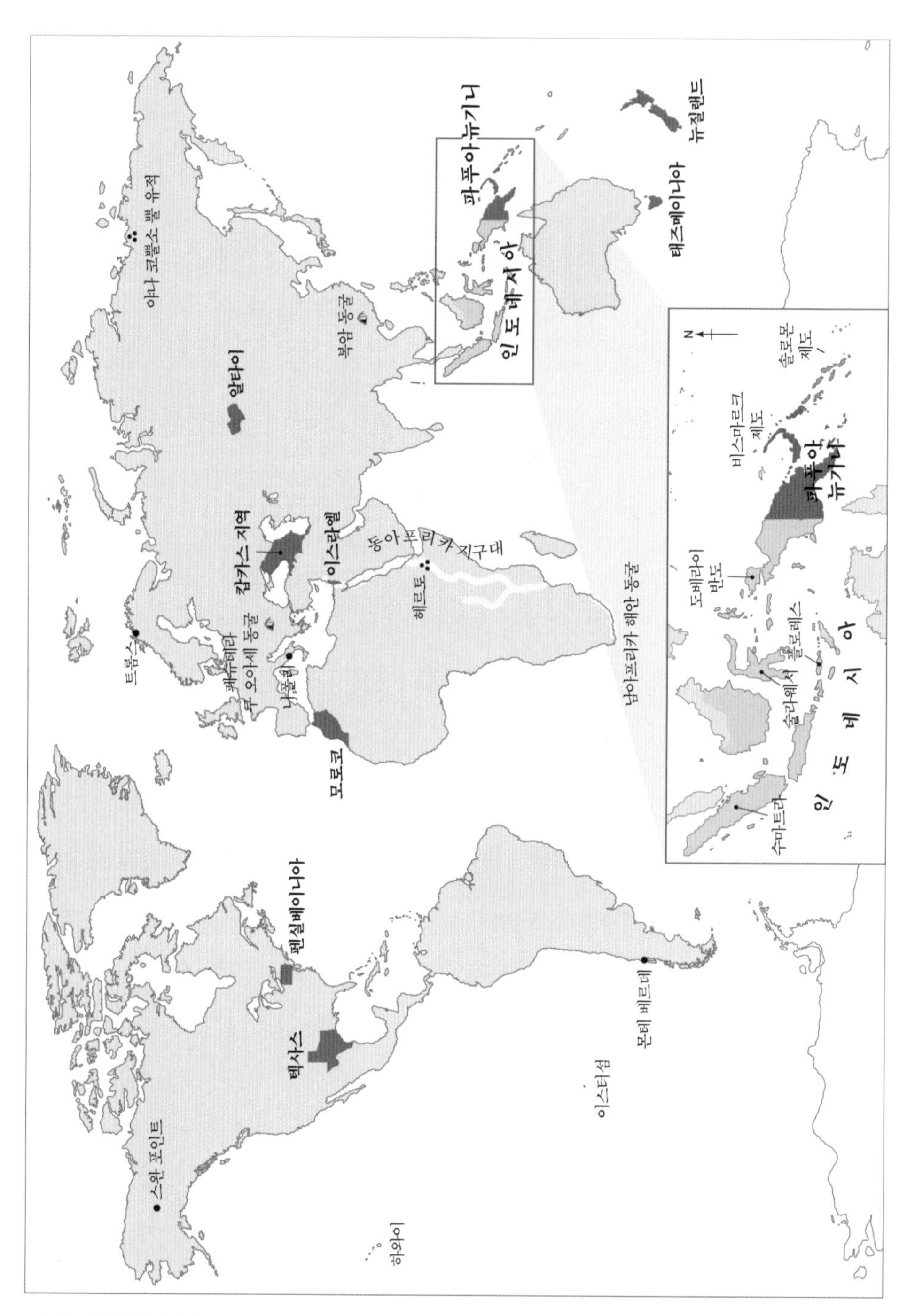

제1장에서 언급하는 장소들.

인류는 예술, 장식, 매장, 꾸준히 이용하는 장소, 색다른 돌과 조개껍데기 거래 등을 통해 인간 혁명을 여봐란듯이 선포했던 것으로 추정된다. 그들은 모계 유전자와 마찬가지로 아프리카 기원을 가리키는 넓은 이마와 긴 다리를 가지고 있었다. 그들은 말하고 노래하고 악기를 연주했다. 그들이 친족 관계를 인식했다고 안전하게 추정할 수 있다. 그들을 가리켜 흔히 '현생 인류'라고 부르지만, 이는 인류의 깊은 역사를 연구하는 데 도움이 되지 않는 용어다. 그 깊은 역사를 폭넓게 재구성하는 우리의 작업에 대한 선입관을 갖게 하기 때문이다. 그 인류는 여전히 호미닌hominin이었는데, 이는 우리와 우리의 모든 화석 조상을 포괄하는 용어다. 하지만 순수주의자들은 분류학에 근거해 네안데르탈인 같은 호미닌은 우리가 우리 자신만을 가리키는 용어인 '인간' 안에 들어올 수 없다고 주장했다.

고고학자들은 곧 인지 기능, 창작 기능, 사교 기능의 꾸러미를 뒷받침하는 증거를 해명하기 시작했다. 새로운 연대 측정법들을 사용해 밝힌 대로, 그 꾸러미의 내용물은 적어도 20만 년 전부터 서서히 쌓이기 시작했다. 구슬, 채색을 위한 안료 사용, 투사체投射體 기술의 변화 같은 혁명적인 변화의 표지들이 여러 시점에 아프리카의 여러 지역에서 발견되었다. 지난 10년간 고고학자와 유전학자가 발견한 우리 기원의 다양성에 대한 증거들을 한데 모으려면 널찍한 텐트가 필요하다. '현생'이라는 장대 하나로는 그 텐트를 지탱할 수 없다.

아프리카 경계 밖에는 또다른 이야기가 있다. 아프리카 대륙을 떠난 사람들의 문화적 표지는 추적하기가 어렵다. 아프리카 밖으로 나간 이주민의 후손들을 알려주는 증거는 현재 나머지 구세계에서 살아가는 사람들의 유전자에 보존된 그들 분자의 역사, 희소한 화석, 새로운 대륙들(주로 오스트레일리아)에 있는 정착지의 흔적 등으로만 남아 있다. 일례로 중국 남부 복암福巖 동굴에서는 인간 치아는 발견되었지만 구슬과 안료 사용 증거는 발견되지 않았다. 유전 정보가 없는 이 치아들은 12~8만 년 전의 것으로, 아프리카에서 밖으로 퍼져나간 인류의 초기 사례를 나타내는 것으로 추정된다. 그렇지만 이 사람들은 당시 아프리카에 있었던 '현생' 인류의 표지, 이를테면 구슬과 가공된 황토색 안료ocher 같은 인공물을 중국으로 가져가지 않았다. 게다가 복암 동굴에서는 이제까지 석기도 전혀 발견되지 않았다. 문화적 집단으로서의 '현생 인류'는 관습적인 고고학적 방법으로는 가시화할 수 없다. 호미닌이 아닌 인류의 역사가 언제 시작되었느냐는 물음은 혁명 메타포를 사용해 탐구할 수 있는 문제가 아니다.

사람들은 아프리카를 떠났기 때문에 인류가 되었던 것이 아니다. 그리고 지난 200만 년 동안 호모속의 여러 종이 현생 인류가 되지 않은 채 아프리카를 떠났다. 아주 길었던 듯한 기간 동안 발전이 지체되었다는 이유로 초기 인류를 그리 현생적이지 않은 부류로 분류한다면 잘못일 것이다. 그들의 지체는 우리에게 이상하게 보일지도 모른다. 사회적·정신적·기술적 진전을 떠벌리는 일에 관한 한 과묵함은 오늘날 우리가 생각하는 현생 인류의 특징이 결코 아니었기 때문이다. 그러나 그들은 살아가면서 훗날 우리가 자신들을 어떻게 재구성할지 전혀 생각하지 않았다. 더욱이 그들은 생물학적 진화와 문화적 진화의 선택압을 받으며 살았다. 바로 이 힘이 인류의 깊은 역사를 이해하기 위한 나의 출발점이다.

지평선 너머

내가 검토하는 인류의 깊은 역사는 생물학적 의미의 현생 인류가 되어가는 이야기도, 기술의 진보 이야기도 아니다. 예술과 문화의 발전은 제2장에서 다룬다. 나의 서사는 지구 여행자로서의 인류 이야기다. 어떤 호미닌도 주요 대양을 건너거나 시베리아 툰드라를 가로질러 아메리카 대륙에 이르지 못했다. 대양을 항해해 오스트레일리아와 '가까운 오세아니아Near Oceania'[오세아니아의 일부로 멜라네시아 서부, 비스마르크 제도, 솔로몬 제도로 이루어진 지역—옮긴이]에 처음 닿은 주역은 인류였다. 훗날 인류는 아메리카 대륙에 정착함으로써 지구상 거주 가능한 전체 영역 중 거의 3분의 1에 해당하는 면적을 추가했다. 여행하는 인류가 태평양의 세 외곽 지역인 하와이, 이스터섬, 뉴질랜드에 도착한 1000년 전쯤, 육지를 걷고 바다를 건넌 인류는 마침내 지구적 종이 되었다. 이야기를 더 넓은 시야에서 보면, 호미닌의 초창기부터 인류가 아프리카 외부에 출현한 무렵까지는 세계의 4분의 1만이 정기적 거주 영역이었다. 호미닌의 역사에서 채 2퍼센트도 되지 않는 지난 5만 년 동안 인류는 숨가쁘게 이동해 나머지 4분의 3을 거주지로 삼았다. 그리고 발길을 멈추고 한숨 돌릴 무렵, 우리는 우리가 외로운 인간 종임을 깨달았다. 우리가 여행중에 마주친 다른 호미닌 집단들—우리는 그중 일부와 교배했지만 다른 일부와는 그럴 수 없었다—은 사라졌다. 우리의 지구적 지위는 마치 크리스마스 할인 행사처럼 다양성을 대폭 줄인 생물학적 대가를 치르고 얻은 것이었다.

제1장에서는 이 서사의 배경과 아프리카에서 인류가 겪은 진화적 발달을 검토한다. 핵심 요인은 기후 변화의 패턴과 이 패턴이 지역의 환경과 자원에 끼치는 영향이다. 지역의 생활 공간은 기후, 지구 궤도의 리듬, 판의 이동 등 서로 맞물리는 동인動因들에 마치 톱니처럼 끼워 맞춰질 수밖에 없다. 이 동인들은 행성, 대양, 대륙, 지역 등 여러 규모로 작동한다. 함께 작용하여 주기적인 기후 순환을 일으키는 이 동인들은 그런 순환의 폭과 빈도를 토대로 추정할 때 다양한 템포를 보여준다. 기후 순환은 위도와 경도, 고도에 따라 변화하는 태양 에너지의 생산성과 결합하고, 그리하여 다재다능하고 영리한 호미닌에게 갖가지 생태적 기회를 제공한다. 생태적 기회의 증거로는 풍요의 계절과 결핍의 계절뿐 아니라 여러 수준의 기아 위험도 있다. 또한 가장 좋은 음식을 찾는 일에 관한 한 우리 종을 번식시키는 비용을 언제나 불균형하게 부담해온 한쪽 성[여성—옮긴이]도 생태적 기회를 보여주는 증거다. 이는 인류의 깊은 역사가 필연적으로 매우 젠더화된다는 것을 의미한다. 게다가 진화 이야기를 할 때

맨 앞에서 창을 휘두르는 남성 조상들을 재구성한 관습적인 이미지는 실상을 호도한다. 실제로는 인류와 호미닌의 여성들이 가장 좋은 먹을거리를 찾는 일을 주로 책임졌다.

면 방금 말한 이유로 여성에게 초점을 맞추어야 한다는 것을 의미한다. 그렇지만 어떤 독자가 창을 휘두른 남성 조상들이 지배했던 수렵 생활을 재현한 그림과 입체 모형을 보고서 반대로 남성에게 초점을 맞추어야 한다고 생각한다 해도, 그러려니 이해할 만한 일이다.

우리가 우리의 직계 조상으로 인식하는 최초의 사람들이 정말로 그들의 과거와 대체로 결별했느냐 하는 것은 깊은 역사를 가진 인류에게 커다란 물음이다. 더 나아가 이 물음은 기후와 환경의 변화에 영향을 받으며 형성된 두 인류 집단이 만날 경우 서로 인간인지 어떻게 알아보느냐는 물음과, 정확히 무엇이 우리를 지구적 종으로 만들었느냐는 물음을 불러일으킨다.

관련 쟁점들로는 인구 규모, 전 세계 정착 시기, 그리고 변이를 동반한 계승—다윈이 생각한 자연 선택과 성 선택의 메커니즘—을 유발할 수 있는 생물학과 문화의 얼개 등이 있다.

인간 알아보기

깊은 역사에서 어떤 개체가 인간임을 확인할 수 있는 길은 네 가지가 있다. 유전자, 해부학, 인공물, 그리고 지리다. 증거의 네 갈래는 각기 고유한 절차상 가정, 작업 방법, 그리고 이 다학제 간 개체군 분류 작업을 어렵게 만드는 유의점을 포함한다.

오랫동안 해부학이 인간 증거에 대한 연구를 주도했으며, 특히 화석의 머리뼈 모양이 증거로 쓰였다(표 1.1). 표본의 크기가 극히 작았음에도 생물인류학자들은 진화

표 1.1 크리스 스트링거Chris Stringer와 피터 앤드루스Peter Andrews가 현생 인류를 규정하는 데 사용한 해부학적 기준

1. 살아 있는 모든 인간은 호모속의 다른 종들과 비교해 가냘픈 골격을 특징으로 한다. 특히 아래와 같은 점에서 호모속의 다른 종들과 구별된다.
   — 장골의 모양과 골간의 두께
   — 근육이 끝나는 곳insertion의 깊이 또는 길이
   — 상대적으로 얇은 머리뼈와 턱뼈
2. 머리뼈는 부피가 크지만 네안데르탈인보다는 크지 않으며, 감싸고 있는 뇌와 마찬가지로 으레 좌우 길이가 짧고 높이가 높은 반구형이다.
3. 안와상 융기(눈 위의 뼈가 튀어나온 부분)와 머리뼈를 지지하는 부위 모두 상당히 축소되어 있거나 없다.
4. 치아와 턱의 크기가 상당히 축소되어 있다.
5. 얼굴이 앞으로 튀어나오지 않고 이마 아래에 잘 들어가 있다. 아마도 치아가 축소된 결과일 것이다.
6. 유년기부터 턱뼈에서 이융기頤隆起가 나타난다.

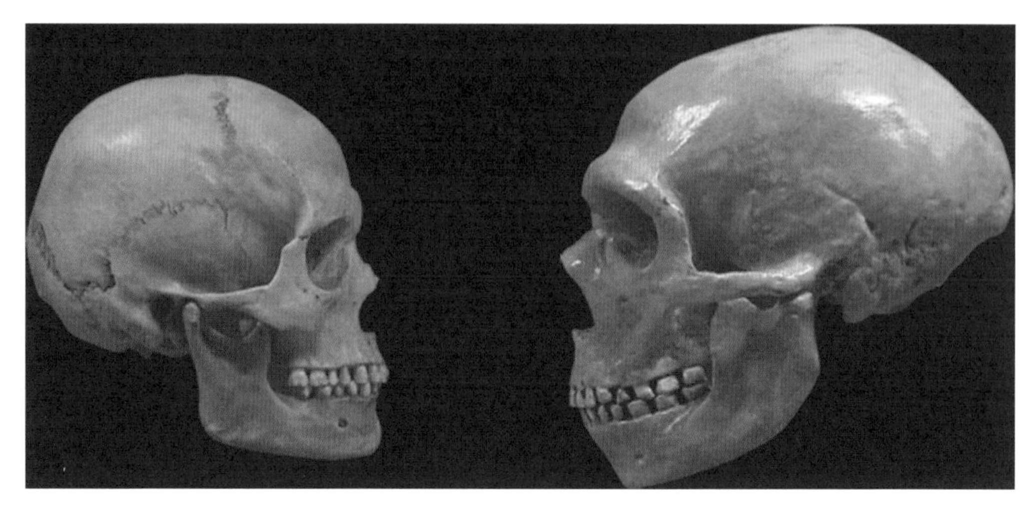

호모 사피엔스의 머리뼈(왼쪽). 네안데르탈인(오른쪽)처럼 더 오래된 호모속 종들과 비교해 구조가 약하고 이마가 넓고 턱이 튀어나와 있다. 토머스 헉슬리 이래로 해부학자들은 이 특징들을 우리의 진화상 위치를 나타내는 중요한 표지로 여겨왔다.

계통수系統樹를 고안하고 또 생식적 격리에 근거하는 생물학적 종 개념을 화석 조각에 적용하는 작업을 멈추지 않았다. 오랜 전통에 따르면 생물학적 종이란 실제로 상호 교배하고 있거나 상호 교배가 가능한 자연 개체군의 집단들로서, 다른 자연 개체군의 집단들과 생식적으로 격리되어 있다.

고고학자들은 이 개념을 검증했다. 현존하는 개체군들을 대상으로 미토콘드리아 DNA를 통해 여성 조상을 추적하고 Y 염색체를 통해 남성 조상을 추적한 초기 유전학 연구들은 현생 인류 조상들의 확산 경로를 표시한 지도를 내놓았다. 그렇지만 이 연구들은 아프리카를 떠난 인류와 그들이 아프리카 밖에서 조우한 토착 호모속 개체군들 사이에 교배가 이루어졌을 가능성은 전혀 시사하지 않았다.

두번째 물결의 연구들은 멸종한 호미닌의 게놈을 재구성했다. 아주 오래된 뼈에서 DNA를 추출하고 염기 서열을 결정하는 기법이 발전한 덕에 이런 약진이 가능했다. 두 가지 결과에 주목할 만하다. 첫째, 생물학적 종 개념과 생식적 격리는 호미닌 개체군들에 적용되지 않는다. 유라시아의 네안데르탈인은 아프리카 출신 인류와 적어도 지난 50만 년 동안 격리되어 있었다—50만 년 전은 네안데르탈인과 인류가 공통 조상인 호모 하이델베르겐시스Homo heidelbergensis를 마지막으로 공유한 시점이다.(이 연대는 돌연변이율에 근거한 추정치이며 가정에 따라 달라진다.) 그럼에도 오늘날 호모 사피엔스의 유전자 중 약 4퍼센트는 네안데르탈인에게서 온 것이며, 이 사실은 오랫동안 격리된 후에도 호모 사피엔스와 네안데르탈인이 상호 교배에 성공했음을 의미한다. 둘째, 화석 기록이 없는 멸종한 계통들이 다수 존재했을 가능성이 있다. 러시아 알타이 지역에 있는 데니소바 동굴에서 발견된 새로운 호미닌은 향후 10년간 많이 찾아낼 가능성이 높은, 유전적으로 멸종한 개체군들의 첫 실례다. 데니소바인의 유전자 증거는 또다른 네안데르탈인 게놈이겠거니 예상하고서 검사한 불확실한 연령의 손가락뼈 하나에서 나왔다.

인류에 대한 해부학 및 유전학 연구는 앞으로 데이터를 조화시키기 위해 해야 할 일이 많다. 선도적 고유전학자 스반테 페보Svante Pääbo는 이렇게 말했다. "물론 나의 바람은 우리가 결국 이 세계에 혼란이 아닌 명료함을 가져오는 것입니다." 고유전학자들이 당면한 한 가지 난제는 열대 위도에서 발견되는 화석 뼈의 DNA 보존 상태가 나쁘다는 것이다. DNA 보존 상태는 온대 지역에서 좋고, 알타이 같은 한랭 기후 서식지에서 가장 좋다. 북위 25도인 중국 남부 복암 동굴 같은 곳에서 화석을 발굴했을 경우, 현재 DNA를 복원할 확률은 희박하다.

증거의 셋째 갈래는 고고학적 증거다. 애초 리처드 클라인Richard Klein이 단기간 급속히 이루어진 인간 혁명을 뒷받침하기 위해 작성한 체크 리스트(표 1.2)는 그간 더 많은 시공간을 다루기 위해 확대되었다. 고고학자들의 목표는 한편의 자원 사용의 변화와 새로운 인공물 혁신, 다른 한편의 현생 인류처럼 보이는 머리뼈 모양과 현생 개체군들의 계통 지리학, 이렇게 양편을 서로 짝짓는 것이었다—계통 지리학은 DNA 증거의 여러 갈래를 재구성하여 개체군들이 어디서 기원했고 어떻게 이동했는

표 1.2 고고학적 기록에서 알아낼 수 있는, 5~4만 년 전에 시작된 완전한 현대성 행동의 10가지 특성 체크 리스트

1. 인공물 유형의 다양성과 표준화 정도 대폭 증가.
2. 시간상 인공물 변화의 속도와 공간상 인공물 다양성의 정도 급속히 증가.
3. 뼈, 상아, 조개껍데기, 그 밖에 관련 재료로 처음 만든 찌르개, 송곳, 바늘, 핀 같은 형식적 인공물.
4. 논쟁의 여지 없는 예술의 가장 이른 사례.
5. 정교한 화덕 자리를 포함해 살림터 바닥 공간을 재편했음을 알려주는 가장 오래된 부인할 수 없는 증거와 가장 오래된 논박할 수 없는 구조적 '폐허'.
6. 매우 탐나는 석재 원료를 수십 킬로미터나 심지어 수백 킬로미터 거리까지 대량으로 운반했음을 알려주는 가장 오래된 증거.
7. 예술과 비교적 정교한 무덤으로 표현된, 의식이나 의례를 입증하는 가장 이른 확실한 증거.
8. 유라시아에서 가장 추운 대륙성 기후 지역에서 살아가는 인간의 능력을 입증하는 첫 증거.
9. 비슷한 환경에서 생활한 역사적 수렵 채집민의 인구 밀도에 근접하는 인구 밀도의 첫 증거.
10. 고기잡이와 그 밖에 자연에서 에너지를 얻는 인간 능력의 중요한 진전을 알려주는 첫 증거.

지 보여주는 지도를 만든다. 이 목표는 표 1.3이 보여주듯이 제한된 성공을 거두었다. 우리는 급속한 인간 혁명 대신 지난하게 이어진 과정을 보게 된다.

아프리카 안에서 여러 혁신, 유전자, 해부학적 특징, 인공물이 느리게 조합되었다는 증거는 또다른 조상을 추정하도록 자극했다. 추정대로라면 우리는 겔너의 발언을 수정해 원시인은 세 번 산다고, 세번째에는 생물인류학자를 위해 산다고 말해야 할지도 모른다. '해부학상 현생 인류anatomically modern humans, AHM'라 불리는 그 조상은 우리와 생김새가 비슷하고 마지막 공통 조상 이후의 시간 범위에 속하면서도 예술과 음악, 세계를 조직하는 상징의 사용 같은 핵심 영역들에서 현생 인류의 기능들을 온전히 보여주지 않는다. 이 분류법은 1971년에 처음 쓰였고 지금까지 갈수록 인기를 얻어왔다. 해부학상 현생 인류의 좋은 예로는 에티오피아 헤르토Herto에서 발견된 16만 년 전 머리뼈들이 있다. 이 머리뼈 세 개에는 형태학에 근거해 호모 사피엔스 이달투Homo sapiens idaltu라는 아종亞種 지위가 부여되었다. 이달투는 아파르어

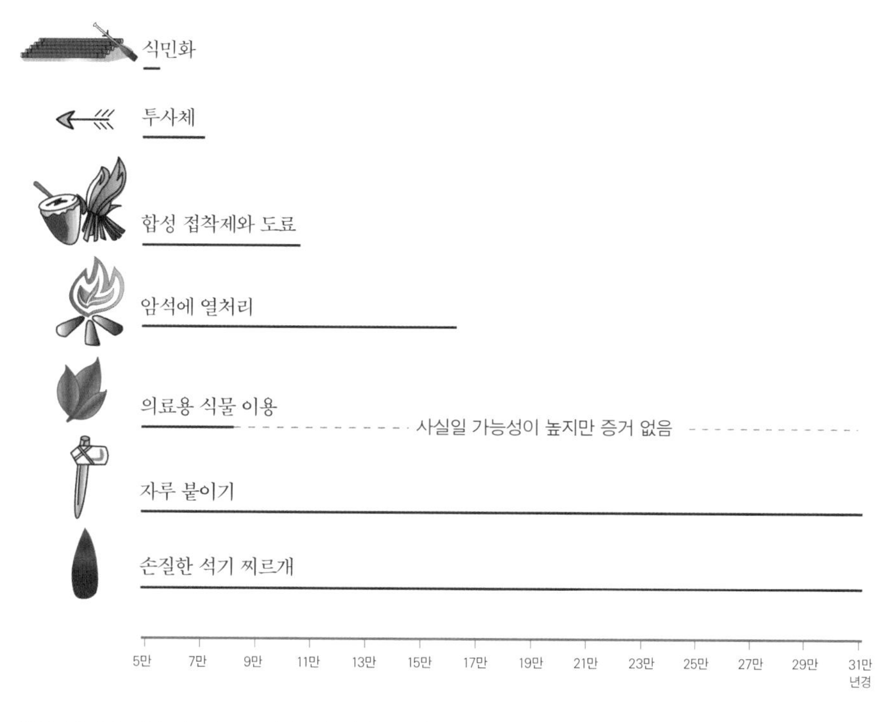

몇 가지 중요한 혁신, 기원전 30만 년경~5만 년경. 일각에서 현대성 행동이라 부르는 것으로의 이행이 혁명적이기보다 느리고 점진적인 과정이었음을 보여준다.

로 연장자를 뜻한다. 머리뼈와 함께 발견된 석기는 지난 30만 년의 어느 시점에라도 만들었을 수 있다. 그러나 머리뼈는 사후에 변형되었다. 다시 말해 의도적인 사자死者 의례에 따라 머리뼈에서 살을 발라내고 일부분을 문질러 윤을 냈다. 헤르토인人은 현생 인류와 생김새가 비슷했고 새로운 방식으로 머리뼈를 변형했지만 구식 석기 기술을 사용했다. 이런 모순적인 측면들은 머리뼈, 유전자, 새로운 인공물(표 1.2)을 기정사실로 볼 때, 헤르토인이 현생 인류라기보다는 해부학상 현생 인류임을 알려준다.

표 1.3 현생 인류 호모 사피엔스의 출현 기간

증거	연대 측정법	연대(년 전)
게놈: 호모 사피엔스와 호모 네안데르탈렌시스의 마지막 공통 조상.	두 종의 게놈의 돌연변이율과 분기 속도 추정치에 근거한 연대.	440,000~207,000
미토콘드리아 계통들은 아프리카의 조상 이브로부터 오늘날의 모든 여성 미토콘드리아 계통들이 유래했음을 가리킨다.		200,000
Y 남성 염색체 계통들은 이브에 상응하는 공통 조상 아담이 더 늦게 출현했음을 가리킨다.		156,000~120,000
머리뼈 해부: 호모 사피엔스의 것으로 여겨지는 가장 오래된 머리뼈 세 개가 케냐 북부 오모 계곡에서 발견되었다.	동위원소 붕괴 원리를 이용하는, 과학에 기반한 연대 측정 기법들: 우라늄/토륨 칼륨/아르곤 C14(방사성탄소), 광학 자극 발광법(OSL)	195,000
인공물과 자원: 장신구와 안료 색소처럼 외모를 바꾸는 일련의 새로운 물건들, 자루를 붙이기 위해 접착제를 사용하고 석기 찌르개의 크기를 줄이는 신기술, 조개류 같은 새로운 자원의 지속적인 사용.		300,000~40,000
지리: 아프리카 밖에서 첫 출현.		>100,000
중국 후난성 다오현 복암 동굴에서 발견된 현생 인류 치아 증거.		>80,000
오스트레일리아 첫 정착 증거.		60,000~50,000

우리가 이런 증거들을 해부학상 현생 인류의 속성으로 여긴다는 사실은, 호미닌에 관해서보다 우리의 분류법에 관해 더 많은 것을 알려준다. 해부학상 현생 인류는 모순—현생 인류와 비슷해 보이는 머리뼈가 구식 석기와 함께 발견되었다는 모순—을 해소하기 위해 발명되었다. 그간 고고학자들은 정보를 추가했다. 그렇지만 증거의 세 갈래가 앞으로 조화롭게 어우러질 가능성은 낮다. 생물학적·문화적 정체성에 관한 한, 앞으로도 분명 모순점이 나타날 것이다. 대개 고고학자들은 단일 기준 집합monothetic set으로 알려진 배타적 소속 관념에 입각해 분류표를 만든다. 한 개인이 현생 인류로, 또는 가령 철기 시대 부족의 대표나 고대 도시 국가 시민의 대표로 분류되려면, 소속 집단의 물질적 표지들을 엄격히 고수하는 모습을 보여주어야 한다는 것이다. 그렇지만 실제 정체성은 특질 전부보다는 일부를 공유하다는 사실에

기반한다—다중 기준 집합polythetic set 접근법. 두 접근법의 차이는 배타성과 공유에 있다. 해부학상 현생 인류는 정체성과 관련해, 이 경우에는 현생 인류 클럽의 구성원 자격과 관련해 좋은 사례다. 해부학상 현생 인류는 단일 기준을 적용하면 현생 인류 클럽에 들어가지 못하지만 다중 기준을 적용하면 들어간다. 그리고 분자 증거가 늘어나고 있는 만큼 우리는 앞으로 유전학상 현생 인류genetically modern humans, GMH에 관해서도 듣게 될 가능성이 높다.

두뇌는 작지만 석기를 사용한 호미닌이 인도네시아 플로레스섬 리앙 부아Liang Bua 동굴에서 발견된 사실은 해부학상 현생 인류 이야기를 더 복잡하게 만든다. 키가 1미터여서 호빗hobbit이라는 별명이 붙은 이 호미닌은 몸 크기에 상응해 두뇌가 커지는 인류 진화의 예상 궤도를 거스른 것으로 보인다. 이 호모 플로레시엔시스Homo floresiensis의 두뇌 용량은 401cc인 데 비해 같은 플라이스토세에 살았던 호모 사피엔스의 두뇌 용량은 1478cc에 달한다. 그렇지만 체중 대비 뇌의 용량을 나타내는 대뇌화 지수encephalization quotient, EQ를 비교해보면, 호모 사피엔스는 5.4이고 플로레스인은 4.3이다. 이 4.3은 비록 작긴 하지만 오스트랄로피테신 전체보다, 실은 호모 하이델베르겐시스보다도 큰 수치다.

리앙 부아 동굴에서 뜻밖에 발견된 플로레스인은 호모 사피엔스에 적용된 생물학적 종 개념에 들어맞지 않는 것으로 판명되었다. 그럼에도 플로레스인은 호모속에 포함되었다. 플로레스인의 작은 두뇌는 훨씬 오래된 호미닌인 오스트랄로피테쿠스 아프리카누스Australopithecus africanus의 두뇌와 비교되었는데, 후자의 두뇌 용량은 464cc, 대뇌화 지수는 2.81이었다. 두개강 연구를 통해 비록 양쪽 모두 뇌가 작긴 했지만 서로 구조가 달랐으며 플로렌스인의 두개강이 우리 현대인의 형태에 훨씬 더 가깝다는 사실이 드러났다. 플로레스인을 호모속에 집어넣은 마지막 이유는, 리앙 부아 동굴 사람들은 3만 8000년 전에서 1만 2000년 전 사이에 멸종한 반면, 작은 뇌를 가진 마지막 오스트랄로피테신인 아프리카누스는 240만 년 전에 멸종했다는 데 있다.

분류는 이쯤 하고 가장 이른 호모 사피엔스에 대해 몇 가지 질문을 해보자. 턱과 팔다리 비율(표 1.1) 외에 호모 사피엔스의 뚜렷한 특징이 있었는가? 답은 별로 없었다는 것이다. 호모 사피엔스는 가까운 호미닌 친척 네안데르탈인과 체격을 공유한다. 빙하 시대의 인류는 건장했고 보통 몸집이 컸다. 더 호리호리하고 약한 골격은 한참 후에, 홀로세에 기후가 더 온난해지고 곡물과 녹말, 탄수화물을 소화하기 쉽도록 삶아 먹는 쪽으로 식단이 변한 무렵에 나타났다. 더욱이 핵심 요소인 큰 두뇌는 네안데르탈인에게서도 발견되었다(표 1.4).

뇌 크기가 중요한 이유는 개체들이 속한 사회적 공동체의 크기를 추론하는 데 쓰일 수 있기 때문이다. 현생 비인간 영장류의 공동체 크기와 뇌 크기에 관한 연구는 뇌 크기와 사회 집단 크기 사이에 강한 통계적 관계가 있음을 드러낸다. 다시 말해 뇌가 클수록 개체들이 속한 사회적 공동체도 더 크다. 예를 들어 침팬지의 뇌 크기는 367cc이고, 한 개체는 으레 다른 개체 57마리와 관계를 맺는다. 마카크 원숭이의 두뇌 크기는 더 작은 63cc이고, 관계 맺는 다른 개체의 수는 40마리다. 이렇게 차이가 나는 이유는 사회적 관계를 기억하고 유지하는 데 따르는 어려움, 즉 인지 부하라고 알려진 제약에 있다. 뇌 크기와 집단 크기의 이런 관계는 사회적 뇌에 관한 기술記述과, 인류의 진화에서 뇌 크기의 확대를 추동한 요인이 우리의 사회적 삶이라는 가정을 낳았다. 이 과정을 설명하는 선택압은 원래 포식자에게 저항할 때 무리가 클수록 유리하다는 사실에서 비롯되었다.

뇌/집단 크기 그래프의 선을 호미닌과 인류의 뇌 크기를 포함할 정도까지 연장할 경우, 우리와 같은 뇌 크기를 가진 한 영장류 공동체의 예상 구성원 수는 150이다. 이 숫자는 생물인류학자 레슬리 아이엘로Leslie Aiello와 함께 뇌 크기와 집단 크기의 관계를 처음으로 검토한 진화심리학자 로빈 던바Robin Dunbar의 이름을 따서 '던바의 수'라고 부른다. 사회적 뇌 가설은 사회적 복잡성에 관한, 즉 더 많은 수의 개인들과

표 1.4 호미닌 세 종 비교

	뇌 크기	대뇌화 지수	예상 개체 관계망 크기 (던바의 수)	영장류처럼 털을 다듬는다면 낮 시간의 몇 퍼센트를 써야 하는가
플라이스토세 호모 사피엔스	1478	5.38	144	40
호모 네안데르탈렌시스	1426	4.75	141	39
호모 하이델베르겐시스	1204	4.07	126	35

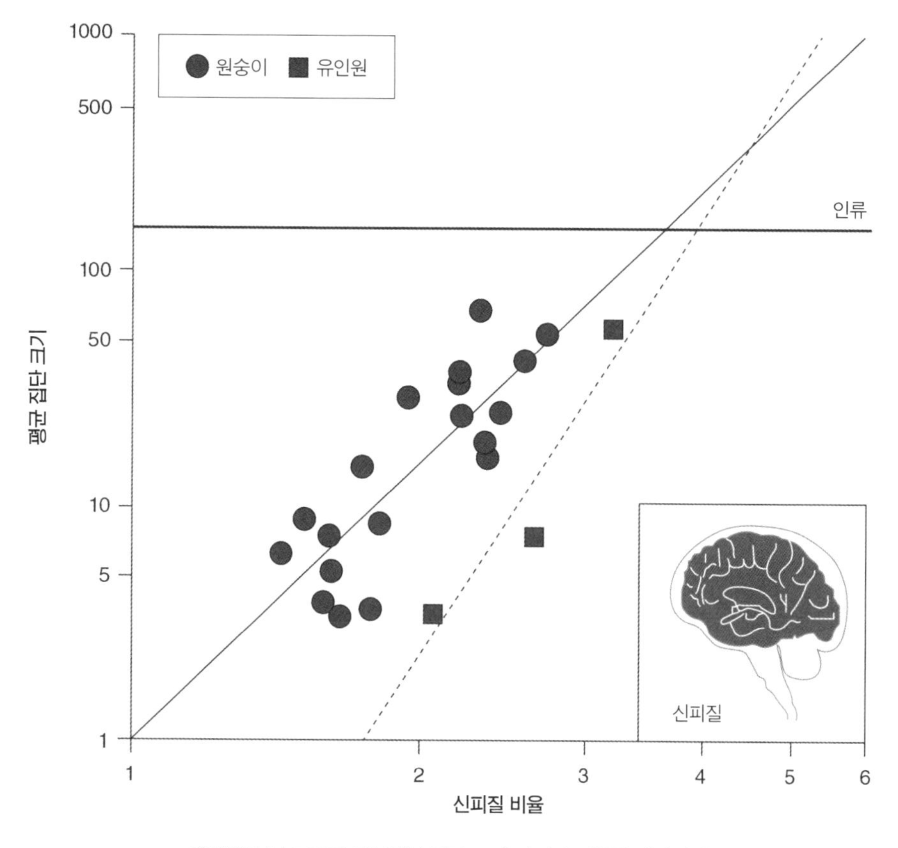

영장류의 뇌 크기와 전형적인 집단 크기 사이의 명확한 상관관계

관계를 맺고 사람들의 역사, 의도, 그리고 상호 작용할 때 반응하는 방식에 대한 정보를 보유하는 능력에 관한 가설이다. 영장류 그래프에 근거하는 던바의 수가 처음 제시되었을 때만 해도 인터넷 기반 소셜 미디어가 없었다. 그 이후 출현한 소셜 미디어는 던바의 예측을 확인해주었다. 실사용자 14억 4000만 명의 데이터를 토대로 계산한 한 사람의 평균 페이스북 친구 수는 130명이다. 현대인의 페이스북 친구와 플라이스토세 사람의 인맥을 모두 규정하는 것은 교류의 빈도와 강도다. 교류는 원래 대면 접촉이었을 테지만, 우리는 갈수록 기념물 교환을 통해, 그 이후 서신, 전화, 오늘날의 인터넷 같은 기술을 통해 물리적 위치를 넘어 사회적 삶을 넓히는 방법을 찾아왔다. 교류 기능은 인간이 지구적 종이 되는 데 필수적인 부분이었다. 이 기능 덕분에 우리는 대양을 건너고 또 인구 밀도가 낮고 사회적 상호 작용이 잦지 않은 추운 내륙으로 진출할 수 있었다.

그렇지만 던바의 수는 사람들의 생활 환경이나 물질문화, 기술과 관계없이 사회를 구성하는 기본 요소로 남아 있다. 기술은 손에 쥐는 석기일 수도 있고, 실리콘 혁명의 산물인 촉각 인터페이스일 수도 있다. 우리가 유의미한 방식으로 자주 교류하는 사람들의 수는 줄곧 일정했다. 수백 명이 사는 수렵 채집민 집단부터 수십억 명이 사는 산업 세계까지 규모가 제각각인 사회들의 근저에는 공히 던바의 수가 있다. 던바의 수는 사회성 장애가 시작되지 않을 정도까지 우리가 보유할 수 있는 신상 정보의 인지 부하로 설명하는 편이 가장 좋다. 그러므로 우리의 우월한 기술력을 우리 스스로 어떻게 생각하든 간에, 인지 측면에서 보면 우리는 여전히 플라이스토세 직계 조상과 무척 비슷한 종이다.

빙하 시대와 인류

인류의 진화는 순환 과정들과 그 사이사이에 발생하는 화산 폭발 같은 사건들에 영향을 받으면서 여러 지리적 규모—지구, 대양, 대륙, 지역 규모—로 전개된다. 이런 과정과 사건은 인류가 적응해야 하는 지역 생태의 패턴을 결정하고, 식량 자원의 분포와 신뢰도를 통해 중요한 선택압을 가한다.

이동과 원형적 사회 관계망

이런 선택압의 결과를 오늘날 수렵 채집 경제를 실천하는 이동형 사회들의 대응에서 찾아볼 수 있다. 풍요와 결핍, 습함과 건조함, 추위와 더위 같은 계절의 순환에 어떻게든 대처해야 했던 인류는 기근 위험을 피하고자 여러 문화적 해결책을 마련했다. 그중 하나가 시간상 효율적인 방식으로 식량을 획득하고 저장하는 기술이며, 이 기술 덕에 인류는 연중 내내 풍족하게 먹을 수 있다. 예측할 수 있듯이, 문화적 해결책은 지역별 생태에 따라 다르다.

기근의 위험을 줄이고 지역의 선택압에 대응하는 데는 두 가지 전술이 무엇보다 중요하다. 바로 이동과 공유다. 시공간 속 인간 집단은 이동함으로써 식량 자원의 변동에 적응한다. 이동의 정도는 저위도 사회와 고위도 사회 사이에 차이가 있다. 식단에서 식물성 음식의 비중이 큰 적도에서는 사람들이 자주 이동하고 야영지를 짧게 사용한다. 물을 구해야 하고 음식을 저장할 기회가 거의 없는데다 야영지 주변 시골에서 식량이 빨리 동나는 까닭에, 적도 사람들은 잘 다져진 오솔길을 따라 빈번히 이동해야 한다. 위도상 반대편인 북극권의 사냥꾼들은 더 뜸하게 이동하고 특정 장소를 영구적 또는 반영구적으로 점유한다. 적도 사람들과 비교해 그들은 점유하는 촌락들 사이의 더 먼 거리를 이동한다. 그들은 잡기 어려운 해양 포유류, 철따라 이동하는 순록, 그리고 연어를 포획하는 더 복잡한 기술을 갖고 있으며, 잡은 동물을 훈연, 건조한 다음 창고와 구덩이, 석조 저장소에 넣어 저장한다.

환경이 어떻든 간에 이동은 생존과 성공에 필요한 핵심 전술이다. 그러므로 수렵 채집민의 경관을 대표하는 요소는 영역보다는 오솔길과 여정이다. 홀로세 동안 저위도와 중위도에서 농경을 채택했을 때, 이동성 상실은 중대한 변화였고 당연히 인구학적 결과를 가져왔다. 농경민과 달리 북극권 수렵민은 정주형 생활 양식을 실천하면서도 인구 증가를 겪지 않는다(제3장 참조).

인류가 구사하는 둘째 전술은 사회 관계망 구축이다. 인류가 음식과 자원을 구하러 돌아다니는 오솔길은 개인의 시공간 범위를 익숙한 유전적 친족 너머로 넓혀주는 교역로, 노랫길[오스트레일리아 원주민들이 지리적 정보, 중요한 지식, 문화적 가치 등을 노래로 만들어 기억하고 후세에 전달한 구전 전통—옮긴이], 혼맥이기도 하다. 지역 간 교환망과 친족 관계망에 들어가는 것을 가리켜 '친족화kinshipping'라고 하는데, 이는 유전적 친족 관계에 기반하지 않는 관계를 맺는 우리의 능력을 의미한다—가령 진짜 아주머니가 아닌 사람을 아주머니로 삼고 언제나 원하던 '아들'을 얻는 식이다. 예를 들어 남아프리카 칼라하리 산족의 개인들은 친족 관계와 동맹을 통해 재료, 인공물, 정보와 더불어 신붓감과 신랑감을 교환하는 지역 간 관계망의 일부가 된다. 그들의 사회적 유대는 보험 증권의 기능도 한다. 칼라하리 내 한 지역에 가뭄이 닥칠 경우, 그곳 사람들은 관계망에 속한 덕분에 생계를 지원받을 수 있는 영역으로 방해 없이 이동할 수 있다. 이와 비슷한 보장책을 (18세기까지 단연 수렵 채집민의 대륙이었던) 오스트레일리아의 다채로운 환경에서도 찾아볼 수 있다. 오스트레일리아에서는 사람들의 '소유지estate'와 '이동 범위range'를 구별하는데, 전자는 사람들이 태어나고 또 그들의 영적인 장소가 있는 공간을 뜻하고, 훨씬 넓은 후자는 사람들이 여행하고 사냥하고 채집하고 인척 관계이거나 그렇지 않은 다른 사람들을 마주치기도 하는 공간을 뜻한다. 가상 친족은 우리로 하여금 사회적·지리적 공간을 자유롭게 이동하게 해주거니와 우리 종의 친절한 면모도 보여준다. 물론 그렇게 돌아다니다가 타지의 숙

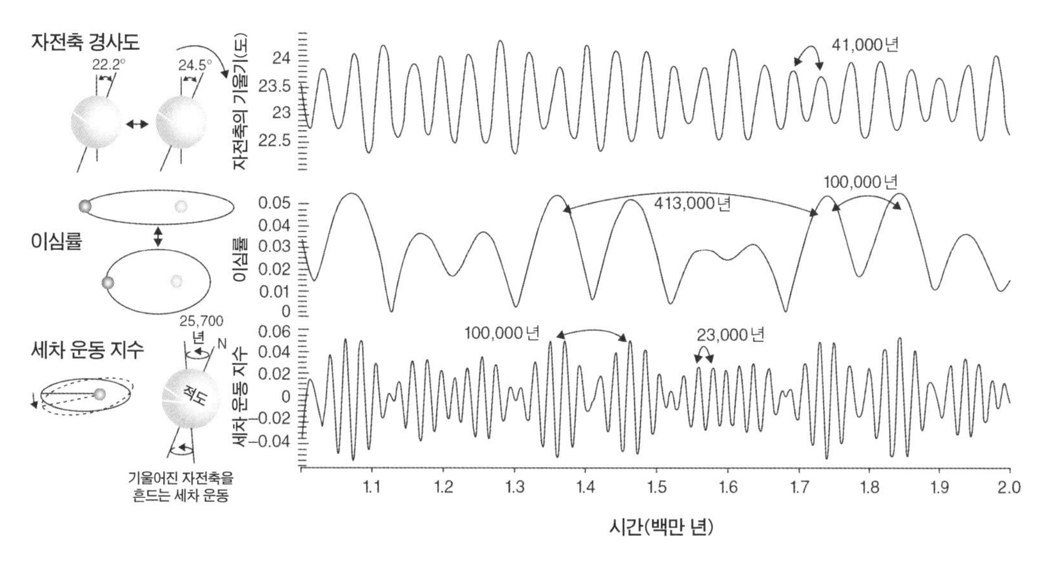

빙하 시대가 찾아오는 이유는 태양과 지구 사이 거리, 태양 광선이 지구와 만나는 각도가 변하기 때문이다.

소에서 문전 박대를 당할 위험도 있다.

지구 궤도의 변화에 따른 기후 변화

현대의 수렵 채집 사회들이 지역 생태에 대응하는 방식을 통해 그들을 상당히 이해할 수 있다. 그렇지만 그들의 환경과 우리의 먼 조상들의 환경이 크게 달랐다는 사실도 고려해야 한다. 먼 조상들과 달리 오늘날 우리는 갈수록 따뜻해지는 온난한 간빙기에 살고 있다. 그러므로 이제 250만 년 전부터 1만 1000년 전까지의 지질 시대인 플라이스토세 빙하 시대 기후의 영향을 살펴봐야 한다.

지구의 공전 궤도, 자전, 자전축 기울기의 변화가 기후에 영향을 준다는 사실은 오래전부터 알려졌다. 세 변화를 각각 이심률, 세차 운동, 지구 자전축 경사각이라고 한다. 천문학 데이터를 이용해 서로 맞물리는 세 운동의 주기를 알아낼 수 있는데, 공전 궤도(이심률)의 주기는 10만 년, 자전축 경사각의 주기는 4만 1000년, 세차 운동의 주기는 2만 3000년이다. 이 주기들로 기후 변화의 규칙적인 패턴을, 그리고 넓게 보면 그 패턴의 귀결인 플라이스토세의 온난 국면과 한랭 국면을 설명할 수 있다. 하지만 천문학자들은 그렇게 온난 기후와 한랭 기후가 번갈아 찾아온다고 주장하면서도 한때 그 증거를 좀체 찾지 못했다. 돌파구를 연 것은 심해 굴착 계획이었다. 해저에서 발견된 작은 해양 생물들을 연구한 학자들은 자그마한 껍데기에 포함된 산소 동위 원소들을 측정해 연속되는 변화의 기록을 내놓았다. 대양들의 크기 변화(온난기에는 커지고 한랭기에는 작아진다)가 작은 해양 생물들의 골격에 포함된 두 가지 산소 동위원소 O^{16}과 O^{18}의 비율에 반영되었다는 것이 밝혀졌다. 초기 연구에서 지난 80만 년 동안 간빙기-빙하기 순환이 지질학계의 주장처럼 네 번 완료된 것이 아니라 여덟 번 완료되었다는 사실도 밝혀졌다. 더욱이 극지방에서 빙모氷帽가 처음 형성되기 시작한 그 이전 100만 년과 비교해, 지구가 더 추워지고 건조해지는 장기 추세의 일부로서 여덟 차례 순환은 갈수록 혹독하게 진행되었다. 80만 년 전부터는 10만 년을 주기로 하는 지구 타원 궤도의 변화, 즉 이심률이 기후 패턴을 좌우했다. 그 이전에는 4만 1000년 주기를 가진 지구 자전축 경사각의 더 짧고 덜 극단적인 순환이 기후 패턴을 좌우했다.

이런 순환들이 지구 기후 변화의 원동력이며, 그 영향은 두 가지 주된 방식으로 감지된다. 순환 중 온난한 간빙기에는 해수면이 상승하고 빙모가 작아진다. 그리고 한랭한 빙하기에는 해수면이 극적으로 하강하고 수분이 충분한 지역들에서 거대한 빙상氷床이 형성된다. 북반구에서는 오늘날 퀘벡과 런던의 위도인 북위 52도까지 빙상이 확대되었다. 대양과 육지의 이런 규칙적인 전 지구적 교환이 인류가 견뎌야 했던 한랭함과 온난함의 정도보다 인류의 역사에 더 중요하다.

대양 수온과 대륙붕

대양은 지구 궤도의 기후 신호가 인류에게 영향을 주는 변화로 바뀌는 과정에서 핵심적인 역할을 한다. 특히 따뜻한 물과 차가운 물을 운반하고, 해수면 온도와 육지 환경에 대한 영향을 좌우하는 해류의 순환에 주목해야 한다. 북대서양 해류는 열대 지방의 바닷물을 북서유럽의 해안으로 실어 나르며, 그 결과로 북극권 한계선 이북에 있는 노르웨이 항구 트롬스에서는 겨울철에도 얼음이 얼지 않는다. 만약 이 해류가 멈춘다면 유럽의 식생과 동물 군집의 구성에 중대한 영향을 줄 것이다. 그런 영향에 따른 변화를 추적할 수 있는 실례로는, 더 짧은 간격으로 발생하면서 극심하되 예측 가능한 기상 이변을 일으키는 엘니뇨 남방 진동이 있다.

빙상은 대양의 도움을 받아야만 커질 수 있다. 대양은 두께가 3킬로미터에 달하는 캐나다 로런타이드 빙상과 스칸디나비아와 북유럽의 빙상이 형성되는 데 필요한 수분을 공급한다. 시베리아 북부와 알래스카 같은 다른 지역들은 혹독하게 춥기는 해도 빙모가 형성될 만큼의 수분이 없었다.

빙상 확대는 이로운 결과를 가져오기도 한다. 빙하기가 절정일 때 세계의 해수면은 130미터 하강하여 서유럽에서 대륙붕이 물 밖으로 드러나고, 시베리아와 알래스카가 연결되어 고대륙 베링 육교Beringia가 형성된다. 먼 옛날 두 곳은 상당한 면적의 땅덩어리였다. 베링 육교의 경우 160만 제곱킬로미터였고, 유럽 망슈 대륙붕의 경우 빙모 남쪽으로 50만 제곱킬로미터였다. 그렇지만 빙상에 가까워 혹독하게 춥고 강풍이 불었던 터라 그리 생산적이거나 매력적인 땅은 아니었다. 온난한 남아프리카 남단 주변의 더 작은 대륙붕이 더 유익한 땅이었을 것이다. 그렇지만 빙하 시대가 찾아와 해수면이 최저로 내려갔을 때 엄청난 보너스라고 할 만한 곳은 동남아시아에서 바닷물 밖으로 드러나는 대륙붕, 즉 고대륙 순다Sunda였다. 이곳과 짧은 거리의 대양으로 분리된 맞은편에는 태즈메이니아, 오스트레일리아, 파푸아뉴기니를 합친 고대륙 사훌Sahul이 있었다.

표 1.5 각기 다른 해수면 하강이 육지 면적에, 특히 고대륙 순다와 사훌에 끼친 영향

지역	전 세계	순다와 사훌	사훌	순다
현대의 육지 면적	150,215,941	14,308,427	9,751,168	4,557,259
해수면 하강 정도에 따라 드러나는 육지 면적				
-20미터	8,029,385	2,875,620	1,546,150	1,329,470
-50미터	14,330,962	5,183,012	2,621,932	2,561,080
-100미터	21,117,563	6,768,410	3,468,844	3,299,566
-130미터	22,968,715	7,008,185	3,588,038	3,420,147

표 1.5가 보여주듯이, 빙하기에 육지 면적은 상당히 늘어난다. 빙상 때문에 대양들의 크기가 줄어든 결과로 노출된 육지 가운데 약 3분의 1은 고대륙 순다와 사훌이었다. 하지만 더 중요한 점은 그런 육지 노출이 어디서 일어났느냐는 것이다. 순다와 북부 사훌 사이에는 적도가 있으며, 두 대륙은 대부분 열대 지방에 속한다. 그러므로 두 대륙은 열대 우림이 감소하고 사바나가 확대되던 시기에 일사량이 가장 많은 위치에 있었던 셈이다. 사바나는 동식물 자원을 쉽게 구할 수 있어 인류와 호미닌에게 유리한 식생대다.

인류에게 횡재나 다름없었던 순다와 대양 건너편 사훌과 관련해 또하나 지적할 점은, 플라이스토세 동안 더 낮은 해수면이 예외가 아닌 표준이었다는 사실이다. 마지막 간빙기-빙하기 주기(13만~1만 1000년 전) 동안의 해수면 곡선을 검토해보면, 이 주기에서 오늘날과 비슷한 간빙기 환경 기간이 약 8퍼센트를 차지했음을 알 수 있다. 이와 비슷하게 해수면이 가장 낮았던 기간도 주기 전체에서 작은 비중을 차지했다. 주기의 대부분에 해수면은 현재보다 100미터에서 20미터 낮았다. 그렇지만 표 1.5가 보여주듯이, 해수면이 100~20미터 하강한 정도로도 세계에서 가장 생산성이 높은 생태 지대에서 육지가 대폭 늘었다.

대륙과 지역: 판구조 운동과 사막

빙하와 대양은 인류 진화에 리듬을 부여한다. 대양이 아닌 대륙에서는 판구조 운동, 화산 폭발, 주요 사막 서식지의 변화가 어느 모로 보나 순다 대륙붕이 노출된 변화만큼이나 인류에게 극적인 영향을 끼친다.

판구조 운동은 지난 30만 년간 지형과 산맥 형성에 중대한 영향을 주었다. 구세계 판구조의 등뼈는 그 길이가 1만 1000킬로미터에 달한다. 그 등뼈는 동아프리카 열곡대를 따라 남북으로 길게 뻗은 '아프리카의 장벽'으로 시작한 다음 동쪽으로 꺾어 '아시아의 방벽들'을 가로지른다. 이 동쪽 줄기를 따라 티베트고원과 히말라야산맥이 연간 최대 5밀리미터의 속도로 융기해온 것으로 추정되며, 지난 20만 년 동안에도

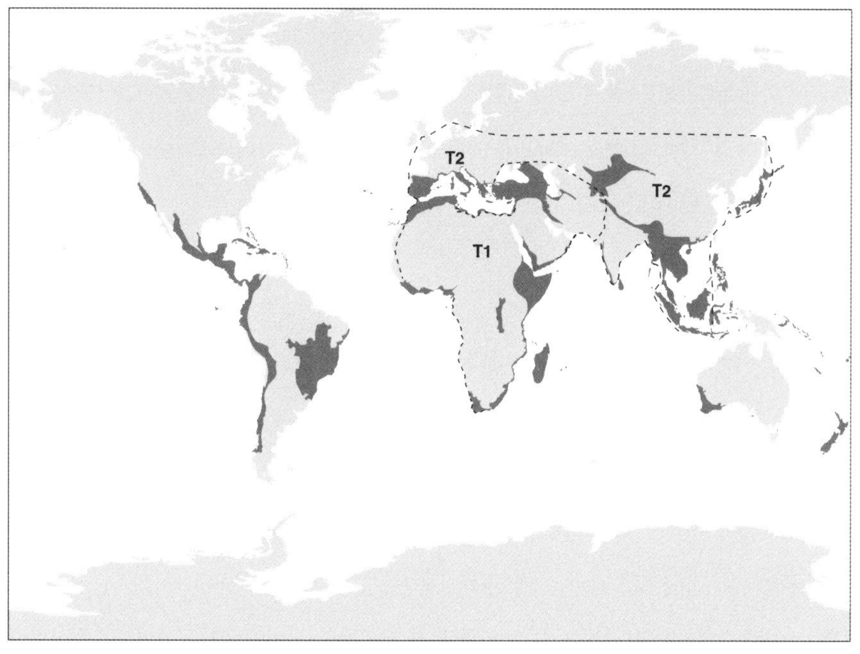

지구에는 동식물 종의 수가 많은 지역이 몇 군데 있다. 이런 생물 다양성 집중 지점들은 호미닌 진화의 중요한 중심지이기도 했다. T1과 T2는 구세계에서 초기 호미닌들이 가장 먼저 거주한 두 지역이다.

상당한 융기가 이루어졌다. 동아프리카와 남아시아에서 이런 산맥 형성이 중요한 이유는 비그늘[산맥에서 바람이 불어오는 방향의 반대편 사면의 비가 내리지 않는 건조한 지역—옮긴이]을 만들고 또 고원을 이루어 계절풍 패턴에 영향을 주기 때문이다. 판구조 운동은 경관을 조각냄으로써 생태계 다양성을 높이고 경우에 따라 개체군들을 분리하는, 진화적으로 중요한 역할도 한다—이는 개체군들이 분기하고 종분화(새로운 종이 진화하는 과정)할 수도 있는 조건이다.

판구조 운동의 영향은 오늘날 생물 다양성 집중 지점hotspot들의 위치로 나타난다. 어떤 지점의 '집중도heat'는 식물과 동물 고유종의 수로 측정한다. 이런 집중 지점들을 지도에 표시하면, 이 종 공장들이 동아프리카와 동남아시아처럼 일사량이 가장 많고 1차 생산성(새로운 식물의 생장량으로 측정)이 가장 큰 열대 지방에 위치한다는 사실이 드러난다. 또 열대 지방에서는 서식지들을 갈라놓고 또 서식지 내 개체군들을 분리하는 데 이바지하는 판구조 운동과 화산 활동이 두드러진다. 주요 집중 지점들은 중위도에서 판구조 운동이 활발한 지역들, 특히 터키와 캅카스 지역에도 있다.

고려해야 할 마지막 주요 대륙 거주지는 구세계의 사막이다. 사하라부터 아라비아를 거쳐 파키스탄에 이르는 사막 벨트는 깊은 역사 속 집단들의 이동을 시종일관 방해한 장벽이라는 가정이 오랫동안 유지되었다. 사막 벨트를 아프리카라는 병의 거대한 코르크 마개로 생각했던 것이다. 오늘날 우리는 더 잘 알고 있다. 신생대 제4기를 탐구하는 과학자들의 현장 작업과 위성 영상을 통해 과거의 거대한 호수, 강, 광범한 내륙 수계水系가 드러났다. 확산과 소통의 장벽이기는커녕, 오늘날 사막인 지역들에서는 습윤기와 건조기의 주기가 되풀이되었다. 초록 아라비아와 초록 사하라가 주기적으로 출현했다. 초록 기간에는 수역들이 엄청나게 넓었다. 플라이스토세 동안 사하라 이남 메가차드Megachad 호의 면적은 83만 7000제곱킬로미터에서 36만 1000제곱킬로미터 사이를 오갔다(북아메리카 슈피리어 호가 8만 2000제곱킬로미터, 중앙아시아 카스피해가 37만 1000제곱킬로미터다). 사하라 이북 메가페잔Megafezzan 호는 더 작았지

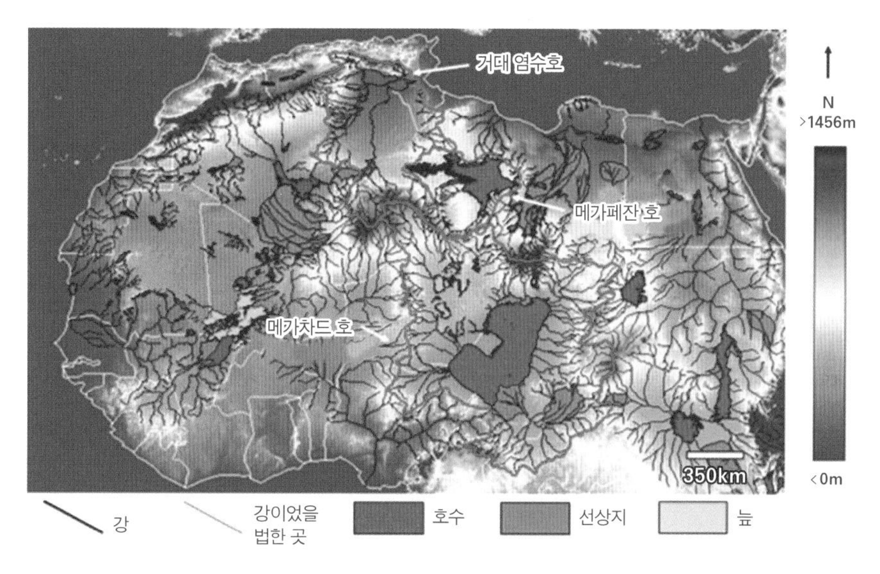

과거 '초록 사하라'에 이바지했던 거대 호수, 강, 광범한 내륙 수계.

만 그래도 13만 제곱킬로미터였다. 초록 아라비아 내 고古호수들 기슭의 연대를 측정하는 과학 기법들은 가장 최근 간빙기였던 13~12만 년 전과 8만 년 전 단기간에 이곳 기후가 대체로 습윤했음을 보여준다. 두 기간은 해수면이 높았던 시기와 일치한다. 그러므로 아라비아와 사하라가 초록빛이었을 때, 구세계 동부의 순다는 크기가 가장 작았고 대부분 열대 우림으로 덮여 있었다. 여러 대륙에 걸친 기후 변화의 결과로, 인간의 먹을거리인 육상 식량 자원의 분포 조건이 매력적인 쪽에서 덜 매력적인 쪽으로 주기적으로 변동했다.

서식지 변화는 지역 규모에서도 일어났다. 고유종 비율이 높은—국지적 종분화가 많이 이루어진—지역으로서의 생물 다양성 집중 지점들은 이미 언급했다. 북반구에서 프랑스 남서부에서 알래스카에 이르는 또다른 대규모 지역은 매머드 스텝Mammoth Steppe이었는데, 이는 빙하기에 저온에 적응한 동물상을 대표하는 털매머드에서 따온 이름이다. 매머드 스텝은 해안에서나 내륙에서나 매우 생산적인 목초지 환경이었다. 순록, 말, 들소, 털코뿔소 같은 무리 동물뿐 아니라 육식 동물의 세 대표 주자인 사자, 하이에나, 늑대도 많았던 것이 그 증거다. 매머드 스텝보다 동물 생물량의 생산성이 더 높았던 곳은 아프리카의 저위도 사바나뿐인데, 이곳에는 영양 및 말과의 종수가 더 많았거니와 거대 동물들—코끼리, 기린, 코뿔소, 하마, 버펄로—도 있었다. 동물 생산성이 높은 서식지는 인도 북부와 중국 온대에서도 발견되었다. 인류 도착 이전 아메리카 대륙에는 다채로운 동물상과 더불어 마스토돈, 나무늘보·곰·아르마딜로의 거대 변종 등 지금은 멸종하고 없는 여러 종이 있었다. 사훌의 유대류도 인류 도착 이전에 극히 다양했다. 이곳에는 거대 캥거루와 코뿔소 크기의 초식 동물 디프로토돈이 있었다. 반면에 동남아시아 열대 우림은 식물 생산성이 더 높았으며, 더 작은 삼림 동물들이 많이 있었지만 그중 어떤 동물도 큰 무리를 이루지 않았다. 다른 지역들과 마찬가지로 이곳에서도 삼림에서 사바나로, 다시 사바나에서 삼림으로 바뀌는 주기적인 순환이 식물 분포뿐 아니라 동물 분포도 바꾸어놓았다. 이와 같은 패턴을 유럽의 대륙 분수계 일대에서도 더 작은 규모로 확인할 수 있다. 분수계 남쪽은 피난 지대인 반면, 북쪽과 동쪽은 한기나 온기에 적응한 동식물들이 차례차례 팽창하고 수축하는 지역이다.

이렇게 지역별로 식물과 동물이 다른 것은 당연한 결과이자 깊은 역사의 일부다. 어느 지역에 사는 식물상과 동물상은 기후가 변화함에 따라 덩달아 달라지는 서식지와 함께 이동하거나 현재 위치에 그대로 머무르면서 엄습해오는 새로운 기후에 적응하도록 압력을 받는 까닭에, 지역들을 구분하기란 대개 어려운 일이다. 그러나 지역 규모에서 보면, 지역 접근법의 가치를 보여주는 분포 패턴의 지속성을 확인할 수 있다. 그간 강조된 대로 동아프리카에서는 호미닌의 진화에서 호수 유역이 중요했다. 물이 결정적인 제약 요인인 오스트레일리아에서는 대륙을 주요 배수 유역들에 상응하는 지역들로 나누어 인류의 적응을 탐구해왔다. 언어 사용의 패턴과 물질문화의 패턴을 겹쳐놓고 보면, 이 지리적 지역들 외부보다 내부에서 사람들이 더 자주 교류했던 것으로 보인다. 배수 유역을 나누는 접근법은 유럽에 적용되어, 아홉 지역에서 정착지의 크기와 빈도에 대한 고고학적 증거가 서로 다르게 나타나는 이유를 설명해주었다. 그리고 유럽의 배수 유역에 근거한 설명은 위도와 경도, 기복起伏 — 간빙기에나 빙하기에나, 전 세계 어디서나 태양 에너지를 자원으로 변환하는 데 영향을 주는 상수들 — 을 고려하는 설명으로 보완되었다.

밀기-당기기 요인과 종 공장

다음으로 지난 20만 년 동안의 인류 진화를 이해하는 데 필요한 환경의 골자를 살펴보자. 아프리카를 떠난 호모 사피엔스는 조상 전래의 이동 패턴을 따랐다. 이 패턴은 아프리카 열대 지방과 동남아시아 열대 지방 사이의 밀기-당기기push-pull 메커니즘으로 여길 수 있다. 생물 다양성 지도가 보여주듯이, 아프리카와 동남아시아는 세계에서 으뜸가는 종 공장이다. 마다가스카르와 남아프리카 해안처럼 생물 다양성이 높은 다른 지역들은 확산을 위한 종 공장이 아니다. 오히려 수출보다 내수를 위해 종을 생산하는 공장이다(그래서 고유종 비율이 높다). 그러나 열대 아프리카와 아시아에서 새로운 분류군은 결코 한쪽 방향으로만 확산하지 않는다. 순다의 크기가 커지면서 이곳 서식지가 열대림에서 사바나로 바뀌는 주기에는, 두 대륙과 캅카스 및 알타이 산맥에 있는 북부 중심지들이 서로 동물상을 교환했다. 그리고 사하라-아라비아 사막의 습윤기에는 아프리카 사바나가 개체군들을 남쪽으로 끌어당기고 건조기에는 북쪽으로 밀어냈다. 이것이 호미닌 개체군 확산의 기본적인 엔진으로, 정확한 작동 방식은 아직 탐구중이다. 사막, 대륙붕, 우림, 사바나, 판구조 운동 같은 밀기-당기기 요인들은 서로 맞물리는 지구 이심률의 주기, 세차 운동의 주기, 자전축 경사도의 주기만큼 잘 이해하고 있지 못하다.

오스트레일리아는 이 모델의 축소형을 보여준다. 건조한 내륙에서 증가한 개체들이 해안 인근의 더 습한 지역들로 밀려나는 방식으로 이 밀기-당기기 메커니즘이 대

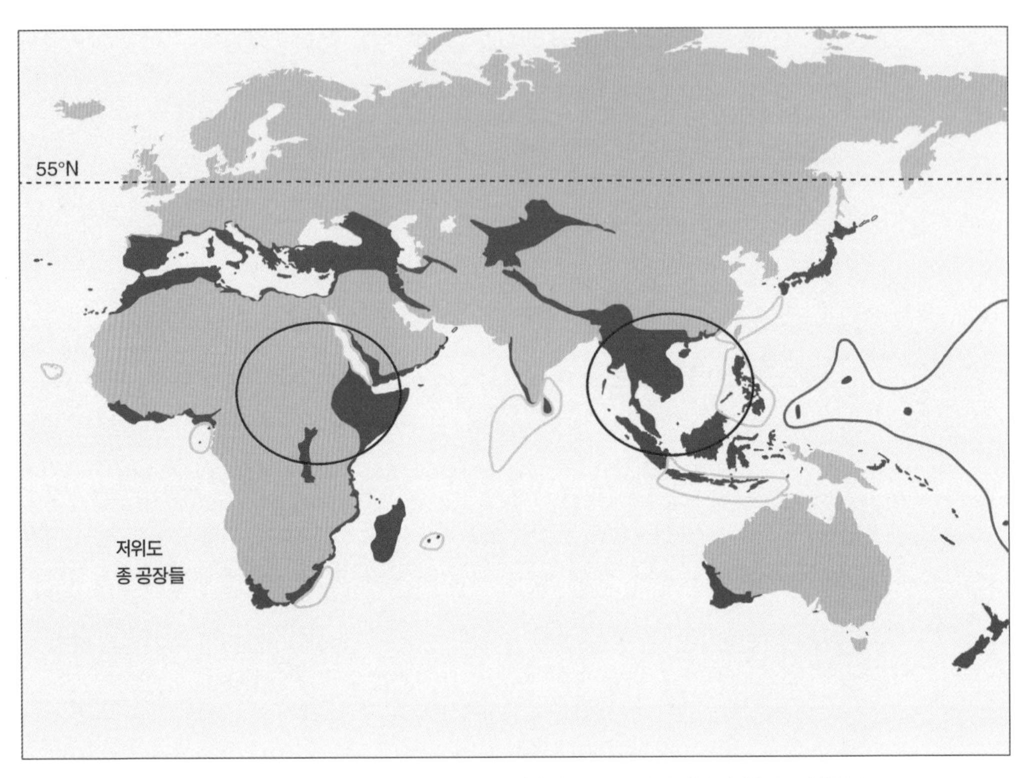

동아프리카와 동남아시아(원으로 표시)의 두 적도 지역은 호미닌을 포함해 새로운 동물 종이 거듭 진화한 주요한 '종 공장'이다. 또한 개체군 성장이 큰 폭으로 이루어진 지역이기도 하다. 환경 변화는 매우 생산적인 두 지역 사이에서 사람과 동물의 잦은 이동을 추동했다. 이 진자 효과는 인류의 진화를 이끈 지리적 엔진 중 하나다.

륙 규모에서 작동했다는 주장이 제기되었다. 자원을 구할 수 있어 개체군 밀도가 훨씬 더 높았던 해안 지역들은 내륙 배수 유역의 경계 너머로 개체군을 끌어당겼다. 이에 더해 수분이 풍부한 해안 지역의 더 높은 질병률은 개체군과 자원의 균형을 맞추는 메커니즘에 일조했고, 내륙으로부터의 이주를 가능하게 해주었다.

이것이 인구 역사의 지구적 패턴이다. 인구가 가장 많이 증가한 중심지들은 경제의 기반이 수렵과 채집이든 목축과 재배든 언제나 난온대와 아열대에 속했다. 인구를 제약한 요인으로는 적도 주변의 질병 벨트와 북위 46도 이북의 자외선 결핍 같은 환경 보건 문제가 있었다. 네안데르탈인에게는, 그리고 북위 51도 시베리아에서 살아간 유전적으로 구분되는 데니소바인에게는 자외선 결핍이 문제되지 않았던 것으로 보인다.

다재다능한 인류

호미닌과 인류는 이런 기후 변화에 어떻게 대응했을까? 미래에, 또는 지구의 공전 주기에 적응할 수는 없는 노릇이었다. 해수면 하강을 예측할 수도 없었다. 호모 사피엔스와 호미닌 조상들을 구별하는 특징은 온갖 환경 난제와 기회에 대처하는 우리의 능력이라고, 우리는 생태 일반종으로서 기술을 활용해 계절별 자원, 추위, 대양 횡단에 대한 해결책을 찾는다고 주장하는 것은 솔깃한 일이다. 호모 사피엔스에 의해 밀려난 호미닌들은 매머드 스텝 같은 특정한 환경에 적응한 특화종이었다는 것은 뻔한 추론이다. 다시 말해 환경이 간빙기 조건에서 빙하기 조건으로 바뀌었을 때 특화종인 호미닌들은 자기들에게 가장 적합한 조건을 쫓아갔거나 국지적으로 멸종했다는 것이다. 그렇지만 일반종과 특화종을 구별하는 추론은 모든 호미닌의 유연한 기술적 솜씨와 핵심 생존술인 이동을 간과한다.

특화종과 일반종 외에 호미닌의 세번째 특징이 필요하다. 바로 다재다능이다. 호미닌은 곧잘 변화하는 환경의 선택압을 받으며 특유의 다재다능함을 진화시켰다. 호미닌은 갈수록 추워지고 건조해진 지난 200만 년의 기후 추세에 적응했던 것이 아니다. 만약 그렇게 적응했다면, 호미닌은 십중팔구 환경 조건에 따라 특화종 아니면 일반종이 되었을 것이다. 실제로는 플라이스토세에 갈수록 건조해지고 추워지는 기후 추세보다 환경의 비일관성이 가장 강력한 선택압으로 작용했고, 지역 규모에서 호미닌에게 영향을 끼치는 가변성—계절별로 바뀌는 식량 분포 같은—을 야기했다. 환경이 다재다능한 호미닌을 선택했을 것이라는 추측은 심해 시료를 통해 얻은 플라이스토세 온도 곡선을 검토하는 방법으로 검증되었다. 이 곡선은 현재 인류 진화의 시간 범위를 포괄하는 연속 기록을 얻을 수 있는 유일한 환경 변수 곡선이다. 검증 결과는 분명하다. 온도 변화에 일관성이 없었을 때(환경의 가변성이 컸을 때), 모의실험에 따르면 다재다능 전략을 가진 호미닌이 경쟁에서 특화종과 일반종을 이겼다.

호미닌과 인류는 각기 해부학과 생물학에 얽매여 갈라파고스의 핀치와 지의류를 먹는 순록 같은 생태 특화종이 되지도 않았고, 잡식성 곰과 돼지 같은 섭식 일반종이 되지도 않았다. 그렇다면 어째서 호미닌이 아닌 다재다능한 인류만이 지구적 종이 되었을까? 다음 절에서 이 물음을 검토하겠다.

지구 전역에 정착하기

지금까지 인류를 정의하는 세 가지 경로—해부학, 유전자, 인공물—를 다루었다(제2장도 참조하라). 이제 넷째 경로인 지리를 다루면서 농경 이전 10만 년 동안의 전세계적 정착을 개관하겠다. 이를 위해 호미닌의 정착이 이루어진 다섯 테라Terra 중 2개 테라의 전개 과정을 살펴본다. 두 테라는 호미닌과 인간 조상의 집단들이 특정한 기간 동안 거주한 지구의 부분이며, 나는 테라 2(180만~5만 년 전)와 테라 3(5만~4000년 전)에 속하는 20만~1만 1000년 전에 집중할 것이다.

여기서 주목하는 것은 인류의 지리적 범위의 확대다. 우리가 지구적 종이 된 과정은 두 단계로 나눌 수 있다. 첫째 단계는 구세계의 일부로 이루어진 환경 외피로서, 그 안에서 호미닌들이 때때로 퍼져나갔다. 이것이 호미닌 테라 2다. 테라 2의 남쪽 경계는 횡단할 수 없는 대양이었고, 북쪽 경계는 북위 55도 부근이었다. 북방 한대 수림, 냉대 스텝, 툰드라로 이루어진 북쪽 경계의 환경은 언제나 생태 생산성이 낮았고, 계절 변동이 극심한 대륙성 기후에 시달렸다. 오늘날에는 이 위도대에서 이동 생활을 하는 집단들이 번성한다. 하지만 그 대가로 사회적 연계를 유지하고 복잡한 기

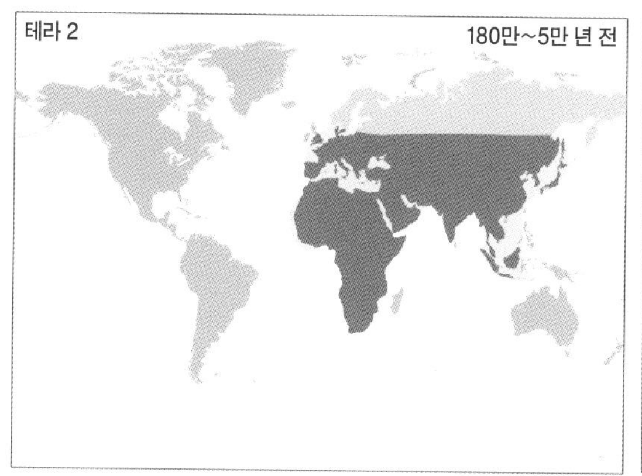

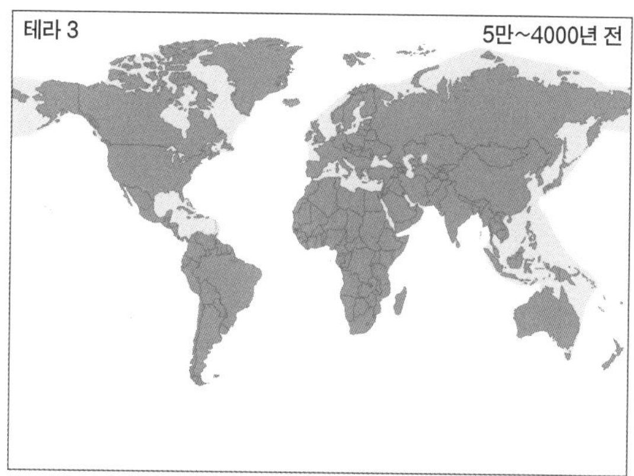

테라 2와 테라 3으로 알려진 핵심 단계들에 호미닌과 인간의 세계 정착 범위를 비교한 지도.

술을 동원해야 한다. 이 북부 지역들에서 풍부한 자원은 대개 강가나 해안가에 있다. 그러나 테라 2에서는 어류와 해양 자원을 거의 이용하지 않았고, 남아프리카 밖에서는 그 양이 결코 많지 않았다.

이 한정된 지리 안에서 호미닌과 인류의 이동을 추동한 힘은 앞서 말한 환경 엔진, 즉 사하라-아라비아 사막의 습윤기와 건조기, 그리고 열대 순다의 해수면 하강과 상승에 따라 대륙 규모로 작동한 엔진이었다. 이 광범한 패턴은 더 작은 지역 규모에서 끊임없이 일어나는 판구조 변화의 영향을 받았다. 그러나 구세계의 테라 2, 즉 호미닌이 점유한 지리적 범위는 호모 에렉투스가 호미닌 중 최초로 아프리카 밖으로 널리 퍼져나가기 시작한 후 200만 년 동안만 점차 확대되었다. 우리 종 호모 사피엔스의 초기 대표들은 테라 2를 더 넓히지 않았다.

둘째 단계는 우리에게 한결 익숙한 테라 3으로 들어선다. 익숙한 까닭은 사훌뿐 아니라 빙하로 덮이지 않은 러시아 북부 북극 지방, 고대륙 베링 육교, 아메리카 대륙의 다채로운 거주지들까지 포함하기 때문이다. 정착 영역의 기하급수적 확대는 마지막 빙하 시대(7만 1000~1만 1000년 전)에 이루어졌다. 그 주역은 수렵과 채집으로 생계를 꾸린 이동 생활 집단들이었다. 빙하 시대 인류에게는 개 말고는 다른 가축이 없었다. 정착 영역을 넓히려면 보트, 내한성 옷감과 가옥, 식량을 저장하는 기법, 독성이 있지만 생산성이 높은 식물에서 독성을 없애는 기법 같은 기술의 진전이 필요했다. 하지만 지구 전역으로 확산하려면 무엇보다 고향에 머물러 있기보다 지역 너머로 나아갈 수 있게 해주는 새로운 사회적 얼개가 필요했다. 테라 3의 정착민들이 도달하지 못한 환경은 태평양의 먼 섬들이었다. 그런 섬에 정착하려면 인간의 생태적 적소niche를 멀리 오세아니아까지 옮길 수 있게 해준 재배 식물과 가축이 있어야 했을 것이다. 지구 전역 정착의 역사는 테라 4의 홀로세에 전개되었다. 정착민들은 새로운 환경의 조건에 적응한 것이 아니라 거꾸로 자신들의 조건을 그곳에 부과했다.

테라 2의 호미닌 세계와 테라 3의 인간 세계의 차이는 익숙한 외피 안에서 사는 것과 밖에서 사는 것으로 요약할 수 있다. 아프리카를 떠난 인류가 이 대륙 밖에 거주하고 있던 호미닌들을 금방 대체했던 것은 아니다. 오히려 테라 2에서 해부학상 현생 인류 또는 유전학상 현생 인류는 때때로 출현하는 거주자와 여행자였다. 최근 중국 복암 동굴에서 발견된 현생 인류의 치아와 이스라엘 스쿨Skhūl 동굴과 카프제Qafzeh 동굴에서 발견된 더 오래된 해부학상 현생 인류의 머리뼈의 연대는 과학적 방법으로 13만 5000년 전에서 8만 년 전으로 측정되었다. 두 발견은 한 대륙의 종 공장에서 다른 대륙의 종 공장으로, 즉 아프리카에서 순다로, 순다에서 아프리카로 이동하면서도 줄곧 테라 2의 외피 안에, 얼추 200만 년 동안 유지된 경계 안에 머물렀던 패턴을 가리킨다.

무엇이 전 지구적 확산을 가능케 했는가?

앞서 언급한 보트와 내한성 옷감이 분명 전 지구적 확산에 기여하긴 했지만, 단지 이것들이 없었기 때문에 지리적 확산이 그토록 오랫동안 지연되었던 것은 아니다. 기술 진전을 제약하는 원인은 지력과 영감의 부족이 아니다. 기술 진전이 이루어지려면 새로운 목표를 상상할 수 있는 사회적 맥락이 필요하다. 실리콘 시대를 사는 우리에게 돌촉 화살이 쓸모없는 것과 마찬가지로 석기 시대에는 트위터가 필요 없었다.

기술 혁신에 더해 상징적 상상을 나타낸다고 여겨지는 것들—예술, 장식, 매장 의례(제2장)—까지 자극한 사회적 맥락은 다음 네 가지 문화적 요소를 포함했다.

1. 같은 세대와 다른 세대의 사람들을 연결하고 권리(예컨대 결혼할 수 있는 권리)와 의무(예컨대 환대할 의무)를 소중히 여기는 친족 관계 범주들에 기반을 두는 사회. 이 범주들은 유전적으로 배타적이지 않으며 개인들이 친족화 관행을 통해 사회적 도달 범위를 시공간상으로 넓힐 수 있게 해준다.
2. 다른 시기에 사용하고 소비하기 위한 재료와 재화의 축적. 여기에는 식량과 원료 저장이 포함된다. 또한 귀중품 수집과 비축도 포함된다.
3. 이런 자원을 이제 남성이 통제하는 사회를 구성하기 위해 사용하는 행위. 그 전에는 여성과 지역 생태의 최적 자원의 관계가 양성의 협력 방식을 규제했다. 이제 남자들이 이런 자원을 지키고 친족화를 통해 자원 교환 여부를 통제한다.
4. 자원 사용량을 늘려주고 전 지구적 정착민들에게 그들의 경관(환경 적소)을 타지로 옮겨갈 기회를 제공하는 가정 경제. 농민의 이동과 원예민의 태평양 정착이 두 가지 실례다.

정착민 확인하기

해부학상 현생 인류도 유전학상 현생 인류도 새로운 인공물들을 독특하고도 광범하게 사용하는 방식으로 자신들이 이동중임을 알리지 않았다. 그렇지만 고고학자들은 이동중인 사람들을 가리키는 분명한 증거에 익숙하다. 가장 분명한 예는, 근동에서 유럽으로 퍼져나간 농민들이 가져간 롱하우스long-house[통나무로 틀을 잡고 진흙 반죽을 발라 지은 길고 좁은 집—옮긴이], 토기, 맷돌, 돌도끼, 양, 밀, 보리 등 신석기 도구 패키지다. 이 전진의 물결은 유럽에 먼저 거주하고 있던 수렵민들을 수천 년 만에 쓸어버렸다. 역시 새로운 문화적 측면을 동반한 비슷한 전진의 물결로는 5000년 전 남아프리카로의 농경 확산이 있다. 이 물결의 특징은 재배 식물, 가축, 독특한 토기, 야금술, 반투어語였다. 그리고 3500년 전부터 먼 태평양으로 퍼져나간 라피타 문화Lapita Culture의 물결은 장식이 매우 많은 도기, 정교한 매장 관행, 다양한 재배 식물과 가축을 특징으로 했다.

그러나 테라 3의 신석기 렌즈를 통해 깊은 역사를 바라보면 실상이 왜곡되어 보인다. 그 이전 테라 2의 경계 안에서 대륙들 사이를 오간 호미닌과 인류의 여러 차례 이동에 비견될 만한 것이 테라 3에는 없다. 20~5만 년 전, 테라 2의 다양한 거주지들은 서로 눈에 띄게 비슷한 석기 기술을 사용했다. 예컨대 대개 세심하게 준비한 몸돌에서 떼어낸 다음 찌르개로 손질한 격지 모양의 몸체, 긁개, 돌칼, 홈날석기, 새기개 등을 공유했다. 그리고 흔히 뼈나 금속, 돌로 만든 인공물을 자루(손잡이 또는 가죽 끈)에 부착했고, 나무, 돌, 힘줄, 유향 등을 사용해 자연적으로 생기지 않는 복합재료 인공물을 생산했다. 이처럼 테라 2의 큰 부분들은 실제로 오랫동안 같은 기술을 보여주었다. 그렇다면 해부학상 현생 인류 또는 유전학상 현생 인류의 이동 경로를 밝혀주는 독특한 문화 패키지는 어디에 있는가?

그런 패키지는 테라 3의 후기 구석기 시대 유럽에서 예술, 장신구, 새로운 석기 기술, 현생 인류의 머리뼈와 함께 나온다. 이 고고학적 패키지는 두 가지 예상—'현생 인류' 특유의 문화와 인간 개체군이 이동중이었음을 알려주는 문화적 서명—을 동반했다. 그들은 후기 구석기 시대 유럽에 석기 몸체를 남겼는데, 이것은 미리 준비한 몸돌에서 떼어낸 다음 자루를 붙이기 위해 가벼운 부품으로 손질하고 조개껍데기, 상아, 뼈, 돌로 만든 예술품과 장신구로 보완한 길고 얇은 돌날이었다. 그리고 이주해오는 인간 집단이 유럽에 미리 거주하고 있던 네안데르탈인을 대체한 사실은 신석기 인간 개체군 이동 모델을 입증하는 초기 증거다.

그러나 테라 3의 유럽은 테라 2의 세계를 대표하지 않는다. 동아프리카와 순다의 종 공장에서부터 따로따로 여행길에 오른 개체군들이 얼마나 많았는지 우리는 알지 못한다. 기초적인 유전학적 증거는 도중에 옆길로 빠진 개체군들이 많았음을 시사한다. 그렇게 탈선한 개체군들의 연대를 부정확하기로 악명 높은 분자시계로 측정하는 것은 힘겨운 도전이다. 고고학적으로 그들은 눈에 보이지 않는다.

테라 2의 20년~5만 년 전 아프리카

오늘날 인간 증거의 세 갈래—해부학, 인공물, 유전자—는 아프리카에서 서로 만난다. 에티오피아 헤르토와 케냐 오모에서 발견된 가장 이른 해부학상 현생 인류의 특징은 표 1.2에 제시했다. 인공물 증거는 조개껍데기 장신구, 뼈 기술, 유향으로 자루 붙이기, 안료 사용, 독특한 투사체 기술 같은 혁신들이 널리 퍼져 있었음을 보여준다. 더욱이 아프리카에서 인간의 문화적 레퍼토리에 추가된 이런 여러 혁신을 특정 장소에서 모두 발견할 수 있다. 특히 남아프리카의 커다란 해안 동굴들, 클라시스 강 어귀Klasies River Mouth, 피너클 포인트Pinnacle Point, 블롬보스 동굴Blombos Cave 등지에서 장기간에 걸쳐 출현한, 연대가 잘 알려진 이런 혁신들의 연쇄를 추적할 수 있다. 남아프리카 케이프 지역에 특히 혁신의 증거가 많지만, 이는 북아프리카의 동굴들도 마찬가지다. 그중에서도 모로코의 타포랄트Taforalt 또는 비둘기 동굴Grotte des Pigeons에서 조개껍데기 구슬이 발견되었다. 블롬보스 동굴에서 8400킬로미터 떨어진 이곳에서 똑같이 나사리우스 크라우시아누스Nassarius kraussianus[고둥의 한 종—옮긴이]의 껍질을 사용해 구슬을 만든 다음 줄로 꿰어 목걸이로 완성했다는 것은 놀라운 사실이다. 두 동굴에서 모두 발견된 인공물의 연대를 과학적 기법으로 측정한 결과 적어도 8만 2000년 전 것으로 확인되었다. 남아프리카의 몇몇 동굴에서 나온, 무늬를 새긴 황토색 조각들까지 함께 고려하면, 아프리카에서 최초의 비실용적인 상징적 인공물을 만들었다고 주장하는 이유를 쉽게 이해할 수 있다(제2장 참조).

해부학과 물질문화의 측면에서, 테라 2의 아프리카는 혁신의 대륙이었다. 아프리카는 광대하고 다채로운 땅덩어리다. 아프리카 내부의 개체군 이동은 틀림없이 아프리카 외부의 이동만큼이나 연속적이고도 복잡하게 이루어졌다. 남중국과 서남아시아 등 테라 2의 다른 곳에서 출현한 해부학상 현생 인류는 투사投射용 찌르개, 조개껍데기, 안료 사용 같은 혁신을 동반하지 않았다. 아프리카 외부의 매장 사례는 알려져 있으며, 주요 유적으로는 이스라엘의 스쿨 동굴과 카프제 동굴이 있다. 그런 의도적인 동굴 내 매장은 네안데르탈인이 점유했던 테라 2의 북부 지역들에서 비교적 흔하게 발견된다.

증거의 셋째 갈래는 유전자다. 각각 Y 염색체와 미토콘드리아 데이터에 근거하는 남성과 여성 계통 지리학은 다른 모든 현생 인류 개체군보다 아프리카인들 사이에서 더 다양하다. 분자시계와 돌연변이율에 근거하는 연대들은 통계상 불확실하다. 그렇지만 증거들은 오늘날의 모든 미토콘드리아 계통의 선조인 한 여성이 19만 2000년 전에 살았음을 가리킨다. 이 계통들은 하플로그룹haplogroup이라고 알려진 가지들로 다시 분기했는데, 바로 이 가지들이 계통 지리학을 재구성하기 위한 데이터로 쓰인다. 미토콘드리아의 '이브' 이래로 사하라 이남 아프리카에서 하플로그룹 네 개가 진화했으며, 그중 마지막으로 진화한 L3는 분자시계로 추정하건대 7만 2000년 전에 출현한 것으로 보인다. 그러므로 아프리카에서 현생 인류처럼 생긴 사람들(해부학상 현생 인류)이 이미 출현했고 물질문화의 혁신이 일어나고 있던 무렵, 유전학상 현생 인류의 개체군들이 이 대륙의 이곳저곳을 돌아다니고 있었던 것으로 보인다. 서로 교배하는 인류 개체군들의 성향을 고려하면(호모 사피엔스와 네안데르탈인이 좋은 예다), 20만 년 전 이후 아프리카에 있었던 모든 사람을 호모 사피엔스로, 따라서 '현생 인류'로 여기지 않는 것은 비뚤어진 견해로 보인다.

그런데 사하라 이남 아프리카 중 어디가 그들의 고향이었을까? 하플로타입 L3의 데이터를 모델링한 결과는, 8만 6000년 전에서 6만 1000년 전 사이에 인구가 증가

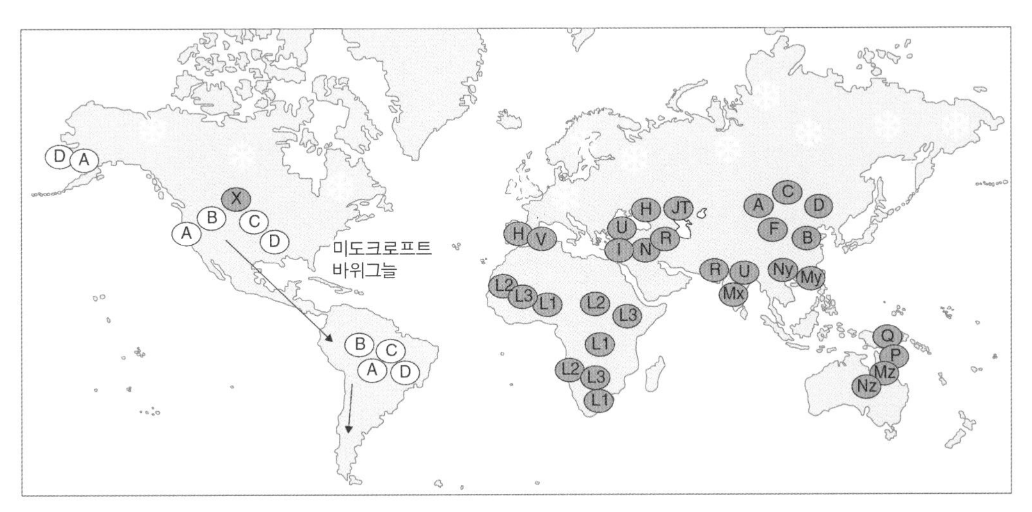

페터 포르스터Peter Forster의 약 2만 년 전 대륙 빙하 시대(눈송이 모양)의 인간 개체군 이동 지도. 알파벳은 하플로타입haplotype으로 알려진 유전자군을 의미한다. 아프리카의 L 하플로타입이 가장 오래된 것이고, 아메리카 대륙의 A부터 D까지가 가장 최근 것이다. 펜실베이니아의 미도크로프트 바위그늘Meadowcroft Rockshelter은 북아메리카에서 가장 이른 고고학적 유적지 중 하나로서 유전학적 재구성에 신빙성을 더해준다.

했음을 가리킨다. 인구 성장이 일어난 장소는 동아프리카였다. 이곳은 생물 다양성 집중 지점일 뿐 아니라 인류의 유전자가 가장 다양하게 나타나는 지역이기도 하다. 동아프리카는 현재 증거에 정확히 들어맞는다.

L3는 이 동아프리카 지역 내부의 현생 개체군과 외부의 현생 개체군에서 모두 발견된 유일한 하플로그룹이라는 점에서 중요하다. 핵심 문제는 L3가 테라 2의 다른 부분들로 언제 이동했느냐는 것이다. 7만 1000년 전 수마트라섬 토바 화산의 거대한 폭발이 '화산 겨울'을 촉발하고 아시아에서 지역 인구를 제거함으로써 아프리카 밖으로의 인간 이동을 촉진했다는 주장이 제기되었다. 그러나 그 영향은 과장되어왔다. 화산재로 뒤덮인 지역은 초토화되었을 테지만, 그렇지 않은 지역의 소수 집단은 다른 곳으로 이동하여 새로운 조건에 재빨리 적응할 수 있었을 것이다. 예를 들어 토바 화산이 폭발했음에도 또다른 대형 영장류 오랑우탄은 멸종하지 않았다.

테라 3의 5만 년 전 사훌에 도착

인간이 사훌(뉴기니, 오스트레일리아, 태즈메이니아)에 도착해 마침내 지구적 종이 된 여정의 원천으로 아프리카를 꼽는 이유는 이 대륙에서 해부학적 혁신, 유전적 혁신, 문화적 혁신이 합쳐졌기 때문이다. 그 여정의 결과로 인간은 오늘날 외로운 종, 호모 속에서 단 하나 남은 종이 되었다. 6만 년 전에서 5만 년 전 사이에 인간이 오스트레일리아에 도착한 사건은 깊은 세계사에서 테라 2에서 테라 3으로의 이행을 나타내는 하나의 문턱이었다. 사람들이 테라 2를 이동해 이 지역에 도착하는 동안 새로운 하플로그룹들이 생겨났고, 지금도 지역 개체군들에서 볼 수 있는 표현형 변이(피부색, 모발 유형, 신장, 얼굴 골격) 대부분의 유전적 토대가 놓였다.

동쪽으로 향하는 경로들은 그간 논쟁의 주제였다. 아라비아와 인도 부근에서 동남아시아로 가는 해안 경로는 고고유전학자 스티븐 오펜하이머Stephen Oppenheimer가 거대한 원호형 확산great arc of dispersal이라 부르며 제시했고, 이 경로의 풍부한 해양 자원이 확산을 추동한 인구 성장과 집단 분기에 도움이 되었을 것이라고 지적했다. 또는 북부 육상 경로를 통해 개체군들이 터키-이란의 생물 다양성 집중 지점으로 이동하고, 이곳에서 다시 테라 2의 다른 부분들과 북위 55도의 환경 경계 너머로 이동했을 수도 있다. 두 경로를 입증하는 고고학적 증거는 없으며, 고고유전학 데이터의 연대는 신뢰할 만하지 못하다. 이것이 사훌의 초기 정착을 밝히는 과제가 중요한 이유다. 사훌에 닿으려면 언제나 적어도 70킬로미터 거리의 바다를 건너야 했다. 가장 유력한 방향은 술라웨시에서 파푸아 서부 도베라이반도로 향하는 것이었으며, 사훌 내 고고학적 증거 가운데 방사성탄소 연대가 가장 이른 것들은 해발 2000미터인 뉴기니 동부 고지 아이번 계곡Ivane Valley에서 나온다. 이곳에서 발견된 돌도끼와 판다누스 열매 껍질의 연대는 4만 9000년 전에서 4만 4000년 전 사이이다. 사훌의 주요 거주지들은 4만 년 전에서 3만 5000년 전 사이에 정착되었다. 여기에는 뉴기니의 고지, 건조한 내지, 빙하 작용에 의해 형성된 태즈메이니아 남서부, 오스트레일리아 노던 준주의 해안 사바나, 그리고 정착하려면 바다를 더 횡단해야 했던 비스마르크 제도와 솔로몬 제도의 큰 섬들이 포함된다. 사훌의 경우 방사성탄소 연대가 양호해 확산 속도를 추정할 수 있다. 도베라이반도와 태즈메이니아 남서부 사이 거리가 7500킬로미터이고 두 곳의 방사성탄소 연대의 차이가 5000년이므로, 확산 속도는 연간 1.5킬로미터였다. 그리고 이 속도는 돌날보다 격지를 사용하고 석재에 자루를 붙이는 기술 수준과 어부-채집민-사냥꾼의 이동식 생활 방식으로 달성한 것이다.

테라 3의 시베리아와 아메리카 헤쳐나가기

북위 55도 이북에 정착할 때 직면했던 난제가 반드시 추위였던 것은 아니다. 물론 지독하게 춥긴 했지만, 인간 정착의 특성이 희석된다는 것이 더 문제였다. 특히 광범한 지역 연결망을 매개하는 재화의 교환이, 그리고 친족화와 같은 관습이 희석되었다. 인구 밀도가 낮고 식량을 저장하지 않는 환경에서는 인간 집단들이 예측 가능한 접촉과 회합을 통해 사회적 단위로 기능하기가 어려웠을 것이다.

빙하로 덮이지 않은 북극 지방과 베링 육교에 정착한 사람들이 어디서 왔는지는 확실치 않다. 그렇지만 후보지는 두 곳이 있는데, 5~4만 년 전의 고고학적 유적이 있는 알타이 지역과 바이칼호 지역이다. 북극 지방의 가장 이른 정착지 중 하나는 시베리아 북부 북위 71도에서 발견되었다. 바로 3만 년 전의 야나 코뿔소 뿔 유적Yana

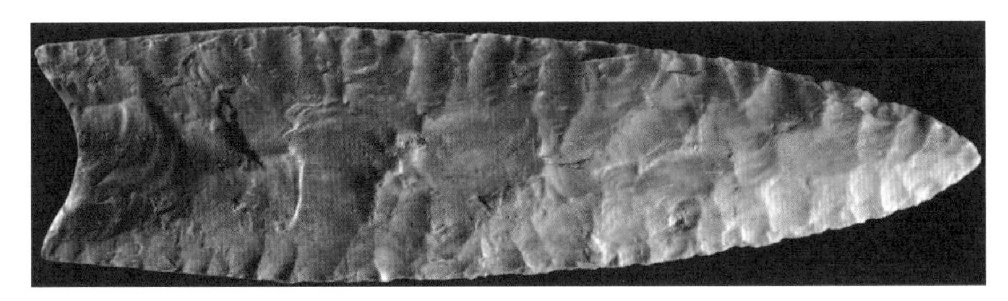

호화롭게 만든 이런 창끝은 아메리카 대륙 정착 연대기의 단서다.

Rhinoceros Horn Site이다. 오늘날 야나 유적을 뒷받침하는 증거로는 시베리아 중부의 비슷한 위도에서 발견된, 4만 5000년 전에 사냥된 매머드의 뼈가 있다. 야나 유적은 베링 육교에서 서쪽으로 3000킬로미터 떨어진 위치에 있다. 베링 육교에서 연대가 잘 밝혀진 가장 오래된 고고학적 유적은 1만 4000년 전 알래스카에 있었던 스완 포인트Swan Point다. 방사성탄소 연대에 관한 연구를 통해 알타이부터 알래스카까지 거의 7000킬로미터 거리를 인간이 빠름-느림-빠름 템포로 확산되었다는 것이 밝혀졌다. 전반적인 이주 속도는 연간 0.22킬로미터였다. 이 정착 경로에서 나오는 인공물들은 뚜렷한 단일 기준 집합을 이루지 않는다.

인간이 북아메리카 빙하 지대를 지나 남쪽으로 향한 이후의 문화적 다양성도 단일 기준 집합을 이루지 않기는 마찬가지다. 아메리카 대륙으로 처음 이주한 사람들의 경로는 뜨거운 논쟁거리다. 그들은 빙하가 없는 회랑 지대를 따라 육상으로 이동했을 수도 있고, 배를 이용해 서해안을 따라 남하했을 수도 있고, 둘 다일 수도 있다. 북아메리카와 남아메리카 곳곳에서 클로비스 문화Clovis culture의 산물인 호화롭게 만든 투사용 석기 찌르개가 여러 형태로 발견되는데, 오랫동안 이것이 최초 정착민들의 표지로 여겨졌다. 곧이어 쏟아져 나온 방사성탄소 연대들은 그들이 새 영역을 연간 14~23킬로미터의 속도로 아주 빠르게 차지하며 이주했음을 알려주었다. 이 속도로 이동했다면, 빙하에 덮이지 않은 북아메리카에 발을 들인 지 1000여 년 후에 남아메리카 남단에 이르렀을 것이다. 그렇지만 오늘날의 중론은 클로비스 찌르개가 아메리카 최초 정착민들을 대표하는 증거가 아니라는 것이다. 방사성탄소 연대에 관한 법의학적 연구를 통해 클로비스 문화가 1만 3130년 전부터 1만 2930년 전까지 불과 200년간 지속되었다는 것이 밝혀졌다. 그러므로 최초 이주민들의 정착 속도 추정치가 사실일 가능성은 별로 없다. 오히려 클로비스 사람들이 아니라 그들의 독특한 석기 찌르개가 발상의 형태로, 또는 교환과 과시를 위해 만든 물건의 형태로 넓고도 빠르게 퍼져나갔을 가능성이 있다. 이 주장대로라면 클로비스인이 이주하지 않고도 클로비스 문화가 확산되었을 것이다. 칠레의 몬테 베르데Monte Verde, 펜실베이니아의 미도크로프트 바위그늘, 텍사스의 데브라 L. 프리드킨 유적Debra L. Friedkin Site 등 훨씬 더 오래된 유적들에서 나온 증거는 이 주장을 뒷받침한다. 신뢰할 만하게 추정할 수 있는 세 유적의 연대는 적어도 1만 5000년 전이고, 어쩌면 더 오래되었을 수도 있다. 서로 멀리 떨어진 세 유적에서 나온 인공물들은 독특한 클로비스 인공물과 비슷한 면이 전혀 없거니와, 다중 기준을 적용할 수 있을 만큼 서로 간에도 차이가 있다. 또한 클로비스의 경우와 달리 세 유적은 거대 동물상과 관련이 없었다. 일각에서는 거대 동물상이 아메리카에서 인간의 극적인 확산 속도를 부채질한 자원이었으며 그 결과로 거대 동물상이 대량 멸종했다고 주장했다. 클로비스 인공물은 한 대륙에서 초기 정착민의 유물이 훗날 신석기 시대에 확산되는 유물과 유사한 또 하나의 사례로 해석할 수 있을 것이다.

테라 3의 유럽

지구 전역을 개관하면서 마지막으로 살펴볼 지역은 유럽이다. 1856년 호미닌 종 호모 네안데르탈렌시스를 발견하고 또 호모 사피엔스가 유럽에 진출해 네안데르탈인을 대체했음을 발견한 이래 오랜 연구를 통해 풍부한 데이터베이스가 축적되었다. 이 대체의 성격—학살, 흡수, 경쟁 우위, 국지적 진화의 확대—은 과학뿐 아니라 문학에서도 검토되었다. 우리가 아는 사실은, 중유럽과 동유럽의 동굴들에 있는 여러 지층의 미세한 흔적에서 찾을 수 있는 화산 쇄설물이 그 대체가 언제 이루어졌는지를 가리킨다는 것이다. 그 화산재는 4만 년 전 나폴리의 캄피 플레그레이Campi Flegrei 화산이 대형 폭발을 일으켜 이른바 캄파니아 응결 응회암을 300세제곱킬로미터 분출했을 때 생성되었다. 화산재로 뒤덮이기에 앞서 유럽 지역들에서는 중기 구석기 시대 유물 복합체에서 후기 구석기 시대 유물 복합체로의 변화—인공물을 만드는 격지 기법에서 돌날 기법으로의 이행—가 일어났다. 이 시기의 인간 머리뼈와 골격은 극히 드물다. 루마니아의 페슈테라 쿠 오아세Peștera cu Oase['뼈가 있는 동굴'이라는 뜻—옮긴이]에서 인간 뼈가 발견되기는 했으나 그곳에 인공물은 없었다. 유럽에서 150년간 헌신적으로 연구했음에도 석기 기술 변화의 주체가 인간이라는 가정은 아직까지 검증되지 않았다. 인간과 동물 소상小像, 악기, 상아, 새뼈 형태로 독일에서 발견된 가장 이른 예술의 연대 역시 캄파니아 응결 응회암 분출 이전이다(제2장 참조).

네안데르탈인은 인간만큼이나 뇌가 컸으며, 전자의 개체군에서나 후자의 개체군에서나 개체의 관계망 크기는 던바의 수인 150이었다. 개체의 관계망에서 유의미한 타인의 수가 늘어날 경우 어느 영장류라도 접촉 시간 문제에 부딪히며, 이 점에서 호미닌들도 예외가 아니다(표 1.4). 학자들은 네안데르탈인과 인간 모두 언어를 가졌을 것으로 추론한다. 언어는 정보를 더 빨리 처리하게 해주고, 더 큰 개체 관계망에서 효과적으로 상호 작용할 수 있게 해준다.

네안데르탈인은 상징 행동에도 능숙했다. 단순한 장신구, 황토색 안료를 칠한 조개껍데기, 그리고 매장지가 얼마간 있지만 모두 동굴 안에서만 발견된다. 네안데르탈인은 검은색 새털을 고르고 착용했다. 또 독수리 발톱으로 보석을 만들었다. 그렇지만 친족화와 같은 사회 구조의 토대에서 인간과 달랐던 것으로 보인다. 네안데르탈인은 테라 2에 갇혀 지냈다. 테라 2 안에서 이주하긴 했지만 경계 밖으로 나가진 않았다. 네안데르탈인 남성들이 호미닌과, 더 나아가 영장류 조상과 단절하고서 자원을 통제했을 가능성을 가리키는 유의미한 규모의 재료 및 재화 저장 증거도 없다.

인류는 마지막 빙하 시대에 기후가 일시적으로 좋아진 기간에 유럽에 정착했다. 2만 6000년 전 이후 핀란드-스칸디나비아 빙상이 다시 확장됨에 따라 완전한 빙하기 조건이 되돌아왔을 때, 인류는 유럽 대륙 분수령의 서쪽 지역을 대부분 포기하고 남쪽으로 떠났다. 오랫동안 남쪽 피신처에 머물던 사람들이 어떻게 서쪽 지역에 다시 거주하게 되었는지는 대규모 방사성탄소 데이터 집합으로 연구할 수 있다. 재거주는 1만 6000년 전 몹시 추운 시기에 소규모로 시작되었고 뒤이어 온난한 아亞간빙기에 가속이 붙었다. 그렇지만 1만 2900년 전부터 1만 1700년 전까지 거의 빙하기 조건으로 되돌아간 신드리아스기Younger Dryas에 인구가 다시 줄었다. 남유럽에서 북유럽까지 925킬로미터 거리의 정착 확산 속도는 연간 0.77킬로미터였다. 임자 없는 땅으로 이주한 사람들은 마들렌기 문화라고 알려진 뚜렷한 고고학적 서명을 남겼다. 민족지 연구의 인구 밀도 추정치를 사용해 계산하면, 서유럽의 남쪽 피난처에 있던 1만 7000명이 북쪽으로 확산한 만빙기의 아간빙기에 6만 4000명까지 증가했음을 알 수 있다.

결론

신드리아스기 말, 이제 남극 대륙을 뺀 모든 대륙이 테라 3의 세계에 포함되었을 때, 세계 인구는 현재 가장 정확한 추정치로 700만 명이었다. 그다음 1만 1000년 동안 세계 인구는 70억 명으로 늘었다. 그런데 이처럼 숫자가 증가하고 엄청나게 다양한 혁신, 기술, 경제, 사회가 출현했음에도, 몇몇 측면은 변함이 없었다. 700만 명은 친족 관계, 사회적 집단화, 재료 저장에 힘입어, 그리고 자원 통제 방식을, 따라서 자원 재분배 방식을 바꾼 남성 간 협력에 힘입어 지구 전역에 당도했다. 그리고 지구적 지위에 필요한 네번째 요건인 재배 식물과 가축도 막 갖추어가는 중이었다. 규모와 지속 기간이 계속 변하는 신축성 있는 개체군 단위에 알맞은 자원을 따라 이주하는 호미닌의 오랜 전술을 그들은 아직까지 포기하지 않고 있었다. 그들이 개인 관계망에 끌어들일 수 있는 타인의 수—인류 역사에서 야망과 상상을 실현하는 수단이 되어온 수—에는 한계가 있었다. 그 한계인 던바의 수 150은 유달리 다용도인 것으로 입증되었는데, 이 책의 나머지 부분에서 기술하는 더 큰 사회적·정치적 구조들을 결속하는 기능까지 하기 때문이다. 요컨대 우리가 직계 조상으로 인식하는 최초의 사람들이 그들의 과거와 대부분 결별했느냐는 물음에 대한 답은 '아니요'다. 우리는 혁명의 자손이 아니다. 우리는 고등 인지 기능의 뒷받침을 받는 상상력, 우리에게 신화, 내세, 조상, 신, 역사—영리하고, 다재다능하고, 언제나 손재주가 좋고, 말재주를 타고나고, 사회적으로 창의적인 2족 보행 동물의 문화적 꿈들—를 선사한 상상력의 결과로 외로운 지구적 종이 되었다. 사회와 문화로 입증된 이 상상력은 호미닌이 오랫동안 편안하게 거주한 테라 2의 경계 너머로 위험을 무릅쓰고 나아가는 데 도움이 되었다. 인간의 한 가지 특성은 상상력으로 세계를 건설한 다음 그 안에서 사는 것이다. 테라 3 정착은 우리 조상들이 그 문턱을 언제 넘었는지—호미닌의 역사가 언제 인간의 역사가 되었는지—알려주는 가장 명확한 단서다. 우리는 언제나 우리의 호미닌 과거에 깊이 의존해왔다. 던바의 수와 환경에 대한 인구압이 보여주듯이, 진화 원리는 여전히 우리의 삶을 구조화하고 있다. 그러나 상상의 세계에 정착한 인간은 곧 새로운 연안을 찾아 항해를 떠나고 그때까지 계발되지 않은 잠재력을 실험하기 시작했다.

CHAPTER
02

빙하 속 마음

농업 이전의 예술과 사고

펠리페 페르난데스아르메스토

낙석 안쪽에서 불어오는 바람을 감지한 동굴학자 세 명은 자기들 중 가장 마른 사람이 기어서 지나갈 수 있을 만한 너비로 통로를 팠다. 때는 1996년, 장마리 쇼베Jean-Marie Chauvet, 엘리에트 브뤼넬데샹Eliette Brunel-Deschamps, 크리스티앙 일레어Christian Hillaire는 석회담 지대에서 동굴과 회랑이 벌집무늬를 이루는 프랑스 남부 아르데슈Ardèche를 탐험하고 있었다. 앞쪽에 굴이 있음을 알아챈 엘리에트가 다른 두 사람을 불렀다. 어둠 속에서 그들은 메아리를 듣고서 동굴의 크기를 가늠하고자 소리를 질렀다. 빈 굴이 워낙 커서 소리가 돌아오지 않는 듯했다. 완전한 장비를 갖추고 돌아온 그들은 앞서 찾은 통로가 아르데슈에서 그때까지 발견된 어떤 동굴보다도 큰

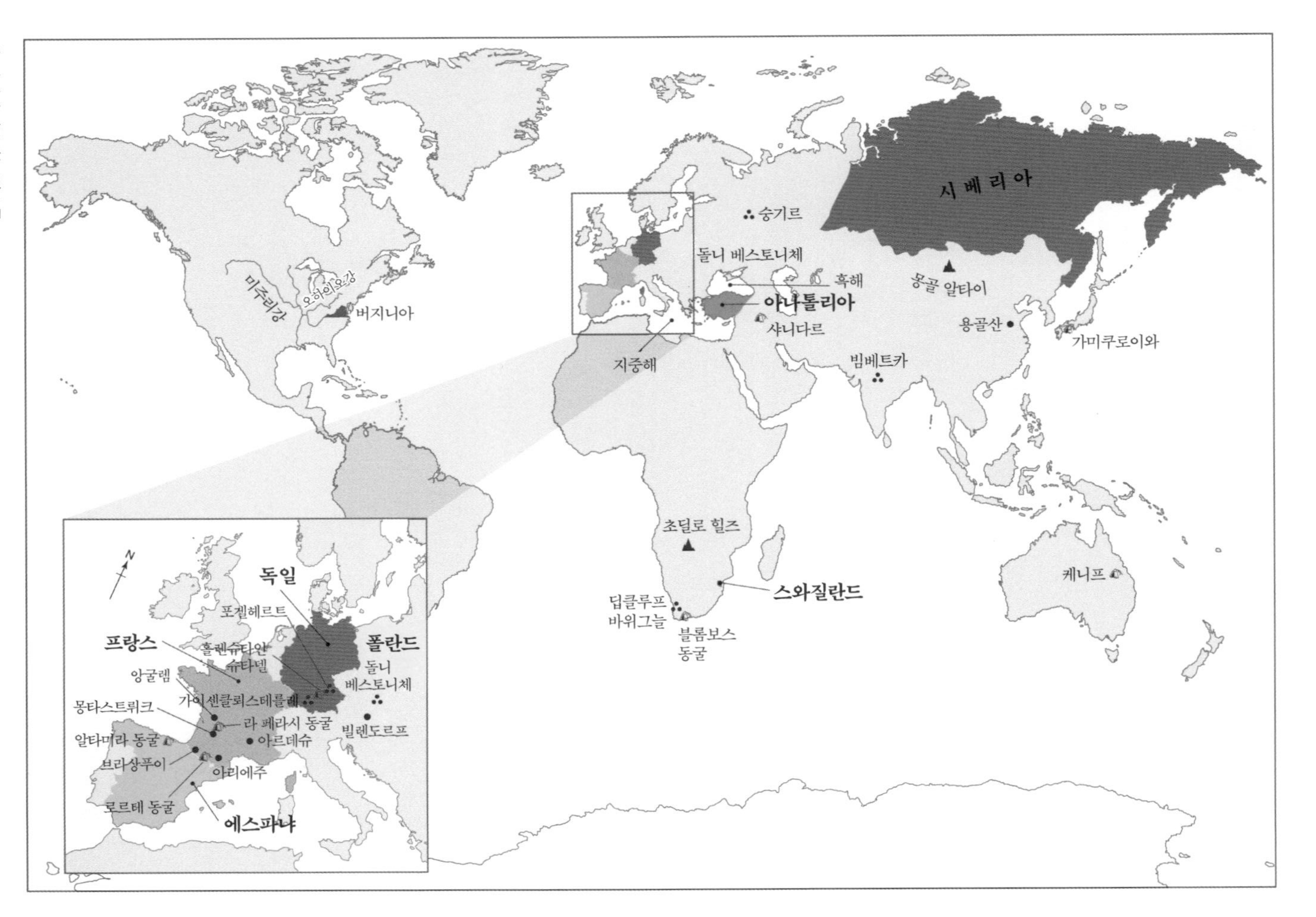

제2장에서 언급하는 장소들.

동굴로 이어진다는 사실을 발견했다. 그리고 인접한 공간에서 더욱 놀라운 것을 보았다. 뒷발로 선 곰을 묘사한 90센티미터 길이의 적갈색 그림이 얼마나 오래인지 모를 세월 동안 보존되어 있었던 것이다.

쇼베 동굴—발견한 세 사람이 이렇게 부르기로 했다—이 세계에서 빙하 시대 예술 작품을 가장 많이 소장하고 있는 곳이자 가장 뛰어난 예술가들이 살았던 곳(그중 일부는 3만 년도 더 전에 살았다) 중 하나라는 사실이 곧 분명해졌다. 거의 흠집 하나 없이 보존된 눈여겨볼 작품으로는 돌을 파서 눈을 표현한, 우르르 몰려가는 야생마들과, 예술가가 다리 여러 개를 흐릿하게 그려서 돌진하는 속도를 표현한 들소(20세

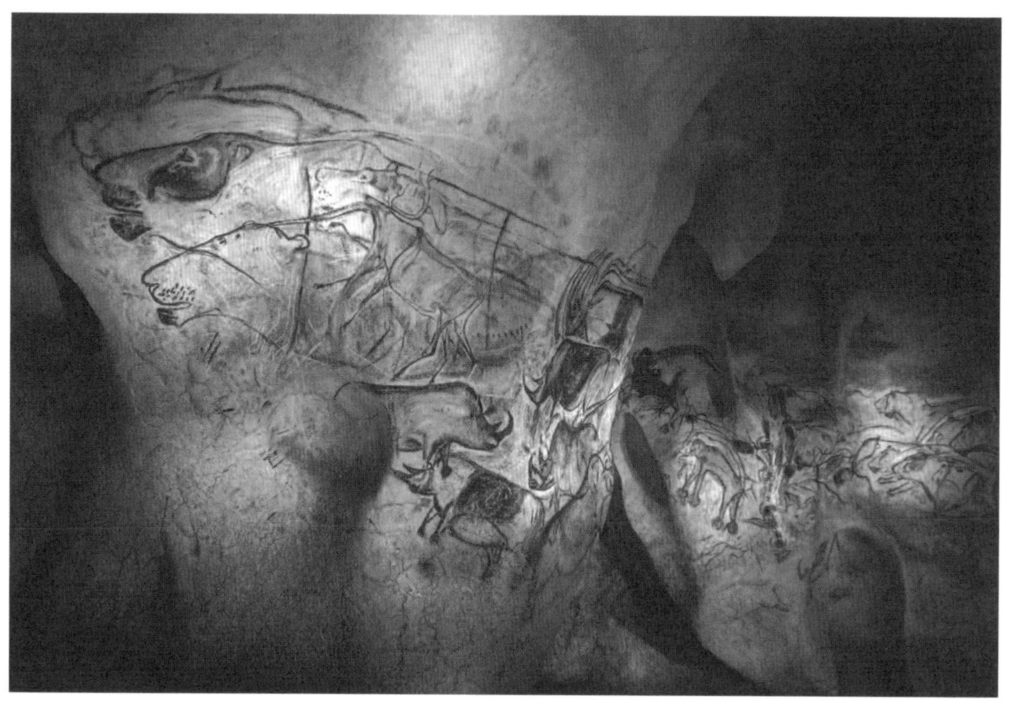

쇼베 동굴. 구석기 시대 화가들이 여러 이미지를 목탄으로 연습하듯 그린 바위에서 눈에 띄는 사자들. 연대는 아마도 약 3만 년 전일 것이다.

기 초 미래파 회화를 예고한 기법)가 있다. 털코뿔소들은 오래전에 멸종한 이 종—커다란 전방 뿔을 가진 거대하고 민첩한 동물—이 한랭 기후에 존재했음을 알려준다. 오늘날 익숙하지 않은 특징—둥근 귀, 갈기 없는 머리, 깊은 털—을 가진 사자들은 웅크린 채 먹이를 붙잡을 기회를 호시탐탐 노리는 모습이다(화가들과 같은 시기에 속하는, 이런 특징에 부합하는 사자 골격 표본들이 발견되었다). 특정한 환경에서 눈에 비친 광경을 빙하 시대부터 보존해온 쇼베를 비롯한 동굴들에는 무엇을 표현한 것인지 알기 어려운 수수께끼 같은 작품들도 있다. 예컨대 흩뿌려진 점들, 빽빽한 손바닥무늬들, 구경꾼으로 하여금 혹시 상징이 아닐까 생각하게 하는 흥미로운 기하학적 형태들이 있다. 어느 시대에나 예술은 사회를 비추는 거울이다—과거인들이 남긴 이미지는 우리로 하여금 그들이 보았던 대로 그들의 세계를 볼 수 있게 해주고, 이를테면 추론을 통해 그들의 생각과 경험을 공유하도록 초대한다. 이 장의 과제는 빙하 시대의 예술품과 물질문화에서 과거 사람들의 생각과 경험을 (추론을 증거 이상으로 터무니없게 확장하지 않으면서) 얼마간 읽어내는 것이다.

창의성의 탄생?

당시 환경에서 무엇이 창의성에 도움이 되었는지 밝히고 왜 한랭 기후가 정신을 북돋운 것처럼 보이는지 이해하려면 검토가 필요하다. 한랭 기후는 오래 지속되었고, 전반적으로 한랭한, 불규칙한 패턴 안에서 기후가 수시로 변동했다. 우리는 호모 사피엔스의 출현과 약 20~15만 년 전의 서늘한 기간을 연관 지을 수 있다. 제1장에서 논한 대로, 약 10만 년 전부터 호모 사피엔스가 지구 곳곳으로 전례 없이 퍼져나간 시기는 빙하가 북극권에서 남쪽으로 확장되어 오늘날의 발트 지역을 뒤덮은 시기와 일치한다. 약 6만 5000년 전부터 빙모가 1만 2000~1만 5000년 동안 지역별로 고르지 않게 북쪽으로 물러나기 시작했다. 그 이후 새로운 혹한기가 닥쳤다. 약 2만 년 전 북반구에서 빙하가 가장 넓었을 때는 북아메리카에서 오늘날의 미주리강과 오하이오강의 하류까지, 그리고 오늘날 영국 제도의 깊숙한 곳까지 확장되었고, 스칸디나비아를 완전히 뒤덮었다. 유럽의 나머지 육지는 대부분 툰드라 아니면 타이가였다. 중앙 유라시아에서는 툰드라가 거의 현재의 흑해 위도까지 내려왔다. 그리고 스텝이 지중해 연안까지 닿았다. 신세계에서는 툰드라와 타이가가 오늘날의 버지니아까지 확장되었다.

인류가 가장 역동적으로 활동한 기간들과 추위가 심해진 기간들이 서로 일치하는 것은 모순으로 보인다—인류는 먼저 약 10만 년 전부터 6만 5000년 전까지 한랭한 기간에 광범한 이주 또는 확산을 통해 지구의 대부분에 거주하게 되었고, 다시 약 4만 년 전부터 2만 년 전까지 동굴 예술가들의 시대에 예술품과 건축물의 형태로 놀라운 물질문화를 성취했다. 이 장에서는 두번째 기간에 초점을 맞춘다.

사유하기 위한 음식

방금 말한 모순은 외견상의 모순일 뿐이다. 한 가지 이유는 오늘날 우리가 한대寒帶 환경을 힘들고 고되고 버거울 뿐 아니라 우리가 선호하는, 농경에 의존하는 뚜렷한 정주 문명에 적응하기 위해 큰 대가를 치러야 하는 환경이라고 생각하기 때문이다. 또한 유일하게 살아남은 '벌거벗은 유인원' 종인 호모 사피엔스는 추위에 부적합하게 설계되었다고 확신하기 때문이다. 그러나 지방이 풍부해 부피 단위당 열량이 굉장히 많은 사냥감에게 서식지를 제공하는 한랭 환경은 사냥꾼의 생활 방식과 기호에 적합한 곳이다. 아마도 호모 사피엔스가 등장하기 오래 전에 호미닌이 추론할 여유도 없이 생계를 위해 죽은 고기를 먹던 시대, 삶이 '가난하고 불결하고 잔인하고 짧은' 시대가 있었을 것이다. 그러나 우리가 아는 한 뒤이은 수십만 년간 모든 사람—우리의 조상인 모든 생명체—은 수렵 채집민이었다. 그들 다수는 '석기 시대 풍요'를 즐겼다. 다시 말해 사냥감과 야생 식용 작물이 풍부했고, 에너지원이 풍족했으며, 대부분의 농경 사회보다 여가 시간이 많았고, 자연을 관찰하고 그 관찰에 관해 생각하고 그 결과를 예술로 기록할 시간이 충분했다. 식이 지방은 오늘날 평판이 나쁘지만, 유사 이래 대체로 대다수 사람들은 식이 지방을 열심히 찾았다. 동물성 지방은 세계에서 에너지를 단연 많이 주는, 다른 모든 형태의 섭취물과 비교해 칼로리 면에서 평균 세 배를 보상해주는 먹을거리다. 빙하 시대 툰드라의 몇몇 지역에 집중된 소형 동물은 인간 집단을 먹여 살릴 수 있었다. 그런 예로는 덫에 쉽게 걸린 북극토끼, 그리고 약 2만 년 전에 등장한, 화살 공격에 취약했던 동물들이 있다. 그렇지만 더 일반적으로 사냥꾼들은 절벽 아래로, 또는 늪지나 호수 안으로 몰아서 대량으로 죽일 수 있는 동물 종을 선호했다. 성공할 경우, 저장분이 남아 있는 한, 상대적으로 크게 애쓰지 않고 얻은 지방으로 잔치를 벌일 수 있었다. 오늘날 산업 사회나 탈산업 사회에 사는 특권적인 주민들의 수준에 근접하는 평균 영양 수준을 그들은 1주일에 겨우 이틀이나 사흘 동안만 먹을거리를 구하고도 달성할 수 있었다. 그 수준을 경험한 사람들에게 빙하 시대는 전문화된 엘리트층을 부양하고 독창적 사고와 창조적 작업을 충분히 뒷받침해준 생산적인 시대였다.

지능

이 장에서 다루는 기간처럼 수차례 기후 변화를 포함하는 오랜 기간 동안, 모든 사람이 동일한 방식으로 세계를 보았던 것도, 동일한 관습에 따라 세계를 묘사하거나 투사하거나 재구성했던 것도 아니다. 그럼에도 증거들은 단일한 이야기를 충분히 정당화할 만큼의 연속성을 드러낸다. 가장 두드러지게 변하지 않은 요소는 지금도 빙하 시대 우리 조상들의 머릿속 뇌 물질과 동일한 물질로 작동하는 인간 정신이었다. 뉴런의 구조와 신호 전달 과정, 생각할 때 발생하는 화학·전기 신호는 변하지 않았다. 시냅스 발화와 단백질 작용은 예나 지금이나 같다. 사람 수에 비례하는 지혜와

침팬지 사냥꾼들이 제일 좋아하는 사냥감인 콜로부스 원숭이를 베어 물고 있다.

간계, 천재성과 기발함의 양은 빙하 시대 이래로 변하지 않았다—물론 빙하 시대 사람들은 우리보다 데이터가 더 적었을 뿐 아니라 데이터에 접근하기도 더 어려웠다.

빙하 시대 생활 방식에서 아주 중요했던—그리고 어쩌면 인간의 정신적 능력들이 출현하고 발달한 방식과 관련이 있을지도 모르는—한 요소도 이 장에서 다루는 기간 내내 한결같았다. 이 장에서 우리의 주제인 모든 사람은 거의 똑같은 수렵 채집 경제를 영위했고, 전체 양분 중 상당한 양을 사냥을 통해 얻었다. 포식은 한 가지 점에서 정신에 이롭다. 포식은 예측 능력—사냥감과 경쟁 포식자의 움직임을 미리 짐작하는 능력—을 증진한다. 이를 확인하는 좋은 방법은 침팬지들이 사냥하는 모습을 관찰하는 것으로, 그들은 나무 꼭대기를 따라 이동하는 콜로부스 원숭이(제일 좋아하는 사냥감)를 쫓으면서 추적 경로와 속도를 조절하고 마주치는 지점을 다시 계산하는 등 서로 움직임을 조정한다. 그러나 호모 사피엔스를 낳은 진화 계통을 따라

200~300만 년간 축적된 사냥 전문성에 비하면, 포식의 역사가 짧은 듯한 침팬지는 사냥 초보자요 아마추어다. 그리고 전형적인 침팬지가 포식으로 얻는 칼로리 양은 수렵 채집민이 보통 얻는 양의 10분의 1 미만이다—일부 경우에는 20분의 1 미만이다. 사냥꾼의 핵심 능력인 예측은 상상과 비슷하다. 상상이 눈앞에 없는 것—존재하지 않는 것—을 보는 능력이라면, 예측은 아직 없는 것을 보는 능력이다. 우리 종이 화석 기록에 등장할 무렵, 우리 조상들은 이미 200만 년 넘게 사냥에 탁월한 유인원으로 지내온 터였다. 호모 사피엔스의 조상이거나 호모 사피엔스와 조상을 공유하는 종들은, 비록 자신 있게 의미를 부여하기에는 증거가 너무 성기긴 하지만, 적어도 200만 년 중 상당한 기간 동안 장식용 물건을 모으고, 안료를 사용하고, 열심히 도구를 만들어온 터였다. 그렇지만 우리는 호모 사피엔스가 위대한 예술을 창작하고 위대한 생각을 떠올릴 만큼 비옥한 상상력을 갖춘 삶으로 도약했다고 자신 있게 말할 수 있다.

예술을 모방하는 삶

(약 10만 년 전) 세계 전역으로의 이주가 시작되었을 때, 이주민들은 우리와 비슷한 사유 및 감성과 연관 지을 수 있는 인공물을 가져갔다. 조개껍데기 보석, 무늬를 새긴 황토색 평판 등이었다. 놀랍게도 무려 8만여 년 전에 만든, 안료를 혼합하기 위한 조개껍데기 가열 그릇과 주걱이 동아프리카 출신 이주민들이 정착한 남아프리카의 블롬보스 동굴에서 발견되었다. 같은 시기에 만든, 실용성이 있다고 하기에는 지나치게 정교한 다른 물건들도 있다. 예컨대 기하학적 무늬를 섬세하게 새긴 타조알 껍데기가 케이프타운에서 북쪽으로 180킬로미터 떨어진 딥클루프 바위그늘에서 발견되었다. 거의 같은 시기에 보츠와나 초딜로 힐즈Tsodilo Hills에 있는 리노 동굴Rhino Cave에서는 사람들이 창끝을 장식하기 위해 안료를 갈고 수 마일 떨어진 곳에서 형형색색의 돌을 수집했다. 이런 물건을 만든 사람들이 '마음 이론'—그들 자신의 의식에

대한 의식—을 가지고 있었다는 것은 너무나 창조적이고 너무나 건설적인 상상력의 증거 앞에서 부인하기 어려운 명제다. 그들은 바뀐 상황과 새로운 환경에 놓인 그들 자신을 상상하는 데 필요한, 그리고 목표에 맞추어 노동하고 창의력을 발휘하여 그런 변화를 구현하려 시도하는 데 필요한 정신적 장비를 갖추고 있었다.

빙하 시대 사람들이 남긴 인공물은 창조적 정신의 실마리다. 전문가들이 '인지고고학'이라 부르는 기법을 활용해 그런 인공물을 거의 문서처럼 '읽을' 수 있다. 예를 들어 2만 년 전, 오늘날의 러시아 남부에 해당하는 빙하 시대 스텝에서 매머드를 사냥해 멸종시킨 사람들은 난해하지만 어쩌면 해독할 수 있는 단서를 남겼다. 그들은 매머드의 상아를 사용해 반구형 거처를 지었다. 원형 평면도 위에 대개 3.5~4.5미터 직경으로 지은 그런 뼈 가옥은 상상력의 탁월한 성취로 보인다. 그것은 매머드의 힘을 얻거나 마술적 힘을 부여하기 위해 이 짐승의 본성을 새롭게 상상해 재구성한 건축물이다. 평균 100명 이하 공동체를 이룬 그들은 평소 이 예사롭지 않은 거처 안에서 일상생활—잠자기와 먹기 등 가족생활의 모든 일과—을 영위했다. 그러나 순전히 실용적이기만 한 거처는 없다. 여러분의 집은 세계 속 여러분의 위치에 대한 여러분의 생각을 반영한다.

앞으로 보겠지만 현대 인류학은 더 나아가 빙하 시대 종교의 증거에 대한 해석을 도울 수 있고, 선사 시대 증거가 없는 탓에 발견하지는 못하고 추측만 할 수 있을 뿐인 토테미즘과 금기 같은 아주 광범한 태곳적 관행의 실마리를 제공할 수 있다. 약 4만 년 전 시점부터 우리는 풍부한 예술—수많은 상징 레퍼토리를 포함하는—에도 의존할 수 있다. 3~2만 년 전에 사람들을 묘사한 사실적인 그림들은 그 이후 예술에서 되풀이해 나타난 몸짓과 자세의 목록을 보여준다. 흔히 구석기 시대 예술 작품들은 점과 V자형 새김눈으로 나타낸 숫자처럼 보이는 주석과, 더이상 해석할 수는 없지만 체계를 갖춘 것이 틀림없는 관습적인 부호를 포함한다. 프랑스 로르테Lorthet에서 발견된 뼛조각에는 연어가 뛰어오르는 여울을 순록이 건너가는 아름다운 장면

프랑스 로르테에서 나온 구석기 시대 뼛조각에 새겨진, 순록이 여울을 건너고 연어가 뛰어오르는 이 장면에서 상징적인 마름모꼴 부호들은 무엇을 의미하는 것으로 보이는가?

위쪽에 깔끔한 마름모꼴 부호가 새겨져 있다. 널리 발견되는 P를 닮은 부호는 '여성'을 의미하는 표의문자로 해석되어왔는데, 구석기 시대 예술가들이 여성의 신체 곡선을 묘사하는 데 사용한 고리 형태와 유사하기 때문이다. 빙하 시대 사람들이 상징적 표기법을 체계적으로 다루었음을 인정하고픈 유혹에 저항하기란 쉽지 않다. 무언가가 다른 무언가를 의미한다는 생각은 이상해 보인다. 짐작하건대 그 생각은 연상聯想—어떤 사건은 다른 사건을 암시한다거나 어떤 물건은 다른 물건이 가까이에 있음을 알려준다는 발견—에서 발전했을 것이다. 정신적 연상은 사유의 산물, 관념의 사슬이 짤그락거리며 내는 소리다. 우리가 읽을 수 있는 증거만큼 좋은 증거는 없지만,

과거의 사건들은 대부분 그런 증거 없이 일어났다. 역사에서 그렇게 큰 부분을 배제하는 것은 정당화할 수 없는 희생일 것이다. 우리가 가진 증거를 신중하게 활용함으로써 문자 이전 사유의 불투명성을 군데군데나마 걷어낼 수 있다. 우리는 빙하 시대의 상징들을 더이상 해독하지 못하지만, 그것들은 먼 옛날 사람들이 세계를 어떻게 보고 이해하고 새롭게 상상했는지 암시한다. 그 결과물을 구석기 시대 예술의 탁월한 성취를 통해 확인할 수 있다.

서사로서의 예술

3~2만 년 전 동굴 화가들은 구불구불한 통로 안쪽의 동굴 깊은 곳에서 깜빡거리는 횃불을 켜놓은 채 비밀스레 작업했다. 고생스럽게 세운 발판 위에서 바위의 윤곽에 맞추어 낑낑대며 구도를 잡았으며, 잔가지와 삼끈, 뼈와 털로 만든 붓이나 손가락을 사용해 팔레트에 담긴 서너 가지 진흙과 염료를 바위에 문질러 발랐다. 그들은 그리기 전 준비 작업으로 바위 표면을 긁어냈다. 그리고 안료를 바르기에 앞서 으레 목탄으로 윤곽을 스케치했다. 그들은 암석면에서 불거진 곳과 파인 곳을 활용해 입체감을 더하고 세부를 보완했다. 또 눈을, 때로는 귀나 성기를 연상시키기 위해 암석을 움푹 파기도 했다. 표면이 적합할 경우, 이따금 넓은 면적을 부조로 조각했다. 파블로 피카소를 위시해 현대의 섬세하고 박식한 관찰자들에 따르면, 그렇게 조각한 결과물은 나중 어떤 시대도 능가하지 못한 예술이었다. 세계에서 가장 뛰어난 예술 중 일부는 실은 가장 오래된 것이다.

이미 당대에도 이런 예술적 기교는 성숙한 전통이었으며, 노련하고 전문화된 손길이 이미지를 생산했다. 3~2만 년 전 예술 작품들을 발견한 19세기 탐험가들은 그 천재성에 어찌나 감명을 받았던지 그것들이 진품임을 믿지 않으려 했다. 현존하는 가장 이른 작품들조차 현대의 감성에 즉각 호소한다. 소묘는 자유롭고 단호하며, 주제는 빈틈없이 관찰해 예리하게 포착한 것이다. 그림 속 동물의 겉모습과 유연함은 구경꾼의 마음을 향해 뛰어오른다. 같은 시기의 조각 작품들도 비슷한 성취를 보여준다. 사실적인 이미지 중에는 3만 년 전 상아로 만든 우아한 조각품들도 있다. 예컨대 독일 남부 포겔헤르트Vogelherd에서는 목을 아치형으로 굽힌 채 질주하는 말, 먹잇감을 역동적으로 급습하는 육식성 물새—오리일 수도 있고 어쩌면 가마우지일 수도 있다—가 매머드 상아로 제작되었다. 프랑스 브라상푸이Brassempouy에서는 약 5000년 후인 2만 5000년 전에 만든 얼굴상이 전해지는데, 깔끔하게 손질한 머리 아래로 아몬드 모양의 눈, 끝이 살짝 올라간 코, 움푹 들어간 턱을 가진 미인의 모습이다. 돌니 베스토니체Dolní Věstonice에서 발견된 얼굴상은 아마도 더 오래되었을 텐데, 두꺼운 눈꺼풀 아래 점점 가늘어지는 매혹적인 두 눈을 우아한 들창코를 향해 내리뜨고 있다. 2만 7000년 전 베스토니체의 한 가마에서는 점토로 만든 곰과 개, 여성의 모형을 구웠다. 같은 시기에 사냥감 동물을 동굴 벽에 부조로 조각하거나 도구에 새기기도 했다.

우리는 빙하 시대 예술가들의 작품을 보고 감탄하는 데 익숙해져왔다. 그렇지만 어떤 증거가 처음 드러났을 때 학계에서는 그것이 진짜임을 인정하지 않고 저항한다—특히 지나치게 회의적인 실물 교육이 최근의 놀라운 발견이나 새로운 발견에 대해 숙고할 때 효과를 발휘하기 때문에—는 데 유의해야 한다. 이 장에서 다루는 기간에 속하는 정교한 조각물의 초기 실례들은 1830년대부터 고고학적 기록에 나타나기 시작했지만, 그중 일부가 1867년 파리 만국박람회에 포함된 뒤에야 먼 옛날의 이른바 '원시적인' 사람들이 예술을 할 수 있었다는 것이 널리 인정받았다. 아르데슈의 에부 동굴Ebbou Cave에 있는 환상적인 벽화는 1837년에 처음 보고되었지만, 그 후 100년 넘게 무시되고 방치되었다. 1868년 모데스토 쿠비야스Modesto Cubillas가 알타미라 동굴Altamira Cave의 벽화를 발견했을 때 학계는 적대감을 보이며 그의 발견

수수께끼 같은 빌렌도르프 조각상. 불룩한 몸매의 원인은 생식력일 수도 있고, 비만일 수도 있고, 둘 다일 수도 있다.

을 일축하고 증거를 사기로 치부했으며, 1890년대에 다른 곳에서 비슷한 발견들이 누적된 뒤에야 마지못해 방어적인 태도를 풀고 인정하는 쪽으로 돌아섰다.

빙하 시대 유럽의 그림 작품들이 잔존한 이유는 거주자들이 기후에 쫓겨 들어간 피신처에서, 그리고 분명 접근할 수 없어서 선택한 깊은 공간에서 만들어졌기 때문이다. 당대 다른 문화들도 작품을 능숙하게 창작했다. 예컨대 나미비아의 아폴로 11호 동굴Apollo 11 Cave에 있는, 그림이 그려진 네 개의 암석 평판은 유럽의 다른 어떤 예술 못지않게 오래된 것이다. 그러나 대다수 예술 작품은 소실되었다. 노출된 암석 표면에서 풍화되었거나, 몸이나 가죽 위에 그려져 있다가 이것들과 함께 썩어 사라졌거나, 지면에 그려져 있다가 바람에 흩어져버렸다. 동굴로 에워싸인 적합한 환경에 흩어져 있는 유적들은, 비록 유럽에서만큼 이른 시기는 아니었을지 몰라도, 빙하 시대 유럽의 예술과 사유를 세계 전역에서 되풀이했음을 시사한다. 바시키르 공화국의 카포바 동굴Kapova Cave에는 아마도 1만 5000년 전에 그린 듯한 매머드며 샤먼과 비슷한 인간-동물 혼종을 포함해 이미지 레퍼토리가 배열되어 있는데, 더 잘 알려진 유럽의 이미지들과 놀라우리만치 흡사하다. 확실하지는 않지만 얼추 비슷한 연대에 제작한 사슴 그림과 조각물이 한국의 두루봉 동굴에서 발견된 것으로 보고되었다. 인도 빔베트카Bhimbetka의 얕은 바위그늘에 말과 들소, 코뿔소를 그린 벽화는 주로 장식된 타조알 껍데기 조각의 형태로 인도 곳곳에 널리 흩어져 있는 희소한 증거들 중 하나다. 비슷한 벽화가 몽골 알타이의 동굴들에도 있으며, 일본 가미쿠로이와上黑巖 동굴에서는 조각된 조약돌이, 중국 용골산龍骨山에서는 약 1만 3000년 전의 장식된 사슴뿔이 발견되었다. 더 신뢰할 만한 유물 복합체는 오스트레일리아에서 발견되는데, 예술로 삶을 재현한다는 생각의 기원에 대한 단서, 즉 2만 년 전에 사람 손과 도구를 스텐실 기법으로 그린 작품들이 오늘날 케니프Kenniff의 암석 표면에서 서서히 희미해지고 있다. 비슷한 스텐실 기법의 흔적을 유럽의 몇몇 동굴 벽화에서도 찾아볼 수 있다. 유럽에 유물이 풍부한 것으로 보이지만, 이는 증거의 속임수일지도 모른다. 다시 말해 전 세계적 현상의 한구석을 유달리 꾸준하고도 꼼꼼하게 발굴한 결과일지도 모른다.

스텐실이 초기 예술가들의 기법이었다면, 발자국과 손자국이 이 기법에 영감을 주었다는 주장이 그럴듯해 보인다. 예술의 첫 기능에 대해 논쟁하는 학자들은 결론을 내지 못하고 있다. 예술은 분명 이야기를 들려주었고 마술적·의례적 쓰임새를 가지고 있었다. 가령 마치 상징적인 제물인 양 동물 이미지 위에 여러 차례 금을 긋거나 상처를 냈다. 동굴 벽화를 사냥꾼의 기억술로 봐야 한다는 주장을 뒷받침하는 타당한 논거도 있다. 짐승들의 발굽 모양, 계절별 습성, 가장 좋아하는 먹이, 발자국 등은 예술가들의 이미지 레퍼토리에서 중요한 항목이었다. 그럼에도 고금을 막론하고 예술의 미적 효과는 그 어떤 실용적 기능도 넘어선다. 초기 예술은 아마도 예술 자체를 위한 예술은 아니었을 테지만, 분명히 예술이었다. 그때 이래로 예술은 정신을 자극하고, 상상을 담아내고, 행동을 고무하고, 관념을 나타내고, 사회를 반영하거나 사회에 도전하는 새로운 종류의 힘이었다.

예술가들이 먹은 짐승의 지방은 그들의 미적·감정적·지적 생활에 영향을 주었거나 적어도 반영되었다. 빙하 시대 예술가들에게 지방은 아름다운 것이었다. 뚱뚱한 여성을 묘사한 작고 불룩한 조각상인 빌렌도르프의 비너스(익살맞기는 하지만 예로부터 이렇게 불러왔다)는 3만 년 전 작품으로, 발견된 독일 지역의 이름을 따서 명명되었다. 비평가들은 이 비너스를 여신이나 통치자, 또는 임신했을 수도 있으므로 생식력을 간청하는 수단으로 해석해왔다. 그렇지만 조금 더 나중 연대에 프랑스의 어느 동굴 벽에 조각된, 농담조로 로셀Laussel의 '비너스'라 부르는 다른 작품은 우리 대다수와 같은 방식으로, 즉 음식을 즐기고 탐닉하는 바람에 살이 찐 것이 분명하다. 그녀는 먹거나 마실 거리가 담긴 것이 틀림없는 뿔—문자 그대로 '풍요의 뿔'—을 들고 있다.

영혼 세계

예술가들은 사유의 두 종류, 즉 종교적 사유와 정치적 사유를 엿보게 해주는 사료를 남겼다. 현대의 통념에는 뜻밖일지도 모르지만, 종교는 회의론—물질의 유일무이한 실재에 대한 의심, 또는 오늘날의 표현으로 눈에 보이는 것이 과연 전부냐는 의심—과 함께 시작되었다. 사람들이 (비물질적이기 때문에) 눈으로 볼 수 없고 귀로 들을 수 없고 손으로 만질 수 없는 실재, 비록 감각으로는 접근할 수 없지만 다른 수단으로는 도달할 수 있는 실재를 발견했을 때, 영혼은 인간 세계의 일부가 되었다.

처음 어렴풋이 인식했을 무렵, 영혼 영역은 미묘하고 놀라운 개념이었다—물질계의 제약에 복종하는 수동적인 삶에서 무한히 변경할 수 있고 도저히 예측할 수 없는 미래의 자유로 나아가는 약진이었던 것이다. 생활 환경은 시를 자극하고, 경외감을 자아내며, 불멸성에 대한 추정을 불러일으킨다. 불꽃은 꺼지고, 파도는 잠잠해지고, 나무는 뿌리째 뽑히고, 돌은 산산이 조각나지만, 영혼은 계속 살아간다. 영혼을 믿는 사람들은 대개 자신이 자연에 개입하면 어떤 결과가 생길지를 의식한다. 애니미스트는 으레 나무를 베거나 동물을 죽이기 전에 희생물에게 허락을 구한다.

빙하 시대 사상가들이 보이지 않는 것의 실재를 알았다(또는 안다고 생각했다)는 증거는 수두룩하다. 어쨌거나 그들은 보이지 않는 것을 그리고 깎고 새겼다. 후대 수렵 채집민의 암벽화와 유사하게, 빙하 시대 예술은 사람들이 필요로 하고 경탄한 동물들의 영혼으로 가득한 상상의 세계를 묘사한다. 아마도 그것은 신비한 무아지경을 통해 접근한 마술적 세계였을 것이다. 그 세계는 빙하 시대 엘리트층, 집단 내 다른 성원들과 구별된 특별한 사람들을 엿보게 해준다. (사슴뿔이 달렸거나 사자를 닮은) 동굴 가면은 착용자를 변신시킨다. 근래의 인류학 연구는 그런 변장이 망자나 신과 소통하고자 거행하는 의례의 정상적인 부분임을 알려준다. 통상 감각으로는 접근할 수 없는 영역을 보거나 듣기 위해 샤먼은 약물이나 춤추기, 북 치기, 파이프 연주하기 등으로 황홀경 상태를 유도하기도 한다. 4만 년도 더 전에 가이센클뢰스테를레Geissenklösterle에서는 누군가 독수리 뼈로 만든 플루트를 연주했다.

영혼에 말 걸기

샤먼을 떠올리게 하거나 예시하는 형상들이 지금까지 남아 있다. 제2차세계대전 발발 직전에 독일의 어느 동굴에서 출토된, 약 4만 년 전에 엄니 상아로 만든 조각품은 홀렌슈타인슈타델Hohlenstein-Stadel의 '사자인간'—절반은 인간, 절반은 사자—이라 불린다. 전방을 고압적으로 응시하며 경직된 자세로 선 이 30센티미터 길이의 조각품은 쇼베 동굴의 벽에 그려진 노려보는 사자와 흡사하다.

샤먼이 사슴뿔이 달린 가면을 쓰고 춤추는 모습을 묘사한 듯한 가장 이른 사례는, 3만 년도 더 전에 베로나산産 대리석 조각에 적갈색 안료를 자유분방하게 문질러 그린 그림이다. 빙하 시대가 한창이던 때에 피레네산맥 아리에주의 레 트루아 프레르Les Trois Frères 동굴의 벽에 그려진, 사슴으로 변장한 채 춤추는 사람 형상에 관해 고찰한 미르체아 엘리아데Mircea Eliade는 샤머니즘이 세계 최초의 보편 종교였다는 이론에 이르렀다.

비슷한 연대의 다른 그림으로는 라스코Lascaux 동굴의 '새머리 인간'이 있다. 또 튀크 도두베르Tuc d'Audoubert 동굴을 탐험한 헤르베르트 퀸Herbert Kühn은 먼 옛날 동물 마술을 부린 사제의 증거를 찾았다고 자신 있게 보고했다. 그는 물에 잠겨 어두컴컴한 선사 시대 지하 동굴에서 손전등을 비추며 펀트선punt[바닥이 평평한 작은 배 — 옮긴이]을 타고 나아가다가 마침내 빙하 시대의 세계관과 맞닥뜨렸다고 묘사했다. 동굴 천장이 너무 낮아서 탐험가들은 먼저 쪼그려 앉았다가 결국 펀트선 바닥에 누워야 했다. 동굴 천장이

> 배의 양 측면 윗부분을 긁었다. (…) 별안간 그것들이, 그러니까 그림들이 나타났다. 돌에 새겨진 짐승들. (…) 샤먼들도 있었다. 괴상하고 기이한 짐승 가면을 쓴 사람들.

이때부터 축적된 증거를 모두 고려해도, 빙하 시대 샤머니즘은 여전히 추론에 머물러 있다. 그렇지만 퀸의 통찰은 갈수록 설득력을 높여온 것으로 보인다. 모든 단서를 종합함으로써 우리는 세계 최초의 증거 있는 종교를 설득력 있게 재구성할 수 있다. 신성한 가면을 쓴 채 환각 상태에서 고통스레 접신하는 모습으로 동굴 벽에 묘사된 샤먼들은 영혼 세계, 즉 신들과 조상들이 (화가들이 경탄한) 동물의 형태로 거하는 깊은 동굴 속 세계와 소통하는 역할을 맡았다.

홀렌슈타인슈타델의 '사자인간'. 사자 머리 가면을 쓴 샤먼일까?

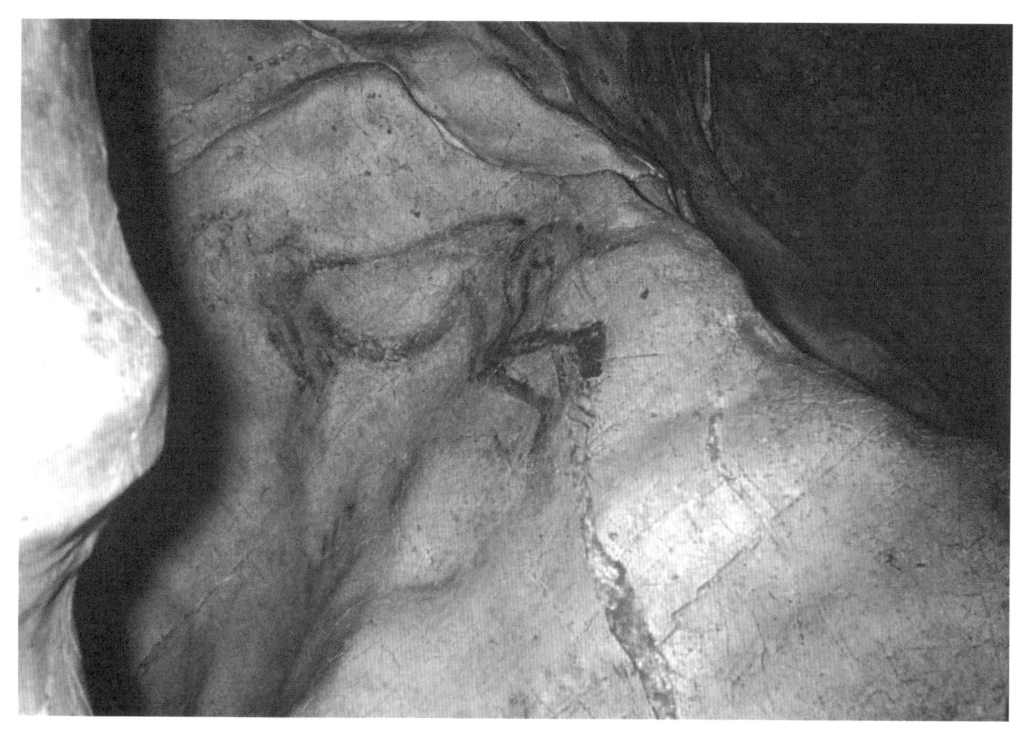

사슴으로 변장한 채 춤추는 사람. 피레네산맥 아리에주에 있는 레 트루아 프레르 동굴의 벽. 춤과 변장의 조합은 샤머니즘이 이 동굴을 장식한 사람들이 가지고 있던 종교의 일부였을 가능성을 시사한다.

그곳에서 영혼들이 나타나 바위 표면에 자취를 남기고 나면 화가들이 그 자취의 윤곽 안쪽을 채워 그들의 기운을 되살렸다. 방문자들은 마치 영혼 숭배의 증거를 남기는 것처럼, 또는 영혼에 다가가는 것처럼 같은 바위 위에 황토색 안료로 손자국을 찍었다. 영혼의 세계는 사자死者의 세계이기도 했을 것이다. 매장지를 장식한 황토색 안료는 오디세우스가 하데스의 문에서 사자들에게 대접한 것과 같은 '혼백들을 위한 피'로 이해할 수 있을 것이다.

이해로서의 예술

모든 것을 고려할 때 잠정적으로나마 샤먼 종교에 대해 말해도 괜찮을 테지만, 우리는 빙하 시대의 모든 예술을 단일한 이론으로 해석하고픈 유혹에 저항해야 한다. 빙하 시대의 예술가들 모두가 꼭 영혼과의 소통이나 자연 조종에 관여했던 것도 아니고, 향정신성 약물의 영향—시야를 왜곡하거나, 눈앞에서 물결이나 소용돌이가 일어나게 하거나, 점이나 얼룩이 흔들리게 하는 등—을 받으며 작업했던 것도 아니다. 사람들이 눈에 보이는 대상의 이미지를 만드는 이유 중 하나는 그것을 이해하기 위해서다. 이해는 필연적으로 통제에 선행한다. 오늘날의 '추상' 예술가들처럼 빙하 시대 선배들은 자신이 관찰한 자연의 핵심 속성과 패턴을 포착하려 했지 자연의 외양을 정확히 재현하려 하지 않았다. 이런 이유로 그들의 동물 예술에서는 과감하게 스케치한 윤곽, 상처처럼 보이는 빗금, 지그재그 모양, 달팽이 껍데기 같은 나선형, 벌집 모양, 그리고 서로 포개지는 비스듬한 평행선들이 두루 나타난다. 구석기 시대 예술은 시간이 지날수록 더 추상적이고 미니멀리즘적인 예술이 되어갔다고 말하더라도 지나치게 대담한 발언은 아니리라.

빙하 시대 예술 속 여성

폴란드부터 잉글랜드 중부에 이르기까지 서로 멀찍이 떨어진 유적들에서 약 1만 4000년 전부터 1만 2000년 전까지 창작된, 일반적으로 빙하 시대 예술 전통의 마지막 단계로 분류되는 작품들에서 화가와 부조 제작자는 특히 여성을 단순한 선 몇 개로 줄여서 표현한 것으로 보인다. 프랑스 몽타스트뤼크Montastruc에서 뿔로 만든 어느 끌 위에는 마름모꼴 머리, 두터운 허리와 펑퍼짐한 엉덩이, 아래로 갈수록 가늘어지는 허벅지를 떠올리게 하는 다른 마름모들, 그리고 V자를 이루어 외음부를 가리키는 사선 두 개가 배열되어 있다. 독일 운스트루트Unstrut 계곡의 네브라Nebra에서 순록, 말, 뇌조, 토끼를 먹은 조각가들은 동물 뼈를 재료로 사용해 여성의 모습을 떠

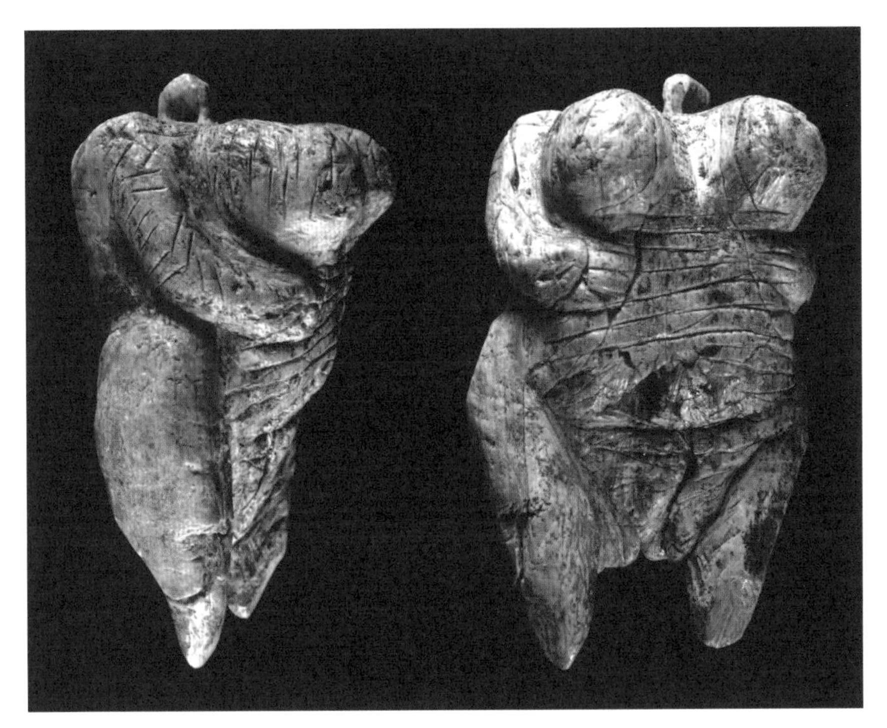

적어도 3만 5000년 전에 매머드 상아에 조각한, 세계에서 가장 이른 것으로 알려진 이 조각상은 당시 훌륭하다고 생각한 여성 신체를 묘사한다.

올리게 하는 도식적인 조각상을 만들었다. 작은 칼처럼 보이는 그 조각상은 가슴 부분이 조금, 손잡이에 해당하는 엉덩이 부분이 많이 튀어나와 있고 그 아래로 허벅지가 점점 가늘어지는 형태다.

빙하 시대의 정신적 우주 어딘가에는 엉덩이가 풍만한 조각상을 비롯한 단서들을 남긴 여신 숭배가 있었을지도 모른다. 빌렌도르프와 로셀의 비너스처럼 둔부에 지방을 축적한 양식화된 여성 조각상이 다수 발견되었다. 동쪽으로 시베리아에 이르기까지 널리 퍼져나간 예술가들은 임신한 배와 강렬한 엉덩이를 수천 년간 조각했다. 세계에서 연대가 확실한 가장 오래된 조각물, 방사성탄소 연대로 최소 3만 5000년 전에 만든 작품도 이 범주에 속할 것이다. 바로 음문이 허리부터 무릎까지 벌어져 있는 둥글둥글한 여성 신체 형상이다. 그로부터 얼마 지나지 않아 돌니 베스토니체의 사람들은 유방의 모양을 본뜬 펜던트 보석을 착용했다. 여성 일반이나 특별히 신성한 여성의 형상은 특이하게도 대체로 얼굴이(때로는 머리가) 없는 반면, 브라상푸이와 돌니 베스토니체의 생생하고 인간적인 미인상은 실제 사람들의 개성 있는 초상화를 더 닮았다. 그렇지만 빙하 시대 예술가들이 여성성을 어떻게 다루었는지에 관한 설명은 단 하나가 아니다. 부적처럼 보이든 경건하든, 상징적이든 표상적이든, 그런 인공물들은 마술과 유사한 힘을 담고 있어서 잃어버린 세계의 조각들을 마음속에 그리는 데 도움을 준다.

마술

증거가 모호하긴 하지만, 학자들은 마술을 종교와 과학의 기원으로 제시해왔다. 분명 세 전통 모두 인간의 자연 통제를 확대하려는 노력에 깊은 관심을 기울였기 때문이다. 마술 관념이 생겨난 시기나 맥락을 구체적으로 정할 수 있기를 바라는 것은 무리다. 마술사의 첫 보조물—의례에서 일정한 역할을 한 것으로 보이는 가장 이른 물질—은 적갈색 안료였을 것이다. 블롬보스 동굴에서 발견된 유물 복합체 중 일부는 열십자 패턴이 새겨진 것으로 보이는 7만 년 전 황토색 물건들이다. 스와질란드에 있는 약 4만 2000년 전 사자 동굴Lion Cave은 세계에서 가장 오래된 것으로 알려진 황토색 안료 광산이다. 매장하는 시체에 이 생생하고 화려한 색을 발랐는데, 어쩌면 귀한 제물로 바쳤을 것이고, 어쩌면 피와 비슷한 색으로 시체에 다시 생명을 불어넣기 위해서였을 것이다. 가망도 없이 정확한 연대를 구하려 애쓰기보다는, 호미닌의 깊은 역사에서 관찰과 상상이 서로의 자양분이 되어온 느린 과정의 가능성에 초점을 맞추어 추론하는 편이 선사 시대 마술에 다가가는 유익한 방법일 것이다. 일부 마술적 변형은 분명 우연히 발생하며 경험하고 나면 모방할 수 있다. 예를 들어 유

최초의 마술사 보조물. 7만 년 전 시체와 함께 묻은 대자석代赭石 조각으로 마름모 패턴이 새겨져 있다.

익한 박테리아나 썹기의 효과를 이용해 음식을 소화가 잘되는 상태로 바꿀 수 있고, 불의 효과를 이용해 음식을 변색시키거나 캐러멜화하거나 바삭하게 만들고 점토를 불침투성으로 변형할 수 있으며, 막대기나 뼈를 도구와 무기로 개조할 수 있다. 그렇지만 일부 변형에는 더 급진적인 상상 행위가 필요하다. 가령 침팬지가 가지나 줄기를 꼬아서 둥지를 만들듯이 섬유 가닥들을 엮어 한 가닥으로는 얻을 수 없는 너비를 얻는 직조는, 짐작하건대 인간이 출현하기 전 오랜 기간에 걸쳐 차츰차츰 발견된 기적과도 같은 기술이었을 것이다. 물질적 욕구를 채우기 위해 임시변통한 실용적 조치가 '실마리'가 되어 마술적 추론에 필요한 상상을 자극했을 수도 있다. 예컨대 플라이스토세 스텝에서 매머드 사냥꾼들이 뼈로 지은 집은 마술적으로 보인다—뼈를 건축물로 변형한 만큼 이곳을 사원으로 분류하는 것은 솔깃한 일이다. 그러나 뼈로 지은 집은 특별할 것 없는 가옥과 마찬가지로 일상을 영위하는 공간이기도 했다. 혹시 뼈집이 사원의 기능과 집의 기능을 동시에 했던 것일까? 어쩌면 뼈집을 지은 사람들은 사원의 기능과 집의 기능이 서로 배타적이지 않다고, 심지어 서로 다르지 않다고 생각했을지도 모른다.

예술과 내세

또다른 증거는 약 4만 년 전 무덤들에 있다—시기를 보면 호모 사피엔스의 것으로 여길 수도 있지만 실은 우리가 네안데르탈인이라 부르는 별개 종의 것이다. 호모 사피엔스는 친척 네안데르탈인과 언제나 모호한 관계였으며, 서로 공유하던 환경에서 우리 조상들은 살아남고 네안데르탈인은 멸종한 사실은 이론가들에게 곤혹스러운 문제였다. 다윈주의적 사유는 호모 사피엔스가 경쟁에서 네안데르탈인을 인정사정없이 물리치거나 절멸시켰다는 추측을 자극했다. 그러나 네안데르탈인에 관해 알면 알수록 그들이 우리와 더 비슷해 보인다. 그들은 우리와 흡사한 정신과 감성, 기술뿐 아니라 한때 호모 사피엔스만의 특권으로 여겼던 언어 능력을 비롯한 여러 능력까지 완전히 갖추고 있었다. 또 주변부에서 네안데르탈인과 사피엔스가 교배할 수 있었고 실제로 교배했다는 DNA 증거가 쌓이고 있다. 유명한 '네안데르탈인의 목걸이'—늑대와 여우의 송곳니로 만든 일련의 펜던트로, 약 3만 4000년 전 네안데르탈인이 살았던 아르시쉬르퀴르Arcy-sur-Cure 유적의 순록 동굴Grotte du Renne에서 발견되었다—는 만약 네안데르탈인의 인공물이 아니라면 사피엔스로부터 입수한 것이다. 라 페라시La Ferrassie 유적에는 네안데르탈인 한 가족이 함께 매장되어 있다. 성별이 다른 성인 두 명은 태아처럼 몸을 웅크린 자세인데, 이는 오늘날 유럽과 중동 도처에 있는 네안데르탈인 매장지들의 특징이다. 두 성인 근처에 3세에서 5세 사이 어린이 세 명과 신생아 한 명이 부싯돌 도구 및 동물 뼛조각과 함께 누워 있다. 자궁에서 꺼낸 미발달 태아의 유해 역시, 비록 도구는 없지만, 다른 가족원들과 똑같이 존엄하게 매장되어 있다. 다른 네안데르탈인 매장지들에는 더 귀한 부장품이 있다. 청년을 묻은 곳에는 아이벡스[소과의 야생 포유류—옮긴이]의 뿔 한 쌍이 들어 있으며,

네안데르탈인 매장지에는 으레 태아 자세로 웅크린 유골이 있다.

다른 곳에는 황토색 안료가 흩뿌려져 있다. 오늘날 이란에 있는 샤니다르Shanidar 유적에는 어느 노인—팔 하나를 쓰지 못하고 두 다리가 심각한 불구가 되고 한쪽 눈이 실명된 후에도 공동체의 보살핌을 받아 수년간 생존한—이 꽃과 약초의 흔적과 함께 누워 있다. 이 사례들과 네안데르탈인의 매장 의례처럼 보이는 다른 많은 사례들은 회의적인 학자들의 의심에 부딪혔지만(그들은 우연이나 사기의 결과라고 '어물쩍 넘어간다'), 무턱대고 무시하기에는 그 수가 너무 많다. 반대로 너무 쉽게 믿는 학자들은 네안데르탈인에게 폭넓은 인간성 개념, 영혼의 불멸성에 대한 믿음, 사회 복지 제도, 장로제, 철학자가 통치하는 정치 체제가 있었다고 생각하는 등 증거로부터 무책임한 추론을 이끌어냈다. 네안데르탈인이 이것들을 가지고 있었을 수도 있지만, 그 증거는 그들의 무덤에 없다.

네안데르탈인 매장지들은 불굴의 사유를 드러낸다. 단순한 매장은 청소 동물의 접근을 막고 시체 썩는 냄새를 가리기 위한 물질적 관심의 증거에 지나지 않는다. 그러나 의례에 따른 매장은 오늘날의 문화들도 여전히 규정하기 어려워하는 삶과 죽음 개념의 증거다. 특정한 경우—불가해한 혼수상태와 생명 유지 장치에 의존하는 고통스러운 빈사 상태—에 우리는 삶과 죽음의 차이점이 정확히 무엇인지 말하지 못한다. 그러나 산 자와 죽은 자의 개념적 차이는 사람들이 죽은 자를 구별하기 시작한 약 4만 년 전으로 거슬러올라간다. 에스파냐 고인류학자 후안 루이스 아르수아가Juan Luis Arsuaga는 무덤 쓰는 네안데르탈인을 시적으로 표현했다.

> 죽음을 발견한 사람들은 그 반작용으로 삶을 찬양했다. 스스로를 장식하고 꾸밈으로써 자신의 존재를 확인하고 앞으로 닥칠 최종 비극에 저항했다. 상징을 사용해 살아 있음에 대한 환희를 표현했다.

> 이처럼 최초의 장례는 삶을 축성했다. 그것은 곧 삶이란 경외할 가치가 있는 것이

라는 확신의 표현이었다. 최초의 장례는 그저 삶을 소중히 여기는 본능을 넘어섰음을 보여주는 첫 증거였으며, 그후로 줄곧 모든 도덕적 행위의 기반을 이루어왔다.

사람들이 장례를 치른다 해도 그것이 꼭 내세를 믿는다는 증거는 아니다. 장례는 기념 행위나 존경의 표시일 수도 있다. 사자死者와 함께 묻은 물품은 내세로 넘어가도록 돕는 용도보다는 살아 있는 사람들을 달래고 현세에서의 생존을 돕는 용도였을지도 모른다. 그럼에도 부장품에 생존 장비—음식, 옷, 귀중품, 작업 도구—가 완비되어 있을 경우, 그것들이 새로운 삶을 위한 용품이라는 인상을 떨치기 어렵다. 4만~3만 5000년 전 무렵이면 세계에서 인간이 거주한 지역 어디서나 이런 부장품을 집어넣었다. 사회 하층민의 무덤에서도 적어도 황토색 선물이 발견되며, 도구와 장신구의 개수는 이미 빈부 격차가 있었을 법한 사회에서 사자의 지위가 어떠했는지 알려주는 지표다.

사자의 생존 가능성이라는 관념을 이해하기 어려운 것도 아니다. 살아 있는 동안 우리는 신체가 끊임없이 변화함에도 불구하고 나의 정체성이 계속 이어진다고 느낀다. 사춘기나 폐경기, 트라우마적 부상 같은 큰 변화를 겪고도 정체성을 유지할 수 있다면, 어쨌거나 그런 일련의 변화 중에서 가장 극적인 변화에 지나지 않는 죽음이 꼭 소멸이어야 할 이유가 있을까?

그러므로 내세 관념은 그 자체로는 그리 중요하지 않았을 것이다. 초기 무덤들의 부장품은 내세가 현세의 연장일 것임을 함축하고, 영혼의 생존보다는 지위의 생존을 확인해준다. 실제로 기원전 제1천년기까지도(세계의 일부 지역에서는 그 이후에도) 모든 부장품을 이런 가정에 입각해 골랐다. (짐작건대) 중요했던 것은 훗날(증거로 뒷받침되는 시점은 분명 나중이다) 내세 관념을 정교화한 주장들이었을 것이다. 예컨대 내세는 보상 아니면 처벌을 받는 장소라는 주장이나, 내세는 어쩌면 환생을 통해 새 삶을 살아갈 기회가 되리라는 주장이 제기되었을 것이다. 한 개인이 내세를 상상한 방식이 현세의 삶을 도덕적으로 교도하고 그의 심복들을 통해 사회를 주조하는 수단이 되었을 수도 있다. 예를 들어 샤니다르 매장지와 한쪽 눈을 실명한 불구자를 죽기 전 수년간 보살폈다는 증거는, 세심하고 비용이 많이 드는 도덕률을 가진 사회를 나타내는 것으로 보인다. 또는 반대로 그 불구자를 돌본 사람들이 자기네에게 이로운 노인의 지혜나 비전秘傳 지식을 얻을 수 있었을지도 모른다.

사회와 가치에 대한 논평으로서의 빙하 시대 예술

분화된 사회, 즉 서열과 유한有閑계급이 있는 사회 외부에서는 분명 빙하 시대 예술을 생산할 수 없었을 것이다. 다른 방식으로 설명하기에는 빙하 시대 예술은 그 수가 지나치게 많고, 지나치게 값비싼 장신구를 포함하며, 숙련도가 지나치게 높다. 빙하 시대 공동체들은 풍부한 식량 자원 덕에 오늘날의 수렵 채집 집단보다 훨씬 더 안정적으로 생활할 수 있었다. 특권층 개인과 노동이 불가능한 개인을 포함한 일부 공동체들은 한 장소에 오랫동안 머무르며 여러 계절을 났다. 다른 공동체들은 오랜 여정 끝에 새로운 사냥터, 새로운 자원 산지, 또는 다른 인간 집단과 교역할 만한 장소에 이르렀다. 돌니 베스토니체에서 발견된 3만 년 전 점토 인물상 파편들에는 지난날 인물상에 둘려 있었던 직물의 흔적이 남아 있다. 이 직물을 생산한 장인들—아마도 일부는 여성이었을 것이다—이 장기간 중단 없이 수공예에 몰두할 수 있었다는 사실은 그들이 특권층에 속했음을 가리킨다. 정교하게 조각하고 V자 무늬를 새긴 상아 장신구처럼 값비싼(만드는 데 들인 시간과 재료의 희소성 면에서) 물건들은 사회 엘리트층을 위해 제작된 것으로 보인다. 코스티엔키Kostienki에서 발견된 2만 6000~2만 2000년 전의 얇고 섬세한 곡선형 상아 조각을 보면, 중앙의 띠 주위에 수백 개의 지그재그 무늬가 있는가 하면 띠 자체는 기하학적 모양으로 장식되어 있고 실을 꿰어 착용하기 위한 구멍이 듬성듬성 뚫려 있다. 2만 년 전에 러시아 엘시비

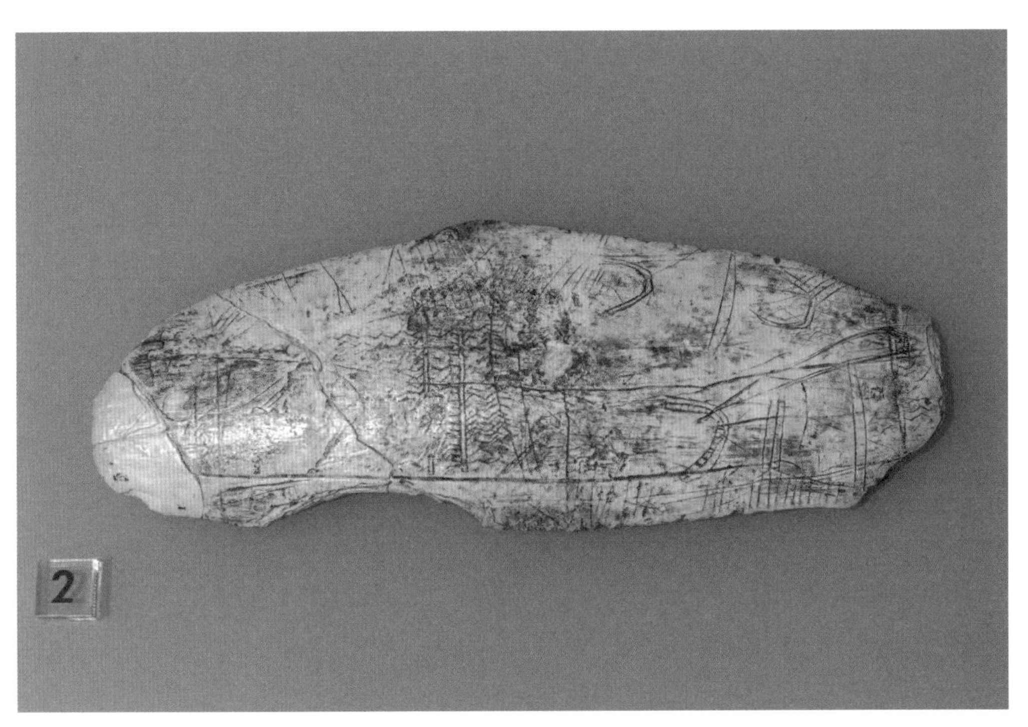

엘시비치에서 나온 이 2만 년 전 매머드 엄니에 조각가는 물고기를 표현했다. 방사형으로 새긴 지느러미를 지금도 볼 수 있다.

치Elseevitchi에서 매머드 엄니 조각에 새긴 비늘무늬는 분명 물고기를 표현한 것으로, 방사형으로 새긴 지느러미 부분은 지금도 볼 수 있지만 머리 부분은 깨져서 소실되었다. 장식이 적잖이 들어간 다른 많은 인공물들은 식사를 준비하고 먹는 일과를 단순히 영양을 섭취하는 수준 이상으로 높여주는 그릇이었다. 아이가 귀중한 자원—거의 과거 내내 대부분의 사회에서 활용하고 교환할 수 있었던 자원—이었던 만큼, 빙하 시대 예술에서 널리 나타나는 임신과 생식력의 이미지는 공동체 내에서 여성이 중요하고 경외받는 존재였음을 가리킨다. 일찍이 4만 년 전부터 현지에서 구할 수 없는 귀한 품목은 분명 먼 거리를 통해 거래되었다. 기원전 3500년 무렵 카스

텔 메를Castel Merle의 장인들이 100킬로미터 넘게 떨어진 곳에서 상아를 공급받았는가 하면, 해안에서 300킬로미터 떨어진 곳에 사는 사람들이 조개껍데기로 치장을 하기도 했다.

잔치와 권력

빙하 시대의 동굴 예술에 영감을 준 비전은 정치에도 영향을 주었다. 빙하 시대의 정치적 사유에 접근할 길은 거의 없지만, 그 대신 지도력, 폭넓은 질서 관념, 그리고 빙하 시대 정치경제라고 부를 만한 것에 대해 무언가 말할 수는 있다. 빙하 시대 권력 위계를 이해하려 시도할 때 약간의 증거가 되는 것은 잔치의 단편, 즉 부자의 식탁에서 떨어진 부스러기다. 비용을 많이 들이거나 푸짐하게 준비한다는 점에서 특별한, 음식을 나누는 의례는 권력을 조정하고 동맹을 맺는 방법이다. 일부 수렵 채집민에게는 이런 관행이 없다. 그저 동물을 대량으로 사냥하거나 썩은 고기를 잔뜩 발견할 때 특별한 식사를 하는 식이다. 따라서 잔치는 진정으로 보편적인 관행들의 근간을 이루는 관념들만큼 오래되지 않았을 것이다. (그렇지만 이는 증거의 속임수일 가능성이 있다. 일부 수렵 채집 집단들은 평소 거주지에서 멀리 떨어진 외지고 은밀한 장소에서만 잔치를 하는데, 그런 장소의 증거는 고고학적 기록에 나오지 않을 수도 있기 때문이다.) 그렇지만 초기 농경 사회와 목축 사회에서 잔치는 군장이 공동체 내에서 잉여 생산물 분배를 감독하는 방법이었다. 그런가 하면 후대의 일부 사례에서 특권적 잔치는 참석 가능한 엘리트들을 한정했고, 그들 사이에 유대를 다질 기회를 제공했다. 잔치는 전자의 경우 사회적 결속에, 후자의 경우 권력 공고화에 아주 중요했다. 약 1만 1000~1만 년 전으로 거슬러올라가는 가장 이른 분명한 증거는, 아나톨리아 할란 체미 언덕Hallan Çemi Tepesi의 식탁에서 떨어진 동식물 음식의 퇴적물 잔해다—이곳 사람들은 수렵과 채집에 완전히 의존하는 대신 식량을 생산하기 시작한 참이었다. 그렇지만 최근 고고학적 작업으로 밝혀진 바로는 잔치 관행이 그 이전에, 풍족한 구석기 시대—잔존하는 동굴 예술을 생산한 시대—의 특권적 수렵 사회들에서 기원했을 가능성이 있다. 게다가 고고학자들은 알타미라에서 2만 3000년 전으로 거슬러올라가는, 큰 규모로 요리하고 남은 재와 석회화된 음식 부스러기를 발견했다. 같은 지역에서 발견된 같은 연대의 집계 막대기tally stick[숫자나 양을 기록하는 데 쓰인 막대기—옮긴이]들은 잔치 지출에 대한 기록일지도 모른다.

무엇을 위해 그런 잔치를 벌였을까? 노력과 비용이 많이 드는 까닭에 잔치에는 분명 타당한 이유가 필요했을 것이다. 잔치는 굶주리는 시기와 대비되는 풍족한 시기를 경축하는 상징적 또는 마술적 의례였을 수도 있다. 또 실용적인 이유들도 있었을 것이다. 예컨대 유력자가 자신의 권력이나 지위, 후견 관계를 강화하기 위해, 잔치 손님들 사이에 호혜적인 유대를 만들어내기 위해, 또는 노동력을 한곳에 모으기 위해 잔치를 베풀었을 수도 있다. 현대 수렵 채집 집단들의 사례에서 유추하자면, 호화롭게 먹고 마신 가장 유력한 이유는 공동체들 사이에 동맹을 맺는 데 있었을 것이다. 학계 일각에서는 잔치가 남자들끼리 단결하는 행사였다고 생각하지만, 지금까지 고고학계에 알려진 모든 경우에 잔치를 벌인 장소는 여성과 아이도 참석했을 법한 주요 거주지 근처였다. 오히려 잔치 관념은 처음 등장했을 때부터 실질적인 결과, 즉 사회를 건설하고 공고히 하는 한편 잔치를 준비하고 음식을 통제하는 사람들의 권력을 강화하는 결과를 가져왔다.

지도부

호미니드 사회, 호미닌 사회, 초기 호모 사피엔스 사회에는 지도자들이 있었다. 다른 유인원들로부터 유추하건대, 우두머리 남성들이 위협과 폭력으로 통치를 강요했을 것이다. 그런데 빙하 시대의 정치 이념과 관련해서도 동굴 벽에 그려진 의례 장면은 실마리를 제공한다. 다시 말해 동굴 벽화는 정치적 혁명이 일어나 권위를 부여하고 군장을 선택하는 방식이 다양해졌음을 보여준다. 예컨대 선견지명을 가진 선지자가 권한을 부여받고 카리스마가 완력을 제압하는 등 문화의 위계에서 영적으로 재능 있는 이들이 육체적으로 강한 이들을 능가하게 되었다. 일부 사회들에서 군장, 사제, 귀족의 권위는 마나mana[멜라네시아와 폴리네시아의 전통 문화에서 유래한 용어로 자연 만물에 깃들어 있는 영적 생명력을 가리킨다—옮긴이]에, 또는 다른 비슷한 힘의 원천에 접근할 수 있는 특별한 능력을 근거로 정당화되었다. 그림과 조각은 새로운 종류의 정치적 사유—새로운 형태의 지도력—가 출현했음을 드러낸다.

샤먼

사제와 비슷하게 신성한 의복을 입거나 동물로 변장한 채 환상적 여행을 하는 인물형은 육체적 힘 외에 새로운 종류의 권력을 휘두르는 자들이 부상했음을 알려주는 증거다. 가까운 과거에 대한 고고학적 연구를 통해 알려진 사례들에서 그런 변장은 보통 사자 또는 신령과 소통하려는 노력, 즉 '내세'에 접근하려는 노력과 관련이 있다. 약물이나 춤, 북소리로 유도하는 극도의 고양 상태에서 샤먼은 영혼의 말을 현세에 전하는 매개자가 될 수 있다. 시베리아 북부 축치인Chukchi 사냥꾼들—이들은 생활 방식과 환경 면에서 빙하 시대 예술가들과 비슷하다—은 선견지명 사건을 여행으로 묘사한다. 동물 변장의 목표는 동물의 민첩성을 빌려 오는 것, 또는 다른 전통들에서는 토템이나 동물 '조상'(문자 그대로 꼭 시조로 이해해야 하는 것은 아니다)과 일체화하는 것이다. 변장의 힘은 또다른 관념을 열어젖혔다. 바로 영혼—세계를 현재 존재하는 세계로 만드는 힘에 해당하는 신령과 사자—과 접촉하여 지금 일어나고 있는 사건과 앞으로 일어날 사건의 내막을 알아낸다는 관념이었다. 샤먼은 신령과 영혼에 영향을 주어 그들의 계획을 바꿀 수도 있다. 예컨대 신령과 영혼으로 하여금 비를 내리게 하고, 홍수를 멈추게 하고, 추수할 작물이 여물도록 햇살을 비추게 하는 등 세계를 인간에게 쾌적한 환경으로 재편하도록 유도할 수 있다. 요컨대 샤먼은 영계를 조종함으로써 자연을 조종한다.

오늘날 축치인 샤먼들은 신명 나는 소리를 내 미래를 내다보도록 돕는 북을 자랑스러워한다.

동물로 변장한 채 춤추는 모습으로 동굴 벽에 묘사된 자들이 샤먼의 기능을 수행했다면, 그들은 틀림없이 막대한 사회적 영향력을 행사했을 것이고, 사람들은 영혼과 접촉하는 누군가의 호의를 얻고자 선물과 존경, 봉사, 복종을 기꺼이 바쳤을 것이다. 샤먼은 권위의 강력한 원천, 즉 가부장 남성이나 우두머리 남성을 샤먼으로 대체하는 정치적 혁명의 발화점이 될 수 있다. 동굴들을 찬찬히 훑어보면, 무력 계급과 나란히 지식 계급이 출현했던 것으로 보인다. 빙하 시대 사회들은 영혼과 소통하는 자질을 가진 엘리트들을 선택함으로써 육체적으로 강한 자들이나 특권층으로 태어나는 자들의 억압에서 벗어나는, 최초의 정치적 혁명이라 부를 만한 결과를 가져올 수 있었다. 샤머니즘은 강자를 선지자와 현자로 대체했다.

내세에 접근하는 특별한 능력은 근래에 여러 사회에서 정치적 정당성의 중요한 요소였다. 권력을 주장한 '예언자', 신성한 권리를 주장한 군주, 세속적 우위를 주장한 교회 모두 그 능력을 근거로 들었다. 통치자를 인정하는 방법 중에 영혼과 소통하는 자질을 가진 자에게 충성하는 방법은 분명 육체적으로 가장 강한 자에게 복종하는 방법의 초기 대안—아마도 가장 이른 대안—이었다.

세습 지도자

인지고고학에 따르면 빙하 시대의 마지막 1000여 년 동안 세습 지도자가 출현했다. 모든 인간 사회의 커다란 문제 중 하나는 권력과 부, 신분을 어떻게 평화롭게 넘겨주느냐는 것이다. 초기 인간 공동체들은 불평등 관념을 필요로 하지 않았다. 불평등은 그들에게 자연스러운 것이었다. 그렇다 해도 획득 지위를 자손에게 물려준다는 관념이 어떻게 등장할 수 있었을까? 표면상 이 관념은 역기능을 일으킬 것으로 보이는데, 부모의 탁월함은 자식의 우수함을 보장하지 않는 반면, 경쟁을 치러 차지한 지도자 지위는 객관적으로 정당하기 때문이다. 디즈니 영화에서 묘사하는 세습 사례를 빼면, 동물계에는 세습 통치권에 상응하는 것이 없다. 그러나 모든 인간 사회는 세습 원칙을 어느 정도 수용하게 되었고, 유사 이래 대체로 대부분의 사회에서 세습은 고위 명령권자를 충원하는 정상적인 방도였다.

우리는 빙하 시대의 세습 권력 계급의 성격에 대해 확언할 수는 없지만 그 계급이 존재했다는 것은 알고 있는데, 당시 사람들이 확연히 불평등한 방식으로 매장되었기 때문이다. 약 2만 8000년 전 모스크바 인근 숭기르Shunghir에 조성된 어느 묘지에는 1970년 O. N. 베이더Bader가 작성한 공식 보고서의 독자들을 깜짝 놀라게 한 호화로운 삶의 증거가 들어 있었다. 기록된 보석류로는 끈으로 꿰어 목걸이, 팔찌, 허리장식으로 쓰기 위해 구멍을 뚫은 북극여우의 송곳니와, 매머드의 엄니를 얇게 썬 원형 조각들로 만든 팔찌, 머리부터 집어넣어 입는 모피 블라우스와 가죽 부츠에 바느질을 해서 붙인 바지 위에 줄지어 꿰맨 매머드 상아 구슬 등이 있다. 최고위 인물은 얼핏 고령의 남성이었던 것으로 보인다. 적갈색 웅덩이 안에 무덤의 표지로 남아 있

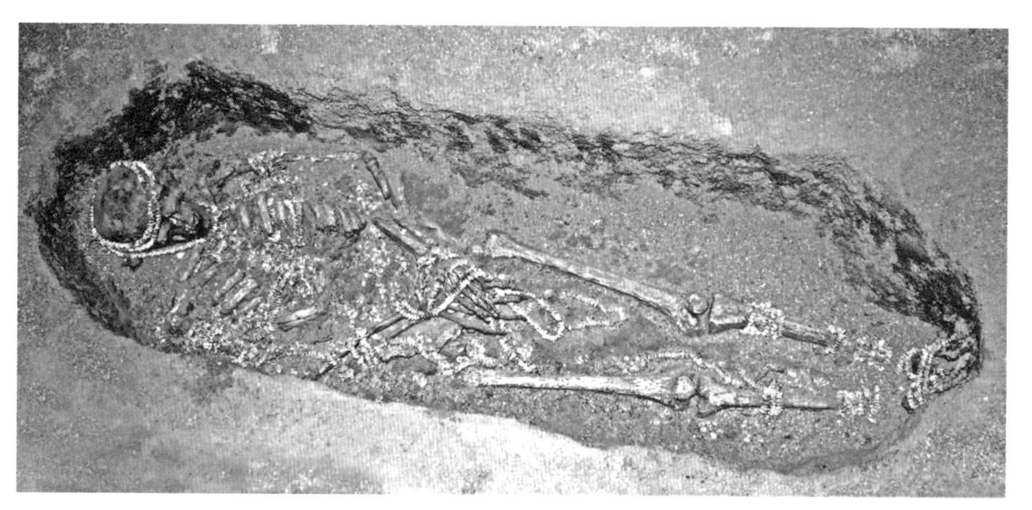

보석을 화려하게 두른 유골이 놓여 있는 러시아 숭기르의 이 매장지는 2만 8000년 전에 호화로운 엘리트—아마도 세습 엘리트였을 것이다—지도자가 존재했음을 시사한다.

었던 여성의 머리뼈 아래에 묻힌 그의 부장품으로는 여우의 이빨을 꿰맨 모자, 25개 가량의 상아 팔찌, 거의 3000개에 달하는 구슬 등이 있다. 이것들은 활동적인 삶에 대한 보상이었을지도 모른다. 그렇지만 근처에 함께 묻힌 두 어린이—소년 한 명과 소녀 한 명일 테고, 각각 10~12세와 8~10세로 추정된다—의 무덤에는 더욱 화려한 장신구들이 들어 있다. 상아로 만든 팔찌, 목걸이, 외투를 여미는 핀, 여우 이빨로 만든 단추와 벨트 장식에 더해, 소년은 저승길에 동행하는 말이나 매머드 조각물과, 길이가 1.8미터를 넘는 매머드 상아 창 혹은 지팡이를 포함해 아름다운 무기들을 가지고 있었다. 그리고 섬세하게 제작한 5000개가량의 상아 구슬이 두 시체의 머리, 몸통, 팔다리에 가랑비처럼 흩뿌려져 있었다. 이곳은 또다른 혁명—지도자를 어려서부터, 따라서 어쩌면 출생시부터 위대한 존재로 부각시키는 사회의 시작—의 증거이기도 하다. 이 사례에서 알 수 있듯이, 세습 원칙 관념은 지도자 선출 문제와 관련해 가장 먼저 제시된 답변들 중 하나였다.

이제껏 세습 지도자의 출현을 설명하는 다양한 이론이 제시되었다. 정신과 신체의 여러 속성이 대물림된다는 것은 흔히 관찰할 수 있는 사실이다(오늘날 유전 이론이 이에 대한 정교한 설명을 제공한다). 이 사실은 자수성가한 지도자의 자식들에게 유리한 합리적 편향을 만들어낸다. 일각에서 말하듯이 양육 본능을 가진 부모는 자신의 위치나 지위, 직위를 포함하는 자산을 자식에게 물려주려 하고, 그런 이유로 다른 사람들이 똑같이 하는 것을 용인하려 한다. 세습 원칙은 경쟁을 억지함으로써 평화에 이바지한다. 전문화는 엘리트와 평민 사이에 여가의 격차를 초래하고, 전문화된 역할을 가진 부모가 자식을 훈련시켜 자신의 역할을 물려줄 수 있게 한다. 일부 국가들은 지금까지도 세습 군주(영국의 경우에는 어느 정도 세습되는 입법부)의 이점, 이를테면 대중 정치의 부패로부터 보호받고 갈등의 무대와 거리를 두는 이점을 누리고 있다. 세습은 합리적 기준으로 보아 지도자를 뽑는 좋은 방법이다.

생각할 시간

세습을 통해 권력의 연속성을 보장받은 전문직 특권층 엘리트들에게는 생각할 시간이 있었다. 그들이 책무에 필요한 데이터를 얻고자 하늘을 구석구석 관찰하면서 떠올린 생각 중 일부를 밝혀낼 수 있다. 책이 없었던 초기 인류에게 별들은 흥미진진한 읽을거리였다. 일부의 눈에 비친 별들은 다가갈 수 없는 천상의 빛을 엿보게 해주는, 하늘의 베일에 뚫린 작은 구멍이었다. 통치자들은 하늘과 지상의 중재자라는 이유로 시간 기록원이 되었다.

시간은 규정하기 어려운 관념이다(성 아우구스티누스는 누군가 자신에게 묻기 전까지만 해도 시간이 무엇인지 안다고 생각했다고 말한다). 시간은 일군의 변화와 다른 일군의 변화를 비교하여 변화의 간격을 측정하는 방법이라고 이해하는 편이 가장 좋을 것이다. 예컨대 "이 세금은 퀴니우스가 시리아 총독이었을 때 처음 부과되었다"라거나, 아들의 출생일이 언제냐는 물음에 누에르족 아버지가 기억을 더듬어 "내 송아리가 짱짱했을 때"라고 말하는 식이다. 이런 방법은 보편적인 것으로 보인다. 거의 똑같이 널리 확산된 방법은 천체의 운동에 견주어 변화의 간격을 측정하는 것이다. 이 방법은 겉보기에 불변하는 보편적인 측정 기준을 제공한다는 이점이 있다—태양과 달, 별의 주기의 불규칙성은 일반적인 측정의 경우에는 무시해도 괜찮다. (오늘날 세슘 원자의 진동수를 보편적인 기준으로 채택해 시간 측정의 정확도를 높이긴 했지만, 시간 측정의 원리는 바뀌지 않았다.) 널리 확산된 다른 모든 관행들과 마찬가지로, 시간을 기록하는 달력 체계도 아주 오래되었다고 타당하게 추정할 수 있다. 달력 체계가 빙하 시대에 기원했다는 추정, 즉 빙하 시대에 별을 응시한 사람들이 하늘을 읽고 천체의 운동과 지상의 사건을 연관 지었다는 추정을 뒷받침하는 증거(비록 확실하진 않지만)가 있다. 우리가 아는 가장 이른 인공물은 약 3만 년 전 도르도뉴Dordogne에서 평평한 뼈에 초승달 모양과 원 모양을 새긴 것으로, 마치 달력처럼 보인다. 체계적으로 보이는 모양 사이 간격은 달의 위상에 대한 기록으로 해석되어왔다. 그 이후 증거에 공백이 있는 오랜 기간 동안 여러 장소에서 집게 막대기를, 또는 적어도 규칙적인 자국을 새긴 물건을 생산하긴 했지만, 이것들은 달력이라고 단정할 수 없다. '낙서', 놀이, 장식물, 의례 보조물, 또는 다른 종류의 숫자 기록일 가능성이 있다.

인간의 변화에 대한 환경의 영향

상징적 의사소통, 삶과 죽음의 구별, 물질적 우주 이상의 존재, 내세로의 접근 가능성, 영혼, 마나, 어쩌면 유일신 등 빙하 시대 최상의 관념들은 이 시대가 끝나기 전에 이미 세계를 바꾸어놓았다. 그리고 빙하 시대 정치사상은 지도자를 뽑는 다양한 방법들(무력뿐 아니라 카리스마와 세습으로 뽑는 방법을 포함해)에 더해 사회를 규제하기 위한 장치들(음식과 성 관련 금기, 의례화된 재화 교환을 포함해)까지 내놓았다. 그렇다면 빙하가 물러나고 사람들이 소중히 여겼던 환경이 사라졌을 때, 무슨 일이 일어났을까? 2~1만 년 전 지구 온난화가 단속적으로 재개되었을 때, 익숙하고 편안한 전통 생활 방식이 위협받는 사태에 사람들은 어떻게 대응했을까? 변화하는 환경에 대응한 사람들이나 개의치 않은 사람들은 어떤 새로운 관념을 내놓았을까?

구석기 시대 조상들이 빙하의 자식들이었다는 것, 그들에게는 한랭 기후가 확산과 발명의 촉매였다는 것을 상기할 필요가 있다. 그들을 이해하려면, 오늘날 프랑스 남서부 도르도뉴에 해당하는 지역에서 사향소가 살아갈 수 있었던 세계 기후를 상상해야 한다. 2만 년도 더 전에 앙굴렘Angoulême 인근 록 데 세르Roc des Sers에서 조각가들은 이 힘센 네발 동물의 근육 조직, 두꺼운 털투성이 외피, 그리고 들이쉬는 공기를 데워 한기로부터 폐를 보호한 벌름거리는 콧구멍을 포착했다(이로부터 그리 오래지 않은 시점에 록 데 세르에서 그리 멀리 않은 로제리 오트Laugerie Haute에서도 사향소를 조각했다). 록 데 세르의 사향소 작품은 풀을 뜯느라 여념이 없는 듯한 모습의 부조로, 미켈란젤로의 〈노예들〉만큼이나 생동감 있게 다가온다. 로제리 오트 유적의 사향소 작품은 머리만 남아 있지만, 수천 년간 비바람을 맞았음에도 보는 순간 이 대형 동물이 떠오를 정도로, 둥글게 감기는 두 뿔 사이 아래쪽의 특이한 골질 이마와 머리 위 촘촘한 갈기를 사실적으로 표현했다. 당시 식사의 잔해로 판단하건대, 이 머리를 만든 예술가는 설령 사향소를 먹었다 해도 거의 먹지 않았을 것이다. 그 잔해는 대부분 말뼈다. 이 사실이 조각가에게 어떤 의미였는지 우리로서는 말할 수 없지만, 조각가가 자신의 작품 주제를 바라볼 때 음식 이상으로 인지했다는 것은 확신할 수 있다. 사향소 머리 조각은 그에게 감정을 표현하는 한편 사향소가 위대하고 상상의 세계에 가까운 존재임을 인정하는 방법이었을 것이다. 사향소는 지금도 살아 있지만, 냉대 아메리카에서도 얼음에 갇힌 최북단 요새 안에서만 돌아다닌다. 오늘날

사향소는 빙하 시대 예술에서 알아볼 수 있는, 당시 선호된 주제 중 하나다. 이 뚱뚱한 동물은 붙잡거나 죽이기가 어려웠지만 사냥에 성공할 경우 칼로리 면에서 큰 보상을 주었다.

북극권 근처에서 지의류를 먹으며 연명하는 순록과 혹한 기후에 적합한 몸을 가진 멸종한 털매머드는 돌니 베스토니체의 예술에서 흔한 이미지다.

기후 변화는 빙하 시대 예술가들이 작품에 반영하는 세계와 그들이 속해 있고 또 건설하는 사회를 위협했다. 어떻게 보면 우리는 그들의 처지에 공감할 수 있는 경험을 하고 있다. 우리 역시 우려스럽게도 온난해지는 세계에서 살고 있다. 그간 기온이 몇 차례 변동했으며, 현재 기온이 이례적으로 빠르게 상승하고 있다. 어느 정도는 기온 상승을 부채질하는 인간의 활동 때문이지만, 빙하 시대를 끝낸 온난화가 아직까지 지속되고 있기도 하다. 물론 2~1만 년 전 사람들이 온난화에 모두 같은 방식으로 대응했던 것은 아니다. 지나치게 단순화하는 것일지 모르지만, 넓게 보아 두 가지 대응 유형을 확인할 수 있다. 일부 사람들은 익숙한 환경을 찾아 이주한 반면, 다른 사람들은 그대로 머무르며 적응하려 노력했다. 이 두 가지 대응 유형이 다음 장의 주제다.

PART

02

Of Mud and Metal

점토와 금속으로

농업의 출현부터 '청동기 시대 위기'까지 발산하는 문화들
—기원전 1만 년경부터 기원전 1000년경까지

CHAPTER
03

온난해지는 세계로

마 틴 존 스

세계의 빙모들이 상당히 수축되고 현재의 온난기 또는 '간빙기'가 시작되었을 무렵, 일찍이 세계 여행에 나섰던 인간 종의 선조들은 남극 대륙을 뺀 모든 대륙에 도착해 있었다. 자리잡은 각 대륙의 독특한 환경에서 일부 공동체들은 자연과 새로운 관계를 맺기 시작했다. 그 관계는 인간의 먹이 사슬에 속하는 동식물과의 더 긴밀한 제휴를 포함하곤 했으며, 그 과정에서 인간은 으레 세계 여행에 동행한 개와 협력했다. 여러 장소에서 다양한 종자식물, 풀을 뜯는 포유동물, 그리고 때때로 조류가 인간과 제휴 관계를 맺었다. 이 새로운 생태에서 인간의 생활 여건이 얼마나 크게 바뀌었던지, 고고학자와 인류학자는 식량을 획득하는 세계와 식량을 생산하는 세계, 즉 수렵

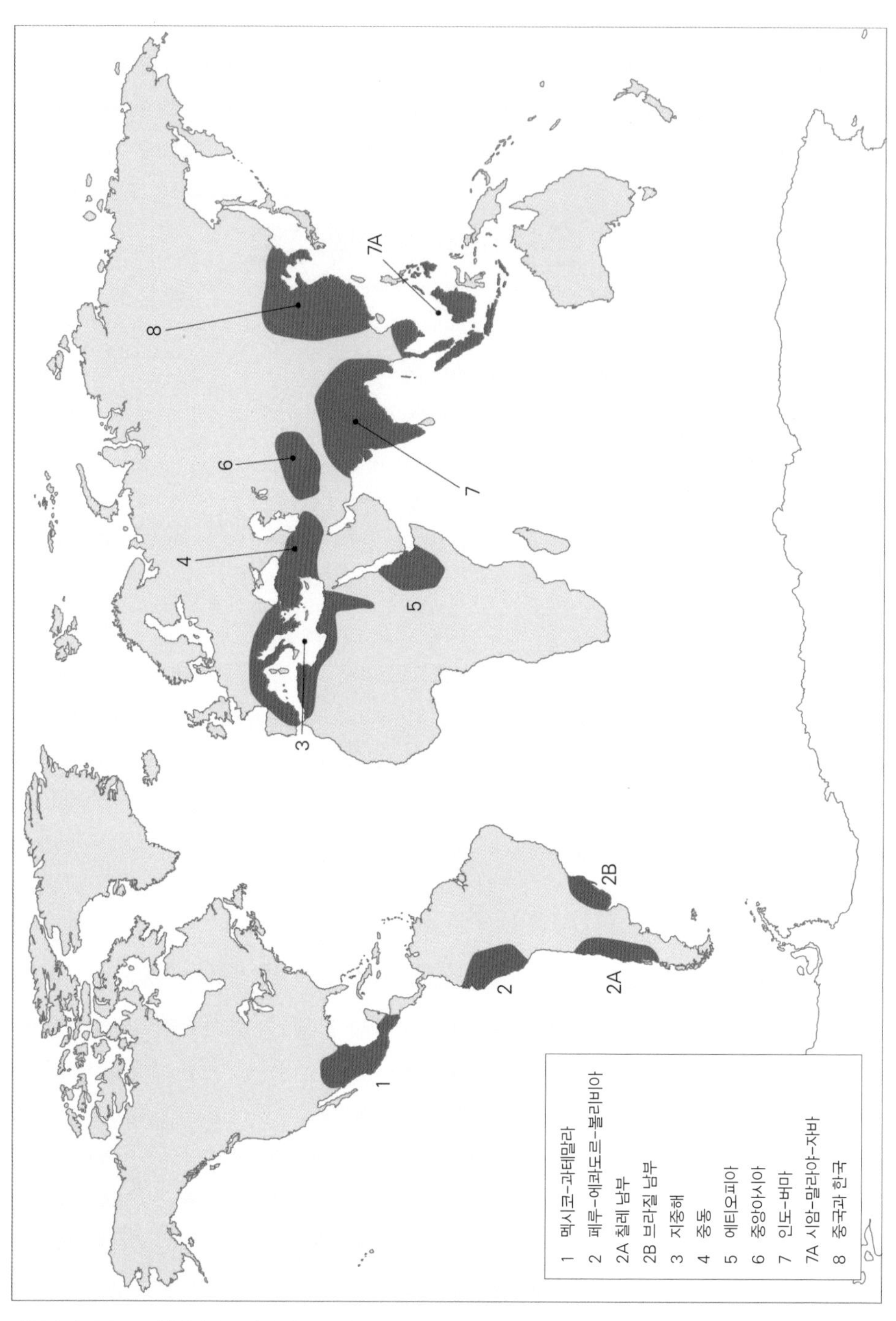

니콜라이 바빌로프의 '다양성 중심지들'과 재배 식물의 추정 기원지들.

채집 세계와 농경 세계를 수 세대 동안 분명하게 구별해오고 있다.

학자들은 전자에서 후자로의 이행을 놓고 열띤 논쟁을 벌였다. 일부는 무언가 불가피한 이유로 이행이 일어났고, 모든 사회가 하나의 발전 경로에서 제각기 다른 위치에 있었다고 주장했다. 다른 일부는 그것이 상황과 환경을 탐구하는 문화적·역사적 이행이었으며, 진화의 바퀴를 꾸준히 돌리는 점진적 변화가 아니라 새로운 관념과 전략을 적극 전파하는 혁명적 변화였다고 주장했다. 두 접근법 모두 증거의 패턴을 온전히 설명하는 데 어려움을 겪어왔다.

점진적 진화 설명은 그 이행이 왜 그토록 늦은 시점에 일어났느냐는 물음에 부딪힌다. 우리 종은 대략 20만 년 전에 출현했고, 적어도 8만 년 동안 현대인의 인지적 속성들을 모두 보여주었다. 농경 이전 기간에 인간은 세계 각지에서 다양한 기후·지리·생태 환경—일련의 극한 환경들 사이에서 변동을 거듭한—에 적응했다. 그 이후 기간은 어떤 점에서 그토록 특별했는가? 그리고 어떤 새로운 난제가 그토록 급진적인 변화를 불러왔는가? 두 물음은 고고학적 현장 조사를 자극했다. 우선 서남아시아와 메소아메리카Messo-America [아메리카 대륙에서 대략 멕시코 중부부터 코스타리카 북부까지 뻗은 역사적·문화적 지역—옮긴이]에서, 뒤이어 중국과 세계의 다른 많은 지역에서 현장 조사가 가장 집중적으로 이루어졌다. 현장 조사 프로젝트는 특정 지역 및 특정 시기와 관련된 여러 답변의 신빙성을 높여주었다. 이들 지역에서 자연과 인간 정착 방식에 일어난 심대한 변화는 '혁명'을 통해 새로운 생활 양식과 관행이 퍼져나갈 수 있었고 또 실제로 퍼져나갔음을 시사했다. 새로운 관념들로 증거를 대부분 설명할 수 있을 것으로 보인다. 그렇지만 증거가 소수의 지역들에만 있는 것은 아니다. 앞서 말한 이행은 전 지구적 진화 과정에 부합하는 방식으로 서로 멀리 떨어진 다수의 중심지들에서 분명 되풀이해 진행되었다.

이런 이유로 현재 대부분의 설명들은 환경 변동과 문화적·인구학적 대응 같은 테마들을 결합하는 등 변화의 혁명적 측면과 진화적 측면을 한데 엮는다. 그런 서사들이 근거로 삼는 증거 또한 변해왔다. 초기 설명들은 사냥용 화살과 창촉, 분쇄용 석기, 조리용 그릇 등 발견된 인공물에 의존했다. 이윽고 인간이 식량 탐색중에 이용한 동식물의 잔해가 데이터를 보완해주었고, 가장 최근에는 인간이 자연과 새로운 관계를 맺은 급진적 변화의 핵심인 유전적 변형에 대한 상세한 증거가 추가되었다.

이행의 환경적 맥락 역시 더 잘 이해하게 되었다. 이행의 시기와 지역은 제각기 달랐지만, 어느 경우에나 '신드리아스기'—1만 2900년 전부터 1만 1700년 전까지 기온이 급강하하여 북반구 대부분에 영향을 준 시기—이후에, 즉 일련의 중요한 기후 변동이 이어진 시기가 끝나고 '홀로세'라 부르는 현재의 온난기가 시작된 이후에 진행되었다. 홀로세 이전 수천 년 동안의 급격한 기온 변동은 여러 대형 유기체들, 특히 대형 육상 척추동물들의 생존을 위협했다. 대형 척추동물 몇 종은 이 기간에 멸종했으며, 호모속도 타격을 피할 수 없었다. 신드리아스기 이전 간빙기 세계에는 호모속이 적어도 다섯 종 있었다. 1만 년 전에는 한 종만 남아 있었다. 그 종은 가장 가까운 친척들의 멸종 추세를 따라가지 않고 오히려 뒤집었다. 호모 사피엔스는 그 어떤 선조와 친척보다도 더 많은 수로, 더 광범하게 온난해지는 세계 곳곳으로 퍼져나갔다.

자연 알아가기

영장류는 보통 새로운 환경을 피하는 경향이 있지만, 마운틴고릴라의 사례처럼 절박할 때면 환경을 바꾸기도 한다. 인간은 거주지를 바꾸는 데 특히 능하긴 하지만, 이전 환경과 비슷한 환경을 찾아 먼 거리를 이동해야 할 때면(예컨대 초기 유럽인 이주민들은 '새로운 유럽'을 찾아 세계를 가로질렀다) 대체로 아주 보수적인 태도를 취한다. 오늘날에도 사람들은 거주 대륙을 바꿀 때면 익숙한 도시 환경을 선호한다. 호모속 중 유일하게 살아남은 우리 아프리카 출신 종은 세계를 가로지르며 만난 새로운 것들에 어떻게 대응했을까? 처음에는 조금 새로웠지만 갈수록 뚜렷이 낯설어진 환경에서 그들은 무엇을 했을까? 호모 사피엔스가 네 대륙을 가로질러 남아메리카 남단인 파타고니아에 도착했을 무렵, 인류가 서서히 적응했던 아프리카의 동식물 종들은 사방 어디서도 찾아볼 수 없었다. 아프리카에서 여정에 올라 아시아와 베링 해협을 횡단하고 아메리카 북부와 중부, 남부를 통과하는 사이에 동물상과 식물상이 한 번만이 아니라 몇 차례나 극적으로 바뀌었다. 인류는 어떻게 적응했을까?

동물상

가장 쉽게 답할 수 있는 물음은 우리가 어떤 동물들을 뒤쫓고 먹었느냐는 것이다. 8~4만 년 전에 남아프리카 케이프 지역의 시부두Sibudu 동굴 같은 장소 주변에서 사냥한 우리 종의 초기 성원들은 강멧돼지와 파란다이커[영양의 일종인 포유류—옮긴이] 같은 동물들에 크게 의존했을 테지만, 아프리카 밖으로의 여정에 이 동물들을 데려갈 수는 없었다. 유럽에는 이 동물들이 없었으나 대신 다른 돼지와 영양을 찾아 먹을 수 있었다. 새로운 종의 크기와 외양이 아주 딴판인 경우라 해도 기존 종에서 갈아탈 수 있었다. 초기 인류의 지각 범위가 하나의 분류군으로 국한되지 않았다는 것은 합리적인 결론으로 보인다. 그들은 개별 종을 인식하고 이름을 붙이는 것 이상을 할 수 있었다. 우리가 오늘날에 가까운 민족지民族誌로부터 배운 것 한 가지는, 토착민의 분류 체계들이 비록 우리의 분류 체계와 일치하지 않더라도 그 자체로 상세하고 정확하다는 사실이다. 토착민이 특정 종들의 이름에 더해 '포유류'와 유사한 총칭 용어를 가지고 있었다는 것을 우리는 어렵지 않게 추론할 수 있다. 초기의 이주에서 관건은 '포유류'의 한 종류를 다른 종류로 대체할 수 있는지 여부, 그리고 그에 맞춰 사냥 전략을 바꿀 수 있는지 여부였다. 이 논증을 확장해 그들이 '조류'와 '어류' 같은 다른 총칭 용어들, 더 나아가 '돼지과', '사슴과', '솟과' 같은 하위 범주들을 가지고 있었다고 추론하는 것은 솔깃한 일이다. 이런 총칭 범주들은 우리에게 워낙

남아프리카 더반 북부에 있는 시부두 동굴의 발굴 현장. 약 7000년 전에 사람들이 옷을 짓고 침대를 제작하고 화살을 사용하고 접착제를 만들었음을 보여준다.

직관적으로 명확해 보이는 까닭에, 우리로서는 자명하지 않다고 생각하기가 어렵다. 그렇지만 그런 다층 분류법은 보편적이지 않으며 결코 가정해서는 안 된다. 호미니드 종들 중 소수만이 익숙하지 않은 환경으로 여행을 떠났다는 것은 주목할 만한 사실이다.

식물상

인지 능력이 아프리카 밖으로의 이주를 제한한 방식은 추측의 문제로 남아 있다. 생경한 동물을 조우했을 때보다 생경한 식물을 조우했을 때 사람들은 훨씬 더 어려움을 겪었다. '동물'이나 '사슴과' 같은 범주들은 전문가에게나 비전문가에게나 사리에 맞는 명확한 범주로 다가올 것이다. 그렇지만 가령 우림 환경과 북극권 툰드라 환경의 식물 범주들을 확인하려면 정교한 훈련이나 교육이 필요하다. 두 환경의 식물들에서 일부분 녹색이고 일부분 살아 있다는 것 외에 겉으로 드러나지 않는 유사성을 정교하게 파악하려면, 우리 모두 '전문가 지식'이라고 부를 법한 것의 도움을 받아야 한다. 그럼에도 초기 인류는 여하튼 상반되는 생태계들을 분류했고, 기존 생태계에 대한 지식에 의존해 새로운 생태계에서 먹을 만한 식물을 찾아내고 알아보았다. 나는 그들이 먹어도 되는 동물을 찾았던 것과 비슷한 방식으로 식물을 찾았을 것이라고 본다. 그들은 총칭 범주를 바탕으로 상상력과 모험심을 발휘하여 무언가 먹을 것을 찾을 때까지 이 종 저 종에 도전해볼 수 있었을 것이다. 그런 범주들 중 두 가지가 구세계의 농경을 지배했다. 두 범주는 현대 분류학의 '콩과식물'과 '외떡잎식물'에 상응한다.

특유의 큰 종자를 담고 있는 기다란 콩꼬투리는 아프리카 밖으로 떠난 우리 조상에게 매 단계마다 익숙한 식물이었을 것이다. 콩은 종자가 완전히 단단해지기 전 녹색 꼬투리 상태로 먹을 수 있었다. 콩은 아프리카 사바나에 산재한 평정형平頂形 아까시나무에 매달려 있었거나, 아프리카의 더 습한 환경에 서식한 야생 동부cowpea의 무성한 덤불 사이에 있었을 것이다. 서남아시아의 측면 구릉 지대 가운데 바위가 많은 산기슭 경사면에서는 자그마한 야생 병아리콩의 꼬투리가 믿기지 않을 만큼 부풀었을 것이다. 이처럼 새로운 생태계들에는 각각 너무 멀지 않은 곳에 익숙한 콩꼬투리가 있었으며, 설령 더 익숙한 형태를 구할 수 없었다 해도 덜 익숙한 형태를 시도해볼 수 있었다. 이는 저위험 전략보다 '감당할 수 있는 위험' 전략으로 묘사하는 편이 가장 적절할 것이며, 어느 정도의 소화 불량과 이따금 더 심하게 탈이 날 위험은 콩 실험의 지속적인 특징이었을 것이다. 그러나 그 결과로 구세계의 여러 농업 생태계에 콩과식물 열 개 속의 약 스무 개 종이 자리를 잡았다.

평정형 아까시나무에 매달린 콩과식물 꼬투리.

인간의 먹이 사슬 중 다양성과 규모 면에서 콩과식물을 능가한 유일한 식물군은 외떡잎식물이다. 이 분류군도 키가 큰 식물(코코야자, 대나무)과 작은 식물(사초, 양파)을 모두 포함하지만, 나란한 잎맥 및 줄기와 덩이줄기의 잎집 구조를 보고 확인할 수 있다. 이 잎집을 벗겨내면 그 안쪽 줄기는 대개 먹고 소화시킬 수 있는 탄수화물로 이루어져 있다. 육상 식물의 다른 종류들은 대체로 그렇지 않다. 예컨대 다방면에 사용되는 쌍떡잎식물('잎이 넓은' 식물)과 침엽수 줄기의 목질 조직은 인간의 치아와 내장으로 소화시킬 수 없다. 쌍떡잎식물에서 목질화되지 않은 연한 부분은 먹을 수 있을 것처럼 보일지 모르지만, 그 화학적 방어물의 다양성과 복잡성을 예측하기 어렵다. 처음 보는 낯선 식물의 넓은 잎, 예쁜 과일과 꽃을 먹는 것은 그야말로 고위험 전략이다. 설익은 콩과식물 꼬투리와 땅 위와 아래서 자라는 외떡잎식물 줄기가 여러 호미니드 종들이 일상적으로 섭취한 식물 식량이었다는 사실, 그들이 새로운 생태계에 진입하기 위한 또다른 '감당할 수 있는 위험' 전략의 일부로서 두 식물군을 먹었다는 사실을 입증하는 증거가 늘어나고 있다. 호미니드 중에서 특히 우리 종은 정교한 도구를 사용해 콩과식물과 외떡잎식물을 활용하는 근본적으로 중요한 또다른 방식을 대폭 발전시켰다.

여물도록 놔둔 콩과식물과 외떡잎식물(특히 후자에 속하는 볏과)은 건조한 종자나 곡물을 맺을 수 있었다. 이것들은 생으로 먹기에는 너무 딱딱하며, 우리 조상들은 이것들보다 덩이줄기, 줄기, 어린싹, 설익은 종자 부분을 먼저 먹었을 가능성이 높다. 그렇지만 우리 종은 각종 도구를 사용해 식재료를 으깨고 가루로 만들고 조리할 수 있었다. 건조한 종자와 곡물은 당시 중요한 식량 자원이었던데다 저장하고 쉽게 운반할 수 있다는 장점까지 있었다. 외떡잎식물을 섭취한 농경의 유산은 중위도 지역에서 특히 얌과 토란을 비롯한 일련의 줄기 음식으로, 아울러 애로루트arrowroot[아메리카 열대가 원산지인 식물로 식용 녹말을 얻을 수 있다—옮긴이]를 비롯한 생강과의 여러 덩이줄기로 나타난다. 온대 위도 지역에서는 외떡잎식물 곡물들이 예로부터 농경민의 주식을 이루어왔다. 곡류 중 적어도 50종은 외떡잎식물이며, 오늘날 인류의 전 세계 먹이 사슬에 유입되는 에너지의 절반 이상은 외떡잎식물 세 종인 밀, 쌀, 옥수수로부터 나온다.

자연에서 음식 분류하기

식량 자원을 확장하는 이런 양상은 구세계, 더 구체적으로 말하면 냉대 이남 구세계와 관련이 있었다. 이 장에서 호미니드 중 특이한 우리 종에 초점을 맞추고는 있지만, 호미니드의 다른 여러 종도 식량 폭을 넓히려 시도했다고 말할 수 있다. 앞서 간단히 말했듯이, 호미니드 계통의 대다수 종들은 전 세계의 더욱 다양한 생태계들을 향해 대담한 여행길에 오르지 않았다. 그렇지만 호모속 중 적어도 다섯 종은 어느 시점에 아프리카 밖으로 분포 범위를 넓혔으며, 다수의 개체가 유라시아 북부 냉대선에 도달해 동물을 사냥했고, 무엇보다 콩과식물과 외떡잎식물을 비롯한 다른 음식과 고기를 섞어 식단의 균형을 맞추었다. 그렇지만 유라시아 너머 아메리카 대륙으로 진출할 수 있을 만큼 북반구 냉대 지역에서 굳건히 자리를 잡은 종은 하나뿐이었을 것이다. 생태학적으로 호모 사피엔스의 아메리카 진출은 험난한 여정이었을 텐데, 그들이 유라시아에서 가져간 일군의 특정한 자연 범주들은 북반구 한대 지역의 왜소한 밀랍질·목질 식물을 성공적으로 활용할 수 있을 만큼 유연하지 않았기 때문이다. 그들이 대담한 여행을 하고서 남긴 식물 사용의 증거에 근거해 추론할 수 있는 것은, 인간이 아메리카 대륙에서 더욱 정교한 식물 언어를 갖춘 채로 남하했다는 것이다.

더욱 정교한 그 언어는 약술할 수 있을 뿐 정확하게 기술할 수는 없다. 줄기 음식과 덩이줄기를 예로 들어보자. 구세계에서 이것들은 한 가지 테마, 즉 외떡잎식물의 감당할 수 있는 위험이라는 테마의 여러 가지 변주 형태였다. 신세계의 일부 지역들에서 외떡잎식물 테마는 애로루트, 아메리카산 얌, 코코얌cocoyam의 덩이줄기와, 모든 덩이줄기 식물 중 가장 높은 고도에서 자라는 레렌leren으로 변주되었다. 그런데 인간에게 가장 중요해진 세 가지 덩이줄기 식물은 이것들이 아니라 가장 위험한 축에 드는 몇몇 식물과에서 유래했다. 카사바는 대극과에, 고구마는 메꽃과에, 감자는 독성이 가장 강한 가짓과에 속한다. 인간 공동체들은 이 새로운 식량 자원과 믿을 만한 관계를 맺기 위해 식물 분류군들과 하위 분류군들을 알맞게 걸러내고 구별할 수 있게 해주는 일종의 다층 분류 체계가 필요했을 것이다. 암묵적으로 이 분류 체계는 식량 자원을 실험하고 이용할 수 있게 해주는 전문 지식의 소통을 포함했을 것이다. 신지식으로 자신감을 얻은 사람들은 독을 피할 수 있었을 뿐 아니라 사냥용 독, 약물, 향정신성 약물로 활용할 수도 있었다.

신세계에서는 분명 건조한 곡물을 더 다양하게 활용한다. 신세계에는 여러 외떡잎식물(옥수수, 메이그라스maygrass, 좀보리풀)과 콩과식물(강낭콩, 리마콩, 작두콩, 히카마)뿐 아니라 명아줏과, 비름속, 해바라기속의 단단한 종자들도 있다. 이는 구세계나 신세계에 정착한 후속 세대들이 수천 년간 민속식물학적 다양성을 그다지 높이지 않았다는 뜻이 아니다. 실제로 다양성을 높였다. 그렇지만 자연을 인식하고 활용한 기본적인 방식과 관련해 구세계를 개척한 방랑자들과 신세계를 개척한 방랑자들 사이에서 차이점을 확인할 수 있다. 구세계의 냉대 이남 위도에서는 보수적인 분류 전략이 실행 가능한 식물 활용법을 확립하는 데 적절했다. 그것은 일찍이 호모속의 몇 종이 공유하고 실행한 전략이었다. 그렇지만 아메리카로 건너가는 북부 여행의 어느 단계에 이르자 그 전략으로는 부족했다. 북부의 혹독한 생태계를 헤쳐나가는 데 필요했던 한층 복잡한 자연 언어, 아프리카 분류 체계를 적용하기에는 너무도 낯설고 딴판이었던 자연 언어를 곧장 알아낼 수는 없었다. 생경한 생물군계들을 통과해 이주한 어떤 집단이든 분류법을 연이어 다시 만들거나 다시 배워야 했을 것이다. 먹을 수 있는 식물이 거의 없는 기후대들을 지나간 사람들은 통상 식물에서 얻는 필수 영양소를 보충하기 위해 동물질 식료를 선별해 섭취하는 방식에 의존했을 것이고, 그런 이유로 조상들의 분류 어휘를 유지하지 않았을 것이다. 그렇지만 그 어휘의 흔적과 유산은 우리 종만의 산물인 신세계 민속식물학 지식의 뚜렷하고도 특히 정교한 성격 속에 남아 있다.

영양물로서의 자연

이 장에서 농경민의 식물 식량 생산으로의 이행에 큰 중점을 두고 있긴 하지만, 이 강조점에 제한을 두는 현대식 식단의 두 가지 특징이 있다. 첫째, 오늘날 전 세계의 요리법에서 건강에 가장 좋다고 여겨지는 요소들을 살펴보면, 어로를 비롯한 수렵, 채집의 형태들로부터, 또는 호수와 강의 주변이나 해안 등 세계의 물가를 따라 번창해온 원예 전통들로부터 유래했을 가능성이 높다. 이런 사례에 해당한다고 말할 수 있는 일본의 조몬縄文 문화는 이 장에서 다루는 기간 내내 번창했다. 조몬인은 적어도 당대의 농업 공동체들 못지않게 자연을 깊이 의식했으며, 아마도 현대인처럼 식성이 까다로웠을 것이다. 둘째, 오늘날 전 세계의 요리법에서 가장 높게 평가받는 요소들을 살펴보면, 그중 하나로 아시아와 아프리카 대륙의 넓은 지대에서 목축민이 유목

약 1만 2000년 전 일본의 조몬 문화에서는 이 그림과 같은 정착 생활이 농경에 선행했다. 풍족한 수산 식량 덕에 조몬인은 취락에 영주하면서 여가 시간에 세계에서 가장 이른 축에 드는 것으로 알려진 토기 그릇을 (대개 정교한 양식으로 커다랗게) 만들 수 있었다.

하며 기르는 가축 떼의 맛있는 고기가 틀림없이 꼽힐 것이다. 거의 지난 1만 년 내내 농경민의 생활 양식은 이런 수렵·채집민 및 유목·목축민의 생활 양식과 공존했으며, 복수의 생활 양식을 계절별로 번갈아 채택하는 경우도 있었다. 아주 중요한 또다른 생태계 생활 양식도 있지만 그에 관한 고고학적 지식은 더욱 빈약한 실정이다. 세계의 삼림 지대는 축소되어왔고 삼림 지대를 이해하고 그 안에서 살았던 공동체들은 급격히 감소한 반면, 깊이 있는 삼림 지대 고고학은 최근에야 활기를 띠기 시작했다.

식량이 풍부한 물가, 가축을 방목한 넓은 목초지, 삼림 지대 인간 생태의 알려지지 않은 다양성 외에 무엇이 농경을 부각시킨 핵심 요소였을까? 그 답은 열량에 있을 것이다. 농경의 가장 두드러진 산물은 생물에서 얻는 전례 없는 규모의 에너지, 그리고 그 에너지를 늘리고 축적하고 교환할 가능성이었다. 이 사실은 다음 장에서 탐구하는, 문화적으로 인간이 되는 갖가지 새로운 방식들과 관련이 있다. 여기서는 인간과 자연의 새로운 관계가 어떻게 농경을 가능하게 해주었느냐는 물음으로 돌아가겠다.

생물 길들이기

앞 절에서 농사짓는 세계로의 이행에 관해 서술한 내용 중 일부는 주요 고고학적 증거로부터 직접 도출할 수 있지만, 대부분은 이 생태학적 여행의 가장 뚜렷한 귀결인 동식물 순화(가축화와 작물화)와 농경 자체를 통해 과거를 돌아보는 분석에 달려 있다. 선별한 볏과식물, 콩과식물, 동물의 생물학, 유전학, 지리학의 상세한 패턴을 분석함으로써 우리는 이것들을 활용해온 깊은 역사로 되돌아갈 수 있다. 이 동식물의 역사에서 단연 중요한 사건은 각 종이 생식 독립성을 잃어버리고 결국 주요 포식자인 인간에게 의지해 새로운 세대를 생산하게 된 것이다. 다시 말해 생식 독립성 상실이 '순화domestication' 개념의 핵심이다. 순화된 정도는 고르지 않다. 곡류의 몇몇 주요 종은 자연적 확산 메커니즘을 상실한 터라 인간이 돌보지 않는 땅에서 두세 해만 지나면 완전히 사라질 것이다. 다른 종들, 특히 작은 알곡을 맺는 덜 알려진 곡류 또는 '조'의 종들은 인간이 돌보지 않는 땅에서도 꽤 오랫동안 존속하고 때때로 야생 친척 종들과 교배할 수 있다. 식물과 비슷하게 동물도 순화된 정도가 제각기 다르다. 소가 인간 생태계 밖에서 살아가는 모습은 상상하기 힘들고 여하튼 소의 야생 조상들은 멸종했다. 돼지와 멧돼지의 관계는 덜 분명하다. 인간의 먹이 사슬을 훑어보면 완전 의존부터 완전 독립까지 다양한 사례를 확인할 수 있다. 예컨대 어류와 해산물은 20세기에 양어장이 발명되기 전까지만 해도 거의 완전히 야생 상태였던 데 반해 인간 먹이 사슬의 열량을 대부분 책임지는 볏과의 세 식물인 밀, 쌀, 옥수수는 모두 인간의 개입에 크게 의존해 생식 주기를 완료하며 따라서 완전히 '순화된' 상태다.

재배 식물

이전 장들에서 인류가 아프리카 밖으로 떠나 세계를 가로지른 경로를 따라갔다. 그 경로는 고고학과 유전학에 의해 밝혀졌다. 유전학은 작물화가 어디에서 어떻게 이루어졌고 농경이 세계의 대다수 지역들로 어떻게 퍼져나갔는지 규명하는 과정에서도 결정적인 역할을 해왔다. 작물유전학을 개척한 러시아 학자 니콜라이 바빌로프Nikolai Vavilov는 재배 식물의 야생 친척들의 다양성을 살펴보는 방법으로 작물화가 일어나고 농경 확산이 시작된 지역들을 찾아낼 수 있다고 주장했다.

이 방법으로 그는 세계에서 작물이 기원한 주요 중심지 여덟 곳을 제시했다. 아프리카, 아시아, 아메리카에 자리한 이 중심지들의 특징은 친척 야생종들의 다양성이 높다는 것이다. 이 중심지들은 세계에서 생물 생산성이 가장 높은 지역에 있지 않았다. 다시 말해 여덟 곳 모두 커다란 열대 우림에 속하지 않았다. 오히려 고위도와 저위도 사이, 습윤 지대와 건조 지대 사이 점이 지대—계절별 변동에 몹시 민감한 주변부 생태계—에 속했다. 이런 점이 지대 생태계에서는 여덟 개 중심지들을 지배하는 한해살이 식물이, 특히 종자식물이 유리했다. 바빌로프가 제시한 남부 중심지 두 곳에는 재배 식물이 몇 종 없었지만, 나머지 여섯 곳에서는 각각 38~138종의 재배 식물이 기원했다. 그리하여 여덟 곳에서 인간의 필요를 위해 변형된 식물 분류군은 총 700종에 달했다.

2차대전 이후 바빌로프의 지도는 '기원 중심지들'의 이야기와 연대를 밝힌 일련의 중요한 현장 조사 프로젝트를 고무하고 인도했다. 그의 재배 식물 다양성 중심지들은 곧 고고학계의 관심을 끌었고, 연이은 고고학적 현장 조사와 분석을 거치면서도 계속 관심을 받았다.

이 중심지들 중 고고학계에서 가장 집중적으로 연구한 소아시아는 제임스 브레스테드James Breasted가 인식한 원호 모양의 지대와 일치하기도 했다. 고고학과 성서 역사를 결합한 브레스테드는 나일강, 요르단강, 티그리스강, 유프라테스강의 유역들을

9000년 전 자르모 취락. 자그로스산맥의 산기슭에 자리한 이곳은 티그리스강보다 800미터 높은 위치에 있다.

하나의 연이은 원호로 연결하고 '비옥한 초승달 지대'라는 이름을 붙였다. 브레스테드의 제자인 로버트Robert와 린다 브레이드우드Linda Braidwood 부부는 초승달 지대의 고지를 조사하여 새로운 고고학적 증거를 드러내는 데 일조했다. 부부가 발굴한 9000년 전 취락 자르모Jarmo 같은 장소들은 농경의 출현을 이해하는 데 결정적인 것으로 입증되었다. 자르모는 티그리스강 골짜기의 바닥이 아니라 그 골짜기로 물을 흘려보낸 자그로스산맥의 고도 800미터 산기슭에 있었다. 초승달 지대에서 이런 패턴이 되풀이해 나타나자 브레이드우드 부부는 '측면 구릉 지대hilly flanks'라는 이름을 붙여 강조했다. 측면 구릉 지대 가운데 산의 노출된 암석과 아래쪽 산기슭에 쌓인 퇴적물 사이의 경계 면이 농경 출현의 첫번째 중심지였으며, 훗날 완전히 순화된 계곡 바닥이 두번째 중심지가 되었다.

하천 골짜기에서 농경이 시작된 지점을 찾다가 그런 골짜기 주변의 산기슭으로 시선을 돌린 것은 농경이 기원한 다른 중심지들에서도 되풀이된 테마다. 북중국으로 흘러가는 황허강 유역은 중국에서 고고학적 조사를 시작하기 한참 전부터 한족의 조상이 기원한 중심지로 여겨졌다. 20세기 들어 신석기 시대 양소仰韶 같은 유적들에서 현장 조사를 시작한 고고학자들은 황허의 중요성을 확인했고, 1970년대에 하모도河姆渡에서 대량으로 발견된 초기 볍씨에 반응해 남부의 양쯔강 역시 초기 농경의 중심지였음을 밝혀냈다. 그 이후 지난 20년간 브레이드우드가 '측면 구릉 지대'를 조사했던 것과 유사한 방식으로 중국 북부와 남부를 더 세밀하게 조사함에 따라 관심의 초점이 강 골짜기 바닥에서 좌우 양편의 산기슭으로, 이번에도 산의 노출된 암석이 산기슭의 부드러운 퇴적물로 덮이는 지점으로 옮겨 갔다.

바빌로프가 제시한 신세계의 두 중심지는 메소아메리카와 안데스산맥이었다. 20세기 중엽 두 곳에서 농경 기원지 탐색이 이루어졌다. 리처드 맥니시Richard McNeish가 멕시코 테우아칸 계곡 위쪽 가시나무숲 고지에 자리한 콕스카틀란Coxcatlan 동굴에서 아주 작은 옥수수의 속대를 발견했을 때, 그곳의 위치는 계곡 경사면의 높은 곳에 자리한 구세계 유적들의 위치와 흡사했다. 오악사카 계곡 위쪽 구일라 나퀴츠Guila Naquitz 동굴도 초기 유적들과 마찬가지로 높은 곳에 있었다. 이 동굴에서 나온 1만 750년 전의 작물화된 박과식물은 메소아메리카의 재배 식물 증거 중 가장 이른 것일지도 모른다.

남아메리카 안데스산맥의 중심지들은 계곡 위쪽 고지 테마의 극단적인 경우로서, 제각기 4000미터 부근 고도에 적응한 마카, 카니우아, 마슈아, 오카, 쓴맛 감자의 원산지다. 남아메리카에서는 다채로운 재배 식물들이 고도대帶별로 나뉘어 서식하는 등 식량 자원의 다양성이 대체로 수직으로 분포한다.

바빌로프의 중심지들은 농경 기원 지역들에 대한 오늘날의 고고학적 증거에 정확히 부합하지는 않는다. 고고학적 현장 조사를 거치면서 바빌로프의 지도에 많은 수정이 가해졌다. 그렇지만 바빌로프가 제시한 농경 중심지들의 상당한 유사성과 접근법은 농경 기원지를 계속 찾는 고고학자들에게 지금도 귀중한 이정표가 되고 있다. 해바라기와 명아줏과 몇 종의 원산지인 미국 동부를 비롯한 몇몇 지역과 아프리카 조 몇 종의 원산지인 사하라 이남 지역은 바빌로프의 애초 분석에서 파악되지 않았다. 그리고 지중해 같은 여타 지역들은 지나치게 강조되었다.

그후로 인간이 동식물과 밀접한 진화적 관계를 맺은 것으로 입증된 지역이 더 많이 밝혀졌다. 고고학자들이 바빌로프의 지도와 관련된 장소들을 처음 찾아 나섰을 때만 해도 그들은 이제 막 고고학 방법론을 마련하는 수준이었고 종자와 열매를 발견하는 방법을 개선하고 있었을 뿐이다. 그런 이유로 그들이 처음 재구성한 신석기 시대 세계 지리에서는 곡류, 주로 볏과식물과 콩과식물이 크게 강조되었다. 따라서 그것은 야생 곡류 식물들이 모자이크처럼 섞여 번성한 생태계 쪽으로 치우친 세계 지리였다. 식물의 탄화된 잔해와 미화석微化石을 통해 땅속 저장 기관을 검출하는 분석법은 점진적으로만 개선되었다. 그렇지만 여하튼 그 덕택에 적도 지역의 중요한 뿌리 및 덩이줄기 재배의 기원이 더 분명하게 밝혀졌고, 뉴기니의 쿠크 습지Kuk Swamp 같은 유적들에 눈을 뜨게 되었다. 쿠크 습지 공동체들은 9000년 전 토란을 재배하기 위해 물길을 돌리고 땅을 팠으며, 그후 수천 년 내에 사탕수수와 바나나의 증거도 남겼다.

바빌로프의 분석 이래 현장 조사에 나선 고고학자들은 여러 방법으로 농경 기원지의 폭을 넓혀왔다. 바빌로프는 중심지 여덟 곳을 제시했는데, 새로운 증거가 발견되어 중심지가 적어도 열두 곳으로 늘어났다. 게다가 방사성탄소 연대 측정법이 확산되고 적용됨에 따라 중심지들의 연대가 분산되고 변화의 속도가 또다른 쟁점으로 부각되었다.

인간이 다른 생물 형태들과 맺는 다수의 긴밀한 관계에서 동식물의 생물학적 변형은 관찰 가능한 결과다. 야생 형태는 순화된 형태가 된다. 볏과식물은 곡물이 되고, 콩과식물은 콩이 되며, 늑대는 개가 된다. 다윈 자신이 고대의 동식물 순화와 당대의 동식물 육종 사이의 밀접한 유사성을 폭넓게 활용했다. 흔한 가정에 따르면, 생물을 더 편리하고 의지할 만한 형태로 개량하기 위한 인간의 의식적 선택이 농경으로의 이행을 촉진했을 것이다. 그렇지만 가시적인 변형의 여러 단계의 연대를 측정할 수 있는 곳에서 그 과정은 느리게 진행되었던 것으로 보인다. 워낙 느렸던 터라 그 과정에 참여한 인간 집단은 실제로 변형이 일어나는지 알아내고자 안간힘을 써야 했을 것이다. 그런 맥락에서 '의식적' 선택이라는 개념은 문제가 있다.

'비옥한 초승달 지대'

변화의 속도에 대한 가장 풍부한 증거는 지금도 제임스 브레스테드가 '비옥한 초승달 지대'라고 불렀던 서남아시아 지역에서 나오고 있다. 예컨대 2만 3000년 전 서남아시아 레반트 지역 오할로 IIOhalo II 유적에서 야생 곡류를 집중적으로 이용한 증거가 나왔다. 또 같은 지역 와디 함메 27Wadi Hammeh 27 유적에서 1만 4000년 전에 지은 집에서 석기 막자사발과 막자가 출토되었다. 그로부터 1000년 후에 시리아 북부에서, 다시 1000년 후에 이라크 북부에서 야생 곡물을 이용했다는 것도 입증되었다. 시리아 북부의 1만 1300년 전 예르프 엘 아마르Jerf El Ahmar 같은 유적들에는 집중적인 곡물 가공 활동이 이루어진 상당히 큰 석조 구조물과 곡물을 주재료로 만든 요리의 다양한 증거가 남아 있다. 이 무렵, 즉 비옥한 초승달 지대 전역에서 인간이 곡류를 비롯한 식물들과 오랫동안 관계를 맺었다는 증거를 발견할 수 있는 기간에 이 식물들은 작물화에 따른 변형의 흔적을 보이지 않았다. 이는 인간이 정주 수렵 채집 생활을 하면서 식량 자원을 기르는 데 전혀 개입하지 않았다는 뜻이 아니다. 야생 곡류가 풍부하고 비교적 쉽게 음식으로 가공할 수 있다면, 인간이 개입하더라도 식물 변형의 증거가 남지 않을 수 있다. 그리고 까부르기와 김매기, 옮겨심기처럼 교잡交雜에 선행했을 것으로 추정할 수 있는 의식적 가공 작업이 확인 가능한 구

요르단 펠라에 있는 와디 함메 27 유적의 1만 4000년 전에 지은 집에서 출토된 석기 막자사발과 막자.

조적 또는 유전적 변형을 반드시 가져오는 것은 아니다.

형태 변화의 속도는 각기 다른 연대의 고고학적 맥락에서 곡류 꽃대(줄기에서 알곡이 달리는 부분)의 변화하는 형태를 직접 관찰하는 방법으로 가늠할 수 있었다. 부드러운 야생 꽃대의 순화된 형태, 즉 억센 형태는 비옥한 초승달 지대의 서쪽 일대에서는 약 1만 500년 전부터, 동쪽 일대에서는 그로부터 대략 700년 후부터 갈수록 두드러지게 나타났다. 그후로도 이 형질이 '고정'되기까지(형태 변화가 개체군 전체의 지속적 특징으로 안착하기까지) 1000년이 더 걸렸다. 비옥한 초승달 지대에서 이 형질 고정이 일어난 시기는 지역마다 각기 달랐지만, 어느 지역에서든 와디 함메 27에서 쓰인 석기 막자사발과 막자의 연대보다 수천 년 늦은 시점에 고정되었다.

동아시아 벼의 경우에도 이와 비슷하게 늦은 속도가 관찰되었다. 벼 식물규소체 증거(식물규소체는 식물이 썩은 뒤에도 남는 일부 식물 조직에서 발견되는, 이산화규소로 이루어진 단단한 미세 구조물이다)는 약 1만 2000년 전에 장시성江西省 조통환吊桶環에서 벼를 재배했음을 가리킨다. 작물화 형질이 고정된 사실은 약 5000년 후 전라산田螺山 유적에 보존된 벼 왕겨의 파편을 직접 관찰해 확인할 수 있었다. 다시 말해 6900~6600년 전, 여물었을 때 이삭에서 '탈립하는'(떨어지는) 야생 속성을 잃어버린 낟알의 비율이 27퍼센트에서 39퍼센트로 증가했다. 또한 같은 시기 전라산 유적의 고고학적 맥락에서 전체 식물 잔여물 중 벼 잔해의 비율이 8퍼센트에서 24퍼센트로 증가했다. 이처럼 전라산 증거는 작물화로 인한 변형에 대한 유익한 기록을 제공하는데, 전반적으로 느린 변형 속도는 서쪽에서 밀과 보리를 관찰해 얻은 패턴과 흡사하다.

오늘날 우리가 가진 증거에 따르면, 세계의 몇몇 독특한 지역에서 인간 공동체는 몇몇 식물과, 그리고 대개 풀을 뜯는 동물과, 아울러 때로 조류와 제휴하는 방향으로 느리게(현대의 관찰자로서는 지각할 수 없을 정도로 느리게) 나아가면서 관련 종들의 생물학적 변화—형태학적 순화라고 묘사하는 변화—를 거듭 초래했으며, 그런 종들은 갈수록 인간 이용자에 의존해 생식 주기를 완료하게 되었다. 뒤이은 농경 세계에서 취락들과 사회들은 근본적으로 새로운 몇 가지 형태를 채택했고, 결국 새로운 방식으로 서로 연결되었다.

집, 화덕, 가마

어느 종이 경관 내에 자리잡는 방식은 먹이로 삼는 동식물의 생활사와 언제나 밀접한 관련이 있다. 인류의 초기 시대에는 경관에 자리잡는 두 가지 유형이 공존했다. 한 유형은 계절별로 이동하며 풀을 뜯는 대형 포유동물을 뒤쫓아 임시 야영지를 기

매머드 뼈로 만든 집은 약 2만 년 전부터 이 건축 재료가 흙으로 만든 재료로 대체될 때까지 유라시아 평원에 흔했다. 이 특이한 거처 안에서 잠자기와 먹기 같은 가족생활의 모든 일과가 이루어졌다.

약 1만 년 전에 터키 코니아 인근 차탈 휘이크의 가옥들은 벌집 모양으로 다닥다닥 붙어 있었고, 옥상의 보행로가 거리 기능을 했다.

민하게 옮기는 생활을 포함했고, 이따금 아주 먼 거리를 이동하기도 했다. 다른 유형은 생태 경계들 사이, 또는 육지와 물 사이, 또는 구릉과 평지 사이 접촉면에 위치한 철저히 보호받는 지점에 계속 머무는 생활을 수반했다. 식물, 특히 콩과식물과 외떡잎식물에 중점을 두는 생활은 경관 내에 자리잡는 새로운 방식과 나란히 출현하고 대두했다. 그 생활에는 식물을 인간에게 이롭게 활용하는 생태가, 그리고 갈수록 인간에게 의존하는 식물을 기르고 보호하는 데 필요한 지속적인 관심의 정도가 반영되어 있었다.

'건축된 공간' 관념은 이 시기에 새로운 것이 아니었다. 소규모 인간 집단을 위한 쉼터 겸 안전한 장소를 만들고자 불을 피운 자리 주변의 지표면을 인위적으로 에워싼 증거는 동식물 순화의 증거보다 적어도 세 배는 이른 시점의 증거로 발견될 것이다. 그중 가장 뚜렷한 증거는 매머드 뼈—유럽과 아시아에서 그라베트 수렵민과 에피그라베트 수렵민이 때때로 활용한 건축 재료—로 만든 구석기 시대 경관의 집이다. 동식물이 순화될 무렵 일어난 일은 건축의 형태가 상당히 정교해지고 재료가 다양해진 것이다. 특히 다목적으로 쓰인 두 재료는 다듬돌과 진흙 벽돌이었다. 이 두 가지 새로운 생산물 덕에 그 이전 유기 재료를 사용하던 시절보다 크고 작은 방들을 한결 다양한 모양으로 짓고 기존과 다르게 조합할 수 있었다.

오늘날의 예리코에서 가까운 아인 에스술탄Ein Es-Sultan 유적은 놀라운 초기 사례다. 기원전 제10천년기에 이곳에서 지름이 5미터가량 되는 원형 가옥 70채를 점토에 짚을 섞은 뒤 햇볕에 말린 벽돌로 지었다. 뒤이은 1000년 동안 가옥 수가 급격히 늘어났고, 주민들이 취락 주위 4헥타르에 석조 장벽을 두르고 그 안에 3.6미터 높이의 석탑을 세웠다. 기원전 제8천년기에 터키 코니아 인근 차탈 휘이크Çatal Hüyük의 건축된 공간, 즉 다닥다닥 붙은 가옥들에 수천 명이 거주한 공간은 그 복잡성과 정교함 면에서 오늘날의 여러 취락에 비견될 정도였다.

차탈 휘이크 이래 구세계 각지의 더욱 다채로운 건축된 공간에서 인간 공동체와

신석기 시대 메르가르 유적(기원전 7000년부터 기원전 2500/2000년경까지). 인더스강 유역 서쪽 파키스탄 발루치스탄주의 카치 평원 인근에 위치. 이곳에서 '진흙 벽돌집 군집'이 29헥타르 이상의 취락으로 성장했다.

식물의 생산성 높은 장소가 서로 연결되었다. 건축된 공간과 그 주변의 식물에는 공동체에서 특정 장소에 대한 투자를 갈수록 늘리고 그곳의 안전에 갈수록 의존하는 추세가 반영되어 있었다. 건축된 구조물은 공간상의 연계와 의존을, 아울러 조상과 망자에 대한 암시를 통해 시간상의 연계와 의존을 강조했다.

세계의 기후가 홀로세 중 가장 온난한 단계로, 대략 9000년 전부터 5000년 전까지 최적 기후로 이행함에 따라 구세계와 신세계의 농경 기원 중심지 몇 곳에서 '촌락', '타운', '도시' 등 다양한 이름으로 불려온, 정교하고 빽빽하게 들어찬 건축된 공간이 출현했다. 인더스강 서쪽, 오늘날 파키스탄 발루치스탄주의 카치 평원에서 기원전 제8천년기에 밀과 보리를 재배한 농민들은 이후 3000년 넘게 번성할 장소에서 진흙 벽돌집 군집과 곡물 저장고를 지었다. 3000년 후 이곳 메르가르Mehrgarh는

200헥타르를 넘는 일군의 취락 둔덕으로 성장해 있었다. 동쪽 중국 황허 강변에 자리한 시안시西安市 인근에서는 7000~6000년 전에 반파半坡 '촌락'이 출현했다. 이곳에는 8헥타르의 공간에 100여 채의 건물과 200기 이상의 분묘가 정교한 토기 가마들과 함께 배치되어 있었다.

에너지와 불

집과 가마 모두 건축된 공간의 핵심 특징, 즉 에너지 감싸기와 통제를 잘 보여준다. 화덕 자리는 에너지의 주요 초점이자 원천으로서 공동체와 집단성의 윤곽을 설정하며, 화덕 주변의 건축상 경계는 분리와 구속을 나타낸다. 이 테마들을 끝없이 변주하는 식으로 건축과 사회는 서로 얽히고설키는 공생 관계를 맺는다. 화덕을 감싸는 작업은 불 조작술을 둘러싼 또다른 공생 관계를 포함한다. 굳은 점토와 플라스터처럼 화덕을 감싸는 데 쓰이는 여러 재료를 생산하려면 화덕이 필요하기 때문이다(화덕은 다시 오븐, 가마, 노爐 안에 놓일 수 있다). 공동체를 따뜻하고 건조하게 유지하는 활동, 공동체의 음식을 준비하는 활동, 공동체의 구조물과 인공물을 만드는 활동 사이에는 열의 연속체가 있다. 이 연속체를 따라 화덕 자체가 변하고, 화덕에 연료와 공기를 공급하는 방식이 변하고, 화덕을 감싸는 형태가 변한다. 화덕을 중심에 둔 건축된 공간은 불 조작술을 실험하는 하나의 연속적인 무대를 제공한다.

지금 검토중인 기간 동안 요리하는 데 사용된 온도는 진흙 벽돌을 건조하고 플라스터 생산을 위해 석고를 가열하는 데에도 쓰일 수 있었다. 화덕을 더 좁게 감싸고 산소를 더 주입할 경우 온도를 섭씨 500도 이상으로 올릴 수 있었는데, 이 정도면 축축한 점토를 내구성 있는 다용도 재료로 바꾸기에 충분한 온도였다. 감싼 화덕을 추가로 변경하고 숯을 연료로 선택할 경우 이산화규소를 녹여 유리를 만들고 구리와 금을 녹일 수 있었을 것이다. 철을 녹이려면 기존 테마들—감싼 불, 적절한 노, 충분한 산소—을 조합해 그때까지 지표면에 알려지지 않은 온도에, 심지어 용암이 분출한 지표면에서도 도달한 적이 없는 온도에 도달해야 했을 것이다.

인간이 불에 매료된 시점은 장식용 재료에 사로잡힌 시점만큼이나 멀리 거슬러올라간다. 둘 다 유라시아에서는 적어도 4~3만 년 전까지, 아프리카에서는 두 배 더 거슬러올라간다. 이 장에서 처음 다루는 기간의 초기에 세계 각지의 사람들은 이미 수천 년간 플라스터와 점토 반죽으로 인간과 동물의 형상을 만들고 더 나아가 실용적인 용기를 빚어온 터였다. 또한 수천 년간 겉보기에 흥미로운 흙과 돌, 뼈를 화덕 주변에 수집물로 모아두고, 이 재료들을 더 손질하고, 구슬로 만들어 줄에 꿰고, 반죽으로 만들어 얼굴과 몸을 장식하고, 죽은 조상의 머리뼈도 비슷하게 장식해온 터였다.

이런 조상 머리뼈가 요르단의 아인 가잘Ain Ghazal 유적에서 발굴되었다. 그리고 약 9000년 전에는 조상 머리뼈의 피부를 석회 플라스터—이 유적에서 이후 인간 형상을 만드는 데 사용한 재료—로 재현했다. 플라스터의 다른 종류들도 일찍부터 바닥과 벽의 표면에 바르는 데 사용되었으며, 그런 표면을 다시 색깔 있는 반죽으로 장식하기도 했다. 그런 반죽 중 일부는 색깔 있는 광물에서 얻었을 것이다. 파란색 남동석, 녹색 공작석, 빨간색 적동석을 포함해 그런 광물 중 다수는 구리 이온을 많이 포함한 까닭에 각기 독특한 색을 띤다.

구리는 이따금 천연 상태로 마주친 금속들 중 하나였다. 초기 공동체들은 금, 은, 주석, 운철의 단괴와도 마주쳤을 것이다. 화덕의 온도가 600도에서 1100도 사이에 도달하면 훨씬 더 풍부한 광석들에서, 예컨대 장식용 녹암 등에서 이 금속들을 추출할 수 있었다. 덮개 등으로 막아놓지 않은 불로도 용융 온도에 도달할 수 있었지만, 그런 경우는 우연이었다. 다시 말해 자연에서 구할 수 있는 적절한 연료를 불구덩이에 다량 채운 다음 한참 동안 연소하도록 놔두었을 경우 간혹 용융 온도에 이르곤

조상 머리뼈의 피부를 석회 플라스터로 재현한 두상. 요르단의 아인 가잘 유적에서 출토된 약 9000년 전 유물.

했다. 세계에서 가장 이른 세라믹 제품에 근거해 그런 불구덩이가 적어도 2만 년간 사용되었다고 추론할 수 있다. 그렇게 이른 시기에 열을 가해 경화한 점토의 조각들은 '가마' 내부의 특수한 화덕에서 생산되었을지도 모른다.

불에 구운 점토 형상은 적어도 2만 6000년 전까지, 오늘날의 체코공화국에 있는 후기 구석기 시대 유적 돌니 베스토니체 같은 정착지들에서 나온 '비너스' 인물상까지 거슬러올라간다. 불에 구운 점토 용기 중 가장 이른 것은 유라시아 반대편 중국 장시성 선인동仙人洞 동굴의 후대 퇴적물에서 출토되었는데, 이곳의 세라믹 용기는 적어도 2만 년 전의 것이다. 1만 2000년 전 무렵 동아시아의 몇몇 지역과 일본 열도에서는 세라믹 용기에 익숙했고, 식재료를 천천히 익혀 촉촉한 음식을 만드는 요리법에도 익숙했다. 같은 시기 유라시아 서부에는 덮개 등으로 덮어놓지 않은 불로 고기를 굽고 도dough를 바탕으로 과자를 굽는 요리법이 도입되었는데, 이들 음식은 손으로 들고 먹은 터라 차릴 때나 섭취할 때나 용기가 따로 필요하지 않았다. 사하라 이남 아프리카에서는 기원전 제10천년기에 토기 생산을 시작한 반면, 유럽에서는 제7천년기, 아메리카에서는 제6천년기에야 세라믹 그릇이 전통의 일부가 되었다.

전 세계에 흩어져 있는 이런 토기 전통들은 세계 각지에서 점토와 불을 가지고 다양한 실험을 했음을 시사한다. 그러므로 몇몇 장소에서 이 실험이 더욱 다채로운 불 조작술 결과물로 이어졌다고 해도 놀랄 일은 아닐 것이다. 덮개 등으로 덮어놓지 않은 모닥불로 섭씨 1000도에 근접한(1000도를 넘을 수도 있다) 여러 공동체는 세라믹 생산의 부산물인 유리질 물질과 천연 금속을 거듭 발견했을 것이다. 현재 광석을 체계적으로 가열해 구리를 추출한 가장 이른 증거는 기원전 5000년 무렵 일련의 시베리아 유적들에서 나온다. 수백 년 후 이란의 유적에서도 비슷한 증거가 나온다.

때로는 구리를 순도 높은 물건으로 만들 수 있었다. 그렇지만 추출 과정에서 불순물, 특히 비소가 섞여 더 단단한 물질이 생기기도 했다. 야금학자들은 이 특징을 활용해 경화제硬化劑를 적극 첨가했으며, 가장 먼저 첨가한 물질은 비소를 많이 함유한 광물이었다. 뒤이은 수천 년간 또다른 혼합물이 상당한 영향을 끼쳤다. 구리 90퍼센트에 비소가 아닌 주석을 10퍼센트 혼합하면 강도가 높고 쉽게 가공할 수 있는 새로운 물질 청동이 생성된다. 선사 시대 최고의 합금인 청동의 출현을 계기로 구세계는 변혁되었다.

기원전 제5천년기 중엽 시베리아 빈차Vinča 문화 유적들에서 청동은 다양한 장식 기능을 가진 얇은 박을 만드는 데 쓰였다. 그 이후 수천 년간 청동은 갖가지 실용적 용구, 승마 부속물, 바퀴 달린 운송 수단을, 그리고 다양한 칼날과 칼, 무기를 생산하는 데 쓰였다. 학자들은 이 다용도 신소재, 청동 생산을 제약한 요인들, 청동과 관련된 사회의 복잡성 사이의 관계에 줄곧 흥미를 보여왔다. 신석기 시대 공동체들은 집단으로 경작하고 수확한 조직으로 그려져온 반면, 청동기 시대 사회들은 엘리트와 전문가가 있는 위계적이고 복잡한 조직으로 그려져왔다.

학자들의 예상에 걸맞게 기원전 제2천년기의 청동기 시대에는 사회의 성원 일부가 금속을 충분히 사용했고 무기류, 축적된 부, 엘리트 권력을 가지고 있었는가 하면, 바퀴 달린 운송 수단을 가진 일군의 이동성 좋은 공동체들이 대륙 범위의 지역 내에서 물질문화를 연결하고 조화시켰다. 그렇지만 그 이전 기원전 제3천년기에도 일군의 지역 공동체들이 서로 더 느슨하게 연결되어 있었음에도 관념을 공유하고 실용적인 야금술 지식을 전해주었다. 일찍이 기원전 제5천년기와 제4천년기에 발칸 북부와 카르파티아 분지에서는 구리 재료와 비소를 함유한 청동 재료를 어느 정도 가공했다. 기원전 제3천년기 무렵 흑해부터 카스피해까지 원호 모양으로 펼쳐진 얌나야Yamnaya 문화의 정착지들과 시베리아 남부 알타이산맥을 면한 아파나시에보Afanasievo 문화의 정착지들에서는 무덤에 금속 도구를 함께 묻었다. 이들은 가축을 기른 공동체로서 삼림 스텝 경계면 주변을 돌아다녔는데, 그곳에는 소와 말, 염소, 양을 먹일 목초지에 더해 금속 가공을 비롯한 공예의 재료이자 땔감인 나무도 있었다. 금속 도구는 이 시기 알타이산맥 남쪽의 신장新疆부터 내몽골과 랴오닝遼寧을 거쳐 동부 해안의 산둥山東에 이르기까지 중국 전역의 구릉과 산간 지역들에서도 발견된다.

유라시아 북부의 삼림 스텝을 따라 이어지는 이 연계는 금속 도구와 목축 생활 양식을 통해 추적할 수 있다. 그 외에 이 연계에 속하는 공동체들의 문화적 특성은 다양하다. 대부분의 생활상, 생활의 패턴, 문화적 특질은 각 지역에 국한되어 나타난다. 이 목축 공동체들이 가축 무리와 함께 신선한 목초지를 찾아 그물 모양으로 이동한 경로는 고고학자 마이클 프라체티Michael Frachetti가 모델화했다. 그는 정교한 중앙 집권 조직이 없는 사회들에서도 이웃 간 접촉 네트워크가 얼마나 광범할 수 있는지를 입증했다.

물과 토양 다스리기

유라시아의 삼림, 스텝, 구릉을 따라 목축과 금속 가공이 확산되는 동안, 세계 다른 지역의 공동체들은 특정한 경관과 그곳을 관통해 흐르는 물, 그리고 그 물에서 양분을 얻는 토양과 더 열심히 씨름하고 있었다.

지난날 경관을 관통하는 물줄기에 대한 인간의 개입은 여러 형태를 띠었다. 그 형태들은 서로 연관된 세 가지 과정으로 나눌 수 있다. 첫째 과정은 강우에서 바다로 가는 물의 여행을 늦추어 물과 토양을 한층 점진적이고도 밀접하게 연관 짓는 것이다. 둘째 과정은 저지의 저수지에서 물을 물리적으로 길어 올리거나 물길을 고지로 돌리는 식으로 중력에 더욱 도전하는 것이다. 셋째 과정은 수직으로든 수평으로든, 지상에든 지하에든 물길을 완전히 인공적으로 만들어 경관 전역의 배수 패턴에 도전하고 그 패턴을 재배열하는 것이다. 기원전 1만 년 이전에 이 세 과정 중 첫째 과정이 널리 실행되고 확립되었다. 둘째 과정도 우물의 형태로 널리 실행되고 확립되었다. 셋째 과정은 이 책의 나중 장들에서 다루는 기간에 훨씬 더 중요해졌다.

계단식 경작

물의 여행을 늦춘다는 목표는 대규모 중앙 집권적 토목 공사가 아니라 비교적 소규모인 수많은 행위들의 결합을 통해 처음으로 달성되었다. 그 작은 행위들은 세계에서 가장 극적으로 조각된 경관 중 일부를 우리에게 물려주었다. 페루 안데스산맥의 가파른 비탈부터 동남아시아와 태평양의 논, 북중국의 황토 고원, 히말라야산맥의 거대한 고지에 이르기까지, 계단식 경작의 패턴은 놀라운 지형적 특징이다. 계단식 경작은 지금도 가장 많은 농민들이 고생스럽게 하는 농경의 형태일 테지만, 농업 체계의 역학과 역사의 측면에서 우리는 저지의 평야보다 고지의 계단식 경작지에 관해 훨씬, 훨씬 더 적게 알고 있다. 그렇지만 고지 계단식 경작지의 구조를 바탕으로 이

지금도 농사를 짓는 티베트고원의 계단식 경작지.

경작지가 형성된 방식을 추론할 수 있다.

계단식 경작지의 형성은 강의 수원에 가까운 고지에서 둑을 쌓는 작업으로 시작되었다. 그런 곳은 유량이 적어 돌과 흙을 그리 많이 쌓지 않고도 물의 흐름을 방해할 수 있었다. 그런 다음 아래로 층층이 경작지를 만들면서 각 층마다 관리할 수 있을 만큼의 물을 위층에서 끌어왔다. 차츰차츰 줄무늬 경작지들이 경관 전체를 에워싸고, 그리하여 일련의 필연적인 사회관계를 규정하게 되었다. 다시 말해 계단식 경작지의 모든 농민은 위쪽 농민들의 선택에 종속되는 동시에 아래쪽 농민들의 번영을 좌우하게 되었다.

그런 경관은 6000년도 더 전에 중국에서 자리를 잡았을 것이다. 예컨대 쿤산시崑山市 작돈綽墩 유적에서 벼농사를 가리키는, 탄소 연대로 기원전 4270년경의 쌀알과 토양 유기물이 출토되었다. 장쑤성江蘇省 초혜산草鞋山에서는 조금 더 늦은 연대의 논이 발굴되었다. 세계의 반대편 페루의 사냐Zaña 계곡에서는 5400년 전의 농경 체계를 지탱한 수로의 증거가 나왔다. 기원전 제2천년기 동안 밀과 보리 모두 티베트고원의 3000미터 이상 고지에서 재배되었다. 유럽에서 지중해 연안의 계단식 경작지는 청동기 시대까지 거슬러올라간다. 지중해의 여러 지역에서는 비탈의 계단 구조로 인해 경관에서 물이 더 완만하게 흐를 뿐 아니라, 층층이 이랑과 고랑을 내는 재배법으로 인해 유속이 더욱 느려져 모든 재배 식물에 물이 닿게 된다.

범람

구릉 경사면과 달리 계곡 바닥에서는 다른 방법으로, 주로 측면 기슭을 범람시키는 방법으로 유속을 늦추었다. 이 방법은 메소포타미아와 이집트의 초기 문헌 및 이미지에 꽤 상세히 기록되어 있다. 기원전 제5천년기 또는 제4천년기에 서남아시아의 티그리스강과 유프라테스강은 각 강의 주된 흐름과 직각이 되도록 축조된 댐과 이 댐에 연결된 일련의 운하와 제방에 의해 관리되었다. 강의 수위가 가장 높을 때면 물길을 측면 운하로 돌려 논밭을 범람시켰고, 그렇게 작물에 양분을 공급한 뒤 물길을 원래대로 돌렸다. 기원전 제3천년기 무렵 비슷한 분지 관개 농업이 나일강을 따라 이루어졌다. 양쯔강 하류의 모산茅山 같은 유적들도 기원전 제5천년기에 속하는 논에서 하류의 강을 관리한 직접적인 증거를 제공한다.

우물

물을 길어 올리는 기술은 아주 오래되었다. 7000년도 더 전에 북유럽 최초의 농민들은 목재를 짜맞춰 만든 우아한 우물을 최소 7미터 깊이로 팠다(그들의 문화를 선형線形 토기 문화라고 부르는데, 토기 그릇에 줄무늬 장식이 있기 때문이다). 이런 우물은 새로 내린 비를 '화석수化石水'[지하수 중 수백 년 또는 수천 년간 잔존하는 물—옮긴이]로 보충하는 선택지를 제공했다.

토양

물 다스리기는 대개 물을 대는 토양 다스리기와 밀접한 관련이 있었다. 앞서 지적했듯이 고랑을 내는 경작법은 물의 흐름을 다스리는 데 도움이 된다. 이에 더해 흙을 가는 활동은 지역별로 여러 면에서 농사에 도움이 되는데, 그 목표는 언제나 특정 작물에 적합한 환경을 유지하는 것이다. 온대 저지에서 깊이갈이를 하는 주된 이유는 해당 작물과의 경쟁을 최소화하기 위해 경작지 내 다른 식물들을 제거하는 데 있다. 반대로 열대 경사지에서 얕이갈이를 하는 주된 이유는 토양이 햇빛에 노출되거나 침식되는 것을 막기 위해 경작지 내 기존 식물들을 대부분 그대로 남겨두는 데 있다. 선사 시대에 경운耕耘 기술의 두 가지 주요 변수는 경운의 깊이와 견인 에너지였다. 두 변수는 흔히 서로 연관되었다.

가장 낮은 에너지 수준에서 경작자는 가래, 곡괭이, 괭이 등 손에 쥐는 일련의 농기구를 사용했다. 선사 시대에 이들 농기구는 으레 나무로 만들었고 때로 동물의 뿔이나 어깨뼈로 만들기도 했다. 동물 뼈가 고고학적 기록으로 남을 확률이 더 높긴 하지만, 물에 잠긴 퇴적물에서 선사 시대의 주요 소재였던 나무로 만든 농기구가 거듭 출토되었다. 손에 쥐는 농기구는 형태 면에서 다양해졌으며 동물의 견인력과 결합해 다수의 경운 기술을 낳았다.

쟁기질

가장 엄격한 의미의 '진짜 쟁기'는 선사 시대 도구가 아니다. 이 용어가 더 포괄적인 의미로 곧잘 쓰이긴 하지만, 가장 엄격한 의미의 '쟁기'는 흙을 파고들 뿐 아니라

기원전 13세기 이집트 테베 센네젬의 묘Tomb of Sennedjem 벽에 그려진 목제 아드와 농민, 역축. 센네젬은 묘를 쓰고 장식하는 장인이었지만, 이 그림에서는 자신을 내세의 농민으로 상상했던 듯하다.

들어 올리고 뒤엎기까지 하는 무거운 도구만을 가리킨다. 쟁기는 땅을 갈아엎을 뿐 아니라 농기구 중에서 '잡초 제거'를 가장 효과적으로 해내기도 한다. 고대 유럽과 한나라에 도입된 그런 쟁기는 수백 년간 여러 지역에서 주요 농기구로 쓰였다. 쟁기에 상응하는 선사 시대 도구는 '아드ard'였다.

아드의 끝은 지면을 파고드는데, 설계와 사용법에 따라 얕게 또는 깊게 파고들 수 있다. 그렇지만 흙을 뒤엎지는 못한다. 가장 가벼운 아드는 동물 한 마리나 사람 한 명이 끌었을 것이다. 가장 무거운 아드는 훈련된 황소 두 마리의 에너지를 필요로 했을 것이고, 후대의 '진짜 쟁기'만큼 땅속 깊이 파고들 수 있었을 것이다. 아드의 보습 좌우에 '옆날'을 붙여 일정량의 흙을 파헤쳤을 것이고, 농민이 금속을 실용적으로 사용할 수 있었다면('금속 시대'에도 대다수 농민은 그럴 수 없었을 것이다) 목제 농기구에 더욱 날카로운 날을 장착할 수 있었을 것이다. 후대의 진짜 쟁기는 모든 부분을 금속으로 제작하기도 했을 테지만, 선사 시대에는 농경용으로 금속을 대개 소량만 선별적으로 사용했다. 이 귀한 재료를 사용할 농기구 1순위는 수확용 도구였다. 기원전 제6천년기 서남아시아와 기원전 제4천년기 유럽에는 목제 아드를 사용한 경작의 흔적이 하층의 심토心土에 남아 있다. 기원전 제3천년기 북서 유럽부터 중국까지 여러 장소에도 아드를 사용한 증거가 있다. 이 무렵의 갖가지 그림에서도 농민 및 역축役畜과 함께 아드를 확인할 수 있다.

가장 이른 농사터는 십중팔구 손으로 경작했을 것이고, 아드나 쟁기로 경작한 농지는 손으로 경작하는 더 넓은 원예 전통의 부분 집합으로 머물렀을 것이다—원예 전통이 시간상으로도 훨씬 오래되었고, 공간상으로도 세계 각지에 훨씬 넓게 퍼져 있었다. 동물의 조력을 받는 경작은 적합한 동물들의 분포에 의해 제한되었다. 말은 중앙아시아에서 가축화된 반면, 소와 당나귀는 아시아와 아프리카에서 기원했다. 지형과 생태는 동물 활용을 제약했다. 덩이줄기와 나무 열매에 초점을 맞춘 열대 원예에는 손 경작이 더 적합했을 것이다. 신세계에서 옥수수와 콩, 여타 몇 가지 곡류 작물을 기르는 농업은 뒤지개와 괭이를 바탕으로 상당한 규모에 이르렀다.

뿌리 내리기

농경 생활 방식의 여러 요소는 한 장소, 지구의 한 조각에 대한 헌신을 수반했다.

그런 헌신은 주요 1년생 작물들의 생활 주기를 넘어 농지를 돌보고 개량하는 수년의 시간으로 확대될 수 있었다. 더 나아가 그 농지를 돌보는 농민 개개인의 생활 주기 이상으로 확대될 수도 있었다. 중위도 농경 체계의 주요 작물들은 으레 봄부터 가을까지 생장기 동안 거듭 헌신을 필요로 했다. 열대 원예에서 식물 재배는 처음부터 연중 계속되었고, 식물과 다년간 씨름해 그만한 보상을 얻을 수 있었다. 다년생 작물들은 결국 중위도 농경에도 도입되었다. 기원전 제4천년기부터 저마다 더 폭넓게 활용되어온 오랜 역사를 지닌 다양한 목질 다년생 식물들이 과일을 얻기 위한 집약적인 경작지 기반 재배에 도입되었다. 그중 대추야자, 올리브, 포도, 무화과, 석류를 비롯한 지중해 열매들이 두드러졌다. 사과, 배, 자두, 체리, 아몬드 등 장미과에 속하는 여러 아시아산 과일은 역사 시대에 과수원에서 큰 비중을 차지했고 선사 시대에도 널리 활용되었다. 이와 비슷하게 동남아시아의 감귤류 과일들도 모두 기원전 1000년 이전에 작물화되었을 것이다. 세계의 여러 독특한 지역에서 생산적인 농경지들은 각기 다른 템포로 관리되었다. 가령 빠르게 자라 두 달 만에 생활 주기를 마치는 허브를 기르는 곳, 다년생 채소와 덩이줄기를 재배하는 곳, 간혹 수령이 1000년을 넘기도 하는 쪼글쪼글한 과수를 키우는 곳의 템포는 서로 달랐다.

1000년이라는 기간에는 결코 근접하지 못하지만, 동물들도 서로 다른 템포로 사육할 수 있다. 동물들의 생활 주기가 대개 다년이긴 하지만, 고기에 역점을 둘 경우 식물과 나란히 봄부터 가을까지 가축을 집중적으로 살찌우기도 한다. 종축種畜은 겨울철에 기르기도 하지만, 주요 생산물인 어린 개체들은 봄부터 살찌우다가 가을에 추려낸다. 앤드루 셰라트Andrew Sherratt는 농업 초기 수천 년의 특성으로 바로 이 1차 생산물, 즉 고기에 대한 강조를 꼽았다. 우리는 연중 동식물의 생장기에 집중적으로 활동하고 나머지 기간에는 전혀 농업이라고 할 수 없는 사뭇 다른 활동을 하는 생활상을 그려볼 수 있다. 기원전 제4천년기 또는 제3천년기에 이르러서야 오로지 1차 생산물(동물의 삶의 종착점인 고기)만을 강조하던 농업에서 성체로 자랄 때까지 더 오랫동안 관리한 살아 있는 동물에게서 얻는 2차 생산물(우유, 견인력, 털)도 강조하는 농업으로의 변화가 고고학적 기록으로 나타난다. 이렇게 농업에 대한 투자와 애착이 세대에서 세대로 이어지며 더 오랫동안 지속된 인간 생태계에서는 식물 관리의 템포와 동물 관리의 템포가 거듭 비슷해졌다. 청동기 시대 지중해의 다종 농업은 고전적인 사례로, 우유 및 치즈 생산과 역축 농업의 가능성이 올리브와 포도를 생산하는 과수원 관리와 통합되었다.

셰라트는 이 요소들을 '2차 생산물 혁명'이라는 개념으로 묶어냈다. 특히 고기를 비롯한 죽은 동물을 활용한 생산물들은 모두 '1차'이고 살아 있는 동물을 활용한 생산물들은 모두 '2차'였다. 2차 생산물에는 우유 짜기, 양모 모으기, 동물의 견인력(수레, 전차, 쟁기), 승마가 포함된다. 개념의 이름이 시사하듯이, 셰라트의 2차 생산물 혁명의 전례는 비어 고든 차일드Vere Gordon Childe와 관련된 초기 신석기 시대 혁명이었다. 두 혁명 모두 특정한 공간(둘 다 근동)과 시간에서 기원하고 뒤이어 새로운 관념이 퍼져나가는 단계를 겪은 것으로 여겨졌다. 신석기 시대 혁명과 유사하게 2차 생산물 혁명의 핵심 테제들은 대체로 소중한 생각으로 남아 있지만, 연대와 지리에 대한 생각은 의문시되었고, 전반적인 그림은 더 가변적이고 패턴화되었던 것으로 알려졌다. 우유 짜기 사례는 새로운 형태의 증거들이 어떻게 그림을 더 분명하게 밝혔는지를 여실히 보여준다. 셰라트가 애초 제시한 우유 짜기 증거는 우유 거르기 및 치즈 만들기와 불확실하게 연관된 특수한 세라믹 인공물들에서 얻은 것이었다. 그후 이 증거의 신빙성은 첫째로 동물 무리의 구조에 대한 동물고고학 연구에 의해, 둘째로 아주 오래된 항아리들에 들러붙은 우유 생체 분자를 직접 검출한 연구에 의해 더욱 높아졌다. 특히 둘째 증거는 우유 짜기의 가장 이른 증거를 기원전 제7천년기 마르마라해 인근 해안 지역으로 더 밀어 올렸다. 가축화의 초기 증거와 우유 짜기의 초기 증거 사이에 여전히 1000년의 시간 차가 있긴 하지만, 이제 원래 그림의 시간 차만큼 길지는 않다.

2차 생산물 혁명의 지리(셰라트가 꼽은 기원지는 근동) 역시 특히 구세계의 주요 역축인 낙타 및 말과 관련해 논쟁의 대상이 되어왔다. 인간은 근동의 동쪽에 있는 중앙아시아에서 두 동물과 관계를 맺기 시작했으며, 특히 말과의 관계는 동물고고학 연구를 통해 상세히 밝혀졌다. 카자흐스탄 북부 보타이Botai 유적과 크라스니 야르 Krasnyi Yar 유적은 기원전 제4천년기 중엽의 인간 공동체들에 말이 아주 중요했다는 증거를 충분히 제공하지만, 그 관계의 성격은 논쟁거리로 남아 있다. 다른 한편, 두 유적의 풍부한 말뼈 증거 중 다수는 고기를 비롯한 동물 사체 생산물을 얻기 위해 자유로이 돌아다니는 동물을 잡아먹은 것으로 설명할 수 있다. 그런 활동은 가축 떼를 돌보는 일보다 야생 동물을 사냥하는 일에 더 가까웠을 것이다. 그렇지만 두 유적의 발굴물에서 말 무리를 우리에 가두고 말똥을 수집한 증거가 나왔다. 더욱이 보타이 유적의 몇몇 항아리에 유지방의 흔적이 남아 있으며, '재갈'에 남은 말 이빨 증거는 마구馬具 사용을 시사한다. 바퀴 달린 운송 수단의 증거는 후대의 유라시아 전역에서 널리 나타난다. 증거에 따르면 느리게 움직이는 수레는 기원전 제3천년기 동안 쓰였고, 빠르게 움직이는 전차는 기원전 제2천년기 동안 쓰였다. 그렇지만 보타이 유적의 증거는 기원전 제4천년기에 중앙아시아에서 말의 2차 생산물을 활용했음을 가리킨다.

축력畜力의 이용과 작물 재배를 위한 토지 개간의 가능성 사이에는 직접적인 관련이 있다. 대다수 작물은 인간, 동물, 농기구의 다양한 조합을 포함하는 여러 방법을 통해 효과적으로 재배할 수 있다. 초기 농업의 전기 단계에 대한 증거는 사람의 힘으로, 그리고 나무와 대나무, 돌로 만든 도구를 사용해 경작했음을 보여준다. 후기 단계 동안 인력과 비금속 도구라는 자원에 두 가지 핵심 자원, 즉 축력 이용과 일상적으로 생산하는 금속 도구가 추가되었다. 이 두 가지 자원과 관련된 또 한 가지 특징은 대규모 농지에서 단일 재배하는 특정 작물들이 점차 중시되었다는 것이다. 농지의 규모와 모양은 대개 경작 방식의 실용적 고려 사항과 관련이 있었으며, 가장 작은

카자흐스탄 북부 보타이 유적과 크라스니 야르 유적에 쌓여 있는 도축된 말의 뼈들은 당시 말이 아주 중요했음을 충분히 입증한다.

축에 드는 농지에서 사용할 수 있는 경작 도구는 실제로 제한되었다. 경작 도구를 끌기 위해 축력을 더 많이 이용할수록 기다란 농지의 이점, 즉 쟁기질의 방향을 바꾸는 데 따르는 시간과 에너지의 손실을 최소화하는 이점이 더 커졌다.

선사 시대 농업의 두 단계

선사 시대의 농촌 경관은 흔히 서로 상반되는 두 단계의 관점에서 묘사되어왔다.

두 단계는 각각 초기 농업의 전기에 작은 농지에서 이루어진 성긴 경작과 후기에 큰 농지에서 이루어진 조밀한 경작에 대체로 상응한다. 전기 신석기 시대의 조방농업과 후기 청동기 시대의 집약농업 사이의 형태 차이는 고고학계에서 초기부터 논의해온 쟁점이다. 오늘날과 같은 풍부한 데이터가 없던 상황에서 19세기와 20세기 초의 학자들은 당대의 민족지 자료에 크게 의존했다. 신석기 시대 조방농업에 관한 초기 견해는 이동식 화전 농업으로 생계를 꾸리는 적도 구릉 지역들에 대한 당대의 관찰로부터 데이터를 얻었다. 이와 비슷하게 청동기 시대 집약농업에 관한 견해는 인도와 중국의 매우 중앙 집권적이고 전제적인 통치 체제 주변의 농촌 경관에 대한 관찰로부터 데이터를 얻었다. 학자들은 그렇게 관찰한 농촌 경관들을 선형적 사회 진화라는 원리에 따라 단순히 일렬로 줄을 세웠다. 분명 당대의 민족지적 관찰이 선사 시대 농업을 그려볼 기회를 제공하긴 했지만, 그후로 풍부한 고고학적 증거를 바탕으로 한층 견실한 그림을 그릴 수 있게 되었다. 이 새로운 그림은 공간 면에서나 시간 면에서나 더 상세할 뿐 아니라 더 복잡하고 다채롭기도 하다. 그렇지만 두 단계 모델과의 유사점은 어느 정도 남아 있다.

초기 농업의 직접적인 증거는 지금도 열대의 화전 농업 모델에서 얼마간 찾아볼 수 있다. 초기 농장들은 (언제나는 아니지만) 때때로 이동식 농업에 따른 이주와 동일시할 수 있는 유동성을 보여주었다. 홀로세의 꽃가루 기록이 특히 유럽과 북아메리카에서 급증함에 따라 여러 지역에서 삼림지에 불을 질러 화전 농업을 했다는 증거가 밝혀졌다. 문자 기록을 살펴보면, 고전기와 역사 시대의 많은 저자들이 여러 문명세계의 주변부에서 이루어진 화전 농업을 묘사한 것으로 보인다. 요컨대 과거 선사 시대 농업의 적어도 한 갈래는 삼림지에서 일시적으로 농사짓기 위해 화전 농법에 상당히 의존했음을 알려주는 설득력 있는 증거가 많이 남아 있다. 그렇지만 홀로세의 다른 증거들은 신석기 시대 삼림 지대의 경작지에서 수 세대 또는 수백 년 동안 지속적으로 농사를 지었음을 가리킨다. 오늘날의 증거들은 시공간에 따라 극히 다양한 자원, 경작법, 토지 이용 전략에 의존한 신석기 시대 세계 농업의 그림을 뒷받침한다.

과거의 농업에 대한 증거가 급증했듯이, 비교 대상인 최근 화전 농업에 대한 우리의 이해도 대폭 높아졌다. 이제 우리는 화전 농업을 '선사 시대의 유물'이 아니라 열대 생태계와 구릉지 비탈 토양에 적응한 특수한 농업 형태로 여긴다. 이런 측면은 세계의 다른 선사 시대 경관들에서 보편적으로 나타나지 않는다. 근대 이래의 민족지 기록에서 먼 과거의 농경 생태계들과 유사한 어떠한 농경 생태계든 찾을 수 있을 것이라고 예상해서도 안 된다. 과거는 민족지 기록보다 더 다양했던 것으로 입증되고 있다.

그렇지만 선사 시대 농업 경관들의 몇 가지 일반적인 특징을 지적할 수는 있다. 대체로 그 경관들에서는 순화된 자원과 순화되지 않은 자원이 저마다 인간의 생계에 중요한 역할을 했을 것이다. 또한 일반적으로 순화된 핵심 자원들은 원산지 너머로 퍼져나가면서도 그 지역에 머무르면서 애초의 효과적인 적응적 특질들을 대부분 유지했을 것이다.

조방농업 이후의 집약농업 단계 역시 새롭게 그려졌다. 이 단계에 관해 개진된 사상에서 중요한 두 가지 개념은 카를 마르크스의 '아시아적 생산 양식'과 카를 비트포겔Karl Wittfogel의 '동양적 전제주의'다. 두 개념은 인도와 중국의 매우 중앙 집권적이고 전제적인 통치 체제에 대한 두 저자의 이해에 의존했다. 두 사람은 토지 이용과 관리의 모든 핵심 측면을 중앙에서 통제했다고 보았고, 특히 비트포겔은 수자원 관리를 강조했다. 두 개념 모두 중국과 인도의 체제를 얼마나 적절하게 또는 허술하게 이해했느냐는 물음과 관련해 비판을 받았다. 두 개념은 전제적 권력 및 통제의 형태와 천연자원 관리의 형태 사이에 긴밀한 연관성이 있음을 함축했지만, 그런 함축은 중국과 인도 체제의 작동 방식과 형성 과정에 대한 지식이 쌓이면서 더욱 도전을 받았다. 과거와 당대의 복잡하고 정교한 수자원 관리 체제들은 전제적인 엘리트층의 지배를 받지 않았거나 그런 지배에 앞서 형성된 것으로 밝혀졌다.

조방농업 단계를 새롭게 해석하게 된 것과 비슷하게, 오늘날 우리는 집약농업 단계가 훨씬 더 다양했음을 알고 있다. 그럼에도 집약농업 단계에는 몇 가지 되풀이되는 테마가 있다. 우선 농민이 특정한 농지와 장기적이고 지속적인 관계를 맺게 되었고 물의 흐름, 토양, 동물, 몇몇 작물에도 지속적으로 헌신하게 되었다. 아울러 앞날을 내다보는 투자가 그 관계의 필수적인 부분이 되었다. 에너지의 측면에서 투자는 주로 생산적인 토양에 집중되었고, 축력 및 금속 기술과도 여러모로 관련이 있었다.

오늘날 우리가 그리는 한층 다채로운 선사 시대 세계 안에서 조방농업 단계와 집약농업 단계 각각의 전반적인 테마는 서로 뚜렷이 구분되는 몇몇 지역에서(물질적 환경과 시공간 규모, 조상 계통이 달랐다) 갖가지 형태로 되풀이되었고, 갖가지 정치적·사회적 영향을 끼쳤다. 두 단계가 몇 가지 폭넓은 특징을 공유하긴 했지만, 현재 구할 수 있는 증거는 고고학의 초기에 인기였던 단순한 선형적 사회 진화 도식이 함의하는 것보다 지역별 우연성이 훨씬 더 컸음을 가리킨다.

본거지와 방랑자

유프라테스강 상류와 터키 남동부에서 멀지 않은 곳에 주목할 만한 괴베클리 테페Göbekli Tepe 유적이 있다. 오늘날 이곳을 방문한 사람은 하나의 무게가 최대 20톤까지 나가는, 흠결 없이 조각된 돌기둥들을 감상할 수 있다. 1만 1000여 년 전에 원형으로 배치된 돌기둥들은 주변 경관의 초점으로서 수십 세대, 어쩌면 수백 세대 동안 공동체의 귀환 지점이었을 것이다. 이 유적은 초기 농경과 동식물 순화가 이루어진 서남아시아에서도 가장 집중적으로 연구된 지역의 심장부에 있으며, 한 장소를 조성하고 그곳에 뿌리를 내렸음을 명확히 보여주는 초기 실례다. 그렇지만

1만 1000여 년 전에 유프라테스강 상류 부근 터키 남동부의 괴베클리 테페에서 주변 경관의 초점으로서 원형으로 배치된 돌기둥 중 하나.

영주할 장소를 조성했다는 증거뿐 아니라 상당한 거리를 이동했다는 증거도 함께 남아 있다.

이 유적의 지면에 떨어진 커다란 석회암 석판들 사이에 유리질 화산암인 흑요석으로 만든 일군의 작은 돌날들이 있었다. 흑요석은 화학 성분을 분석해 원산지를 찾을 수 있는데, 괴베클리 테페의 흑요석 돌날 중 일부는 터키 중부에서, 다른 일부는 터키 북동부에서 각각 480킬로미터 정도를 이동해온 것으로 밝혀졌다.

이렇게 터를 잡고 집중적으로 조성한 특정한 장소가 이동을 촉진했다는 것이 역설적으로 보일지도 모르지만, 인간의 모든 여행은 귀환할 전망을 내포한다. 귀환이 더 확실할수록 더 야심 찬 여행에 나설 수 있다. 사냥감을 쫓아 이동한 구석기 시대 수렵민은 계절별로 본거지로 돌아갔을 것이고, 본거지와 계절별 야영지에 고고학적 흔적을 남겼을 것이다. 만약 조상 대대로 기념물을 세운 본거지가 안전했다면, 훨씬 멀리까지 다녀오는 여행을 구상하고 실행할 수 있었을 것이다. 모두가, 아니 다수가 그렇게 여행하지는 않았을 것이다. 지금과 마찬가지로 선사 시대에도 다수의 사람들은 확대가족의 성원을 쉽게 만날 수 있는 공간 안에서 살았으리라는 것이 합리적인 추측이다. 그 외에 소수의 사람들은 집에서 먼 곳까지 갔다가 홀로 또는 낯선 이들과 함께 밤을 보내는 생활에 더 익숙했을 것이다. 그런 소수는 본거지로 돌아가기 전에 까마득한 거리를 이동하거나 심지어 대륙을 횡단할 수도 있었을 것이다. 오늘날에는 그런 소수의 규모가 크거니와 여행 시간이라고 해봐야 몇 시간, 기껏해야 며칠이 걸릴 뿐이다. 선사 시대에는 그런 소수의 규모가 훨씬 더 작았을 것이고 여행에 몇 달, 어쩌면 몇 년이 걸렸을 테지만, 그럼에도 대륙을 가로지를 가능성이 있었다.

경관 안에 존재하는 두 가지 방식—하나는 명확한 혈통과 가계를 바탕으로 한곳에 자리잡고 단단히 뿌리를 내리는 방식, 다른 하나는 몇 번이고 경관을 가로질러 이동하는 방식—은 공동체들의 생태 궤도를 서로 다르게 형성했다. 두 방식은 언제나 서로 뒤얽혔으며, 본거지가 더 안전할수록 더 야심 찬 여행을 떠날 수 있었다.

음식의 지구화와 유라시아 횡단 교환

대륙을 횡단한 새로운 규모의 접촉을 가리키는 가장 분명한 증거 중 일부는 농업 노동의 1차 생산물인 작물 그 자체다. 기원전 제3천년기 중엽, 서남아시아의 비옥한 초승달 지대에서 작물화된 밀이 농경 공동체들을 통해 중앙아시아 깊숙한 곳까지 전해졌다. 그 증거가 카자흐스탄 발하슈호 위쪽 중가르산맥의 비탈에 있는 선사 시대 야영지에서 발견되었다. 더 동쪽에 있는 중국 산둥성 조가장趙家莊 유적에서는 비슷한 연대의 수수께끼 같은 기록이 나왔다. 중가르산맥 비탈에는 서쪽으로 전해진 중국산 곡물의 증거도 남아 있다. 역시 기원전 제3천년기에 속하는 가장 이른 목축민 취락 중 하나인 베가시Begash에는 탄화된 기장 알곡이 보존되어 있다. 수백 년 뒤 아제르바이잔 우르미아 분지에 있었던 상당한 규모의 하프타반 테페Haftavan Tepe 정착지에서는 쓰레기 더미와 화덕에서 기장 알곡이 대량으로 나왔으며, 중국 북부와 서부에서는 서남아시아산 곡류를 널리 재배하고 소비했다. 아시아산 기장 외에 중국에서 기원한 것으로 여겨지는 메밀 두 종의 증거가 선사 시대 유럽의 꽃가루 기록에서 널리 확인되는데, 이는 두 종 역시 일찍이 유라시아 대륙을 가로질렀음을 시사한다.

이 작물들이 어떻게 머나먼 거리를 이동했는가 하는 물음은 남아 있다. 가장 이른 고고학적 기록들이 훗날 '실크로드'로 귀결된 물질문화의 발자취에 선행하는 까닭에, 더 명백한 물질적 단서는 없는 실정이다. 그렇지만 그런 물질적 단서의 부재는 작물의 이동이 엘리트층(물질적 부와 풍부한 부장품을 통해 확인할 수 있는)을 수반하지 않았다는 증거일지도 모른다. 초기 작물들이 진화적 고향에서 먼 거리를 이동해 출현한 시기는 유라시아 곳곳의 독특한 문화적 맥락에서 가장 이른 금속 및 야금술이 출현한 시기와 대체로 일치한다. 두 현상 모두 기원전 제3천년기에 되풀이해 나타난 것으로 입증되었으며 간혹 더 일찍 나타났을 가능성도 있다. 그렇지만 이 시기 두 패턴은 지리적으로 구별되며, 각 패턴에는 독특한 하위 패턴들이 있다. 베가시의 매장지들에는 동쪽에서 온 작물과 서쪽에서 온 작물에 더해 이따금 청동 귀걸이나 금 펜던트가 들어 있지만, 베가시 북쪽 유라시아 삼림 스텝 곳곳에 흔적을 남긴 야금가들은 육류 중심의 식단을 그 어떤 곡류로도 보완하지 않았던 것으로 보인다. 그들은 물가에서 자라는 야생 식물을 활용했을 테지만, 기장 재배가 북쪽으로 확산된 것은 철기 시대의 현상으로 보인다.

초기 야금술의 지리에서 초기 작물 이동의 지리로 다시 시선을 돌리면, 당시 경관의 독특한 부분이 눈에 들어온다. 밀과 기장의 분포에서 많은 정보를 얻을 수 있지만, 그 외에 다른 정보원도 있다. 기원전 1600년경 일련의 작물 이동 경로들이 합쳐져 유라시아의 대부분을 연결하고 아프리카까지 이어지는 연속적인 경로 네트워크를 이루었다. 그런 패턴은 높은 산의 단단한 지질과 특정 계절에 사나운 물길이 흐르는 평원 사이 경계를 이루는 산기슭을 따라 두드러지게 나타났다. 산기슭 상부에서는 토양이 비옥하고 물의 흐름을 관리할 수 있었다. 일찍이 야생종을 순화하는 데 결정적으로 중요했던 이런 산기슭은 이제 상당한 거리를 가로질러 공동체들과 그 자원들을 서로 연결하는 과정에서 결정적 역할을 했다. 공동체들의 이동을 추동한 주요인은 작물이나 재화보다 가축에게 풀을 먹일 필요성이었을 가능성이 높다. 그들의 이동은 '내륙 아시아 산악 회랑 지대'[알타이산맥부터 힌두쿠시산맥까지—옮긴이]를 따라 이루어졌는데, 이 지대에서 네트워크가 형성되어 이후 다양한 재화와 물품을 수송하는 데 쓰였고 결국 실크로드의 전신이 되었다. 이 네트워크의 여러 단계를 바탕으로 동물과 작물, 인공물의 확산을 추적할 수 있다. 또한 방랑자들의 정체성에 관해서도 생각해볼 수 있다.

가보家寶와 도처에서 보낸 선물이 들어 있는 엘리트층의 무덤은 기원전 제2천년기의 연결망을 추적하는 데 매우 유익한 정보를 제공한다. 그렇지만 그 이전 작물 이동의 단계를 추적하려면 작물 자체와 작물을 소비한 직접적인 증거에 의존해야 한다. 이 무렵의 묘지에서 발굴한 인간 유골들의 화학 성분에 작물을 소비한 증거가 담겨 있다. 다시 말해 인간 유골들의 화학 성분에서 탄소 안정동위원소 비율의 차이를 분석해 동쪽으로 전해진 서부산 작물들과 서쪽으로 전해진 동부산 작물들을 확인할 수 있다.

유라시아 서부에서 많든 적든 기장(원산지는 중국 북부)을 처음으로 소비한 사람들은 신석기 시대 공동체에서 나머지 성원들과는 다른 음식을 먹은 개인들이었다. 그런 개인들은 이제까지 기원전 3000년과 그 이전 연대로 측정된 이란, 그리스, 헝가리의 매장 유적에서 확인되었으며, 그중 헝가리의 개인은 기원전 제6천년기까지 거슬러올라갈 수도 있다. 그후 기원전 제2천년기에 유라시아 서부에서 기장 소비의 패턴이 바뀌었는데, 이제 공동체에서 소수가 아닌 다수가 평소에 기장을 먹게 되었다. 특히 제2천년기의 후반에 러시아, 이탈리아, 그리스 지역에 그런 공동체가 존재했던 것으로 알려져 있다. 이 무렵에 유라시아 동부와 서부를 잇는 연결망이 형성되고는 있었지만(몇 가지 형태의 증거가 있다), 식별 가능한 다른 문화적 특성들 사이의 뚜렷한 상관관계는 아직까지 밝혀지지 않았다.

서부산 작물들이 동쪽으로 전해진 증거도 얼마간 비슷하다. 소수의 탄화된 알곡 기록은 중국에서 제3천년기에 서부산 작물들이 곳곳에 존재했고 제2천년기에 더 일관되고 지속적인 패턴으로 구체화되었음을 알려준다. 제2천년기 초부터 서부산 작물들은 유라시아 동부와 서부 사이의 중요한 회랑 지대인 간쑤성甘肅省 하서주랑河西走廊에서 발견된 인간 유골들에 명확하고 광범한 동위원소 흔적을 남겼다. 기원전 1900년 이전에는 하서주랑의 그 누구도 기장 수확물을 서부산 작물로 보충하지 않았지만 1900년 이후에는 모두가 서부산 곡류를 상당량 소비한 것으로 보인다.

기원전 제3천년기에 연결되기 시작해 제2천년기에 구세계 전역으로 뻗어나간 네트워크를 우리는 유라시아 각지에서 확인할 수 있다—가장 뚜렷한 증거는 가시적인 부를 거의 물려받지 못한 평범한 공동체들의 농산물이다. 구세계 네트워크의 두드러진 교차점인 인도 북서부는 기원전 제2천년기까지 비옥한 초승달 지대, 중국 북부와 남부, 남아시아의 여러 지역, 그리고 아프리카에서 작물들을 받아들였다. 이 작물들 모두 겨울비와 여름비를 잘 활용할 수 있도록 적응한 다모작에 이바지했다.

수수, 손가락조粟, 동부, 편두扁豆 같은 아프리카산 작물들이 선사 시대 인도의 농업에 중요한 기여를 한 것과 마찬가지로, 인도의 가축들은 아프리카산 소의 생태적 회복력을 대폭 높여주었다. 남아시아산 '제부zebu' 소의 가장 눈에 띄는 특징은 어깨의 혹과 늘어진 목살이다. 눈에 덜 띄는 다른 특징들 중 하나는 혹이 없는 '타우린 taurine' 소들보다 변동이 심하거나 들쭉날쭉한 가용 수자원에 대한 회복력이 더 좋다는 것이다. 아프리카산 소들은 모두 '타우린'형으로, 일정량의 물을 필요로 하는 까닭에 충분히 습한 북아프리카와 서아프리카에서만 살 수 있다. 구세계 전역에서 접촉과 자원 교환이 이루어진 지구화 초기에 인도산 제부 수소와 아프리카산 타우린 암소가 교배되었고, 가뭄 회복력을 가진 그들의 후손이 기원전 제1천년기부터 남쪽으로 이주해 아프리카의 인구 통계에 심대한 영향을 끼친 반투어계語系 주민들의 핵심 자원이 되었다.

재구성된 자연

호모 사피엔스가 초목이 있는 대륙들 각각의 남단에 도달했을 무렵, 세계 기후는 가혹한 빙하기와 기온이 급격히 낮아진 신드리아스기를 지나 온난해지기 시작한 참이었다. 뒤이은 수천 년에 걸쳐 개척 삼림지가 지난 한랭기에 최대로 확장되었던 개활 초지와 툰드라 경관을 차츰차츰 잠식해갔다. 그후 더 풍부하고 더 넓고 더 다양한 삼림지가 개척 삼림지를 대체했으며, 전체가 나무로 덮인 경관이 꾸준히 확장된 결과 가장 추운 주변부, 가장 건조한 내륙, 가장 높은 고원만이 나무가 없는 개활지로 남게 되었다.

그렇게 온난해지는 경관 곳곳에서 우리 종은 대개 생태계들의 경계 면을 따라, 이를테면 각양각색 삼림지의 가장자리를 따라 놀랄 만큼 다양한 생물군계들을 퍼뜨렸다. 우리 종은 경작과 목축을 통해 초지와 삼림지 사이 가장자리와 사막과 초지 사이 가장자리를 넓히면서 생태계들의 경계에 상당한 영향을 주었다. 온난해지는 기후에서 초목이 지표면을 더 넓게 뒤덮는 가운데 농민들은 대대로 초목을 제거해 조성한 개활 공간에 작물과 가축을 채워 넣었다.

순화된 종들이 원산지에서 멀리 떨어진 광대한 유라시아 도처에서 재래 자원과 외래 자원이 뒤섞이는 데 이바지했을 무렵, 홀로세의 기후 최적기는 이미 끝나 있었다. 세계의 기온은 전반적으로 하강하는 추세였다.

그 추세는 이따금 갑작스러운 변화에 의해 중단되었다. 5900년 전과 4200년 전에 세계의 기온이 급격히 하강했다가 다시 상승했으며, 그로 인해 여러 지역에서 한동안 가뭄이 이어졌다. 그중 4200년 전 하강기에는 정착지를 꾸준히 확대하고 공들여 조성하던 시절이 곳곳에서 저물었다. 해당 지역들에서 그 사태는 '문명의 붕괴'로 해석되고 서술되었다. 현저한 기후 변동이 사회 조직의 심대한 변화와 정치적 조직화 및 통제 제도의 쇠퇴에 영향을 주었으리라는 것은 합리적인 추론으로 보인다. 하층 농민들이 작물과 가축 통제를 더 잘했느냐 못했느냐 하는 것은 판단하기 더 어려운 문제다. 한 가지 추론할 수 있는 것은 그들의 적응 선택지들이 변했다는 것이다.

최초의 농민들과 비교해 기원전 제3천년기의 공동체들은 식량 자원이 전 세계로 확산된 덕에 기후의 영향을 완화하는 더 많은 전략을 구사할 수 있었다. 대륙 각지의 식량 자원들이 뒤섞인 결과, 기온과 영양분, 가용 수자원에 대응하는 선택지에 더해 계절의 패턴과 구조에 대응하는 선택지까지 늘어났다.

최초의 농민들은 작물의 생장과 계절이 밀접히 결부된 탓에 자기 지역의 계절에 얽매여 살아야 했다. 그후 더 많은 작물들이 대륙을 가로질러 퍼져나갈수록 원산지의 계절 환경에서 더 멀어졌다. 농민이 생장기를 통제할 수 있을 정도로 다수의 작물들이 계절에 따른 민감성을 잃어버렸다. 재래 작물과 외래 작물을 적절히 섞고, 가용 수자원을 관리하고, 경작을 통해 토양 온도의 영향을 조절할 경우 이제 다모작과 연작을 할 수 있었다. 계절의 영향을 피할 수는 없었다. 겨울철에는 가축을 외양간에 넣어두어야 했고 같은 농지에서 계절별로 다른 작물을 재배해야 했다. 그러나 농업 생산성을 더 높이고 또 유지할 가능성이 생기면서 계절의 영향은 유의미하게 줄어들었다.

결론

이 장의 첫머리에서 세계 여행에 나선 호모 사피엔스가 이전 호미니드 친척들의 여행을 능가하는 지점까지 도달했다고 말했다. 호미니드 종들은 저마다 어느 시점에 세계의 주요 육상 생물군계들을 갈라놓는 생태 경계 안에 갇혔다. 우리 종은 용케 그런 경계를 넘어 전 지구적 분류군이 되었다. 이 전 지구적 인간의 시대는 흔히 '자연 정복'의 시대로 묘사되어왔다. 오늘날 과거의 생태를 분석하는 한층 섬세한 방법을 고려하면 '정복'은 다소 과장된 개념으로 보일지 모르지만, 이 시대에는 분명 인간이 자연과 맺은 일련의 관계가 두드러졌다. 그 결과는 뚜렷하고 지속적이었으며, 우리 인간의 활동이 전 지구적 힘으로 부각되었다.

그중 첫째 활동은 넓은 토지에서 초목을 벌채한 것이다. 선사 시대의 꽃가루 분포 변화를 처음 검토한 연구자들은 기후 변동으로 완전히 설명할 수 없는 증거를 마주하리라고는 결코 예상하지 못했다. 북서 유럽의 여러 지역에서 신석기 시대 '느릅나무 격감'을 확인한 뒤 연구자들은 생각을 바꾸었고, '인위적 지표들'과 단기간 또는 장기간에 걸쳐 이루어진 상당한 규모의 삼림지 벌채를 알아내는 일군의 검출법을 개발했다. 그리고 후속 연구를 통해 산불과 벌채가 농업 공동체의 활동만이 아니라 사냥감을 쫓는 일부 수렵 채집민의 활동과도 관련이 있었다는 사실을 밝혀냈다.

이 장에서 다룬 기간 전체에 걸쳐 벌채가 일어난 지역들을 지도에 표시하고 특정한 인간 경관 내에서 벌채가 상당히 중요했음을 확인할 수 있다. 뒤로 물러나 세계를 더 넓은 시야로 바라보면, 삼림이 벌채되면서 기존의 생태 지역들 사이 경계가 이동하는 뚜렷한 패턴이 눈에 들어올 것이다. 히스 군락지와 초지가 전진함에 따라 삼림지의 경계는 후퇴했으며, 갈수록 생명에 굶주려 하는 사막이 전진함에 따라 히스 군락지와 초지의 경계도 후퇴했다. 이런 인위적인 경계 변동은 기후의 한랭화가 유발하는 변동과 비슷한 점이 많다. 이 경우에 인간의 활동은 자연 내 경계 이동이라는 진행중인 테마의 속도를 바꾸는 요인으로 여길 수 있다.

인간의 둘째 활동은 생물의 유전자에 영향을 준 것이다. 농업은 세계의 생물권에서 갈수록 비중을 키워가는 일군의 동식물의 유전자형을 대폭 변형하고, 생물권에서 인간에게 의지해 생식 주기를 완료하는 생물의 비율이 높아지는 결과를 가져왔다. 유전자 구성을 적극 변형했음을 보여주는 가장 직접적인 증거는 인간이 활용한 동식물 자체이지만, 인간의 먹이 사슬에서도 농업의 유전적 결과가 분명하게 나타났다. 식물·동물·인간의 각종 질병과 기생충은 동물 관리와 정착 농업이라는 맥락에서 진화적 폭발을 경험했다. 인류 자체의 다양성도 농업 공동체가 세계 전역으로 팽창하는 추세로부터 심대한 영향을 받았다.

인간의 셋째 활동은 가장 눈에 덜 띄면서도 가장 심대한 영향을 끼쳤다. 오늘날 지구 대기에서 대략 5분의 4는 질소이고 5분의 1은 산소다. 대기 중 이산화탄소와 메탄의 비율은 훨씬 낮다(각각 약 25분의 1과 5000분의 1). 이렇게 비율이 낮고 고감도 과학 장비로만 검출할 수 있긴 하지만, 인간 행위의 결과로 두 기체의 농도가 과연 높아졌는지, 그리하여 지구 생물권이 위험에 노출되었는지 여부를 놓고 현재 격렬한 논쟁이 벌어지고 있다. 농도 상승은 대부분 산업 시대와 현대에 일어났고 화석연료 연소와 관련이 있다. 그렇지만 두 기체의 농도는 훨씬 이른 시점부터 예상 경로에서 벗어나기 시작했을 수도 있다.

그 시점을 가늠하는 한 가지 방법은 홀로세 동안의 농도 변화와 그 이전 간빙기들 동안의 농도 변화를 비교하는 것이다. 그런 비교 작업은 농업이 처음 확대되고 그에 따라 대규모 벌채가 이루어진 무렵에 이산화탄소 농도가 예상 경로에서 벗어났다는 추론을 자극했다. 메탄 농도는 수천 년 후에 같은 패턴을 따랐는데, 아마도 벼농사 확대와 관련이 있었을 것이다. 이 장에서 살펴본 기간이 끝나갈 무렵 두 기체의 농도는 그 이전 간빙기들의 농도보다 20~50퍼센트 더 높았다. 일각에서는 두 기체의 농도 상승을 홀로세의 끝, 즉 우리 종의 대륙 횡단 여행의 얼개를 이루었던 시대의 끝을 알리는 표지로 삼았다. 새로운 지질 시대인 '인류세'는 인간의 활동이 지구 생태계의 제1동인인 시대로 제시되었다.

이 장에서 검토한 시대의 핵심 테마는 호모속 중 홀로 살아남은 종이 자연과 맺은 새로운 관계였다. 그 관계는 세계에서 하나를 뺀 모든 대륙에 영향을 주었다. 또한 지구의 퇴적 과정과 토양의 형성에 실질적인 영향을 주었다. 그리고 식물, 동물, 미생물 종들의 균형을 근본적으로 바꾸고 그중 다수의 유전자와 생식 행동을 변경했다. 그중에서도 가장 중요한 점은 지구 생태계 전체가 의존하는 기후 내 기체 균형에 측정 가능한 영향을 주기 시작했다는 것이다. 그것이 '정복'이든 아니든, 선사 시대의 이 시기부터 지구의 역학은 어느 수준에서나 명백히 인간의 활동으로부터 영향을 받을 터였다.

CHAPTER
04

농민의 제국들
농경 국가와 농경 도시의 절정 및 위기

펠리페 페르난데스아르메스토

속도를 높인 문화적 발산—더 많은 수의 사회들이 서로 점점 더 달라지는 것—은 농업의 확산과 집약화를 동반한 변화의 가장 뚜렷한 전 세계적 결과였다. 이 장에서 다루는 오랜 기간 동안 농경민 집단들이 갈수록 서로 달라진 역사는 두 단계로 나누어 살펴보는 편이 가장 좋다. 첫째 단계인 기원전 제5천년기부터 제3천년기까지 서로 멀리 떨어진 세계 각지에서 우리는 공통 경험을 통해 발산을 추적할 수 있다. 그런 공통 경험으로는 정착지의 조밀화, 인구 밀도의 증가, 사회적 범주와 정부 기능의 증가, 국가의 출현과 제국으로의 변모, 그리고 갈수록 다변화되고 전문화되는 경제 활동 등이 있었다. 네 지역—이집트, 메소포타미아, 인더스강 유역과 황허강 유역

(각각 오늘날의 파키스탄과 중국)—의 발전은 특히 주목할 필요가 있는데, 예외적인 규모이기는 했으나 저마다 전 지구적 발전을 대표했기 때문이다. 둘째 단계인 기원전 제2천년기 후반에 일어난, 때로는 치명적이었고 언제나 변형적이었던 변화를 설명하려면 다시 초점을 넓혀 우리 종이 세계 여행을 시작한 지역들, 지중해, 그리고 신세계의 서로 비슷한 공통 경험을 고려해야 한다. 먼저 신세계부터 살펴보자.

조밀 정착지와 큰 국가의 확산 및 성장

아메리카

아메리카 대륙에서 가장 이른 것으로 알려진 대규모 정착지들은 기원전 제4천년기에 페루 해안의 충적 평야에 있는 오늘날 리마의 북부 지역, 특히 수페Supe 계곡에서 출현하기 시작했다. 제3천년기 중엽에 아스페로Aspero에서는 여섯 개의 석조 기단 위에 크고 복잡한 가옥과 창고를 여럿 갖춘 계단식 건축물을 지었다. 정치적 질서는 엄격했다. 감독자는 잡석을 담는 균일한 용기 덕에 노동자의 노동량을 측정할 수 있었다. 맷돌 아래에 있는 한 무덤에는 적갈색 안료를 바르고 직물로 감싼 유아가 누워 있고 구슬 수백 개가 흩뿌려져 있다—이는 곡식을 가는 맷돌이 생사를 가르는 도구였던 곡물 의존 경제에서 부를, 그리고 아마도 권력을 물려받았다는 증거다. 32에이커에 달하는 아스페로의 인구는 당시 아메리카의 기준으로 분명 유달리 많았을 것이다. 하지만 당시 이 지역에는 최대 3000명까지 살고 서로 다른 생태계의 산물—바다에서 나는 조개껍데기, 산에서 나는 먹을거리, 안데스산맥 동쪽 숲의 형형색색 조류의 깃털로 만든 공예품—을 교환하는 중심지가 여럿 있었다.

약 3500년 전 문명 실험이 페루 해안 충적 평야 지역들에서 분명 덜 쾌적한 환경들로 확산되었다. 해안에서 고작 90여 미터 높은 곳에 자리한 세로 세친Cerro Sechín

에는 기원전 1500년경에 약 12에이커 면적의 놀라운 정착지가 있었다. 이곳에서 단연 두드러지는 석조 기단에서 전투 승리를 축하하는 의례를 거행했던 것으로 보인다. 지금도 이곳의 벽면 조각물에서 수백 명의 전사들이 인신 제물의 복부를 베어 내장을 꺼내거나 머리를 잘라내는 모습을 볼 수 있다. 세로 세친에서 가까운 세친 알토Sechín Alto는 기원전 1200년경 세계에서 손꼽히게 큰 의례용 복합 건축물이었는데, 대로와 비슷하게 각각 1.6킬로미터 넘게 뻗은 두 공간을 따라 거대한 둔덕들과 웅장한 건물들이 줄지어 늘어서 있었다. 가장 큰 둔덕은 높이가 40미터에 달했다. 언급한 장소들과 그 외 다른 비슷한 장소들은 환경을 관리하고 식량 생산을 조정하려는 새로운 실험을 시사하며, 세로 세친의 잔인한 조각물은 장소를 지키거나 확대하기 위해 피로 치른 대가를 보여준다.

같은 시기 고도가 더 높은 쿠피스니케Cupisnique 협곡 일대에서 새로운 정착지들이 형성되었다. 환경은 비슷했지만, 물질의 잔해를 보면 문화와 정치는 달랐음을 알 수 있다. 비교적 작은 공간 안에서 서로 연결되어 있었던 이곳 공동체들은 유달리 높은 문화적 다양성을 보여주었다. 예를 들어 우아카 데 로스 레예스Huaca de los Reyes에서는 앞면을 스투코stucco[골재나 분말, 물 등을 섞어 벽면에 바르는 미장 재료—옮긴이]로 마감한 수십 채의 건물과 두툼한 기둥들이 늘어선 주랑을 검 모양의 송곳니를 가진 거대한 점토 머리 형상들이 지키고 있었다. 팜파 데 카냐 크루스Pampa de Caña Cruz에서는 52미터 길이의 모자이크로 만든 비슷한 머리 형상이 위쪽을 응시하고 있었는데, 땅속에서 캐낸 색깔 있는 암석의 조각 수천 개로 만든 그 모자이크는 워낙 컸던 터라 그것을 만든 인간은 도달할 수 없고 아마도 신만이 도달할 수 있는 아주 높은 곳에서만 온전히 감상할 수 있었다. 기념비적 규모의 건축물은 머지않아 인근의 다른 고지들에서도 나타났다.

안데스 사람들이 시도한 문명 실험은 대부분 단명했다. 그들은 변변찮은 기술로 불안정한 환경에서 생존하고자 갖은 애를 썼다. 엘니뇨—태평양 해류의 정상적인 흐

잘린 머리들 사이의 인물상. 기원전 1500년경 페루의 세로 세친.

름이 주기적으로 반전되는 현상—는 상존하는 위협이었다. 보통 10년에 한 번이나 두 번씩 불규칙한 주기로 발생하는 엘니뇨는 안데스 지역에 폭우를 퍼붓고 평소 풍부하게 공급되는 물고기를 죽이거나 다른 곳으로 몰아간다. 안데스 문명들은 성공의 역효과에도 직면했다. 이를테면 인구 수준이 식량 공급량을 상회했고, 과잉 경작으로 토양이 척박해졌으며, 시샘 많은 이웃이 전쟁을 걸어왔다.

한편, 기원전 제2천년기 메소아메리카에서는 우리가 올메크Olmec라 부르는 문화가 오늘날의 멕시코 남부에서, 타바스코의 습지가 적어도 1000년간 농업을 지탱했던 지역에서 출현했다. 우리는 올메크인이 남긴 인물상들의 도움을 받아 그들의 모습을 그려볼 수 있다. 바로 하나에 40톤까지 나가고 최대 160킬로미터 떨어진 곳에

거대한 현무암 두상은 올메크의 신 또는 영웅의 특징—혹은 적어도 조각가가 구경꾼에게 보여주고 싶어한 얼굴—을 드러낸다.

서 들고 나르거나 끌어서 가져온 현무암 돌덩이와 기둥을 깎아 만든 거대한 두상들이다. 그중 일부는 재규어를 닮은 가면을 쓰고 있거나, 아몬드 모양의 눈이 박힌 넓적한 얼굴에 입술을 벌린 채 차가운 조소를 머금고 있는데, 아마도 신성한 자기 변형 능력을 가진 샤먼-통치자들의 모습일 것이다.

올메크인은 정착 장소로 다양한 환경을 활용할 수 있는, 해변과 바다에서 가까운 맹그로브 습지나 우림 근처를 골랐다. 수생 먹잇감으로 가득한 습한 호수는 정착민을 끌어당겼다. 습지에서 농사를 위해 쌓은 둔덕은 의례용 기단의 모델이 되었으며, 둔덕 사이 수로에서는 물고기와 거북이 돌아다녔다. 가장 이른 것으로 알려진 의례 중심지는 기원전 1200년경 코아트사코알코스강의 상류에서 형성되었다. 곧이어 100킬로미터 넘게 떨어진 곳에서 들고 나르거나 굴려서 운반한 돌로 지은 유적인 라 벤타La Venta가 토날라 강변의 맹그로브 습지에 출현했다. 이곳에서 높이가 30미터를 넘는 둔덕은 가장 중요한 의례의 무대였다. 라 벤타의 건축가들은 의례용 장방형 공간 중 하나에 재규어 가면을 닮은 모자이크 보도步道를 완성한 다음 흙을 덮어 감추었다. 다른 건물들 아래에도 비슷한 제물을 묻었는데, 아마도 일부 기독교도가 교회의 토대와 제단에 성인의 유물을 묻어서 감춘 것과 흡사한 방식이었을 것이다. 기원전 1000년경 산로렌소San Lorenzo 근처에는 제법 큰 저수지들이 있었으며, 여러 배수 체계가 둑길, 광장, 기단, 둔덕으로 이루어진 하나의 계획으로 통합되어 있었다. 조밀 정착지들은 의례용 중심지 주변에 밀집해 있었다.

환경을 변경하려는 이런 야심 찬 시도들은 어떻게 그리고 왜 시작되었을까? 기념비적인 건축물은 인력을 지원하고 여분의 에너지를 창출할 만큼 충분한 식량 공급을 필요로 한다. 많은 학자들은 올메크인이 삼림을 개간하고 나무 그루터기를 태운 다음 재에 직접 씨를 뿌리는 방법으로 충분한 식량을 생산할 수 있었다고 여전히 믿고 있다. 그렇지만 도시 건축으로의 이행은 수확량이 많은 옥수수 변종들을 활용하면서 시작되었을 가능성이 더 높다. 콩, 호박과 함께 옥수수는 완전한 영양분을 제공했다. 올메크의 삶에 얼마나 중요했던지, 세 식물은 신과 군장 두상의 머리쓰개에도 조각되었다. 증거가 빈약하긴 하지만, 샤머니즘에서 힘을 얻은 결연하고 예지력을 갖춘 지도부가 올메크 문명을 이끌었던 것으로 보인다. 고고학자들은 의식을 치르고 있는 듯한 정교한 인물상들을 모래 속에서 발굴했다. 얼추 원을 이루는 직립 석판들에 조각된 그 인물상들은 마치 머리뼈를 일부러 변형한 것처럼 머리 모양이 기형이며, 샅바와 비슷한 옷과 귀 장신구만을 착용하고 있다. 입은 벌어져 있고 자세는 느긋하다. 비슷한 인물상들 중에는 반은 재규어고 반은 인간인 작은 생명체도 있다. 다른 인물상들은 마치 샤먼에서 재규어로 변신할 준비가 된 것처럼 횃불을 붙잡고 있

조각가가 바라본 올메크 의례. 머리가 기형인(아마도 일부러 변형했을 것이다) 벌거벗은 인물들이 비석 앞에 둥글게 모여 있다.

거나, 들뜬 자세로 무릎을 꿇거나 앉아 있다. 변신 의례를 위해 올메크인은 계단식 기단을 지었는데, 이는 후대의 신세계 문명들에서 전형적으로 나타나는 각진 둔덕과 피라미드의 전신이거나 초기 사례일 것이다.

통치자들은 환상적인 생명체처럼 꾸민 채로 매장되었다. 카이만caiman[아메리카산 악어—옮긴이]의 몸과 코, 재규어의 눈과 입, 위를 향하는 손을 연상시키는 깃털 달린 눈썹을 가진 외형이다. 그들은 기둥으로 받친 무덤에 옥이나 가오리 등뼈로 만든

피 뽑는 도구와 함께 묻혔다. 지금도 현무암 재질의 벤치처럼 생긴 왕좌에 조각된 그들의 이미지를 볼 수 있는데, 앉은 자세로 그들 자신이나 포로의 피를 뽑는 모습이다. 그런 왕좌 조각물 중 하나는 마치 청중에게 연설을 하는 듯이 몸을 앞으로 기울인, 독수리 갈기를 가진 존재에게 포박된 고분고분한 인물을 보여준다.

문명 확산론을 믿는 사람들은 올메크를 아메리카의 모체 문명으로 찬양해왔다. 확산론의 요지는, 문명이란 재능을 타고난 소수의 사람들만이 만들어낼 수 있는 비범한 성취이며 모체 문명이 덜 창의적인 다른 사람들에게 (본보기를 보이거나 가르치는 방법으로) 확산되었다는 것이다. 확산론은 거의 확실히 틀렸다. 그럼에도 올메크의 영향은 메소아메리카에서 널리 퍼지고 어쩌면 그 너머까지 확산되었던 것으로 보인다. 올메크 삶의 여러 측면, 예컨대 둔덕 건축, 예술과 건축에서 균형과 대칭을 추구하는 경향, 각진 사원과 광장을 중심으로 하는 야심 찬 도시 계획, 기념비적인 예술로 추모한 군장을 비롯한 전문화된 엘리트층, 사혈과 인신 제물을 포함한 통치자의 의례, 왕과 사제가 제물을 바치고 무자이경에 빠져 유혈 의례를 행하는 샤머니즘에 뿌리를 둔 종교, 옥수수와 콩, 호박에 기초한 농업 등은 후대 신세계 문명들의 특징이 되었다.

유라시아

신세계의 패턴은 농경 국가와 농경 도시의 출현 패턴으로 요약할 수 있다. 그렇지만 유라시아 도처에서 일어난 비슷한 변화에 비하면 아메리카의 변화는 더디고, 성기고, 대부분의 경우 규모가 그리 크지 않았다. 제시할 수 있는 최선의 설명은, 신세계에서 문명 중심지들은 가로지를 수 없는 지리 탓에 서로 동떨어져 있었던 데 반해 유라시아에서는 기후, 항해 가능한 바다, 장거리 육로의 연속성이 문화적 교환을 촉진하고 발전을 자극했다는 것이다.

그렇다 해도, 기원전 제5천년기에서 제4천년기로 넘어가던 무렵 동유럽 지역들에

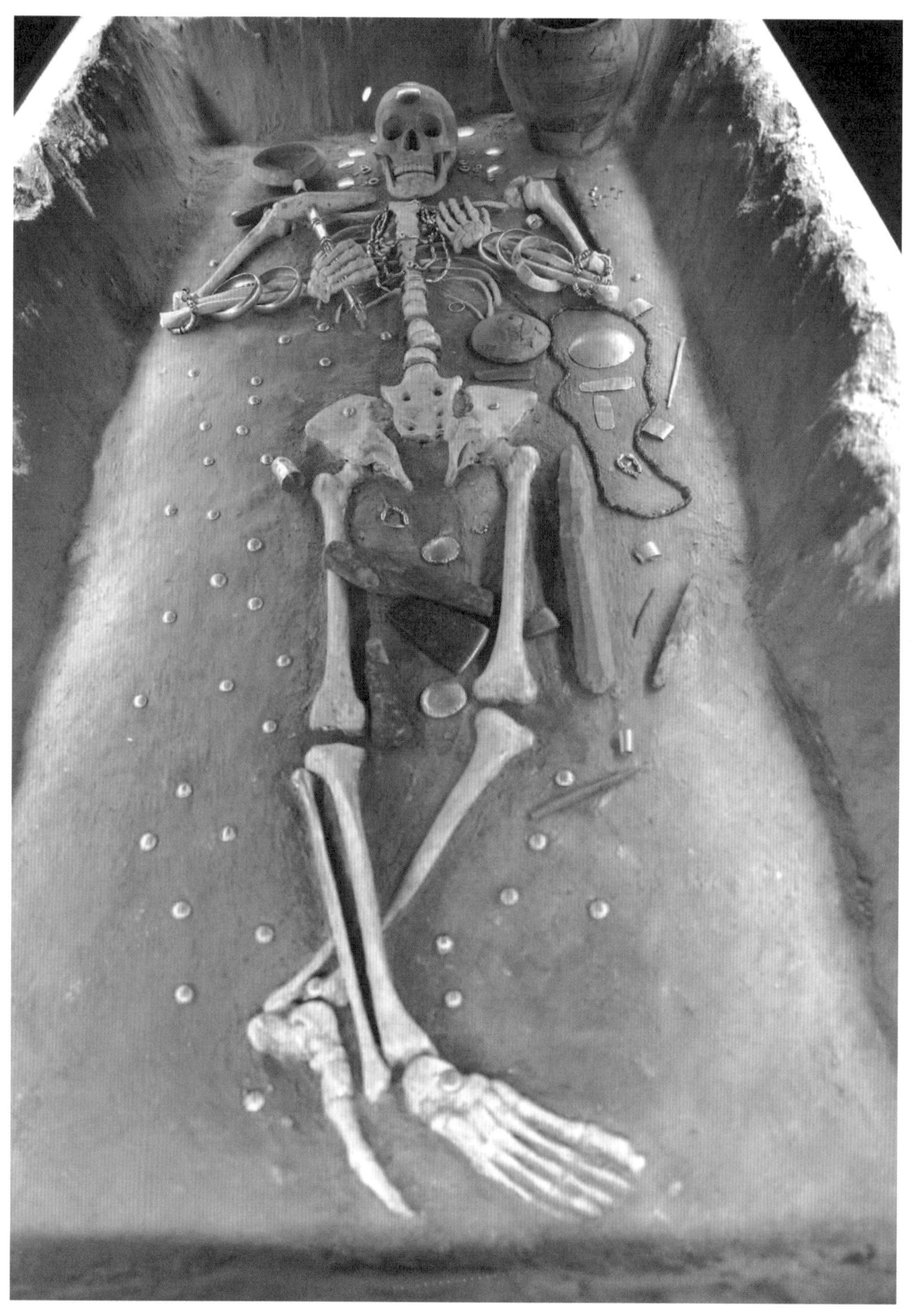

불가리아 바르나에 있는 엄청나게 부유한 동기(銅器) 시대 군장의 무덤으로, 남근 싸개를 비롯한 금 장신구 수백 점이 함께 들어 있다.

서 이루어낸 기술과 통치의 혁신은 우리가 아는 한 외부의 영향을 받지 않은 것으로 보인다. 카르파티아산맥의 그림자가 드리우는 다뉴브강 중류, 오늘날의 세르비아에 있는, 유럽에서 가장 오래된 구리 광산인 루드나 글라바Rudna Glava는 초기 야금술의 중심지였다. 오늘날의 헝가리에 있는 티서Tisza에서는 구리를 녹여 구슬과 작은 도구를 제작했다—대장장이를 신화적 존재로 만든 '마술적' 공정이었다. 불가리아에서 금이 풍부한 구릉 지대에 있었던 정착지들은 후대의 로마군 야영지처럼 주변에 참호와 울짱을 두르고 나침반의 방위와 정확히 일치하는 선상에 출입구를 만들었다. 선사 시대 유럽에서 흑해 연안의 바르나Varna보다 더 놀라우리만치 반짝거리는 장소는 없다. 이곳 군장의 무덤에는 금제 자루가 달린 도끼, 금제 남근 싸개, 그리고 수백 점의 원판을 포함해 거의 1000점에 달하는 금 장신구가 들어 있는데, 틀림없이 막대한 비용을 들여 마련했을 것이다. 가까운 루마니아의 타르타리아Tărtăria에서 발견된 점토 평판의 기호들은 묘하게도 글처럼 보인다.

타르타리아에서 조금 더 동쪽, 드네프르강 중류 스레드니 스토그Sredny Stog에서는 기원전 5000년경 말을 가장 먼저 가축화한 것으로 알려진 사람들이 수북이 쌓은 말뼈 더미가 발견되었다. 그들은 아치형 테두리와 단단한 나무로 만든 커다란 바퀴를 장착한, 황소가 끄는 우차를 마치 내세에서 사용하기 위한 것처럼 무덤에 집어넣었다. 이는 부유한 군장들이 끊임없이 이동해야 하는 목축 생활에도 불구하고 야심찬 건축 프로젝트를 실행할 수 있었다는 증거다. 당시 이만큼 크고 귀한 물건을 부장품으로 넣을 정도로 부유한 사회는 거의 없었다. 중앙 유라시아는 수송 기술의 발상지가 되었다. 예컨대 우랄산맥 남부에서 기원전 제3천년기 초부터 우리가 알아볼 수 있는 가장 이른 전차戰車가 출현했다.

더 남쪽에 있는 광대한 영역, 즉 자그로스산맥부터 동쪽으로 발루치스탄까지 뻗은 영역에는 더욱 신비한 건축물들이 있다. 예를 들어 수사Susa의 주민들은 메소포타미아의 가장 이른 지구라트[계단식 신전탑—옮긴이]보다 거의 1000년 앞서 진흙 벽돌로 면적 75제곱미터 이상에 높이 10미터인 계단식 둔덕을 지었다. 또한 수사에서 출토된 조금 더 늦은 시점의 유물 중에서 색깔 있는 돌로 만든 원통형 인장印章들에는 창이 많은 건물의 정면이 조각되어 있다.

한편, 지중해에서는 농업으로만 지탱할 수 있고 국가만이 조직할 수 있는 기념비적인 건축 프로젝트들이 진행되고 있었다. 가장 이른 것으로 알려진 대형 석조 건물의 잔해는 몰타섬에 있다. 이곳에서 기원전 제4천년기와 제3천년기에 클로버 잎처럼 생긴 널찍한 안마당을 둘러싸는 석회암 사원이 적어도 여섯 곳 세워졌다. 한 사원 안에서는 점토로 만든, 엉덩이가 큰 거대한 여신과 이 여신을 시중드는 이른바 잠자는 미녀들이 발견되었다. 그 밖에 몰타섬에는 다수의 제단과 벽면 조각—일부는 나선형, 일부는 사슴과 황소—그리고 공동 무덤들에 차곡차곡 쌓인 수천 명의 유골이 있었다.

거의 같은 시기에, 또는 얼마 후에 유럽의 대서양 연안에서 사치품 시장과 기념비적 건축물이 등장했다. 귀족의 뼈 외에 부장품—전쟁 무기와 한때 술을 담았거나 신에게 바치는 제물을 부었던 술잔—은 높은 지위를 알려주고 지금도 당시의 생활 방식을 떠올리게 한다. 군장들은 앞선 시기에 경배 장소였던 숲속 빈터glade와 비슷하게 설계된 듯한 환상열석環狀列石에서 가까운 커다란 선돌 아래 묻혔다. 예를 들어 오크니Orkney 제도에 있는 정교한 고분 매스 하우Maes Howe는 매년 6월 24일에 빛으로 가득 차는 신전에 가깝다. 인근에 있는 환상열석은 태양을 관찰하고 아마도 마술로 자연을 통제하려 했던 시도를 암시한다. 서쪽에 있는 석조 취락에는 화덕과 가구가 지금까지도 남아 있다. 이곳이 본국—비슷하지만 더 큰 고분과 환상열석이 발견된 영국 남서부와 프랑스 북서부—에서 멀리 떨어져 있으면서도 본국의 양식과 관습을 간직한 식민 근거지였다고 상상하는 것은 솔깃한 일이다.

갈수록 다양해지는 세계에서 네 군데의 강 유역이 두각을 나타냈다. 이집트의 나일강 중류와 하류, 인더스강과 이제는 말라서 사라진 사라스와티강의 이른바 하라

세계에서 가장 오래된 석조 건축물 중 하나인 몰타섬의 타르시엔 신전.

엉덩이가 크고 잘 차려입은 이 여신이 타르시엔 신전에서 '잠자는 미녀들'의 시중을 받았다.

파 지역, 오늘날 이라크에 있는 티그리스강과 유프라테스강 사이와 주변의 메소포타미아, 그리고 중국 황허강 유역이었다. 네 지역의 사람들은 다른 지역들보다 더 많은 땅을 활용하고 더 빠른 속도로 변화했다. 또 경관을 농지 개간과 관개 공사를 통해 변경하고 기념비적 건축물들로 뒤덮었다. 네 지역의 유적과 유물은 지금까지도 광고주, 예술가, 할리우드 각본가, 장난감 제작자, 컴퓨터 게임 디자이너에게 영감을 주는 한편 모름지기 문명이란 어떠해야 하는지에 대한 우리의 생각을 형성하고 있다. 우리는 이집트의 피라미드와 스핑크스, 미라, 중국의 청동과 옥, 점토 작품, 메소포타미아의 지구라트와 설형 문자가 새겨진 서판을 묘사하기도 하고, 사막으로 변해가는 경관에서 거의 사라진 도시의 바람에 씻긴 잔해를 떠올리기도 한다. 우리는 네 지역을 발상 문명(마치 문명화된 성취를 세계 각지로 퍼뜨린 모종판인 양)이나 위대한 문명이라 부르고, 전통적인 문명사를 서술할 때면 으레 네 지역부터 묘사한다. 네 지역을 함께 고찰하면, 공통의 생태적 얼개—점차 온난해지고 건조해지는 기후, 상대적으로 건조한 토양, 계절에 따른 강의 범람에, 따라서 관개에 의존하는 물 공급 방식—안에서 어떻게 끊임없는 발산이 문화적 간극을 만들어내는지 알 수 있다.

네 문명에서 증가하던 인구는 분명 수백만 명을 헤아렸고 심장부는 군중으로 붐볐다. 이집트 사람들은 나일강의 좁은 범람원 전역에 상당히 고르게 퍼져 있었던 반면, 기원전 제3천년기 초에 하부 메소포타미아는 이미 도시들(각기 자기네 신과 왕의 본거지였다)의 땅이었다. 그중 우르Ur에는 혀를 내두를 만큼 호화로운 왕묘와 우뚝 솟은 지구라트가 있었다. 수백 년 후의 사람들은 지구라트에 얼마나 감명을 받았던지 가장 큰 지구라트를 가리켜 신들의 작품이라며 경외했다. 같은 시대 하라파의 도시민은 다른 어떤 도시라도 고향처럼 느꼈을 텐데, 모든 도시의 거리 경관과 가옥이 거의 똑같았기 때문이다. 벽돌도 모두 균일했다. 모헨조다로는 5만이나 6만 명이 거주할 만큼 컸으며, 하라파에는 3만 명 넘게 살았다. 다른 정착지들은 이만큼 크지는 않았지만 수가 아주 많았다—고고학자들이 밝힌 정착지만 해도 최소 1500개다. 중국의 지역들도 점차 도시의 외관을 갖추어가고 있었다. 기원전 제2천년기에 변경 성읍들(마흔세 개 기둥으로 둘러싸인 총독의 관저가 있었던 후베이성湖北省의 반룽성盤龍城처럼 그리 크지 않았다)은 문명의 확산과 국가의 성장을 보여주었다.

공통 환경은 전제정에, 또는 적어도 신민의 삶을 세세히 통제하는 강한 국가에 적합했다. 강이 자주 범람해 미사微砂가 퇴적되는 유역에서 목숨을 지키려면 홍수를 관리하는 집단행동이 필요했다. 기원전 제4천년기 이집트 파라오의 철퇴 머리mace head 유물은 그가 운하를 파는 모습을 보여준다. 속담대로 공정한 판관은 "고통받는 자가 익사하지 않도록 지켜주는 댐"이요 부정한 판관은 "흐르는 호수"였다. 기원전 2000년경 메소포타미아의 도시 라르사Larsa에서 활동한 루이기사Lu-igisa라는 관개 도급업자의 기록물이 남아 있다. 그는 운하를 건설할 땅을 측량하고, 급료와 식량을 준비하고, 굴착과 준설 작업을 감독했다. 관건은 인부들을 확보하는 일이었다. 운하는 파는 데 5400명, 긴급 보수에 투입할 1800명이 필요했다. 루이기사는 물 공급로를 열거나 막는 수문을 통제해 수익을 얻을 수 있는 직업을 갖고 있었다. 그렇지만 강요당한 맹세에 얽매인 탓에 직업을 잃을 수도 있었다. 실제로 운하 통제권을 잃었을 때 그는 고위 관료에게 이렇게 불평했다. "제가 무슨 죄를 지었기에 왕께서 제 운하를 빼앗아 에텔룸에게 주신 겁니까?"

이런 자유 상실의 원인으로 강한 지도자의 출현을 꼽는 것은 솔깃한 일이다. 그러나 반드시 그랬던 것은 아니다. 고대 이집트에서 국가의 가장 흔한 이미지는 목부가 가축 무리를 돌보듯이 왕이 백성을 보살핀다는 것이었다. 이 비유에는 아마도 그 이전 목축 공동체의 정치 이념이 반영되었을 것이다. 목축과 비교해 농업은 공간을 차지하기 위한 더 치열한 경쟁을 수반했다. 토지를 둘러싼 분쟁과 전쟁은 통치자의 지위를 강화했다. 늘어난 전쟁과 부 역시 가부장과 원로가 아니라 더 강하고 현명한 지도자가 최고위직을 쟁취하는 데 유리하게 작용했다.

사회에서 가장 고통받은 쪽은 여성들이었을 것이다. 모계 상속에서 부계 상속으로 바뀌면서 출산율이 급증하고 여성이 양육에 매달리게 되었다. 현존하는 메소포타미아 법전과 중국 문헌에 근거해 판단하자면, 여성은 갈수록 가족에 초점을 맞추어 재능을 발휘하게 되었다. 그렇기는 해도 가정 밖 도시 생활은 여성이 전문 노동에 참여할 새로운 기회를 만들어냈다. 예를 들어 여성과 어린이는 메소포타미아 북부 아슈르Ashur에서는 직물 노동자였고, 하라파 지역 도시들에서는 아마도 면직물을 짰을 것이다. 한편, 예술에서 여성은 하라파에서 발견된, 입을 삐쭉 내밀고 나른한 자세로 춤을 추는 청동상 무희들—아니면 사원 창기娼妓였을까?—처럼 복종하는 역할로 묘사되었다. 그렇지만 여성은 통치자, 예언자, 사제로서 권력을 행사할 수도 있었다. 가정생활은 여성에게 비공식적인 기회를 주었다. 현존하는 문헌은 여성에게 이혼을 제기할 권리, 재산을 되찾을 권리, 그리고 때로 전남편으로부터 추가로 보상을 받아낼 권리가 있었음을 입증한다. 이집트 문헌 『아메네모페의 교훈Instruction of Amenemope』은 아내를 가리켜 "수익성 좋은 농지다. 아내와 법으로 다투지 말고 아내에게 주도권을 빼앗기지 마라"라고 말한다.

식량을 저장하고 지켜야 할 필요성도 통치자의 권한을 강화했다. 소수의 작물에 의존하는 사회에서 식량 부족은 주기적으로 닥치는 위험이었으며, 특히 추수하기 전 수확이 없는 계절에 먹을 것이 부족했다. 파라오의 최고 관료가 되어 이집트를 기근에서 구한 히브리인 요셉에 대한 성서의 이야기는 "일곱 해의 흉년"을 상기시킨다. "누구나 자기 자식을 먹었다"는 시절과 같은 역경의 시대는 이집트에서 집단 경험의 일부였다. 자연을 거스른다는 것은 천재지변에 맞서 식량을 비축한다는 뜻이었다. 아마르나Amarna에 있는 한 무덤 벽화는 식량이 겨우 여섯 줄 쌓여 있는 곳간을 보여주는데, 곡물 자루와 건어물 더미를 비롯한 음식이 벽돌 기둥으로 지탱하는 선반들 위에 놓여 있다. 기원전 1300년경에 통치한 듯한(이집트 연대기에 확실한 연대가 없다) 람세스 2세의 시신을 안치하기 위해 지은 사원에는 2만 명이 1년간 먹을 식량을 보관할 만큼 큰 창고들이 있었다. 어느 고위 관료의 무덤 벽면에 자랑스럽게 그린 현물 세

무희—어쩌면 후대 인도 전통에서 나타나는 사원 창기의 선배였을 것이다—청동상은 기원전 제3천년기에 사라진 하라파 문명에서 지금까지 전해지는 소수의 인간 형상 중 하나다.

금 목록—보리 자루, 과자와 견과류 더미, 수백 두의 가축—은 제국을 먹여 살린 식량이 무엇이었는지 보여준다. 국가는 비축 기관으로서 재화의 재분배를 위해서가 아니라 기근 구제를 위해 존재했던 것으로 보인다.

왕권을 정당화하기 위해 이론가들은 신에게 호소했다. 이집트에서 그들은 신으로서의 왕에 대해 말했다. 기원전 1350년경 도시 팔레스타인의 통치자는 아마르나 서한이라고 알려진 외교 서한에 이렇게 썼다. "저의 주인이자 태양신이신 전하에게 저 라바유는 하인이며 전하께서 밟으시는 땅입니다." 그보다 약 400년 전에 이집트의 파라오 세헤테피브레Sehetepibre는 자식들에게 "영원한 가르침과 올바른 생활 방식"을 권고했다. 그리고 파라오에 대해 "이집트를 태양보다도 더 밝게 비추고, 땅을 나일강보다도 더 푸르게 물들인다"고 가르쳤다. 이집트인들은 무슨 의미로 자기네 왕이 신이라고 말했을까? 그들은 신들이 현현할 수 있는 장소로서 이미지와 신전을 만들었다. 이미지는 신이 거할 때만 신이었다. 이와 비슷하게 파라오의 인신은 신이 거할 수 있는 장소였다.

이집트에서는 신성한 파라오의 말이 곧 법이었다. 법을 성문화하려는 욕구는 결코 강하지 않았다. 오히려 종교가 도덕률을 규정했으며, 국가는 도덕률을 쉽게 변경하거나 뒤엎을 수 없었다. 기원전 2000년경 새로운 내세 관념이 등장했다. 그 이전 무덤들은 내세로 들어가기에 앞서 대기하는 방이었으며 세계는 내세의 삶을 실습하는 곳이었다. 기원전 2000년 이후에 지은 무덤들의 벽화는 신들이 죽은 자의 영혼의 무게를 재는 모습을 보여준다. 이제 무덤은 내세를 위한 도덕적 준비를 마친 이후 심문을 받는 장소였다. 으레 저울의 한쪽에는 죽은 자의 심장을, 반대쪽에는 진실을 상징하는 깃털을 올려놓았다. 저울 감독관은 자칼의 머리를 한 명계의 신 아누비스였다. 심문을 받은 영혼은 신성모독, 성도착, 약자에 대한 권력 남용을 비롯한 여러 죄를 부인했다. 인간의 법과 신의 뜻에 대한 복종, 자비의 손길, 신과 조상의 혼에 바친 제물, 굶주린 자에게 건넨 빵, 헐벗은 자에게 벗어준 옷, "무인도에 버려진 사람을 위한 나룻배" 같은 선행은 응답을 받았다. 선한 자들을 위한 보상은 한때 우주의 지배자였던 오시리스 신과 함께하는 새로운 삶이었다. 심문을 통과하지 못한 자들에게 내려진 벌은 소멸이었다.

메소포타미아에서 왕은 신이 아니었다. 아마도 이것이 현존하는 가장 이른 법률이 메소포타미아에서 제정된 이유일 것이다. 기원전 제3천년기 우르의 법률은 조각

조각 남아 있다—본질적으로 벌금 목록이다. 하지만 기원전 2000년경 수메르와 아카드의 왕 리피트 이슈타르의 법률은 최고신인 "엔릴의 말씀에 합치하도록" "자녀가 부모를, 부모가 자녀를 부양하게 하고 (…) 적의와 모반을 없애고, 울음과 한탄을 몰아내고 (…) 정의와 진실을 가져오고, 안녕을 베풀기" 위해 법을 제정했다고 설명한다. 기원전 18세기의 전반기에 바빌론을 통치한 함무라비는 그의 이름이 붙은 법전이 온전하게 남아 있는 까닭에(훗날 바빌론을 침공한 엘람 왕국의 군대가 전리품 삼아 자기네 수도 수사로 가져갔다) 과도한 명성을 누리고 있다. 돌기둥에 새긴 그 법전은 함무라비 왕이 신에게서 법문을 건네받는 장면을 보여준다. 함무라비 법전은 통치자의 육체적 현전과 구두 발언을 대신했다. "억울하게 탄압받은 사람은 누구든 정의의 왕인 나의 입상 앞에 와서 나의 비문을 공들여 읽고 나의 귀한 말을 들어라. 나의 돌이 그의 사건을 명확하게 밝혀주리라." 이는 우리가 아는 법, 즉 예로부터 물려받거나 통치자의 권력을 제한하기 위해 제정한 법이 아니었다. 오히려 왕의 명령을 영속화하는 수단이었다. 메소포타미아에서는 전장의 사령관이요 가정의 아버지인 만물의 왕에 대한 복종이 엄격하게 강요되었다. 어느 전형적인 문헌은 "왕의 말은 신의 말과 같아서 바꿀 수 없다"고 말한다. 이를 확증할 문서 증거는 없지만, 통치자들의 무덤을 가득 채운 사치스러운 인공물—숫양의 모양으로 조각하고 금박을 입힌 하프, 무늬를 새긴 조개껍데기와 연마한 돌로 만든 주사위와 놀이판, 금과 은으로 형태를 잡고 조개껍데기와 청금석으로 눈을 만든 생생한 동물상, 아래로 갈수록 가늘어지는 금그릇, 타조알을 본뜬 금잔—의 광채는 왕권의 소산일 것이다. 메소포타미아의 조각물들에서 왕은 그가 속한 어떤 장면에서든 보통 가장 큰 형상이다. 왕은 음료를 마신다. 왕은 도움을 호소하는 청원자와 공물을 바치는 주민과 대사를 맞이한다. 왕은 군대와, 당나귀가 끄는 전차의 행렬을 통솔한다. 왕은 도시와 신전을 짓기 위한 벽돌을 나르고, 불로 벽돌을 정화하고, 기름으로 벽돌을 축성한다. 진흙으로 첫 벽돌을 만드는 것은 왕의 배타적인 권리였다. 국영 가마에서 구운 벽돌에는 왕의 이름이 찍

원통형 점토에 새겨진 기원전 제3천년기 후반의 수메르 법률.

혔다. 왕의 옥새는 그 이유를 명확히 알려준다. 옥새는 신들이 진흙을 섞어 벽돌을 만들고, 사다리 위로 나르고, 층층이 쌓는 사람들에게 벽돌을 던져주는 방식으로 세계를 건설하는 모습을 보여준다. 진흙을 도시로 바꾸는 것은 왕의 마술이었다.

신탁—미래를 아는 신의 답변을 들려준다고 가정된 방법—은 왕에게 무엇을 할지 말해주었다. 복점관은 신탁을 해석하는 세습 관리였다. 복점관은 제물로 바친 양의 간, 향의 연기, 그리고 무엇보다 천체의 움직임에서 신의 뜻을 읽어냈다. 현존하는 기록들은 왕의 승리, 위험, 분노, 질병 회복에 대한 복점관의 예측으로 가득하다. 그렇지만 종교가 왕권을 꼭 제한했던 것은 아니다. 보통 왕이 신탁을 통제했다. 왕은 특히 나일강이 범람하지 않았을 때와 같은 위기시에 예지몽을 꾸기 위해 이따금 신전에서 자곤 했다. 물론 왕이 전한 예측은 그가 이미 추진하기로 결정한 정책을 정당화하는 데 그치기도 했다.

그럼에도 왕은 백성을 섬기는 존재였다. 사회 전체를 대신해 신들과 중재를 하고, 농지 갈이와 관개를 위해 공동의 노력을 조직하고, 힘든 시기에 대비해 식량을 저장하고, 공동선을 위해 식량을 재분배하는 존재였다. 아카드 유물에서 나온 재담은 기원전 제2천년기에 식량 공급을 통제한 정교한 정치학과 경제학을 보여준다. 먼저 주인이 "하인이여, 내 말에 따르라"라고 말한다.

> 나는 우리 고장에 식량을 줄 것이다.
> 주십시오, 주인님, 주십시오. 제 고장에 식량을 주는 사람은 자신의 보리를 지키고 다른 사람들이 지불하는 이자로 부자가 됩니다.
> 아니, 하인이여, 나는 우리 고장에 식량을 주지 않을 것이다.
> 주지 마십시오, 주인님, 주지 마십시오. 주는 것은 사랑하는 것…… 또는 아들을 갖는 것과 같습니다. (…) 사람들은 주인님을 저주할 것입니다. 사람들은 주인님의 보리를 먹고 주인님을 파괴할 것입니다.

고대 메소포타미아의 문헌 유물 중 가장 유명한 『길가메시 서사시』는 지도자의 성격을, 또는 적어도 지도자가 귀감으로 삼은 영웅적 행위를 더 많이 알려준다. 기원전 1800년경에 글로 적은 듯한 현존하는 서사시 판본들에서 이야기를 끌고 가는 것은 메소포타미아의 환경을 주조한 자연의 힘이다. 서사시의 주인공 길가메시가 불길과 독김을 내뿜는 괴물을 만났을 때, 신들은 타는 듯한 바람으로 괴물의 시야를 가린다. 불사의 비밀을 찾기 위해 죽음의 바다를 탐험할 때, 길가메시는 태곳적 홍수에서 살아남은 유일한 가족과 조우한다. 신들의 변덕이 초래한 태곳적 홍수 때문에 나머지 인류는 사라졌고 심지어 신들 자신마저 "개처럼 벽에 달라붙어 웅크리고 있어야" 했다.

시인들의 길가메시는 전설로 윤색한 창작물이다. 그러나 길가메시가 실존했을 수도 있다. 또는 적어도 사료에 그런 이름을 가진 왕이 나온다. 서사시는 역사적 길가메시에 대한 속설을 인용한다. "그 누가 길가메시와 같은 권력으로 통치했던가?" 길가메시는 (가장 널리 지지를 받는 연대기에 따르면) 기원전 2700년경 도시 우루크의 제5대 왕이었다. 우루크의 진정 놀라운 성취 몇 가지—성벽, 정원, 도시 심장부에 신들의 거처로 지은 기둥으로 받친 홀—는 그의 치세에 나타났다.

기록에 남은 중국의 초창기 왕권 전통도 이집트와 메소포타미아의 왕권 전통과 비슷하다. 중국 전통 역시 왕의 지위와 수자원 관리 및 식량 분배 사이에 연관성이 있었음을 보여준다. 전설상의 토목공학자인 우禹임금은 "물길을 다스리고 큰 수로들로 흐르게 했다"는 공적으로 칭송받았다. 초기 민속 시가는 우임금 이후 도시 건설이 얼마나 빠르게 진행되었던지 그 속도를 "북소리가 따라가지 못했다"고 전한다. 전설적인 통치자 고공단보古公亶父는

그들에게 집을 짓게 했다.

그들의 다림줄은 수직이었다.

그들은 판재를 단단히 묶고 골조를 세웠다.

우리가 아는 가장 이른 중국은 통일 국가였다. 짐승의 뼈와 거북의 등딱지에 새긴 갑골문에 따르면 상商 왕조는 거의 기원전 제2천년기 내내 황허강 유역을 지배했다. 점술가는 갑골에 균열이 생길 때까지 가열한 다음 왕의 물음에 대한 신의 답변을 균열 선을 따라 판독했다. 판독문에 드러난 대로, 상나라 왕은 전쟁을 가장 자주 수행했고 때때로 외교에 관여했다. 혼인도 외교의 일부였다. 후대의 황제들은 외교를 가리켜 "나의 호의를 넓히는 것"이라 했다. 병사들이 보기에 "우리 군주의 관심사"는 그들을 "고통에서 고통으로" 굴리고 그들에게 "황량한 불모지에 있는 (…) 호랑이와 들소 같은" 집을 주는 것이었다. 무엇보다 왕은 신과 백성 사이 중재자로서 제물을 바치고, 신탁을 판독하고, 땅을 갈고, 비가 오기를 기원하고, 성읍을 건설했다. 왕은 시간의 절반을 사냥에 썼는데, 사냥은 신하와 사절을 즐겁게 하고, 기수騎手를 훈련시키고, 자신의 식단에 고기를 더하는 방법이었을 것이다. 학자들은 신탁의 어조가 점차 사무적으로 변했다고 주장한다. 시간이 갈수록 꿈과 질병에 대한 언급이 감소하고 표현법이 더 간명해지고 어조가 더 낙관적으로 변해갔다는 것이다. 갑골은 재위 군주가 바뀌면서 때때로 의례를 수행하는 방식에 혁명이 일어났음을 알려주는데, 이는 왕들이 전통과 싸웠고 세상에 자신을 각인시키려 했다는 증거다. 예컨대 기원전 제2천년기 후반의 왕 조갑祖甲은 신화적인 조상, 산, 강에 제물을 바치던 관행을 중단하고 역사적 인물들에 더 많은 제물을 바쳤다. 의심할 나위 없이 그는 상 왕조에서 가장 장수를 누렸고 가장 명성이 높았던 군주 무정武丁의 관행을 바꾸고 있었다.

연대가 불확실하긴 하지만 무정은 기원전 13세기 무렵에 통치했을 것이다. 1000년 후 그는 제국을 "손바닥에 놓고 움직이는 것처럼" 쉽게 통치한 정복자로 기억되었다. 그의 배우자 예순넷 중 한 명인 부호婦好는 당대의 가장 호화로운 무덤에 여러 하인, 개, 말, 수백 개의 청동기와 옥, 그리고 화폐로 쓰인 수천 개의 개오지 껍

고대 중국에서는 금이 갈 때까지 '갑골'을 가열했다. 갑골의 균열 패턴은 점술가에게 미래의 단서였다.

데기와 함께 매장되었다. 여러 사람을 같은 이름으로 부른 당시 궁중의 습관 때문에 혼동의 여지가 있긴 하지만, 이 경우에 궁중 기록의 부호와 왕비는 같은 사람일 것이다. 무정은 부호의 출산과 질병에 관해 거듭 신탁을 구했다. 부호는 무정의 주요 배우자 셋 중 한 명이었으며, 아내와 어머니 역할에 그치지 않고 정치에도 적극 관여했다. 부호는 성벽을 두른 성읍을 포함해 자신의 영지를 갖고 있었고, 직접 명령을 내려 전사 3000명을 동원할 수 있었다.

왕은 갑골로 점치는 활동을 넘겨받음으로써 마술과 종교의 가장 중요한 정치적 기능—미래를 예언하고 신의 뜻을 해석하는 기능—을 국가로 이전했다. 점복의 결과를 기록하고 보존하는 일이 이제 점술가의 소관이 아닌 세속적(비종교적) 기능이 되었다. 왕은 세속 관료제의 수호자가 되었으며, 관료제하에서 서서히 양성한 궁정 역사가들은 샤먼의 통찰력보다 더 신뢰할 만한 예측의 근거가 되는 경험을 쌓을 수 있었다.

이 시점에 중국인들은 왕권을 실용적인 관점에서, 즉 통치자가 백성들을 얼마나 잘 보살피느냐는 관점에서 바라보았다. 상나라 통치자들은 전설적인 이전 왕조인 하夏 왕조에 맞서 신성한 정의의 집행자로서 집권한 것이라고 주장했다. 그들은 하 왕조의 마지막 통치자가 "농사를 등한시해" 통치권을 박탈당했다고 주장했는데, 이는 농민이 논밭을 돌보듯이 나라를 돌봐야 하는 왕의 본분을 게을리했다는 뜻이었다. 중국의 출현을 묘사하는 학자들의 가장 이른 문헌에는 이런 전통적인 선전이 꽤 정확하게 반영되었을 것이다. 그들은 평화의 기술을 증진한 온화하고 너그러운 통치자들을 묘사한다. 상나라의 신화적 통치자인 황제黃帝는 수레, 배[船], 청동 거울, 냄비, 석궁, 그리고 '축구의 일종'을 창안했다고 전해진다. 그렇지만 시가와 민중 전설은 고대 씨족 지도자의 생살여탈권을 물려받은 왕권의 피로 얼룩진 직무를 더 많이 드러낸다. 망나니의 상징—굶주린 미소와 걸신들린 이빨—이 새겨진 도끼는 통치권이 본래 어떤 의미였는지 나타낸다. 상 왕조의 어느 통치자는 후대의 시에서 이렇게 경고한다. "뉘우쳐도 소용없을 때 처벌받지 않으려면 잠자코 법치에 복종하라." 부와 전쟁은 왕권과 분리할 수 없는 핵심 요소였다. 기원전 1500년경 상나라의 왕묘들은 왕권의 성격을 보여준다. 왕묘들에는 줄로 꿴 개오지 껍데기 수천 개, 청동 도끼와 전차, 칠기류, 옥과 뼈에 정교하게 조각한 보물 수천 점이 들어 있었다. 그중 최고의 보물은 세라믹 주형으로 주조한 비할 데 없는 수준의 청동 제품이었다. 청동 제작은 상나라의 최고 예술이었으며 청동 제품은 높은 신분의 특권이었다. 내세에서 왕을 섬기도록 하기 위해, 또는 왕묘를 축성하기 위해 왕과 함께 순장한 수천 명의 인신 제물은 (그들을 묻은 사람들에게) 가장 값싼 제물에 지나지 않았다.

오늘날 파키스탄과 인도 서부에 속하는 인더스강 유역의 하라파 세계는 도시 배치와 건물 설계에서 현저한 일관성을 보여주었다(그 일관성이 꼭 정치적 통일의 산물이었던 것은 아니다). 위계적으로 나뉘는 주거 공간들은 계급 구조를, 또는 더욱 엄격한 카스트 구조를 암시한다. 계급 체제에서는 개인의 사회적 지위가 올라가거나 내려갈 수 있다. 반면에 카스트 체제에서는 개인의 사회적 신분이 출생시의 신분으로 고정된다. 하라파 도시들에서 넓은 공동체 구역들은 틀림없이 인력 조직—가령 군인, 노예, 학자—과 관련이 있었을 것이다. 거대한 창고들은 식량 분배 제도를 시사한다. 거리 아래에 토관土管을 묻은 오물 처리 제도는 도시 계획의 걸작으로 보인다. 균일한 벽돌은 분명 국영 가마와 분쇄기로 제조했을 것이다. 웅장한 성채나 요새는 예컨대 모헨조다로의 널찍한 목욕탕처럼 중요한 기능을 했을 법한 공간을 에워쌌다. 그렇지만 하라파 유적들에는 호화로운 무덤이 없으며, 왕의 구역이나 장신구가 없다는 사실은 하라파 사회들이 공화정이었거나 사제들이 운영하는 신 중심의 신정神政이었을지 모른다는 상상을 자극한다.

우리가 읽을 수 없는 글을 남긴 하라파 같은 사회의 경우, 우리는 예술 작품에서 무언가 알 수 있기를 바란다. 그러나 현존하는 회화가 전혀 없으며, 하라파 예술가들은 점토와 이따금 청동으로 만든 작은 형상을 빼면 조각물을 거의 생산하지 않은 것으로 보인다. 한 가지 이례적인 예외는 모헨조다로에서 나온 인물상으로, 매우 심각한 표정의 얼굴에 아몬드 모양의 눈과 세로로 단정하게 빗은 턱수염이 달렸고, 보석을 끼워 넣은 듯한 머리띠를 두르고 있다. 왼쪽 어깨에 걸친 화려한 옷은 오른팔까지 이어지는데, 오른팔에서 부러지고 없는 부분은 분명 상징적이거나 의례적인 몸짓을 하고 있었을 것이다. 이 인물상은 사제-왕이나 철인-왕으로 불려왔지만 이 낭만적인 용어들은 가치가 없다. 하라파의 정치의 거의 모든 측면이 수수께끼로 남아 있긴 하지만, 하라파 문화의 분포 범위가 워낙 넓은 까닭에 무력으로 퍼뜨린 것이 아니라면 제각기 다른 환경들로 문화가 어떻게 확산될 수 있었을지 상상하기 어렵다. 내륙 아시아 방향으로 물을 댈 수 없는 사막과 미사가 없는 구릉까지 뻗어 있었던 주둔지들을 보면 하라파의 변경이 어떠했을지 짐작이 간다(폭력적이었으며 확장되고 있

이 희귀한 모헨조다로 조각물의 아몬드 모양 눈, 머리띠, 어깨에 걸친 옷, 빗질한 턱수염은 하라파 엘리트의 겉모습이 어떠했을지 알려준다.

었다). 오늘날의 아프가니스탄 북부에 해당하는 지역에서는 서쪽으로 카스피해까지 닿는 오아시스 정착지들에서 청금석과 구리가 거래되었다. 요새화된 교역 중심지였던 문디가크Mundigak는 대상隊商들 전원이 숙박할 만한 시설을 갖추고 있었다. 오늘날 이곳의 경관에는 정방형 보루를 설치한 튼튼한 성벽 뒤편에 대규모 성채의 잔해가 있다. 성채의 측면에 줄지어 선 두텁고 둥근 기둥들은 쪼그려 앉은 자세로 교역로를 지키는 거대한 짐승의 갈비뼈처럼 보인다.

이집트, 메소포타미아, 중국에는 국가들이 어떻게 정복을 통해 성장했는지 드러내는 사료가 충분히 많이 남아 있다. 이집트에서 나일강은 통일 국가를 지탱하는 등뼈였다. 파라오는 나일강을 따라 왕국을 시찰했다. 강을 통한 운송은 현세와 천계가 공유한 특징 중 하나였다. 이집트인들은 파라오 쿠푸Khufu가 불멸자들과 함께 하늘을 건널 수 있도록 배를 만들어 바쳤다. 쿠푸의 대大피라미드에 인접한 한 구덩이에는 그의 시신을 장지까지 옮긴 배가 들어 있었다. 현재 이집트 학자들은 인접한 다른 구덩이에 묻혀 있는 쿠푸의 태양선을 발굴하고 있다[1954년에 첫번째 태양선을 발굴해 복원했고, 지금은 두번째 태양선을 발굴중이다—옮긴이]. 쿠푸는 이 배를 타고 어둠 속을 항해하면서 매일 밤 태양을 동쪽으로 실어 나르는 함대에 합류했을 것이다.

돌이켜 생각하면 이집트의 통일은 '자연스러운'—나일강이 불러온—결과로 보인다. 반면에 메소포타미아는 통일하기가 그리 쉽지 않았다. 메소포타미아에서 도시의 수호신에게 바친 비문들은 경쟁 도시와 싸워 이긴 기록과 어리둥절할 정도로 상반되는 선전으로 가득하다. 기원전 2000년경 가장 뽐내는 비문을 쓴 수메르 도시 움마의 왕 루갈 자게시Lugal Zagesi는 더 과한 주장을 했다. 다시 말해 최고신 엔릴이 페르시아만부터 지중해까지 "모든 땅을 그에게 맡기고 동쪽부터 서쪽까지 그에게 복종하게 했다"고 주장했다. 이는 틀림없이 허풍에 불과했을 것이다. 자기들끼리 계속 전쟁하는 한 수메르 도시 국가들은 오랫동안 결코 통일되지 않았을 것이다. 그렇지만 기원전 2500년경 메소포타미아 북부의 침공군이 정치적 변화를 강요했다. 아카드의 정복왕 사르곤Sargon은 고대의 위대한 제국 건설자 중 한 명이었다. 사르곤의 군대는 강 하류 지역으로 쳐들어가 그를 수메르와 아카드의 왕으로 추대했다. 현존하는 연대기 파편에서 사르곤은 "장대한 산맥을 나는 청동 도끼로 정복했다"고 선언하고 자신을 계승할 왕들에게 자기처럼 하라고 권했다. 그의 군대는 시리아와 이란까지 도달했다고 한다.

그렇게 광대한 제국은 유지될 수 없었다. 한두 세기 후에 수메르의 토착민 병력이 사르곤의 계승자들을 쫓아냈다. 그럼에도 사르곤의 업적으로 이 지역의 정치사에 새

리라의 울림통일지도 모르는 상자에 그린 고대 우르의 왕실 생활은 통치자들과 신하들이 술을 마시면서 공물을 받는 장면을 보여준다.

로운 패턴—제국으로 발돋움하려는 경향—이 도입되었다. 도시 국가들은 서로를 정복해 세력을 넓히려 했다. 한동안 우르 북쪽의 도시 라가시Lagash가 수메르를 지배했다. 라가시의 한 왕을 주제로 만든 이미지 스물일곱 개가 현존한다. 다른 통치자의 권력을 알려주는 더 나은 유물은 남아 있지 않다. 그러다가 기원전 2100년경 우르가 라가시를 대체했다. 이 새로운 수도는 으리으리한 지구라트와 위압적인 성벽 등 도시를 유명하게 만든 외관을 갖추어가기 시작했다. 4000년 전의 어느 상자(아마도 리라의 울림통일 것이다)는 제정帝政 우르에서 왕실 생활이 어떠했는지—승전, 공물 수령, 축연—를 아름답게 묘사한다. 그 이후 메소포타미아에서 서로 경쟁 관계인 중심지들이 번갈아 선두로 나섰지만 주도권은 언제나 남부에 있었다.

기원전 1500년경 중국 왕들의 여행 일정은 메소포타미아와는 다른 정치지리학을 드러낸다. 왕들은 황허강의 동쪽 지류인 남북으로 뻗은 큰 수로를 분주히 오르내렸고, 남쪽으로 화이허淮河강에 이르기까지 여러 성읍과 영지를 정신없이 순회했다. 이따금 양쯔강의 최북단까지 가기도 했다. 이는 명백한 징후였다. 상商 문명은 황허강 중류의 심장부에서 남쪽으로 팽창하면서 주변 일대를 지배하는 강대국으로 성장하고 있었다. 중국 문화와 정치의 세계는 점차 양쯔강 유역을 흡수해갔다. 그 결과 상호 보완적인 환경들—황허강 유역의 조 재배지와 양쯔강 유역의 논—을 포함하는 독특한 국가가 형성되었다. 중국의 새로운 생태는 어느 지대에든 생태적 재앙이 닥치지 않도록 막는 데 도움이 되었다. 또한 상나라 이후 중국 역사에서 확인할 수 있듯이 놀라운 회복력과 생산력을 지닌 국가의 토대가 되었다. 그 결과는 이 책의 나머지 부분에서 분명하게 드러날 것이다. 우리 이야기의 나머지 부분에서 중국은 대체로 불균형한 권력과 영향력을 행사했다.

더욱이 중국 변경의 확장은 통치자들의 야심을 자극했다. 그들은 한없는 야심을 품게 되었다. 그리고 종교와 철학이 힘을 합해 야심을 뒷받침했다. 하늘은 강력한 신이었다. 광활한 하늘은 선물(빛, 온기, 비)과 재해(폭풍, 화재, 홍수)를 가득 품고 있었다. 하늘의 경계에 도달하는 국가는 일종의 '명백한 운명'을 완수할 터였다. 중국인들은 황제의 세계 통치를 신이 정한 과업으로 보게 되었다. 세계를 대하는 황제의 자세는 온 세상이 마땅히 또는 잠재적으로 자신에게 복종해야 한다는 것이었다.

이 관념은 이웃 집단들에 전해졌다. 유라시아 스텝 지대의 광대한 평지와 드넓은 하늘은 비슷한 생각을 부추겼다. 스텝 왕조들의 야심을 알려주는 문서 증거는 훨씬 나중에야 나타난다. 하지만 앞으로 볼 것처럼 정복할 의도를 가진 스텝 사람들은 기원전 제1천년기에 유라시아 가장자리 주변의 제국들에 거듭 도전했다. 세계를 통치할 권리라는 관념이 유라시아에서 수백 년간, 어쩌면 수천 년간 제국주의를 추동했다고 말해도 괜찮을 것이다.

지금까지 살펴본 큰 강 유역들은 서로 비슷하기는 해도 당대에 문화적 발산이 일어난 최소 두 가지 이유를 확인하는 데 도움이 된다. 첫째, 발산은 환경에 좌우되었다. 자원 기반이 더 크거나 더 다양할수록 사회가 더 크고 더 오래 지속될 수 있었다. 환경의 다양성 덕에 강 유역 사람들은 덜 풍족한 지역들과 비교해 더 많은 자원을 누릴 수 있었다. 이집트에는 가까운 거리에 나일강 삼각주가 있었다. 중국에는 황허강 유역과 양쯔강 유역이라는 상호 보완적인 두 생태계가 있었다. 메소포타미아에는 목초지 배후지가 있었으며, 메소포타미아와 하라파는 바다를 통해 서로 왕래할 수 있었다. 둘째, 사회들이 서로 배우고 경쟁하고 문화를 교환하는 상호 작용이 중요했다. 이집트는 메소포타미아와, 메소포타미아는 하라파와 접촉을 유지했다. 중국의 상대적 고립은 (신세계 여러 문명의 극단적인 고립과 비슷하게) 큰 강 유역 사회들이 모두 경험한 변화의 과정들 중 일부를 중국이 뒤늦게 시작한 이유일지도 모른다.

기원전 제2천년기 후반의 위기

큰 강 유역의 장대한 문명들은 지속 가능성에 대한 의문을 불러일으킨다. 그들의 부와 생산성은 외부 세력의 부러움을 사고 공격을 유발했다. 또한 인구가 계속 증가해 환경을 더욱 집약적으로 개발해야 했다. 관개, 저장, 기념비적 건축에 필요한 대규모 집단 노력에 동원된 수많은 피억압 민중은 엘리트층에 분개했다. 이런저런 압력이 작용한 결과, 기원전 1500년경부터 문명의 전환 또는 붕괴 위기가 닥쳤다.

한편, 개발하기가 한층 어려운 환경의 사람들은 큰 강 유역들의 성취를 재현하거나 능가할 만한 의지와 수단을 발견했다. 예를 들어 기원전 약 1800년부터 1500년까지 아나톨리아 중부에서 스스로를 하티(히타이트인)의 자손이라 부르는 사람들이 동맹을 맺은 수백만 명을 하나의 생산과 분배 네트워크로 끌어들였다. 제국이라 불러도 괜찮은 히타이트 국가에는 궁전, 창고, 도시, 그리고 (히타이트인들 자신이라면 첫손에 꼽았을 법한) 대규모 군대가 있었다. 이것들 모두 규모 면에서 강 유역 문명들의 궁전, 창고, 도시, 군대에 비견될 만했다. 이집트 파라오들은 히타이트 왕들을 대등한 존재로 대했다. 어느 파라오가 계승자 없이 사망하자 그의 아내는 히타이트 왕에게 사절을 보내 "결코 하인으로 삼지 않고 남편으로 삼을 터이니 당신의 아들들 중 한 명을 나의 남편감으로" 달라고 청했다.

우리는 히타이트인들이 남긴 이미지의 도움을 받아 그들의 모습을 그려볼 수 있다. 그들은 매부리코에 단두短頭였고 대개 전투용 의상을 입고 있었다. 그런데 아나톨리아 중부와 같은 불리한 환경에서 어떻게 제국이 생겨났을까?

히타이트 왕국의 강점은 농민과 목축민을 단일한 국가와 경제 체제 안으로 끌어들였다는 것이다. 이 방식으로 경작 가능한 작은 농지들이 몰려 있고 그 주변에 목초지가 있는 아나톨리아의 바위투성이 환경을 최대한 활용할 수 있었다. 히타이트는 전문화된 목부의 양모 생산과 소농(예속 노동자도, 임금 노동자도 아니었다)의 식량 생산을 결합했다. 가축은 비료를 만들었고, 우유가 풍부한 식단은 인간의 생식력을 높여주는 칼로리와 영양분을 제공할 수 있었다. 전반적인 결과는 긍정적이었다. 경제적 전문화와 도시화를 추진하고 전쟁에 인력을 동원할 기회가 늘어났다.

히타이트 농민 티와파타라Tiwapatara의 현존하는 재산 목록에는 다섯 식구를 위한 집 한 채, 가축 서른여섯 마리, 목초지 1에이커, 포도밭 3.5에이커, 석류나무 마흔두 그루, 사과나무 마흔 그루가 포함된다. 목초지는 분명 귀한 황소 여덟 마리의 몫이었을 것이다. 척박한 환경에 더 강한 동물인 염소는 먹이를 찾아다녔을 것이다. 티와파타라 같은 농민들은 히타이트를 한동안 무적으로 만든 인력이었다. 농민 아버지가 보통 파종하고 추수하는 시기와 겹친 군사 원정을 떠난 기간에는 자식들이 대신 농사일을 했다. 티와파타라 같은 사람들은 아마도 국가에 기꺼이 힘을 보탰을 텐데, 그 대가로 사유 재산 절도나 무단 침입을 가혹하게 처벌한 히타이트 법의 보호를 받았기 때문이다. 경제 전체의 생산성은 알지 못하지만, 주요 도시 하투사Hattusa에서 발굴한 곡식 저장고에는 3만 2000명이 1년간 먹을 수 있는 곡물이 있었다.

왕은 태양신의 지상 대리인이었다. 현대의 군주가 '폐하'라고 불리듯이, 히타이트의 왕은 신민들에게 '태양'이라 불렸다. 왕의 책무는 전쟁, 재판, 그리고 신들과의 관계였다. 실제로는 전문 관리들이 왕을 대신해 소송 사건을 대부분 처리했지만, 왕의 중재에 맡기기에 지나치게 사소한 사건이란 거의 없었다. 왕의 주위에는 "궁정 하인, 호위대원, 황금 창을 든 병사, 술 따르는 사람, 식사 차리는 사람, 요리사, 전령, 마구간지기, 천인대장千人隊將" 등 대규모 왕실 인력이 있었다. 히타이트 궁정은 왕의 명령을 받아 적어 기록으로 남기고 신하, 군 지휘관, 총독, 속국의 왕에게 전달한 관료제적 궁정이었다. 히타이트 통치자의 하렘의 규모와 이곳 여성들의 출신 지역에는 그의 정치적 세력이 반영되었다. 역으로 그는 동맹국과 속국의 하렘에 보내기 위해 딸을 많이 낳아야 했다.

현존하는 법률에 근거해 판단하건대 히타이트인은 자의적으로 보이는 여러 성적 금기를 지켰다. 예컨대 돼지나 양과 수간한 사람은 사형에 처해질 수 있었지만 말이나 노새와 수간한 사람은 그렇지 않았다. 히타이트인은 분명 다른 사회들의 문명 수준을 근친상간 법률의 엄격함을 기준으로 평가했다. 그들 자신의 법률은 형제자매나 사촌 간의 성교를 금했다. 그렇지만 모든 성교는 육신을 어느 정도 타락시키는 것이기에 목욕한 다음 기도를 드려 육신을 정화해야 했다. 우리가 히타이트의 종교에 관해 더 많이 알고 있다면 그들의 도덕을 더 잘 이해할 수 있을 것이다. 일반적으로 엄격한 성적 금기는 선과 악, 또는 정신과 물질의 영원한 투쟁을 믿는 '이원론' 종교들에서 발견된다. 성에 대한 히타이트인의 태도는 성을 얼마간 신성시하고 신전에 창기를 고용한 메소포타미아의 (더 전형적인 패턴에 속하는 듯한) 태도와 상반된다.

여러 면에서 히타이트는 전쟁 국가의 전형적인 남성적 태도와 가치관을 지닌 남성의 세계였다. 군 장교가 맹세를 어길 경우 "병사들이 여자로 변하고 여자처럼 옷을 입고 머리에 긴 옷감을 두르리라! 손에 든 활과 화살, 곤봉을 부수고 대신 실감개와 거울을 집어 들리라!" 그렇지만 권력을 행사한 여성들도 있었다. 나이 든 여성들은 궁정에서 점복관으로 활동했다. 사회적 지위가 더 낮은 여성들은 치료사로 활동했는데, 저주를 당한 피해자 위에서 제물로 바치는 새끼 돼지를 흔들면서 "이 돼지가 하늘도, 다른 새끼 돼지도 다시는 보지 못할 것처럼 저주도 그 피해자를 보지 못하게 하소서!" 하고 소리쳤다.

히타이트 국가는 전쟁에서 막강했다. 그럴 수밖에 없었다. 히타이트는 국내 경제가 취약했고 영토에 핵심 자원이 부족했다. 히타이트는 성장해야 했다. 극단적인 환경에서 정복은 증가하는 인구를 위한 식량 공급처와 청동 무기 제작에 필요한 주석을 확보하는 유일한 길이었다. 그러나 분쟁에서 승리하더라도 세력이 지나치게 넓어지고 교역이 중단되어 국가가 약해질 수도 있다. 달리 말해 성장은 역설적이다. 많은 국가에 성장은 생존의 방도인 동시에 장애물이다. 성장은 움직일 수 없는 한계에 부닥친다. 히타이트의 경우 그 한계는 이집트와 메소포타미아의 변경이었다.

히타이트 왕국은 다른 약점들에도 시달렸다. 농업으로 이행한 모든 공동체처럼 히타이트도 기근과 질병에 취약했다. 기원전 1300년경 무르실리Mursili 2세는 역병이 돌자 신들을 탓했다. "이제 모두 죽어버려서 아무도 신들의 농지에서 수확하지도 파종하지도 않는다! 신들의 빵을 만들던 방앗간 여자들도 죽었다!" 두 세대 후에 "하티에 곡물이 없었다"고 알려져 있는 때에 푸두헤파Puduhepa—왕의 강력한 배우자—는 이집트에 서한을 보내 자기 딸의 지참금 중 일부를 돌려달라고 요구했다. 히타이트의 마지막 왕들 중 한 명인 투드할리야Tudhaliya 4세에게 자국으로 오는 곡물 수송선을 억류하지 말라는 명령은 "생사가 걸린 문제"였다. 배후지에서 약탈할 기회를 호시탐탐 노리는 유목민은 또다른 근심거리였다. 히타이트에서 카스카Kaska라고 부른 집단은 거듭 침공해 전리품을 가져가고 보호비를 갈취했다. 또 적어도 한 번은 히타이트 왕궁을 털어 갔다.

기원전 13세기 후반에 히타이트는 분명 쇠락하고 있었다. 남부 지방들을 잃었는가 하면 (투드할리야 본인이 태만한 속국을 꾸짖으며 인정한 대로) 상부 메소포타미아에서 팽창중인 국가[아시리아—옮긴이]와 치른 대규모 전투에서 적어도 한 번은 패했다. 투드할리야가 신하들에게 요구한 맹세에서는 절박함이 묻어난다.

> 말을 맨 사람이 아무도 없을 시 (…) 너희가 더욱 분발해야 하고 (…) 전차 마부가 전차에서 뛰어내리고, 시종이 침실에서 달아나고, 개 한 마리마저 남지 않고, 내게 적에게 쏠 화살 하나조차 없을 시, 너희가 더더욱 짐을 지원해야 한다.

히타이트의 마지막 궁정 문서 중 몇몇은 과거 속국의 왕들이 이제 조공이나 외교 예절을 무시한다는 내용이다. 기원전 1210년 이후 히타이트 왕국은 기록에서 그야말로 사라졌다.

히타이트 이야기는 당대의 문제들을 요약해 보여준다. 다시 말해 농업 공동체들이 어떻게 국가로 결속하고 제국으로 팽창하고 (대개) 기원전 1000년 이후 존속하는 데 실패했는지 보여준다.

예컨대 학자들이 미노스 또는 크레타라고 부르는 문명은 기원전 제2천년기에 오늘날의 그리스와 터키 사이 지중해에 있는 큰 섬인 크레타에서 형태를 갖추었다. 가까운 펠로폰네소스반도, 즉 오늘날 그리스 남부에 해당하는 지역에서는 우리가 미케네라 부르는 문명이 출현했다. 두 문명 모두 서구의 상상을 자극했다. 유럽인과 미국인은 크레타와 미케네 문명을 자신들 역사의 일부로 여겼고, 고전 문명(따라서 서구 세계)의 뿌리를 3500년 전의 이 화려하고 사치스러운 문화들에서 찾을 수 있다고 가정했다. 플라톤과 아리스토텔레스가 기원전 4세기에 고전기 그리스 철학을 정식화했을 무렵, 미케네 최후의 도시들은 이미 폐허가 된 지 1000년이 지난 터였다. 크레타와 미케네는 신화의 주제였다—거의 우리에게만큼이나 고대 그리스인에게도 크레타와 미케네는 먼 과거의 신비한 문명이었다. 지금도 두 문명은 그 자체로, 그리고 당대를 밝혀줄 실마리를 얻기 위해 연구할 가치가 있다.

크레타섬은 면적이 8300제곱킬로미터로 자급자족할 수 있을 만큼 크긴 하지만 그중 3분의 2가 산지라서 정작 경작할 땅이 별로 없다. 현대의 본토 그리스인에게 크레타는 경작이 불가능한 섬, 재앙적인 가뭄과 지진의 땅이다. 그러나 크레타섬에 궁전 겸 저장고들이 처음 세워진 기원전 2000년경의 벽화를 보는 현대인이라면 누구나 이곳이 고대에 풍요로운 낙원이었다고 생각하기 마련이다. 벽화는 곡물 경작지와 포도밭, 올리브와 아몬드, 모과 과수원, 백합과 붓꽃, 글라디올러스, 크로커스를 심은 정원, 이를 둘러싼 꿀과 사슴고기가 나는 숲을 묘사한다. 하늘에는 자고새와 형형색색의 새들이 날았고 바다에는 돌고래와 문어가 수두룩했다.

이 호화로운 세계는 힘겨운 환경, 척박한 토양, 위험한 바다라는 조건에서 무척이나 공들여 빚어낸 것이었다. 그리고 이 세계는 예측 불가능한 식량 공급을 통제하는 두 가지 전제적인 방법에 의존했다. 하나는 히타이트처럼 농경과 목축을 모두 포함하는 조직된 농업이었고, 다른 하나는 국가가 규제하는 교역이었다. 궁전의 저장고로서의 기능은 체제가 작동하는 데 필수적이었다. 크레타섬에 있는 궁전들 가운데 가장 큰 크노소스 궁전은 총 면적이 10제곱킬로미터에 달한다. 훗날 폐허 상태인 궁전을 찾아온 그리스인들은 이곳의 수많은 복도와 회랑을 보고서 인신 제물을 잡아먹는 괴물이 살았던 거대한 미로를 상상했다. 사실 그 미로는 엄청나게 넓은 저장 공간으로서 포도주와 조리용 기름, 곡물이 담긴 1.6미터 높이의 점토 항아리들을 보관하고 있었다. 양 8000마리의 털도 이곳에 쌓여 있었다. 식품을 보관하기 위해 안에 납을 덧댄 돌 상자들은 마치 중앙은행의 금고처럼 분배되거나 거래될 날을 기다리고 있었다. 그리스인이 크레타의 선박은 바다에서 제 갈 길을 안다고 말했을 정도로 크레타인은 능숙한 뱃사람이었다. 엘리트층은 교역을 통해 이국적인 사치품을 얻었다. 자크로스Zakros에 있는 다른 궁전에서는 지금도 상아와 타조알을 볼 수 있다. 궁전 벽화에는 이집트에 사는 개코원숭이가 그려져 있다. 궁전 내 공예 작업실들은 실을 잣고 짜서 고급 의복을 만들고, 돌 항아리에 정교하게 그림을 그리고, 금과 청동

고대 크레타의 궁전 벽화에 보이는 춤추는 돌고래들(당시에는 돌고래의 고기를 높이 쳤다).

을 망치로 두드려 보석과 전차를 제작하는 식으로 수입품에 가치를 더했다. 궁전 기록은 4300명의 공예가가 있었음을 시사한다.

그렇지만 크노소스 궁전과 그 밖의 비슷한 건물들은 진짜 궁전—사치스럽게 생활하는 엘리트의 거처—이기도 했다. 웅장한 계단이 품위 있는 위층들로 연결되었고, 맨 윗부분이 늙은 호박처럼 생긴 비교적 짧은 기둥들이 각층을 떠받쳤다. 이 기둥들과 중요한 방들을 지탱한 다른 기둥들에는 빨간색을 칠하고 (잔치, 잡담, 놀이, 황소 뛰어넘기 장면을 그린) 벽화들에는 아름다운 하늘색을 칠했다. 약탈당한 적이 없는 자크로스 궁전에서는 덩굴무늬 장식이 들어간 대리석 술잔, 저장용 돌 항아리, 비스듬히 기댄 그레이하운드 모양의 우아하고 작은 손잡이가 달린 화장용 연고 상자를 볼 수 있다. 벽화에 자주 등장하는 것으로 보아 여성들은 궁전 곳곳에서 사제, 서기,

장인으로 활동하고 싸움소의 두 뿔 사이를 뛰어넘는 위험하고 아슬아슬한 놀이를 즐겼던 듯하다.

궁전을 모방했으나 크기는 훨씬 작은 가옥들은 성읍에 모여 있었다. 그중 다수는 기둥과 발코니, 위층 복도를 갖춘 집이었다. 더 부유한 계층의 가옥들에는 자기瓷器만큼이나 얇은 유색 토기, 유혹하는 듯이 구부러지는 모양으로 공들여 갈아낸 돌 꽃병, 정교한 그림을 그린 간석기가 다량 남아 있다. 그러나 사회의 하층민은 사치를 부릴 여유나 여가 시간이 거의 없었다. 소수만이 40대 초반 이후까지 살았다. 국가의 목표가 음식 순환이었다 해도 그 효율은 제한되었다. 보통사람들의 유골은 그들이 영양 결핍 직전이었음을 보여준다. 잠재적으로 해로운 크레타의 환경은 지진 때문에 더욱 악화되었다. 기원전 1500년경 인근 테라섬에서 화산이 폭발해 호화로운 도시 아크로티리Akrotiri가 화산재와 화산암으로 뒤덮였다. 크레타섬의 해안가에 위치한 크노소스와 그 밖의 비슷한 궁전들은 모두 알 수 없는 원인(어쩌면 지진)으로 파괴된 뒤 한두 차례 갈수록 큰 규모로 재건되었다.

궁전들을 재건한 방식을 보면 크레타에 또다른 위험 요소—내전의 가능성—가 있었음을 알 수 있다. 크레타에 방어 시설이 등장하기 시작했다. 섬의 동쪽과 남쪽 끝에 살던 엘리트 중 일부가 궁전들이 재건된 시기에 크노소스 인근의 저택들로 이주한 듯하다. 어쩌면 정치적 지배 세력이 교체되었는지도 모른다. 그리고 기원전 1400년경 크노소스 궁전을 마지막으로 재건한 시기에 중요한 문화적 변화가 일어났다. 그리스어의 초기 형태로 기록물을 남기기 시작한 것이다. 그 덕에 오늘날 그 기록물을 읽을 수 있다. 그 이전에 사용한 언어가 무엇인지는 알려져 있지 않으며 그 언어로 적은 기록을 우리는 해독하지 못한다. 이 무렵 크레타의 운명은 에게해의 다른 문명인 미케네 문명과 뒤얽히게 되었던 것으로 보인다.

미케네 문명의 요새화된 도시와 황금 부장품을 대거 집어넣은 왕묘는 기원전 1500년경 등장하기 시작했다. 이미 이 지역 국가들에는 전쟁을 하고 사자(유럽에서 사

고대 필로스 궁전 관료의 기록물. 저장한 물품, 항목별로 정리한 귀중품, 거두어들인 세금을 이런 점토판에 새겨 기록했다.

자가 멸종하기 직전이었다)를 사냥하는 왕이 있었다. 크레타에서처럼 궁정 생활은 궁전 겸 저장고를 중심으로 돌아갔다. 미케네 문명에서 가장 큰 축에 드는 필로스 궁전의 점토판에는 왕실 관료들이 수행한 필수적이고도 지루한 수많은 일과가 적혀 있다. 세금 부과하기, 지주층이 사회적 의무를 준수하는지 조사하기, 공공사업을 위해 자원 동원하기, 제작과 교역을 위해 원료 모으기 등이 그들의 일과였다. 필로스 궁전 내 공예 작업실들에서는 이집트와 히타이트 제국에 수출할 청동기와 향유를 생산했다. 그렇지만 관료들의 주 업무는 사치품 생산이 아니라 전쟁 대비였다. 미케네의 왕국들은 서로 싸웠을 뿐 아니라 배후지 야만족의 위협에도 시달렸다(결국 야만족에게 제압당했는지도 모른다). 필로스 궁전의 벽화는 멧돼지 머리 모양의 투구를 쓴(크레타섬과 테라섬에서도 썼다) 전사들이 가죽옷을 입은 야만인들과 싸우는 장면을 보여준다.

지진에 아연실색하고 전쟁에 녹초가 된 미케네 도시들은 지난날 크레타의 도시들처럼 기원전 1100년경 폐허가 되었다. 놀라운 점은 미케네 도시들이 결국에 쇠망했다는 것이 아니라 식량을 모으고 저장하고 재분배하는 정교하고도 광범한 방법으로 취약한 경제를 유지하면서 오랫동안 용케 도시를 먹여 살리고 엘리트 문화를 지탱했다는 것이리라.

크레타와 미케네, 히타이트의 멸망을 국지적인 정치적 실패 또는 생태적 재앙의 관점에서 설명할 수 있긴 하지만, 지중해 동부의 전반적인 위기와 연관 짓는 것도 솔깃한 일이다. 에게해 문명들의 위엄이 꺾이고 아나톨리아의 히타이트 제국이 제압당하는 데 그치지 않고 인근 국가들 역시 치명적이거나 거의 치명적인 격변을 겪었기 때문이다. 지중해 동부의 여러 국가와 도시를 멸망시킨 정체불명의 침입자들에게 하마터면 이집트까지 굴복할 뻔했다. 기원전 1190년경 이른바 '바다 민족'이 이집트를 급습한 사건은 잘 기록되어 있는데, 그들을 물리친 람세스 3세가 자신의 업적을 긴 글로 남겼기 때문이다. 그 기록은 번지르르한 선전, 파라오의 권력과 대비에 대한 찬양이다. 그 기록은 모호하게 "야만인들이 자기네 섬들에서 음모를 꾸몄다. (…) 어떤 지역도 그들의 무기를 견뎌내지 못했다"라고 말한다. 그런 다음 히타이트를 비롯해 아나톨리아 남부와 동지중해 연안에서 피해를 입은 도시들을 열거한다. 상부 메소포타미아의 어느 왕은 비통해 하며 도시의 신에게 "위협적인 손을 뻗는 악인들에게 빛 없는 어둠이 기다리게 하소서"라고 기원했다. 람세스 3세의 서사에 따르면 악인들은 이집트로 향했고 "그동안 우리는 그들 앞에 화염을 준비해두었다. (…) 그들은 세상 육지의 가장자리까지 손에 넣었고, 그들의 심장은 자신만만했다". 그렇지만 나일강 삼각주에는 "견고한 성벽과 같은 전함들이 배치되었다. (…) 나는 용맹한 전쟁 신이었다. (…) 하구에서 그들의 정면은 화염으로 가득했으며 강가에서 장창을 든 병사들이 방책처럼 그들을 둘러싸고 있었다. 그들은 끌려 들어오고 에워싸인 뒤 물가에 기진맥진 쓰러져 있다가 살해되어 시체 더미를 이루었다". 이 선전을 따져본 우리는 파라오의 자랑에 실제 사건들이 반영되었다고 자신 있게 말할 수 있다. 예를 들어 시리아 도시 우가리트는 아마도 기원전 12세기 초에 함락될 때 해상 원군을 간청하는 전갈을 보내고 또 미완의 전갈을 남겼다. 하티와 메소포타미아로 가는 경로에 자리한 교역 중심지 카르케미시의 총독은 전형적인 답변—너무 짧고 너무 늦은 답변—을 보내왔다. "여러분이 제게 쓰신 대로 '바다에 적의 배들이 보인'다면, 결연히 버텨야 합니다. (…) 여러분의 도시들에 방벽을 두르십시오. 병사와 전차를 방벽 안에 집어넣고 굳은 결의로 적을 기다리십시오."

야만족의 침공이 불러온 지중해 동부 전반의 위기라는 이미지는 로마 제국의 쇠망이라는 익숙한 사태에 영향을 받은 서구 역사가들에게 여간해서는 저항하기 어려운 낭만적인 호소력을 발휘했다. 전반적인 위기는 과거를 야만 대 문명의 전장으로 여기는 통속적인 관념에도 들어맞는다. 그렇지만 그런 관념은 기껏해야 실상을 지나치게 단순화하는 것인데, 야만과 문명 둘 다 상대적이고 주관적인 용어이기 때문이다. 바다 민족의 폭력적인 도래를 이해하는 최선의 길은 그것을 당대의 더 넓은 현상, 즉 굶주림과 토지 부족에서 기인한 광범한 불안정의 징후로 여기는 것이다. 이집트 조각물들은 소달구지에 여성과 아이를 가득 태운 남성들이 절박하게 이주하다가 침략자가 되었음을 보여준다. 메소포타미아와 아나톨리아에는 기원전 13세기 후반 야만적인 사람들의 약탈을 알려주는 증거가 남아 있다. 그러나 이주민들은 그들이 유린한 국가들의 쇠퇴를 불러온 원인이 아니었을 것이다. 오히려 그들은 그런 쇠퇴의 결과 중 하나였다. 환경사가와 경제사가는 지진이나 가뭄, 상업 실패처럼 곡물 부족과 교역 중단을 설명해줄 수 있는 더 깊은 트라우마의 징후에 대한 증거를 샅샅이 찾았다. 그러나 당시 이주민들의 침공을 뒷받침하는 증거는 전혀 찾지 못했다.

당시 위기의 원인은 쇠퇴하거나 실패한 국가들이 공유한 구조적 문제, 즉 생태적 취약성과 불안정하고 경쟁적인 정치에 있었다. 이 측면에서 당시 위기는 바다 민족이 이리저리 돌아다닌 지중해 동부의 문명들에 국한되지 않은 더욱 폭넓은 위기였다. 아시아 다른 지역의 공동체들, 더 나아가 신세계 공동체들의 운명을 추적해도 비슷한 중압과 결과를 확인할 수 있다.

예를 들어 인더스 계곡에서 도시 생활과 집약농업은 가장 생산적일 때조차 붕괴될 가능성이 있었다. 많은 유적지들이 불과 수백 년 동안만 점유되었다. 일부 유적지들은 일찍이 기원전 1800년경에 버려졌고 기원전 1000년까지 모두 폐허가 되어갔다. 한편, 이란 고원의 북쪽 측면에 자리한 투르크메니스탄의 아무다리야 강변에서는 나마즈가Namazga와 알틴Altin처럼 비교적 젊지만 번창하던 요새화된 정착지들이 촌락 규모로 작아졌다. 우리는 이 장소들에 관해 거의 알지 못하며, 학자들은 쇠락 원인을 두고 격한 논쟁을 벌였다. 일부 학자들은 갑작스럽고 맹렬한 침공이 있었다고 생각하지만, 점진적인 쇠퇴를 말하는 설명들이 진실에 더 가까워 보인다. 하라파 문명이 붕괴하고 그 도시들이 버려진 시점에 투르크메니스탄의 정착지들이 쇠퇴기에 접어들었다는 것이다.

인더스 계곡의 기후는 갈수록 건조해지고 있었다. 그리고 지진으로 강바닥이 이동했을 것이다. 지중해 동부의 위기와 달리, 인더스 계곡의 사태는 환경 재해의 연대기에 들어맞는 것으로 보인다. 한때 정착지들이 조밀하게 모여 있던 사라스와티강은 전진하는 타르 사막에 덮여 사라졌다. 그러나 강 하나가 사라진 변화로도 도시들이 버려진 사실을 충분히 설명할 수 없다. 지금도 반짝이는 드넓은 농지에 매년 기름진 미사를 토해내는 인더스강은 그때까지 도시 주민들을 충분히 먹여 살렸을 것이다. 추정하건대 건조해지는 기후나 인간의 환경 자원—밀과 보리의 양분을 보완하는 소와 기타 생산물—관리 실패와 관련해 식량 공급에 어떤 문제가 생겼을 것이다.

이에 더해, 또는 다른 원인을 꼽자면, 인류학자들이 매장된 유골에서 검출한 말라리아보다 더 치명적인 어떤 전염병을 피해 도시 주민들이 달아났던 것으로 보인다. 관개용의 괴어 있는 물이 필요한 환경에서는 모기가 번식할 수 있다. 말라리아는 불가피하다. 인도 경전 『리그베다』에 따르면 "불의 신에 쫓겨" 떠난 사람들이 "새로운 땅으로 이주했다". 이 말은 과장일 것이다. 사람들은 쇠락해가는 도시에 머무르거나 무단으로 정착하는 식으로 폐허에서 수 세대 동안 거주했다. 하라파 문명의 몰락은 기원전 제2천년기의 대규모 실패 가운데 가장 극적인 경우였다. 그렇지만 넓게 보면 하라파 문명은 히타이트나 지중해 동부 문명들과 본질적으로 같은 운명을 맞았다. 다시 말해 식량 분배 체계가 자원 기반을 넘어섰다. 그리고 권력 네트워크가 무너지기 시작할 때 침입자들이 들이닥쳤다.

중국은 대규모 인구 감소도, 지역이 통째로 버려지거나 도시가 폐허화되는 사태도 겪지 않았다. 그럼에도 당시 중국이 겪은 변화는 몇 가지 면에서 다른 문명들이 겪은 변화, 갈수록 전 지구적 패턴이 되어간 것처럼 보이는 변화와 비슷했다. 상나라의 기반은 항상 불안정했다. 전쟁, 의례, 신탁은 모두 운의 변덕에 휘둘리기 쉬운 도박꾼의 권력 수단이다. 예컨대 날씨와 강우, 수확을 조종하는 것이 왕의 직무 중 큰 부분이었지만, 실제로 왕은 당연히 이 직무를 완수하지 못했다. 상나라 왕은 언제든 직무 수행에 실패할 가능성이 있었다. 이는 당대 군주들의 공통 문제, 이집트 파라오를 자연재해에 대한 비난에 노출시키고 히타이트 왕을 점쟁이에게 의존하도록 몰아간 문제였다.

말년의 상나라는 쪼그라들고 있었다. 기원전 1100년경부터 조공을 바치는 속국들과 동맹국들의 이름이 갑골에서 차츰 사라졌다. 왕의 사냥터도 갈수록 좁아졌다. 왕의 명대로 움직이는 조신과 사령관의 수가 줄어듦에 따라 왕은 유일한 복점관이자 군사령관이 되는 등 몸소 책임을 더 많이 짊어져야 했다. 과거의 동맹들은 적이 되었다.

한편, 메소포타미아의 문화가 아나톨리아로 수출되고 크레타의 생활 방식이 미케네로 수출된 것처럼 상나라의 문화는 영토 너머로 수출되었으며 당시 그 영향이 분명하게 나타나고 있었다. 예컨대 교역의 영향을 받아 덜 유리한 환경에서 새로운 군장 사회들이 발전하고 있었다. 저 멀리 베트남 북부와 태국에서 중국의 기술과 유사한 청동기 제작 기술이 군장들의 조정에서 등장했다. 이 지역 군장들은 장신구와 타

베트남 북부와 태국처럼 중국에서 멀리 떨어진 지역들에서도 중국의 기술과 유사한 청동기 제작술이 군장의 조정에서 등장했다. 이 지역 군장들은 장신구와 타구를 즐겨 사용했고, 특히 베트남에서는 화려하게 장식한 북을 사용했다.

구唾具를 즐겨 사용했고, 특히 베트남에서는 화려하게 장식한 북을 사용했다. 상나라와 국경을 접하는 지역에서는 더 불길하게도 상을 모방하고 갈수록 상에 대항한 주周나라가 등장했다. 기원전 11세기경 주족의 초창기 유적은 중국 서부 웨이수이渭水강 상류의 기산岐山에 있는 매장지들이다. 이곳은 주족의 심장부가 아니라 더 북쪽에 있는 목초지에서 이주해온 사람들의 거점이었을 것이다. 주족의 전설은 "이민족들 사이에서 살아간" 시절을 이야기한다. 주족은 고지대의 목축민, 메소포타미아에서 아카드가 수메르를 위협했듯이 강 상류의 고지에서 상나라를 위협한 세력이었다.

주족의 무덤에서 볼 수 있는 물질문화를 빼면, 우리는 상을 공격하고 정복하기 이전의 주족에 대해 아무것도 모른다. 주족의 기원도, 경제 체제와 정치 체제도, 심지어 언어도 모른다. 우리가 아는 것은 그들이 상나라에 매혹되어 상의 문화를 모방했고, 추정하건대 상의 부를 부러워했다는 것이다. 그들은 상나라의 가장 뛰어난 예술인 청동 주조를 배우기도 했다.

연대기들에 따르면, 상의 갑골 복점 양식이 주로 하여금 정복에 나서도록 자극했으며, 훗날 주나라의 통치자들은 갑골 복점 전통을 이어갔다. 기원전 3세기에 작성된 연대기들은 수백 년 전의 문헌들과 같은 이야기를 들려준다. 이 연대기들을 믿을 수 있다면, 주는 기원전 1045년 단 한 차례 전투를 치러 상나라를 (그들의 말마따나) '포획했다'. 그들은 상나라를 일종의 식민지로 병합하고 양쯔강 하류를 따라 해안까지 주둔지들을 설치했다. 고고학적 증거는 주나라가 제국의 중심을 북쪽으로, 황허강이 바다 쪽으로 방향을 트는 지점의 서쪽에 자리한 산시陝西 지역의 구릉 지대로 옮겼음을 보여준다.

상을 정복한 이후 주가 상의 모든 전통을 이어갔던 것은 아니다. 실제로 주는 경건한 선언에도 불구하고 상의 가장 신성한 의례인 갑골 복점을 점차 그만두었다. 주는 기원전 8세기에 동주와 서주로 분리되기 전까지 중국의 문화적 변경을 넓혔지만, 주나라 지도자들은 상나라 유형의 보편적인 황제, 자신들에게 중요한 영역을 두루 다스리는 황제가 아니었다. 주변에서 경쟁 국가들이 늘어나는 가운데 주나라의 권력은 서서히 기울고 조각나는 추세였다. 그러나 주나라는 "우리 주의 작은 땅을 일으켜 세운" 천명天命 이데올로기를 고안했다. 주나라 이후 중국의 모든 국가는 황제가 하늘의 선택을 받았다는 이 관념을 물려받았다. 더욱이 주나라 이후 통치의 변화를 꾀하는 모든 세력은 하늘이 부패한 왕조로부터 더 유덕한 왕조로 권력을 넘겨준다는 동일한 주장에 호소했다. 또한 주나라는 중국인의 자기 인식을 좌우하게 된 효과적인 신화, 중국의 통일성과 연속성이라는 신화를 만들어냈다. 이 신화는 후대로 계속 전해졌으며, 오늘날 서구의 표준적인 중국관—중국은 내구성이 유달리 강한 균일한 문화와 전 세계에 대한 지배권을 주장하는 경향을 가진 거대하고 획일적인 국가라는 견해—이기도 하다.

국가의 연속성을 이어가는 것은 쉽지 않은 일이다. 기원전 1000년 무렵, 그 이전 1000년 동안 실패한 국가들이 유라시아의 경관 곳곳에 널려 있었다. 세계에서 가장 장려한 축에 드는 제국들이 해체되었고, 가장 복잡한 여러 문화의 역사가 수수께끼 같은 참사로 인해 갑자기 단절되었다. 미로 같은 궁전에서 통제하던 식량 분배 중심지들은 폐쇄되었다. 교역도 중단되었다. 정착지와 기념비적 건축물이 버림을 받았다. 하라파 문명은 사라졌고, 크레타와 미케네 문명도 같은 운명을 맞았다. 히타이트의 흔적은 지워졌다. 메소포타미아에서 아카드 군대는 티그리스강과 유프라테스강을 따라 자기네 언어를 퍼뜨렸다. 수메르어는 일상 언어에서 (오늘날 서구 세계의 라틴어처럼) 순전한 의식용 언어로 서서히 쪼그라들었다. 수메르의 도시들은 허물어졌다. 그들에 대한 기억은 고지와 사막에서 온 침략자들이 자기네 왕의 통치에 위엄을 더하기 위해 사용한 명칭들에 담겨 보존되었다. 우르는 제의祭儀 중심지와 여행객 휴양지로 쇠퇴했다.

이와 비슷한 사태가 중국에서도 일어나 상나라가 주나라에 굴복하게 되었다. 문명의 양상들은 살아남았지만 권력의 중심은 강 상류로 이동했다. 사회와 일상생활은 본질적으로 변하지 않았다. 이는 중국 역사에서 종종 되풀이된 패턴이었다. 반면에 신세계에서 메소아메리카와 안데스 지역은 야심 찬 환경 계획에 착수했지만 둘 다 강한 지구력을 보여주지 못했다.

기원전 제2천년기의 쇠퇴기 이후 승자보다 패자가 더 많긴 했지만, 이집트처럼 뛰어난 내구성을 보여준 사례도 있었다. 기원전 제2천년기 후반의 이집트 침공은 실패했으며, 이집트 농업 체계의 기본적인 생산성은 온전히 유지되었다. 그렇지만 이런 이집트조차 제약을 피하지 못했다. 기원전 1000년경 이집트 기록에서 누비아—오늘날 수단에 해당하는 나일강 상류의 폭포 지역—가 사라졌다. 이는 기존 추세에 역행하는 중요한 사건이었는데, 나일강을 따라 제국을 넓히는 것이 이집트가 가장 꾸준히 추구한 목표 중 하나였기 때문이다. 풍부한 상아, 누비아가 공급한 용병, 그리고 이집트에 "바다의 모래만큼이나 많은" 금을 안겨준 강 교역은 오랫동안 이집트를 남쪽으로 끌어당겼다. 이집트는 기원전 2500년경 탐험가 하르쿠프Harkhuf가 중앙아프리카를 세 차례 탐험했을 때부터 이 지역에 관심을 갖게 되었다. 하르쿠프는 "향香, 흑단, 향유, 상아, 무기, 온갖 고급 생산물"을 가지고 돌아왔다. 하르쿠프가 포로로 데려온 "영계의 신성한 춤을 추는" 피그미는 소년 파라오 페피Pepi의 마음을 사로잡았다. 탐험가에게 보낸 전갈에서 파라오는 피그미 경비에 만전을 기하라고 명했다. "밤중에 그를 열 번 살펴라. 짐은 시나이와 푼트의 온갖 생산물보다도 이 피그미를 더 보고 싶느니라."

이집트와 접촉하고 교역한 누비아 사람들은 나일강의 제2폭포 너머에 이집트를 모방한 국가를 건립하기에 이르렀다. 기원전 2000년 무렵부터 이집트는 때로는 방어시설을 세움으로써, 때로는 침공함으로써, 때로는 국경을 제3폭포 너머 남쪽으로 밀어붙임으로써 이 국가에 영향을 주거나 통제권을 행사하려 했다. 누비아인이 더 강력해지고 다루기 어려워짐에 따라 파라오들은 비문에서 그들에게 저주를 퍼부었다. 결국 기원전 1500년경 파라오 투트모세 1세가 제4폭포 너머로 군사 작전을 개시해 쿠시 왕국을 정복하고 누비아를 식민 영토로 삼았다. 이집트는 누비아 곳곳에 요새와 신전을 세웠다. 람세스 2세가 건립한 마지막 신전인 아부심벨 신전은 이집트인이 그 이전 2000년간 지은 건축물 가운데 단연 압도적이었다. 그후로 이 신전은 줄곧 권력의 상징으로 남았다. 그러나 람세스 2세의 후임자들의 치세에 이집트 농업의 성패를 좌우하는 나일강이 재앙에 가깝도록 적게 범람했다. 당시 기원전 13세기 말은 이집트가 파괴될 뻔한 시대였다. 그토록 많은 노력과 감정을 투자하고도 기원전 제

2천년기 후반에 누비아를 포기한 사실은 이집트가 얼마나 혹독하게 긴축해야 했는지를 보여준다.

큰 강 유역 네 곳과 나중에 등장한 더 작은 국가들을 불안정하게 만든 원인들은 전반적인 위기를 말하는 그 어떤 이론이 시사하는 것보다도 훨씬 더 전반적으로 나타났다. 미사가 풍부한 인더스강 유역에서조차 하라파 사회가 존속할 수 없었을진대, 한층 불리한 환경에서 히타이트, 올메크, 크레타, 안데스의 야심이 과연 얼마나 현실적이었겠는가?

당대의 가장 야심 찬 국가들은 역설에 시달렸다. 그들은 인구 성장에 전념했지만, 정복한 영토가 중심지에서 점점 더 멀어짐에 따라 인구 성장은 지속 불가능한 목표가 되었다. 그들은 집약적인 생산 방법을 채택했지만, 그 탓에 환경이 과잉 개발되었다. 또한 대규모 인구를 집중시켜 기근과 질병에 더 취약하게 만들었다. 주변의 적들은 그들의 부를 탐내고 그들의 권력에 분개했다. 그들은 배후지의 경쟁자와 모방자를 자극함으로써 적을 더 늘렸다. 그들의 식량 분배 계획이 실패하자 무질서한 이주가 뒤따랐다. 통치자들은 실패와 반란을 자초한 셈이었는데, 신뢰할 수 없는 신탁을 조작하고 무신경한 신들과 협상하고 적대적인 자연과 흥정하는 등 거짓된 생활을 했기 때문이다. 전반적인 쇠퇴기에 실패하거나 흔들린 국가들 중 일부의 전통은 단순히 장소를 옮겨 다른 곳에서 다시 출현했다. 다른 일부는 쇠퇴기에 이어 지속 기간이 제각기 다른 암흑시대—성취가 줄었거니와 관련 증거도 거의 없는 시대—에 들어섰다.

PART

03

The Oscillations of Empires

제국들의 진동

기원전 제1천년기 초반의 '암흑시대'부터
기원후 14세기 중엽까지

CHAPTER
05

물질생활

청동기 시대 위기부터 흑사병까지

존 브룩

후기 청동기 시대 문명들의 위기와 흑사병의 도래 사이에는 2000년이 조금 넘는 시간 차가 있다. 14세기 중엽 소빙하기의 첫 진동과 함께 중앙아시아에서 발생한 가래톳 페스트는 유라시아와 북아프리카 도처의 사회들을 도탄에 빠뜨리고 최대 절반가량의 인구를 앗아갔다. 흑사병의 엄청난 충격에 사회와 경제가 혁명적으로 재편되고 르네상스기에 근대를 개시할 무대가 마련되었다. 기원전 1200년경 시작된 청동기 시대 위기에 대해서도 거의 같은 말을 할 수 있다. 뒤이은 철기 시대는 인류의 환경을 재형성한 새로운 기술과 사회구성체를 낳았다. 이 특정한 단절은 (비록 상당한 시간 차가 있긴 하지만) 산업 혁명에 비견될 수 있는 규모의 역동적인 변화를 불러왔다.

그렇다 해도, 그 변화의 정도는 상대적이었다. 기원전 제1천년기의 변화는 그 이전의 변화와 비교하면 극적이었지만, 기원후 1350년 이후의 변화와 비교하면 그다지 극적이지 않았다. 그럼에도 이 시대를 그 자체로 세심하게 살펴보는 것은 중요하다. 기술 변화를 매우 제약한 과학 발생 이전의 지적 세계에서, 인간의 잠재력을 제한한 민주주의 이전의 정치적 감수성을 가진 세계에서, 인간 사회들은 태양 에너지에 좌우되는 유기적인 경제에 갇혀 지냈고, 초기 농경 사회들에서 문명이 처음 출현한 이래로 줄곧 문명을 압도한 자연의 위력에 속박당했다. 그러나 청동기 시대 이후 회복된 문명은 이런 한계 안에서나마 만물의 새로운 질서를 세우는 중요한 변화에 시동을 걸었다.

전 세계의 폭넓은 지리와 기후계는 제각기 결정적인 영향을 끼쳤다. 유라시아의 결정적인 지리적 특성은 건조한 대륙 스텝 지대, 중위도의 반건조 지대, 물이 충분한 대양과 열대 적도의 주변부가 단단히 연결되어 있다는 사실이었다. 유라시아의 주변부는 다시 넓은 사막, 사바나, 적도 우림으로 이루어진 아프리카의 지리와 밀접히 얽혀 있었다. 신세계의 형성중인 지리는 서쪽의 태평양을 마주하는 산계山系와 동쪽의 드넓은 대륙 수계水系가 모자이크를 이루는 더 분절된 지리였다.

홀로세 후기의 일관된 지구 기후계는 세계 전역에서 대체로 동시에 (지역별로 다르기는 해도) 나타났다. 불규칙하기는 해도 패턴화된 일사량 순환과 더 불규칙한 화산 분출은 광범한 대기 순환 체계들—적도의 계절풍 지대와 극極소용돌이 위도대 바로 너머의 중위도 편서풍 지대—에 영향을 주었다. 그 결과 인류의 조건은 인구 성장과 안정성 증대, 심지어 번영까지 가능하게 해준 두 차례의 오랜 기후 '최적기'와 세 차례의 위기-쇠퇴 시대 사이에서 오르내림을 반복하게 되었다. 청동기 시대의 위기, 철기 시대의 회복, 고대 기후 최적기, 이른바 암흑시대(또는 고대 후기), 중세 기후 최적기, 소빙하기가 차례로 이어졌다. 이 장에서는 기원전 1000년경 청동기 시대 위기의 여파부터 기원후 1350년을 수십 년 앞두고 시작된 소빙하기까지 전 지구적 이야기를 따라간다.

청동기 시대부터 철기 시대까지의 기후 상황: 기원전 1200~700년 할슈타트 태양 극소기

초창기 문명들의 한계가 무엇이었든, 그들은 인구 성장을 촉진했다. 한 추산치에 따르면, 세계 인구는 기원전 9500년경 빙하기가 끝났을 때 약 700만 명이었고, 6000년 후 기원전 3000년경 초기 국가들이 처음 등장했을 무렵에는 대략 4000만 명이었다. 그다음 2000년 동안 우리 조상들의 수는 청동기 시대 위기시까지 약 1억 명에 도달했다. 그중 적어도 절반은 이집트, 메소포타미아, 중국, 인도 등 청동기 시대 제국과 국가의 중위도 지역들에 몰려 있었다. 이와 비슷하게 남아메리카 안데스 지역과 메소아메리카에서도 인구가 집중된 지역들이 출현했고, 기원전 1500년경부터 곡물을 재배하는 조밀한 촌락들이 더 복잡한 형태로 성장하기 시작했다. 이처럼 유라시아의 남쪽 가장자리와 아메리카의 산계 주변의 국가 체제들은 비록 아무리 불완전할지라도 농업 인구의 성장을 촉진하면서 근본적으로 발산하고 있었다.

앞서 말했듯이, 인류의 조건은 기후 '최적기'와 위기(청동기 시대의 오랜 기후 최적기 이후 기원전 3000년경부터 시작되었다)가 번갈아 나타나는 대순환을 경험했다. 앞서 언급한 사회들은 모두 기원전 1200년경 전 지구적 위기로 고통받았을 것이다. 단연 중요한 요인은 비교적 규칙적으로 되풀이되는 태양 '극대기'와 '극소기'에 따라 변화하는 태양의 에너지 복사량이었다. 이런 변화는 11년 주기로 나타나기도 하고, 더 길게 수백 년과 수천 년 주기로 나타나기도 한다. 화산 활동에 의해 심화되곤 하는 태양 극소기에는 북반부가 냉각되어 기상 이변이 발생하기도 한다. 태양 극소기 중 가장 오래 지속되는 것은 2000년 주기로 나타나는 '할슈타트Hallstatt' 태양 대大극소기로, 기원전 제4천년기와 기원전 제2천년기 말에 찾아왔고, 기원후 14세기 중엽에 다시 찾아와 소빙하기를 불러왔다. 이처럼 기후 '최적기'와 위기를 오가는 진동이 인간사의 배경을 이루었다. 기원전 1200년경부터 태양의 복사량이 감소하면서 북반구가 냉각되었고, 빙산이 북대서양으로 이동했으며, 시베리아 고기압이 형성되어 한랭 건조한 겨울바람이 유라시아와 북아메리카의 남쪽으로 매섭게 불어닥쳤다. 거대한 인도양-태평양 연안 가운데 아시아에서는 여름 계절풍이 감소한 반면, 아메리카에서는 엘니뇨로 인해 강우량이 증가했다. 아메리카는 강우량이 증가해 고통을(때로는 혜택을) 받은 반면, 유라시아 남부는 가뭄의 빈도와 강도가 증가해 고통받았다. 지중해 동부 연안에서는 갈수록 가물어가는 추세에 설상가상으로 기원전 1225년부터 1175년까지 지진이 잇따른 것으로 추정된다.

제4장에서 논했듯이, 이런 변화의 결과로 중국부터 이집트까지 유라시아 도처에서 세력들이 대규모로 충돌하고 큰 왕국들이 몰락했다. 지중해 동부 일대에서 청동기 시대 대국들—미케네, 크레타, 이집트 신왕국, 히타이트 제국, 히타이트 동남쪽의 미탄니 왕국, 카시트 왕조의 바빌로니아—은 모두 기원전 1050년까지 붕괴했다. 지진 때문이든 반란 때문이든 침공 때문이든, 도시는 불태워지고 궁전은 약탈당하고 파괴되었다. 중국에서 700년 역사를 가진 상나라는 서부 사막의 가장자리에서 진입한 주족에 의해 기원전 1046년 전복되었다. 혹독하고 건조한 겨울이 이어지고 계절풍이 줄어든 시기에 상나라 제후들을 물리친 주 왕조는 하늘의 은총으로 통치하는 유덕한 통치자가 중국을 다스려야 한다는 천명사상에 처음으로 호소했다. 그러나 그 이후 2600년 동안 몇 번이고 되풀이된 대로, 특정 왕조는 (상 왕조처럼) 계절풍(그리고 덕성)이 부족할 경우 천명을 잃을 수 있었다.

태평양 도처에서 엘니뇨 강우의 영향은 지역별로 다르게 나타났다. 안데스산맥에서는 좁은 하곡이 범람해 막대한 피해가 발생했다. 기원전 1000년부터 700년까지 최고조에 달한 강우 피해는 복잡한 문화의 영속화를 방해했다. 반면에 메소아메리카에서는 일찍이 기원전 1500년에 강우량 증가 추세가 촌락들을 통합한 작은 군장사회의 성장과 공고화를 촉진했다—국가 형성의 첫 단계였다. 북아메리카 동부는 기원전 1200년 이후 한랭한 북부와 엘니뇨의 영향으로 이제 대규모 수렵 채집 인구가 생계를 이어갈 수 없는 환경이 되었다.

전염병과 유라시아 스텝 지대

구세계의 증거는 이 위기의 수백 년간 환경이 혹독했으며 청동기 시대 위기와 함께 틀림없이 전염병이 엄습했음을 시사한다. 기원전 14세기 히타이트, 기원전 12세기 트로이 전쟁과 이스라엘 12지파 시절의 기록이 현존한다. 한때 중세 후기에만 발병했다고 여겨진 페스트가 훨씬 더 이른 시점에 기원한 것으로 보인다. 가장 이른 유전학적 증거는 기원전 2800년경 중앙아시아 알타이 지방의 공동묘지에서 나오는데, 페스트가 청동기 시대 내내 스텝 지대에서 풍토병이었으며 서쪽으로 유럽까지 이동한 인도유럽계 유목민과 밀접한 관련이 있었음을 보여준다. 페스트는 후기 청동기 시대에 지중해 동부 사람들을 긴밀히 연결한 상업 경로와 전쟁 경로를 따라 퍼져나갔을 것이다.

이런 이유로 위대한 문명들의 붕괴가 건강에 얼마간 이로웠을지도 모른다. 그렇지만 기원전 제1천년기 전반의 환경은 가혹했다. 그런 환경의 중압은 현실적이되 국지적이었다. 예컨대 후기 청동기 시대만 해도 크레타섬의 정착지들은 해안에 있었고 가옥들은 바닷바람을 맞도록 지어졌지만, 그후 생존자들은 혹독한 겨울에 대비해 언덕 꼭대기의 요새화된 촌락에 다닥다닥 붙어 살았다. 우리는 겨울철 화로 연기로 뿌연 하늘을, 그리고 꼭 붙어 사는 촌락민들이 갈수록 (아마도 폐결핵이 포함되었을) 호흡기 질환으로 괴로워한 모습을 상상할 수 있다. 인골에 대한 화학적 분석은 크레타에서 위험을 무릅쓰고 거친 바다로 나가 고기를 잡은 사람이 거의 없었음을 시사한다. 유라시아 서부에 산재하는 철기 시대 매장지들에서 발굴한 유골들은 후기 청동기 시대 유골들보다 전반적으로 건강이 더 나쁘고 키가 더 작았음을 보여준다. 반대로 당시 변화가 건강에 이롭기도 했을 것이다. 철기 시대에 상업이 쇠퇴하고 대규모 군대가 진군함에 따라 작고 억압받는 공동체들은 고립되었는데, 그 덕에 멀리까지 퍼져나가는 전염병을 피할 수 있었다.

그럼에도 페스트는 스텝 기마 유목민의 발흥 및 확산과 함께 장차 근대 초까지 거의 4000년 동안 유라시아를 형성할 지정학적 구조의 핵심 요소들이 확립되는 데 영향을 주었다. 가장 이른 페스트 증거는 기원전 2800년경 초기 청동기 시대 알타이와 발트해의 원시 인도유럽어 사용자들의 무덤에서 나오며, 다음으로 기원전 2200년경 카스피해 북쪽 스텝 지대 신타쉬타Sintashta 주민들의 무덤에서 나온다.

기원전 2000년 이후 어느 시점에 신타쉬타 주민들은 바퀴가 네 개 달린 무거운 마차를 두 개 달린 가벼운 전차로 변형했다. 전차 전사나 전차 전투, 또는 인도유럽어 사용자들은 사방으로 퍼져나가기 시작했다. 전차 전사는 기원전 1600년경 지중해 동부에 도달해 후기 청동기 시대의 전투에 영향을 주었다. 인도유럽계 전사는 아닐지라도 전차는 중국에 도달해 상나라에 의해, 뒤이어 주나라에 의해 채택되었다. 스텝 지대와 중국 저지대 사이의 연계는 다른 중요한 상품들에 더해 전차를 끄는 말을 교역하는 활동을 통해 강화되었다. 이런 전차 전사와 교역상 가운데 고대 인도아리아어 사용자들이 있었으며, 그중 일부는 서쪽의 아나톨리아, 남쪽의 이란, 동남쪽의 펀자브(기원전 2000년까지 위대한 하라파 도시 국가들이 사라진 지방)로 이주하기도 했다. 700년 후 고대 인도아리아어 사용자들은 인더스강의 북부 지류들에 터를 잡았고, 『리그베다』를 문헌으로 집성했으며, 갠지스강 유역의 삼림을 향해 동쪽으로 이주할 채비를 시작했다.

청동기 시대가 끝나갈 무렵 스텝 지대에서 두 가지 중요한 변화가 일어났다. 첫째,

기원전 700년경 니네베 소재 센나케리브 왕궁의 아시리아 기병 부조. 스텝 전사들은 우선 기원전 2000년경 말을 전차 전투에 활용한 뒤 기원전 800년까지 기마술을 개발했다. 마력馬力 전투의 확산 경로를 따라 스텝 지대에서 유라시아 가장자리로 페스트가 전파되었을 것이다.

스텝 전사가 말이 끄는 전차 전사에서 기마 전사로 바뀌었다. 둘째, 페스트의 독성이 강해지고 전염 경로가 늘어났다. 기원전 800년경부터 흑해 북쪽 스텝 지대에서 중앙아시아와 깊은 연관이 있었던 듯한 새로운 전사 문화인 스키타이 문화가 출현했다. 스키타이 전사는 기존의 장궁長弓과 달리 말을 탄 채로 쏠 수 있는 짧은 복합궁複合弓을 휴대했다. 스키타이 문화는 유라시아 스텝에서 최초로 출현한 전사단의 문화였으며, 훗날 훈족과 튀르크족, 몽골족이 스키타이족의 뒤를 따를 터였다. 매 세기마다 기마 유목민이 등장해 유라시아 남부 가장자리에 자리한 고대의 주요 문명들을 습격하고 정복할 터였다. 기원전 800년을 전후한 태양 극소기(이른바 호메로스 극소기)

에 흑해부터 몽골까지 스텝과 사막 지대에 습한 서풍과 겨울철 눈을 가져온 더 한랭한 기후에서 스키타이족을 시작으로 전사 사회들—더 정확히 말하면 말들—이 번성했다. 한편, 이런 기후는 마멋marmot과 큰모래쥐great gerbil의 군체가 번성하고 팽창하기에 적합한 환경이었다. 이들 설치류는 페스트균을 옮기는 벼룩의 숙주였다. 놀랍게도 유전학적 연구는 기원전 1700년에서 950년 사이의 어느 시점에 페스트균이 두 가지 돌연변이를 일으켰음을 가리킨다. 하나는 벼룩을 통한 전염을 가능하게 하는 유전자가 생겨난 것이고, 다른 하나는 독성이 매우 강한 선형線形으로 변형된 것이다. 이런 이유로 스키타이족이 등장한 때부터 스텝 전사 사회들이 소멸한 때를 거쳐 18세기에 페스트를 억제한 때까지, 스텝 지대—풀과 관목으로 덮인 광대한 내륙 바다—는 중국과 인도부터 중동과 유럽까지 유라시아 남부 가장자리의 대규모 인구 집단들에 줄곧 위협이 되었다. 스텝 전사들과 계절풍이 부는 유라시아 가장자리의 통치자들 및 농민들은 하나의 상호 작용하는 세계 체제를 이루었다.

철과 강鋼의 시대로

그런 환경은 분명 빠른 회복에 도움이 되지 않았다. 비록 불규칙하기는 해도 할슈타트 태양 대극소기의 영향이 이어지는 것도 도움이 되지 않기는 마찬가지였는데, 기원전 700년경에 대극소기가 끝났을 테지만 기원전 400년에서 300년 사이에 또다시 한랭한 기후가 찾아왔다. 그다음 600~700년 동안 세계 대부분은 비교적 알맞은 기후를 누렸다. 북반구가 더 온난해졌고, 아시아에 강한 계절풍이 불었으며, 라니냐 현상이 우세했다. 이 수백 년간 내륙 아시아—그리고 아마도 북아메리카—는 틀림없이 가뭄으로 고생했을 테지만, 가뭄기가 아닐 때면 원대하게 팽창할 만한 환경이었다.

세계 인구는 기원전 1200년경의 대략 1억 명에서 위기의 수백 년을 거치며 분명 감소했을 테지만, 기원전 300년경까지 약 1억 8500만 명으로 다시 증가했다. 이 가운데 70퍼센트 이상인 1억 3000만 명은 유라시아의 3대 문명 지역인 중국, 인도, 서남아시아/이집트에 있었다. 여기에 유럽 인구 2200만 명을 더하면, 구세계의 핵심 인구가 세계 인구의 80퍼센트 이상을 차지했다. 80퍼센트 이상은 구세계의 인구 비중 가운데 가장 높은 수치로, 세계 인구가 2억 5000만 명에 달한 기원후 300년경까지 유지되었다. 나머지 인구 가운데 전체의 약 15퍼센트는 세 지역, 즉 러시아와 내륙 아시아, 사하라 이남 아프리카, 메소아메리카와 안데스에 있었다. 상술한 모든 지역에서 기원후 제1천년기 동안 변화와 팽창의 궤도가 처음에는 느리게, 그렇지만 전 세계가 동시에 꽃을 피운 고전 고대로 갈수록 빠르게 그려졌다.

이 느리지만 가속적인 과정에 뒤이어 구세계와 신세계에서 하나의 비슷한 궤도가 나타났지만, 우리는 유라시아 세계와 아프리카 세계의 연계에, 특히 핵심 인구 지역인 중국과 이집트 사이 연계에 초점을 맞춘다. 두 지역을 잇는 거대한 원호 곳곳에서 후기 청동기 시대의 엄격히 위계화된 정치체들이 위기를 맞고 무너지면서 새로운 가능성들이 열렸다.

다수의 세력권에서 새로이 지역 자치를 획득한 사람들은 환경의 압박을 받으며 혁신으로 나아가는 길을 개척했다. 궁전들이 붕괴되면서 서기들과 그들의 고대 그림문자 표기 체계도 함께 자취를 감추었고, 보통사람이 더 쉽게 접근할 수 있는 새로운 알파벳 표기 체계로 점차 대체되었다. 사상사가들은 이 수백 년 세월을 카를 야스퍼스Karl Jaspers의 표현을 빌려 '축軸의 시대'라고 부르곤 하는데, 이 기간에 서로 직접적인 교류가 없는 문화들 내에서 유사한 발전이 나란히 이루어졌다. 청동기 시대에 군주의 천명을 정당화해야 했던 책무에서 풀려난 성직자와 학자-사제는 눈에 띄게 균질한 윤리 전통과 철학 전통을 얼개로 하는 일신교적 세계종교 전통을 발전시켰다.

기술 분야에서는 야금술 혁신이 결정적이었다. 기원전 제1천년기에 구세계 전역에서 주요 금속이 청동에서 철로 바뀌었다. 제3장에서 말한 대로, 청동은 무른 구리에 경화제인 주석을 혼합한 합금이었다. 주석은 발견하기 어려웠으며, 고대에 아나톨리아, 이란, 아프가니스탄, 중앙아시아, 북유럽, 북중국, 동남아시아에서 채굴되었다. 주석 공급처를 찾으려면 교역망이 필요했다. 주석 광상鑛床들이 고갈됨에 따라 교역망은 유라시아 내륙으로 점점 더 확대되었다. 주석 교역을 통제한 궁전 당국들은 청동의 생산까지 감독했다. 후기 청동기 시대에 휘황찬란했던 궁전 체제들이 지진과 반란, 맹렬한 습격에 무너지자 주석 교역망 역시 적어도 한동안 작동을 멈추었다. 교역이 중단된 탓에 금속공들은 주석을 공급받지 못했을 것이다.

청동은 사라지지는 않았지만 더 드물어지고 더 가공하기 어려워졌다. 그 대신 철이 필수 금속으로 서서히 부상했다. 철을 생산하려면 더 복잡한 화학 공정이 필요했지만, 일단 생산의 비결이 널리 알려지자 철은 훨씬 더 우수하고 훨씬 더 구하기 쉬운 금속이 되었다. 구리나 주석과 마찬가지로 철 생산 공정의 첫 단계는 분쇄하고 배소焙燒한 광석을 목탄로爐에 넣고 용해하는 것이었다. 비결은 목탄로에 공기를 불어넣고 칼슘 융제(분쇄한 석회석이나 조개껍데기)를 사용해 목탄 잔여물과 불순물 같은 제련 찌꺼기와 유리된 철을 분리하는 것이었다. 용광로가 개발되기 전까지 목탄로에서 얻은 결과물은 '괴철', 즉 스펀지 같은 쇳덩어리였으며, 이 괴철을 모루에 올려놓고 두드려 연철을 생산했다.

융제와 괴철이라는 비결은 고대 사회들에서 금속을 폭넓게 이용할 길을 열어주었다. 생산 비용이 많이 드는 청동은 엘리트 개인들의 전유물이었다. 평범한 농가에서는 격지 석기를 절단용 도구로 계속 사용했다. 그에 반해 철은 '민주적 금속'이었다. 철 광상은 널리 분포했고, 철 생산에는 멀리서 구해야 하는 값비싼 구리와 주석 광석이 아니라 보통사람도 구할 수 있는 나무와 칼슘만이 필요했다. 공기 주입과 융제라는 비결을 숙달하고 나자 괴철로爐를 조작하는 것은 비교적 쉬운 일이었다. 괴철

괴철로를 조작하는 노동자들, 1566년 바젤에서 인쇄된 목판화.

로는 속이 빈 구덩이, 또는 벽돌을 층층이 쌓고 점토를 발라 틈을 막은 장치로서, 노의 아랫부분에 공기를 주입하는 세라믹 관을 갖추고 있었을 것이다. 일부는 공기를 불어넣는 가죽 풀무를 갖추었을 테지만, 대부분은 자연 통풍을 활용할 수 있는 곳에 설치되었을 것이다. 괴철로의 결과물은 가단성 물질이었는데, 아마도 잘 단조된 청동보다 물렀을 것이다. 그러나 철은 목탄으로 가열했다가 공기 중에서 냉각시키는 뜨임tempering 처리를 통해, 또는 물에 담가 급랭하는 담금질과 다시 열을 가해 탄소를 스며들게 하는 침탄浸炭 처리를 통해 강鋼의 등급으로 변형할 수 있었다. 이 기술혁명은 주석이 몹시 부족했기 때문이 아니라 강을 쉽게 생산할 수 있었기 때문에 일어났을 것이다. 그 결과 무기 생산이 대폭 확대되었지만, 훨씬 더 중요한 사실은 농업용과 목공용, 철공용 도구가 강으로 만들어지기 시작했다는 것이다. 이로써 인간이 자르고 파고 톱질하고 두드리는 활동으로 자연의 물질세계에 가할 수 있는 힘이 극적으로 증대했다.

청동기 시대 내내 구리 세공인이 간혹 우연히 철을 제련해 희귀한 장신구로 만들곤 했다. 그러나 광범한 철 생산은 키프로스에서 시작된 것으로 보인다. 이곳에 기원전 1200년 이후 독자적인 철 생산이 급증한 증거가 남아 있다. 철 장신구와 무기, 짐작건대 연장도 키프로스에서 주변으로 유통되었으며, 소규모 생산이 확산되었음을 시사하는 증거도 있다. 그렇지만 지중해 동부에 철 생산이 널리 퍼진 것은 기원전 9세기에 이르러서였다. 이제까지 본토에서 발견된 가장 오래된 괴철은 기원전 800~700년의 것이다.

철을 생산하려면 철광석뿐 아니라 목탄을 만들 많은 양의 목재도 마련해야 했다. 철광산과 견목재 삼림의 조합은 경제적 생존을 결정하는 요인이 되었다. 이집트(그리고 아마 메소포타미아 남부도)는 기원전 500년경 뒤늦게 철을 사용하기 시작했는데, 철광산도 없고 견목재 삼림도 없었던 것이 쇠퇴의 한 원인이었다. 이집트는 기원전 1100년경 신왕국이 붕괴된 뒤 실제로 회복된 적이 없으며, 그후 수백 년에 걸쳐 나일강 상류 누비아 지방의 쿠시 왕국으로 권력이 이동했다. 쿠시 왕국은 남쪽에서 이집트를 통치하다가 기원전 760년 아시리아의 침공을 받았다. 남쪽으로 후퇴한 누비아인은 기원전 6세기에 메로에Meroë 왕국을 수립했는데, 이 왕국은 수백 년간 철기 제작으로 유명했으며 나일강 상류와 앗바라강이 합류하는 지점에서 철광석과 목재를 공급받았다. 철기 제작은 다른 곳에서도, 예컨대 아프리카 사헬 지역와 맞닿는 북부 삼림 지대에서, 기원전 600년경 동아프리카 열곡대의 대호수 지역에서, 그리고 기원전 500년경 아프리카 서부 나이저강 유역의 노크Nok 문화에서도 발전했다. 이 노크 문화에서 남쪽 카메룬의 숲에 사는 반투족에게로 철기 제작이 전파되었으며, 반

오나라 대장장이들의 주철 용광로.

투족은 동쪽과 남쪽으로 광범한 이주에 나서면서 괴철로 생산 방식을 가져갔을 것이다. 인도에서 철 생산은 아마도 독립적으로 발전했을 것이다. 철 생산은 기원전 1000년 이후 인도아리아계 사람들이 동쪽으로 확산되는 가운데 갠지스강 유역에서 발전하면서 커다란 원시림들을 집어삼켰고, 남부 삼림 지대에서도 독립적으로 발전했다. 얼추 같은 시기에 유라시아 내륙 도처에서 스텝 유목 부족들이 철 생산을 동부와 서부로 전해준 것으로 보인다. 동부에서는 스키타이인과 여타 유목민들이 철을 신장新疆에 전해주었으며, 기원전 8세기경 기마 유목민이 주周 왕조의 수도를 습격해 약탈하고 동쪽으로 쫓아내 결국 그들의 헤게모니를 약화시킨 무렵에 중국에서는 괴철 생산이 이루어지고 있었다. 그후 기원전 500년경 춘추전국시대에 소국 오吳나라의 대장장이들이 주철鑄鐵 용광로를 처음으로 개발했다. 아마도 중국의 청동 주조 기술이 바탕이 되었을 것이다. 그 이전의 용광로는 키가 더 큰 괴철로였는데, 철광석과 목탄을 더 세심하게 준비하고 풀무로 공기를 끊임없이 불어넣어야 했다. 철 생산의 양과 질을 획기적으로 높여준 주철 용광로는 거의 2000년 후에야 유럽에 전해졌다.

저 멀리 서쪽에서는 스텝 유목민이 직접 이주하지는 않았을지라도 이른바 트라키아-킴메르 문화를 통해 기원전 7세기경 중부 유럽 깊숙한 곳까지 괴철로 철 생산—그리고 스텝 기마전사 문화—을 전파하여, 할슈타트Hallstatt(2000년 주기를 가진 태양 대극소기와 혼동하지 말 것)라고 알려진 고고 문화를 낳았다. 의미심장하게도 이처럼 유목민이 유라시아 대륙의 동단과 서단에 영향을 끼친 때는 호메로스 태양 극소기, 즉 기온이 낮아져 중앙아시아에 비가 더 많이 내린 기간이었다. 더 많은 강우량은 더 많은 말—그리고 마멋—을 먹여 살렸다. 기원전 8세기와 7세기에 유목 전사와 철뿐 아니라 페스트까지 유라시아 가장자리로 전파되는 것은 얼마든지 가능한 일이었다.

상업과 제국

청동기 시대 궁전들이 붕괴됨에 따라 비교적 자율적인 교역과 상업이 철 생산법 못지않게 멀리까지 확산되었다. 이제 교역은 궁전 계획 경제의 헤게모니적 명령이 아니라 그 자체의 논리를 따랐다. 그리고 아마도 이 시대에 시장이 탄생했을 것이다. 분명 상인들은 자기 생각과 목적대로 상품을 운반했다. 적과 해적을 피하기 위해 교역은 신중하게 진행했을 것이다. 위험을 무릅쓰고 토기와 금속 제품을 운반한 단거리 지역 사업에 대한 기록은 상품 교역이 엘리트층 이하 가구의 수요를 채워주었음을 시사한다. 초기 철기 시대에 등장한 이런 교역 중 일부는 근동 지역을 종횡으로 오가는, 점점 증가하는 낙타 대상隊商들이 담당했다. 이에 더해 교역의 상당 부분은 해상 교역이었다. 교역은 작고 자율적인 정치체들을 낳았는데, 그중 일부는 공화정과 유사한 상업 도시 국가였고 다른 일부는 군소 왕국이었다. 예를 들어 레반트 해안과 구릉 지대에 페니키아인과 팔레스티나인의 도시 국가들, 이스라엘 왕국, 유다 왕국, 에돔 왕국, 모아브 왕국, 암몬 왕국이 있었다. 이집트, 에게해, 메소포타미아, 아라비아를 연결하는 경로들에 걸터앉은 이 국가들은 모두 얼마간 교역의 중심지였다. 에돔 왕국은 예멘에서 아라비아를 거쳐 북쪽으로 향하는 귀중한 향료 교역을 통제했다. 페니키아인, 그리고 그리스와 에게해의 신흥 도시 국가들은 지중해 전역의 교역을 지배했다. 원거리 해상 교역은 식민화를 자극했다. 기원전 8세기경 지중해 주변에는 식민지인 것 못지않게 지역 혼성체였던 페키니아인과 그리스인의 정착지들이 오늘날 튀니지에 해당하는 카르타고, 이탈리아 남부, 시칠리아, 사르데냐에 산재했다. 이탈리아 북부의 에트루리아인은 본래 아나톨리아 해안에서 이주해온 민족이었다. 교역은 이런 해안 정착지들과 멀리 떨어진 내륙 민족들 사이에서 이루어졌다. 그리스와 이탈리아는 중부 유럽의 전사 문화들에 위신재威信財를 주고 그 대가로 소금과 구리, 철, 말을 받았다. 카르타고의 페니키아인은 소금과 노예를 얻기 위해 사하라 이남 지역과 거래했다.

이 교역로들은 결국 구세계의 대부분을 연결해 이른바 세계 체제를 형성할 터였다. 세계 체제의 초기 형태는 일찍이 후기 구석기 시대에 페르시아만과 인더스강 유역 도시들 사이의 교역에서 나타났으며, 초기 철기 시대에 아라비아와 레반트 사이의 육상 향료 교역에서 다시 나타났다. 성장하는 교역은 포식성 제국이 다시 등장하도록 자극했다. 철과 강으로 만든 새로운 무기와 스텝 지대로부터 구입한 기마용 복합궁으로 군대를 무장시키고 키워간 신흥 세력들은 작은 교역국들에 공물 납부를 강요했다. 유라시아 동부에서는 주나라가 기원전 1046년부터, 서부에서는 신新아시리아가 기원전 934년부터 느슨하게 조직된 공물 제국의 형태로 지역 통치자들에게 보호비를 요구했다. 기원전 8세기 후반 신아시리아는 이집트부터 아나톨리아 중부를 거쳐 페르시아만에 이르는 광대한 영토를 정복했지만, 얼마 전에 아시리아에 종속되었던 메디아와 바빌로니아의 군대와 킴메르인 유목민 전사단이 연합한 병력의 맹공에 무너졌다. 결국 아시리아의 광대한 영토는 아케메네스 왕조 페르시아가 넘겨받았다. 기원전 480년대에 페르시아는 흑해부터 인더스강까지, 아라비아부터 이집트까지 통치했다.

페르시아 시대부터 제국들은 영토를 엄청나게 확장하기 시작했다. 신아시리아는 후기 청동기 시대의 대국인 이집트와 상나라 규모의 영토를 통제했다. 아케메네스 왕조 페르시아는 전성기인 기원전 480년대에 신아시리아의 다섯 배 영토를 점유했으며, 그다음 수백 년간 여러 대제국들—셀레우코스 제국, 박트리아와 파르티아 제국, 인도 마우리아 제국, 몽골 흉노 제국—은 후기 청동기 시대 제국들의 두 배에 달하는 영토를 점유했다. 물론 당대의 제국들 중 가장 크고 안정적이었던 것은 기원전 제1천년기 말에 유라시아 동부와 서부에서 부상한 신흥 세력들, 즉 중국의 진秦나라와 한漢나라, 그리고 지중해 일대의 로마 제국이었다. 이 지역들은 무자비하게 정복된 뒤 수백 년간 효과적으로 통치되었는데, 이를 위해 단순한 공물 체계 이상의 무언가가 필요했다. 이 위대한 고전기 제국들은 관료제적 통치의 초기 형태, 즉 위계화된 관료들이 지방 총독들과 함께 제국의 평화를 조정하는 체제를 발전시키기 시작했다.

아메리카의 상황은 말과 제련된 금속이 없었던 까닭에 유라시아의 상황과 딴판이었다. 그러나 기원전 제1천년기 전반의 힘겨운 시절에서 전 세계적 고전기로 이어지는 발전 순서와 얼추 비슷한 흐름을 안데스와 메소아메리카에서 확인하는 것은 어렵지 않은 일이다. 아메리카는 엘니뇨로 인한 홍수와 가뭄 때문에 넓은 영역을 통합하기 어려운 환경이었지만, 기원전 1200~800년에 안데스, 메소아메리카, 북아메리카 동부의 사람들 모두 '상호 영향권'이라 불리는 것—넓은 영역에서 공유한 의례와 도상학의 레퍼토리로서, 여러 층위에서 교류한 하나의 공통된 체제가 있었음을 시사한다—을 발전시켰다.

남아메리카 해안 주민들, 그리고 시간이 갈수록 내륙 계곡 주민들은 극심한 엘니뇨 기후로 인해 아메리카 태평양 산계에서 발생하는 불규칙한 강우와 가뭄으로 고통받았다. 엘니뇨의 영향은 기원전 1000년부터 700년까지 절정에 달했다. 엄청난 엘니뇨의 효과로 모래와 자갈이 파도에 떠밀려와 해변에 퇴적되는 바람에 남아 있던 해안 정착지들이 산산이 부서지고 인구가 전반적으로 감소했다. 엎친 데 덮친 격으로 고지대에서 빙하 작용이 다시 일어나고 심지어 쓰나미까지 해안을 덮쳤다. 안데스 지역은 기원전 800년부터 200년까지 '전기 호라이즌기Early Horizon'에 인구를 늘리고 이제 대규모 방어 시설로 인구를 보호하는 등 과거의 피해를 회복했다. 군장 사회들이 경쟁한 이 전기 호라이즌기의 맥락에서 안데스 지역은 초자연적인 재규어 숭배를 포함하는 광범한 공통 의례 문화인 '차빈Chavín' 문화로 통합되었다. 넓게 보아 기원전 제5천년기와 제4천년기 구리 시대 메소포타미아의 상호 영향권들과 비슷하게, 차빈 사회들은 건조 기후에서 복잡한 관개 체계를 관리했고, 운반용 동물 무리—당나귀가 아닌 라마—로 상품을 실어날랐으며, 구리와 은, 금으로 정교한 장신구를 제작했다. 차빈 문화는 구세계 철기 시대 사회들에서 출현하고 있던 축의 시대 세계종교들과도 적절하게 비교할 수 있을 것이다. 차빈 문화는 기원전 400년부터 200년까지 가뭄이 극심했던 기간에 영향권이 가장 넓었는데, 후대의 안데스 제국들처럼 예측 불가능한 가뭄과 홍수에 괴로워하는 지역들 사이에서 지리적 연계 체계를 제공했다.

메소아메리카에서도 세계적 기후 변동이 중요한 영향을 끼쳤고, 문화의 순서 역시 놀랍도록 비슷하게 나타났다. 점점 확대되는 엘니뇨 남방 진동El Niño Southern Oscillation의 영향은 기원전 1500년경 메소아메리카에 도달해 강우 패턴을 바꾸어놓았는데, 이 변화가 소수의 중요한 지역들에 이로웠던 것으로 보인다. 기원전 1500년경 전기 형성기Early Formative에 곡물/옥수수에 기반하는 원예 농업이 시작되어 특히 중부 고지대와 멕시코만 해안에서 증가하는 촌락과 인구를 부양했다. 기원전 1200년경 멕시코만 해안의 올메크 문명 순례지들은 차빈 문화와 얼추 비슷하게 메소아메리카의 넓은 영역들을 종교적으로 통합하기 시작했다. 북아메리카에서 할슈타트 태양 극소기의 영향은 더 뚜렷한 결과로, 즉 후기 고졸기Late Archaic에 속하는 기원전 1200년부터 800년까지 비교적 큰 사회들이 쇠퇴하는 결과로 나타났다. '전기 우드랜드기Early Woodland Period'에 원시 농업이 안정되었을 때, 북아메리카에서도 광대한 상호 영향권이 먼저 아데나Adena 문화에서, 뒤이어 호프웰Hopewell 문화에서 발전했다. 두 문화 모두 매장 의식와 북아메리카 동부의 광범한 교역을 관리했다.

기원전 200년 무렵 엘니뇨 기후의 영향이 약해짐에 따라 안데스에서 새로운 지역 세력들—모체Moche, 나스카Nasca, 티와나쿠Tiwanaku를 포함하는 팽창적이고 군사화된 국가들—이 등장했다. 메소아메리카에서 올메크 문명은 기원전 600년경 퇴조기에 접어들었고, 안데스와 중국, 로마에서처럼 군사화된 도시 국가들—그중 테오티우아칸Teotihuacan 계곡의 도시 국가가 가장 중요했다—이 출현해 기원전 300년경 멕시코를 지배하기에 이르렀다. 마야 문명은 거의 같은 시기에 과테말라 페텐Petén 저지대에서 일련의 의례 국가들로서 등장했다.

요컨대 적어도 기원전 200년부터 기원후 200년까지 지속된 쾌적하고 안정적인 기후 조건(기후 최적기)에서 비교적 크고 안정적인 군사화된 국가들이 세계 곳곳에서 세력을 다졌다. 메소아메리카와 안데스의 국가들은 넓게 보아 구세계 세력들—중국의 한나라, 인도의 마우리아 제국과 굽타 제국, 페르시아 제국과 알렉산드로스 대왕의 단명한 제국, 로마 제국—의 발흥을 더 작은 규모로 되풀이했다.

고전기 제국들은 커다란 역설에 의존했다. 압도적인 군사력으로 변경 사회들을 제압함으로써 정부와 신민을 통치하기 위한 경제 여건을 안정화하고 가능하다면 개선한다는 역설이었다. 제국 통치는 예측과 안보 유지를 어느 정도 가능하게 하는 여건을 창출함으로써 인구의 성장을, 더 나아가 집중을 자극했다. 기원후 100년경의 세계 인구 중 80퍼센트 이상은 유라시아의 핵심 지역들에 있었다. 중국에 6500만 명, 인도에 4500만 명, 동남아시아와 북아프리카에 6000만 명, 유럽에 3000만 명이 있었다. 아메리카와 사하라 이남 아프리카의 인구는 더 적었을 것이다. 아메리카의 인구 약 1500만 명 가운데 3분의 2 정도는 안데스와 메소아메리카 정치체들의 세력권 안에 있었을 것이다. 사하라 이남 아프리카의 인구 1300만 명 가운데 약 3분의 1이나 그 이상은 '아프리카의 뿔'[지부티, 에리트레아, 에티오피아, 소말리아를 포함하는 아프리카 북동부의 돌출 지역—옮긴이], 수단과 사헬 지역, 메로에 왕국을 정복한 악숨 왕국, 가나 제국으로 통합되기 직전의 지역에 있었을 것이다.

회전 역학

동식물 순화의 시작이 발상의 혁명이었던 것과 마찬가지로 구리와 청동으로의 이행이 기술적 발상의 혁명이었다고 말할 수 있다면, 철 개발과 확산은 후기 신석기 시대의 2차 생산물 혁명과 유사했다. 후기 신석기 시대 사람들은 동식물, 특히 양과 소, 과실수를 그저 먹기 위해서가 아니라 양모와 우유, 과일 같은 2차 생산물을 얻기 위해 관리했다. 후기 신석기 시대에 농업의 가능성이 완전히 실현된 것과 마찬가지로, 철기 시대에는 금속의 가능성이 완전히 실현되었다. 두 시대는 초기 경제를 진정으로 강화한 시대였다. 그리고 기원전 제1천년기 철의 확산, 그중에서도 특수한 용도로 쓰이는 강의 확산은 당대의 산업 혁명에 이바지했다.

자연물에 직접 힘을 가해 영양물로 바꾸는 행위—베기, 자르기, 타작하기, 당기기—를 인간과 동물의 근력으로 하는 한, 인간의 물질적 조건을 개선하는 데에는 현실적·절대적 한계가 있었다. 청동과 철은 이렇게 직접 힘을 가하는 근육 활동의 효율을 높여주었다. 그렇지만 직접적인 근육 활동의 효율을 더욱 높여준 것은 회전 역학—근대 모든 기술의 근본 원리—이었다.

회전력은 바퀴를 굴리는 데 처음 사용된 이래 기원전 제1천년기까지 운송 이외의

윗돌과 아랫돌 사이에 곡물을 넣고 손으로 돌려서 가는 맷돌. 납작하고 평평한 숫돌을 앞뒤로 움직이는 기구를 대체한 회전식 맷돌은 곡물을 가는 데 필요한 육체적 노력을 줄여주었다.

용도로 쓰이지 않았다. 지중해 동부에서 회전력을 꾸준히 개발해 처음으로 혁신을 이루어낸 것은 후기 철기 시대에 이르러서였다. 빵을 구우려면 우선 곡물을 갈아 가루로 만들어야 했는데, 그러기 위해서는 윗돌과 아랫돌 사이에 곡물을 집어넣고 윗돌을 앞뒤로 밀고 당기는 동작을 반복하는 것이 신석기 시대 이래의 방식이었다. 그 후 기원전 5세기부터 지중해 도처에서 곡물을 갈고 올리브를 으깨는 용도의 다양한 회전식 분쇄기들이 개발되기 시작했다. 그중 일부는 손으로 돌리는 작은 맷돌이었다. 다른 일부는 막대가 달린 수직축에 숫돌을 단단히 고정한, 캡스턴capstan[원통형 몸체

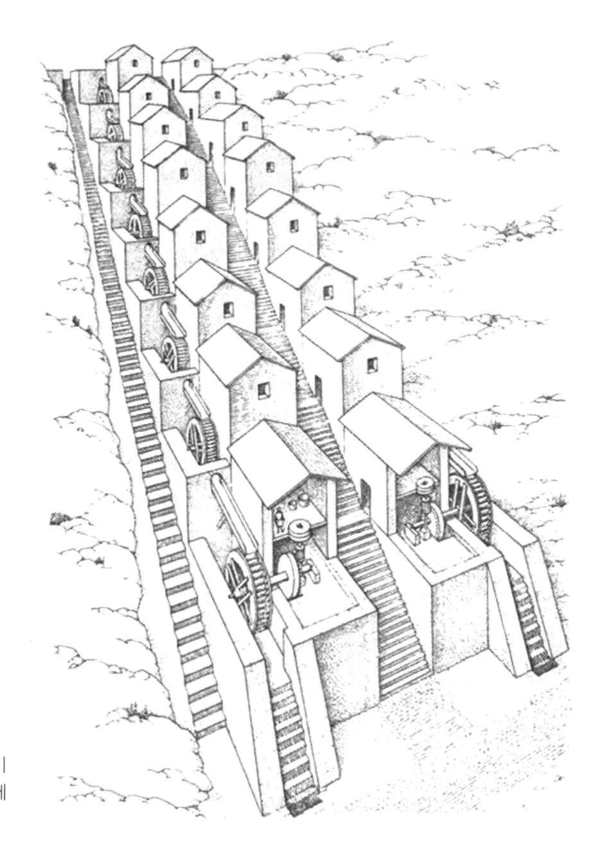

로마 시대 바르베갈Barbegal의 제분기 열여섯 대는 상사식 수차上射式水車에서 동력을 공급받은 것으로 추정된다.

에 밧줄을 감아 무거운 물체를 끌어올리거나 당기는 장치—옮긴이]처럼 작동하는 더 큰 장치로서 한 명 이상의 인간이나 한 마리의 당나귀로 돌릴 수 있었다. 톱니바퀴가 달린 관개灌漑 장치들이 개발되면서 맷돌은 점차 수력을 이용하는 분쇄기로, 예컨대 기원전 240년경 그리스 지식인들이 알렉산드리아에서 제작한 사키아sakia처럼 개조되었다. 기원전 제1천년기 이전에 수직형 물레방아는 아나톨리아 서부에 흔했고, 그다음 수백 년간 이곳에서 로마 세계 곳곳으로 퍼져나갔다. 기원후 3세기 로마시에는 거대한 분쇄기들이 있었을 것이다. 이와 비슷하게 기원후 제1천년기 초에 에스파냐 지방에서는 로마의 광업을 지원하기 위해 수력으로 광석을 분쇄하는 트립해머trip hammer[동력 장치에 의해 위아래로 움직이는 해머—옮긴이]를 사용했다. 트립해머는 디딜방아와 그리스의 캠cam[회전 운동이나 왕복 운동을 다른 형태의 운동으로 변환하여 힘을 전달하는 장치—옮긴이]에서 유래한 발명품이었다.

수력 제분기는 중국에서 기원후 5세기까지 개발되지 않은 것으로 보이는데, 이 무렵 지중해의 수력 제분기가 헬레니즘 문화에 속하는 중앙아시아의 박트리아 제국을 통해 중국에 전해졌을 가능성이 있다. 그럼에도 한대(기원전 206년~기원후 220년)에 중국은 농업 생산성을 근본적으로 높이는 여러 혁신을 이루어냈다. 그에 앞서 기원전 600년 이후 화전 농업이 아닌 정착 농업이 자리를 잡았고, 그다음 수백 년간 휴경 농법과 거름주기의 패턴이 발달했다. 한나라는 구부러지고 볏이 달린 주철 보습(국가가 통제하는 새로운 주조소들에서 주조했다)과 말이 끄는 파종기를 개발했다. 이 두 가지 혁신은 건지 농법으로 밀과 기장을 재배하는 북부 왕령지에서 쟁기질과 파종을 합리적으로 개선하는 데 사용되었고, 이곳에서 대토지를 가진 통치계급에게로 확산되었다. 얼추 같은 시기에 밀과 기장을 재배하는 북부에서 손으로 돌려 알곡과 겨를 분리하는 풍구風具가 발명되었고, 나중에 벼를 재배하는 남부로 확산되었다. 그리고 말의 가슴과 목에 거는 새롭고 더 효율적인 마구 덕에 말의 견인력을 유용한 에너지로 더 많이 전환할 수 있게 되었다. 이 모든 발전이 중국 농업의 생산성을 높이는 데 이바지했다.

유라시아 대륙의 반대편 로마 제국에서 농업은 개선되었다기보다 확산되었다. 남쪽으로는 과거 카르타고의 영역인 튀니지로, 그리고 전유專有를 통해 나일강 유역의 드넓은 곡창 지대로, 북쪽으로는 갈리아 지방을 지나 잉글랜드 남부로 확산되었다. 로마에서 중대한 혁신들은 제국의 경관 및 건축과 관련이 있었다. 로마인은 꼼꼼하게 설계한 광범한 도로 체계를 구축함으로써 제국 내에서 빠른 통신을 촉진했다. 또한 인상적인 수도교를 건설하여 웅장한 황제 건축물들—판테온, 콜로세움, 포룸—

배수가 되도록 자갈을 깐 지면. 2000여 년이 지난 지금까지도 사용 가능한 로마 시대 특유의 도로. 잉글랜드 랭커셔의 블랙스톤 에지Blackstone Edge.

이 시선을 잡아끄는, 한창 성장중인 도시들로 상당히 깨끗한 물을 공급했다. 다리와 수도교, 커다란 황제 건축물은 모두 로마의 중대한 혁신인 활꼴 아치와 콘크리트(이 건축물들이 지난 2000년 동안 살아남은 이유)를 특징으로 했다. 이런 건축은 철기 시대에 발명된 쇠톱과 절삭 공구가 없었다면, 그리스 지식인들로부터 전유한 수학이 없었다면 불가능했을 것이다. 전하는 바에 따르면 율리우스 카이사르 본인을 비롯해 로마에서 성미가 급한 사람들은 두루마리를 버리고 정보에 빠르게 접근하게 해주는 코덱스codex(장정된 책)를 채택하는 등 오래된 기록 보관법들을 폐기했다.

오랜 철기 시대의 철과 강, 회전 역학은 모두 중대한 에너지 혁명의 구성 요소로 보아야 한다. 이 혁명은 새로운 혁신에 이바지하고 혜택받은 인구의 환경을 개선했다. 물론 철기 시대 사회들의 불어나는 인구가 새로운 기술들의 경제적 이익을 압도했을 것이다. 제국들의 인구는 전진하지 못하고 그저 제자리걸음을 했을 텐데, 고대 유골들에서 나오는 증거는 실제로 그러했음을 시사한다. 예컨대 고생물학자들은 건강하지 않은 환경에 대한 이야기를 발굴하고 있다. 전반적으로 농경민은 출산력에서 수렵 채집민을 앞서긴 했지만, 건강에 더 나쁜 생활, 기후의 반전과 국가 사회 내 계급 불평등의 압력에 더 시달렸던 것으로 보인다. 뼈에 남은 외상은 신석기 시대부터 충치, 빈혈, 일시적 영양 부족으로 고통받은 사람의 비율이 증가했음을 시사한다. 일찍이 기원전 500년에 기후 최적기가 찾아와 상황이 전반적으로 나아졌을 테지만, 예컨대 이탈리아 성인의 키는 철기 시대나 로마 제국 이후 시대보다 로마 시대에 더 작았고, 음식을 더 잘 먹고 덜 조밀하게 거주한 북유럽 야만인에 비하면 훨씬 더 작았다. 그럼에도 제국들이 정치적 안전을 누린 덕에 완전히 굶주리는 사람은 비교적 적었다. 보호받는 제국 공간 안에서 식량을 유통할 수 있었고 또 실제로 유통하여 국지적 압력을 상쇄했기 때문이다.

전염병과 기후 반전: '암흑시대'로

로마 세계에서 식량 배급은 나일강에서 이탈리아로 곡물을 실어오는 대규모 선단에 달려 있었다. 기원전 30년 아우구스투스의 이집트 정복을 계기로 인도에서 고가의 상품을 들여오는 새로운 대양 교역의 물꼬가 트였다. 이집트인은 아라비아와 인더스강 유역이 느슨한 해양 네트워크로 연결되어 있었던 청동기 시대부터 홍해에서 교역을 해온 터였다. 고도의 문명들이 무너지면서 중단되었던 인도와 지중해 사이 교역은 기원전 700년경 아라비아를 가로질러 향료를 운반하는 육로를 통해 복원되었

현존하는 가장 높은 로마 수도교인 가르 수도교Pont du Gard. 오늘날의 프랑스 님Nîmes 지역에 있었던 로마 식민지까지 물을 공급했다.

다. 이 교역로는 그리스인과 로마인이 아라비아 해안을 따라 해상 운송에 나서면서 다시 쇠퇴했다. 로마의 동방 상품 수요는 나일 강변의 쿠시 왕국이 쇠퇴함에 따라 에리트레아/에티오피아 해안에 터를 잡은 악숨 왕국의 경제적 기반이었다. 악숨인은 아라비아 남부 해안의 상인들 및 소말리아 해안 '푼트의 땅Land of Punt'[고대 왕국—옮긴이]의 항구에서 활동한 상인들과 함께 인도와 실론에서, 심지어 중국에서까지 오는 시나몬을 비롯한 고가의 향신료 교역을 통제했다.

그러나 제국 공간 안에서 식량과 사치품이 유통될 수 있다는 것은 질병도 퍼져나갈 수 있다는 뜻이었다. 전염병이 하나의 상수였던 로마 세계에서도 특히 세 전염병은 1350년대의 흑사병에 필적할 만큼 맹위를 떨쳤을 것이다. 첫째로 안토니우스 역병Antonine Plague은 홍해 교역로를 따라 북상하여 기원후 165년 상당히 안정적이었던 제국을 덮쳤다. 두창痘瘡이라는 것이 통설인 안토니우스 역병은 15년간 지속되었는데, 96년부터 재위한 '5현제賢帝' 중 마지막 황제인 마르쿠스 아우렐리우스의 목숨까지 앗아갔을지도 모른다. 그 이후 전염병들은 20~30년마다 제국의 여러 지역을 엄습했다. 200년 누비아, 232년 유프라테스 강변의 군대가 전염병의 공격을 받았으며, 251년 에티오피아에서 발생한 듯한 키프리아누스 역병Cyprian's Plague(출혈열로 추정)이 다시 15년간 지속되었다. 4세기와 5세기에는 대개 전쟁과 관련이 있는 국지적인 전염병들이 기록되었지만, 541년 발생한 유스티니아누스 역병Justinian's Plague은 유라시아 서부의 국면을 바꾸어놓았다. 이 전염병은 수백 년간 창궐하고 잦아들기를 반복하다가 마침내 9세기에 사그라졌다. 유스티니아누스 역병은 홍해 교역도 덮친 것으로 보이지만, 이제는 이 역병이 가래톳 페스트였으며 중동부 아시아 스텝 지대에서 유전적으로 기원한 뒤 인도나 이란을 지나는 비단 교역로를 따라 전파되었다는 사실이 분명하게 밝혀졌다.

이 역병들은 재앙과도 같은 피해를 주었다. 안토니우스 역병은 기원후 2세기 로마 제국의 상황이 변한 이유를 가장 잘 설명해주는 요인으로 보인다. 이집트 시골의 연간 납세자 명단은 150년대 말부터 160년대 말까지 특정 구역들에서 인구가 최대 70~90퍼센트 감소했음을 시사하는데, 이로 인해 농업 생산성이 바닥을 쳤을 것이다. 날짜가 적힌 일련의 문서와 인공물은 160년대 말과 170년대에 로마의 경제 활동, 건축, 대리석 생산에 더해 심지어 화폐 주조까지 일시적이나마 급감했음을 가리킨다. 북아프리카 전사들도 일정한 역할을 한 것으로 보이긴 하지만, 이 시기 에스파냐에서 로마의 은 광업이 붕괴되었다. 로마 유적들에서 동물 뼈의 수가 급감한 사실은 식단이 부실해졌다는 것을, 그리고 복구된 난파선의 수가 줄어든 사실은 교역이 뜸해졌다는 것을 시사한다. 2세기 말에 정점을 찍은 인구는 이탈리아와 에스파냐, 프랑스에서 감소하기 시작해 중세까지 이 최고치를 회복하지 못했다. 제국에서 가장 널리 쓰인 도기 형태—아울러 아주 유용한 판단의 지표—인 아프리카 적색 이장泥漿 도기African Red Slip Ware[이장은 점토와 물, 해교제를 혼합한 액체—옮긴이]의 분포에 관한 고고학적 분석은 250년 키프리아누스 역병의 시작과 함께 도기 생산량이 대폭 감소하고 오랫동안 '3세기 위기'가 이어졌음을 시사한다. 지중해 주변 인구는 165년부터 400년까지 3분의 1이 감소했을 것이다.

기후는 6세기까지는 세계 전역의 결정적인 요인이 되지 않았으며, 400년 후에도 북반구의 온난한 기온, 아시아의 강한 여름 계절풍, 태평양의 엘니뇨 현상은 전반적으로 유지되었다. 한漢 왕조는 계절풍이 급격히 반전된 단기간에 속하는 기원후 9년부터 23년까지 잠시 전복되었지만 이내 천명을 되찾아 중국을 통치했고, 더 오래 지속된 또다른 기후 반전에 시달린 끝에 220년 결국 멸망하여 향후 400년간 이어질 전쟁과 분열의 시대를 열었다. 200년경 북반구의 기온이 조금 내려가기 시작했지만, 세계의 기후계는 400년까지 '암흑시대' 기후계(오늘날 말하는 '고대 후기 소빙하기')로 결정적으로 이동하지 않았다—그후 536년 아이슬란드에서 초대형 화산 폭발이 발생했고 대략 650년부터 700년까지 주요한 태양 극소기(반달 극소기Vandal minimum)가 이어졌다. 400년경 시작된 더 한랭한 세계 기후계의 특징은 북대서양에서 해빙이 전진했다는 것, 지중해 일대와 아마도 중앙아시아에서 겨울철 강우량이 증가했다는 것, 그리고 엘니뇨 남방 진동이 더 뚜렷한 엘니뇨 패턴으로 변해감에 따라 동아프리카부터 인도와 중국까지 여름 계절풍이 약해지고 아메리카 대륙에 비가 더 많이 내렸다는(아울러 극심한 가뭄이 불규칙하게 발생했다는) 것이다. '고대 후기late antiquity'의 세계 기후계가 거의 500년간 지속된 패턴에 따라 더 한랭해졌다 해도, 시베리아 고기압은 청동기 시대 말처럼, 그리고 근대 초의 소빙하기 때처럼 극단적으로 발달하지 않았다. 이런 이유로 '고대 후기' 기후계는 400년경 끝난 고대 최적기와 900년 이후 시작된 중세 최적기를 갈라놓는 '완만한' 반半주기 기후계였다.

세계 기후가 전반적으로 더 힘겨운 방향으로 이행하는 가운데 아시아 스텝 지대의 생태와 민족들은 다시 한번 유라시아 역사의 결정적인 부분이 되었다. 북반구의 기후가 온난했던 고대 최적기 동안 스텝 지대는 유라시아 가장자리의 사회들에 결정적인 영향을 주지 않았다. 중국을 잠시[기원전 221~206년—옮긴이] 통치한 진나라는 북쪽의 흉노를 물리치고 만리장성을 세웠다. 그러나 뒤이은 수백 년간 이런 노력은 수포로 돌아갔다. 다시 말해 북쪽에서 침공한 유목 민족들이 전쟁과 기근, 전염병을 가져왔다. 또 그들은 수많은 한족을 북부에서 양쯔강 유역으로 몰아냈는데, 그렇게 쫓겨난 한족은 전통 작물인 밀과 기장 대신 논에서 벼를 재배해야 했다. 이와 비슷하게 4세기에 유라시아 반대편에서는 이민족들이 변경 밖에서 로마 제국으로 밀고 들어오기 시작해 한 세기도 안 돼 서유럽을 대부분 차지했다. 이 급습에는 350~370년 스텝 지대의 극심한 가뭄도 일정한 영향을 주었다. 그렇지만 4세기 스텝 지대에서 출현해 아틸라 치하에서 카스피해부터 독일에 이르는 영역을 점유한 훈족도 영향을 주었다. 몽골의 유연柔然 제국에서 갈라져 나온 아바르족은 560년대에 도착해 동유럽과 아나톨리아 사이에 카간국을 건설했다. 아바르족과 뒤섞여 이동한 여러 튀르크계 민족들은 650년경 카스피해 동쪽에 카간국을 수립했다.

6세기부터 북반구의 더 한랭한 기후와 말에게 초지를 제공한 스텝 지대의 더 많은 강우량이 유목 민족들의 이동을 촉진했을 것이다. 강우량이 증가하면서 중앙아시아 스텝 지대에서 습도가 높아진 것은 페스트가 다시 출현한 원인이었을 것이다. 페스트는 541년 지중해를 강타했고, 아마 중국에도 수백 년간 충격을 주었을 것이다. 지중해에서 유스티니아누스 역병은 유라시아 가장자리의 인구를 급감시켰다. 중국 인구는 400년까지 반토막이 났고, 인도 인구는 아마도 3분의 1이 줄었을 것이며, 서남아시아, 이집트, 유럽의 인구는 700년까지 절반으로 감소했다. 200년부터 500년까지 이 구세계 핵심 지역들의 총 인구는 2억 1100만 명에서 1억 4700만 명으로, 또는 세계 인구의 82퍼센트에서 71퍼센트로 줄었다.

세계 기후는 아메리카 대산계大山系의 사회들도 압박했다. 아시아의 계절풍이 약해짐에 따라 태평양 건너편의 강우량이 증가했다. 모든 증거는 400년부터 1000년까지 아메리카에 억수비가 잇달아 내려 강우량이 극히 많았음을 시사한다. 엘니뇨 암흑시대가 시작되면서 전기 중간기Early Intermediate Period(기원전 200년~기원후 600년) 페루의 모체 문화와 나스카 문화가 무너졌다. 기원전 200년경 출현한 두 문화는 6세기 후반 강력한 엘니뇨가 촉발한 홍수와 극심한 가뭄을 견디지 못하고 멸망했다. 얼추 같은 시기에 테오티우아칸의 대규모 도시 국가들도 멕시코 산악 지대를 강타한 가뭄에 무너졌다. 모체와 나스카 문화가 사라지는 가운데 엘니뇨의 변덕스러운 충격을 견뎌내기 위해 기존과 다른 정착과 생존의 전략을 구사하는 중기 호라이즌기Middle Horizon Period(기원후 600~1000년)의 새로운 문화들이 출현했다. 산악 지대 남부의 국가 와리Wari는 높은 고도에 있는 수원에서 물을 끌어오는 광범한 관개 체계에 투자했으며, 티티카카호에서 가깝고 높은 고도에 자리한 티와나쿠는 호수의 바닥이 융기한 독특한 지형에서 작물을 재배했다. 두 나라 모두 도시를 중심으로 하는 응집력 있는 제국으로서 수백 년간 존속했다. 유카탄반도에서 고전기 이전[기원전 2000~기원후 250년—옮긴이] 마야 문화는 고대 기후 최적기의 비교적 안정적인 환경에서 수백 년간 발전하다가 기원후 200년경 극심한 가뭄이 잇따르는 시기에 버려졌다. 고전기 마야 문화는 300년 이상 발전하다가 마야 단절기hiatus라고 알려진 580년대—앞서 말했듯이 멕시코의 테오티우아칸 문화와 페루의 모체 및 나스카 문화가 가뭄에 타격을 받은 시기—에 다시 버려졌다[마야의 고전기(250~900년)는 이 시기를 기준으로 전기와 후기로 나뉜다—옮긴이].

겨울철 강우량이 대폭 늘어난 데 이어 전염병으로 인구가 감소한 지중해 일대에서는 고대 세계가 붕괴되면서 환경에 심대한 영향을 끼쳤다. 로마 시대에는 증가하는 인구가 주변부 지역들로 이주해 경사진 계단식 경작지를 어렵사리 개간했다. 그러나 유스티니아누스 역병이 전 인구를 휩쓸고 지나가면서 계단식 경작지는 억수처럼 쏟아지는 겨울비에 무너져내렸다. 이전 수백 년간 개량해온 농업이 파괴되고 토양 침식의 물결이 일기 시작했다. 비탈진 농지가 무너짐에 따라 생존자들은 피난을 갔다. 로마 시대 이탈리아에서 농업 인구는 저지대와 고지대에 조밀하게 퍼져 살았지만, 급습이 횡행한 고대 후기의 사람들은 저지대의 도시와 저택을 포기하고 전기 철기 시대처럼 방벽을 두른 산촌에 모여 살았다.

역설적으로 이 생존자들은 대부분 고전기의 선조들보다 잘 지냈다. 인구가 감소한 덕에 더 적은 사람들이 더 많은 자원을 이용할 수 있었고, 제국 교역이 파탄나 지난날 수많은 목숨을 앗아갔던 질병들의 확산 범위가 축소되었다. 성인의 신장(身長)을 척도로 삼을 수 있다면, 인구 감소는 일상의 건강에 이로웠던 것으로 보인다. 전 세계 데이터가 없긴 하지만, 유럽의 신장 증거는 상당히 인상적이다. 역병의 맹공을 견디고 살아남아 더 한랭한 기후의 도래와 제국 구조의 침식에 적응한 사람들은 조상들보다 키가 더 컸다. 여러 연구 결과는 6세기 유럽인들이 로마 제국 시대 사람들보다 대략 2~2.5센티미터 더 컸음을 보여준다. 유럽인의 신장은 그다음 수백 년간 다소 내려가기는 했으나 그래도 로마 시대 평균보다는 컸고, 중세 기후 최적기의 처음 두 세기인 11세기와 12세기에 전반적으로 올라갔다. 영국의 유골들은 로마 시대 이후 사람들이 키가 더 컸을 뿐 아니라 치아 상실, 충치, 해리스 선Harris lines(아동기에 굶주려 성장이 지연될 경우 장골에 생기는 선)을 기준으로 볼 때 얼마간 더 건강했음을 가리킨다. 놀랍게도 덴마크 바이킹들은 신장이 작아졌는데, 인구 성장, 내부의 계층화, 장거리 습격과 교역이 그들의 신장에 악영향을 끼쳤을 것이다. 그렇다 해도 전반적인 추세는 뚜렷하다. 로마 제국 시대의 고밀도, 불평등, 질병 노출에서 벗어난 뒤 유럽인들은 더 건강해졌다.

암흑시대의 변형과 경쟁, 위기—기원후 400~950년

고대 세계의 말기에, 또는 오늘날 말하는 고대 후기에 강력한 신흥 종교들이 출현했다. 기독교는 로마 제국 전성기의 급진적인 종파로서 역병들과 함께 퍼져나갔다.

이 신흥 종교가 강조한 형제애와 박애는 생존과 개종의 수단이었을 것이다. 아드리아노플 전투에서 로마군이 고트족에 격파되고 2년 후인 380년, 로마는 기독교를 제국의 국교로 채택했다. 이슬람은 200년 후 고대 후기의 더 폭넓은 기후계가 한랭해진 때에 아라비아에서 창시되었다. 536년 겨울 아이슬란드에서 화산이 폭발하고 542년 유스티니아누스 역병이 엄습한 데 이어 6세기 후반에 기상 이변까지 발생하자 로마 제국의 권위는 더욱 급격히 허물어졌다. 570년경 태어난 예언자 무함마드는 610년경 신의 계시를 받고 622년 메디나Medina로 피신했다. 이곳에서 새로운 세계종교가 생겨났다.

50년도 안 돼 이슬람의 세력권은 아라비아에서 동쪽으로는 메소포타미아와 페르시아까지, 북쪽으로는 아나톨리아까지, 서쪽으로는 이집트와 북아프리카 해안까지 확대되었다. 750년까지 이슬람은 에스파냐에서 신드Sind(파키스탄 남동부)까지, 그리고 건조한 스텝 남부까지 도달했다. 고대 후기의 기후 패턴은 이슬람의 흥기와 팽창에 이로웠던 것으로 보인다. 6세기와 7세기의 재앙적인 홍수와 유스티니아누스 역병의 계속되는 영향은 로마의 제권을 계승한 비잔티움 제국의 저항을 분명 약화시켰다. 반면에 서남아시아, 북아프리카 해안, 페르시아는 고대 후기 내내 남쪽으로 더 강하게 불어온 대서양 편서풍과 비교적 많은 강우량의 덕을 보았다. 이 패턴은 아랍-이슬람 세력권의 도처에서 생겨난 대도시들의 농업 기반을 강화했을 것이다. 또한 이 패턴은 아프리카 사헬 서부에 자리한 가나 제국의 운명도 좌우했을 텐데, 450년경부터 마침내 이슬람 침략군에게 제압당한 1050~1100년까지 가나의 강우량은 비교적 높은 수준에서 오르내렸다.

이 이슬람 황금시대 동안 새로이 기독교화된 유럽은 고통받았다. 동쪽 스텝에서 고트족, 알란족, 훈족이 몰려오기 시작한 지 이미 오래였으며, 711년 에스파냐를 휩쓸기 시작한 우마이야 왕조는 고트족 왕이 통제하던 도시들을 손에 넣었다. 732년 투르-푸아티에 전투에서 프랑크족이 이슬람의 침공 위협을 저지하긴 했지만, 이번에는 북쪽에서 바이킹이 흥기해 793년 북유럽 해안을 습격한 것을 시작으로 200년 넘게 유럽 곳곳에 출몰했다. 이 수백 년간 카롤루스 왕조 프랑크족은 잠시나마 로마 제국의 권위를 복원했다고 주장했다. 카롤루스 마르텔루스Carolus Martellus는 732년 투르-푸아티에 전투에서 군대를 이끌었고, 그의 손자 카롤루스 대제Carolus Magnus는 800년에 교황에게 대관을 받았다. 카롤루스 왕조는 사법 개혁과 가톨릭교회 지원을 통해 이후 수백 년간 이어질 중요한 발전의 토대를 놓았지만, 그 배경에는 고대 후기에 마지막으로 격렬해진 기후 변화가 있었다.

일련의 극심한 화산 폭발에서 직접 기인한 것으로 보이는 기후 변화의 압력은 760년대부터 940년대까지 겨울의 혹독한 추위와 여름의 억수비로 나타났다. 이런 가혹한 날씨는 특히 카롤루스 왕조가 무너져간 9세기에, 820~845년과 867~874년에 기근과 결핍을 야기해 인간과 짐승을 괴롭혔다. 이런 기근은 우역牛疫으로 보이는 소 전염병이 널리 퍼진 560년대와 980년대 사이에 발생했다. 이 기간에 유럽의 소들 사이에서 급증한 질병에 사람들도 전염되었던 것으로 보이며, 뒤이어 1000년경 곧바로 분간할 수 있는 현대적 형태의 홍역이 출현했다.

암흑시대 유럽의 사태와 비슷한 사태가 태평양 양쪽에서도 전개되었다. 900년경 마야의 마지막 변형은 전 세계적 사태의 한 징후였다. 7세기에 재건된 마야의 위계제는 대규모 신전-도시들을 정교한 수자원 관리 체계를 이루도록 건설하고, 신전을 높은 곳에 짓고, 우기의 빗물을 인접한 채석장과 석호에 저장하는 방법으로 건조한 암흑시대 환경에 대처했다. 길게 보아 마야의 농업 관행과 인구 성장이 지속되지 못했을 가능성이 높긴 하지만, 위기를 불러온 것은 외생적 기후 조건이었다. 위기에서 회복하고 두 세기에 걸쳐 더 팽창한 뒤 마야 도시들은 760년부터 일련의 극심한 가뭄에 직면했다. 그로부터 약 150년 후에 저지대의 대도시들은 완전히 쇠망한 상태였다. 마야 도시들에 연이어 닥친 가뭄은 안데스 지역에서 갈수록 변덕스럽게 발생한 엘니뇨 홍수 및 가뭄과 관련이 있었다. 안데스에서 와리 제국은 800년 이후에, 티와나

쿠 문명은 1100년경에 분열되었다. 마야는 정확히 말하면 쇠망하지 않았을 것이다. 마야 도시 문명의 중심지들은 고지대에서 존속했거나, 유카탄반도 내에서 교역에 더 중점을 두는 해안 지역으로 이동했다.

같은 시기 태평양 건너편 중국에서도 비슷한 궤적이 그려졌다. 한나라가 멸망하자 220년부터 589년까지 정치체들이 치열하게 각축을 벌인 냉혹하고 불안정한 '위진남북조' 시대가 이어졌다. 결국 수나라가 중국을 다시 통일했고, 618년 당나라가 더 결정적으로 재통일했다. 여름 계절풍 기록은 위진남북조 시대 거의 내내 여름 계절풍이 적당히 불다가 550년경부터 강해졌음을 시사한다. 한나라 이후 중국을 처음으로 재통일한 수나라의 짧지만 중요한 존속 기간(581~618년)은 강한 여름 계절풍이 끝난 시기와 일치하며, 수나라의 마지막 수년간 이어진 홍수는 왕조를 무너뜨린 반란을 촉발했다. 당나라의 존속 기간(618~907년)은 마야 연대기의 후기 고전기와 거의 정확히 일치하고 페루 와리 제국과 티와나쿠 문명의 전성기에 해당한다. 기원후 1세기의 판도와 비슷한 중국을 통일해 성공적으로 통치하고 확장한 당나라는 대략 710년부터 730년까지 되풀이해 발생하는 홍수와 가뭄, 메뚜기 떼에 시달렸다. 또한 스텝 지대 부족들 사이에 심각한 '역병'이 발생한 이 무렵에 서부 변경에서 전쟁에 휘말렸다. 이 변경 전쟁은 당나라의 자원과 정당성을 앗아간 안사安史의 난(755~763년)을 촉발했다. 당나라 말기에는 가래톳 페스트—아마도 스텝 유목민에게서 반란군을 통해 들어왔을 것이다—가 남중국 해안의 넓은 지역들을 덮쳐 중국 인구가 급감했다. 반란, 중앙 권위의 붕괴, 역병의 충격 때문에 약해진 당 조정은 마지막 100여 년간 악전고투했다. 그러나 가뭄, 홍수, 메뚜기 떼, 50년에 걸친 매서운 겨울 계절풍과 약한 여름 계절풍으로 비롯된 기근, 그리고 30년간 낮게 유지된 여름 기온 등은 비적과 반란의 물결을 일으켰다.

온난해지는 세계 기후: 중세 속으로, 950~1260년

암흑시대를 형성한 기후 조건은 950년경 물러가기 시작했다. 암흑시대의 화산 분출이 끝나고 태양 극대기가 50년간 이어지면서 북반구의 기온이 급격히 올라갔다. 그렇게 상승한 기온은 150년 넘게 유지되었다—고전기 태양 극대기 이후 20세기 전까지 가장 높은 기온이었다. 이 변화와 함께 전 지구의 기후계가 변동했다. 겨울 편서풍이 강해지고 남유럽에서 북유럽으로 이동함에 따라 북대서양에서 유빙이 후퇴했고, 인도와 중국에 비를 뿌리는 여름 계절풍이 다시 불어왔다. 이와 비슷하게 남반구에서도 편서풍이 극지방 쪽으로 이동함에 따라 습한 공기가 인도양에서 아프리카 동부와 남부의 해안으로 흘러갈 수 있게 되었다. 이 모든 변동은 북유럽과 인도, 중국에서, 아울러 동남아시아에서 엄청난 번영을 뒷받침했다. 그러나 세계의 다른 지역들에서는 그다지 이롭게 작용하지 않았다. 태평양 건너편 아메리카 대륙은 심각한 라니냐 가뭄에 휘둘렸으며, 캘리포니아부터 미시시피강 유역까지 넓은 지역에 1100년부터 1250년까지 장기간 가뭄이 들었다. 가뭄은 아프리카 사헬 지역 일대도 강타했다. 그리하여 930년경부터 이집트 나일강의 유량이 역사적인 수준으로 줄어들어 한동안 범람이 부족했다. 그리고 겨울 편서풍이 북쪽으로 이동함에 따라 지중해 지역 대부분이 훨씬 더 건조해졌으며, 중앙아시아도 마찬가지로 건조해져 14세기 초까지 심각한 가뭄이 그치지 않았다. 이런 이유로 한때 중세 온난기라고 불렸던 이 기간을 지금은 '중세 기후 이상기'라는 더 중립적인 용어로 부르고 있다.

비가 부족하게 내린 곳은 힘겨운 시절을 겪어야 했다. 메소아메리카에서는 하나의 석조 도상에서 유래한 깃털 덮인 뱀을 공통으로 숭배한 듯한 여러 지역 정치체들 사이에 권력이 분산되었다. 안데스에서는 가뭄이 심화됨에 따라 큰 정치체들의 세력권이 줄어들었다. 다만 태평양 해안을 따라 항행 교역을 한 것으로 알려져 있는 치무족Chimú만은 예외였다. 북아메리카에서는 다가오는 가뭄이, 매우 압축적으로 진행된 원형적 국가의 형성에 영향을 주었다. 북아메리카 남서부의 고원 지역들과 미시시피강 중류 지역들에는 기후가 온난하고 건조하게 변하기 시작한 900년경에 이미 촌락을 근거지로 삼고 곡물/옥수수 농업으로 식량을 얻는 집단들이 있었으며, 미시시피강 동쪽에는 후기 우드랜드기 부족들이 있었다. 그런 가운데 이른바 미시시피 문화에서 강력하고 강압적인 위계제가 빠르게 형성되었다. 남서부의 차코 협곡Chaco Canyon과 오하이오강 및 미시시피강이 합류하는 지점에 자리한 도시 국가 커호키아Cahokia는 각각 넓은 지역의 중요한 중심지였다. 두 지역과 그 중심지는 중세의 건조한 라니냐가 극에 달한 13세기 중엽에 현저히 쇠락했다. 남서부에서는 대가뭄의 첫 단계인 1120~1150년에 차코 협곡의 의례 중심지가 버려졌다. 1250년경 가뭄의 영향이 계속되는 가운데 푸에블로족은 메사 베르데Mesa Verde에 방어를 위해 건설한 커다란 절벽 주거지에 모여 살다가 돌연 이곳을 버리고 1300년경 리오그란데강 유역으로 이주했다. 한편, 미시시피강 유역에서는 1100년부터 1245년까지 가뭄이 갈수록 맹위를 떨쳤고, 그 결과로 커호키아의 인구가 1075~1100년의 최고치에서 점점 줄었다. 1140년경 정말로 극심한 가뭄이 처음으로 닥쳤을 때 커호키아 인구를 지탱해온 일리노이 초원의 농경 공동체들은 결국 이주할 수밖에 없었다. 1140~1155년의 가뭄기와 1245년까지 잇따른 세 차례 가뭄기는 각각 말뚝 방어 시설을 세운 시기와 일치하는데, 이는 전쟁이 되풀이되었고 아마도 약탈을 노린 피난민 무리가 거듭 발생했음을 시사한다. 커호키아는 1350년경 사실상 버려졌다. 이와 비슷하게 미시시피강 유역 남부에서 둔덕을 쌓은 작은 정치체들이 1250년에서 1375년 사이에 사라지는 과정에서도 가뭄이 일정한 역할을 한 것으로 보인다.

중동 전역에서는 이슬람의 대규모 중심지들이 기후 변화로 심대한 타격을 입었다. 나일강의 유량이 줄고 겨울 편서풍이 북쪽으로 이동하면서 지중해 동부와 그 동쪽 지역은 가뭄으로 황폐해졌다. 극심한 가뭄은 950년경 시작되어 특히 1020년에서 1070년 사이에, 즉 유럽이 한랭한 고대 후기 기후에서 벗어나고 있던 시기에 기승을 부렸다. 이집트에 흉작이 든 데 이어 이탈리아 남부부터 이라크까지 저온 가뭄이 들었으며, 곧이어 이라크와 바그다드에서 농업과 정치가 붕괴되고, 도시들이 약해지고, 토지가 버려지고, 사방에서 유목민이 침입해왔다. 가뭄기 동안 이집트는 재앙적인 기근에 시달렸을 뿐 아니라 960년대와 1020년대, 1200년경에 지진과 전염병으로도 고통받았다.

그렇지만 나머지 지역들에서 중세는 회복과 번영, 확장의 시대였다. 곧잘 변동한 중세 기후계가 인류에게 끼친 영향은 인구의 측면에서 살펴보는 편이 가장 좋을 것이다. 세계 인구가 암흑시대의 저점인 약 2억 명으로 줄어든 700년경, 고대 유라시아의 핵심 인구 지역이었던 중국, 인도, 중동, 북아프리카, 그리고 유럽은 비록 인구를 많이 잃긴 했지만 여전히 세계 인구의 75퍼센트를 차지하고 있었다. 그후 1000년까지 사하라 이남 아프리카가 핵심 인구 지역에 합류했다. 중세 기후계의 초기인 그다음 200년간 중동과 북아프리카는 인구를 잃은 반면에 중국, 인도, 유럽, 사하라 이남 아프리카, 동남아시아는 인구를 회복하거나 순식간에 두 배로 늘려 세계 인구 4억 명 중 거의 80퍼센트를 차지했다.

이렇게 증가한 인구는 새로운 기후계의 산물이었다. 1200년 이후 한 세기 동안 인구가 더욱 극적으로 증가한 듯한 인도에서는 한층 강해진 계절풍이 고전기에 건국된 힌두교·불교 왕국들의 긴 수명을 더 늘려주었다. 특히 남인도에서는 강한 계절풍이 건조한 내륙으로 농업을 확대하는 데 도움이 되었다. 1000년경 남인도 왕국들의 상인들은 벵골만 곳곳에서 새로 출현한 복합 사회들과 활발히 교역하고 있었다. 벵골만에 면한 동남아시아에서도 중세의 강한 계절풍은 번영을 가져오고 국가 정치체들이 처음으로 발전하는 데 기여했다. 버마의 버간 왕국, 캄보디아의 크메르 제국, 베트남 중부 해안의 참파 왕국, 베트남 북부 홍허紅河 유역의 리李 왕조와 쩐陳 왕조 등이 그런 정치체였다. 인도 및 동남아시아의 계절풍과 비슷하게 열대의 습한 편동풍은 아프리카 동부 해안과 남부에 여름비를 뿌렸다. 이 여름비는 스와힐리 해안에서 인도양 교역에 참여하는 도시 국가들이 출현하는 데 보탬이 되었는가 하면, 소를 치고 철기를 제작한 반투족이 내륙으로 이주해 원형적 국가들을 건립하고 그레이트 짐바브웨Great Zimbabwe 같은 도시들을 남기는 데에도 도움이 되었다. 서아프리카에서는 과거 가나 제국의 중심부 서쪽으로 흐르는 잠비아강과 세네갈강 유역에 본거지를 둔 말리Mali 제국이 삼림 지역에서 사하라 사막을 거쳐 모로코와 지중해 일대까지 북쪽으로 금을 운송하는 교역을 통제했다.

최대 규모의 확장은 중국과 유럽에서 이루어졌다. 700년부터 1000년까지 유라시아 서부의 역동적인 세력은 이슬람 세계였지만, 따뜻한 기온과 규칙적인 강우 덕에 이제 유럽이 주도권을 쥐기 시작했다. 1000년부터 1300년까지 유럽 인구가 3600만 명에서 7900만 명으로 두 배가 되는 동안 중동과 북아프리카의 인구는 4200만 명에서 2900만 명으로 감소했다. 유럽의 성장은 융성하는 교역과 농업의 개선에 달려 있었다. 유럽은 9세기에 지중해 이슬람권과의 교역을 늘리면서 부흥하기 시작했다. 11세기까지 이 교역의 내부 역학과 외부 역학의 영향 아래 새로운 소도시와 도시가 생겨났고, 도시의 성벽 안에서 활동하는 상인 계급이 재산 관계를 규정하는 새로운 법규의 보호를 받게 되었다. 한편, 땅을 얕게 가는 고대의 가벼운 쟁기가 보습에 볏을 덧대고 바퀴를 장착한 무거운 신형 쟁기로 대체됨에 따라, 유럽의 농업은 건조한 고지대에서 비옥하고 습한 강 유역으로 확대되었다. 신형 쟁기는 처음에는 한 조의 황소들이 끌었지만 점차 더 빠르고 힘센 말들이 끌게 되었다. 중국에서 처음 개발된 뒤 유럽에 도입된 멍에 마구는 말이 힘을 쓸 때 목을 조른 고대와 로마 시대의 끈 마구에 비해 말의 효율을 대폭 높여주었다. 유럽은 서로 경쟁하는 일군의 왕국들로 갈라져 있긴 했지만, 가톨릭교회에서 유럽을 통합하는 하나의 제도적 구조를 제공했는가 하면, 엘리트층의 공통어인 라틴어를 바탕으로 유럽 전역에서 필사본 생산을 대폭 확대하고 대학을 설립한다는 목표를 추구했다. 이렇게 유럽이 공유한 가톨리교회의 지적·제도적 구조는 교리로 보강되었다. 플랑드르, 프랑스, 이탈리아를 연결하는

캄보디아의 앙코르 와트. 12세기에 수리야바르만 2세가 건설한 세계 최대 사원 단지.

회랑 지대에서 원거리 상인들이 정해진 시기에 모여 장사를 한 중세의 큰 정기시定期市들은 '팍스 크리스티아나Pax Christiana' 덕에 번창할 수 있었다. 교회는 대규모 석조 대성당과 대수도원, 일반 수도원, 대학의 건축 자금을 대는 등 그 자체로 경제적 행위자이기도 했다. 당시 건축용 철과 강의 수요를 감안하면 교회는 야금술에도 일조했으며, 특히 시토Citeaux 수도회는 금속 가공으로 유명했다. 그러나 유럽의 폭넓은 발전에도 불구하고 철 생산에는 여전히 초기 철기 시대의 괴철로를 사용하고 있었고(용광로는 14세기 말에 이르러서야 유럽에서 널리 쓰였다), 제분 기술은 사실상 로마 시대의 수준에 머물러 있었다.

960년부터 1279년까지 중국을 통치한 송 왕조는 더욱 극적인 이야기를 들려준

멍에를 맨 황소들이 쟁기를 끄는 모습. 자주 오역된 성서 「시편」 94장 20절 아래에 그린 삽화. "법의 허울로 남을 해치는 법정과 주께서 어찌 함께 어울리시리이까?"

다. 1000년에서 1200년 사이에 중국 인구는 5600만 명에서 1억 2800만 명으로 두 배 넘게 증가했다. 도시 인구만 해도 수백만 명에 달했다. 이 폭발적인 인구 성장의 배경에는 두 세기에 걸친 온난한 기온과 강한 여름 계절풍이, 그리고 단명한 경제 혁명이 있었다. 송나라는 혁신과 상업화를 지원했다. 일본 및 동남아시아와 교역하기 위해 새 항구 일곱 곳을 개항했고, 상업을 뒷받침하기 위해 화폐 주조를 엄청나게 확대했다. 벼농사는 새로운 농기구와 농법, 종자, 대대적인 관개 공사에 힘입어 이모작과 삼모작으로 발전했다. 상업과 전쟁을 위한 철 생산량은 혁명적으로 열두 배 증가했다. 철 생산 확대는 북중국에서 발생한 목재 공급 위기의 한 원인이었다. 목재가 부족해지자 4세기부터 소량 사용되어온 석탄이 1050년에서 1126년 사이에 북중국에

샤르트르 대성당. 12세기와 13세기에 대성당이 증가하면서 교회가 후원하는 대규모 토목 공사에 사용할 서까래와 비계를 얻고자 숲—이교의 성림聖林—에서 나무를 벌목했다.

서 주요한 가정용·산업용 연료가 되었다. 송나라 경제의 다른 중요한 혁신으로는 종이 제작, 인쇄술, 화약, 최초의 기계식 직물 가공 등이 있다. 중국해로 선박을 보내고 육로로 대상隊商을 보낸 송나라는 중앙아시아와 인도를 거쳐 동쪽으로 뻗어나가는 중세 세계 체제를 지배했다. 역사가 윌리엄 맥닐William McNeill은 송대의 경제 혁명이 근대 시장 경제가 출현하고 그 권력과 영향권이 확대되는 방향으로 "세계사에서 결정적인 균형을 바꾸었다"라고 주장했다.

소빙하기의 초기와 흑사병, 1260~1350년: 할슈타트 태양 대극소기의 귀환

세계는 아주 오래된 진동에 다시 한번 휘둘렸다. 중세 세계를 대체로 규정한 기후계는 장차 18세기 초까지 이어질 소빙하기의 첫 단계인 13세기에 진동의 방향을 바꾸기 시작했다. 1258년 멕시코 엘치촌 화산의 대분화와 1260년대에 급속히 시작되어 60년간 지속된 울프Wolf 태양 극소기가 새로운 기후계를 촉발한 것으로 보인다. 울프 극소기는 청동기 시대 위기 이후 자취를 감추었던 할슈타트 태양 대극소기를 구성하는 세 차례 주요 태양 극소기 중 첫번째였다. 소빙하기의 절정기에는 북대서양에서 유빙이 전진했고, 아시아에서 계절풍이 약해졌으며, 아메리카 해안에 비를 뿌리는 강한 엘니뇨 패턴이 돌아왔다. 북반구 겨울 편서풍은 남쪽으로 이동하여 지중해에는 다시 세찬 비를, 유라시아의 건조한 스텝 지대에는 습기를 불러왔다. 겨울철 시베리아 고기압이 강해짐에 따라 북반구의 기온은 극적으로 낮아졌고 1560년대부터 1690년대까지 최저 수준을 기록했다. 단기적으로 1270년대부터 1350년대까지 소빙하기의 초기는 유럽에 변덕스럽고 습한 여름을 불러왔다.

이렇게 변동하는 패턴이 사회들에 끼친 영향은 이번에도 다양했다. 남인도의 힌두교 왕국들과 동남아시아의 신생 국가들은 모두 남아시아의 계절풍이 약해지면서 피해를 입었다. 아메리카 대륙에서 엘니뇨 강우량이 증가한 변화는 두 대제국, 즉 멕시코의 아스테카 왕국과 안데스의 잉카 제국이 부상하는 데 도움이 되었을 것이다. 유럽에서 폭발적으로 증가하는 인구는 이미 유기적 경제의 한계를 압박하고 있었다. 빈민층의 식단과 건강이 악화된 것이 그 증거였다. 13세기 말의 습한 여름은 카롤루스 왕조 시대 이후로 본 적이 없는 참상을 초래했다. 1280년대부터 양이 옴, 간흡충, 가축 전염병으로 고통받았고, 흉작이 들어 수확량이 부족해지기 시작했다. 또 1315년부터 1321년까지 비가 지나치게 많이 내린 탓에 유럽 전역이 기근에 허덕였고, 곧이어 우역이 발생해 유럽 내 소의 절반이 죽었다.

중국의 위기는 유럽의 위기보다도 참혹했다. 위기의 시작은 기후 변화와, 그리고 스텝 유목민의 오래된 위협과 관련이 있었다. 중세 중국의 위기에는 세 단계가 있었다. 먼저 1120년대 후반에 만주 여진족의 기습에 북송北宋이 멸망했다. 90년 후인 1214~1215년, 칭기스 칸이 이끄는 몽골족이 북중국을 침공했다. 그후 남송南宋은 계속 경제적 번영을 누렸지만 결국 1279년 몽골족에 정복당했다. 한랭기의 잔혹한 정복은 떼죽음을 불러왔다. 몽골족은 특히 북중국을 미친듯이 파괴했다. 농민들은 학살을 당하거나 인해전술에 투입되었고, 식량 생산은 중단되었으며, 추정하건대 전염병 피해도 있었을 것이다. 북중국 인구는 1195년 5000만 명에서 1235년 850만 명으로 급감했다. 중국 전체 인구는 1200년 최고치인 1억 2800만 명에서 1400년 7000만 명으로 감소했다. 여진족과 몽골족 모두 특별한 기후 전환기에, 즉 중국에 한랭 건조한 겨울이, 북쪽 스텝 지대에 온난 다우한 여름이 찾아온 시기에 중국을 침공했던 것으로 보인다.

칭기스 칸과 그의 아들들은 엄격하게 편제된 강력한 군사 기구를 창안했다. 몽골족이 여전히 매우 건조했던 중앙아시아를 엄청난 속도와 힘으로 가로질러 서진할 수 있었던 이유를 군사 기구의 이런 특성으로 설명할 수 있을 것이다. 1227년 칭기스 칸이 사망한 무렵에 몽골족은 카스피해에 도달했고, 1241년까지 키예프 공국을 대부분 파괴하고 중부 유럽의 가장자리에 이르렀다. 1258년 몽골족은 이슬람 아바스 왕조 칼리프국의 본거지인 바그다드를 함락하고 약탈했다. 1280년대에 이르면 네 개의 커다란 칸국Khanate이 흑해부터 페르시아를 거쳐 남중국까지 광대한 유라시아를 통제하고 있었다. 스텝 지대의 세력이 구세계 문명의 발상지들 중 두 곳[메소포타미아 문명과 황허 문명—옮긴이]을 다시 한번 집어삼킨 터였다.

유라시아를 통일한 몽골족이 쇠락하면서 1340년대부터 구세계 곳곳은 극심한 혼란에 빠져들었다. 그러나 유럽과 이슬람은 이미 경합하고 있었다. '팍스 크리스티

"어서 도시를 세우고 그 가운데 꼭대기가 하늘에 닿게 탑을 쌓아 우리 이름을 날려 사방으로 흩어지지 않도록 하자."(「창세기」 11장 4절) 바벨탑은 인간의 오만을 상징하지만, 생태적 재해에 대한 대응책을 나타내기도 한다. 성서의 바빌론 이야기에 따르면 탑을 쌓은 사람들은 대홍수 이후에 정착할 장소를 발견했다.

아나'를 누린 고중세[약 1000년부터 1250년까지—옮긴이]에 유럽은 레반트 지역으로 시선을 돌렸다. 튀르크인으로부터 비잔티움을 지켜달라는 요청을 받은 십자군은 1096년 예루살렘까지 진군한 뒤 아나톨리아 남부부터 성지聖地 사이 레반트 지역에 일군의 군소 국가들을 세웠다. 이곳에서 베네치아인과 제노바인을 필두로 하는 유럽 상인들은 동쪽으로 향신료와 비단의 공급처인 인도양까지 닿는, 수익성 좋고 중독성 강한 교역을 재개했다. 그렇지만 이슬람 쪽으로 점차 형세가 역전되었고 결국 마지막 남은 군소 국가들까지 1291년 맘루크군에 의해 파괴되었다. 그보다 30년 전에 유럽 상인들은 동양으로 이어지는 해상 교역로에서 점차 차단당하자 동양에서 서양으로 향하는 육상 교역을 가로채기 위해 흑해 북부 해안으로, 킵차크 칸국의 가장자리로 이동했다.

구세계에서 페스트의 발병은 스텝 지대의 기후 조건과 밀접한 관련이 있었다. 강우는 유목민 군대를 실어나른 말들의 먹이인 풀만이 아니라 페스트균을 먹여 살리는 생물군까지 키웠다. 중세의 몹시 건조한 기간이 지난 뒤 스텝 지대에 다시 겨울비가 내리기 시작했다. 1220년대부터 1270년대까지는 미미하게 간헐적으로 내렸고, 그 후 소빙하기 패턴이 시작된 1330년대와 1340년대에는 상당히 오락가락하면서도 더 확실하게 내렸다. 페스트는 1331년 중국을 강타했을 것이고, 1338~1339년 키르기스스탄의 도시 이식쿨Issyk Kul을 덮쳤을 것이다. 오늘날 유전학적 연구에 따르면 페스트는 실크로드 네크워크 동단의 중심지에서, 즉 키르기스스탄과 황해의 중간쯤에 있는 칭하이-티베트 고원에서 발생했을 것이다. 1346년 사소한 다툼 이후 킵차크 칸국은 흑해 크림반도 해안의 도시 카파Kaffa 안에 있는 제노바 상인들을 포위했다. 1347~1348년 카파에서 달아난 선박들이 지중해 동부의 항구들로 가래톳 페스트를 가져갔다. 그로부터 2년 내에 유럽과 중동 인구의 최대 3분의 1이 사망했다. 페스트는 사하라 사막을 건너 서아프리카로도 퍼져나갔다.

소빙하기의 시작과 흑사병의 도래는 2000년 전인 청동기 시대 말기와 그 이전으

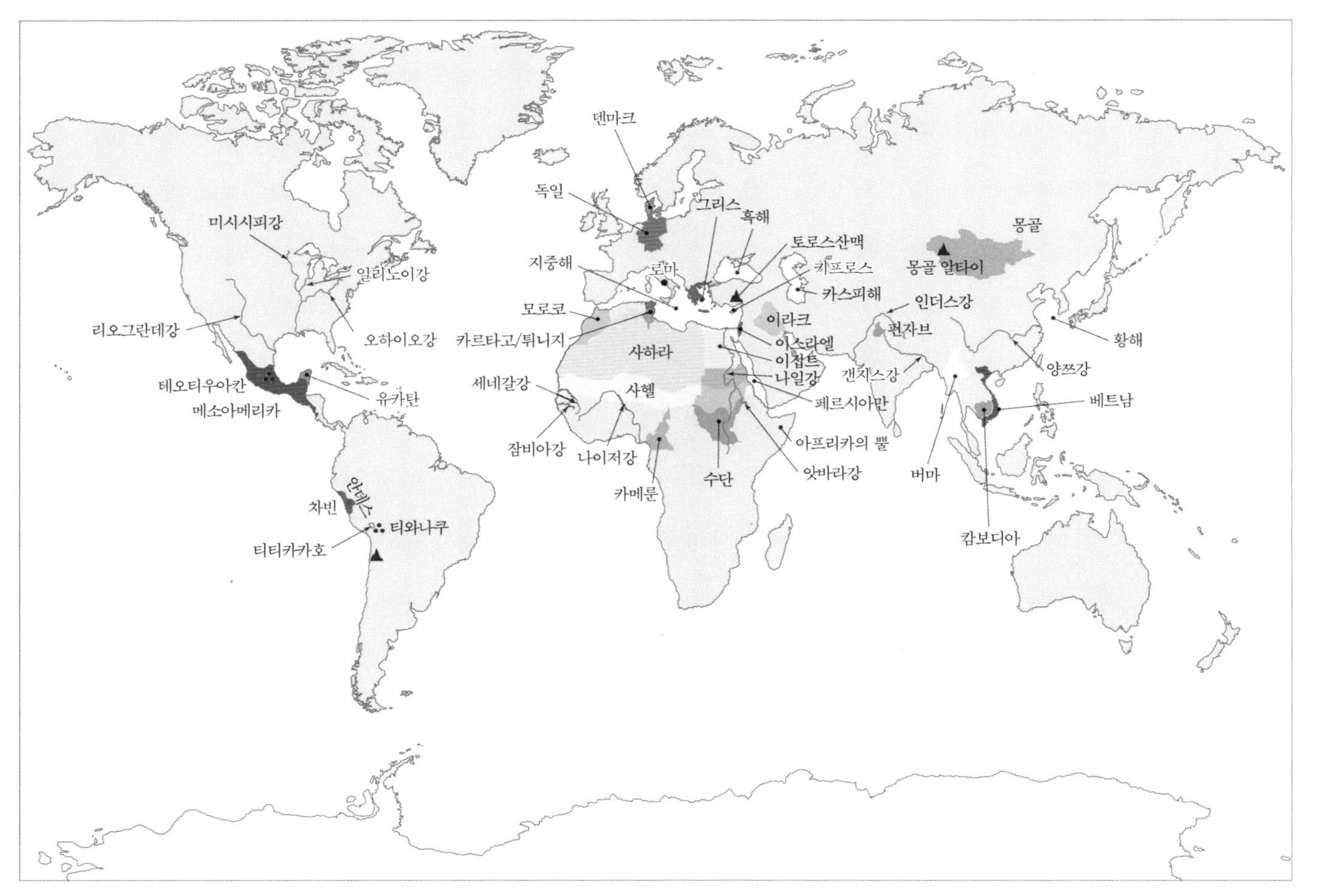

제5장에서 논하는 고대와 중세 세계의 지역들.

로 거슬러올라가는 한 주기의 막바지에 해당하는 참혹한 하강기였다. 이 진동하는 패턴이 세계적 규모로 일관되게 나타난 까닭은 세계 기후사에서 되풀이되는 다른 대규모 패턴의 작용 때문이었다. 그 패턴이란 청동기 시대에서 철기 시대로 넘어가는 위기의 시대와 소빙하기에 나타난, 2200년 주기를 가진 할슈타트 태양 대극소기다. 중간에 반半주기를 가진 암흑시대가 끼어 있긴 했지만 할슈타트 태양 대극소기를 겪지 않은 고대와 중세의 기후계는 더 온난했다. 구세계, 특히 유라시아에서 이렇게 온난하거나 한랭한 시대들의 영향은 광활한 내륙 스텝 지대의 건조하거나 습한 조건으로 인해 증대되었다.

광범한 자연의 힘에 맞서 인류는 한정된 자원을 동원할 수 있었다. 인류의 유골은 정신이 번쩍 들게 하는 이야기를 들려준다. 이 장에서 다룬 2000년 내내 인류는 건강이 나빴고, 잠재력을 실현하지 못했으며, 수명이 짧았다. 이 기간을 통틀어 가장 중요한 기술 발전은 구세계가 철에 기반을 둔 야금술로 옮겨간 것이었다. 절대다수의 생활 조건을 근본적으로 바꾸려면 과학 혁명을 기다려야 했다. 그러나 자연이 진동할 때마다 인류는 대대로 문화적·제도적 실천을 통해 미래를 위한 토대를 차곡차곡 쌓아나갔다.

CHAPTER

06

지적 전통들

철학, 과학, 종교, 예술—기원전 500년~기원후 1350년

데이비드 노스럽

인간은 언제나 세계를 탐색하면서 눈에 보이는 것은 이해하려 하고 너무 멀리 있어 검토할 수 없거나 아예 볼 수 없는 것은 추론하려 했다. 고고학자 브라이언 페이건 Brian Fagan에 따르면, 1만 년 전 세계 각지의 사람들은 인간의 삶이 계절의 순환에 의해, 천체의 운행에 의해, 보이지 않는 영혼에 의해 좌우된다고 결론 내렸다. 그들은 동굴과 높은 산, 신성한 샘 같은 특별한 자연적 장소뿐 아니라 인간이 만든 피라미드, 탑, 성소聖所, 신전에서도 영혼과 소통할 수 있다고 믿었다. 그들은 세상을 떠난 조상이 영혼과의 소통을 중재할 수 있다고, 아울러 살아 있는 사람도 꿈이나 환영, 또는 다른 형태의 의식 변성變性을 통해 그렇게 할 수 있다고 생각했다. 그런 믿음이

시칠리아 아그리젠토에 있는 콘코르디아 신전은 건축된 지 약 1000년 후인 기원후 430년경 기독교의 교회가 되었다. 고대 그리스의 식민지였던 시칠리아에 잘 보존된 도리스 양식 신전으로, 양 측면에 각각 열세 개의 기둥이 있다.

만연하긴 했지만, 사회들은 각기 고유한 선조의 영혼, 신, 성소, 영매靈媒를 갖고 있었다. 그러므로 한 사회의 관념과 관행은 이웃 사회들이 보기에 알아들을 수 없는 언어만큼이나 이질적인 것이었다.

약 2600년 전부터 중요한 사상가들이 문화적 경계를 넘는 데 성공해 현재까지 살아남은 새로운 지적 체계들을 창안했다. 여기에는 남아시아와 동아시아, 헬레니즘 세계에서 연원한, 오늘날 철학이라 부르는 사고방식, 초기 수학과 과학적 탐구, 그리고 근동에서 예수와 무함마드가 창시한 새로운 두 종교가 포함되었다. 철학, 과학, 종교를 별개의 실체로 기술하는 편이 편리하긴 하지만, 거의 이 시대 내내 철학, 과학, 종교 사이의 선은 유동적이었다. 논리적인 윤리 체계들은 초자연적 존재를 언급했고, 초자연적 계시를 믿는 사람들은 그런 계시를 합리적 사고와 조화시키려 했으며, 과학적 탐구를 하는 사람들은 마술적이거나 신화적인 설명을 배제하지 않았다. 예컨대 연금술은 화학의 어머니였으며, 점성술은 천체의 운행을 추적하려는 노력을 뒷받침했다.

이 장에서는 그런 지적 전통들을 아시아, 유럽, 아프리카 일부에 국한해 살펴본다. 여기에는 두 가지 이유가 있다. 첫째, 이들 지역에서 생겨난 전통들은 석조 건축물과 예술만이 아니라 그 발전과 확산을 입증하는 풍부한 문헌 증거까지 남겼다. 중앙아메리카의 마야 문명처럼 이 시대의 다른 지역들도 기념비적 건축물과 예술, 글을 남겼지만, 그 지역들의 지적 역사를 사실에 근거해 일관되게 서술하는 것은 아직 불가능하다. 유라시아로 국한해 서술하는 둘째 이유는 추측에 더 가깝다. 유라시아의 조건, 즉 인구가 더 조밀하고 도시 중심지들이 사람들로 북적거리고 교역을 통해 문화적 교류가 이루어졌다는 조건은 중요한 사상가들이 등장할 가능성을 높였을 것이다. 달리 말하면, 세계의 다른 지역들에 위대한 사상가들이 존재했을 수도 있지만, 그들의 존재를 뒷받침하는 증거, 그들의 가르침이 기록되지 않은 채 살아남고 퍼져나갔을 수도 있다고 추론할 만한 증거가 너무 적다.

'축의 시대'?

2차대전 이후 독일의 다작 실존철학자 카를 야스퍼스는 고대 후기의 특별한 '축의 시대'—종교와 철학을 포함하는 사유의 근본적인 범주들이 태동한 시대—라는 개념을 대중화했다. 야스퍼스는 이 기간이 세계사에서 기존 문명들과 새 시대를 가르는 전환점이었다고 주장했다. 이 생각은 널리 논의되고 논박되어왔다. 오늘날 역사가들이 야스퍼스의 주장을 모두 받아들이는 것은 아니지만, 이 시대에 인도에서 힌두교와 불교, 중국에서 공자와 노자, 페르시아에서 (조금 더 이른 시점에) 자라투스트라, 이스라엘에서 유대교 예언자들, 그리스에서 플라톤과 아리스토텔레스, 그 밖에 다른 많은 전통들이 등장했다는 사실은 부인할 수 없다. 이 전통들이 본래 기원한 지역 밖으로 퍼져나가고 오랫동안 존속했다는 사실도 마찬가지다.

무엇이 이 시대의 중요한 사상가들을 낳았을까? 일부 학자들은 이 시대의 지적 전통들이 서로 다른 지역에서 기원하기는 했으나 비슷한 철학적 원리나 종교적 통찰을 공유했다고 주장했다. 다른 학자들은 위대한 현인들이 등장한 시기에 문해력, 제국, 주화 역시 확산되고 있었다고 주장했다. 글, 제국, 주화와 지적 전통들 사이에 직접적인 연관은 없었지만, 공통의 물질적 조건이 지적 전통 모두를 촉진했을 가능성은 있어 보인다. 팽창하는 상업과 제국은 상품뿐 아니라 이념도 전파할 수 있는 상호작용망의 발달을 촉진했으며, 인구 밀도가 높은 사회의 사회경제적 위계는 일부 사람들에게 선생으로든 학생으로든 사변적 이념을 추구할 만한 여가를 제공했다. 축의 시대의 특출한 개인들은 지적·영적 통찰을 인정받을 자격이 있지만, 그들의 가르침이 유지된 핵심 이유는 글로 적혔다는 데 있다. 문자 텍스트는 박해를 피해 숨길 수 있었고, 먼 장소로 옮길 수 있었으며, 수백 년 후에 재발견될 수 있었다. 흥미로운 사실은 이 장에서 검토하는 철학과 종교 전통의 창시자들 중 스스로 무언가를 쓴 사람은 아무도 없다는 것이다. 그들의 말을 기록한 것은 추종자들이었다.

지적 전통들을 이성이나 신의 계시의 산물, 또는 둘의 혼합의 산물이라고 주장할 수는 있지만, 역사는 그 창시자들과 초기 추종자들이 당대의 믿음과 관습, 추세도 받아들였음을 보여준다. 예술과 건축의 양식이 시공간을 통해 전파되면서 체계화되고 변경되었던 것과 마찬가지로, 후대의 추종자들은 지적 전통의 믿음과 관행을 공고히 다지고 정교하게 다듬는 한편 수용하는 사회에 맞추어 재해석했다. 이런저런 이유로 더 성공적인 전통일수록 더 많은 분파나 학파로 쪼개졌다.

모든 전거는 고타마 싯다르타가 불교의 창시자라는 데 동의한다. 다만 싯다르타의 생몰 연대는 전거들이 흔히 제시하는 기원전 563년경~483년경보다 일렀을 것이다. 붓다의 본래 가르침을 재구성하는 것은 난제인데, 가장 오래된 문헌들마저 붓다가 죽고 수백 년 후에, 불교 교파들이 서로 딴판인 교리를 가르치던 시기에 기록되었기 때문이다. 그렇기는 해도 학자들은 특정한 정보들은 참일 가능성이 높다고 믿고 있다. 싯다르타는 히말라야 남쪽 기슭에 사는 부유한 가문에서 자랐다. 그는 깨달음을 얻고자 물질적 안락을 포기하고 당시 인도 수행자들 사이에 흔한 풍습이었던 고행의 길을 택해 엄격하게 단식하고 명상했다. 6년간 고행한 뒤 그는 이전의 안락한 삶과 비교해 금욕적인 삶을 통해 영적 통찰에 더 가까이 다가갈 수 있는 것은 아니라는 결론에 이르렀다. 싯다르타는 안락과 금욕 사이 '중도'를 택했고, 35세에 증득證得하여 붓다, 즉 깨달은 자가 되었다.

붓다의 통찰은 네 가지 고귀한 진리를 뜻하는 사성제四聖諦로 요약할 수 있다. 1) 삶은 고통이다. 2) 고통은 갈망과 집착에서 생겨난다. 3) 고통의 해결책은 갈애渴愛를 멸하는 것이다. 4) 붓다의 길을 따른다면 갈애를 멸할 수 있다. 붓다의 길인 팔정도八正道는 정견正見(바르게 보기), 정사유正思惟(바르게 생각하기), 정어正語(바르게 말하기), 정업正業(바르게 행동하기), 정명正命(바르게 생활하기), 정정진正精進(바르게 정진하기), 정념正念(바르게 깨어 있기), 정정正定(바르게 집중하기)을 말한다. 이 여덟 가지 길은 서로 다르고 조금씩 겹치는 세 범주 또는 기둥으로 다시 나눌 수 있다. 첫째 기둥은 물질적 가치를 단념하고 자애롭고 비폭력적인 태도를 받아들이는 지혜와 관련이 있다. 윤리적인 둘째 기둥은 폭력, 거짓말, 도둑질, 성적 비행을 피하라고 조언한다. 셋째 기둥은 지혜와 통찰을 주고 궁극적으로 지각과 감정 너머의 상태로 인도하는 수행을 요구한다. 그 상태를 열반涅槃이라 부르는데, 이 단어의 의미는 (촛불 같은 것을) 불어서 끈다는 것이다. 싯다르타는 인간이 물질적 존재에서 어떻게든 벗어날 때까지 몇 번이고 환생할 수밖에 없는 영혼이라는 당대 인도의 공통된 믿음을 공유하면서도, 열반이란 영적 지복을 누리는 천상의 상태가 아니라 일종의 무無, 존재의 소멸이라고 생각했다. 알려져 있는 대로라면, 붓다의 본래 철학은 창조주나 여타 신들에 대한 신앙을 포함하지 않았다.

붓다는 생전에 남성과 여성, 평신도와 출가자를 망라하는 추종자 공동체를 모았다. 세계사에서 최초로 대규모 전도 운동에 나선 그들은 먼저 인도 전역에서, 뒤이어 수백 년간 아시아 도처에서 불교를 널리 알렸다. 인더스강 유역까지 제국의 판도를 넓힌 알렉산드로스 대왕의 정복을 계기로 저멀리 지중해까지 불교를 전파할 길이 열렸을 텐데, 지중해의 고대 사료들에 불교 승려들의 방문을 언급하는 대목이 있다. 기원전 323년 알렉산드로스가 사망하고 그의 제국이 해체된 뒤 펀자브 지방에서 발흥한 마우리아 제국은 불교를 전파하기에 유리한 조건을 제공했다. 인도를 대부분 지배한 광대한 제국 내에서 불교는 아소카Asoka 황제(기원전 269~232년 재위)의 강력한 지지를 받으며 퍼져나갔다. 아소카의 지지 덕에 불교는 인도의 다른 종교 전통들에 우위를 점하고 주요 종교로 발돋움할 수 있었다. 아소카의 아들은 포교단을 이끌고서 남쪽 스리랑카를 찾아갔다고 하며, 승려들이 버마와 태국, 수마트라에 붓다의 가르침을 전했다는 다른 기록들도 있다. 기원후 1세기경 불교 승려들이 아프가니스탄의 높은 산길에 있는 동굴들에 거주하면서 싯다르타 당대에 이미 불교를 받아들인 이 지역과의 연계를 이어갔다는 증거도 있다.

중국의 공자(기원전 551~479)는 붓다와 거의 동시대인이었을 것이다. 전쟁과 통치자들의 타락상에 번민한 공자는 권력을 공정하게 사용할 것을 요구하는 '천명'에 따라 나라를 다스려야 한다는 신념을 되살렸다. 또한 가족을 무척 중시하는 중국의 전통적인 신념을 상기시켰다. 공자는 자식은 부모를 존경하고 조상을 공경해야 하고, 가족끼리 서로 충실을 기해야 하며, 아내는 남편에게 순종해야 한다고 가르쳤다. 비록 공자가 조상의 영혼, 신, 천체의 힘을 믿긴 했지만, 그가 가르친 것은 새로운 종교라기보다는 오히려 어떻게 윤리적으로, 그리고 명예롭게 살아갈 것인지를 논하는 철

난징南京에 있는 공자 사원. 11세기에 지어진 뒤 거듭 재건된 이 사원은 중국에서 유교의 내구력이 얼마나 강한지를 입증한다.

학이었다.

공자는 귀족 신분이 세습된다는 생각에 맞서 참된 귀족(또는 상류층)은 교육과 덕행의 산물이라고 가르쳤다. 사후에 제자들이 편찬한 『논어』에서 공자는 다음과 같은 통찰을 제시했다. 군자는 사치, 과식, 물질적 성공이 아닌 도道를 중시한다. 군자는 부지런히 일해야 하고, 신중하게 발언해야 하며, 천명과 성현의 말씀을 경외해야 한다. 『논어』, 그리고 노나라(공자의 고국), 점복占卜, 역사, 시가, 예법을 다루는 오경五經은 오늘날 경전으로서 우러름을 받고 있다.

맹자(기원전 372경~289경)는 공자의 가치관을 표현하는 기발한 이야기, 격언, 우화를 통해 유교의 호소력을 대폭 끌어올렸다. 동시에 머리로 일하는 사람들이 손으로 일하는 사람들보다 중요하다고 주장하며 중국 내의 엄청난 불평등을 옹호했다. 맹자는 천명을 옹호하면서도 통치자들에게 백성의 안녕을 보살펴야 하는 기본적인 의무를 일깨웠다. 유교가 인기를 얻어가면서 추종자들은 시조인 공자를 일종의 신으로 경외하고 다른 종교적인 특징들을 덧붙이기 시작했다. 그리하여 기원후 1세기경 유교는 종교와 비슷해졌다.

공자와 거의 비슷한 시기에 영향력 있는 또다른 중국 철학인 도교가 생겨났다. 도교의 도는 자연과의 합일을 의미했다. 초기 도교는 바르게 사는 것과 신비주의적인 명상을 통해 욕구로부터 자유로워지는 것을 강조했지만, 최소한의 정부 개입을 옹호한다는 점에서 유교와 달랐다. 도교는 점차 여러 신(시조로 추정되는 노자 포함), 사원, 의례 같은 종교의 특징들을 갖추어갔다. 이 장의 뒤에서 논할 것처럼, 이후 도교의 발전은 불교와의 상호 작용으로부터 강한 영향을 받았다.

얼추 같은 시기에 헬레니즘 시대로 알려진 고대 그리스에서 서로 밀접한 관계인 스승들이 등장했다. 초기 스승 소크라테스(기원전 469~399)는 공자, 붓다와 비슷한 윤리적 견해를 가르쳤고, 명제로부터 논리적 결론을 도출하는 데 능했다. 소크라테스는 자신의 방법을 '철학philosophy'이라 불렀는데, 한 세기 전에 사모스섬의 피타고라스가 만든 듯한 이 용어는 고대 그리스어로 '지혜에 대한 사랑'을 의미한다. 사회에서 우세한 관념을 의문시하는 소크라테스의 방법이 얼마나 강력했던지, 적들이 이단을 믿고 젊은이를 타락시킨다는 이유로 그를 고발하기에 이르렀다. 혐의를 부인했음에도 유죄 판결을 받은 소크라테스는 자살하는 길을 택했다. 걸출한 제자 플라톤(기원전 427경~347경)은 우리가 아는 소크라테스의 방법을 글로 남겼다. 대중의 비판을 피하려 했던 플라톤은 어쩌면 스승의 더 진보적인 견해 중 일부를 감추었을지도 모른다. 플라톤은 아테네에서 아카데미아라는 학교를 세워 수학과 철학을 가르쳤다. 플라톤주의의 핵심은 아름다움, 참됨, 좋음 같은 이상적인 형상들이 존재하고, 이 형상들을 원형으로 삼아 아름답거나 참되거나 좋은 것의 실례, 현실적이되 불완전한 실례를 인식할 수 있다는 이론이다. 순수한 형상들은 물질세계 밖에, 인간의 정신 밖에 존재한다. 소크라테스와 마찬가지로 플라톤은 덕성과 행복을 얻으려면 앎을 추구해야 하고, 올바른 이해는 모든 가정을 의문시하고 개별자와 보편자를 비교하는 변증법이라 알려진 과정을 통해 형성된다고 믿었다. 플라톤이 쓴 여러 대화편에서 소크라테스와 여타 철학자들은 특정한 명제의 논리를 놓고 논쟁하지만 대개 최종 결론에 이르지 못한다. 다른 접근법은 『국가』에서 찾아볼 수 있는데, 여기서 플라톤은 철학자는 통치하는 역할을, 전사는 수호하는 역할을, 노동자는 생산하는 역할을 수행하는 것이 최선이라고 주장했다.

아리스토텔레스(384~322)는 오랫동안 플라톤의 아카데메이아에서 제자로 지냈지만 훗날 스승의 연역적인 추론과 거리를 두고 더 경험적이고 분석적인 이해를 지향했다. 아리스토텔레스는 플라톤과 마찬가지로 이성적 진리 추구를 중시하면서도 형상과 질료가 서로 분리될 수 있다는 스승의 신념을 거부했다. 아리스토텔레스가 보기에 공의 모양은 공의 구르는 성질에 내재하는 것이었다. 더 의미심장하게도 그는 생물의 선천적 기질이 그 생물이 어떻게 행동할지를 결정하고, 인간 본성에 대단한 추론 능력이 포함되는 까닭에 인간은 도덕적이고 이성적으로 살아야 한다고 보았다. 아리스토텔레스는 생물학, 지질학, 물리학, 심리학 등 자연 세계의 여러 측면뿐 아니라 논리학, 형이상학, 윤리학, 정치학, 수사학까지 포함하는 아주 많은 주제에 관해 썼다. 그리고 알렉산드로스 대왕의 가정 교사로 일하기도 했는데, 대왕은 이집트부터 동쪽으로 인더스강까지 정복함으로써 그리스의 사상과 미학이 광대한 영역으로 퍼져나가는 데 이바지했다.

과학의 토대

축의 시대 사상가들은 살아가고 추론하는 최선의 방법을 탐색했을 뿐 아니라 자연계에 대한 중요한 탐구에도 착수했다. 그들의 탐구 기반은 일찍이 세계 각지에서 달력을 고안하고, 금속을 정련하고, 합금을 만들고, 동식물을 순화하고, 약초의 비밀을 알아낸 선대인들의 실천적·이론적 성취였다. 새로운 과학적 탐구는 특히 기록되고 모방되고 대대로 지속되었다는 점에서 중요했다.

탐구의 핵심 분야는 수학이었다. 기원전 500년 이후 1000년 동안 인도의 전문가들은 자리값, 미지수 부호, 초급(덧셈과 뺄셈 같은)과 고급(알고리즘, 2차 방정식, 제곱근, 미적분) 수학 연산 등을 갖춘 정교한 숫자 체계를 고안했다. 훗날 이슬람 학자들이 차용한 인도의 수학 체계와 부호는 13세기에 이슬람권 에스파냐의 유대인 학자들에게 전해졌고 결국 라틴 유럽에까지 전파되었다. 초기 중국의 수학자들도 0을 빈칸으로 남겨놓고 소수小數 자리도 표시하는 등 자리값을 사용해 숫자를 표기했다. 사모스섬의 피타고라스(기원전 570경~495경)는 유럽에서 가장 널리 알려진 고대 수학자들 중 한 명이었지만, 그의 이름이 붙은 유명한 정리를 그가 직접 공식화했는지 여부는 불분명하다. 그 이전부터 바빌로니아와 인도에서는 직각삼각형에서 세 변과 각의 수학적 관계를 알고 있었으므로, 피타고라스가 여행중에 그 정리를 배웠을 수도 있다. 또 다른 그리스 철학자 알렉산드리아의 에우클레이데스(기원전 323경~283경)는 유명한 『기하학 원론』에서 기하학의 기초를 요약하고 체계화했다. 그후로 이 책은 오랫동안 기하학 입문서로 쓰였다.

천문학에 관심을 기울인 수학자들은 태양력을 개선하고 일식과 월식의 원인을 알아내고 그 발생을 예측하는 데 이바지했다. 예를 들어 피타고라스는 지구가 구형일 수도 있음을 밝혀냈다. 1000년 후에 독립적으로 연구한 인도의 위대한 수학자 겸 천문학자 아리아바타Aryabhata(476~550)는 일식과 월식을 예측했을 뿐 아니라 지구가 구형이며 축을 중심으로 회전한다고 추측하기도 했다. 에우클레이데스도 구면球面 천문학을 연구했다. 중국 천문학자들은 기원전 5세기에 행성들의 배치를 처음으로 기록했고, 또 한 세기 후에 혜성에 대한 언급을 최초로 기록했다. 사산 왕조 페르시아(기원후 226~651) 역시 수학과 과학 연구의 중심지가 되었다.

의학, 생물학, 물리학도 진전했다. 어느 인도인은 눈에서 백내장을 제거하는 원시적 수술을 고안했다고 전해지며, 중국 치료사들은 지금도 치료에 쓰이는 침술을 고안했다. 그리스에서 아리스토텔레스는 섬세한 연구에 기초해 경험적 생물학에 관한 현존하는 가장 오래된 문헌을 썼다. 그는 직접 관찰을 통해 동물 500종을 분별하고 근대의 분류 체계와 유사한 체계를 고안했다. 또한 해양 생물의 성장을 정확하고 상세하게 기술하기 위해 일정한 간격으로 수정란을 깨서 배아의 발달을 관찰했다. 물리학 분야에서는 중국 학자들이 광학과 음향학, 자기학과 관련해 기여했다.

자연철학자들은 자연적인 설명과 초자연적인 설명을 불필요하게 뒤섞지 않도록 주의했다. 예컨대 기원전 7세기 후반 중국의 현자 신속申續은 귀신을 보는 사람들은 자신의 두려움과 죄책감을 귀신에 투영하는 것이라고 말했다. 이와 비슷하게 공자는 "아직 삶도 알지 못하는데 어찌 죽음을 알겠느냐"라고 말했다. 거의 같은 시기에 그리스 과학의 아버지 탈레스는 낙뢰와 지진이 발생하는 것은 신들의 위력과 진노 때문이 아니라 자연적 원인 때문이라고 주장했다. 사람들은 한참 후에야 천문학으로 길흉 점치기를 그만두었다. 반면에 물리적으로 더 가까운 자연계의 다른 부분들은 천체만큼 신비하게 여기지 않았다. 건축에 앞서 성공을 기원하며 신에게 약소한 제물을 바치곤 했지만, 건물을 제대로 완공하려면 무엇보다 정확한 측량과 각도 계산이 필요했다.

합리적 원인과 초자연적 원인을 분리하는 것은 과학자가 되려는 사람들에게도 쉽지 않은 일이었다. 여러 문화에서 태양과 달, 별은 초자연적 존재들—또는 신들 자체—의 거처로 간주되었다. 중병은 대개 악령에 들리거나 사악한 주술에 걸려 발병한다고 여겨졌다. 화학 반응에 대한 연구를 지배한 것은 과학보다 마술에 더 가까운 연금술이었다. 천문학은 별개의 연구 분야로 존속하기도 했지만, 대부분의 장소에서 천체가 인간의 운명을 어떻게 통제하는지 연구하는 점성술의 시녀였다.

고대의 과학은 관찰의 한계로 인해 더욱 제약을 받았다. 예컨대 그리스에서는 아주 가벼워서 대지 위에 떠 있을 수 있는 물질들이 천상계를 구성한다고 상상했다. 고대 과학은 대부분 지나친 일반화에 기초했던 것으로 보인다. 네 원소—흙, 물, 불, 공기—가 물질계를 구성한다는 통념은 연구의 기반으로 삼기에는 턱없이 허술했다. 천상계는 다섯째 원소인 에테르로 구성된다고 여겨졌으며, 이런 그릇된 이분법이 오랫동안 유지되었다. 네 가지 체액—흑담즙, 황담즙, 점액, 피—이 인간의 몸을 구성하고 신체가 건강할 때 서로 균형을 이룬다는 생각도 거의 똑같이 오랫동안 유지되었다.

세계종교: 기독교와 이슬람교

'세계종교'라는 표현에는 여러 의미가 있다. 일부 사람들은 어느 정도 세계적으로 분포하는 모든 신앙 전통을 세계종교에 집어넣는다. 예컨대 오늘날 대체로 유대계와 일본계 사람들이 믿긴 하지만 세계 여러 지역에 신자들이 있는 유대교와 신도神道를 세계종교로 친다. 다른 사람들은 보편 종교, 즉 특정한 종족에서 유래했음에도 역사의 초기부터 그 종족을 넘어 모든 인간을 포용하려 한 종교만을 세계종교로 여긴다. 이 장에서는 두번째 정의를 받아들이고, 지면의 제약 탓에 기원후 1300년 동안 가장 멀리 뻗어나간 세 종교인 기독교, 이슬람교, 불교에 초점을 맞출 것이다.

기독교와 이슬람교의 모태가 유대교이므로 우선 유대 전통이 세계종교가 되지 않은 이유를 설명하는 편이 좋겠다. 초기 이스라엘 지파들은 왕국을 형성한 뒤 야훼 신에 기초하는 민족 종교를 발전시켰다. 훗날 유대인 신학자들은 야훼가 이웃 민족의 신들보다 더 강력한 신일 뿐 아니라 유일한 신이라고 믿게 되었다. 유대인은 자신들이 다른 모든 민족을 제치고 야훼의 선택을 받은, 야훼와 특별한 관계인 민족이라고 설명했다. 그로써 생겨난 유대인과 비유대인의 간극을 연결한 것은, 야훼가 이스라엘 민족을 언젠가 전 세계에서 자신의 보편적 구원 계획을 실현할 횃불로 삼았다는 믿음이었다. 초기 기독교도와 무슬림은 유대인의 일신교에 대한 헌신과 신성한 계획에 대한 의식을 공유하면서도, 각각 기독교와 이슬람교를 누구에게나 개방하는 어려운 걸음을 내딛으려 했다.

기독교는 로마령 팔레스타인에 살던 유대인 나사렛 예수의 가르침에서 생겨났다. 앞서 살펴본 다른 지적 전통들과 마찬가지로, 기독교 시조의 메시지는 훗날 추종자들이 쓰고 다듬은 글들을 통해 알려졌다. 신약성서라 알려진 기독교 경전에는 역사적 사건과 신학적 논증이 뒤섞여 있다. 네 복음서는 예수의 메시지, 즉 겸손, 회개, 불우한 이웃에 대한 친절, 화해를 장려하는 한편 일부 유대인 지도자들이 어떻게 예수를 적대하고 결국 십자가형에 처했는지를 상세히 알려준다. 이런 분명한 역사적 사실들 외에 네 복음서는 더 신비한 성격의 사건들도 전한다. 다른 성자들처럼 예수도 치료와 구마驅魔 능력을 갖고 있었다. 다른 주장들은 더욱 특이하다. 예수의 어머니는 처녀였고, 예수는 죽음에서 부활하여 천국으로 올라갔다. 이런 자연적 사건과 초자연적 사건이 서로 어떻게 연관되었든 간에, 기원후 1세기 후반에 기독교도들이 이들 사건을 모두 믿었다는 것은 분명하다. 신도 공동체는 예수가 하느님의 아들이자 유대교 경전에서 예언한 메시아라고 믿었다. 「사도행전」은 초기 기독교도들의 활동을 상술하고, 유대인이 어떻게 예수를 거부했고 사도들이 어떻게 성도 예루살렘에서 비유대인 세계의 수도 로마까지 예수의 메시지를 전달했는지 기술한다. 「로마인들에게 보낸 편지」에서 사도 바울로는 그리스도의 메시지의 보편성을 설파하면서 할례를 통해 유대인이 되지 않더라도 기독교도로 개종할 수 있다고 주장했다.

기독교는 운 좋게도 로마 제국의 정치적 경계 내에서, 그리고 알렉산드로스 대왕의 정복에 뒤이어 발전한 헬레니즘 세계의 문화적 경계 내에서 출현했다. 예수는 아람어로 말했지만 신약성서의 모든 책은 그리스어로 적혔다. 성 바울로는 로마에서 갓 생겨난 공동체에 보내는 편지를 그리스어로 썼으며, 로마의 기독교도는 3세기 중엽까지 그리스어를 사용했다. 당시 그리스어는 코이네Koine 그리스어 또는 알렉산드로스 그리스어라 불리는 공통어로서 훗날 그리스 정교회의 전례 언어가 되었고, 중세 그리스어를 거쳐 현대 그리스어로 진화했다. 기원전 3세기 중엽 히브리 성서(구약성서)마저 코이네 그리스어로 번역되었다. 메시아를 가리키는 그리스어 낱말이 기름부음을 받은 자를 뜻하는 크리스토스Christos였던 까닭에 새 종교의 성원들은 스스로를 그리스도인이라 불렀다. 기원후 100년까지 기독교도 공동체가 시리아, 소아시아(아나톨리아), 그리스, 이탈리아에 더해 알렉산드리아(이집트)와 트리폴리(리비아)에서도 생겨났다. 곧이어 기독교는 로마령 '아프리카', 즉 북아프리카 서부까지 확산되었다. 초기 기독교도는 대부분 가난한 도시민이었다.

정치적·문화적 통일성 덕분에 더 수월하게 퍼져나가긴 했지만, 초기 기독교는 세 가지 심각한 난제에도 직면했다. 바로 로마의 박해, 헬레니즘 철학의 도전, 신학 논쟁이었다. 로마의 초기 박해는 로마 황제들을 신으로 인정하는 의례를 따를 것을 기독교도에게 강요하는 데 초점을 맞추었고, 기독교도가 음지로 숨어드는 결과를 가져왔다. 그리 효과적이지 않았음에도 로마의 박해는 굳건한 신앙으로 다른 사람들을 기독교로 이끄는 순교자들을 낳았다. 그렇지만 디오클레티아누스 황제(재위 284~305)는 북방 침입군에 맞선 로마 군단의 활약이 변변치 않은 이유가 기독교도 군단원이 전통적인 제물을 바치는 대신 성호를 그을 수 있도록 허락받아 로마의 신들이 노했기 때문이라고 확신한 뒤 한층 가혹한 박해에 나섰다. 303년 디오클레티아누스는 로마 군단에서 기독교도 병사를 숙청한 데 이어 다른 기독교도도 맹렬히 박해하기 시작해 교회를 파괴하고 기존 신들에게 제물 바치기를 거부하는 신자들을 대규모로 고문하고 처형했다.

헬레니즘의 지적 도전은 로마의 박해보다 더 오래 지속되었다. 학식과 교양의 수준이 높은 사람들은 기독교를 논리가 없거나 지나치게 신비적인 신앙으로 여기곤 했다. 기독교 지도자들은 이 도전에 여러 방식으로 대응했다. 위대한 기독교 호교론자인 카르타고의 테르툴리아누스(155경~220경)는 아테네(고전 학식)와 예루살렘(유대교-기독교 계시)이 서로 주고받을 것이 있느냐고 물었다. 그리고 "우리 신앙의 제1신조는 신앙 외에 우리가 믿을 것은 아무것도 없다는 것이다"라고 답했다. 당대의 더 지적인 기독교 지도자들은 다른 방침을 택했다. 다시 말해 헬레니즘 철학을 이용해 비신자들의 비판에 맞서 신앙을 옹호하는 한편 기독교를 더욱 깊이 통찰했다. 아테네 출생으로 높은 학식을 갖춘 최초의 기독교도였던 알렉산드리아의 클레멘스(150경~215경)는 철학이 기독교 신앙과 합치하는 제3의 성서를 제공하고 심지어 신앙을 뒷받침할 수도 있다고 조심스럽게 제안했다. 알렉산드리아 학파의 별나지만 탁월한 사상가 오리게네스(182경~254경)는 클레멘스보다 더 나아갔다. 아버지와 친구들의 목숨을 앗아간 초기 박해기에 이집트에서 자란 오리게네스는 기독교 비판자를 논박할 수 있어야 한다고 생각했다. 오리게네스가 그리스 철학을 얼마나 성실하고 끈기 있게 연구했던지 기독교를 맹렬히 반박한 포르피리오스가 "오리게네스는 기독교도로서 살았지만 그리스인으로서 사유했다"라고 칭송할 정도였다.

히포의 아우구스티누스(354~430)는 초기 교회에서 신앙과 철학을 종합한 가장 위대한 저작을 썼다. 기독교도 북아프리카인 어머니와 기독교도 로마인 아버지의 아들로 태어난 아우구스티누스는 청년 시절 종교뿐 아니라 육욕과도 씨름했다. 386년 여름 성 바울로의 「로마인들에게 보낸 서신」을 읽던 중 아우구스티누스는 자신의 내적 갈등이 사라지는 것을 느꼈다. 이듬해 세례를 받고 금욕 생활을 하다가 391년 사제 서품을 받았다. 5년 후에는 히포의 주교가 되었다. 아우구스티누스는 기독교 정통 신앙을 옹호하고 다양한 이단 종파들(북아프리카 교회를 분열시킨 디오클레티아누스 황제의 박해기에 성서를 넘겨주었던 기독교도들을 다시 받아들이기를 거부한 도나투스파를 포함해)을 반박하고자 폭넓게 글을 썼다. 플라톤주의의 형상론을 원용해 장차 1000년간 라틴 교회를 지배할 신학의 틀을 세운 그는 인간이란 영혼과 신체의 결합이며 교회란 하느님의 나라라고 썼다. 430년 반달족이 히포를 포위했을 때 도시 안에서 자연사했다.

초기 교회가 맞닥뜨린 세번째 난제는 기독교 신앙 내부의 긴장이었다. 예수의 인성과 신성을 어떻게 조화시킬 수 있을까? 예수는 하느님의 아들이라는 믿음과 일신교를 어떻게 조화시킬 수 있을까? 이런 의문들과 여타 딜레마들을 해소하기 위해 교회 지도부는 종교 회의를 소집해 공동 신앙 고백인 '신경creed, 信經'을 채택했다. 'creed'는 '나는 믿나이다'를 뜻하는 라틴어 낱말 크레도credo에서 유래했다. 철학 담론을 통해 발전한 그리스어의 섬세한 뉘앙스는 신경에 쓰일 적절한 어휘를 찾는 데 도움이 되었다. 그런 어휘가 라틴어로 번역되었을 때 그리스어를 아는 사람들은 쉽게 이해했지만, 그리스어에 익숙하지 않은 사람들은 단어들 간의 미세한 차이를 이해하지 못하기도 했다. 일각의 주장에 따르면 이런 이유로 이집트, 시리아, 에티오피아의 기독교도들은 451년 칼케돈 공의회에서 승인된 신플라톤주의적 교리, 즉 예수는 두 '본성'(신성과 인성)이 완전히 결합된 한 '사람'이라는 교리를 받아들이지 않았다. 물론 논쟁의 원인을 단 하나만 꼽는 것은 지나치게 단순한 견해일 것이다. 언어로는 콘스탄티노플 대주교 네스토리우스가 예수의 양성 교리를 거부하여 네스토리우스파라는 기독교 분파를 낳은 이유를 설명할 수 없다. 개성, 경쟁 관계, 종족적·지역적 정체성 또한 신학 논쟁에서 일정한 역할을 했다.

로마 제국, 헬레니즘, 신학 논쟁과 씨름한 기독교도들의 고투는 디오클레티아누스 황제가 병에 걸리고 브리타니아 요크 지역의 로마 군단이 콘스탄티누스를 새로운 서방 정제正帝로 추대한 이후 새 국면에 돌입했다[293년 디오클레티아누스는 광대한 제국을 동방과 서방으로 양분하고 각각 한 명의 정제와 부제가 통치하는 사두四頭 정치 체제를 도입했다—옮긴이]. 콘스탄티누스가 "이것으로 정복하라"라는 글자가 새겨진 십자가 환영을 본 뒤 병사들의 방패에 십자가를 그리게 해서 경쟁자들에게 승리를 거두었다는 이야기를 문자 그대로 받아들일 수는 없지만, 313년 그가 기독교를 더 관용하는 조치를 취한 것은 분명하다. 또한 그는 로마령 아프리카에서 도나투스파를 억압하고 325년 니케아 공의회(여기서 주요 신경을 채택했다)를 소집하는 등 기독교도 간의 분쟁을 해소하는 조치도 취했다. 400년경 기독교는 제국 내에서 유일한 합법 종교가 되어 있었으며, 430년경 제국의 전체 인구 중 다수는 기독교도였다. 그렇지만 당국의 비위를 맞추고자 기독교로 개종한 사람들에게는 그 이전 힘겨운 시절에 기독교도들이 보여준 열렬한 신앙심이 없었다. 비록 학자들이 로마 제국이 얼마만큼 기독교화되었는지를 놓고 논쟁할지라도, 교회가 철저히 로마화되었다는 것은 의심할 나위가 없다. 교회의 법과 직제는 로마의 법과 직제에서 유래했다. 로마 부유층의 의복 양식은 교회의 전례복으로 살아남았다. 그리고 교회 건축에는 한동안 로마의 건축술이 반영되었다.

제국의 후원은 기독교가 동방과 서방으로 나뉘는 데에도 한몫했다. 한편으로 제국은 로마 총대주교가 라틴어권 서방을 훌쩍 넘어서는 권위를 주장하도록 부추겼다. 다른 한편으로 콘스탄티노플(오늘날의 이스탄불)에 제2의 행정 수도를 건설하겠다는 콘스탄티누스의 결정은 교회의 자율성이라는 그리스 총대주교의 생각을 강화했다. 수백 년간 언쟁한 이후 1054년 두 총대주교가 서로를 파문했을 때, 동방 교회와 서방 교회는 영원히 갈라섰다. 마지막으로, 서로마 제국이 안에서부터 무너지고 게르만을 비롯한 이민족들에게 옛 영토를 대부분 침탈당한 이후, 라틴 교회의 제도는 로마의 법과 문화, 문명을 보존하고 결국 재건하는 방편이 되었다. 하지만 옛 제국을 본격적으로 재건하기 전에 7세기부터 아라비아에서 이슬람이 침공을 시작해 북아프리카, 이베리아의 대부분, 중동을 정복하며 지난날 기독교도의 땅을 무슬림의 땅으로 바꾸어갔다.

610년부터 무함마드라는 메카 출신의 아랍 상인이 대천사 가브리엘을 통해 하느

콘스탄티노플(이스탄불)에 있는 하기아 소피아 대성당의 돔. 현재 건축물은 530년대에 유스티니아누스 황제의 명에 따라 그 이전 4세기에 교회가 있었던 부지에 지은 것이다. 교회의 머리에 거대한 돔이 얹혀 있다. 원래 장식은 8세기와 9세기 기독교 성상 파괴 운동에 의해 파괴되고, 13세기 제4차 십자군의 라틴 기독교 전사들에 의해 약탈되고 훼손되었다.

님의 계시를 받는다고 전하기 시작했다. 무함마드는 글을 몰랐지만 동료들이 그가 외워서 말하는 계시를 받아 적었다. 그렇게 적은 글들은 『쿠란』이라는 책으로 집대성되었다(그리고 내용상 사소한 불일치를 제거하기 위해 약간 편집되었다). 무함마드가 받은 계시는 『논어』의 신비적 버전처럼 읽히는 까닭에 쉽게 요약할 수 없다. 간단히 말해 『쿠란』의 내용은 일신교, 종말론, 예언을 강조한다. 모든 인간은 하나의 신(아랍어로 알라Allah)의 다스림을 받는다. 머지않아 세계가 종말을 맞고 알라께서 최후의 심판을 할 것이다(초기 기독교와 공유하는 믿음). 무함마드는 유대교의 예언자들과 예수를 포함해 알라의 말씀을 전해온 전령들 중 마지막 전령이다. 또한 『쿠란』은 법적 규

예루살렘의 과거 유대교 신전 부지에 지은 이슬람의 '바위 돔 사원'(691년 완공). 이 사원의 설계에는 그 이전에 예루살렘에 있었던 비잔티움 교회들의 설계가 반영되었을 것이다.

정과 처벌을 명시하고, 불우한 자들에게 베푸는 자선을 권하고, 알라의 뜻에 복종하라고 요구한다. 이 신흥 종교의 이름인 이슬람은 복종을 의미하며 신자인 무슬림은 복종하는 자를 뜻한다.

무함마드의 가르침에 그의 고향 메카의 전통론자들이 반대하긴 했지만, 결국 예언자가 성공하고 이슬람이 아랍인들 사이에서 흥성한 사실은 예수가 처형되고 유대인 일반이 그의 가르침을 거부한 사실과 대비된다. 무함마드는 경쟁 도시 메디나에서 지지를 모은 뒤 메카의 지배층과 화해하고 그곳에서 세력을 다졌다. 632년에 죽을 때까지 무함마드의 가르침은 아라비아반도에서 널리 받아들여져 아랍 부족들을 처음으로 통합하는 결과를 가져왔다. 무함마드 사후 한 세기도 안 되어 아랍의 무슬림 정복자들은 북으로는 카스피해까지, 서로는 대서양까지, 동으로는 인더스강까지 닿는 제국을 수립했다.

초기 이슬람은 아라비아반도 내 유대교와 기독교 공동체의 일신교에서 영향을 받았다. 무슬림의 경배 장소들은 기독교와 고전기 건축의 설계를 차용했는데, 그것은 현존하는 가장 오래된 모스크로서 691년 완공된 바위 돔 사원의 건축술과 모자이크 장식에서 뚜렷하게 드러난다. 무엇보다 초기 이슬람은 아랍 문화에 의존했다. 아랍어만이 무함마드가 받은 계시를 온전히 전달할 수 있다고 여겨졌다. 오래전부터 여러 신과 관련해 경배를 받아온 메카의 커다란 검은 돌 카바는 무슬림 순례자들의 목적지가 되었다. 이슬람은 먼저 이곳에 있던 여러 우상을 치우고 종교 구역에서 인간과 동물의 형상을 숭배하는 일이 없도록 그런 형상을 엄격히 금했다. 또한 아랍의 남성 할례와 일부다처 관습을 이어갔다. 다만 아내는 네 명까지로 제한했다.

이슬람 제국 내에서 아랍 문화와 권력의 우위가 매우 완만하게 약해지긴 했지만, 동화同化는 일방향이 아닌 양방향으로 이루어졌다. 아랍인의 수가 많은 지역, 특히 수비대 주둔지 인근에서는 현지 주민 다수가 이슬람으로 개종했고 아랍어가 더 빠르게 확산되었다. 아랍인 남성과 현지 여성이 결혼해 사실상 두 문화가 공존하는 무슬림 가정을 꾸림에 따라 몇 세대 만에 아랍인과 비아랍인을 구분하기가 어려워졌다. 이란 지역에서 아랍인은 대체로 페르시아어를 말하고 페르시아인처럼 차려입게 되었다. 제국 외부의 무슬림은 그리 뚜렷하게 아랍화되지 않았다. 인도, 동남아시아, 사하라 이남 아프리카의 무슬림은 현지 언어를 고수하고 아랍 관습을 더 선별적으로 채택했다. 아랍과 비아랍 사이의 경계가 흐릿해지는 추세는 이슬람교가 다문화적 세계종교로 발돋움하는 데 이바지했다.

이슬람 세계는 수백 년간 종교적으로 매우 다채로운 공간으로 남았다. 아랍 제국의 초기에 주민의 대다수는 기독교도였다. 그들은 이슬람으로 개종할 경우 환영을

에티오피아 랄리벨라에 위치한 1200년경 지은 성 게오르기우스 교회. 응회암을 12미터 깊이로 판 다음 교회로 사용할 십자가형 구조물을 고생스럽게 깎아 만들었다. 랄리벨라에 지은 암석 교회 열한 채 중 마지막으로 건설한 교회로 여겨진다.

받았지만, 개종하지 않더라도 보통 관용과 보호를 보장받았다. 무슬림은 기독교도와 유대인을 장구한 계시 전통을 공유하는 같은 '성경의 백성'으로 인정했다. 예컨대 이라크에서 네스토리우스파 기독교도는 비잔티움 통치하에서 상실했던 자율성을 대부분 되찾고 법정과 교회, 학교를 더 자유롭게 운영할 수 있었다. 이집트에서 무슬림 지도부는 콥트파 기독교도를 보호하고 행정에 두루 고용했다. 이집트 남쪽 누비아와 에티오피아의 아프리카 기독교도는 정치적 독립과 종교적 활력을 유지했다. 12세기와 13세기 에티오피아 기독교의 활력을 보여주는 증거로는 랄리벨라Lalibela 왕과 관련된, 자연석을 깎아 만든 웅장한 교회들이 있다. 기독교도가 무슬림이 되도록 강요당했다는 서구의 믿음이 과장된 것이기는 해도, 이슬람의 통치가 그들에게 큰 부담일 수도 있었던 것은 사실이다. 기독교 교회를 짓거나 보수하는 일이 대체로 금지되었고, 이슬람으로 개종하고 나면 마음을 돌려먹을 수 없었으며, 때로는 관용이 엇나갔기 때문이다. (실례로는 이 장의 다음 절을 보라.)

이슬람은 기독교를 갈라놓은 신학 논쟁과 같은 사태를 겪지 않았다. 무함마드는 자신이 알라의 전령 그 이상이라는 주장을 결코 하지 않았고, 무함마드 사후에 추종자들도 그런 주장을 펴지 않았다. 기독교도의 길고 복잡하고 논란이 분분한 신경들과 달리, 무슬림의 신앙고백은 "알라 외에 신은 없습니다. 무함마드는 알라의 예언자입니다"로 단순하다. 전반적으로 이슬람은 바른 교리보다 바른 실천을 더 강조했다. 훌륭한 무슬림이라면 알라의 명대로 정해진 시간에 꼬박꼬박 기도하고, 자선을 베풀고, 신성한 달인 라마단 기간에 금식하고, 술을 삼가고, 옷을 수수하게 입고, 가능하다면 메카로 순례를 다녀와야 했다.

그럼에도 이슬람은 본질적으로 정치적 분쟁이되 개인적·종교적·지역적 쟁점까지 포함한 격렬한 장기 분쟁으로 인해 분열되었다. 7세기 중엽 무함마드에 이어 누가 아랍 제국의 차기 칼리프 또는 통치자가 될 것인지를 놓고 벌어진 계승 분쟁으로 인해 이슬람은 시아파와 수니파로 갈라졌다. 시아파는 무함마드 가계 내에서의 칼리프 지위 세습을 지지한 반면, 수니파는 칼리프 선출을 지지했다. 수니파가 우세를 점하긴 했지만 분쟁은 고착되었다.

기독교와 이슬람교가 서방에서 퍼져나가는 동안, 두 종교의 분파들과 다른 세계종교들은 아시아에서 교세를 넓혔다. 기원후 1세기까지 유교는 종교의 특징들을 갖추었다. 추종자들은 공자를 신으로 숭배하고 사원에서 공자에게 제물을 바쳤다. 유교는 한국, 일본, 동남아시아로 전파되고 지역 수준에서 중요한 종교가 되었지만, 세계종교로 도약하지는 못했다. 기원후 1세기경 아마도 그리스의 영향을 받아 붓다의 조각상이 처음으로 세워졌다. 훗날 중국 불교도들은 독특한 예술 양식을 발전시켰다.

12세기에 스리랑카 폴론나루와에 조성된 갈 비하라야Gal Viharaya 사원의 불좌상. 인도 내에서 견제받긴 했지만, 길게 보면 불교는 거의 기독교와 이슬람교 못지않게 다양한 문화적 환경에 적응하여 '세계종교'가 될 수 있음을 입증했다.

1세기에 인도에서, 그후 중국에서 대두한 대승불교는 불교 신앙의 변화를 나타낸다. 대승불교는 두 가지 새로운 믿음을 내세웠다. 첫째, 붓다를 단순히 크게 깨달은 인간으로 여기지 않고 세상 만물에 편재하는 진리로서 경외했다. 이 교리를 확장한 것이 붓다의 화신이 여러 시공간에 복수로 존재한다는 이야기였다. 붓다에 대한 이런 견해는 보살 개념, 즉 홀로 열반에 이르러 해탈하는 삶이 아니라 중생을 구제하려는 삶을 선택하는 보살 개념과 밀접한 관련이 있었다. 이 새로운 믿음에 힘입어 불교는 초기의 추상적인 철학 체계와 수행에 머무르지 않고 수많은 신과 마술적 가능성에 골몰하는 인도 민중에게 호소할 수 있었다.

대승불교는 인도에서 민중에게 호소하는 한편 교학 연구를 장려했다. 가장 뚜렷한 실례는 학승과 학도의 공동체였던 인도 북동부의 날란다Nalanda 학문사學問寺다. 7세기에 이곳으로 유학을 온 중국 승려들은 몇 채의 건물로 이루어진 승원에서 불교의 여러 학파에서 온 학자들이 진지한 학문 논쟁을 벌이고 학도 수천 명이 논쟁을 경청한다고 기록했다. 인도 통치자들은 7세기 중엽까지 불교 전파를 계속 지원했다. 그렇지만 그 이후 승원과 사원이 버려졌다는 기록들은 불교가 쇠퇴하기 시작했음을 시사한다. 쇠퇴의 한 원인은 힌두교가 신도와 정치적 지지 세력을 놓고 불교와 경쟁하며 힘을 키웠다는 데 있다. 불교에 결정타를 가한 것은 이슬람군이었다. 북인도를 정복한 이슬람군은 승원과 도서관을 허물고 1197년 날란다 학문사를 파괴했다. 승려들은 처형되거나 살해되거나 추방되었다. 불교는 탄생지인 인도에서 대부분 자취를 감추었다.

불교는 인도에서 쇠락하기 한참 전에 아시아의 다른 지역들로 퍼져나갔다. 먼저 서역西域을 거쳐 중국으로 전파되어 기원전 1세기에 기반을 다졌다. 그후 기원후 400년 이전에 중국에서 한국으로 전파되었고, 6세기에 한국에서 실크로드의 동쪽 끝인 일본으로 전해졌다. 9세기 말에는 티베트에서 영구적인 토대를 마련했다. 막대한 인구를 보유한데다 문화적 위신까지 누리는 중국에서 주요 종교로 자리매김한 것은 불교가 거둔 특히 중요한 성공이었다.

개종 전략

1350년 이전 1000년간 세계종교들은 저마다 고유한 궤적을 그리며 광범하게 퍼져나가면서도 서로 비슷한 전략을 구사했다. 첫째 전략은 같은 시기에 육로와 해로를 통해 확대된 상인 네트워크를 활용하는 것이었다. 둘째 전략은 강력한 정치 당국과 동맹을 맺고 경우에 따라 군사 정복에 관여하는 것이었다. 셋째 전략은 대개 규율 잡힌 교단에 속한 비범한 개인들이 경건함의 모범을 보이거나 직접 포교하는 방법으로 개종을 유도하는 것이었다. 아래 사례들은 세 전략이 어떻게 곧잘 중첩되었는지 보여준다. 기독교와 이슬람교, 불교 모두 자신들의 핵심 가치관과 지역별 문화를 조화시키려는 장기 전략의 일환으로 예비 개종자의 문화에 맞추어 종교적 개념과 관행을 조정했다.

세 종교 모두 중앙 유라시아를 가로질러 극동까지 뻗은 육상 교역망인 실크로드를 따라 전파되었다. 네스토리우스파가 기독교 교파 중 처음으로 이 루트를 따라 확산되었다. 불교도들은 특히 동아시아에서 더 큰 성공을 거두었고, 훗날 무슬림들은 중앙아시아에서 교세를 넓혔다.

실크로드에서 불교의 존재감이 어떠했는지 보여주는 가장 오래되고 인상적인 유적으로는 중국 극서부 키질의 석굴군群이 있다. 예술가들은 대대로 이 석굴들의 벽에 여러 양식으로 빼어난 벽화를 그렸다. 상인의 길을 밝혀준 어느 석굴의 불화는 지난날 종교와 상업이 긴밀한 관계였음을 뚜렷이 실증한다. 500년경 중국 기록들은 북중국에 7만 7000명의 승려와 수십만 개의 절이 있고 남중국에 또다른 승려 8만 3000명이 있었을 정도로 불교의 영향력이 대단했음을 알려준다. 그 무렵 불교는 이미 한국에 전파된 후였으며 6세기에 실크로드의 동쪽 끝 일본에 전파되었다.

무슬림은 불교도보다 교역에 더 많이 관여했으며, 바그다드는 무슬림의 정치적 거점일 뿐 아니라 실크로드의 중요한 교역 중심지이기도 했다. 페르시아와 중국 사이 광대한 영역에서 많은 지역 상인들은 교역로를 오가는 무슬림 상인들의 종교를 받아들였는데, 공통 종교가 여러 배경을 가진 상인들 간의 신뢰를 강화했기 때문이다. 일부 지역 통치자들도 상인을 불러들이고 서쪽 무슬림 통치자들의 군사 공격을 피하기 위해 이슬람을 받아들였다. 이런 동기들이 타산적으로 보일지라도 대부분의 개종은 진실했으며, 그렇게 개종한 중앙아시아 무슬림들은 중동에 심대한 정치적·문화

여신과 천상의 연주자. 중국 서부 키질의 7세기 석굴 불화. 높이 2.03미터. 다른 중세 전통들의 종교 예술보다 더 가벼운 테마를 더 생동감 있게 그린 이 벽화는 실크로드의 석굴군에 그려진 수백 점의 불화 중 하나다. 실크로드의 상인 후원자들은 승원을 기부하고 불교와 네스토리우스주의를 전파했다.

적 영향을 주었다. 예컨대 중앙아시아의 튀르크계 인구 사이에 이슬람이 확산된 뒤 셀주크 튀르크 왕조가 1055년 바그다드에서 패권을 확립했다. 셀주크 칼리프는 수니파를 옹호하고 통치 영역의 튀르크화를 촉진했다. 한편, 중국 서부에서 교역로를 따라 정착한 외국인 무슬림 상인들은 현지 여성과 결혼하고 부모가 원치 않은 아이를 입양해 무슬림으로 길러내면서 점차 공동체를 키워갔다. 그리고 몽골이 동부터 서까지 아시아를 정복하고 13세기 '팍스 몽골리카'를 확립하자 실크로드의 교역 규모뿐 아니라 무슬림의 수까지 크게 증가했다.

몽골족의 정복을 계기로 중국에 로마 가톨릭의 선교사를 파견할 길도 열렸다. 페르시아의 몽골 당국과 교황청이 간단히 서신을 교환한 뒤, 교황의 명에 따라 프란체스코회 사제 조반니 다 몬테코르비노Giovanni da Montecorvino(1247~1328)가 원나라 수도 대도大都(오늘날의 베이징)에 파견되었다. 원나라 성종成宗은 1294년 대도에 도착한 조반니가 자리를 잡도록 도왔지만 기독교도가 되지는 않았다. 그다음 10년간 조반니는 종탑을 갖춘 교회를 한 채 짓고, 6000여 명에게 세례를 주고, 신약성서와 구약성서의 「시편」을 몽골어로 번역했으며, 가난한 소년 150명을 돈을 주고 사서 세례를 베풀고 라틴어와 그리스어를 가르치고 교회 성가대로 훈련시켰다. 1307년 조반니 신부는 대도의 첫 가톨릭 대주교로 임명되었다. 후일인 1369년에 중국인 가톨릭교도가 남아 있었다면, (네스토리우스파를 포함해) 기독교도를 모조리 추방하라는 명나라의 명령에 영향을 받았을 것이다.

인도양의 해상 루트 역시 세계종교들의 전파를 촉진했다. (더 일찍은 아니더라도) 3세기까지 기독교도들이 남인도에 도착해 성 토마스 공동체를 세웠다(훗날 조반니 다 몬테코르비노가 중국으로 가는 길에 이 공동체를 방문해 한동안 머물렀다). 이슬람은 거의 모든 항구마다 무슬림 공동체가 있었던 인도양의 상선 교역로를 따라 더 멀리까지 퍼져나갔다. 9세기경 아랍인과 페르시아인 상인들은 동아프리카에 3000킬로미터 길이로 뻗은 스와힐리 해안의 도시 국가들에 정착해 아프리카 토착민과 어우러져 살면서 점차 그들을 이슬람으로 개종시켰다. 1331년 스와힐리 지역을 방문한 모로코 출신 학자 이븐바투타Ibn Battuta는 후한 대접, 잘 지은 모스크, 도시의 번영에 관해 감탄하는 어조로 썼다.

이슬람은 사하라 이남 아프리카의 주민들에게도 전파되었다. 현지 상인들이 맨 먼저 개종했고 여러 교역 국가의 통치자들이 그 뒤를 이었다. 무슬림 지리학자 알바크리al-Bakri는 11세기에 어느 북아프리카 상인이 어떻게 서아프리카 왕의 개종을 중재했는지 기록했다. 상인은 『쿠란』의 기도문을 암송하는 방법으로 극심한 가뭄을 물리칠 수 있다고 말했다. 두 사람은 상인이 아랍어 기도문을 외우면 왕이 "아멘" 하고 말하는 식으로 밤새워 기도했다. 이슬람의 힘에 대한 왕의 믿음은 새벽에 폭우가 내려 더욱 굳건해졌다. 이 이야기는 역사적 사실에 완전히 부합하지 않을지 몰라도 독실한 상인들이 사하라 이남의 시장과 궁정을 통해 이슬람을 전파하는 데 이바지했다는 더 큰 진실을 알려준다.

알바크리의 이야기가 시사하듯이, 이슬람으로의 개종은 겉보기에 간단하게 이루어질 수 있었다. 개종자는 대개 "알라 외에 신은 없습니다. 무함마드는 알라의 예언자입니다"라는 단순한 신앙고백에 지나지 않는 아랍어 몇 단어만 알면 그만이었다. 신입 무슬림은 이슬람의 기본 의무인 기도, 자선, 라마단 기간의 금식, 그리고 가능하다면 성도 메카로의 순례를 준수해야 했다. 다른 관습과 믿음은 (대개 소년들이 『쿠란』을 외우는 학교에서) 차차 받아들일 수 있었지만, 개종을 완료하기까지 수 세대가 걸릴 수도 있었다. 다마스쿠스 태생인 연대기 편자 알우마리al-'Umari는 서아프리카 말리 제국의 유명한 술탄인 만사 무사Mansa Musa의 순례에 대해 들려준다. 알우마리가 술탄을 가리켜 "경건하고 독실하게 기도"한다고 말한 것으로 보아 무사는 새로운 개종자가 아니었지만, 1324년 카이로에서 자유민의 딸을 첩으로 삼는 말리의 관습을 이슬람에서 용인하지 않는다는 사실을 처음으로 알게 되었다. 술탄은 놀라서 "왕도 안 됩니까?" 하고 묻고는 말리의 관습을 고치겠다고 맹세했다.

통치자를 개종시키는 것은 다른 종교들도 구사한 전략이다. 서로마 제국이 멸망한 이후 기독교 전도단은 유럽의 이른바 '이교도' 통치자들을 자기네 편으로 끌어들이려 했다. 5세기 초에 성 파트리키우스는 아일랜드의 지역 군장들을 개종시키는 데 매진했다. 5세기 말에 프랑크족의 왕 클로비스가 세례를 받은 것은 매우 중요한 사건이었는데, 그로써 강력한 메로베우스 왕조와 카롤루스 왕조가 로마 교황의 든든한 동맹이 되었기 때문이다. 한 세기 후에 캔터베리의 성 아우구스티누스는 켄트의 왕을 설득해 기독교도로 개종시켰다.

동방에서도 통치자들과 기독교 선교사들은 합의점을 찾았다. 초기의 가장 유명한 선교사는 그리스인 형제 키릴로스와 메토디오스로, 860년대에 발칸반도에서 슬라브족에게 기독교를 성공적으로 선교한 데 이어 모라비아(오늘날 체코 공화국의 일부)의 통치자 라티슬라브와 함께 그의 백성들을 개종시켰다. 비잔티움 제국이 거둔 최대 성공은 980년부터 1015년까지 키예프 루시를 통치한 블라디미르 1세를 개종시킨 것이었다. 블라디미르는 이웃 통치자들이 기독교나 이슬람교를 수용하는 모습을 보고서 기존 신앙을 버릴 마음을 먹었던 것으로 보인다. 무슬림과 유대교도의 개종 권유를 받은 다음(전자는 돼지고기를 먹지 않는다는 이유로, 후자는 할례를 한다는 이유로 거부했다) 블라디미르는 동방 정교회를 선택했는데, 그리스식 전례의 장엄함이 마음에 들었고 일찍이 957년에 할머니 올가가 비잔티움 황제에게 동방 정교회 전통의 세례를 받았기 때문이다. 동방 정교회와의 이런 연계에도 불구하고, 러시아 교회는 처음부터 키릴로스와 메토디오스가 창안한 슬라브어 전례를 채택했다. 블라디미르의 결정은 미래에 엄청난 영향을 끼쳤는데, 루시 왕국이 러시아 제국으로 성장하면서 줄곧 동방 정교회를 고수했기 때문이다. 그리스 총대주교와 로마 총대주교가 갈라선 이후 러시아는 동방 정교회 편에 들어온 중요한 세력이었다.

220년 한나라가 멸망한 이후 불교 역시 북중국을 침공한 선비족으로부터 지원을 받은 것을 시작으로 정치적 후원을 받았다. 4세기에 선비족 탁발부가 화북에 세운 국가 북위北魏는 고급 문화와 정교한 종교에 다가가고자 불교를 채택했으며, 그 덕에 불교는 5세기 초에 중국에서 가장 크고 강한 국가의 후원과 보호를 받을 수 있었다. 후원자로서 북위와 그 밖에 많은 개인들은 5세기 후반에 운강雲岡(현재의 산시성山西省 소재)에서 주요 석굴 53개를 비롯한 수많은 석굴들의 벽을 5만 개 이상의 불상으로 장식하는 대업을 지원했다. 북위는 493년 수도를 남쪽 낙양으로 옮긴 직후 앞으로 400년간 이어질 또다른 기념비적 사업인 용문석굴龍門石窟 조성을 시작했다. 불행히도 통치자는 후원자뿐 아니라 박해자도 될 수 있었다. 부와 영향력을 키워가는 불교가 유교의 가족 중심 가치관과 상충한다는 비판이 제기된 9세기에 가장 가혹한 불교 탄압이 단행되었다. 845년 당나라 무종武宗은 불교를 맹렬히 박해하기 시작해 사찰 4600개소, 초제招提와 난야蘭若 4만 개소를 허물고 남녀 승려 26만여 명을 환속시켰다고 한다. 중국 불교는 탄압에서 완전히 회복하지는 못했지만 1021년경 신도가 45만 명 넘게 있었다고 하며, 몽골족의 원나라(1271~1368) 치하에서 다시 후원을 받았다. 그렇지만 원나라 멸망 이후 다시 탄압을 받았다.

수도회는 세계종교 전파의 또다른 주요 수단이었다. 벽지의 수도원에 사는 사람들일지라도 경건함의 모범으로서 신심을 고양할 수 있었다. 먼 거리를 이동하는 선교 수도회는 메시지를 더욱 효과적으로 전파할 수 있었다. 일부 기독교와 이슬람교 수도회들은 신앙 확산을 위해 군사력을 사용하기도 했다.

앞서 말했듯이 불교의 사찰은 중국에서 상당히 영향력 있는(그리고 평화로운) 장소였다. 기도하고 명상하고 학습하는 장소로서 사찰은 중국과 인도 사이 문화와 언어의 차이를 극복하는 데 이바지했다. 언어학에 능숙한 반半인도인 승려 쿠마라지바Kumarajiva(344~413)는 후진後秦의 수도 장안(오늘날의 시안)에서 수백 명의 승려를 감독해가며 수백 권의 불교 경전을 한문으로 번역했다. 이 선구적인 노력을 7세기에 중국인 승려 현장玄奘이 되풀이했다. 627년 인도를 향해 출발한 현장은 불교 연구의 유명 중심지 날란다 학문사에서 공부한 뒤 645년 다수의 불전과 불상, 불사리 등을 가지고 귀국했다. 현장은 산스크리트를 한문으로 옮기면서 언어적 정확성만큼이나 문화적 수용에도 신경을 썼다. 예컨대 다르마dharma와 보리bodhi뿐 아니라 요가yoga까지 익숙한 한자 도道로 번역했다. 그리고 도교에 대한 이런 호소와 유교에 대한 호소 사이에서 균형을 잡았다. 예컨대 도덕을 뜻하는 산스크리트 단어의 번역어로 한자 효孝를 선택했다.

기독교 수도회들도 포교 과정에서 결정적인 역할을 했다. 게르만 사회에 대한 선교를 개척한 성 보니파키우스는 주교인 동시에 수도자였다. 아일랜드 초기 교회의 주축도 수도회였다. 6세기 이탈리아에서 조직된 베네딕투스 수도회는 9세기까지 서유럽 곳곳에 수도원을 설립하며 큰 영향을 끼쳤다. 베네딕투스회 수도자들의 신심과 학식은 자선 및 치료 활동과 마찬가지로 지역 주민에게 감명을 주었다. 13세기 초에 창립된 중요한 두 수도회인 프란체스코회와 도미니쿠스회는 학식뿐 아니라 보통사람과의 교류로도 유명했다. 프란체스코회 수도자들은 탁발로 생활했으며, 도미니쿠스회 수도자들은 설교자였다.

라틴 교회에는 신앙을 위해 새 땅을 정복하거나 옛 땅을 탈환하려는 기사 수도회들도 있었다. 이 수도회들은 거의 한 세기 동안 성지 예루살렘을 무슬림의 통치로부터 해방시킨 제1차 십자군(1096~1099)을 둘러싼 종교적 열성에서 생겨났다. 십자군은 기독교를 방어하고 이교도에 맞서 두려움 없이 싸우는 의무를 새로이 강조함으로써 중세 기사도의 규범을 바꾸어놓았다. 신생 성전 기사단은 다른 기사 수도회들과 함께 이베리아반도에서 이슬람의 영토를 수복하려는 운동에 참여했다. 그 결과 13세기 중엽에는 이베리아의 남쪽 끄트머리만 무슬림의 수중에 남게 되었다. 튜턴 기사단으로 널리 알려진 독일 기사단은 발트 지역 동부에 기독교를 전파하기 위한 군사 작전에 참여했고, 14세기 중엽 리투아니아의 강력한 국왕을 로마 가톨릭으로 개종시키는 큰 성과를 올렸다. 비잔티움 제국도 군사력을 사용해 1000년까지 무슬림으로부터 먼저 지중해의 크레타섬과 키프로스섬을, 뒤이어 아르메니아와 시리아를 되찾았다.

그리스교회의 수도자들은 외딴곳에서 금욕적으로 생활하는 은수자隱修者에 더 가까웠지만, 그럼에도 강한 영향을 끼쳤다. 일례로 금욕하며 살다가 10세기에 죽은 성 루카스의 보이오티아 지방 무덤은 기적적인 치유로 유명한 순례지가 되었다.

기독교 수도회와 비슷한 이슬람의 일부 공동체들은 선교를 장려했고, 다른 일부는 종교적 동기에서 정복을 준비했다. 그중 시아파의 분파인 이스마일파는 급진적인 선교 활동을 벌였다. 무척 신비주의적이고 호전적인 이 분파는 메시아(마흐디)가 궁극의 진리를 드러내고 정의를 확립할 것이라고 믿었다. 절박감에 불타오른 이스마일파는 9세기에 열렬한 개종자가 되어 페르시아의 도시 주민뿐 아니라 아라비아, 시리아, 이라크, 북아프리카의 농민에게도 자신들의 메시지를 전했다. 평등, 정의, 개혁에 대한 그 메시지의 혁명적 열의는 아바스 왕조 칼리프에 맞서는 여러 반란을 촉발하기도 했다.

수니파에서는 수피Sufi라고 알려진 종교 운동이 비슷한 역할을 했다. 유럽의 수도회들과 마찬가지로 수피 집단들은 대개 성인으로 숭상받은 창립자들의 이름으로 불렸다. 이슬람의 율법과 의무를 준수하는 것 이상을 하고자 했던 수피들은 자기 내면의 의지와 알라의 의지의 합일을 추구했다. 그런 종교적 헌신은 자연히 주변의 많은 사람들에게 영향을 주어 그들을 개종의 길이나 더 나은 무슬림이 되는 길로 이끌었다. 1206년 북인도에 델리 술탄국이 수립되고 한 세기가 지난 때에 유명한 수피 성인 바바 파리드Baba Farid는 고독을 찾아 술탄국의 수도를 떠나 오늘날 파키스탄의 평원으로 갔다. 바바 파리드의 금욕주의와 내세성을 점차 존경하게 된 지역 주민들은 그에게 조언을 구하거나 치유를 받으려 했다. 지주와 유지, 상인 같은 유력자들도 바바 파리드의 성자로서의 명성에 이끌렸다. 많은 인도인이 그의 본보기에 감명을 받아 이슬람으로 개종했다. 낮은 카스트에 속하는 힌두교도들도 자신들을 동등한 존재로 환영하는 무슬림 공동체에 합류했다.

인도의 무슬림 정복자들 외에도 이슬람 초기 아랍 무슬림들의 업적을 연상시키는 다른 열렬한 정복자들이 있었다. 예를 들어 11세기에 알모라비드 왕조(요새에서 싸울 준비가 된 사람들을 뜻하는 아랍어 '알무라비툰al-Murabitun'에서 유래)는 마그레브(북아프리카 서부)와 에스파냐 남부를 통치하고 사하라 이남을 공격했다. 12세기에 또다른 호전적 집단 알모하드 왕조는 마그레브를 정복해 알모라비드 왕조를 밀어냈고, 이베리아반도에서 기독교 십자군의 전진을 저지해달라는 요청을 받은 뒤 이슬람령 에스파냐를 자기네 제국에 추가했다. 새 정복자들은 대개 기존 정복자들만큼 관용을 보이지 않았다. 알모하드 왕조는 마그레브에 남은 기독교도에게 이슬람으로 개종하든지 죽음을 맞든지 양자택일을 하도록 강요했다. 이 정책으로 마그레브에서 기독교의 명맥이 끊겼다.

이집트 남쪽 누비아도 이슬람군에 정복당해 불관용 정책에 직면했다. 11세기만 해도 새로운 교회와 대성당을 세울 만큼 활기찼던 누비아의 유서 깊은 기독교 공동체는 1171년 파티마 왕조가 몰락하고 아랍 유목민 무리들이 이집트로 대거 들어온 이후 약해졌다. 14세기 초에 무슬림 세력은 누비아의 마지막 기독교 통치자를 대체했다. 교회는 모스크가 되었고 기독교는 단절되었다. 물론 이렇게 극심한 불관용 조치를 무슬림만 취했던 것은 아니다. 기독교 십자군도 정복한 땅에서 무슬림을 내쫓고 모스크를 교회로 바꾸었다. 예컨대 예루살렘에서 바위 돔 모스크는 교회로 다시 봉헌되었고, 13세기에 기독교 세력이 이베리아의 영토를 수복한 이후 코르도바의 찬란한 대모스크는 대성당으로 개조되었다.

무슬림과 기독교도 지식인들 사이에서 개화한 지적 르네상스를 살펴보기에 앞서 해야 할 중요한 일이 있다. 평범한 서민들의 신앙심이 얼마나 깊었는지 논하는 것이다. 앞서 보았듯이 통치자들은 보통 세심한 신앙 교육을 받았지만, 민중의 개종은 금방 대충대충 처리하곤 했다. 민중 개개인을 세심하게 교육할 시간(때로는 공통 언어)이 없었기 때문이다. 그런 이유로 민중의 깊은 내면까지 기독교화하는 데에는 몇 세대가 걸렸다. '이교도'에게 성수를 뿌려 그의 죄를 사할 수 있었던 것과 마찬가지로 '이교도' 성지도 성수를 몇 방울 떨어뜨려 기독교 예배 장소로 바꿀 수 있었다. 교황 그레고리오 7세(재위 1073~1085)가 다음처럼 일갈했을 정도로 교구 성직자들의 규율은 형편없었다. "간음으로 비난받는 사제들이 [집전하는 예배에 자주 참석하는] 늑대 같은 이단자들과 나귀 같은 가톨릭교도들에 대한 분노는 차마 눈뜨고 볼 수 없을 지경이다." 투르의 그레고리우스의 『프랑크족의 역사』(6세기 말)나 가경자 비드Venerable Bede의 『잉글랜드인의 교회사』(720경), 또는 한 세기 후에 쓰인 작자 미상의 『베어울프』를 읽는 사람이라면 누구나 그레고리우스 7세가 개탄한 '늑대 같은' 행위가 상층과 하층을 막론하고 기독교도 사이에 흔했다는 결론을 내릴 것이다. 상세한 기록이 드물긴 하지만, 이슬람교와 불교로 개종한 사람들의 상황도 비슷했을 것이다. 세 종교에서 공히 자주 일어난 개혁 운동은 종교 내 통합이 항구적인 쟁점이었음을 말해준다.

지적 르네상스

이븐시나Ibn Sina(980~1037)는 바그다드에서 동쪽으로 1600킬로미터 떨어진, 중국으로 향하는 대상의 교역로상에 위치한 우즈베키스탄 부하라의 페르시아인 관료 가정에서 태어나 이스마일파 선생들에게 교육을 받았다. 그는 이슬람 교리와 율법에 통달했을 뿐 아니라 아리스토텔레스의 논리학, 에우클레이데스의 기하학, 지리학으로도 유명한 그리스계 이집트인 클라우디오스 프톨레마이오스의 천문학 논고(훗날 아랍어 제목 『알마게스트Almagest』로 알려진 저서)를 공부했다. 아울러 자연과학, 의학, 형이상학도 공부했다. 이 총명한 청년은 불과 18세에 국왕의 병을 치료한 보상으로 왕실 도서관을 자유로이 출입할 수 있게 되었다. 곧 자신의 책을 쓰기 시작한 이븐시나는 철학, 의학, 시, 천문학, 수학을 망라하는 50권(어쩌면 100권 이상)의 저서를 남겼다. 사후 그의 책들은 저 멀리 에스파냐에 이르기까지 무슬림과 유대인 사상가들에

바그다드의 훌완 공공 도서관. 알하리리Al-Hariri가 쓴 마카마[아랍의 문학 장르—옮긴이]의 한 장면. 페르시아인 알하리리는 1054년부터 1122년까지 살았다. 가죽으로 장정한 책들이 벽감에 쌓여 있다. 위쪽 아랍어 텍스트의 마지막 줄은 지금도 자주 쓰이는 속담이다. "시험을 받는 동안 사람은 명예를 얻거나 망신을 당한다."

게 칭송을 받았다. 1200년경 세상에 나온 라틴어 번역본들은 이븐시나의 무슬림 정체성에 대한 기독교측의 거부감을 줄이고자 라틴 이름처럼 들리는 아비센나Avicenna라는 저자명을 붙였다.

이븐시나는 아바스 왕조의 칼리프 알만수르al-Mansur(재위 754~775)가 시작한 지적 개화를 대표하는 인물이다. 알만수르는 번역 기관을 세워 아리스토텔레스, 프톨레마이오스, 에우클레이데스의 저작, 고대 인도의 동물 우화와 기타 저술들에 더해 산스크리트 천문표까지 처음으로 아랍어로 번역하게 했다. 바그다드에서 시리아인 기독교도들은 세속 문헌에 대한 무슬림의 수요를 채우기 위해 비잔티움의 필경사들이 제작한 고전 그리스 원전의 필사본들을 아랍어로 번역했다. 10세기 무렵 이슬람 세계에서는 고전기와 후기 고전기 그리스 저자들의 원전 수천 편이 저렴한 아랍어 번역본으로 제작되어 널리 유통되었다. 부하라의 이븐시나는 이런 번역 사업의 수혜자 중 한 명이었다. 이슬람령 에스파냐에서 태어났고 라틴 서방에는 아베로에스Averroes라는 이름으로 알려진 이븐루시드Ibn Rushd(1126~1198)는 또다른 수혜자로서 아리스토텔레스에 대한 주석으로 유명했다.

이슬람이 되살린 학예는 이윽고 에스파냐 남부를 거쳐 라틴 서방에 전해졌다. 당시 서방은 로마 제국의 통치, 도시 생활, 학예의 붕괴에서 비롯된 '암흑시대'로부터 서서히 회복하고 있었다. 서방에서 고전 학예의 회복은 단계적으로 이루어졌다. 먼저 9세기 카롤루스 왕조에서 그리 크지 않은 규모의 르네상스를 주도했다. 그다음 300년간 먼저 대성당 학교에서, 뒤이어 대학에서 정규 교육이 발전했다. 이탈리아의 초기 대학들은 의학과 법학에 초점을 맞추었다. 더욱 실질적인 12세기 르네상스는 더 깊은 학예, 새로운 고전 문헌, 그리고 본질적으로 이성과 종교의 결합인 스콜라 철학의 발전과 관련이 있었다. 13세기에 에스파냐의 유대인들이 아바스조 르네상스의 성과를 라틴어로 옮긴 번역본들은 당시 철학과 신학, 과학 연구의 꽃을 피우고 있던 서유럽의 신설 대학들에 쉽게 판매할 수 있었다. 파리대학은 철학과 신학에 탁월했던 반면, 옥스퍼드와 케임브리지 대학은 과학에 더 뛰어났다. 세 대학에서 교직은 대부분 성직자 구성원들이 차지했다.

1257년, 교황은 뛰어나지만 서로 딴판인 두 사람을 파리대학 신학 교수에 임명했다. 프란체스코회 교수에 임명된 보나벤투라(1221~1274)는 히포의 성 아우구스티누스까지 거슬러올라가는 기독교 신플라톤주의 전통을 옹호했다. 도미니쿠스회 교수에 임명된 토마스 아퀴나스(1225경~1274)는 기독교 신학과 아리스토텔레스주의를 대담하고도 논쟁적인 방식으로 종합했다. 아퀴나스는 신앙과 이성이 서로 대립하지 않고 보완한다고 생각했고, 이성이 신앙을 돕고 지식을 확장할 수는 있지만 결코 신앙을 능가할 수는 없다고 주장했다. 1277년, 아퀴나스가 죽은 직후 파리 주교는 파리대학 내에서 높아지는 기독교 아리스토텔레스주의의 물결을 조목조목 신랄하게 비난했다. 당시 아베로에스의 영향 아래 있었던 더 급진적이고 세속적인 철학 학파를 주로 겨냥하긴 했지만, 분명 이 비난으로 새로운 스콜라적 신학에 한동안 그림자가 드리웠다. 그렇지만 반세기 후에 교황 요한 22세는 토마스 아퀴나스를 성인으로 시성했다(프란체스코회의 보나벤투라는 150년 후에야 이 영예를 안았다). 1568년 가톨릭교회는 성 토마스에게 '교회학자'(가톨릭 교리에 큰 공헌을 한 학자) 칭호를 부여함으로써 그의 종합을 존중한다는 것을 공식 인정했다. 성 보나벤투라는 20년 후에 같은 영예를 얻었다.

같은 시기 중국에서도 전통 철학이 부흥하고 있었다. 수백 년간 쇠락의 길을 걷던 유교가 송대(960~1279)에 되살아나고 재해석되었다. 불교와 도교의 더 신비주의적이고 비세속적인 접근법과 달리, 활기를 되찾은 유교는 현실과 이성을 강조했다. 라틴 서방과의 두번째 유사점은 송나라 역시 유교 문헌을 연구할 국립 교육 기관을 재건하고 관리를 선발하는 시험 제도를 개혁했다는 것이다. 라틴 대학들을 성직자가 좌우한 것과 달리 송대의 유교 부흥은 세속적이고 정치적이었다. 유학儒學 연구는 원대(1271~1368)에도 계속되었다.

813년 완공된 아헨 대성당의 내부. 카롤루스 대제의 매장지. '카롤링거 르네상스' 건축의 성취인 이 대성당은 팔각형 예배당 위에 돔을 얹은 형태다. 북유럽에서 이보다 높은 돔은 이후 200년간 없었다.

나스르 왕조 시대 중 14세기 초에 만든 듯한 도자기에 묘사된 알함브라 가젤.

송대와 원대에 중국 학자들은 과학과 수학에서 세계를 선도하는 입지를 강화하기도 했다. 오래전부터 해오던 대로 중국의 과학은 전쟁, 치료, 항해와 조선, 인쇄, 야금술 등을 위한 실용적 응용을 강조했다. 이 기간에 거둔 성취의 한 예로는 박식가 소송蘇頌(1020~1101)이 개봉부開封府에 설치한 천문 시계인 수운의상대水運儀象臺가 있다. 소송은 탈진기를 갖춘 기계식 물시계, 시간을 가리키는 숫자, 종과 북, 그리고 혼천의를 사용해 제작했다. 수운의상대에는 중국의 천문 기술뿐 아니라 인도와 서아시아의 영향도 반영되었다. 화려한 구경거리이기는 했으나 이 시계보다는 송나라의 다른 성취들이 더 광범하게 영향을 끼쳤다. 11세기 말에 중국은 철과 강鋼 무기를 가장 많이 생산했고, 12세기에 송나라는 화약과 불화살, 폭탄을 실험했다. 또 관리 시험을 준비하는 학생들의 수요 증대에 맞추어 가동 금속활자 인쇄술로 서적을 대량 생산했다.

세계는 하나만 존재할 수 있으며 그 세계(지구)는 동심 천구들의 중심에 있다는 아리스토텔레스의 명제를 단죄한 1277년의 금지령[파리 주교 탕피에가 파리대학에서 아리스토텔레스주의 관련 219개의 명제에 대한 논의를 금지한 명령—옮긴이] 이후 라틴 서방에서도 과학에 관한 새로운 사유가 나타났다. 하느님이 다른 세계들을 창조할 수 있다는 믿음을 강요받긴 했지만, 중세 사상가 중에 하느님이 실제로 다른 세계를 창조했다는 명제를 진지하게 옹호한 사람은 없었다. 그러던 차에 1277년 금지령을 계기로 우리에게 알려진 세계가 진공으로 둘러싸여 있고 그 진공에서 하느님이 다른 세계를 창조할 권리를 행사할 수 있느냐는 문제에 관한 논의가 시작되었다[아리스토텔레스의 견해는 진공이 존재할 수 없다는 것이다—옮긴이]. 옥스퍼드대학의 탁월한 수학자 토머스 브래드워딘Thomas Bradwardine(1290경~1349)은 우주가 끝없이 무한할 수도 있다고 생각하면서도, 캔터베리의 대주교이기도 했던 까닭에 우주를 물리적 공간으로 규정하기를 꺼렸다. 그래서 무한한 우주와 하느님이 동일할 수도 있다는 견해를 제시했다. 아퀴나스처럼 중세 유럽의 자연철학자들도 신앙과 이성을 조화시킬 필요성 때문에 제약을 받았다. 또 그들은 인간의 시각 능력 너머까지 관찰하게 해주는 도구가 없었고 과학적 진보라는 유익한 개념을 발전시키지 못했다.

결론

이 장에서 개관한 근 2000년 세월은 파열과 지속성을 모두 보여주었다. 제7장에서 상술하는 정치 조직들의 격렬한 흥망은 파열의 분명한 증거다. 그렇기에 우리가 다룬 기간의 초기에 기반을 다진 고전 전통들이 활력을 줄곧 유지했다는 것은 주목

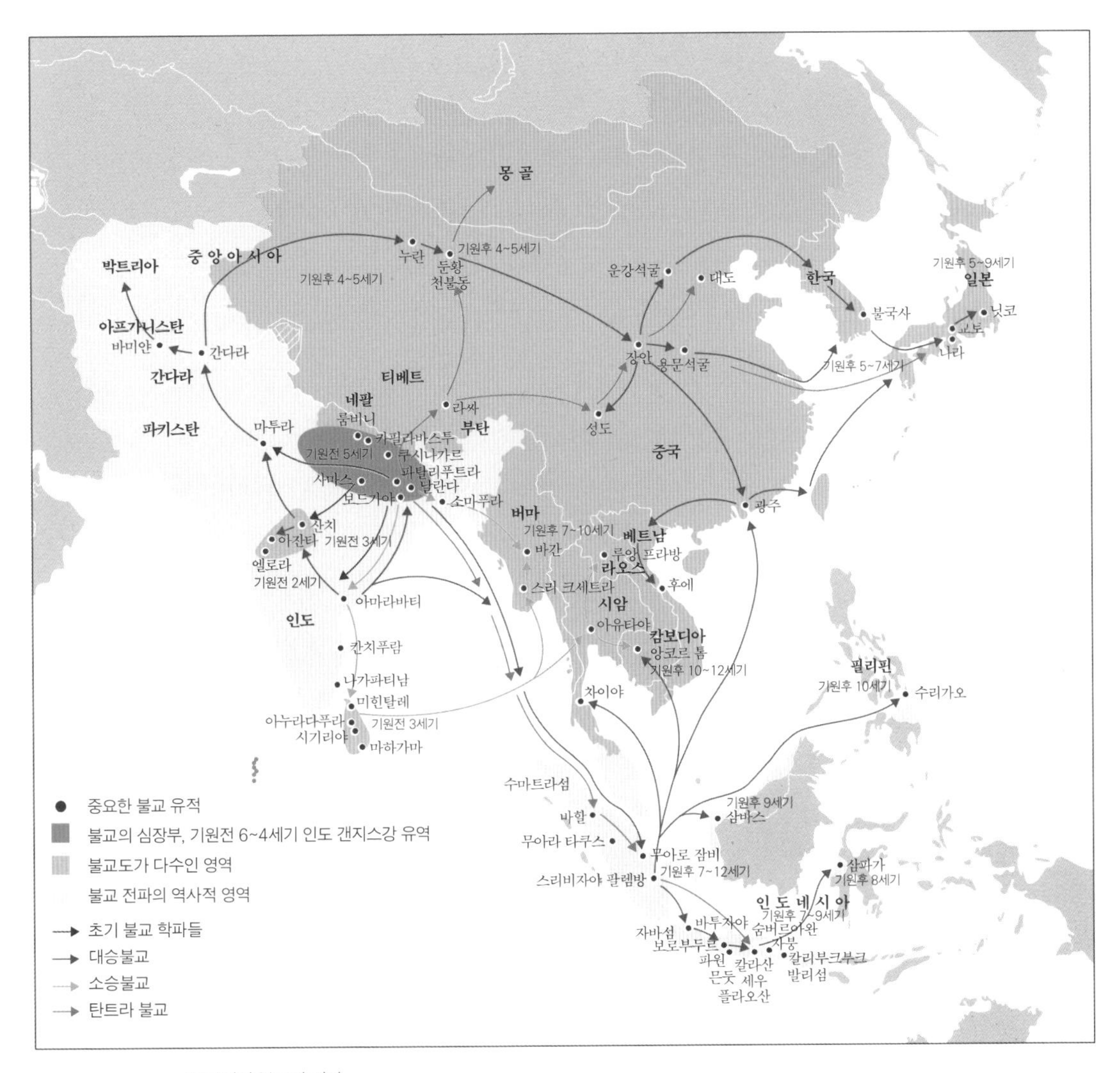

1300년경 불교의 전파.

할 만한 사실이다. 그리스-로마의 사상과 가치관은 로마 제국이 멸망한 후에도 살아남았고, 중국의 전통들은 폭력적인 왕조 교체에도 불구하고 지속되었으며, 인도의 힌두교 전통들은 불교와 달리 무슬림의 북인도 정복을 견뎌냈다. 똑같이 주목할 만한 것은 불교, 유교, 기독교, 이슬람교가 종교를 전파하고 재앙적인 변화를 헤쳐나간 방식이다. 이 종교들이 지속된 것은 어느 정도는 추종자들이 각 전통의 강점을 발견했기 때문이다. 그렇지만 동시에 이 종교들은 생존하기 위해 자주 진화해야 했으며, 무엇보다 종교를 전파하면서 각 지역의 상황에 지적·문화적으로 적응해야 했다. 불교는 남아시아의 발상지에서 기반을 잃으면서도 동아시아에서 새로 세력을 얻었는데, 어느 정도는 현지 전통을 선택적으로 수용했기 때문이다. 이와 비슷하게 기독교와 이슬람교도 포교 과정에서 현지 관습을 수용했고, 헬레니즘을 비롯한 다른 지적 전통들과 자신들의 핵심 신앙을 혼합했다. 차용은 비폭력적 변화의 일부였다. 무슬림들은 인도 수 체계의 확산을 도왔고, 무슬림 천문학자들은 쿠빌라이 칸의 천문대에서 일했으며, 13세기 몽골족의 팽창은 화약, 자기 나침반, 인쇄술의 전파를 촉진했다.

그렇지만 종교적 충성에 변화가 일어났음에도 이 시대는 매우 보수적이었다. 기독교도들은 그리스-로마 건축물을 모방하고 때로 신전을 교회로 개조했다. 그리고 이교 신들의 조각상은 밖으로 내던지면서도 그들의 제단은 비슷한 호소력을 가진 기독교 성인들에게 바치곤 했다. 다른 곳에서는 무슬림들이 기독교 교회나 힌두교 사원을 모스크로 바꾸고 인간 형상에 대한 묘사를 지우거나 회반죽으로 덮어버렸다. 고전기 과거의 영광을 재활용하고 재현하려 한 것도 이 장에서 다룬 기간에 몇 차례 일어난 '르네상스'의 특징이었다. 12세기에 샤르트르의 베르나르는 당대 학자들이 조금 더 멀리 볼 수 있는 것은 그들이 거인들, 즉 고대 학자들의 어깨에 올라선 난쟁이들과 같기 때문이라고 말했다. 다른 사람들은 난쟁이들이 더 멀리 볼 수 있다고 해서 과거의 거인들보다 더 현명하거나 영리한 것은 아니라고 지적했다. 세계종교의 신도들도 자기네 교조와 초기 사도들의 가르침을 숭상했다.

14세기 중국의 4대가 중 한 명인 화가 왕몽의 〈갈치천이거도葛稚川移居圖〉. 도사 갈홍葛洪이 연금술과 비전 의술을 수련하기 위해 명산인 나부산으로 가는 여정을 묘사한 그림이다.

1144년 완공된 프랑스 생드니 대성당의 성가대석. 최초의 고딕 양식 교회로 평가받는 생드니 대성당은 훗날 프랑스 고딕 대성당들을 통해 유명해진 높은 궁륭, 첨두아치, 스테인드글라스 고측창을 보여준다.

전통은 힘의 원천이었지만 혁신의 장애물이 될 수도 있었다. 13세기 파리대학에서 성 보나벤투라는 겸손하지만 진실하게 자신의 교육 목표는 스승인 헤일스의 알렉산더를 비롯한 대가들의 통찰을 학생들에게 전달하는 것이며 그 과정에서 "새로운 의견과 싸우지 않고 옛 의견을 개진하고자 한다"라고 말했다. 이런 관점은 이슬람 율법 학파나 불교 대학에서도 생경하지 않았을 것이다.

그렇게 지적 연속성에 헌신하다가 정체될 수도 있었지만 꼭 그랬던 것은 아니다.

많은 사상가와 예술가가 전통의 외피 안에서 혁신의 공간을 찾아냈다. 14세기 중국 산수화의 대가 왕몽王蒙은 여백을 많이 남기는 동시대 화가들의 간략한 화법을 멀리하고 필선을 겹쳐 그려 심도와 명암을 표현하는 과거의 더 투박한 화법을 구사했다. 훗날 왕몽은 근대 중국 산수화의 아버지로 불렸다. 성 토마스 아퀴나스가 아리스토텔레스 철학과 기독교 신학을 혼합한 것도 양자가 양립할 수 있음을 입증하기 위해서였다.

다른 비전들은 전통에서 더 극적으로 벗어났는데, 그중 제일은 서유럽의 새로운 고딕 대성당일 것이다. 프랑스의 일부 건축가들은 반원형 아치와 궁륭을 석벽으로 지탱해야 하는 로마네스크 양식 대신 이슬람권 중동에서 몇몇 건축물에 적용된 적이 있는 첨두아치를 채택했다. 이 선택으로 건축물의 나머지 형태도 크게 바뀌었는데, 건축물의 횡압력을 흡수하는 부벽의 버팀도리flying buttress가 추가되었고, 그 덕에 반짝이는 스테인드글라스를 측벽에 설치할 수 있게 되었다.

고딕 양식은 영국에도 전해져 옥스퍼드와 케임브리지 대학의 신축 건물과 대성당의 특색이 되었다. 두 대학은 유럽 본토의 다른 대학들과 함께 라틴 서방의 독특한 특징이었다. 대학들은 형이상학 탐구뿐 아니라 자연계 연구 영역에서도 새로운 발견과 논의를 촉진하고 퍼뜨리는 역할을 했다. 그럼에도 중세 후기에 이슬람 세계가 과학적 지식에서 여전히 선두였으며, 송대 중국은 천문학에서 가장 앞서나가며 초신성을 두 차례 기록하기까지 했다. 서방의 학자들은 과학적 지식이 부족했고 직접 관찰에서 뒤처져 있었지만, 그 대학들은 자연철학의 철저한 탐구를 새로운 경지까지 끌어올렸다. 일부 역사가들은 훗날 서구가 과학에서 선두를 차지한 이유가 이런 탐구 방법에 있었다고 생각한다.

CHAPTER

07

성장

사회 조직과 정치 조직—기원전 1000년~기원후 1350년

이언 모리스

이야기

인간은 모든 동물과 마찬가지로 일을 처리하기 위해 협력해야 한다. 이 장에서는 기원전 1000년부터 기원후 1350년까지 사람들이 어떻게 협력해왔는지 이야기한다.

유사 이래 대체로 친족 관계는 협력의 주요 기반이었으며, 이 장에서 논하는 기간 내내 가족과 씨족, 부족은 중요한 조직이었다. 그렇지만 친족 기반 조직에는 한계가 있었으며(당신의 형제와 친척만 모아서 로마 시대의 도로를 건설한다고 생각해보라), 사람들은 기원전 1000년 한참 전부터 비친족 집단을 형성하기 시작했다. 많은 사회과학자들은 폭력을 사용하거나 위임할 독점권을 주장하는 국가가 그런 비친족 집단 중 가장 중요하며, 기원전 3500년경 중동에서 초창기 국가들이 형성되었다고 말할 것이다. 이 장에서 '사회 조직과 정치 조직'은 주로 가족, 씨족, 부족, 도시, 국가, 제국을 의미한다. 하지만 나는 다른 종류의 조직들, 특히 교회와 사업체도 다룰 텐데, 사회 조직·정치 조직과 종교 조직·경제 조직을 분리하기란 어렵기 때문이다.

수 세대에 걸친 역사학계와 고고학계의 작업 덕분에 우리는 기원전 1000년에서 기원후 1350년 사이 사회 조직과 정치 조직에 대해 구석구석까지 풍성하고 흥미롭게 이야기할 수 있다. 그렇지만 이 책처럼 큰 주제를 다루는 짧은 장들의 주안점은 가능한 한 많은 사실을 꽉꽉 채워 넣는 것이 아니라 세부에서 뒤로 물러나 나무가 아닌 숲을 보는 것이다. 그렇게 바라볼 때 2350년의 이야기는 한 단어로 요약할 수 있다. 바로 성장이다.

작은 조직이 더 큰 조직에 삼켜지고 큰 조직이 더욱 커져감에 따라 인류는 점점 더 큰 규모로 협력하는 법을 배워갔다. 그렇지만 '협력'은 숱한 죄악을 감추는, 소독 처리된 단어다. 협력은 십중팔구 폭력이나 위협을 가해 얻어냈으며, 협력의 산물은 몹시 불균등하게 분배되었다. 그러나 잔혹성에도 불구하고 기원전 1000년에서 기원후 1350년 사이에 생겨난 사회 조직과 정치 조직은 놀라운 유산을 남겼다. 오늘날 세계의 대다수 사람들이 이 기간을 고전기로 기억하는 데에는 그럴 만한 이유가 있으며, 이 2400년 세월이 없었다면 제4부와 제5부에서 다루는 혁명적 변화들은 불가능했을 것이다.

더 크게, 더 넓게, 더 강하게, 더 깊게

성장은 쉽게 입증할 수 있다. 우선 가장 기본적인 수준에서 인구가 성장했다. 기원

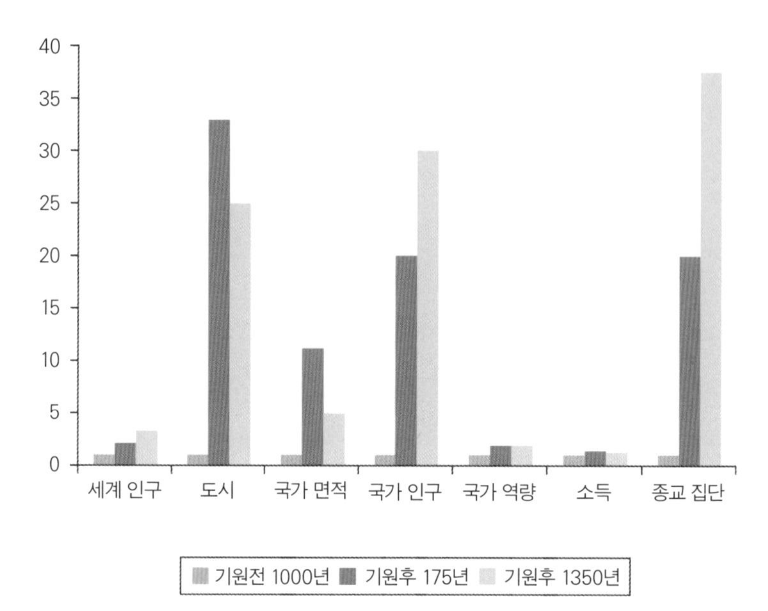

기원전 1000년부터 기원후 1350년까지 조직 성장의 몇 가지 범주. 각각의 분석 범주에서 세로축의 파란색 막대는 기원전 1000년의 수치 1.0을 나타내고, 빨간색과 녹색 막대는 기원후 175년과 1350년의 수치를 나타낸다. 전체 2350년 동안 세계 인구가 거의 4배 증가했지만, 가장 많이 변한 것은 최대 조직들의 규모였다. 부, 불평등, 발전은 더 느리게 성장했다.

전 1000년 세계 인구는 약 1억 2000만 명이었다. 우리 이야기의 중간 지점인 기원후 175년 세계 인구는 대략 두 배인 2억 5000만 명이었다. 뒤이어 14세기 초까지 인구는 계속 성장하긴 했지만 50퍼센트 증가하는 데 그쳐 4억 명에 달했다가 (앞으로 살펴볼 이유들 때문에) 1350년 약 3억 5000만 명으로 감소했다.

이렇게 늘어난 사람들이 만든 사회 조직과 정치 조직은 더욱 빠르게 성장했다. 기원전 1000년에 세계에서 가장 큰 도시들—아마도 제나라의 수도 임치臨淄와 이란의 수사였을 것이다—의 주민은 약 3만 명이었지만 기원후 175년 로마시의 주민은 30배 이상인 약 100만 명이었다. 7세기 장안과 11세기 개봉開封의 주민도 100만 명에 달했을 테지만, 1350년 세계 최대 도시 항주杭州의 주민은 약 75만 명이었다.

국가들의 크기도 비슷한 패턴을 따랐다. 공간과 인구는 국가의 크기를 측정하는

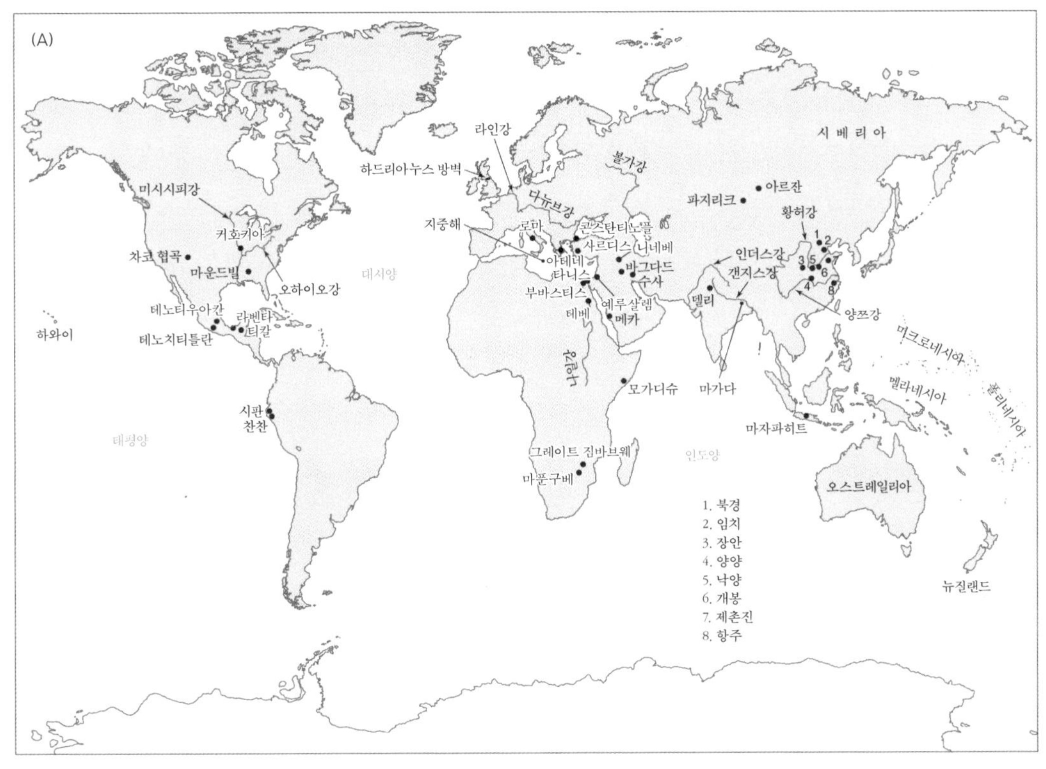

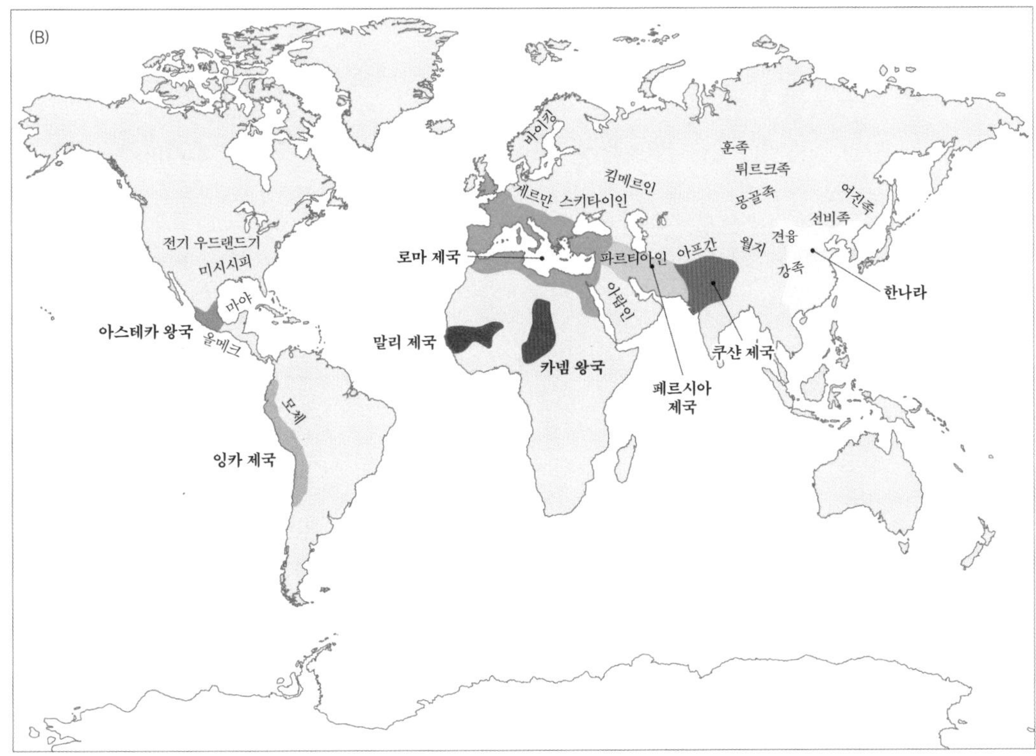

제7장에서 언급하는 장소들.

두 가지 명확한 척도다. 기원전 1000년에 공간 면에서 최대 국가는 약 40만 제곱킬로미터를 다스린 이집트였을 테지만, 기원후 175년 로마 제국과 한나라는 10배 이상 넓어 각각 450만 제곱킬로미터를 통치했다. 1350년 수치를 얻기는 더 어려운데, 측정 방법이 하나 이상이기 때문이다. 델리 술탄국이나 이집트 맘루크국 같은 관례적인 농경 제국들은 200만 제곱킬로미터를 다스렸다. 그렇지만 중국을 정복한 몽골족의 원나라는 1000만 제곱킬로미터를 통치했고, 또다른 몽골 제국인 킵차크 칸국은 500만 제곱킬로미터를 통제했다. 그러나 역사가들은 대개 스텝 유목민의 제국들을 관례적인 농경 제국들과 같은 범주에 집어넣기를 주저하는데, 유목민의 영토 중 태반에 아무도 살지 않았기 때문이다.

공간의 크기가 아닌 머릿수를 비교해도 얼추 비슷한 패턴이 나타난다. 기원전 1000년에 인구가 가장 많았던 국가는 역시 이집트로 대략 250만 명이었다. 기원후 175년에 로마와 한나라의 인구는 각각 20배 많은 약 5000만 명이었다. 그후로도 인구는 계속 증가했으나 그 속도는 느려졌다. 1350년 중국 인구는 7500만~1억 명에 달했다.

국가들의 일 처리 능력을 측정하는 것은 더 까다로운 작업이며, 사회학자들은 한 세기 동안 다양한 측정법을 고안해왔다. 나는 이전에 '사회 발전 지수'라는 또하나의 방법을 제안했는데, 사회들이 일을 조직하고 처리하는 능력을 몇 가지 기준으로 나누어 1점부터 1000점까지 매기고 각 기준의 점수를 합하는 방법이다. 이 지수에 사용한 기준으로는 도시 공학, 적절한 하부 구조의 예, 상업 및 징세와 관련된 경제 수준, 고도로 조직된 공공 예술과 교육 시설 등이 있다. 기원전 1000년에 이 방법으로 최고점을 기록한 지역은 22점을 조금 넘은 이집트이고, 기원후 175년에는 43점을 살짝 넘은 로마 제국이며, 기원후 1350년에는 40점을 약간 넘은 중국이다.

가족이나 국가의 역사는 기업이나 교회의 역사와 분리하기 어려운데, 더 큰 국가가 경제적·종교적 협력을 더 큰 규모로 할 수 있는 무대를 제공하는 방식으로 두 역사가 서로 곧잘 겹치기 때문이다. 예를 들어 교역로가 종종 정치적 경계 너머로 뻗어나가긴 하지만, 정치적 경계가 넓어지면 대개 공급망도 덩달아 성장한다. 기원전 1000년에 이집트의 지중해 교역로는 그리스에 겨우 닿는 정도였으며, 기원전 1076년경을 배경으로 하는 『웨나문 이야기Story of Wenamun』는 이집트 파라오들이 자국에서 가까운 페니키아에서조차 비블로스의 통치자가 목재 수출에 적용한 가혹한 조건 때문에 얼마나 어려움을 겪었는지를 생생하게 묘사한다. 그렇지만 기원후 2세기까지 로마 제국의 사절이 중국 장안까지 가고, DNA 증거상 동아시아에서 이주해온 사람이 이탈리아에 묻혔을 정도로 연계망이 엄청나게 확대되었다. 고고학자 배리 컨리프Barry Cunliffe는 요점을 짚어 "한반도의 어느 엘리트는 로마 세계에서 만든 유리잔에 감탄할 수 있었으며, 하드리아누스 방벽에 배치된 병사들은 인도산 후추로 식사에 풍미를 더할 수 있었다"라고 말한다. 기원후 70년대에 로마 지리학자 대大플리니우스는 로마의 부유층 여성들이 중국산 비단을 너무 많이 구입하는 바람에 제국의 은화 보유고가 격감하고 있다고 우려했다. 하지만 이는 단지 시작일 뿐이었다. 1350년경에는 촘촘한 육상과 해상 교역로들이 중국, 동남아시아, 인도, 유럽, 아랍 세계를 연결하고 있었다. 1420년대에는 중국 남경 출신 선원들이 모가디슈와 메카의 거리를 거닐고 명나라의 자기瓷器가 케냐의 해안에서 흔히 쓰일 정도였다.

시장이 갈수록 넓어지고 깊어짐에 따라 생활 수준도 올라갔다. 다만 현대와 비교하면 빙하가 움직이듯이 느릿느릿하게 올라갔다. 고대의 소비 수준을 현대의 화폐 액수로 환산하는 시도는 분명히 문제가 많긴 하지만, 적절한 연구 중 하나인 경제학자 앵거스 매디슨Angus Maddison의 연구에 따르면 산업화 이전 농민들의 소득은 미국 달러화로 대개 1인당 하루 1.50~2.20달러 정도였다. 기원전 1000년에 세계에서 가장 부유한 지역이었던 이집트의 소득 수준은 이 범위에서 하단에 가까웠다. 기원전 4세기 그리스의 특별한 도시들에서 소득 수준은 때로 1인당 하루 3~4달러까지 치솟았지만, 기원후 175년 로마 제국의 소득 수준은 큰 지역들에서마저 하루 2달러

로마 세계의 이 유리잔은 이역만리 한반도까지 전해져 누군가의 감탄을 자아냈다.

를 크게 넘지 못했다. 1100년 개봉 같은 중국 대도시들의 소득 수준도 매디슨의 범위에서 상단이었을 것이다. 세계은행의 정의를 사용하면, 기원전 1000년부터 기원후 1350년까지 기간의 초기에는 세계의 거의 모든 사람이 '극빈층'으로 살았지만 후반기에는 대다수 사람들이 '빈곤층'까지 기어올라갔다고 말할 수 있다.

그렇다 해도 일부 사람들의 생활 수준은 언제나 빈곤선을 한참 웃돌았고, 전체적으로 보면 소득과 나란히 불평등도 증대했다. 경제학자들은 집단들에 0점(모두의 소

인도 비디샤에 있는 '헬리오도로스 기둥' 중 비슈누를 찬미하고 석주 설치를 기념하는 내용의 비문. 햇살무늬 아래 후원자의 그리스식 이름['헬리오도라'—옮긴이]이 새겨져 있다.

득이 정확히 같은 집단)부터 1점(모든 소득을 단 한 사람이 갖는 집단)까지 점수를 매기는 지니 계수로 불평등 정도를 측정하곤 한다. 산업화 이전 농민 사회들의 소득 불평등을 나타내는 지니 계수는 대부분 0.30에서 0.60 사이이며 평균은 0.48이다. 기원전 1000년 이집트와 관련한 타당한 수치는 없지만, 고고학적 증거는 지니 계수가 0.30~0.48임을 시사한다. 로마 제국의 데이터는 더 나은 편으로, 기원후 175년의 지니 계수는 약 0.44다. 기원후 1350년 중국의 경우 신뢰할 만한 데이터가 부족하긴 하지만 지니 계수는 로마의 수치보다도 높을 것으로 보인다. 2350년 동안 빈곤층은 조금 덜 가난해진 반면, 부유층은 훨씬 더 부유해졌다.

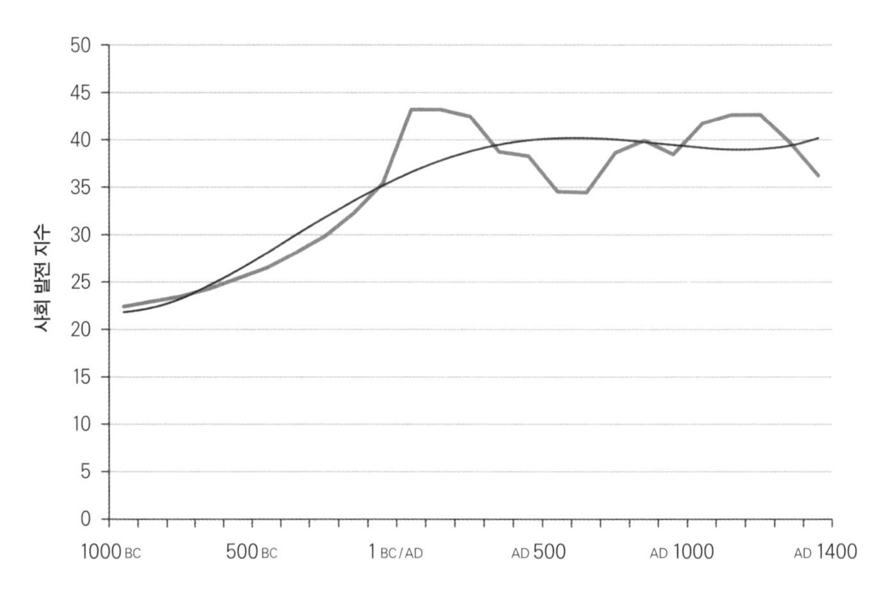

상승과 하강. 기원전 1000년부터 기원후 1350년까지 세계 규모에서 살펴본 국가 역량의 성장과 쇠퇴 주기. 그래프는 100년 간격으로 측정한 세계에서 가장 높은 점수를 보여준다. 곡선은 4차 다항식 추세선.

종교 조직의 수와 영향력도 증대했다. 다신교 공동체들의 경계는 대개 흐릿하다(예컨대 기원전 1세기 헬리오도로스라는 그리스인 숭배자는 어느 공동체에 집어넣어야 할까? 그는 힌두교의 신 비슈누를 찬미하는 석주를 세웠다). 그렇지만 전체적으로 보아 우리가 다루는 기간의 전반기에 종교 확장의 주요 메커니즘은 제국의 정복을 통해 자기네 신을, 또는 신과 비슷한 존재를 전파하는 것이었다. 기원전 1000년에 대략 200만 명이 이집트의 신 아문Amun과 레Re를 숭배했고, 기원전 175년에 약 4000만 명이 주피터 혹은 제우스, 또는 어원이 같은 신을 인정했다. 그렇지만 기원후 제1천년기에 종교 조직들은 갈수록 독립적으로(국가와 별개로, 또는 나란히) 활동하며 개종 능력을 크게 강화했다. 1350년경 세계 인구의 절반 이상은 예수나 무함마드, 붓다의 추종자였다(각각 7500만, 6000만, 5000만 명).

요컨대 크게 보면 성장의 이야기이지만, 자세히 보면 (흔히 그렇듯이) 이야기를 말할 수 있는 몇 가지 방식이 드러난다. 이제까지 기술한 어떤 두 가지 특성도 정확히 같은 경로를 따르지 않았으며, 보통 한 가지 특성도 겉보기와는 다른 변화를 겪는다. 국가 역량(일 처리 능력)을 예로 들어보자. 이 역량은 아주 상세하게 수량화되었다. 전 세계적으로 보면 이 역량은 쌍봉 곡선을 그리는데, 기원전 제1천년기에 빠르게 상승하다가 기원후 제1천년기의 전반기에 하강했고, 후반기에 다시 상승하다가 13세기와 14세기에 다시 하강했다.

그렇지만 이조차 이야기를 지나치게 단순화한 것이다. 첫째로 지구상에서 가장 큰 조직들만 보여주고, 둘째로 뚜렷이 다른 두 가지 지역 패턴을 세계 규모의 그림으로 합치기 때문이다. 먼저 나는 쌍봉 곡선으로 보여준 데이터를 유라시아 서부의 데이터와 동부의 데이터로 나누고자 한다. 기원전 1000년부터 기원후 1350년까지 세계에서 가장 높은 발전 지수는 언제나 이라크와 이탈리아 사이의 사회들 또는 중국 내 사회들이 기록했기 때문이다. 다음 두 그래프를 보면 둘 다 쌍봉 곡선이 없지만 모양은 서로 다르다.

15세기에서 20세기 중엽 사이에 교육받은 유럽인 대다수는 유라시아 서부의 발전을 나타내는 그래프를 쉽게 이해했을 것이다. 그 시절 역사가들은 그리스·로마 시대를 영광스러운 고대로, 뒤이은 중세를 우울한(그리고 우울하게 만드는) 시대로, 중세 후기를 서양 문명이 마침내 부활한 시대로 묘사하곤 했다. 1970년대부터 수정주의자들은 이런 '쇠망' 모델이 중세에 기독교권과 이슬람권에서 이루어낸 문화적 성취를 가린다며 반발하고 나섰다. 그러나 온갖 수정에도 불구하고, 서양의 경제 발전에 관한 그래프는 프란체스코 페트라르카Francesco Petrarca부터 A. H. M. 존스Jones에 이르는 학자들이 오늘날의 통념만큼 잘못 판단했던 것은 아님을 시사한다. 1776년 에드워드 기번Edward Gibbon이 말한 대로 로마 제국의 종말은 "언제까지나 기억될, 그리고 지구상의 민족들이 여전히 느끼고 있는…… 끔찍한 변혁"이었다.

반면에 동아시아의 이야기는 딴판이었다. 동아시아의 상승과 하강 국면은 특정한

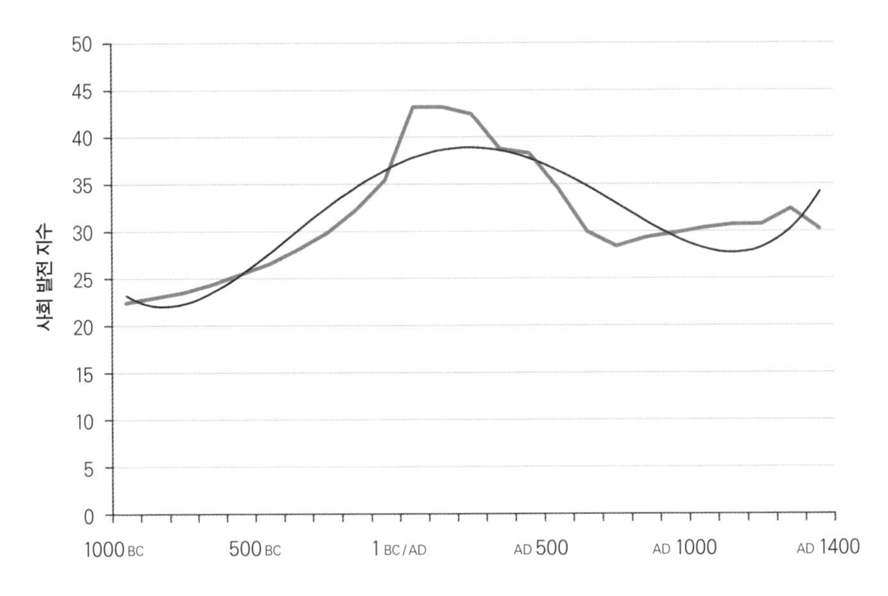

기번이 옳았다. 서양의 사회 발전 지수와 4차 다항식 추세선.

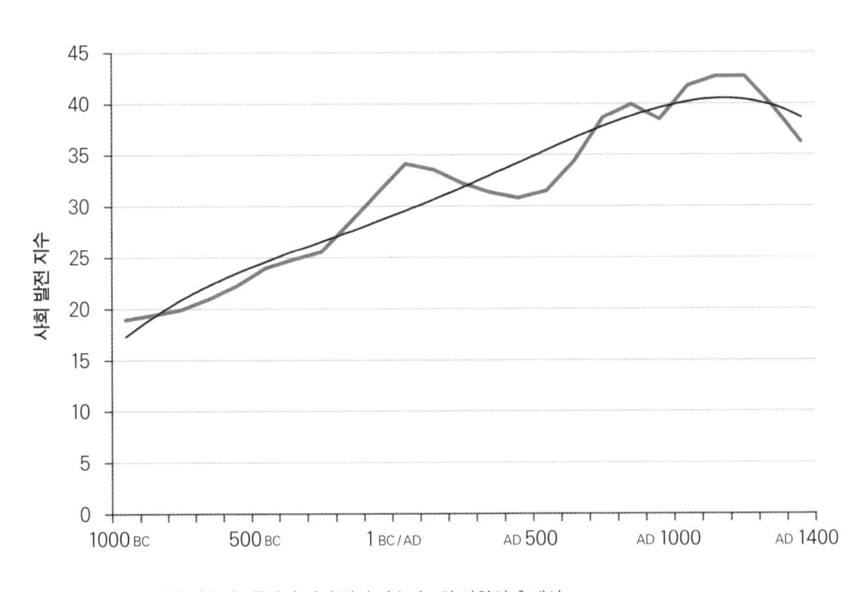

중국 문명의 연속성? 동양의 사회 발전 지수와 4차 다항식 추세선.

중국 왕조들의 흥망과 어느 정도 일치하지만, 넓게 보면 동양의 사회 조직과 정치 조직은 1200년 이후 쇠퇴하기 전까지 2000년 동안 꾸준히 성장했다.

성장과 쇠퇴의 주기를 보여주는 첫번째 그래프는 서양 사회 발전 지수 그래프의 좌측과 동양 사회 발전 지수 그래프의 우측을 합친 것으로, 전 세계의 평균을 낸 추세를 개관하는 데에는 유익할지 몰라도 특정한 장소에서 무슨 일이 벌어졌는지 파악하는 데에는 별 쓸모가 없다. 세계의 부분들이 서로 어떻게 어우러졌는지 어림잡고 가장 큰 사회 조직과 정치 조직의 이야기와 더 작은 단위들의 이야기를 비교하려면, 그래프를 지도로 바꿀 필요가 있다.

다음 세 개의 세계 지도는 각각 기원전 1000년, 기원후 175년, 기원후 1350년에 사회 조직과 정치 조직의 여섯 개 형태가 어떻게 분포했는지 보여준다. 여섯 개 형태는 수렵 채집 가족, 목축 부족, 목축 제국, 농경 촌락, '저가低價, low-end' 농경 국가, '고가高價, high-end' 농경 국가다(이 용어들은 뒤에서 더 세심하게 규정할 것이다).

이 세계 지도들은 그래프에서 빠진 것을 얼마간 채워준다. 기본적으로 기원전 1000년에서 기원후 1350년 사이에 수렵 채집 가족들이 차지하고 있던 영역은 꾸준히 줄어들었는데, 농경민이 수렵 채집민을 고향에서 쫓아내고 자신들이 원하지 않거나(시베리아처럼) 아직 도달하지 못한(오스트레일리아 해안처럼) 생태적 적소로 밀어냈기 때문이다. 목축 부족이 점유하던 영역도 줄어들었는데, 스텝 지대의 광활한 영역들이 목축 제국들의 지배 아래 들어갔기 때문이다. 기원전 1000년부터 기원후 175년까지 농경 촌락들은 (특히 아프리카에서) 수렵 채집 가족들을 밀어내면서 점유 영역을 늘려갔지만, 그 이후 수렵 채집민의 땅을 빼앗는 속도보다 더 빠르게 국가의 통제를 받게 되었다. 농경 국가들은 대부분 농경 촌락을 희생양 삼아 전 기간에 걸쳐 영역을 엄청나게 넓혔지만, 저가 국가들과 고가 국가들 사이의 균형은 크게 변했다. 기원전 1000년에는 고가 국가가 없었으나 그후로 기원후 175년까지 서로 별개인 두 가지 패턴이 전개되었다. 아메리카와 아프리카에서는 저가 국가들이 농경 촌락들을

기원전 1000년, 수렵 채집 가족, 목축 부족, 농경 촌락, 저가 국가라는 네 범주로 거칠게 나눈 사회 조직과 정치 조직의 전 세계적 분포.

삼키면서 성장했지만, 유라시아에서는 고가 국가들이 저가 국가들을 대부분 쓸어버렸다. 기원후 175년 이후에는 유라시아 서부에서 저가 국가들이 고가 국가들을 대체하면서 이 추세가 어느 정도 반전되었다. 남아시아와 동아시아에서는 고가 국가들이 지난날 저가 국가들이 있었던 영역 중 일부를 차지한 반면, 동남아시아와 동북아시아, 아메리카에서는 저가 국가들이 극적으로 팽창했다.

이렇듯 하나의 장기적인 대규모 성장 이야기의 이면에는 더 복잡하고 단기적인 소규모 이야기들이 있다. 이 장에서 그 이야기들을 전부 다룰 수는 없지만, 적어도 다섯 가지 흥미로운 질문은 제기하려 한다. 첫째, 기원전 1000년에서 기원후 1350년

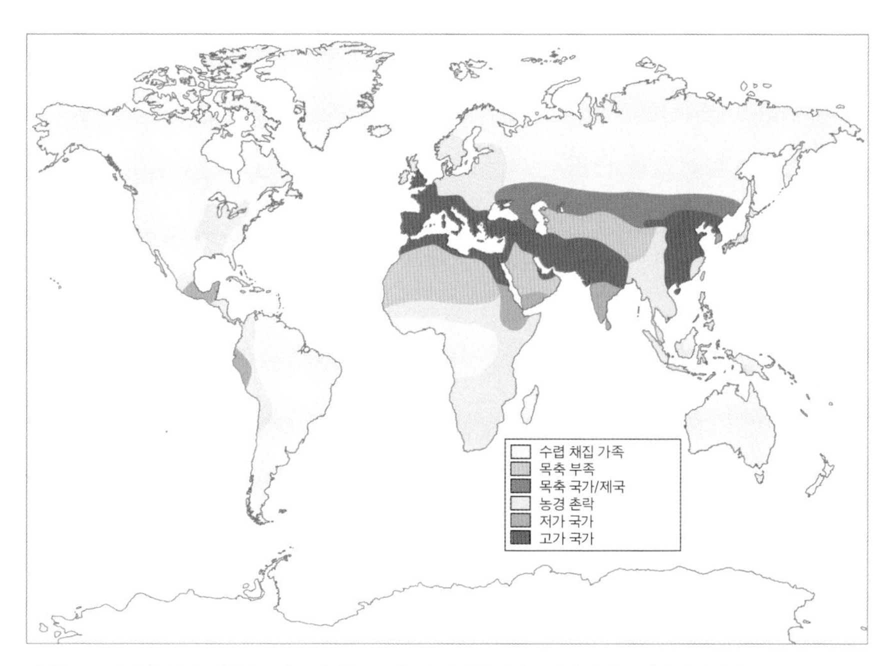

기원후 175년, 목축 국가/제국과 고가 국가라는 두 범주를 추가한 사회 조직과 정치 조직의 전 세계적 분포.

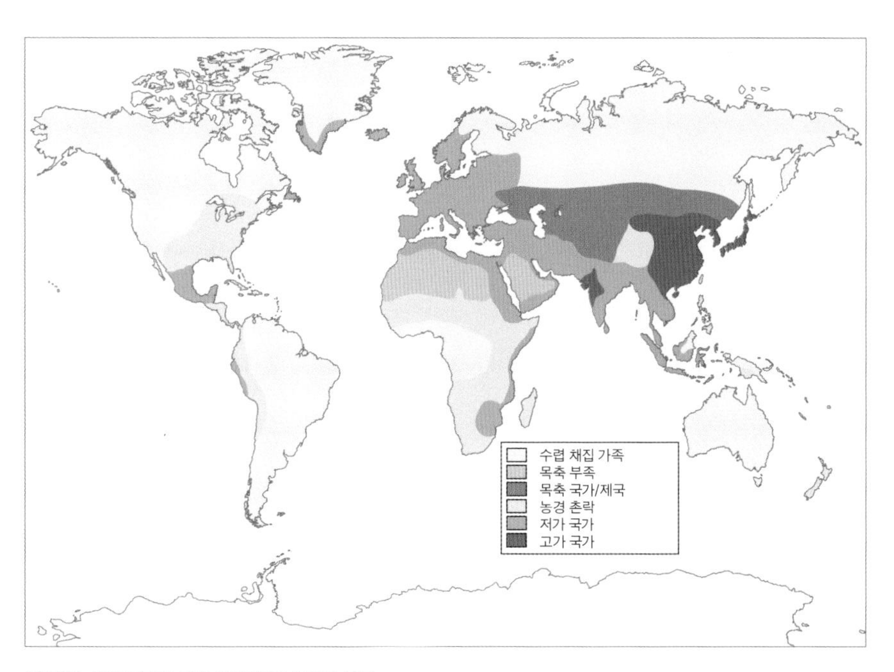

1350년, 사회 조직과 정치 조직의 전 세계적 분포.

사이에 사회 조직과 정치 조직의 규모, 부, 위계 조직, 복잡성, 효과성은 왜 성장했는가? 둘째, 기원후 175년 이전의 성장과 이후의 성장은 왜 그토록 달랐는가? 셋째, 성장은 왜 그토록 빈번히 쇠락으로 바뀌었는가? 넷째, 특정한 시점에 조직의 형태들은 지역에 따라 왜 그토록 달랐는가? 다섯째, 기원후 175년 이후 세계에서 가장 크고 강력한 국가들의 심장부는 왜 유라시아 서부에서 동부로 이동했는가?

나는 다섯 가지 질문에 대한 답변들이 하나의 커다란 결론을 가리킨다고 생각한다. 바로 기원전 1000년에서 기원후 1350년 사이에 사회 조직과 정치 조직이 순전한 농경 조건에서 달성할 수 있는 것의 한계에 도달했다는 결론이다. 2000년 전에 로마 제국이 이 천장에 처음으로 닿았고, 1000년 후에 송나라가 같은 위업을 되풀이했다. 그렇지만 각 경우에 성장은 침체와 쇠락으로 이어졌다. 18세기에 이르러서야 한 사회—영국 사회—가 화석 연료에 갇힌 에너지를 꺼냄으로써 옛 질서를 산산이 깨부수는 데 성공했다. 제4부와 제5부에서 보여줄 것처럼, 그후로는 아무것도 전과 같지 않았다.

호모 수페란스

다섯 가지 질문 모두에 대한 답은 다음의 단순한 사실에서 어느 정도 찾을 수 있다. 바로 기원전 1000년부터 기원후 1350년까지 일어난 사태가 기원전 1만 2700년경 빙하시대 말기의 연장선상에 있었다는 것이다. 다시 말해 여기서 다루는 2350년은 훨씬 긴 성장 이야기의 한 장章일 뿐이다.

이를 설명하기 위해 선사 시대의 상황을 간단히 살펴보자. 기원전 1만 2700년에는 지구상에 대략 400만 명이 있었으며 그중 누구도 수십 명 규모를 넘는 공동체에 살지 않았던 반면, 오늘날에는 70억 명이 있으며 20명에 1명꼴로 인구 1000만 명

이상인 '거대 도시'에 살고 있다. 평균적인 국가의 인구는 3400만 명이며, 중국과 인도의 인구는 각각 10억 명을 훌쩍 넘는다. 기원전 1만 2700년 평균 생활 수준은 매디슨의 추산에 따르면 일당 미화 1.10달러 정도였으며, 오늘날에는 일당 미화 25달러다. 1만 5000년 전 전형적인 수렵 채집민 무리의 지니 계수(소득 불평등 정도를 나타내는 수치)는 약 0.25였으며, 오늘날 대다수 국가들의 지니 계수는 그보다 높은 0.30~0.35다(다만 이는 1350년의 전형적인 수치 0.40~0.50에서 크게 낮아진 것이다. 경제학자들이 말하는 1920년에서 1970년 사이 소득 '대압착great compression'[소득 격차가 급격히 좁아진 현상—옮긴이]은 장기적 추세에서 이탈한 주목할 만한 현상으로, 오늘날 다시 시작되는 듯하다). 그리고 국가들의 역량이 급등했다. (앞서 논한) 국가들의 일 처리 능력을 가늠하는 나의 지수는 기원전 1만 2700년 5점 미만에서 기원후 2000년 906점으로 뛰어올랐다. 조직의 성장은 기원후 1800년 이래 폭발적으로 이루어지긴 했지만, 지난 1만 5000년 동안 줄곧 삶의 큰 부분이었다.

그러나 사회 조직과 정치 조직의 성장이 언제나 삶의 큰 부분이었던 것은 아니다. 성장에는 두 가지 조건이 필요했다. 첫째로 대략 10만 년 전에 진화한 호모 사피엔스의 유달리 생산적인 두뇌가, 둘째로 빙하 시대가 끝난 이래 우세한 온난하고 습한 기후—고고학자 브라이언 페이건이 말하는 '긴 여름'—가 필요했다. 기원전 10만 년 이전에 몇 차례 긴 여름이 있었으나 그런 긴 여름에 반응해 더 큰 조직을 만들어낼 호모 사피엔스는 없었다. 그리고 기원전 10만 년에서 1만 5000년 사이에 호모 사피엔스는 있었으나 긴 여름은 없었다. 지난 1만 5000년 동안만 두 가지 조건이 모두 있었으며, 이로써 '아는 인간' 호모 사피엔스는 '성장하는 인간' 호모 수페란스Homo Superans가 되었다.

빙하 시대 이후 온난하고 습한 세계에서 식물은 태양 에너지를 흡수해 번식했고, 동물도 풍부한 식물을(그리고 서로를) 먹으며 수를 늘려갔다. 호모 사피엔스를 포함해 모든 종이 개체수를 제약하는 가용 자원의 한계에 부딪힐 때까지 번식했다. 그렇지만 호모 사피엔스는 아주 기민하고 유연한 뇌를 가진 덕에 자원 부족(아울러 자원 과잉)에 대응해 식물을 채집하고 동물을 사냥하는 방식을 혁신하고 변경할 수 있었다. 어떤 결과가 나올지는 아무도 몰랐지만, 인류는 식량 자원에 새로운 선택압을 가함으로써 세계 최초로 유전자 변형 유기체를 만들어냈다. 일부 동식물은 순화된 새로운 형태로 진화하여 야생종들보다 더 많은 식량을 인류에게 제공했다.

동식물 순화는 비용과 편익을 모두 수반했다. 순화를 통해 식량을 늘려 더 많은 사람들이 생존할 수 있었지만, 그러자면 더 많이 일해야 했다. 그리고 증가하는 인구 규모에 맞추어 사회를 재조직해야 했다. 재조직은 대개 더 영구적인 촌락, 더 강한 재산권, 더 심한 정치적·경제적·성적 불평등을 의미했지만, 동시에 지식의 증진, 노동의 전문화, 세련된 생활을 가져왔다. 사람들은 자유의지를 가지고 있었고 이런 추세들 일부 또는 전부에 저항하기로 선택할 수 있었지만(또 실제로 선택했지만), 수천 년에 걸쳐 '성장 친화적인' 제도와 가치관—가부장제, 위계제, 노예제뿐 아니라 문해력과 고급 문화까지 포함한—을 지향한 집단들이 그러지 않은 집단들을 대체했다.

촌락 생활은 중동에서 기원전 1만 2500년경에, 동식물 순화는 기원전 9500년경에, 완전히 발달한 농업은 그다음 2000년에 걸쳐 출현했지만, 이것들은 일회성 사건이 아니었다. 농민들은 계속 배웠다. 지력이 떨어지지 않도록 곡류와 콩류를 교대로 재배하는 법, 산비탈을 계단식 경작지로 개간하는 법, 동물의 근력을 이용해 쟁기와 수레를 끌고 배설물을 이용해 수확량을 늘리는 법, 강줄기의 방향을 돌려 작물에 물을 대는 법, 관개 과정에서 토양에 쌓이는 염분을 제거하는 법, 금속 농기구를 사용해 논밭을 일구는 법 등을 배웠다. 혁신은 수확량을 늘려주고, 더 많은 사람을 먹여 살리고, 더 큰 사회 조직과 정치 조직을 만들어냈지만, 혁신을 뒷받침하고 조직을 결속시키기 위해 사람들은 제도와 세계관을 계속 변혁해야 했다. 각각의 해결책은 새로운 문제를 유발했지만, 사회 조직과 정치 조직의 규모를 키우는 것은 아주 오랫동안 가장 일관되게 채택된 전략 중 하나였다.

한 가지 공식으로 이 장의 앞부분에서 제시한 통계 자료를 대부분 설명할 수 있다. '호모 사피엔스+긴 여름=성장'이라는 공식이다. 그렇지만 이 공식이 이제까지 보여준 이미지들을 전부 설명하는 것은 아니다. 호미닌 중 일부는 다른 일부보다 더 성장했으며, 우리는 그 이유를 알아야 한다.

장소의 힘

앞서 제시한 세 지도는 세계에서 가장 큰 사회 조직과 정치 조직이 대체로 내가 '운 좋은 위도대'라고 부르는 곳에 몰려 있었음을 보여준다. 환경과 역사가 결합해 경제를 풍요롭게 하고 혁신을 자극하고 변화를 촉진한 그 위도대는 구세계에서는 중국부터 지중해까지, 신세계에서는 페루부터 멕시코까지 뻗어 있었다. 진화론자이자 지리학자인 재레드 다이아몬드Jared Diamond가 고전적 저서 『총, 균, 쇠Guns, Germs, and Steel』에서 그 이유를 설명했지만, 역사가들이 기원전 1000년부터 기원후 1350년까지 기간에 대한 그의 논증의 함의를 언제나 이해했던 것은 아니다. 선사 시대 지리에 관한 몇 가지 사실을 알지 못하고는 이 기간을 이해할 수 없다.

다이아몬드는 빙하 시대 말에 순화될 가능성이 있는 동식물이 매우 불균등하게 분포했다는 부정할 수 없는 진실을 지적한다. 그런 동식물 중 절대다수는 운 좋은 위도대에서 진화했다. 따라서 사람들이 어디서든 고만고만했음을 고려하면, 운 좋은 위도대의 사람들이 십중팔구 다른 장소의 사람들보다 동식물을 더 일찍 순화시켰을 것이다. 그저 운 좋은 위도대에서 그렇게 하기가 더 쉬웠기 때문이다.

더 나아가 다이아몬드는 운 좋은 위도대 안에서조차 자원이 불균등하게 분포했다고 말한다. 유라시아에서 자원이 가장 풍부한 지역은 오늘날의 중동이었고, 그다음이 동아시아와 남아시아였으며, 그다음이 멕시코와 페루였다. 그 결과로 순화의 흔적을 남긴 순서도 중동이 첫번째(기원전 9500년경), 파키스탄과 중국이 두번째(기원전 7500년경), 멕시코와 페루가 세번째(기원전 6250년경)였다. 운 좋은 위도대에 비해 자원이 부족한 다른 지역들에서 순화를 시작한 시기는 북아메리카 동부가 기원전 4500년경, 사헬 지역과 남아프리카가 기원전 3000년경 이전, 그리고 뒤에서 다시 살펴볼 흥미로운 특이 사례인 뉴기니가 늦어도 기원전 6000년경이었다.

전반적으로 세계의 어느 지역이든 일단 성장의 길로 접어든 후로는 얼추 비슷한 시간표를 따랐다. 인간 외 생물 종의 게놈에 처음 개입한 뒤 수백 명이 거주하는 영구적인 농촌을 이루기까지 보통 2000~4000년이 걸렸다. 농촌에서 군주, 사제, 귀족, 그리고 (보통) 글쓰기를 포함한 '저가' 국가로 성장하기까지 다시 2000~4000년이 걸렸고, '저가' 국가에서 수천만 명의 신민과 극히 세련된 엘리트 문화를 포함한 '고가' 제국으로 변모하기까지 1500~2000년이 더 걸렸다.

시간표의 세부는 현지의 자원, 각 문화의 특색, 구성원들의 구체적인 결정에 달려 있었다. 신세계에서는 아마도 가축화할 수 있는 대형 포유류가 거의 없었기 때문인지 유라시아의 운 좋은 위도대와 비교해 단순 농경에서 선진 농경으로 나아가기까지 보통 두 배 오래 걸렸다(2000년이 아닌 4000년). 반면에 뉴기니는 작물화할 수 있는 식물 종이 충분히 많았던 덕에 거의 멕시코와 페루 못지않게 일찍부터 농경을 시작할 수 있었지만, 운 좋은 위도대 내에서 초기 국가들을 지탱한 잉여 생산물을 낳을 만한 자원이 결여되어 있었다. 현지의 주요 작물인 토란과 바나나가 (예컨대 저장성이 좋은 쌀, 밀, 보리와 비교해) 오래 저장하기에 부적합하다는 사실도 중요하게 작용했다.

지역들은 제각기 독특했지만 사회정치적 성장의 길로 더 일찍 접어든 지역일수록 기원전 1000년에 더 큰 조직을 가지고 있었다. 그런 이유로 가장 크고 부유하고 불평등하고 복잡한 사회 조직과 정치 조직은 맨 먼저 유라시아의 서쪽 끝(특히 삼각형의 꼭짓점에 위치한 현재의 이집트, 터키, 이란 서부)에서, 그다음 북중국과 인도에서, 그다음 멕시코와 페루에서 무리를 이루어 나타났다.

오스트레일리아와 시베리아 같은 세계의 일부 지역들은 순화 가능한 동식물이 너무 부족해서 기원후 1350년까지 성장의 길에 거의 발을 들여놓지 못한 반면, 다른 지역들은 또다른 성장의 길을 발견했다. 스텝 지대, 즉 구세계에서 만주부터 헝가리까지 뻗은 건조한 초원 지대에서는 인간이 먹을 수 있는 식물이 거의 자라지 않지만, 식용 동물인 소와 양, 말은 풀을 먹고 잘 자란다. 기원전 5000년경까지 발칸반도의 농민들이 서부 스텝 지대로 이주해 목축민으로 변신했고, 기원전 4000년 이전에 오늘날 카자흐스탄 지역의 목축민들이 야생말을 가축화했다. 기원전 1000년부터 기원후 1350년까지 스텝 지대에서 말을 기른 사람들은 여러 목축 국가와 제국을 만들어 운 좋은 위도대의 농경 사회들과 싸우고 더 나아가 거꾸러뜨리기까지 했다.

요약하면, 이 장의 이야기 대부분은 기원전 1만 3000년경 이래 작용한 추세들을 따라가는 것에 지나지 않는다. 인류는 더 큰 사회 조직과 정치 조직이 당면한 문제의 좋은 해결책임을 계속 깨달았으며, 그런 이유로 거의 어디서나 조직을 키워나갔다. 그리고 빙하 시대 말기에 세계에서 가장 컸던 운 좋은 위도대 안쪽의 조직들은 그후로도 줄곧 바깥쪽의 조직들보다 더 크고 부유하고 정교했다.

그렇지만 앞에 수록한 지도들은 이것이 이야기의 전부가 아님을 보여준다. 기원후 175년에 유라시아 서부는 세계 최대 조직들을 보유하고 있었고 선두 자리를 1000년 넘게 지켜온 터였지만, 그후로 1350년까지 동아시아가 선두로 올라서는 동안 지중해와 중동의 최대 국가들은 작아졌다(하지만 유라시아 서부의 최대 종교 조직들은, 그리고 어떤 의미에서는 최대 경제 조직들도 작아지지 않았다). 이는 역사상 가장 큰 규모로 벌어진 부와 권력의 이동이었지만, 현재까지 그 원인에 대한 합의는 거의 이루어지지 않고 있다.

우리는 생물학과 지리학이 앞서 제기한 다섯 가지 질문에 답하는 데 크게 이바지하지만 모든 물음에 답하지는 못한다고 결론 내려야 한다. 우리가 다루는 기간 중 처음, 중간, 끝의 세계를 스냅 사진처럼 살펴보면서 다른 원인들을 찾아볼 차례다.

기원전 1000년의 세계

농민들은 기원전 1000년경 이미 세계에서 경작에 알맞은 대부분의 토지에 자리 잡고 있었고, 기원후 1350년경 거의 모든 경작지에서 괭이나 쟁기를 사용하고 있었다. 고고학계에서 여전히 세부를 놓고 논쟁중이긴 하지만, 아프리카의 서부와 중부에서 동부와 남부로 농경과 목축, 철기 제작술을 전파한 반투족의 대규모 이주는 기원전 1000년 직후 시작되었을 것이다. 금속을 사용하는 벼 농사꾼들은 기원전 600년경 인도에서 스리랑카로, 기원전 500년경 한반도에서 일본 남부로 건너갔으며, 같은 시기 동아시아의 다른 농민들은 카누를 타고 오세아니아의 최서단 섬들에 정착했다. 이 섬들은 대개 농민들이 도착할 때까지 무인도였지만, 대부분의 장소에서 농업의 확산은 수렵 채집의 후퇴를 의미했다.

기원전 1000년에 여전히 평등주의적인 수렵 채집 무리에 속한 사람들은 세계 인구의 1퍼센트 이하였을 것이다. 이런 집단은 대부분 빈번히 이동했고 가족 기반이었으며 10여 명 이하 규모였다. 보통 서열은 아주 약했고 주로 나이와 성별에 근거했다. 다수의 수렵 채집 무리들은 축제를 열기 위해, 그리고 (똑같이 중요한) 생존 가능한 유전자 풀을 제공하는 배우자감을 찾기 위해 주기적으로 모였으며, 경우에 따라 일시적인 우두머리가 그런 모임을 주관하기도 했다.

그렇다 해도 수렵 채집 사회들은 매우 다양했으며, 자원이 아주 풍족한 곳이나 채집한 식량을 저장할 수 있는 곳에서는 더 크고 영구적이고 위계적인 집단들이 성장했다. 그런 '풍족한 수렵 채집민' 가운데 가장 유명한 집단은 태평양 북서부에 살았는데, 기원후 800년경 널빤지 카누를 발명해 야생 연어를 엄청나게 잡을 수 있었다.

기원전 1000년의 세계 인구 중 또다른 소수인 목축민은 대부분 유라시아의 운 좋은 위도대 중 스텝 지대와 사막 가장자리에서, 또는 아프리카 사바나에서 살았다(아메리카와 오스트레일리아에는 목축할 대형 포유류가 거의 없었다). 그들은 대개 수십 명에

기원전 1000년부터 기원후 1350년까지 이루어진 농업 확산의 주요 경로. 색칠한 부분은 기원전 1000년 세계의 농경 지대를 나타낸다.

서 수백 명 규모인 친족 기반 집단을 이루어 살았다. 그런 집단(흔히 '씨족'이나 '부족'이라 부른다) 내에서 일부 가족은 다른 가족보다 훨씬 더 부유했을 테지만, 부의 형태가 대체로 가축이었던 까닭에 가족의 재산은 크게 변동할 수 있었다.

이 목축 집단들은 기원전 1000년 이후 아라비아 낙타를 가축화하고 스텝 지대에서 장거리를 타고 갈 수 있을 만큼 크고 강한 말을 육종함으로써 이동성을 대폭 끌어올렸다. 이동성을 갖추자 유목민의 군사력이 엄청나게 증대했으며, 그러자 유목민 수장들은 자연히 서로 동맹을 맺고 기병 수천 명을 동원해 농경 국가의 접경 지역을 약탈하거나 그 통치자에게서 보호비를 갈취할 전망에 이끌렸다. 아시리아 문자 기록은 킴메르인 기병들이 일찍이 기원전 707년에 우라르투의 왕을 물리쳤음을 알려준다. 아시리아는 스텝 기병들을 용병으로 고용해 반격에 나서 기원전 677년 킴메르인을 무찌르고 그들의 왕을 죽였다. 그러나 기원전 652년 킴메르인이 되돌아와 사르디스를 약탈하고 리디아의 왕 기게스를 살해했다. 기원전 612년, 유목민 스키타이인은 아시리아 제국을 파괴하는 데 큰 역할을 했다.

그렇지만 인류의 95퍼센트 이상은 농민이었고 그중 절대다수는 폭력의 정당한 사용을 독점하는 중앙 집권 정부를 결여한 비교적 단순한 집단에 속해 있었다. 수렵채집민의 경우처럼 농경민의 조직도 각양각색이었다. 한쪽 극단에는 상당히 평등주의적인 소규모 촌락들이 있었다. 예컨대 북아메리카 중서부 전기 우드랜드기(기원전 1000~300년) 촌락들의 경우, 주민이 거의 50명을 넘지 않았고, 농경과 수렵, 채집을 겸했으며, 공동 의례를 수행했다. 기원전 750년경 올메크 문명의 도시 라벤타 같은 다른 장소들에서는 주민 수천 명이 거대한 흙 기단과 30미터 높이의 피라미드, 커다란 현무암 두상을 부지런히 만들었다. 올메크 지도부는 분명 노동력을 대규모로 동원했는데, 아마도 친족 집단들 간의 잔치와 상호 의무에 의존해 동원했을 것이다. 대다수 고고학자들은 올메크 지도부가 강제력을 행사하는 영구적인 국가 제도를 통제했다는 추정을 의심한다.

이런 비국가 농경 사회들은 거의 예외 없이 문맹이었는데, 문자가 꼭 필요할 만큼 큰 조직이 없었기 때문이다. 주된 예외 사례는 지중해 동부에 있었다. 기원전 1200년경의 대붕괴 이전에 엘람부터 이집트와 그리스에 이르는 영역에는 글을 아는 관료 기구를 갖춘 한 무리의 국가들이 있었다. 이집트처럼 국가 기구가 일부 존속한 곳에서는 문자도 살아남았지만, 그리스처럼 국가가 아예 자취를 감춘 곳에서는 문자도 사라졌다. 그렇지만 그리스인은 글을 아는 사회들과의 교류를 이어가다가 기원전 800년경 페니키아 문자를 자기네 목적에 맞게 받아들였다. 그 덕에 우리는 기원전 제1천년기 초기 그리스의 문헌, 아울러 이스라엘의 문헌을 통해 국가 없는 농경 사회들의 내부 상황이 어떠했는지, 불안정한 정치 조직들이 고통스럽고 대개 폭력적인 국가 형성 과정을 어떻게 통과했는지 생생하게 엿볼 수 있다.

기원전 1000년의 세계 인구 1억 2000만 명 가운데 불과 1000~2000만 명만이 국가에서 살았으며, 그 국가들은 모두 유라시아의 운 좋은 위도대에 있었다. 이집트와 엘람 사이에 흩어진 지역들에서는 정부가 기원전 1200년의 대붕괴를 견디고 살아남았지만, 남아시아에서는 기원전 1900년경 인더스강 유역의 국가들이 붕괴되고 기원전 900년 이후 갠지스강 유역에서 새로운 도시 국가들이 형성되기까지 1000년이 걸렸다. 동아시아에서는 초기 국가들이 기원전 1900년 무렵에야 형성되었지만, 기원전 1000년 무렵 후계 국가들이 북중국을 대부분 통치하고 있었다. 그렇지만 신세계의 올메크 문명과 페루의 차빈 문명은 기껏해야 국가와 비국가의 경계선상에 있었다.

인류학자이자 철학자인 어니스트 겔너가 그린 아래의 도표는 소수의 초기 국가들이 어떻게 작동했는지를 추상적이되 유익하게 요약해 보여준다. 겔너는 이 이념형 초기 국가를 '아그라리아Agraria'라고 불렀고, 이 가상적이지만 전형적인 공동체에서 "통치 계급은 전체 인구 중 소수였으며 절대다수를 차지한 직접 농사짓는 농민들과 엄격히 분리되었다"라고 지적했다. 겔너의 도표에서 윗부분과 아랫부분은 엄격한 엘리트-민중 분리를 나타내고, 윗부분의 직사각형들은 통치 계급 내부의 분리를 나타낸다. 통치 계급의 구성원들은 군사, 행정, 성직, 기타 직무 등 전문 분야에 따라 나뉘었고, 저마다 고유한 위계 서열과 법적으로 규정된 경계를 갖고 있었다.

겔너의 설명대로 "윗부분의 층층이 계층화된 소수 아래에는 다른 세계, 즉 사회의 비전문가 구성원들이 속하는, 좌우로 격리된 작은 공동체들의 세계가 있다". 여기서 "작은 공동체들"은 농촌을 말한다. 겔너가 "좌우로 격리"된 공동체라고 말하는 이유는 농민들이 공동체에서 크게 벗어나지 않았기 때문이다. 현재 이전까지의 역사를 통틀어 대다수 농민들은 출생지에서 걸어서 갈 수 있는 거리 내에 머물렀을 것이다. 아그라리아에서 각 지역의 농민들은 대체로 고유한 방언과 의례, 전통을 가지고 있다—이를 가리켜 겔너는 "안쪽을 향하는 삶"을 살아간다고 말한다. 도표에서 수직

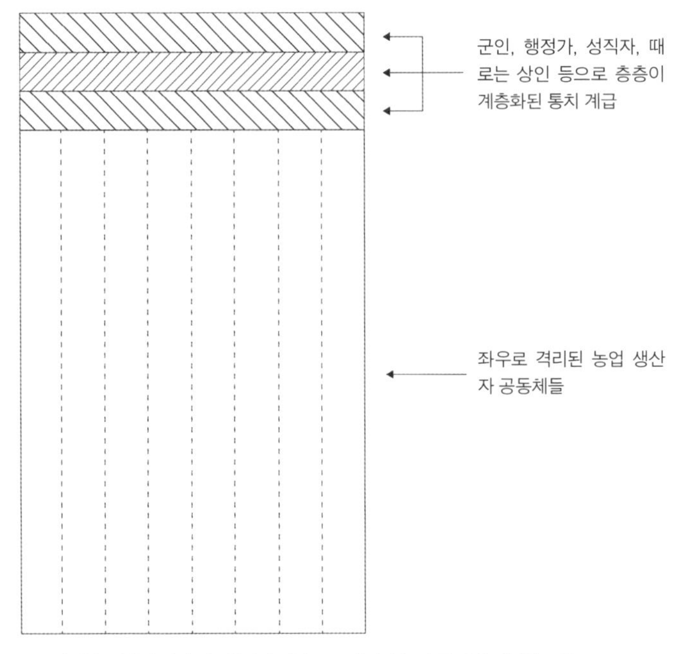

아그라리아. 철학자이자 인류학자인 어니스트 겔너의 농경 국가의 이념형 모델.

점선은 통치 계급이 사는 세계와 극명하게 대비되는, 농민 세계의 파편화를 상징한다. "국가는 세금을 걷고 평화를 유지하는 데 관심이 있고 그 외에는 별반 관심이 없다"라고 겔너는 말한다.

기원전 1000년에는 소수의 사회들만 아그라리아와 흡사해 보였고, 후대의 수준과 비교하면 그 사회들마저 분명 금방이라도 무너질 듯한 상태였다. 이런 이유로 나는 그 사회들을 '저가' 국가들이라고 부른다. 이집트는 당시 가장 크고 강한 국가였을 테지만 기원전 1100년까지 제국에서 레반트와 누비아 지방을 상실했다. 기원전 1060년대까지 나일강 유역도 파편화되었다. 한 왕조가 타니스에서 나일강 삼각주를 통치했는가 하면 아문 신의 제사장들은 테베에서 왕 행세를 했다. 기원전 940년대에 리비아의 '메쉬웨시 대족장들'의 왕조도 부바스티스에서 통치했으며, 기원전 9세기에 파편화가 더욱 진행되었다. 이 소국들은 꽤 평화롭게 공존했다(기원전 1072년의 어느 서신은 "파라오가 대관절 어떤 점에서 우월하단 말인가?" 하고 묻는다). 다만 어떤 국가도 크게 앞서 나가지 못했기 때문이지 다른 이유는 없었던 것으로 보인다. 각국의 행정 기관은 문헌도 거의 생산하지 못하고, 세금도 거의 걷지 못하고, 원정도 거의 개시하지 못했으며, 통치자는 기념비적 건축물을 건설할 때 대개 기존 건축물의 자재를 재활용했다. 이미 기원전 1150년대에 람세스 3세의 정부는 법과 질서를 강제하는 능력을 상실했던 것으로 보인다. 왕실에서 일하는 사람들이 보수를 지급받지 못해 끊임없이 파업할 지경이었다.

당대의 다른 국가들도 휘청거리기는 마찬가지였다. 예를 들어 기원전 1046년 주周족은 황허 유역을 통치하던 상나라를 무너뜨렸으나 정복지를 수비하고 통치할 역량이 없었고 그런 시도조차 하지 않았다. 오히려 주나라 왕은 예전 상나라 영토를 친족들에게 나누어주고 그들을 제후로 임명하여 새로운 도시를 건설하게 했다. 신임 제후들은 왕에게서 받은 영토를 직접 다스리며 각자 원하는 대로 부를 쌓을 수 있었다. 이 방법으로 주나라 왕은 제후들에게 통치 비용을 지급하지 않을 수 있었다. 왕의 요구 사항은 자신이 전쟁을 벌일 때 '많은 제후들'이 각 제후국의 분견대를 거느리고 참전하는 것이 전부였다. 전쟁을 마친 뒤 왕은 제후들에게 약탈품을 분배했다.

사회의 상층은 누구나 이득을 보았다. 이 저가 국가의 통치자들은 수입을 많이 얻지 못했지만 비용도 많이 들이지 않았다. 임금을 지불하지 않았고 약탈품 중 일부를 차지했기 때문이다. 수입이 지출을 상회하는 한, 주나라 통치자들은 지급 능력을 유지할 수 있었다. 그들은 왕궁을 건설하고, 조상에게 제물을 바치고, 성대한 연회를 베풀고(이를 통해 주 왕조가 천명을 받았고, 따라서 지상에서 권위의 유일한 원천임을 제후들에게 납득시킴으로써 엘리트층의 순응을 확보하기 위해 지불해야 하는 비용을 낮추었다), 전쟁을 벌이는 것 외에는 별로 할 수 있는 일이 없었지만, 달리 많은 일을 할 필요가 없었다.

기원전 11세기 내지 10세기에 만든 것으로 추정되는 대형 청동 용기. 서주(西周)의 한 엘리트가 생전에 누렸던 명망을 사후까지 영속화하기 위해 무덤에 집어넣은 부장품.

사회의 하층도 이득을 보았는지는 덜 분명하다. 국가가 약하다는 것은 농민들이 정부에 세금을 적게 내거나 전혀 안 낸다는 뜻이었다. 그렇지만 제후가 농민층의 경작지에서 지대를 걷어갔으므로 그들의 가난한 형편이 나아지지 않을 수도 있었다. 둘 중 어떤 결과가 우세했는지는 알기 어려운데, 일반적인 촌락과 읍이 거의 발굴되지 않았기 때문이다. 다른 한편, 후대의 문헌 전통들은 주나라의 첫 세기를 공평하고 정의로운 황금기로 기억했지만, 엘리트층의 여러 무덤에서 출토된 거대한 청동 용기와 온전한 전차는 귀족층의 경쟁이 치열해졌다는 것과 함께 기원전 850년경부터 웬만큼 제지를 받기 전까지 귀족층이 농민층을 억압했을 가능성을 시사한다.

이 저가 모델은 수차례 재발명되었다. 예컨대 아시리아에서 기원전 12세기에 정부가 완전히 허물어진 결과 기원전 1076년에서 934년 사이의 문헌 자료가 몽땅 사라졌다. 기원전 934년 이후의 어느 문헌에서 아슈르단 2세Ashur-dan II는 "나는 곤궁과 굶주림, 기근에 직면해 도시와 집을 버리고 다른 땅으로 갔던 아시리아의 기진맥진한 백성들을 다시 데려왔다. 나는 그들을 도시와 집에 정착시켰다"라고 말하기까지 했다. 아슈르단과 그의 후계자들이 새긴 비문에 따르면, 그들의 주 업무는 아시리아가 잃은 영토를 되찾고 아시리아의 최고신인 아슈르가 모든 신을 통틀어 가장 위대하다는 것을 모든 사람이 인정하도록 강요하는 것이었다. 이 목표를 달성하기 위해 그들은 군대를 일으키고 주변 일대를 "아슈르의 사냥터"로 만들어야 했다.

이를 위해 아시리아 왕들은 (대개 친족인) 총독들을 임명했다. '하늘의 아들들'을 뜻하는 '마르 바누티mar banûti'라 불린 그들은 주나라의 제후들과 비슷한 역할을 했다. 왕은 그들에게 광대한 영지를 하사하고 자신이 전쟁을 벌일 때 각자 수행단과 함께 참전할 것을 요구했다. 전쟁을 승리로 끝마치고 나면 왕과 '하늘의 아들들'은 약탈품을 나누어 가졌다. 아시리아의 경우에도 왕실 금고로 들어오는 수입은 비교적 적었지만 나가는 비용도 적었다. 또한 싸우고 잔치를 베풀고 축제를 여는 것말고는 국가에서 할 수 있는 일이 별로 없었지만, 그 외에 통치자가 꼭 해야 하는 일도 별로 없었다.

한 국가는 이런 일반화에서 예외로 둘 수 있다. 바로 이스라엘 통일 왕국(기원전 1050~930)이다. 히브리 성서에 따르면, 기원전 950년경 솔로몬 왕은 시나이반도부터 시리아까지의 영역을 통치하면서 대형 건축물, 교역, 전쟁을 위해 세금과 인력을 동원하는 거대한 관료제를 감독했다. 솔로몬은 엘리트층과 평민층 양쪽의 반대에 부딪혔고 기원전 930년경 조세 저항 탓에 왕국이 둘로 갈라졌다고 한다. 하지만 성서의 서술이 진실이라면, 솔로몬 시대 이스라엘은 지구상에서 가장 중앙 집권화된 국가였다.

그렇지만 성서의 이야기에는 여러 문제, 특히 그것이 예루살렘에서 밝혀낸 고고학적 세부 사실들과 합치하지 않는다는 문제가 있다. 모든 세부 사실을 놓고 논쟁이 벌어지긴 하지만, 많은 학자들은 솔로몬 시대로부터 수백 년 후에 성서를 쓴 저자들이 기원전 9세기와 8세기의 상황을 10세기에 투영하여 이스라엘 통일 왕국의 역량을 과장했다고 의심한다. 통일 왕국이 완전히 허구라고까지 말하는 소수의 학자들은 지나친 주장을 펴는 것일 테지만, 우리는 기원전 1000년에 모든 국가가 작은 저가 조직이었으며 후대의 국가들에 견주면 아주 약했다고 결론 내려야 할 것이다.

기원전 1000년경 국가들의 최대 약점은 군사적 승리에 의존해 존속했다는 것이다. 국왕은 승리를 거두어야만 하늘(또는 아슈르 신, 또는 엇비슷한 다른 지역 신)의 명을 받았음을 입증하고 제후들과 약탈품을 나눌 수 있었다. 따라서 전쟁에서 실패하면 모든 것이 실패였다. 일례로 기원전 957년 주나라 소왕昭王이 초나라를 공격할 때 계획이 끔찍하게 틀어졌다. "천하가 음산했다"라고 『죽서기년竹書紀年』은 전한다. "꿩과 토끼가 겁에 질렸다. 천자의 6군이 한수漢水에서 상을 치렀다. 왕도 죽었다."

주나라는 결코 회복하지 못했다. 황허의 동쪽 끝에서 발견된 비문들은 기원전 950년경 이후 소왕을 언급하지 않았다. 기원전 900년경 주나라 외부의 '오랑캐들'과 내부의 제후들이 반란을 일으켰다. 이왕夷王은 태자였음에도 곧바로 왕위를 잇지 못하고 기원전 885년에야 즉위했다. 결정타는 기원전 771년 견융犬戎이 주나라 수도를 공격했을 때 제후들이 유왕幽王을 도우러 오지 않은 것이었다.

이 무렵까지 북중국과 이집트는 둘 다 위태롭지만 통일된 아그라리아보다 도시국가들의 무리에 더 가까웠다고 생각하는 편이 타당할 것이다. 기원전 제1천년기 초에는 남쪽의 팔레스타인과 북쪽의 신新히타이트 등 엇비슷한 작은 단위들(대개 성읍을 중심으로 조직되었고 인구 1만 명 이하였다)이 레반트를 지배했다. 그리스와 이탈리아의 사람들은 기원전 8세기에 인구가 증가함에 따라 유사한 조직 형태들을 채택하고 조정했으며, 기원전 제1천년기 내내 중앙아시아의 오아시스에서는 도시 국가들이 번성했다. 이 국가들의 상업 엘리트층은 흔히 아그라리아보다 자유와 권력을 더 많이 누렸고, 덜 경직된 위계제를 가지고 있었으며, 몇몇은 놀라운 문화적 창의성을 향유했다.

길게 보면 도시 국가 무리는 한 도시 국가가 나머지를 정복해서든 모두가 외부 세력에 정복당해서든 더 큰 아그라리아로 통합되는 경향을 보였다. 그러나 (이집트와 중국의 사례처럼) 아그라리아가 깨져 수십 개의 도시 국가로 갈라지기도 했다. 이 양방향 운동은 기원전 제1천년기에 중요한 역학이었지만, 앞으로 살펴볼 것처럼 뚜렷한 장기 추세는 큰 국가들이 작은 국가들을 흡수하는 것이었다. 인도의 서사시 『마하바라다』는 이를 가리켜 '물고기 법칙'이라 불렀다. 가뭄이 들면 큰 물고기가 작은 물고기들을 잡아먹기 마련이라는 뜻이다.

기원후 175년의 세계

우리가 다루는 기간의 중간점인 기원후 175년까지 많은 것이 변했다. 무엇보다 세계 인구가 대략 두 배가 되었고(1억 2000만 명에서 2억 5000만 명으로), 국가에 사는 사람의 수가 열 배로 늘어났다(2000만 명 이하에서 2억 명으로).

농민들이 세계에서 경작 가능한 토지를 갈수록 식민화함에 따라 수렵, 채집 영역은 계속 줄어들었다. 기원후 2세기경 고고학계에서 말하는 치품바제 유적군Chifumbaze Complex의 농장과 목장이 남아프리카에서 단단히 자리를 잡았고, 멜라네시아와 미크로네시아에서는 가장 적합한 땅을 파서 고구마를 심었으며, 북아메리카 호프웰

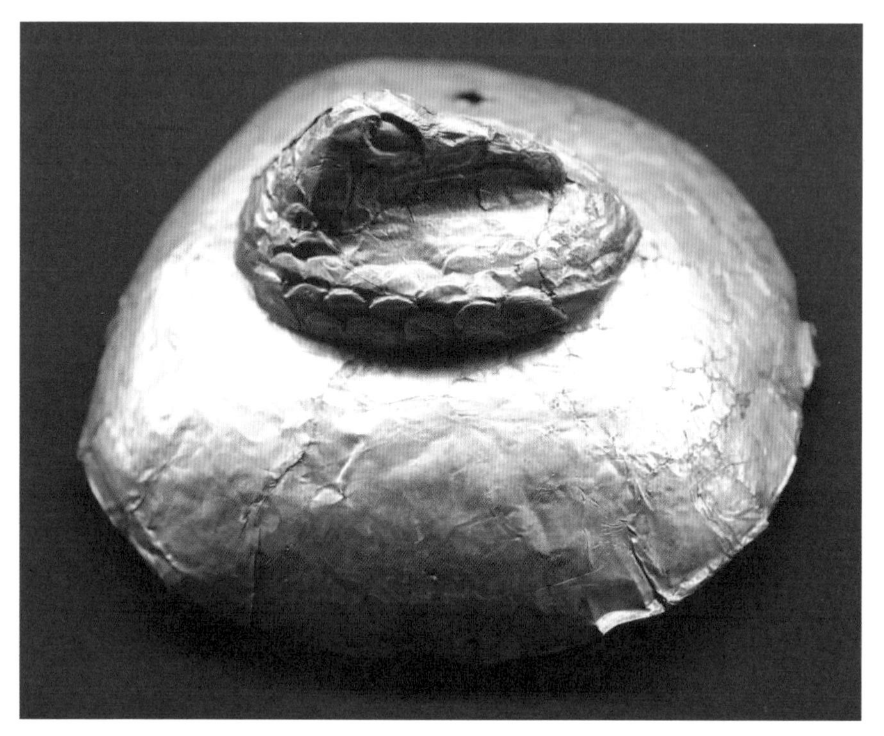

기원전 제1천년기 초에 시베리아 남부 아르잔에 쓴 거대한 봉분들에는 제 꼬리를 물고 있는 뱀을 장식한 이 그릇과 같은 금제품을 숱하게 집어넣었다.

문화의 농민들은 오하이오강과 미시시피강 유역을 따라 세력을 넓혔다.

유라시아 스텝 목축민들은 기원전 제1천년기에 놀라운 제도적 성장세를 보였다. 기원전 5세기에 그리스 역사가 헤로도토스가 스키타이 기마유목민을 묘사했을 때, 그들은 농경 사회를 약탈하기 위해 이따금 큰 연맹체를 결성하는 왕들의 통치를 받고 있었다. 그렇지만 기원후 209년 오늘날의 몽골에서 흉노의 군주 묵돌[冒頓]은 주변 민족들을 복속시켜 유목 국가, 심지어 유목 제국이라고 부르는 편이 타당해 보이는 거대한 세력을 이루었다.

스텝 목축민의 사회 조직과 정치 조직은 운 좋은 위도대의 농경 제국들과 나란히

기원전 5세기 내지 4세기 파지리크의 무덤에서 나온 펠트 카펫(아마도 페르시아에서 가져왔을 테지만, 당대의 비슷한 카펫이 페르시아에 남아 있지는 않다)의 이미지로, 매장된 유목민 수장의 화려한 생활 방식을 보여준다.

성장했으며, 묵돌 같은 남자들은 정착 사회에서 부를 강탈해 부족장들의 충성을 확보하는 방법으로 추종자를 늘려갔다. 시베리아 남부 아르잔Arzhan의 1호와 2호 무덤(기원전 8세기와 7세기 스텝 지대에서 가장 호화로운 매장지)과 파지리크Pazyrik의 2호 무덤(기원전 3세기 스텝 지대에서 가장 호화로운 매장지)의 차이는 시사하는 바가 많다. 전자의 특징이 거대한 봉분, 금 장신구 무더기, 제물로 바친 말이었다면, 후자에는 그에 더해 페르시아와 인도, 중국의 보물들까지 수북이 쌓여 있었다.

농경 국가들은 높은 기동성을 활용해 공격할 때는 기습하고 수비할 때는 스텝 지대로 달아나는 유목민을 격퇴하는 데 애를 먹었다. 병참 비용을 아낌없이 쏟아부은 농경 국가의 왕은 때로 유목민 생존자들이 수 세대 동안 두려움에 감히 습격하지 못할 정도로 많은 유목민을 제거할 수 있었다. 예컨대 기원전 519년 페르시아 다리우스 1세는 '뾰족한 모자를 쓴 스키타이인'을, 기원전 134년 이후 한나라 무제武帝는 흉노를 토벌했다. 그렇지만 농경 사회들은 흔히 저자세로 습격하지 말아달라며 유목민에게 뇌물을 주었다(그러나 유목민은 뇌물을 받고도 여하튼 습격하곤 했다). 재물을 강탈할 만한 부유한 제국이 없을 경우 유목민은 이따금 운 좋은 위도대의 일부를 직접 통제하며 더욱 철저하게 약탈하기까지 했다.

그럼에도 농경 국가들은 두 가지 주된 측면에서 스텝 국가들 이상으로 성장했다. 첫째로 지리 면에서 아그라리아가 새로운 지역들로 확산되었고, 둘째로 조직 면에서 저가 국가들이 고가 국가로 변모하면서 신민들의 삶에 개입하는 역량을 키워갔다.

성장에는 두 가지 주요 메커니즘이 있었는데, 각각 1차 국가 형성과 2차 국가 형성이라고 부를 수 있다. 1차 국가 형성은 기존 국가들로부터 아이디어와 방법을 차용하지 않은 채 정부를 창설하는 것을 의미했다. 반면에 2차 국가 형성은 이웃 국가들에 반응해 그들의 정부 형태를 채택하고 조정하는 집단의 활동을 포함했다. 물론 실제로 두 메커니즘을 구별하기란 어렵다. 예컨대 지중해에서 국가 형성은 기원전 800년부터 100년까지 진행되었지만, 학자들은 토착 발전의 상대적 중요성, 페니키아인과 그리스인 식민지 개척자들의 영향, 로마 정복자들의 충격 등에 대해 거의 합의를 이루지 못하고 있다.

그에 반해 아메리카에서는 1차 국가 형성이 이루어졌다고 확실하게 말할 수 있다. 시판Sipán의 호화로운 무덤들과 거대한 '태양의 피라미드'는 분명 기원전 175년경 안데스 모체 문화의 사람들이 아그라리아에 이르는 경로를 독자적으로 발견했음을 의미한다. 당대 메소아메리카에서는 티칼과 여타 지역들에서 마야 문명의 도시 국가들이 형태를 갖추어가고 있었다. 반면에 으리으리한 기념비적 건축물들과 15만 인구를

태양의 피라미드. 기원후 200년경 지은 60미터 높이의 이 건축물은 전성기에 면적이 8제곱마일에 달했던 대도시 테오티우아칸의 폐허에서 단연 눈길을 끈다.

보유한 테오티우아칸은 엄연히 한 국가의 수도였다.

신세계와 구세계는 서로 거의 접촉하지 않았으므로, 두 곳을 '자연 실험'의 독립적인 두 사례로 삼아 비교함으로써 호모 수페란스 개념을 검증해볼 수 있다. 몇 가지 측면에서 신세계와 구세계는 얼추 비슷한 경로를 걸었다. 둘 다 인구가 성장함에 따라 거의 같은 시간표대로 조직 역량을 키워갔다. 중동과 인도, 중국에서와 마찬가지로 멕시코와 안데스에서도 식물 재배와 동물 사육을 시작한 때부터 초창기 국가들이 등장할 때까지 대략 6000년이 걸렸다. 초창기 국가들의 통치자들이 모두 자신의 권력을 정당화하기 위해 종교에 크게 의존했고 통상 피라미드형 건축물로 자신의 신과 같은 특성을 선전했다는 사실도 지적할 수 있다.

그렇지만 뚜렷한 차이점들도 있다. 구세계에서는 국가 형성, 야금술, 문자가 보통 한 묶음으로 나타났지만, 신세계에서는 마야 문명만이 문자를 크게 활용했으며 비록 엘리트층은 구리와 금 장신구를 가지고 있었으나 민중은 콜럼버스가 도착할 때까지 대체로 석기 시대에서 벗어나지 못했다. 역사가들은 이런 유사점과 차이점을 설명하는 일을 우선 과제로 삼아야 할 것이다.

신세계보다 농경과 조직 성장의 길에 대략 2000년 먼저 들어선 구세계는 기원후 175년경 훨씬 더 크고 강한 국가들을 거느리고 있었다. 사실 구세계에서 가장 큰 축에 드는 국가들은 175년 한참 전에 저가 제도가 제대로 작동하지 않는 문턱에 이르렀다. 저가 제도는 인구가 수백만 명인 국가에서는 괜찮았지만 수천만 명인 국가에서는 그렇지 않았으며, 기원전 제1천년기에 세계에서 가장 큰 국가들은 스스로를 재발명하거나 구식 제도를 고수하다가 허물어졌다.

중동은 빙하 시대 말기 이래 세계에서 가장 큰 사회 조직과 정치 조직이 있었던 지역으로, 예상대로 이 문턱에 제일 먼저 도달했다. 기원전 780년대에 아시리아 제국은 왕들이 귀족층에 대한 통제력을 잃어 위기에 봉착했으며, 기원전 744년 풀루Pulu라는 장군이 유혈 쿠데타를 일으켰을 때 처음에는 구렁텅이로 더 깊이 빠지는 것처럼 보였다. 그렇지만 풀루(왕명인 티글라트필레세르 3세로 더 널리 알려진)는 기원전 727년 사망할 때까지 아시리아의 국가 권력을 쇄신했다.

사료들은 티글라트필레세르 3세가 정확히 무엇을 했는지 말해주지 않지만, 여하튼 '하늘의 아들들'을 우회한 것은 분명하다. 그들에게 병력을 요청한 뒤 약탈품을 나누는 대신, 티글라트필레세르는 관료제를 창안해 세금을 거두고 병력을 직접 고용함으로써 전리품을 모두 국가 소유로 두었다. 그는 상급 귀족들에게 계속 고위 행정직을 맡겼지만, 이제 그들은 자기 뜻대로 왕에 대한 지지를 철회할 수 있는 자유로운 행위자가 아니라 왕을 위해 일하고 왕에게서 보수를 받는 피고용인이었다. 이런 '고가' 국가는 저가 조직보다 운영비가 훨씬 많이 들었지만 동시에 수익도 훨씬 많이 벌어들였거니와 확장 가능성도 훨씬 큰 것으로 입증되었다. 당시까지 가장 큰 저가 국가였던 기원전 14세기 이집트와 9세기 아시리아는 각각 면적이 100만 제곱킬로미터에 인구가 300~400만 명이었지만, 기원후 175년경 로마와 중국은 각각 면적이 500만 제곱킬로미터에 인구가 5000만 명이었다.

기원전 730년대에 아시리아가 저가 국가에서 고가 국가로 이행한 과정은 틀림없이 고통스러웠을 테지만 그 결과는 극적이었다. 50년도 안 돼 아시리아는 당시까지로서는 가장 크고 부유한 제국이 되었다. 아시리아가 성장하자 이웃 국가들은 아시리아에 흡수되든지 아니면 아시리아의 방법을 모방해 대항하든지 양자택일을 해야 했다. 후자를 택한 많은 국가들(앞서 언급했듯이 스텝 지대의 스키타이인을 포함해)은 기원전 612년 대규모 연맹을 결성해 아시리아의 수도 니네베를 파괴했다. 그러나 성장의 순환을 멈출 수는 없었다. 고가 국가는 램프에서 풀려난 지니였다.

기원전 490년까지 페르시아는 발칸반도부터 인도까지 광대한 영토를 정복하면서 약 3500만 명을 통치하는 제국을 건설했으며, 그에 앞서 기원전 510년대에 다리우스 1세는 막대한 세입과 군대를 동원할 수 있는 신식 고가 제도를 도입했다. 기원전 330년대에 마케도니아의 알렉산드로스는 페르시아의 통치자들을 무찔렀지만, 기원전 301년 이후 그의 후계자들은 제국을 더 작은 단위들로 쪼개고 서로 분쟁을 벌였다. 기원전 245년경부터 파르티아의 유목민은 스텝 지대에서 이란으로 침투하기 시작해 기원전 135년까지 이란과 메소포타미아를 다시 통합했다.

그 무렵 동쪽에도 새로운 거대 제국들이 출현해 있었다. 인더스강 유역을 정복했던 페르시아와 마케도니아가 틀림없이 인도 내 발전에 영향을 주었을 테지만, 그와 별개로 갠지스강 동쪽 끝에서도 세력들이 기반을 다지기 시작했다. 기원전 6세기와 5세기에 도시 국가 마가다Magadha를 중심으로 점점 더 큰 왕국들이 형성되었으며, 기원전 321년경 찬드라굽타Chandragupta가 훨씬 큰 마우리아 제국을 창건했다. 역사가들은 마우리아 제국이 얼마나 고가 국가였는지를 놓고 논쟁하고 있지만, 찬드라굽타의 재상 카우틸랴Kautilya가 쓴 통치 안내서인 『아르타샤스트라Arthashastra』에 따르면 제국은 아주 강성했던 것으로 보인다. 기원전 260년대에 아소카 왕은 폭력 행사를 중지할 수 있을 정도의 권위를 누렸다고 한다.

마우리아 제국은 기원전 185년 군사 쿠데타 이후 흔들리기 시작했다. 마가다를 중심으로 숭가 왕국이 형성되었고, 몇몇 도시 국가가 출현했으며, 외부 세력들이 마우리아의 영토를 정복했다. 알렉산드로스의 마케도니아인 후손들이 북서부에서 그리스계 인도 왕국들을 잠식하고 스키타이인이 두 개의 새로운 샤카 왕국을 창건했지만, 가장 크게 성공한 정복 국가는 쿠샨 제국이었다. 유목민 월지족은 기원후 1세기 중엽 그리스인과 샤카족 영토의 폐허에 쿠샨 제국을 건설했으며, 한 세기 후에 카니슈카 왕은 갠지스 평원을 대부분 통치했다.

중국은 그 나름의 공고화 및 성장 과정을 겪었다. 전쟁을 거치면서 기원전 700년경 기록상 148개였던 도시 국가가 기원전 450년까지 불과 열네 개의 아그라리아로 줄어들었고, 기원전 221년 결국 단 하나의 제국[진나라—옮긴이]만 남았다. 기원전 209년부터 206년까지 제국이 갑작스레 와해되고 내전이 벌어진 이후 한나라는 유연하고 안정적인 체제를 창안했지만, 기원후 20년대에 재차 내전이 발발해 왕조의 권력이 토지 귀족에게 많이 넘어갔다. 기원후 175년경 한나라는 엘리트층의 반목, 내부 반란, 접경 지역의 압력을 억제하려 분투하고 있었다.

가장 광대한 제국은 유라시아의 서쪽 끝에 있었다. 빙하 시대 말기 이래 가장 큰 사회 조직과 정치 조직이 그 제국에 있었다. 도시 국가 로마는 기원전 마지막 300년간 지중해 연안 전역을 폭력적으로 통일했으며 그 과정에서 그리스 도시 국가들도 집어삼켰다. 에스파냐부터 크림반도까지 산재한 소국들로 이루어진 그리스 체제는 기록상 가장 성공한 도시 국가 체제였다. 이 폴리스들은 600만 명을 부양했고, 놀라운 경제 성장을 향유했으며, 무척 매혹적인 문화를 창조했지만, 로마의 군사력과 경합할 수는 없었다. 로마는 운 좋은 위도대 너머까지 경계를 넓혀 중부 유럽의 북서부까지 차지했다.

기원전 1세기 로마의 공화정 도시 국가 제도는 세계 최대 제국을 운영하기에 부적합한 것으로 입증되었고, 결국 처참한 내전을 거치며 해체되었다. 기원전 31년 평화를 회복했을 때, 명칭을 아우구스투스로 바꾼 옥타비아누스—최후의 승자로 남은 군벌—는 자신이 (단지 훨씬 더 부유할 뿐) 다른 어떤 시민과도 다르지 않다고 천명하고 이제 공화정이 복구되었다고 선언하면서 이후 500년간 이어질 로마 전제정을 조용히 개시했다.

이 모든 유라시아 제국들은 각기 다른 정도로 고가 모델을 향해 나아갔다. 고가 모델은 귀족층을 효과적으로 우회하여 정부와 농민층 사이에 직접적인 연계를 확립한다는 점에서 저가 모델과 구별되었다. 이 방향으로 더 멀리 나아간 국가일수록(로마와 중국이 가장 멀리까지 나아갔고 파르티아 제국과 쿠샨 제국이 가장 적게 나아갔다) 엘리트층과 농민층을 가르는 구분선을 없애는 한편 농민들에게 토지에 대한 법적 소유권(소작인으로서 대지주의 토지를 보유할 권리가 아니라)을 주고 그 대가로 왕에게 납부하는 세금과 징집 의무를 요구하기 시작했다. 행정관과 사령관으로 복무할 부유하고 교육받은 남자들이 여전히 필요했고 기원전 1000년보다 기원후 175년에 최고 부유층이 훨씬 더 부유하긴 했지만, 이제 귀족층의 권력은 대개 왕의 호의에 달려 있었지 그 반대가 아니었다. 고가 국가에서는 조세가 지대보다 우위였으며, 기원후 1세기 중국처럼 반대로 지대가 조세보다 우위에 서는 순간, 국가는 다시 저가 국가로 미끄러져 내려가기 시작했다.

궁극적으로 왕은 철제 무기로 무장한 대규모 군대를 창설하기 위해 조세 수입이 필요했다. 왕은 대개 보병을 주력으로 하는 그런 군대를 동원해 경쟁 관계인 왕들을 억지하거나 그들과 싸우는 한편 국내의 귀족층과 농민층을 위협할 수 있었다. 조세, 군대, 전문화된 엘리트층은 긴밀히 맞물려 있었으며, 티글라트필레세르 3세처럼 누군가 한 국가를 고가 국가로 이끌기 시작할 경우 이웃 국가들이 생존할 수 있는 방법은 같은 경로를 따르는 것밖에 없었다.

고가 국가는 모든 종류의 조직을 재편했다. 큰 제국은 모든 종류의 서비스가 집중되는 큰 도시를 필요로 했다. 기원전 700년경 니네베의 인구는 약 10만 명, 기원후 100년경 로마시의 인구는 100만 명이었다. 이 수많은 인구를 먹이기 위해 로마 제국은 지중해 전체를 언제나 굶주린 수도에 식량을 공급할 마케팅 시스템으로 바꾸었다. 큰 제국은 농산물 생산량을 늘려야 했다(일찍이 기원전 4세기에 그리스인은 비료를 주고 다작을 해서 기원후 1900년 이전에 다시는 도달하지 못한 인구 밀도에 도달했다). 식량을 두루 운반할 수 있도록 도로와 선박, 항구를 개선해야 했다. 새로운 교환 수단도 필요했으며, 그런 이유로 지중해 동부와 중국에서 각각 독립적으로 주화가 발명되었다. 그리스인과 로마인은 갈수록 복잡해지는 신용 거래과 은행업 수단을 발명했다. 더 많은 사람들이 읽고 쓸 줄 알아야 했고, 따라서 교육이 확대되었다. 지중해에서는 단순한 알파벳이 까다로운 음절 문자를 대체했다. 다만 아테네와 로마에서 알파벳을 배운 남성은 열 명에 한 명도 되지 않았을 것이다(여성은 훨씬 더 적었다). 값싼 도구와 무기가 충분히 필요했고, 그런 이유로 철이 청동을 대체했다. 필요가 혁신과 성장을 촉진했다.

마지막으로 무엇보다 통치자들은 스스로를 쇄신해야 했다. 저가 국가의 왕이 사람들을 복종시킨 주요 수단 중 하나는 자신이 현세와 천계 사이의 유일한 접촉점이라는 주장이었다. 이 주장은 자신과 언쟁하는 사람은 누구든 곧 신들의 뜻을 거스르는 사람이라는 뜻이었다. 그렇지만 기원전 제1천년기에 자신의 배역을 그저 필멸자들을 대신해 신의 뜻을 해석하는 존재에서 관료제를 관리하는 CEO와 비슷한 존재로 바꿀 경우 고가 국가를 더 잘 운영할 수 있음을 깨달은 왕들이 점점 늘어났다. 물론 기원전 1000년 이전에 통치자가 너무도 인간적인 존재임을 알아챈 사람들이 수없이 많았던 것과 마찬가지로(파라오를 신의 화신으로 떠받든 이집트에서조차 필경사들

리비아의 렙티스 마그나에 있는 아우구스투스 황제 신전 앞에 세운 비문으로, 기원후 53년 클라우디우스 황제가 옛 포럼을 재포장한 일을 라틴어와 카르타고어로 칭송하는 내용이다.

은 파라오가 숙취 때문에 말을 제대로 못하고 벌거벗은 여인들이 나일강에서 팀을 이루어 노를 젓는 경기를 흥분해 구경한다고 신나게 묘사하곤 했다), 기원전 1000년 이후에 왕을 계속 신처럼 여긴 사람들도 수없이 많았다. 그러나 기원후 175년경 통치자들은 거의 어디서나 수백 년 전에 비해 신과 같은 지위를 덜 주장하고 있었다.

유라시아 '축의 시대' 사상 혁명(제6장 참조)은 어느 정도는 이런 전개에 대한 지적 대응이었다. 다시 말해 왕이 우주적 원리로서의 권력을 잃어가는 세계에서 삶의 의미를 제공한 대응이었다. 유교, 불교, 유대교, 플라톤주의(그리고 훗날 스토아주의, 기독교, 이슬람교)는 제각기 개인들에게 이 더럽혀진 세계를 어떻게 초월할 것인지, 그리고

다른 문명들과 비슷하게 중국 문명의 화가들도 '축의 시대' 군주와 현인을 계속 되돌아보았다. 기원후 581년 수나라를 창건한 문제文帝 양견楊堅의 이 이미지는 여러 면에서 1000년 전 황제들의 모습과 비슷하게 묘사되었다. 이 설명 글 정보는 스티븐 브래들리Stephen Bradley 씨가 제공해주었다.

이제 더는 왕이 진리를 대신 발견해줄 수 없는 마당에 어떻게 그들의 내면에서 진리를 발견할 것인지를 보여주었다.

축의 시대 사상들은 대개 규범에 도전하고 권력자에게 진실을 말하는 반反문화 운동으로 출발했다. 대부분 주변부 출신인 각 사상의 창시자들은 엘리트층의 하층에 속했고, 대제국의 수도가 아니라 지방의 벽지나 독립적인 도시 국가에서 좋은 소식을 설파했다. 통치자와 관료는 각 사상의 선지자들을 자주 박해했지만, 결국 그들을 죽이는 편보다 개중 가장 뛰어난 이들과 협력하는 편이 더 낫다는 것을 배웠다. 유교 지식인이든 기독교 지식인이든 둘 사이의 지식인이든, 축의 시대 지식인들은 국가와 원만히 협력했고, 자신의 신념을 모든 사람이 믿을 수 있도록 메시지를 희석해 전파했다. 기원전 제1천년기의 지적 운동들은 유라시아의 운 좋은 위도대의 도처에서 '고전', 즉 영원한 지혜가 되어 오늘날까지 수십억 명에게 삶의 의미를 제공하고 있다.

유라시아의 고전기 제국들은 그 이전의 성취와 당대 다른 지역들의 성취를 무색하게 하는 비범한 조직적 성취였다. 로마 제국은 순전한 농업 세계에서 도달할 수 있는 상한上限에 실제로 도달했을 것이다. 다른 사회—송나라—가 기원후 2세기 로마 제국의 발전 수준에 근접하기까지 1000년이 걸렸고, 그후로 18세기 영국이 산업 혁명 직전에 이를 때까지 어떤 사회도 그 상한을 넘지 못했다.

기원후 1350년의 세계

기원후 175년 이후에도 인구는 계속 증가했으나 그전보다는 느리게 증가했다. 우리가 다루는 기간의 중반에 2억 5000만 명이었던 세계 인구는 종반까지 3억 5000만 명으로 늘었다(다만 1300년 직후 약 4억 명으로 급증했다). 총 인구는 약 40퍼센트 증가한 반면, 국가들의 인구 점유율은 약 2억 명에서 대략 3억 2500만 명으로 60퍼센트 증가했다.

수렵 채집민은 특히 아프리카와 북아메리카에서 농경민이 전진함에 따라 계속 후퇴했으며, 오세아니아의 대부분처럼 대체할 수렵 채집민이 없었던 지역들에서는 농경이 더욱 빠르게 확산되었다. 멜라네시아인은 1200년경 뉴질랜드를 식민화했고, 태평양의 용맹한 소수 모험가들은 노를 저어 아메리카까지 갔다가 돌아오기까지 했다(그러지 않았다면 이 무렵 아메리카의 고구마가 어떻게 폴리네시아에 전해졌는지 설명할 도리가 없다). 여러 섬에서 인구가 급증했고, 하와이 같은 일부 섬에서는 위대한 전사들이 촌락들을 합쳐 더 크고 강한 조직을 형성했다. 1778년 제임스 쿡James Cook 선장이 도착했을 무렵 하와이의 군장들은 왕이라 불리기에 손색이 없었다.

확장할 빈 땅이 별로 남아 있지 않긴 했지만, 북아메리카 본토에서도 비슷한 과정이 진행되고 있었다. 500년경 아마도 멕시코 이주민들이 차코 협곡에 옥수수, 호박, 콩을 전해주었을 것이고, 1000년경 바이킹이 한때 뉴펀들랜드까지 유럽산 작물들을 가져갔으며, 1000년 이후 고고학계에서 미시시피 문화라고 부르는 옥수수 기반 농경 유적군이 중서부와 남동부에서 널리 확산되었다. 북아메리카의 농경 공동체들은 하와이의 조직보다도 큰 조직을 만들었다. 1150년경 의례 중심지 커호키아에는 1만 명 이상 살았을 것이고, 1350년경 이곳이 쇠퇴하긴 했지만 마운드빌에서 새로운 주요 정착지가 번성했다. 일부 고고학자들은 미시시피 공동체들을 도시와 저가 국가라고 불러야 한다고 생각하지만, 대다수 고고학자들은 미시시피 지도자들이(2000년 전 올메크 지도자들과 마찬가지로) 노동력을 대규모로 동원하긴 했지만 폭력의 정당한 사용을 독점하지는 못했을 것이라고 생각한다.

북아메리카의 이런 원형적 국가들은 메소아메리카와 안데스의 옛 국가 체제들에 못 미쳤다. 750년경 돌연 멸망하기 전에 테오티우아칸이, 또는 9세기에 붕괴되기 전에 고전기 마야 도시 국가들이 자랑했던 규모와 복잡성에 도달한 사회는 1350년까지 아메리카에 없었다. 1350년 아메리카에서 가장 큰 도시는 안데스 지역 옛 모체 문화의 영토에 자리한 치무 제국의 수도 찬찬Chan Chan으로, 대략 3만 명이 거기에 살았을 것이다. 아스테카 왕국의 수도 테노치티틀란은 16세기 초에야 전성기의 테오티우아칸에 견줄 만한 도시로 발돋움했다.

1차 국가 형성과 2차 국가 형성은 여전히 둘 다 중요했다. 아프리카에서는 무슬림 상인들이 진출하여 동부 해안과 사하라 오아시스 인근에 수많은 소규모 중상주의 도시 국가들이 생겨날 유인을 제공했다. 그중 오늘날 차드 지역의 카넴Kanem 왕국과 나이저강 유역의 말리 제국 같은 일부 국가들은 주변 국가들을 합병해 거의 저가 국가라고 부를 수 있을 만큼 조직을 키웠다. 그렇지만 더 남쪽 마푼구베Mapungubwe와 그레이트 짐바브웨의 저가 국가들은 완전한 토착 국가였다.

유라시아에서는 2차 국가 형성이 1차 국가 형성보다 더 중요했으며, 그 과정에서 대체로 기존 국가의 상인과 선교사가 주요한 역할을 했다. 10세기에 동남아시아에서 중국인 상인들이 늘어나며 저가 국가들이 형성되었는데, 이는 현지 군장들이 새로운 경제적 기회를 이용해 왕으로 변모했다는 의미일 수도 있다. 이 국가들 중 일부는 괄목할 만한 성과를 거두었다. 1365년 작성된 송덕문頌德文『나가라크레타가마Nagarakretagama』에 따르면, 자바섬 마자파히트 왕국의 하얌 우루크Hayam Wuruk 왕은 98개 조공 도시를 통제했다. 또한 그는 "몸을 입은 붓다"만이 아니라 "시바 신의 화신"까지 되고자 애쓴, 신과 흡사한 왕이었다.

북유럽과 동유럽도 비슷한 경로를 따랐다. 라인강, 다뉴브강, 볼가강 사이 광대한 영역—기원후 175년만 해도 사실상 국가가 없었던 영역—은 저가 국가들로 가득 찼으며, 세력을 키워가는 군장들은 기독교로 개종하는 것이 백성들의 복종을 이끌어내는 좋은 방법임을 배웠다. 기독교 통치자들은 성직자를 왕국으로 초청해 행정 노하우를 공유할 수 있었고, 기존 기독교 왕가와 혼인 관계를 맺거나 아예 더 큰 기독교 국가의 보호 아래 들어감으로써 지역의 권력 투쟁에 중요한 영향을 끼칠 수 있었다.

기독교화, 국가 형성, 암살, 내전은 대개 함께 찾아왔다. 예컨대 10세기 보헤미아에서는 기독교 공작 바츨라프—크리스마스 캐럴 〈선한 왕 벤체슬라스Good King Wenceslas〉의 주인공—의 친親기독교 할머니가 (아마도 그녀 자신의 면사포로) 교살되었고, 공작 자신도 친이교 동생에게 살해되었다. 그렇지만 동생 볼레슬라프는 즉위한 뒤 어쨌거나 이교를 버리고 기독교와 화해했다. 지역민들이 예수의 호소력에 응답하지 않은 곳에서는 정복과 식민화를 통해 그들의 입장을 바꿀 수 있었다. "이곳의 이교도들은 최악이지만 그들의 땅은 최상입니다." 오늘날의 폴란드 지역을 침공할 십자군을 모집하던 운동원은 이렇게 알렸다. "이곳에서 여러분은 자신의 영혼을 구할 수 있고, 원한다면 정착할 아주 좋은 땅을 얻을 수 있습니다." 다수의 프랑크족과 게르만족이 이 요청에 화답했으며, 1350년경 유럽의 거의 모든 지역이 적어도 명목상으로는 기독교 왕의 통치 아래 있었다.

독일부터 일본까지의 영역에서는 어디서나 촌락 사회를 더 큰 조직으로 바꾸는, 서로 비슷한 2차 국가 형성 메커니즘이 작동하고 있었다. 그러나 잉글랜드부터 이란까지의 영역에서는 기존의 고가 제국들이 붕괴되면서 저가 국가들도 생겨나고 있었다. 기원후 175년에 이미 위기였던 고대의 대제국들은 뒤이은 500년 동안 더 작은 단위들로 쪼개졌다.

이렇게 된 이유는 고대사의 큰 물음 중 하나다. 이 현상의 막대한 규모는 물음의 답을 지역 수준에서 구할 수 없음을 시사한다. 우리는 분명 체제에서 원인을 찾아야 하고, 그중에서도 기원전 제1천년기 성장의 자기 약화 효과에 가장 주목해야 할 것이다. 유라시아의 운 좋은 위도대의 제국들과 상업망들은 성장을 할수록 서로 적대 관계로 뒤얽혔고, 그럴수록 스텝 지대의 사회들은 뒤처지지 않으려 포식적으로 변해갔기 때문이다.

스텝 지대 부족들은 기원전 제1천년기에 운 좋은 위도대의 농경 제국들에 빌붙는 기생충처럼 행동하며 제국으로 성장했지만, 기원후 제1천년기 들어 기생하는 정도를 넘어 숙주를 죽이기 시작했다. 이렇게 된 한 가지 원인은 유목민이 종전보다 더 폭력을 마구 휘두른 데 있었다. 유목민의 이주와 습격은 스텝 가장자리의 다른 집단들 사이에서 도미노가 쓰러지는 것과 같은 대규모 연쇄 이주를 촉발했다. 예컨대 유라시아 동단에서 중국 서부 변경의 강족羌族 농민들은 본래 흉노와 월지의 습격을 격퇴하기 위해 국가를 형성했지만, 이내 새로 얻은 힘을 유목민의 공격을 피하기 위해 한나라를 압박하는 데 사용하기에 이르렀다. 유라시아의 서단에서 게르만 농민들도 사르마트족, 알란족, 그리고 마침내 훈족을 격퇴하거나 피하기 위해서 거의 똑같이 행동했다.

마치 이런 타격으로도 충분하지 않다는 듯이 유목민은 싸움에 더 능해졌다. 킴메르인과 스키타이인은 보통 성벽을 두른 도시에 접근하지 않았지만, 훈족의 아틸라가 442년 발칸반도를 침공했을 때 그의 공병들은 전진을 멈추지 않았다. 고고학자들은 불타버린 도시들에서 성벽이 뚫린 흔적을 통해 아틸라의 진격 경로를 추적하고 있다.

그렇지만 유목민의 가장 치명적인 무기는 너무 작아 눈에 보이지 않았다. 유목민은 아주 먼 거리를 빠르게 이동하면서 기원전 제1천년기 이전에 고립 상태에서 진화한 동부와 서부의 질병들을 뒤섞어 가져왔다. 그들이 풀어놓은 새로운 미생물들은 다른 인구 집단들에는 완전히 낯선 병균이었다. 기원후 161년 로마의 시리아 변경과 중국의 북서부 변경에서 처음 보는 끔찍한 역병이 발병한 것은 우연일 리가 없다. 과학자들이 아직 병원균을 특정하지 못하긴 했지만, 증인들의 서술을 살펴보면 두 곳의 질병 모두 두창처럼 보인다. 4세기 중국의 어느 의사는 이렇게 기록했다. "역병의 발진은 (…) 머리와 얼굴, 몸통을 공격한다. 이 발진은 단시간에 온몸으로 퍼진다. 하얀 고름 같은 것이 들어 있는 종기처럼 생겼다. 이 수포가 사라지면서 다시 새 농포가 생기기도 한다. 초기에 치료하지 않으면 환자는 보통 죽는다. 회복된 사람에게는 자줏빛 흉터가 남는다."

기원후 200년경 이 역병은 이집트 사람 넷 중 하나의 목숨을 앗아갔고, 나머지 로마 제국과 한나라에서 집계되지는 않았으나 엄청나게 많은 목숨을 빼앗았다. 거기서 끝나지도 않았다. 역병은 이후 150년 동안 얼추 한 세대에 한 번씩 계속 되돌아왔다. 250년 무렵 로마시에서는 하루에 5000명씩 죽어나갔다고 한다. 중국에서 최악의 시기는 310년에서 322년 사이였다.

한나라, 쿠샨 제국, 페르시아 제국, 서로마 제국은 모두 200년에서 700년 사이에 멸망했고 대부분 저가 아그라리아의 무리에 의해 대체되었다. 쇠퇴의 규모는 때로 믿기 힘들 정도였다. 예컨대 550년 영국에는 80킬로미터를 통제할 수 있는 사회 조직과 정치 조직이 거의 남아 있지 않았다. 종교 단체들은 이런 혼돈의 공간으로 들어가 국가의 실패로 생긴 공백을 메우고 방어와 식량 공급을 조직했을 뿐만 아니라 사람들에게 그들이 알아온 세계가 끝나가는 이유를 설명하기까지 했다.

이 사실은 기독교와 대승불교가 어떻게 기원후 1세기부터 5세기까지 각각 신도 수천만 명을 얻었는지 얼마간 설명해주지만, 또다른 종교적 대성공을 거둔 이슬람의 이야기는 사뭇 달랐다. 이슬람은 기원후 7세기에 유대교와 기독교의 지방 변종으로 출현했으나 침공군과 함께 옛 로마 제국 대부분과 페르시아 제국 전역으로 전파되었다. 기동력이 뛰어난 아랍인은 정복자로서 스텝 유목민과 일정 부분 공통점이 있긴 했지만 훨씬 덜 파괴적이었고 농경 제국들의 흔들리는 구조 안으로 진입하는 데 훨씬 더 능했다.

바그다드에 기반을 둔 아바스조 칼리프들은 750년에서 800년 사이에 이베리아반도부터 인더스강까지 뻗은 광대한 제국을 형성하는 것처럼 보였지만, 850년까지 분명히 실패했다. 아랍 칼리프들은 수많은 스텝 사회의 칸들 및 왕들과 마찬가지로 부족 조직을 제국 조직으로 바꾸기가 거의 불가능하다는 것을 깨달았거니와, 무슬림 성인聖人들의 영향력과 고분고분하지 않은 태도 때문에 더욱 곤경을 겪었다. 칼리프 알마문al-Ma'mun(재위 813~833)은 고가 아랍 제국을 창건하는 목표에 다른 누구보다도 가까이 다가갔을 테지만, 종교 분파들을 이간질하고 종교 전문가들을 괴롭히려던 그의 시도는 정부의 권위 실추로 귀결되었고, 튀르크계 유목민을 제국의 심장부 이라크로 끌어들여 모두를 복종시키려던 그의 마지막 해결책은 더욱 나쁜 결과를 낳았다. 860년경 아바스조 칼리프들은 자기네 용병의 인질로 전락했으며, 945년 칼리프국은 10여 개의 독립적인 토후국으로 분해되었다. 뒤이어 1000년까지 목축 유목민은 기존 농민들을 중동의 가장 좋은 토지에서 대부분 내쫓았다. 이집트는 최악의 붕괴를 면하기는 했으나 튀르크 기병들의 통제를 받게 되었으며, 아랍은 1500년까지 정치적으로 쪼개져 있었다.

이 어지러운 이야기가 중요한 이유는 유라시아의 동부와 서부가 현저히 대비되기 때문이다. 기원전 6세기 콘스탄티노플의 유스티니아누스 황제가 로마 제국을 재정복하려던 시도와 800년경 카롤루스 대제가 프랑스에 기반을 둔 새로운 제국을 창건하려던 시도를 포함해 서방을 재통합하려던 일련의 노력은 알마문의 노력만큼이나 나쁜 결과로 이어졌다. 반면에 중국에서 북부를 대부분 차지한 선비족은 6세기에 이례적인 근대화 혁명을 겪었다. 선비족이 황허 유역에 고가 국가를 세우고 스스로를 수 왕조로 재편한 이후, 초대 황제 문제文帝는 함대를 건설하고 50만 군대를 양성한 뒤(당시 서방에는 5만 군대를 양성한 통치자조차 없었다) 589년 남부 양쯔강 유역의 진陳나라를 평정하고 남북조를 통일했다.

수나라 문제는 성공하고 유스티니아누스, 카롤루스, 알마문은 실패한 이유는 여전히 논쟁거리이지만, 문제가 거둔 성공의 결과는 분명하다. 바로 세계 조직의 중심축이 유라시아 서부에서 동부로 옮겨갔다는 것이다. 700년경 장안에는 100만 명이, 낙양에는 또다른 50만 명이 살고 있었다. 수나라는 논을 넓혀가는 남부의 양쯔강 유역에서 북부의 번성하는 도시들로 쌀을 실어나르기 위해 대운하를 팠다(대운하는 지난날 상인들이 북아프리카의 곡물을 번성하는 로마시로 실어나를 수 있게 해주었던 지중해와 비슷한 역할을 했다). (618년 수나라를 대체한) 당나라의 황제들은 전장에서의 승리와 영리한 외교를 통해 동부 스텝 지대를 통제하고 인도에 개입하기까지 했다. 이 무렵 문화와 상업이 개화하기 시작했다. 8세기는 중국 시가詩歌의 황금기였다. 9세기에는 사천四川부터 한반도까지 사업 영역이 뻗어 있던 기업들이 지폐를 발명했으며, 1024년 국가에서 지폐를 발행하기 시작했다. 1078년경 중국 주조소들은 12만 5000톤의 철광석을 녹이고 있었는데, 이는 산업 혁명 전야인 1700년 유럽 전체의 생산량에 거의 맞먹는 양이었다.

11세기 중국의 사회 조직과 정치 조직은 1000년 전 로마의 조직만큼이나 크고 복잡했으며 승승장구하고 있었던 데 반해, 유럽과 중동, 인도의 사회 조직과 정치 조직은 반대 방향으로 가다가 바이킹, 튀르크인, 아프간인의 공격에 허물어졌다. 일부 역사가들은 1100년에 송나라가 산업 혁명 직전까지 갔다고 주장하기까지 한다. 송나라 최대 도시들에서는 주요 연료를 나무에서 석탄으로 바꾸고 있었고(1102년에서 1106년 사이에 개봉 한 도시에서만 석탄 시장 스무 곳이 새로 문을 열었으며, 제촌진齊村鎭의 주철소에서 매년 석탄 4만 2000톤을 소비했다), 직물 제조업자들은 훗날 18세기 유럽에서 재발명된 방적기와 매우 비슷한 수력 방적기를 사용하고 있었다.

중국의 경제적 도약이 흔들린 이유는 알려지지 않은 또다른 커다란 물음이지만, 나는 그 답이 대체로 운 좋은 위도대와 스텝 지대 사이에서 계속된 분규에 있을 것이라고 생각한다. 17세기에 전장에 효과적인 총기가 등장하기 전까지 어떤 농경 제국도 유목민을 실제로 제압하지 못했다. 만주에서 발견된, 가장 오래된 것으로 알려진 총기는 1288년에 제작되었을 것이고, 그보다 앞선 1150년경 사천에서 총기가 조각되기도 했지만, 그런 조잡한 무기는 기병을 멈출 만큼 빠르게 발사할 수 없었다. 이것이 사실이라면, 농경 제국이 성장할수록 유목민의 먹잇감으로 주목받을 가능성이 높아진다는 옛 공식은 여전히 유효했을 것이다.

1127년 여진족은 만주에서 개봉을 공격해 약탈하고 북중국을 차지했다. 이 사건으로 송나라 경제가 혼란에 빠지고 북부의 주요 도시들 및 탄전들과 남부의 곡창지

대가 분리되었다. 설상가상으로 중국의 부와 군사력이 쇠퇴하자 유목민이 더욱 공세를 취했고, 1206년 칭기스 칸이 몽골 부족들을 규합해 가장 무시무시한 목축 제국을 창건했다. 1215년 칭기스 칸은 중국의 90개 도시를 약탈했고(북경의 폐허는 한 달 동안 불에 탔다), 주민을 모조리 몰아내고 황허 평원 전역을 겨울철 가축 목초지로 바꾸는 방안까지 고려했다. 현명한 조언이 제시되어 그런 불상사는 피했지만, 1260년대에 칭기스 칸의 손자 쿠빌라이 칸이 중국으로 되돌아왔다. 몽골군이 당시 세계에서 가장 강고한 요새 양양襄陽을 함락하기까지 6년이 걸리긴 했지만, 12년 후 모든 중국인은 쿠빌라이의 수중에 있었다.

그때 이후로도 중국의 조직들은 세계의 경이로 남았다. 마르코 폴로는 1290년대에 이렇게 말했다. "온전히 진실하게 말하건대 [항주의] 사업 규모는 직접 보지 않고 듣기만 해서는 도무지 믿을 수 없을 정도다." 하지만 마르코는 당시 중국 조직들이 수축되고 있었다는 사실을 알지 못했다. 1300년의 중국은 더이상 산업 혁명 직전의 사회처럼 보이지 않았으며, 그다음 40년에 걸쳐 몽골족의 원나라는 전국에 대한 통제력을 상실했다. 비적과 군벌, 기근이 횡행한 데 이어 1345년에 엄청난 충격—흑사병—이 닥쳐왔다.

기원전 2세기의 경우처럼 이 시기 스텝 지대에서 더 큰 조직들이 생겨난 것은 이 전염병의 규모와 깊은 관련이 있었을 것이다. 13세기에 전장의 흙먼지가 내려앉은 뒤 이른바 '팍스 몽골리카'가 찾아온 덕에 이주자, 선교사, 상인(마르코 폴로 같은)이 유라시아 곳곳을 한결 쉽게 오갈 수 있게 되었지만, 동시에 질병들이 섞여 유독한 새로운 질병이 생겨날 가능성도 그만큼 높아졌다. 1340년부터 1360년까지 유럽과 중동, 중국의 인구는 3분의 1 감소했을 것이다. 아랍 여행자이자 철학자인 이븐할둔Ibn Khaldun은 1377년에 이렇게 썼다. "동방 문명에도 서방 문명에도 민족들을 파괴하고 인구 집단들을 사라지게 하는 해로운 역병이 엄습했다. 역병은 문명의 좋은 것들을 대부분 집어삼키고 앗아갔다."

이븐할둔은 역사를 일련의 순환으로 본 것으로 유명하며, 이는 별반 놀랄 일이 아닐 것이다. 이븐할둔 당대의 사건들은 사회 조직과 정치 조직이 서로 연계를 맺으며 성장하다가 어느 순간 그 자체의 기반을 무너뜨리는 상반되는 힘들을 낳고 결국 이주와 질병에 직면해 무너지는, 반복되는 패턴의 일부였다. 14세기에는 미래가 무언가 다를 것이라는 징후가 없었고, 역사의 커다란 형태가 분명해 보였다.

결론

그러나 그 미래는 분명 종전과 같지 않았다. 그다음 250년간 세계사는 아주 새로운 방향으로 나아갔다. 아시아 사람들은 스텝 지대 고속도로를 차단하고 유목 제국과 농경 제국 사이의 기생 관계에 종지부를 찍었다. 유럽 사람들은 아메리카를 식민화하고, 국제 무역과 노예제에 기반해 전례 없는 대서양 경제를 구축하고, 과학 혁명을 개시했다. 그로부터 다시 250년이 지난 시점에 영국은 경제를 산업화하고 마치 거인처럼 전 세계에 걸터앉아 있었다.

1350년의 세계와 1850년의 세계 사이 간극이 워낙 큰 까닭에 학계에서는 1350년 이전을 더 긴 이야기에서 그리 중요하지 않은 시기로 여기곤 한다. 지리학자 앨프리드 크로스비Alfred Crosby에 따르면 "[말을 가축화한] 시대와 콜럼버스를 비롯한 항해자들을 대양으로 보낸 사회들이 발전한 시대 사이에 대략 4000년이 흘렀으며, 그 시간 동안 그 이전과 비교해 **중요한 일은 거의 일어나지 않았다**"(강조는 원문 그대로). 가축화는 중요했다. 세계화도 중요했다. 하지만 이 장에서 검토한 2350년 세월은 중요하지 않았다.

그러나 이는 그릇된 견해다. 기원전 1000년부터 기원후 1350년까지 도시, 국가, 종교 집단, 교역의 규모는 열 배 증가했다. 이 변화가 없었다면 스텝 지대를 닫을 수 없었을 것이고, 대양들을 열 수 없었을 것이며, 근대 세계가 탄생할 수 없었을 것이다. 이 세월 동안 세계에서 가장 큰 사회 조직과 정치 조직은 순전한 농경 환경에서 도달할 수 있는 한계에 이르렀고, 세계 조직의 중심축은 (역사상 처음으로) 서양에서 동양으로 이동했다. 그리고 유라시아에서 이런 대사건들이 펼쳐지는 동안 지구의 대다수 지역들로 농경과 저가 국가가 확산되었다. 기원전 1000년에는 열 명 중 한 명만이 정부 치하에서 살았던 반면, 기원후 1350년에는 적어도 열 명 중 아홉 명이 정부의 통치를 받았고, 오늘날 우리가 여전히 살고 있는 사회 조직과 정치 조직을 만들어낼 무대가 마련되었다.

PART

04

The Climatic Reversal

기후의 반전

전염병과 추위 속에서의 확산과 혁신
—14세기 중엽부터 19세기 초까지

CHAPTER

08

수렴하는 세계

경제적·생태적 조우—1350년~1815년

데이비드 노스럽

1350년 이후 세계는 해상 교역로를 통해 집단 사이 연계가 긴밀해지고 물동량이 늘어남에 따라 갈수록 작아졌다. 사상 처음으로 선박이 대서양과 인도양 사이를 주기적으로 왕복하고 대서양과 태평양을 가로질렀다. 물자 및 인간과 함께 미생물과 동식물도 지구 구석구석까지 퍼져나갔다. 새로운 지역으로 확산된 질병들은 수백만 명의 목숨을 앗아갔다. 옥수수, 감자, 차, 커피 같은 한 지역의 식물들은 머나먼 장소에서 새로운 소비자를 찾았다. 신세계의 담배는 유럽과 아프리카, 아시아의 일부에서 중독성 물질이 되었다. 구세계의 소와 양, 말은 아메리카에서 새로운 생활 방식의 발전을 촉진했다. 아시아의 향신료와 직물은 대서양 대륙들에서 시장을 찾았고, 아메리카의 플랜테이션은 유럽에서 누구나 소비하는 설탕을 생산했다. 역사상 가장 큰 규모로 가장 잔인하게 이루어진 대륙 간 인구 이동인 대서양 노예 무역은 아메리카의 경제적 발전을 뒷받침했다. 간단히 말해 세계를 수렴시키는 힘들은 매우 억제되어 있다가 1350년 이후 흔해졌고, 1815년까지 좋든 나쁘든 멈출 수 없어 보이는 결과를 가져왔다.

이 장에서 특정 지역들을 강조하는 것은 역사적 증거가 고르지 않게 분포하기 때문이기도 하지만 그보다는 인류가 고르지 않게 분포한 사실과 더 관련이 있다. 1400년 인류의 80퍼센트 이상은 광활한 유라시아 대륙에 살았으며, 1800년까지 유라시아의 비중은 거의 90퍼센트로 더 올라갔다. 인구 밀도가 가장 높은 세 지역은 중국, 인도, 유럽이었다. 이 장에서 다루는 기간의 초기에는 중국 본토에 인간 네 명 중 한 명이 살았고, 말기에는 세 명 중 한 명 이상이 살았다. 이 기간 동안 인도 아대륙의 인구는 두 배로 늘었으나 전체에서 차지하는 비중은 조금 낮아졌다. 유럽의 비중은 1400년에 여섯 명 중 한 명이었다가 1800년까지 다섯 명 중 한 명으로 올라갔다. 이렇게 높은 인구 밀도는 세 지역에 더 주목해야 할 정당한 이유가 된다.

이 기간 동안 인간의 수가 전반적으로 증가하긴 했지만 세 차례 인구 재앙도 있었다. 15세기 후반에 당시까지 최악의 팬데믹이 구세계 대륙들을 덮쳤다. 그리고 16세기와 그 이후에 아메리카 토착민은 새로 들어온 질병들에 떼죽음을 당했다. 한편, 지구에서는 약 1만 2000년 전에 플라이스토세 빙하 시대가 끝난 이래로 기온이 평균보다 낮은 기간이 가장 오랫동안 지속되고 있었다. 그럼에도 세계 인구가 전반적으로 증가할 수 있었다는 사실은 새로운 지역들에 다시 정착하고 산출량이 더 많은 식물들을 재배한 활동, 그리고 경제 환경을 변경하여 향후 200년간 펼쳐질 한층 극적인 변화의 무대를 마련한 활동이 긍정적인 효과를 냈다는 증거다.

동양의 환경, 경제, 확장

중국은 14세기 중엽 이후 서쪽으로 향한 두 차례 대규모 이동의 근원지였다. 첫번째 이동은 우연이었고, 두번째 이동은 다분히 의도적이었다. 첫번째로 이동한 것은 서양에서 흑사병으로 알려진 가래톳 페스트였다. 이 팬데믹을 이동시킨 원인은 정확히 밝혀지지 않았으나 현대의 연구는 페스트가 그 이전 수백 년간 중국 서남부 운남 지방에 있었을 것임을 시사한다. 몽골족의 통치기에 늘어난 교류는 이 역병이 중국의 다른 지역들과 중앙아시아의 동쪽으로 퍼져나가는 데 일조했다. 페스트가 중앙아시아의 육로를 통해 퍼졌는지 아니면 해로를 따라 퍼졌는지는 알려져 있지 않지만, 1347년 흑해 크림반도의 항구 도시 카파의 주민들 사이에서 흑사병이 발병했다. 곧이어 그리스와 지중해 북부 섬들이 흑사병으로 몸살을 앓았다. 관찰자들에 따르면, 이듬해 제노바의 한 선박이 카파에서 이탈리아로 흑사병을 옮겨왔고, 이탈리아에서 다시 남유럽과 서유럽 대부분, 지중해 남부 일대로 흑사병이 급속히 확산되었다. 근래 유행병학자들은 흑사병 전염의 매개체들은 복합적이었으며 인간보다 설치류를 통해 전염되었다고 말해왔다. 여하튼 1349년 흑사병은 유럽 도처에서 전례 없는 사망을 초래하고 있었다. 일부 장소들은 피해를 면했지만 다른 장소들은 인구의 3분의 2까지 잃은 것으로 보인다. 끔찍한 증상과 죽음에 이르는 속도는 공포를 더욱 키웠다. 대다수 감염자들은 극심한 통증과 열, 구토, 설사로 고통받았고, 피부에 검은 반점, 사타구니와 겨드랑이에 달걀 크기의 부종이 생겼다. 이 림프절 부종은 가래톳bubo으로 알려져 있는데, 여기서 가래톳 페스트bubonic plague라는 대중적인 이름이 유래했다. 그렇지만 장티푸스와 두창, 탄저병 같은 다른 많은 질병들도 같은 시기에 확산되었을 것으로 추정되며, 그런 까닭에 감염자들이 보인 증상을 파악하기가 어렵다.

중세 프랑스와 영국, 네덜란드의 묘지에 대한 연구를 통해 몇 가지 사실이 확인되었다. 연구자들은 희생자들의 유해에서 추출한 오래된 DNA를 바탕으로 흑사병을

투르네Tournai에서 흑사병 희생자들을 매장하는 모습. 베네딕트회 성 마르티누스 수도원 원장의 연대기인 『질 리 뮈지의 연대기The Chronicles of Gilles Li Muisis』에 실린 세밀화.

옮기는 주요 유기체인 페스트균Yersinia pestis의 게놈 전체를 재구성하고 이 균이 전염의 주범이었음을 확증할 수 있었다. 그렇지만 흑사병의 희생자들에게는 고통의 원인에 적절한 과학적 이름을 붙일 수 있다는 사실이 전혀 위로가 되지 않았을 것이다. 당시에는 악령, 마녀, 유대인이 흑사병의 원인으로 더 흔하게 지목되었다. 무슬림 역사가 이븐할둔은 수렴하고 수축하는 세계에서 흑사병의 결과를 이렇게 요약했다.

> 동방 문명에도 서방 문명에도 민족들을 파괴하고 인구 집단들을 사라지게 하는 해로운 역병이 엄습했다. 역병은 문명의 좋은 것들을 대부분 집어삼키고 앗아갔다. (…) 도시와 건물은 황폐해졌고, 도로와 표지판은 지워졌으며, 촌락과 저택은 텅 비었고,

왕조와 부족은 약해져갔다. 인간이 거주하는 세계 전체가 바뀌었다.

가래톳 페스트는 어디서나 인구와 심리에 재앙과도 같은 충격을 주었다. 곳곳에서 수백만 명씩 죽어나갔다. 살아남은 자들은 비애와 공포, 죽을 것 같은 예감에 사로잡혔다. 보수적인 추정에 의하면 유럽 인구는 흑사병이 닥치기 직전 약 8000만 명에서 1400년 대략 6000만 명으로 줄었다. 역사가들은 북아프리카에서도 인구의 4분의 1이 감소했다고 추정한다. 그럼에도 사회들은 놀라운 회복력을 보여줄 수 있었다. 유럽 인구는 1500년까지 종전 수준을 회복했고, 중국 인구는 1400년 약 7500만에서 1500년 1억 명으로 되레 증가했다. 다른 지역들의 증거는 너무 단편적이어서 확실하게 인용하기 어렵다.

유럽에서 흑사병으로 인한 인구 감소는 노동력 부족을 초래해 일부 긍정적인 결과를 가져왔다. 농노제는 거의 사라졌는데, 시골에서 농노제에 매여 살던 노동자들이 쉽게 달아날 수 있었기 때문이다. 시골의 숙련 노동자들(대장장이, 제분업자, 목수)은 임금을 올려달라고 요구할 수 있었다. 권한을 가진 사람들이 이런 변화에 저항할 경우 봉기와 반란이 일어나기도 했다. 시골 농민들이 흩어져 살았고 조직을 이루어 지속적으로 저항하기 어려웠던 탓에 대부분의 봉기는 지역 수준을 벗어나지 못했고 짧게 그쳤다. 그렇지만 잉글랜드에서 1381년 와트 타일러Wat Tyler가 이끈 농민 봉기는 18세기 이전 유럽에서 일어난 민중 봉기 중 최대 규모였다. 잉글랜드 동부 3분의 1과 런던까지 확산된 봉기의 세력은 농노제와 영주 및 영지에 대한 의무를 없앨 것을 요구했다. 분노한 그들은 캔터베리 대주교를 비롯한 고위층을 살해하고 폭력을 휘둘렀다. 권력자들은 반란을 진압하고자 폭력을 더욱 거침없이 사용했다. 일부 농민들은 토지를 획득하고 지위를 높였지만, 다른 많은 농민들은 얻은 것이 거의 또는 전혀 없었다. 흑사병의 영향이 덜 극심했던 동유럽 일부의 지주들은 전염병 위기를 자유농민을 노예로 전락시킬 기회로 활용했다.

중국에서 서쪽으로 두번째로 이동한 것은 1405년에서 1433년까지 감행한 일련의 장대한 해양 원정이었다. 명나라 영락제永樂帝가 남아시아와 인도, 동아프리카까지 가는 일곱 차례 원정을 의뢰한 동기는 발견이 아니었는데, 세 지역의 바다는 이미 오래전부터 세계의 해양 교차로였기 때문이다. 원정을 통해 중국의 오래된 교역 파트너들에 대한 정보를 갱신하고 교역을 얼마간 개선할 수 있었겠지만, 원정의 주목적은 중국의 부와 권세를 외부 세계에 각인시키는 것이었던 듯하다. 1368년, 한 세기에 걸친 이민족 몽골족의 통치를 끝낸 뒤 국내에서 권력을 다지던 명나라는 해외에서 '국력 과시'를 하고 있었던 것이다.

명나라의 대선단은 세계 어디서나 경외감을 자아냈을 것이다. 제1차 원정 선단은 '보물선[寶船]'으로 묘사된 대형 정크선 62척과 소형 정크선 100여 척으로 편성되었다. '보물선들'에는 가는 길에 타국 통치자들과 그 밖의 고관들에게 선물할 중국의 값진 제조품(비단, 귀금속 제품, 자기 등)을 실었다. 작은 도시를 채울 만큼 많은 인원도 선단에 탑승했다. 보병과 기병, 말을 포함해 탑승 인원이 2만 7000명 이상이었다고 한다.

대선단을 지휘한 제독 정화鄭和(1371~1435)는 노련한 뱃사람일 뿐 아니라 적합한 사절이기도 했다. 정화의 조상 중에는 페르시아만 출신 사람들과 한 명의 무슬림이 있었다. 아랍어를 하는 다른 중국인들도 통역관으로 동행했다. 통역관 가운데 마환馬歡은 지금까지 남아 있는 견문기[『영애승람瀛涯勝覽』 — 옮긴이]에 여러 나라의 관습과 의복, 신념을 기술했다. 중국으로 귀환한 뒤 마환은 이국적인 사람들이 어떻게 생활하고 정화 선단의 웅장함과 각종 선물에 얼마나 경탄했는지 이야기하면서 여행을 다녔다.

중국 선단으로부터 호화로운 선물을 받은 통치자들은 이국적인 선물로 화답했다. 예컨대 스와힐리 지역의 도시 국가 말린디Malindi는 명나라 황제에게 기린을 한 마리 보냈는데, 이 진귀한 동물에 평소 침착한 궁정 관료들까지 깊은 관심을 보였다고 한

1414년 9월 20일 벵골 사절들이 사이프 알딘 함자 샤Saif Al-Din Hamzah Shah(재위 1410~1412) 왕의 이름으로 명나라 영락제에게 기린을 조공했다. 영락제는 서예가 심도沈度(1357~1434)에게 이 기린을 그리게 했다.

다. 그 기린을 묘사한 그림이 어느 중국 필사본의 여백에 아직까지 남아 있다. 정화의 선단은 세 차례 더 스와힐리 해안까지 항해했는데, 이런 접촉이 아프리카에서 중국산 자기와 비단에 대한 수요를 자극했던 것으로 보인다. 선단이 들른 다른 장소들에서도 중국과의 교역이 증가했던 것으로 보인다. 그러나 상업적 교환을 늘리는 것이 원정의 목표가 아니었기 때문에, 조정 관료들은 중국에서 열등하다고 여기는 사

네덜란드 동인도회사VOC 상징이 그려진 일본산 수출 도기.

람들과의 교류가 늘어난 것으로 과연 선단에 들인 막대한 비용을 정당화할 수 있느냐는 의문을 제기했다. 선단의 출항은 수년간 보류되었다가 1432~1433년 제7차 원정을 끝으로 중단되었다. 선단에 대한 관심이 되살아나지 않도록 막기 위함이었는지 원정 기록은 대부분 폐기되었다.

정화의 항해는 인도양의 전형적인 항해와 사뭇 달랐다. 인도양에서는 왕실이 외교적 목적을 위해 항해를 후원했던 것이 아니라 대부분의 경우 상인들이 상업적 목적을 위해 독립적인 항구 도시들 사이의 항해를 후원했다. 인도양의 각 지역에는 자체 상인 연맹이 있었고, 가장 부유한 항구들은 지역 간 경계에 자리하고 있었다. 욕구를 공유한 항구 관료층과 상인 연맹은 특정 상품을 그것이 풍부한 곳에서 부족한 곳으로 운반하고 비싼 값에 팔아 이윤을 남기려 했다. 그런가 하면 중국산 자기가 동아프리카로 대량 유입되었는데, 그 양이 얼마나 많았던지 오늘날 고고학자들이 깨진 자기 조각을 보고 각 유적의 연대를 추정할 수 있을 정도다. 17세기경 영국에 전해진 고급 자기 그릇은 그 이전에 페르시아와 인도에서 썼던 용어대로 그저 '차이나' 라고 불렸다. 본래 이런 유형의 사치품이 인도양 교역망의 대들보였지만, 1350년에서 1500년 사이에 (곡물 같은) 대량 상품의 수송도 중요해졌다.

인도양 교역은 아랍어로 계절을 뜻하는 예측 가능한 풍계風系인 계절풍monsoon의 덕을 보았다. 12월부터 3월까지 바람은 교역선이 인도에서 아라비아와 동아프리카를 향해 서쪽과 남쪽으로 나아갈 수 있도록 뒤에서 밀어주었다. 목적지에 도착한 상인들은 4월부터 8월까지 북동쪽으로 부는 습한 계절풍을 타고 귀환할 수 있다고 자신했다. 상인들은 두 가지 다목적 선박 설계에도 의존했다. 아라비아해의 전통적인 선박은 목재를 무거운 노끈으로 엮어 조립한 다우dhow선이었다. 인도 동쪽에서 가장 흔한 배는 본래 중국에서 무거운 가문비나무나 전나무 판재를 큰 쇠못으로 고정해 만든 정크선이었다. 대형 정크선은 방수 격벽, 10여 개의 대나무 돛, 수십 명의 승객을 위한 객실, 1000톤의 화물을 실을 공간을 갖추고 있었지만, 대다수 정크선은 훨씬 더 작았다. 15세기경에는 중국뿐 아니라 벵골과 동남아시아 등지의 조선소에서도 정크선을 건조했다.

지역별 교역망

인도양 교역의 분산적 성격을 이해하려면 지역별 교역망을 살펴보는 것이 중요하다. 중동을 중심으로 돌아간 첫째 교역망은, 비무슬림도 참여하긴 했지만, 여러 무슬림 전통의 상인들이 좌우했다. 아랍인과 페르시아인 상인들은 아라비아해를 동쪽의 인도, 남쪽의 동아프리카와 연결하는 해상 교역을 개척했다. 전략적 요충지에 자리한 항구들은 중계점 역할을 했다. 페르시아만 입구에 위치한 호르무즈를 비롯한 항구들은 인도를 오가는 교역을 처리했으며, 아라비아 남부에 위치한 아덴을 비롯한 항구들은 홍해와의 연계를 지배했다. 스와힐리 해안을 따라 늘어선 소도시들은 아프리카 요소, 아랍 요소, 페르시아 요소를 뒤섞었다. 스와힐리Swahili라는 이름은 '해안'을 의미하는 아랍어 사힐sahil의 복수형인 사와힐sawahil에서 유래했다. 이 해안 중앙에 자리한 몸바사 항이 스와힐리 도시 국가들 중 가장 컸지만, 교역망의 중심지는 남쪽의 섬에 정교하게 건설한 소도시 킬와Kilwa였다. 잠베지강 남쪽의 강력한 짐바브웨 제국이 통제한 내륙 금광들의 황금이 킬와로 들어왔기 때문이다. 이 제국의 수도 그레이트 짐바브웨는 78헥타르에 걸친 대형 석조 건축물들과 약 1만 8000명의 인구를 보유한, 이집트 남쪽에서 가장 인상적인 내륙 도시였다.

중동의 서쪽 가장자리 카이로와 베이루트의 상인들은 지중해 기독교도 상인들과의 연계를 유지했다. 종교적 대립보다 상호 이익을 중시한 도시 국가 베네치아와 제노바는 오래전부터 이 연계를 바탕으로 번영을 누리고 있었다. 이탈리아 북부 사람들은 알프스산맥을 가로질러 북대서양 연안의 저지대 국가들까지 닿는 교역로를 개척했고, 저지대 도시 브뤼헤와 헨트, 안트베르펜의 상인 공동체들은 북유럽을 누비고 다녔다. 콘스탄티노플이 오스만 제국에 함락된 뒤 베네치아는 바다와 육지를 통한 전략적 연계를 바탕으로 돈을 더 많이 벌어들였다. 15세기 중엽 대운하를 따라 상점이 줄지어 선 유명한 리알토Rialto 시장은 베네치아 상거래의 심장이었다. 베네치아의 이름난 상인이라면 누구나 리알토 시장에 상점과 안전한 창고, 간소한 침실을 가지고 있었다. 최상층 가문들은 서로 질세라 대운하 옆에 궁전처럼 으리으리한 저택을 지었다. 소박한 상점을 소유한 제노바와 피렌체의 상인들도 결국에는 우아한 저택을 지었다.

인도양 중부에서는 인도 아대륙의 상인 공동체들이 동쪽의 동남아시아와 동아시아로 향하는 교역뿐 아니라 서쪽의 중동으로 향하는 교역까지 처리했다. 인도 중서부 구자라트의 상인들은 오래전부터 중동과의 교역에서 중요한 역할을 했으며, 중동에서는 구자라트의 고급 가죽 제품, 면과 비단으로 만든 아름다운 카펫을 귀하게 여졌다. 1390년경 델리 술탄국으로부터 독립을 되찾은 이후 구자라트의 통치자들은 인접한 힌두교 국가들로 통제권을 확대했으며, 그 덕에 구자라트 상인들은 면직물과 인디고 염료 같은 귀중한 교역품에 더 쉽게 접근하고 중동 및 동아프리카와의 연계를 재건할 수 있었다. 인도 남부는 동쪽과 서쪽의 장소들 사이에서 구자라트와 비슷한 역할을 수행한, 상업 활동의 두번째 중심지였다. 남서부 말라바르 해안에 위치한 코친과 캘리컷을 위시한 항구들의 통치자들은 느슨한 내륙 공급망과 다양한 상인 공동체들을 통제했다. 아라비아와 페르시아에서 온 상인들이 가장 큰 공동체를 이루었지만, 중동 및 아프리카와 거래하는 유대인 공동체들도 오래전부터 자리잡고 있었다. 남동부 코로만델 해안의 다른 항구들은 동인도양 교역에 더 깊이 관여했고, 저 멀리 중국까지 이어지는 상업 연계를 가지고 있었다.

동인도양에서 남중국해로 가는 자연적 항로는 말레이반도와 수마트라섬 사이 말라카 해협을 지나는 것이었다. 1407년, 정화의 제1차 원정 선단은 귀환하는 길에 수마트라에 근거지를 두고 교역을 방해하던 해적의 소굴을 파괴했다. 뒤이은 권력 공백기 동안 말라카 해협에서 말레이반도에 위치한 새로운 항구가 두각을 나타냈다. 안전과 낮은 세율을 제공한 그 항구는 곧 동남아시아와 중국, 인도의 상인들을 끌어들였으며, 그들의 존재 덕에 말라카 해협은 중국과 인도의 각종 상품뿐 아니라 말루쿠 제도의 향신료, 버마의 루비와 사향과 주석, 수마트라의 황금까지 교역하기에 좋은 장소가 되었다. 1500년 직후에 방문한 사람에 따르면 말라카의 상인 공동체들은 84개 언어를 구사했다고 한다. 왁자지껄한 언어의 소란 속에서 말라카 관리 네 명이 질서를 유지했다. 한 명은 수많은 구자라트 상인들을 담당했고, 한 명은 나머지 인도와 버마 상인들을, 한 명은 동남아시아 상인들을, 나머지 한 명은 중국과 일본 상인들을 담당했다.

서양의 환경, 경제, 확장

흑사병과 정화의 항해에 뒤이은 세기에 유럽인은 명나라의 원정보다 규모는 더 작았지만 국제 연계를 확장한다는 점에서 더 중요했던 일련의 해양 원정에 나섰다. 그에 더해 유럽인은 의도치 않게 여러 전염병을 퍼뜨려 아메리카의 토착민 인구를 대부분 없애는 결과를 가져왔다(다음 절에서 논할 것이다). 겉보기에는 비슷할지 몰라도, 동양의 원정과 서양의 원정은 그 동기와 환경, 결과 면에서 본질적으로 달랐다.

기독교권 서양은 오래전부터 동양의 가장 부유한 지역과 간접적으로 연결되어 있었다. 앞서 말했듯이 베네치아와 제노바는 북아프리카와 중동의 무슬림 상인들을 통해 인도양으로 이어지는 교역 연계를 개척했다. 이탈리아 북부 상인들은 인도양에 더해 알프스를 넘어 네덜란드까지 교역 연계를 확대했으며, 한자 동맹Hanseatic League은 독일과 러시아의 지역들로 연계를 넓혔다. 14세기 중엽의 흑사병과 15세기 오스만 제국의 정복으로 인해 이런 연계가 헐거워졌지만, 위기가 지나간 뒤 상업망이 복구되었다. 그런 이유로 베네치아와 제노바의 대다수 상인들은 새로운 해로를 발견하는 데 관심을 두지 않았다. 설령 그들이 관심을 두었더라도 지중해의 갤리선은 대서양의 한층 사나운 풍랑에 적합하지 않았다.

새로운 해로를 찾을 동기는 오히려 남서유럽 이베리아반도의 왕국들에 있었다. 이탈리아보다 동양과의 상업 연계가 약했기 때문이다. 똑같이 중요한 사실은 이베리아의 기독교도들이 무슬림의 지배에서 벗어나고자 오랫동안 투쟁해온 터라 무슬림과 동맹을 맺는 방안을 꺼렸다는 것이다. 게다가 기독교의 영토를 수복하려는 십자군 운동을 계기로 확고부동한 반이슬람 정서가 뿌리내렸다. 1469년 결혼한 카스티야의 이사벨 여왕과 아라곤의 페르난도 왕은 이베리아에서 무슬림이 통치한 마지막 국가인 그라나다를 1492년에 무너뜨릴 때까지 십자군 전쟁을 멈추지 않았다. 한편, 포르투갈은 1250년 영토 수복을 완료한 이후 이슬람령 북아프리카로 십자군 운동을 확대했고, 모로코의 무슬림 왕국이 약해진 1415년에 부유한 항구 세우타를 정복할 수 있었다.

포르투갈 왕의 셋째 아들로서 세우타 공격을 지휘한 엔히크 왕자Prince Henrique(1394~1460)는, 이 항구가 부유한 이유는 사하라 사막을 가로질러 금을 들여오기 때문임을 분명 알고 있었을 것이다. 이후 엔히크는 아프리카 해안을 따라 남하하는 탐험을 후원하여 항해왕자라는 별명을 얻었는데, 여기에는 비상업적인 동기도 있었던 것으로 보인다. 당대의 기록들은 정화의 항해를 지원한 명나라의 동기와 비슷한 고상한 동기가 엔히크에게도 있었다고 전한다. 1460년 엔히크가 사망한 직후에 글을 쓴 그의 공식 전기작가는 왕자의 동기로 맨 먼저 북아프리카 너머에 무엇이 있을지 궁금해 하는 지적 호기심을 꼽았고, 그다음으로 개인적인 야망과 종교적 이유를 꼽았다. 전기작가에 따르면 엔히크는 북아프리카의 기존 기독교도들과 교분을 쌓고 아프리카인을 새로 개종시켜 이슬람의 패권에 대항하는 운동의 귀중한 동맹으로 삼으려 했다.

1420년 그리스도 기사단의 단장으로 임명된 엔히크는 기사단의 기금으로 자신의 식민화 계획에 자금을 댈 수 있었다. 포르투갈에서 무슬림을 몰아낸 공로로 광대한 토지를 받은 그리스도 기사단은 포르투갈이 발견한 새 땅이라면 어디에서든 기독교를 홍보하는 역할을 했다. 무장을 잘 갖춘 포르투갈 함선의 돛에 장식된 그리스도 기사단의 적색 십자군 십자가는 엔히크의 탐험에 여러 동기가 섞여 있었음을 시사한다. 장기 계획의 일부였든 아니었든, 엔히크는 아프리카 앞바다의 마데이라 제도를 비롯한 무인도들을 식민화함으로써 생전에 추가 수입을 얻었을 뿐 아니라 훗날 아프리카 해안을 따라 탐험하는 데 쓰일 전략적 거점까지 확보했다.

인도양의 잘 알려진 교역로를 따라 항해한 정화에 비해 포르투갈은 미지의 대서양을 탐험하느라 더 곤란을 겪었다. 중국 인구의 2퍼센트에도 못 미치는 인구를 보유한 포르투갈은 그만큼 가진 자원도 적었다. 그럼에도 포르투갈은 항해 기법과 지리 지식에서 전진을 이루어냈다. 초기의 비교적 짧은 항해에서 포르투갈은 캐러벨caravel이라고 알려진, 대형 삼각돛을 갖춘 조종하기 쉬운 범선을 사용했다. 엔히크 왕자가 사망할 때까지 포르투갈은 모로코 남쪽 해안을 따라 시에라리온까지 탐험했다. 뒤이어 적도를 가로지른 탐험가들은 북쪽 하늘의 익숙한 별자리에 의존하는 대신에 아스트롤라베astrolabe라는 천문 기구를 사용해 정오의 태양 고도를 측정하여 위도를 확인하는 법을 배웠다. 1488년 바르톨로메우 디아스Bartolomeu Dias가 이끈 원정대는 아프리카 남단을 돌아 인도양에 이르는 것이 비록 어렵기는 해도 가능하다는 것을 입증했다. 세심하게 준비를 마친 뒤 1497년 출항한 바스쿠 다가마Vasco da Gama의 새로운 원정대는 커다란 원호를 그리며 남대서양을 돌아 이듬해 마침내 인도에 도착했다.

다가마의 선단은 (정화의 제1차 원정에 참여한 대형 정크선 62척과 비교하면) 그리 크지 않은 배 네 척이 전부였지만, 인도까지 갔다가 돌아오는 장거리 항해를 무사히 마칠 수 있도록 공들여 건조한 선박들이었다. 거친 풍랑과 갑판 함포의 무게를 견딜 수 있도록 선체를 보강했고, 선박마다 여분으로 두 개의 돛과 다량의 삭구를 실었다. 선원에게 보급할 식수와 여타 식량은 매우 튼튼한 나무통에 저장했다. 그리고 아프리카 남단에서 식수와 신선육을 추가로 구했다. 그렇게 했음에도 1497년 12월 25일 선단이 인도양 해안(지금도 포르투갈어로 '크리스마스'를 뜻하는 나탈Natal이라 불리는 지역)에 도착했을 때 보급할 식수가 다시 부족하고 선원 다수가 비타민 C가 부족해 걸리는 괴혈병을 앓는 상태였다. 원정대는 두 달 동안 우호적인 아프리카인들로부터 식수와 채소, 비타민 C가 풍부한 감귤류를 구입해 문제를 완화했다. 그렇지만 나탈 북쪽 스와힐리 해안의 무슬림 통치자들은 십자군 십자가가 그려진 돛을 달고 있는 선단을 매우 미심쩍게 여겼다. 양쪽의 만남은 처음부터 난감했는데, 포르투갈측은 선물로 건넬 만한 것이 조잡한 옷감과 거친 옷밖에 없었던 반면에 스와힐리 통치자들은 맛있는 음식과 향신료를 환영 선물로 내놓았기 때문이다. 여하튼 운 좋게도 다가마는 구자라트인 도선사를 고용해 아라비아해부터 말라바르 해안의 캘리컷까지 안내를 받을 수 있었다. 1498년 5월 20일 밤, 리스본을 떠난 지 약 열 달 만에 선단은 캘리컷에 닻을 내렸다.

스와힐리 해안에서와 마찬가지로 캘리컷에서도 포르투갈 사람들은 문화적으로나 경제적으로나 현지인을 상대할 준비가 되어 있지 않았다. 여행을 많이 다닌 어느 무슬림은 그들에게 카스티야어로 인사를(또는 저주를) 건넸고, 나중에 다른 사람은 베네치아어로 말을 건넸다. 다가마는 힌두교도 통치자를 기독교도로 착각한 데 더해 몇 가지 문화적 결례를 범했다. 그중 최악은 평범하기 그지없는 교역품을 보란듯이 과시한 행동이었을 것이다. 캘리컷의 최고위 관료는 다가마가 통치자에게 전해달라며 내놓은 줄무늬 옷감 열두 개, 진홍색 모자 네 개, 세면기 여섯 개를 보고 코웃음을 쳤다. 다가마는 자신은 그저 탐험가이지 부유한 상인이 아니라고 항변했다. 그러자 관료는 무엇을 발견하기를 기대하며 여기까지 왔느냐고 물었다. "돌입니까 아니면 사람입니까?"

우여곡절과 일정 지연을 겪은 끝에 다가마는 1499년 7월 10일 가까스로 리스본으로 돌아왔다. 처음 출항한 지 2년 만이었다. 네 척이었던 선박이 두 척으로, 선원도 절반으로 줄어 있었다. 인도에서 가져온 '견본' 상품과 향신료 화물은 비록 양이 적긴 했지만, 동양이 실제로 부유하고 아프리카를 빙 도는 해로를 따라 갈 수 있는 곳임을 확인해주었다. 포르투갈 본국은 가난하고 여러 문화를 아우르는 교양이 부족했을지 몰라도 두 가지 뚜렷한 이점을 가지고 있었다. 하나는 함포의 군사적 우위였고, 다른 하나는 선단의 화물 적재 능력이었다. 그리고 포르투갈인들은 권력과 신앙을 확대하는 일에서는 충분히 무자비했다. 주요 교역로와 항구를 지배하기 위해 포르투갈인들이 쏟아부은 막대한 투자금은 그들이 상당한 수익을 기대했다는 것을 알려준다. 1505년 새 선박 80척에 선원 7000명이 탑승한 포르투갈 함대가 동아프리카 해안 소도시들을 포격해 폐허로 만들거나 복종을 받아냈다. 곧이어 함대는 고아

(1510년), 말라카(1511년), 페르시아만 어귀의 호르무즈(1515년) 등 인도양 세계의 주요 항구들을 침공해 지배권을 확립했다. 이렇게 교역의 종착점들을 통제함으로써 포르투갈은 몇 가지 교역로를 따라 항해하는 타국 상선들에게 '통행' 제도를 강요할 수 있었다. 인도 식민지의 새로운 수도 고아에서 그 명칭도 거창한 포르투갈 인도 총독은 무장을 잘 갖춘 함선들을 보내 정식 통행증이 없는 상선들을 가차없이 다루었다. 아시아와 아랍의 상인들이 바치는 통행료는 순찰선 비용을 충당하고도 남을 만큼 많았다. 그렇지만 포르투갈의 상업은 대부분 사적 개인들의 수중에 있었고, 현지 통치자들의 관용 혹은 보호와 토착 상인들의 협력에 의존했다.

지중해와 인도양의 시장 기반 교역 체계에는 국가의 후원을 받는 상업이 남아 있었다. 17세기에 네덜란드와 영국은 이 두 체계의 사이에 해당하는 접근법을 개척했다. 1600년 영국 동인도회사EIC가 출범했고, 1602년 출자를 더 많이 받은 네덜란드 동인도회사VOC가 발족했다. 두 회사는 각각 런던과 암스테르담의 증권 거래소에서 주식, 즉 향후 수익에서 일정한 몫을 받을 권리를 투자자들에게 판매해 운영 자금을 조달할 수 있었다. 두 신생 회사는 국가를 대신해 해외에서 교역을 하고 전쟁을 일으키고 조약을 체결하고 동맹을 맺을 독점권을 인정하는 정부의 특허장을 받았다. 프랑스도 자체 인도 회사를 설립했으나 자금 부족과 완강한 반대에 부딪혔고, 사업 규모가 더 작았으며, 해외 교역소의 수도 더 적었다. 영국과 네덜란드의 동인도회사를 본뜬 에스파냐와 포르투갈의 모험사업도 프랑스의 모험사업과 마찬가지였다.

네덜란드 동인도회사와 영국 동인도회사는 무력으로 거점을 확립하려 했지만, 그럼에도 현지 교역 파트너를 구하지 않을 수 없었다. 초기에 두 회사는 포르투갈의 근거지 고아의 동쪽에 본부를 설치했다. 네덜란드 동인도회사는 일정한 바람과 해류를 이용해 바타비아(오늘날의 자카르타)의 근거지까지 빠르게 가는 해로를 발견하여 상업적 이점을 누렸다. 그들은 유럽 경쟁자들을 공격한 데 더해 무력을 사용해 말루쿠 제도에 전략적 거점을 마련했다. 그리고 그 거점을 바탕으로 포르투갈의 향신료

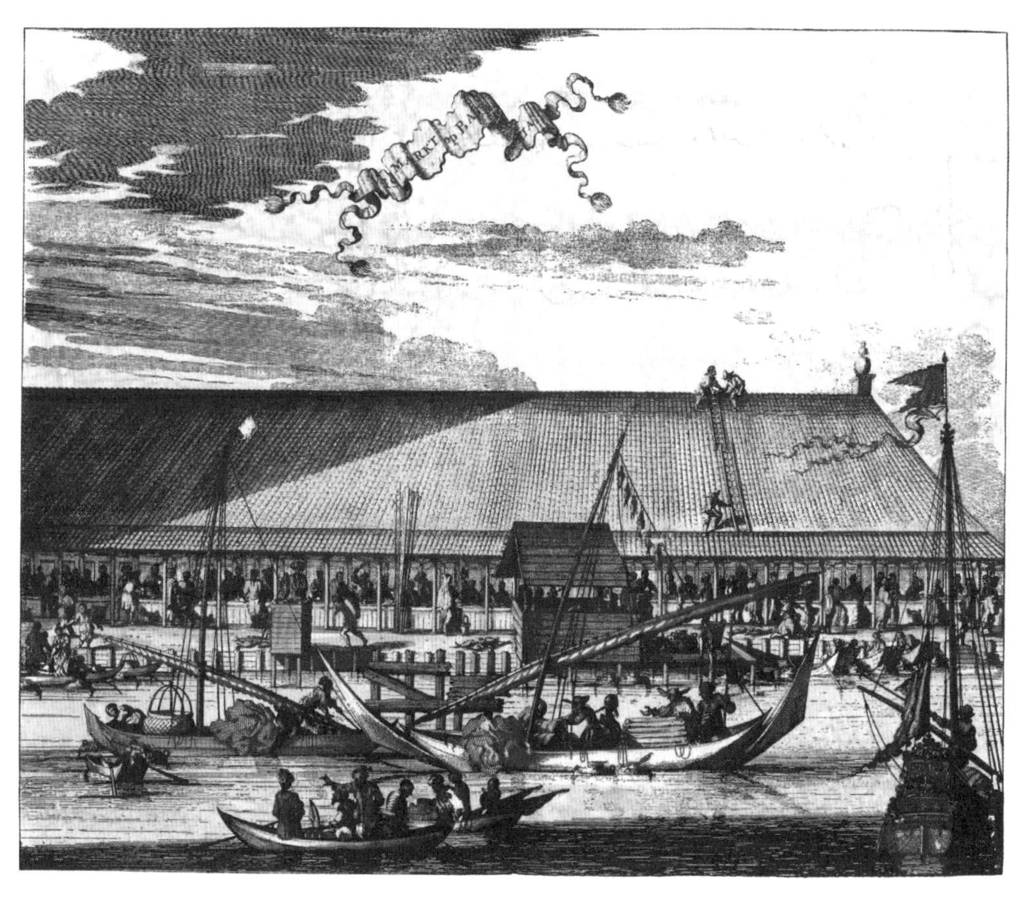

17세기 자바섬이 네덜란드의 식민지였던 시절 바타비아(오늘날의 자카르타)의 시장.

교역과 전략적 항구들을 빼앗아 17세기 중엽 말라카와 실론에 대한 통제권을 확보했다. 당시 향신료 교역은 큰 사업이었다. 1690년 네덜란드 동인도회사는 1년에 동양으로 교역선 200척을 보내고 3만 명을 고용하고 있었다. 한편, 영국 동인도회사는 1639년 인도 남동부 마드라스(오늘날의 첸나이)에 근거지를 마련했고, 30년 후 구자라트 남쪽 인도 서부 해안에 자리한 봄베이(오늘날의 뭄바이)에 다른 근거지를 확립했다. 두 곳 모두 무굴 제국 밖에 있었다. 몇 차례 불운한 사건을 겪은 뒤, 영국 동인도

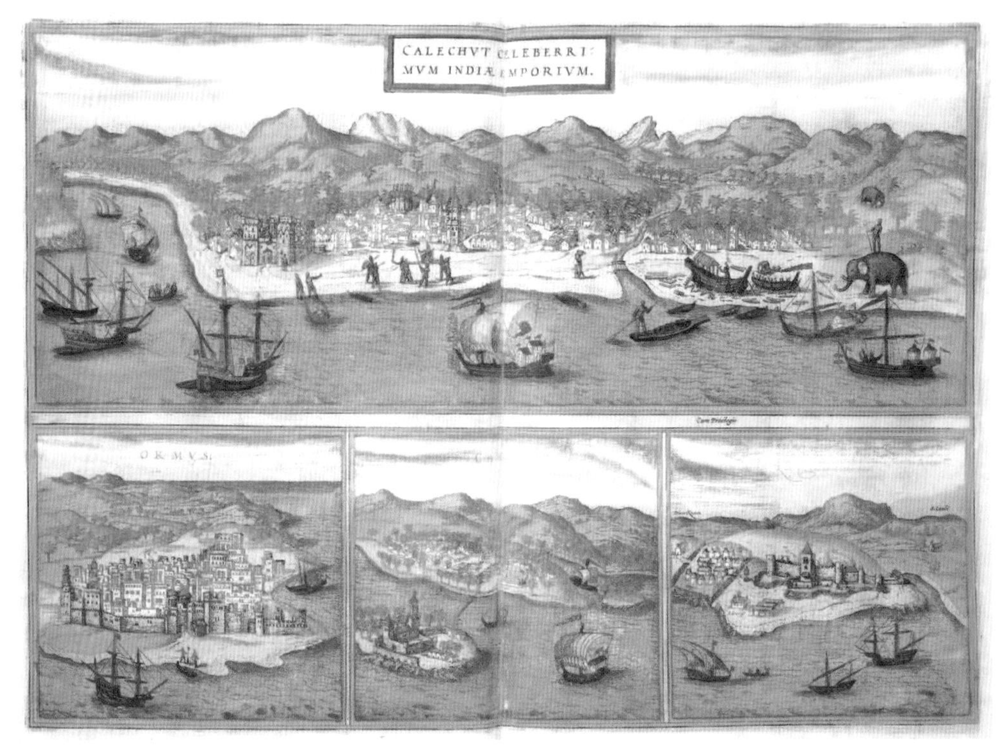

16세기 말라바르 해안의 주요 항구로서 '향신료의 도시'로 알려졌던 캘리컷(오늘날의 코지코드) 조망도. 인도와 유럽의 선박에 더해 길들여진 코끼리도 보인다. Georg Braun and Franz Hogenberg, *Civitates orbis terrarum*, Vol. 1(Cologne, 1572)에 수록된 작자 미상 포르투갈인의 그림.

회사는 마침내 1690년 무굴 제국이 통치하는 벵골의 캘커타(오늘날의 콜카타)에 요새를 건설할 수 있었다. 두 회사는 포르투갈에 맞서 우위를 점하기 위해 때로 협력했지만, 상업적 경쟁을 벌이다 무력 충돌을 빚기도 했다. 1652년부터 1784년까지 영국과 네덜란드가 네 차례 격렬한 전쟁을 치른 끝에 결국 영국 동인도회사가 우세를 점했다. 프랑스 동인도회사의 사업 확장은 7년 전쟁(1756~1763) 때문에 제한되었다.

전통적으로 역사가들은 아시아를 유럽과 아메리카의 시장에 직접 연결하는 대양 횡단 교역을 개척한 유럽의 역할에 초점을 맞추었다. 그러나 이 기간 동안 교역의 양

9세기 자바섬에 건설된 보로부두르 사원의 인도양 선박 부조.

으로 보나 가치로 보나 아시아 내부의 거래가 대륙 간 거래를 크게 웃돌았다. 유럽인들은 주로 아시아 내부의 가격 패턴에서 수익을 얻을 기회를 찾았다. 예컨대 은과 구리의 가격은 일본에서 상대적으로 저렴하고 중국에서 더 비쌌으며, 금의 가격은 인도에서 높았다. 유럽인들은 다른 상품을 운송하고 거래해서 얻은 수익을 정화正貨에 투자해 차익을 남길 수 있었다. 네덜란드 동인도회사에 1639년은 최고의 성공을 거둔 해였는데, 일본이 다른 유럽인들의 교역을 금지하고 네덜란드측에 일본산 은을 거래할 수 있는 특권을 주었기 때문이다. 아메리카의 정화, 특히 에스파냐가 멕시코와 페루에서 광업에 투자해 생산한 정화는 유럽인들이 중국과 인도에서 사업 자금을 조달하는 데 얼마간 도움이 되었다.

인도네시아의 향신료 시장. 인도양의 이런 향신료들이 수 세기 동안 거래되었다.

초기에 유럽인들은 향신료, 그중에서도 인도산 후추와 말루쿠 제도산 정향과 육두구, 메이스 같은 '고급 향신료'를 구했는데, 어느 정도는 유럽으로 수출하기 위해서였으나 주로 거대한 중국 시장에 판매하기 위해서였다. 이국적인 향신료를 수출했을 때 차익이 더 많이 남긴 했지만 유럽에서 민간 수요가 엄청나게 늘어난 상품은 아시아산 후추였다. 18세기의 첫 3분의 1 동안 해마다 약 340만 킬로그램의 후추가 유럽으로 수출될 정도였다. 그리고 뜻밖에도 다른 상품들이 후추보다도 더 중요해졌다. 17세기에 대서양으로 수출된 인도산 면직물의 가치는 향신료 교역의 가치를 넘어섰

〈동인도회사 선거船渠 조망도〉. 1808년 윌리엄 대니얼William Daniell. 런던에서 남쪽의 그리니치반도를 바라본 풍경으로, 오른쪽에 아일 오브 독스Isle of Dogs를 빙 돌아가는 강이 보인다.

다. 1670년대에 매년 100만 개 이상의 면포가 인도에서 유럽으로 쏟아져 들어왔다. 영국이 법을 제정해 국내 면직물 생산을 보호해야 할 만큼 많은 양이었다. 이 시점에 후추는 영국 동인도회사의 수출액에서 5분의 1을 차지했지만, 직물이 후추보다 세 배나 더 중요했다. 주로 중국에서 생산한 더 사치스러운 고가품인 견직물도 유럽으로 수출되었다. 18세기 중엽에는 아라비아 남부와 자바섬의 커피 원두, 특히 중국의 차茶가 유럽에서 불티나게 팔렸다. 차는 후추 또는 고급 향신료보다 두 배 더 가치 있는 상품이 되었고, 커피도 거의 차만큼이나 수익성이 좋았다. 차를 가리키는 중국 낱말(티tea, 차이chai)과 함께 차를 마시는 행위는 서양에서 관습이 되었다.

새로운 해로들이 열려 아시아산 상품들의 가격이 낮아지고 대서양으로 유입되는 양이 대폭 늘어나긴 했지만, 유럽인들이 이 교역을 완전히 통제했다고 생각하는 것은 잘못이다. 17세기 중엽부터 네덜란드 동인도회사가 오늘날 인도네시아의 상당 부분을 차츰 장악했고 한 세기 후에 영국 동인도회사가 인도의 일부에서 직접적인 통제권을 확대하긴 했지만, 핵심 보유지는 선거船渠와 창고, 유럽인 구역을 갖춘 작은 교역소였다. 유럽 상인들은 아무도 통제하지 못한 훨씬 더 큰 경제 체제의 참여자였다. 유럽인들에게는 이따금 폭력으로 얻는 단기 이익보다 현지 상인 및 제조업자와의 장기 동맹과 협력이 훨씬 더 중요했다. 유럽인들은 진취성을 인정받을 자격이 있지만, 아시아인과 아프리카인 협력자와 적의 역할에 주목해야만 더 복잡하고도 더 현실적인 이야기가 드러난다. 비유럽인 재배자, 제조업자, 교역상, 정치인은 제각기 주목받을 자격이 있다.

향신료와 직물을 비롯한 생산물을 거래하는 현장의 이면에는 숙련된 농민과 직인, 현지 상인이 있었다. 예를 들어 인도 등지의 재배자들은 1500년 이래 후추를 안정적으로 거래하는 데 없어서는 안 되는 존재였다. 이와 비슷하게 아시아의 다른 농민들은 고급 향신료의 공급자였고, 중국 농민들의 노동은 엄청난 차 교역의 기반이었다. 벵골과 남인도의 방적공과 직조공은 세계에서 가장 수요가 많은 고품질 면직물을 생산했다. 중국 직인들은 고대 실크로드 시절부터 줄곧 비단 생산을 지배했다. 13세기 베네치아 상인 마르코 폴로는 쿠빌라이 칸의 수도 바깥의 거대한 시장 하나에 연중 매일 수레 1000대 분량의 비단실이 들어온다고 기록했다. 포르투갈인들은 마카오에서 막대한 양의 비단을 구입했고, 중국 교역상들은 유럽 상사들과 그 밖의 많은 나라의 교역상들도 자주 찾아온 마닐라 및 말라카의 시장에서 더욱 많은 양을 구입했다.

인도양 항구 도시들은 유럽인을 동맹으로 삼을지 아니면 적으로 상대할지 결정해야 했으며, 대개 그 결정에 종교가 영향을 끼쳤다. 예컨대 스와힐리 해안의 중심부를 지배하던 두 경쟁 항구 가운데 몸바사는 앞서 말했듯이 바스쿠 다가마의 선단을 멀리한 반면, 더 작은 항구 말린디의 무슬림 통치자들은 다가마의 선단을 말라바르 해안까지 안내할 도선사를 제공했다. 이때 베푼 호의는 7년 후에 보답을 받았는데, 강

1649년 바타비아의 아시아와 유럽 선박들. 이 그림은 바타비아 앞바다에 닻을 내린 아시아와 네덜란드 선박들과, 칠리웅강을 통해 운송해온 상품을 싣고 있는 네덜란드 동인도회사의 무역선 한 척을 보여준다. 칠리웅강의 왼편에는 도시를 공격으로부터 보호한 바타비아 성이, 오른편에는 '서안 창고Westzijdsche Pakhuizen'가 있다.

력하게 무장한 포르투갈 함대가 스와힐리 해안을 따라 북상하던 중 몸바사만 포격하고 말린디는 공격하지 않은 것이다. 이와 비슷하게 으뜸가는 항구 도시 캘리컷의 힌두교도 통치자는 호전적인 포르투갈인과 무슬림 교역상 공동체가 반목하는 모습을 보고 포르투갈을 신뢰하지 않게 되었다. 그 이후 일련의 분쟁으로 캘리컷은 괴멸적인 타격을 입은 반면, 인근의 더 작은 경쟁 항구 도시 코친은 포르투갈과 동맹을 맺고서 세력을 키웠다. 유럽 세력이 정복한 다른 전략적 항구들의 경우, 아시아 교역상 공동체들은 대개 같은 지역의 다른 항구로 이동해 사업을 했다.

다른 전략은 협력과 회피를 혼합하는 것이었다. 중동과의 교역에 오랫동안 투자해온 구자라트의 대규모 공동체는 자신들의 최대 이익을 노련하게 방어했다. 그들은 포르투갈이 삼엄하게 순찰을 도는 해로에서는 보호비를 내고 안전을 보장받았지만 덜 위험한 해로에서는 보호비 지불을 피했다. 유럽인이 장악한 주요 항구들에서 전체 인구 중 다수를 차지했던 교역 공동체들도 자기 이익을 챙겼다. 1600년 페르시아만 입구의 호르무즈 항에서는 구자라트인 힌두교도, 자이나교도, 무슬림 인구의 비중이 가장 높았다. 명목상 '통치자'인 포르투갈인은 17퍼센트에 불과했다. 에스파냐의 본부가 있었던 필리핀 마닐라에서는 1600년 중국계 주민이 에스파냐인과 멕시코인을 8대 1로 압도했으며, 다른 항구들도 비슷한 비율을 보였다. 더욱이 유럽인 대다수는 독신 남성이었고 현지 주민 중에서 애인과 아내를 구했다. 포르투갈인은 아시아인 기독교도를 배우자로 선호했고, 네덜란드인은 대개 포르투갈 혈통이 절반 섞인 가톨릭교도를 배우자로 선택했다. 생물학적으로나 문화적으로나 유럽인과 현지인에 둘 다 연결된 이 새로운 통혼 공동체는 여러 언어를 유창하게 구사했고 상이한 문화들을 접목하는 데 능했다. 그들은 강력한 중재자였다.

1350년경 중국 남부 해안 도시 광주廣州의 상인 공동체는 중국의 대외 교역을 지배하고 있었다. 그 직후 명나라 태조 홍무제는 대외 교역을 조공 사절단과의 거래로 제한하고 중국 상인의 해외여행을 금했다. 그러자 복건福建 지역에서 민어閩語(또는 복건어)를 사용하는 상인들은 해외에 정착하는 추세를 보였다. 일찍이 자바섬 북부 해안과 수마트라섬에 초기 공동체가 형성되었다. 중국이 공식 제한 조치를 강제할 수 없다는 것이 입증됨에 따라 1600년경부터 마닐라와 바타비아뿐 아니라 일본 나가사키에서도 대규모 중국 상인 공동체가 출현했다. 현지의 문화적 특성을 곧잘 수용한 복건 상인 무리는 수마트라에서는 무슬림으로 묘사된 반면, 마닐라에서는 제법 규모가 있는 가톨릭교도 소수 집단으로 인식되었다. 1639년 일본에서 포루투갈인이 추방된 뒤 복건 상인은 네덜란드 상인과 마찬가지로 나가사키의 지정된 상관에서만 거래할 수 있었다. 서로에게서 이익을 얻은 아시아인과 유럽인은 자신들을 이어주는

인도 총독을 역임하던 고령의 바스쿠 다가마. 1565년경 『아브레우의 리수아르테의 책Livro de Lisuarte de Abreu』에 실린 초상화.

영국의 큐Kew 왕립 식물원에 있는 그레이트 파고다Great Pagoda. 1740년대에 중국까지 세 차례 항해하면서 현지에서 건축술을 공부한 윌리엄 체임버스William Chambers 경이 1762년 중국식 설계를 본떠 세운 50미터 높이 탑이다.

복건 상인을 중시했다. 물론 간혹 마닐라에서, 그리고 1740년 바타비아에서 중국인을 집단 학살한 경우는 예외였다.

아시아와 아프리카의 큰 국가들은 세입의 대부분을 토지세로 얻었기 때문에 대체로 교역을 경시했다는, 예전부터 서양 역사가들 사이에 흔했던 가정은 완전히 옳은 것이 아니다. 맘루크 통치자들이 포르투갈에 맞서 두 차례 함대를 파견한 까닭은 이집트의 교역을 중시했기 때문이다. 첫번째 함대는 구자라트 앞바다에서 굴욕적인 패배를 당했다. 두번째 함대는 방향을 돌려 예멘의 부유한 무역항들을 정복했는데, 아마도 포르투갈의 홍해 접근을 차단하기 위해서였을 것이다. 오스만 제국은 이 예멘 공격에 자극을 받아 1517년 이집트를 정복했던 것으로 보인다. 이집트를 차지한 오스만은 인도양 교역의 중요성과 대서양의 새로운 항로를 더 섬세하게 이해하게 되었다. 그리하여 이집트의 상인들에게 보호를 보장하는 한편 베네치아인을 비롯한 유럽인 상인들에게 카이로에서 향신료 교역이 신뢰할 만하게 지속될 것임을 약속했다. 그런 다음 1527년 예멘을 대부분 장악하여 포르투갈의 공격으로부터 홍해를 지켰고, 1534년 페르시아만 입구에 대한 통제권을 손에 넣었다. 뒤이어 인도양 도처에서 전투를 벌인 오스만과 포르투갈은 결국 1589년 스와힐리 해안의 몸바사에서 승패를 판가름했다. 오스만이 패했지만, 포르투갈의 권력도 네덜란드와 영국 동인도회사의 도전에 부딪혀 곧 기울었다.

반세기 후 오만 술탄국—제국이 되려는 야심을 품은 아랍 해양 국가—은 페르시아만에서 포르투갈을 내쫓았고, 스와힐리 해안의 포르투갈 전초 기지를 공격하여 1650년대에 커다란 잔지바르섬을 획득하고 1698년 결국 몸바사를 차지했다. 오만은 한동안 인도 직물과 아프리카 상아 및 노예를 거래해 높은 수익을 올렸다. 19세기 초에 새로운 술탄은 오만의 동아프리카 제국을 재건하고 잔지바르를 세계 최대 정향 생산지로 만들었다.

인도에서는 정치와 상업이 따로 전개되었다. 무굴 제국 통치자들은 대체로 유럽인에게 도전하는 일을 상인들에게 맡겼다. 무굴 황제들은 영국의 예술과 기술에는 어느 정도 관심이 있었지만 교역과 조약에는 거의 관심이 없었다. 무굴 관료들은 일찍이 영국 동인도회사에 구자라트의 분주한 항구 수라트에서 교역할 권리를 주었는데, 그곳에서 동인도회사는 거대한 구자라트 체계 안에서 사업하는 또하나의 교역 단위일 뿐이었다. 무굴 제국의 통제 밖에 있었던 인도 남동부 코로만델 해안의 현지 당국도 영국 동인도회사와 프랑스 동인도회사가 교역소를 개설하는 것을, 특히 전자가

마드라스에서 공장을 요새화하는 것을 허가했다. 갠지스강 어귀 근처의 현지 통치자들은 영국 동인도회사의 교역상이 마드라스에서 벵골 시장에 접근하는 것을 허용했으며, 결국 동인도회사는 1696년 캘커타에 또하나의 요새를 건설했다. 몇 년 후 동인도회사가 지나치게 활개를 치자 무굴 제국은 회사의 수라트 공장을 폐쇄하고 캘커타 교역소를 봉쇄함으로써 강화 협정을 받아들일 것을 강요했다. 그렇지만 제국의 권력이 이울고 다른 인도 국가들의 도전을 받음에 따라 무굴 통치자들은 동인도회사를 강력한 동맹으로 환영하는 쪽으로 기울어갔다. 19세기 초 동인도회사는 명목상 무굴 황제(사실상 회사에 종속된 처지였다)의 이름으로 동인도 전체를 통치했다.

중국 황제들의 대對유럽 관계는 두 차례 파견된 유럽 외교 사절단의 사례로 알 수 있듯이, 무굴 황제들의 대유럽 관계와 정반대였다. 1519년 첫번째 포르투갈 사절 토메 피르스Tomé Pires는 광주의 중국인들에게 좋은 인상을 주지 못했다. 그는 중국측에서 기대하던 외교 의례에 익숙하지 않았고, 궁정의 관습에 따라 예상 밖으로 몇 달간 기다려야 했다. 마침내 황제로부터 알현 허락을 받아 1521년 2월 북경에 들어간 피르스는 화기애애와는 거리가 먼 분위기에서 포르투갈이 말라카를 강탈했다는 말을 들었다(피르스는 말라카가 자신의 보호 아래 있다고 생각했다). 피르스와 그의 수행단은 해적으로 선고받고 투옥되었다가 결국 처형당하거나 질병으로 죽었다. 광주 당국은 1550년대 중반 포르투갈이 마카오에 근거지를 마련하는 것을 허용하지 않았지만, 명나라와 훗날 청나라의 황제들은 외국 교역상에 조금 관심을 보였다. 중국에 직접 접근할 수 없었던 영국과 네덜란드 동인도회사는 복건 교역상을 통해 동인도의 항구들에서 중국산 상품을 받았다. 18세기 말엽 네덜란드 동인도회사가 빈사 상태에 빠지고 차 교역이 갈수록 중요해지는 가운데, 영국은 중국과의 교역 상황을 개선하고자 큰 노력을 기울였다. 1792년 영국 정부는 통상 조약을 협상하고자 조지 매카트니George Macartney가 이끄는 사절단을 중국에 파견했다. 피르스보다 정보에 밝았던 매카트니는 중국에 '조공'할 1만 5000파운드를 동인도회사로부터 받았다. 청나라 건륭제乾隆帝는 영국 사절단을 홀대하지는 않았지만 새로운 교역항을 개방하거나 조약을 체결하는 것은 거절했다. 건륭제는 영국 조지 3세에게 보낸 칙유勅諭에서 매카트니의 '공손한 겸손'을 칭찬하면서도, 중국은 교역을 확대할 필요도 없고 영국 사절이 중국에 상주하는 것을 허용하지도 않겠다고 말했다. 그 칙유에는 "나는 이상하고 신기한 물건을 중시하지 않으니 당신 나라의 상품은 쓸모가 없소"라는 유명한 구절이 들어 있었다. 이 냉담한 답장은 실상과 달랐는데, 많은 중국인이 서양의 기술과 지식, 상품을 원했기 때문이다. 그후 수십 년간 중상주의 유럽과 제정 중국은 서로 동떨어진 세계로 지냈다.

대서양 세계의 인구와 식물, 플랜테이션

세계사가들은 1800년 이후 서양이 경제적·사회적으로 진보한 원인이 유럽 내부에 있다는 유럽중심주의적 가정에 도전해왔다. 케네스 포메란츠Kenneth Pomeranz 같은 역사가들은 농촌 중국인과 농촌 유럽인이 공히 간신히 생계를 꾸리고 자연적 원인이나(소빙하기 같은) 인공적 원인(삼림 벌채 같은)으로 발생한 생태 위기를 견디기 위해 분투하는 등 서로 공통점이 많았다고 논박해왔다. 포메란츠는 1800년 이후 유럽이 분기한 주된 원인은 국내가 아니라 해외에 있었다고 주장한다. 이 장에서 서술한 대로, 유럽은 아시아에서 은화를 유출하면서도 사업을 펼쳐 어느 정도 수익을 거두었다. 더 나아가 포메란츠는 서양의 분기가 아메리카에서 얻은 보너스 효과의 결과였다고 주장한다. 아메리카에 유럽인이 탐험할 광대한 영토가 있었거니와, 이내 대서양 경제가 대對아시아 교역보다도 중요해졌다는 것이다. 아메리카는 아시아 교역에 쓰일 은화와 중국산 차에 넣을 달콤한 설탕뿐 아니라, 감자와 담배 같은 귀중한 새 작물들과 유럽의 부족분을 채워줄 밀과 목재까지 제공했다. 이런 재해석은 비록 결정적으로 입증되지는 않았지만, 몇 가지 중요한 세계적 논제를 탐구하기에 유용한 얼개를 제공한다.

1400년 이후 유라시아 북부의 인구 밀도가 높은 지역들은 서로 겹치는 세 가지 사건을 겪었다. 첫째로 한랭기가 지속되고 악화되었고, 둘째로 아메리카에서 들여온 새로운 식용 작물들이 가장 가난한 사람들의 굶주림을 덜어주었으며, 셋째로 새로운 생산과 분배 체계 덕에 식량 공급이 대폭 늘어났다. 파괴적인 전쟁들에도 불구하고 유럽의 인구는 1400년에서 1800년 사이에 세 배로 늘었다. 같은 기간 중국의 인구는 네 배 이상 늘었다. 인구 증가는 사회적 불평등과 환경에 가하는 중압을 가릴 수도 있으므로 반드시 번영의 징후인 것은 아니지만, 그래도 인구 감소보다는 희망적인 지표다.

기온은 1200년경부터 전 세계적으로 내려가기 시작해 계속 떨어지다가 17세기에 새로운 저점으로 급락했다. 1600년 유라시아 북부는 두 세기 만에 가장 추운 여름을 경험했는데, 안데스의 후아이나푸티나산이 대분화를 하며 뿜어낸 잿빛 화산재가 고층대기까지 올라가 세계의 대부분에서 햇빛을 차단한 것이 주된 원인이었다. 17세기 동안 다른 화산 분출 사건들도 또다른 네 차례 한랭기를 촉발하는 데 일조했다. 크게 감소한 태양의 흑점 활동도 기온 강하의 한 원인이었다. 뉴질랜드부터 알프스까지 세계 곳곳의 빙하는 갈수록 커졌다. 식물의 생장철이 몇 주 늦게 시작하고 일찍 끝나는 바람에 농지에서는 작물이 채 익지 못하고 죽어갔다. 여름이 짧아질수록 겨울은 더 길어지고 매서워졌다. 보통 거의 연중 내내 항해할 수 있었던 강과 운하는 몇 주간 얼어붙어 바지선을 통한 곡물 운송을 방해했다. 발트해와 북해 주변 에스토니아를 비롯한 지역들에서는 인구의 4분의 1에서 3분의 1이 1690년대 중반의 한랭기에 굶주렸을 것이다. 기후 변화 때문인지 아니면 다른 원인들 때문인지 확실하지는 않지만 중국에서도 기근이 발생했다.

농업 산출량이 이미 압박받던 상황에서 이 소빙하기는 심각한 위협이었다. 농업 생산성은 낮은 수준이었는데, 축력과 기계의 사용이 제한되고 종자를 개량하지 못하고 지력이 고갈되었기 때문이다. 오래전부터 유럽인은 토지의 비옥도를 다시 높이기 위해 2년이나 3년에 한 번씩 경지를 놀리는 휴경을 해오고 있었지만, 그 탓에 생산성이 더 낮아졌다. 또다른 문제는 많은 지주가 현지에서 소비할 작물이 아니라 먼 시장에 판매해 수익을 올릴 수 있는 동식물을 길렀다는 것이다. 예컨대 16세기 에스파냐의 지주들은 작물을 재배하는 대신 양을 기른 다음 양모를 네덜란드로 운송해 모직물로 가공했는데, 그 바람에 일자리가 부족한 에스파냐 시골 빈민들이 더 가난해졌다. 연 2회 여름 목초지와 겨울 목초지 사이를 오가는 양 떼는 도중에 소농의 작물을 짓밟고 토양 침식을 불러왔다. 17세기 발트해 동부의 평원에서는 또다른 종류의 변화가 일어났다. 참혹한 전쟁으로 인구 감소에 직면한 영주들은 시골 빈민들을 농노로 전락시키고 그들에게 고향 영지를 떠나지 못하도록 강요했다. 아이러니하게도 발트해 동부는 종전까지 농노제가 거의 없던 지역이었다. 농노들은 밀 재배에 투입되었고, 그들이 기른 밀은 서유럽으로 수출되었다. 그 덕에 네덜란드에서는 식량 부족이 완화되었지만, 발트해 동부에서는 빈곤이 심화되었다. 농노제와 유사한 체제가 확산된 러시아에서도 빈곤이 악화되었다. 중국의 경우 유럽과 비교해 대체로 농업은 더 효율적이었지만 농지는 더 작았다.

이런 상황에서 아메리카에서 들어온 새로운 식물들이 굶주림을 다소 막아주었다. 중부 유럽과 아일랜드의 빈민들은 곡물 대신 감자를 먹기 시작했다. 이탈리아에서는 옥수수 가루polenta가 시골 빈민들의 주식이 되었다. 중국은 이미 수확량이 많은 벼를 대량 생산하고 있었던 터라 벼를 기를 수 없는 고지에서만 감자를 채택했다. 일부 중국인은 아메리카에서 들여온 고구마와 옥수수도 재배하기 시작했다.

또다른 순조로운 추세로는 노동력 재분배, 토지 개간, 생산성 향상이 있었다. 17세기와 18세기에 중국 정부는 적어도 1000만 명의 농민을 인구가 과밀한 지역들에서 인구가 부족하거나 전쟁으로 인구가 감소한 지역들에 재정착시켰다. 유럽에서는 그

〈눈 속의 사냥꾼들〉. 피터르 브뤼헐Pieter Bruegel의 1565년 작. 브뤼헐이 그린 몇 점의 겨울 풍경화 중 가장 유명한 그림이다. 소빙하기 동안 유달리 매서운 겨울이 지난 뒤인 1565년에 겨울 풍경화를 그렸을 것으로 추정된다.

런 재정착이 실행되지 않았다. 네덜란드 공학자들은 오히려 정반대 전략을 채택했다. 다시 말해 자국에서 인구 밀도가 높은 지역들 내에서 또는 그 인근에서 새로운 토지를 개간했다. 1540년에서 1715년 사이에 바다에서 제방을 축조하고 해수를 퍼내 거의 1500제곱킬로미터를 육지로 간척하고, 여러 호수에서도 물을 빼내 또다른 1850제곱킬로미터를 토지로 조성했다. 18세기에 영국의 일부 부유한 지주들은 네덜란드 공학자들을 고용해 습지대에서 물을 빼내고 농지로 만들었다. 훗날(대부분 1815년 이후) 그들은 공유지에 울타리를 두르는 등 더 나은 농법을 사용해 작물 수확량을 늘렸다.

18세기 유럽과 중국의 증가하는 인구는 토지뿐 아니라 삼림에도 중압을 가했다. 삼림 벌채의 한 가지 원인은 요리와 난방용 연료에 대한 가정의 수요였지만, 철 용해에 쓰는 장작과 선박 건조에 쓰는 목재에 대한 높은 수요가 더욱 큰 원인이었다. 18세기 말 영국의 국토 가운데 삼림지는 채 10퍼센트도 되지 않았으며, 그 결과 영국 제철소들은 목탄보다 (석탄을 가공해 얻는) 코크스로 철을 만드는 방법에 의존해야 했다. 프랑스의 상황은 영국보다 나았지만, 1800년경에는 스웨덴과 러시아에서마저 목재 부족 현상이 뚜렷해졌다. 중국의 삼림 벌채는 전반적으로 덜 심각했는데, 제철소들이 영국보다 훨씬 더 일찍 코크스에 의존해야 했고 농민층이 유럽인보다 요리와 난방에 나무를 더 효율적으로 사용했기 때문이다. 그럼에도 중국 내 인구가 많은 지역들에서는 삼림 파괴로 인해 심각한 범람이 발생하고 북중국과 남중국을 잇는 대운하에 토사가 퇴적되었다.

유라시아 북부와 비교해 아메리카에서는 농업과 생태가 훨씬 더 혁명적으로 변형되었다. 1490년대 초에 포르투갈인이 인도양을 탐색하자 그에 자극받은 에스파냐의 두 군주[이사벨 여왕과 페르난도 왕—옮긴이]는 서쪽으로 대서양을 가로질러 아시아까지 항해하는 새로운 해로를 개척하려 시도했다. 이 해로가 동양으로 가는 더 짧은 경로라는 제노바 사람 크리스토퍼 콜럼버스의 생각은 지구의 크기에 대한 터무니없는 오판에 근거한 것이었지만, 여하튼 그는 1492년 어찌어찌 서인도 제도에 당도했다. 이는 장차 끔찍하고 중대한 결과를 불러올 사건이었다. 콜럼버스는 부를 얻을 약간의 전망을 품고 돌아갔지만, 거의 즉시 질병들이 서인도 제도의 토착민을, 곧이어 아메리카 본토의 토착민을 대량 살육하기 시작했다. 얼마나 많이 죽었는지 말할 수는 없지만, 수많은 사람들이 삽시간에 죽어나갔다. 토착민 공동체가 급감함에 따라 '과부가 된 땅'에 해외에서 이주해온 사람들이 다시 정착했는데, 이는 역사상 전례가 없는 일이었다. 재정착한 토지의 일부에는 노예에 기반하는 엄청난 규모의 플랜테이션이 들어섰다. 이런 인구 이동과 토지 개발에 투자한 사람들은 흥성하는 대서양 횡단 교역에서 수익을 거두었다.

유럽인과 접촉하고 처음 50년간 카리브해, 멕시코, 페루에서 인구가 비극적으로 급감한 것은 더 긴 과정의 첫 단계였다. 그다음 100년간 유럽에서 두창과 홍역, 인플루엔자 같은 전염병이 들어온 데 더해 아프리카에서 말라리아와 황열병까지 유입됨에 따라 바이러스성 질병들이 아메리카 인디언 공동체의 50~90퍼센트를 앗아갔다. 아메리카 인디언 인구는 감염 저항력을 갖춘 뒤에야 다시 증가하기 시작했고, 과거에 인구 밀도가 가장 높았던 멕시코와 페루에서 가장 크게 증가했다. 유럽인 가운데 대서양을 건너 이주한 사람들은 새로운 환경에 적응하느라 대가를 치러야 했고, 나머지는 고국을 떠나기를 꺼렸다. 그 결과 아메리카 인디언은 18세기 중엽까지 아메리카 전체에서 다수를 차지했다. 19세기 들어 한참 후까지도 아메리카로 이주한 유럽인의 수는 노예가 되어 강제로 끌려온 아프리카인의 수보다 적었다.

인구 변화는 이른바 '콜럼버스의 교환'의 한 부분일 뿐이었다. 말, 소, 돼지, 양, 염소 같은 크고 작은 사족동물들도 아메리카에 새로 유입되었다. 그렇게 들어온 동물들은 자주 야생으로 도망쳤고, 먹이가 풍부하고 포식 동물이 적은 환경에서 빠르게 증식했다. 야생에서 다시 가축화한 대형 동물은 등에 타고 다니거나 바퀴 달린 수송 수단을 끌게 할 수 있었고, 소형 동물은 식량과 가죽을 제공했다. 이 동물들에 힘입어 아메리카 인디언 중 일부는 새로운 생활 방식을 개척했는데, 가장 극적인 예는 북아메리카 대평원에서 말을 타고 질주한 인디언이었다. 새로운 식물들도 양방향으로 대서양을 횡단했다. 옥수수, 감자, 토마토, 고구마, 카사바, 호박, 콩 같은 아메리카 재배종들은 세계로 퍼져나가 유럽, 아시아, 아프리카의 일부에 엄청난 영향을 주었다. 아메리카에 도입된 아프리카 작물들(바나나, 몇몇 곡물, 오크라, 동부 등)은 이 장에서 다루는 기간 동안 그리 크지 않은 영향을 끼쳤다. 에스파냐인이 도입한 밀과 포도, 올리브도 큰 변화를 만들어내기까지 아주 오랜 시간이 걸렸다. 그렇지만 1800년 이

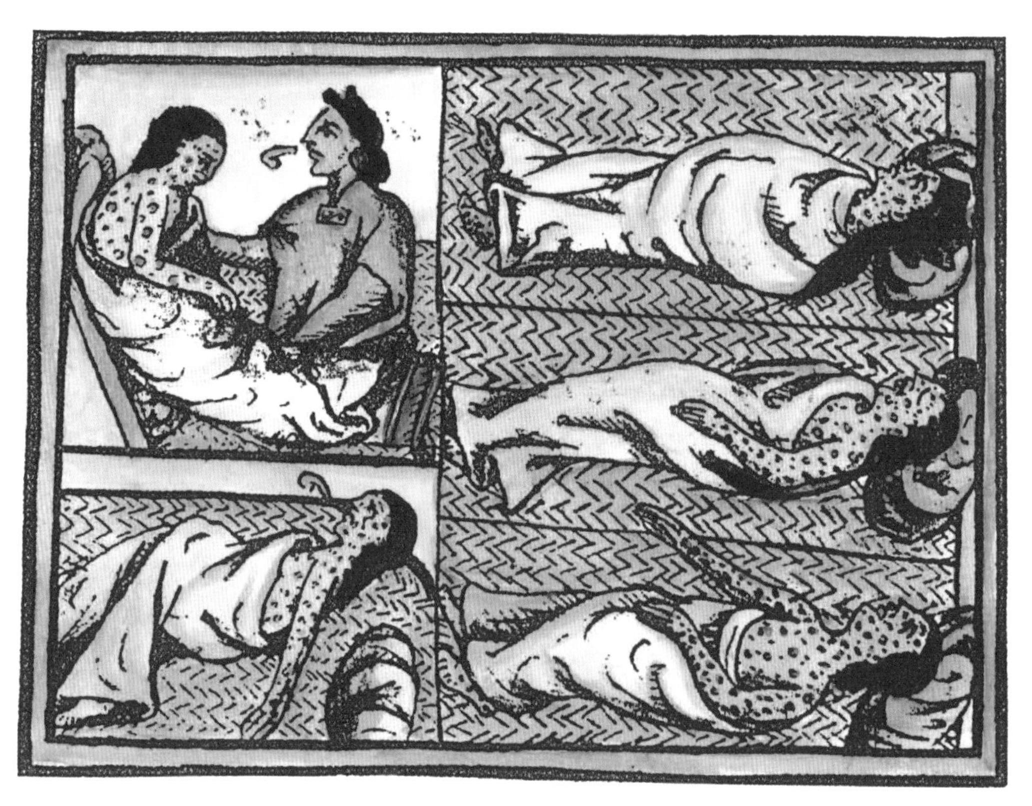

프란체스코회 수사 베르나르디노 데 사아군Bernardino de Sahagún이 아스텍족과 나우아족의 역사에 관한 자료와 정보를 모아놓은 16세기 개설서 『피렌체 코덱스The Florentine Codex』에 실린 삽화로, 두창에 감염된 나누아족을 보여준다. 삽화에 붙은 나우아틀어 설명 글은 다음과 같다. "(…) [질병은] 엄청난 황폐화를 초래했다. 아주 많은 사람들이 병에 걸려 죽었다. 그들은 더이상 걸어 다니지 못하고 거처와 침소에 누워 있었다. (…) 그리고 움직일 때면 고함을 질렀다. 사람들을 뒤덮은 농포는 엄청난 고통을 초래했다. (…) 기근이 횡행했고, 아무도 더는 타인을 돌보지 않았다." 영어 번역은 Lockhart J., *We People Here: Nahuatl Accounts of the Conquest of Mexico* (Berkeley: University of California Press, 1993), 181-5.

전 설탕의 확산은 아메리카와 대서양 주변에서 중대한 변화를 가져왔다.

국내의 경기 침체에도 불구하고 19세기 이전 아메리카로 이주한 유럽인은 비교적 적었다. 정부의 규제가, 아울러 대서양을 건너는 데 따르는 위험과 비용이 이주를 가로막았다. 이주하려는 사람들은 유럽의 도시들에 더 끌렸고, 과감히 해외로 나가려는 사람들은 대개 아메리카보다 아시아와 아프리카에 더 매력적인 기회가 있다고 보았다. 1760년까지 이베리아반도에서 약 120만 명, 네덜란드에서 3만 명이 아메리카로 이주했지만, 인구가 많은 프랑스에서는 겨우 5만 4000여 명만 이주했다(대부분이 남성이었다). 종교적 동기는 몇 가지 예외를 낳았다. 유대인은 이베리아의 두 왕국에서 박해를 피해 유럽의 다른 지역들뿐 아니라 아프리카와 아메리카로도 이주했다. 칼뱅파 개신교도도 남녀를 가리지 않고 새로운 고향을 찾아 나섰다. 프랑스의 위그노는 런던뿐 아니라 케이프타운과 찰스턴(사우스캐롤라이나)으로도 갔다. 영국 순교자와 청교도는 플리머스와 보스턴으로 갔다. 18세기 동안 서유럽의 다른 지역들과 비교해 영국 출신 이주자는 수도 더 많아졌고 성비도 더 균형 잡혀 있었다. 그럼에도 1630년대에 이른바 '대이주'를 통해 뉴잉글랜드로 이주한 영국인은 아마 3만 명을 넘지 않았을 것이다. 17세기에 아마도 50만 명이 영국 제도를 떠났을 것이고, 그중 대부분이 항해 비용을 지불하기 위해 먼저 정착한 사람 밑에서 네다섯 해 동안 노역하는 연한노동 계약을 체결했다. 이 사실은 일찍이 플랜테이션 체제가 발전하고 있었던 영국령 서인도 제도로 약 20만 명, 체서피크 식민지들로 12만 명이 이주한 반면에 뉴잉글랜드와 대서양 중부 식민지들로 불과 8만여 명만 이주한 이유를 설명해준다. 그러나 1815년까지 아메리카로 건너간 유럽인 250만 명은 아메리카 대륙의 어마어마한 크기에 비하면 적은 수였다.

이 기간에 노예가 되어 아메리카로 끌려온 아프리카인은 신대륙으로 건너간 유럽인보다 네 배 많았다. 아메리카에 새로 도착한 사람들 중 아프리카인의 비중은 1580~1700년에 이미 60퍼센트 이상이었고, 1701~1820년에 80퍼센트 이상으로 올라갔다. 아프리카인 노동자를 대규모로 배치하는 것은 노동 문제에 대한 첫번째 해결책이 아니었다. 에스파냐는 높은 고도에 익숙한 아메리카 인디언을 노예로 만들어 안데스의 은광에 투입하는 방안을 선택했다. 포르투갈도 초기에 노예화된 아메리카 인디언을 동원해 사탕수수를 재배했고, 영국은 연한노동 계약을 맺은 자국민을 동원해 서인도 제도에서 담배를 재배했다. 아메리카에서는 노동력 수요량이 공급량을 넘어선 후에야 아프리카인 노예 수입에 의존하기 시작했고, 그마저도 비용을 충분히 부담할 수 있는 수익성 좋은 사업에만 아프리카인 노예를 투입했다. 1600년 이전에 에스파냐는 짐마차 운송업과 포토시 광산에서 토착민 노동자를 대체하거나 보완하기 위해 아프리카인 노예를 데려왔다. 포르투갈은 브라질에서 노예화된 인디언이 높은 사망률을 보이자 하는 수 없이 설탕 플랜테이션을 확장하기 위해 아프리카인 노동력에 의존하게 되었다. 이와 비슷하게 영국령 서인도 제도 식민지들은 연한 계약을 맺은 하인을 충분히 구할 수 없게 되자 비용이 두 배로 드는 아프리카인에게 의존하기 시작했고, 재배 작물을 담배에서 수익이 더 많이 나는 사탕수수로 바꾸었다. 다른 식민지들도 이 선례를 따랐다. 사탕수수 재배를 비롯한 사업들을 위한 노예 무역의 규모는 1601~1625년 27만 5000명(연간 1만 1000명)에서 1790~1815년 175만 명(연간 7만 명)으로 증대했다. 아프리카인 수백만 명을 대서양 건너편으로 실어 나른 것은 당시까지 사상 최대 규모의 이주였다.

이미 말했듯이, 아프리카인 노예를 대규모로 사용한 것은 비용이 적게 들었기 때문이 아니다. 아프리카에서 노예를 구입해 실어오는 데에는 돈이 많이 들었다. 플랜테이션 체제가 확산됨에 따라 노예의 값은 올라갔는데, 어느 정도는 식민지에서 노예 수요가 많았기 때문이고, 어느 정도는 아프리카에서 노예를 구입하는 비용 역시 증가했기 때문이다. 일례로 자메이카에서 노예 가격은 1700년 25파운드에서 18세기 중엽 35파운드—영국 병사의 연봉의 네 배, 잉글랜드의 유복한 주택에서 일하는 여성 하인의 연간 급여의 다섯 배 이상—로 올랐다. 18세기 말 서인도 제도에서 새로운 노예의 가격은 50파운드에 달했다. 노예 신분이 세습된다고 해서 서인도 제도와 브라질의 설탕 플랜테이션 농장주들이 크게 이득을 보았던 것도 아니다. 일례로 자메이카의 플랜테이션 농장주 에드워드 롱Edward Long은 1779년에서 1785년 사이에 자기 노예들의 사망률이 출생률의 거의 두 배라고 기록했다. 노동력을 유지하기 위해 롱은 새로운 노예를 구입하는 데 거액을 써야 했다. 이렇게 사망률이 높았던 까닭

안티구아섬에서 사탕수수를 수확하는 노예들. 〈델랍의 농장에서 사탕수수 베기〉. 한 무리의 남녀 노예가 사탕수수를 베고 한 명의 흑인이 그들을 감독하고 있다. 말을 탄 사람은 백인 관리자/감독자다. William Clark, *Ten Views in the Island of Antigua*, London, 1823에 실린 클라크의 그림 열 점을 전문 판화가들이 판화로 바꾸었다. 아마도 안티구아 플랜테이션의 관리자 혹은 감독자였을 테지만, 윌리엄 클라크에 관해 알려진 것은 거의 없다.

에 18세기 내내 서인도 제도의 노예들은 대부분 아프리카 태생이었다. 기후가 더 온화하고 건강에 좋은 북아메리카의 일부 지역들에서만 아메리카 태생 노예가 다수를 이루었다. 플랜테이션 농장주들에게는 다행스럽게도 설탕 가격 상승이 노예 노동력의 고비용을 상쇄해주었다.

아프리카인 노예들에게 비용이 많이 들긴 했지만, 오래전부터 그들을 설탕 플랜테이션에 투입한 역사적 선례가 있었다. 아프리카인 노예를 사용한 최초의 설탕 플랜테이션은 아랍인이 통제한 지중해의 섬들에 있었다. 15세기에 포르투갈은 이 플랜테이션을 아프리카의 대서양 해안을 따라 남하하던 중 발견한 섬들, 즉 카나리아 제도, 카보베르데 제도, 그리고 훗날 적도의 상투메에 도입했다. 이들 섬은 16세기 초에 한동안 유럽 최대 설탕 공급처 역할을 했다. 결국 포르투갈은 아프리카인 노예와 설탕 플랜테이션을 브라질에 도입했고, 1600년 이후 브라질은 세계 최대 설탕 공급처가 되었다. 네덜란드 선박은 브라질에서 유럽으로 설탕을 수송하는 사업을 지배했으며, 몇몇 네덜란드인은 브라질 설탕 플랜테이션에 투자했다. 17세기 초 왕위 계승의 결과로 네덜란드와 포르투갈 모두 에스파냐 국왕의 통치를 받게 되면서 플랜테이션은 새로운 방향으로 움직이기 시작했다. 에스파냐의 부담스러운 통치에서 벗어나고자 투쟁하는 가운데, 네덜란드는 서인도회사West India Company에 특허장을 교부해 서인도 제도와 서아프리카에서 네덜란드의 교역을 독점할 권리뿐 아니라 허드슨 강변에 뉴네덜란드 식민지를 건설할 권리까지 주었다. 서인도회사는 브라질에서 포루투갈의 설탕 플랜테이션들을 빼앗는 데에도 성공했다. 1640년 포르투갈이 에스파냐로부터 독립을 되찾은 이후 브라질에서 쫓겨난 네덜란드 농장주들은 서인도 제도에 설탕 플랜테이션을 도입해 대성공을 거두었다. 설탕 덕분에 카리브해는 브라질에 이어 두번째로 큰 노예 시장과 아메리카에서 가장 부유한 경제가 되었다.

설탕을 재배하면서 서인도 제도의 경제는 빠르게 탈바꿈했다. 1640년에서 1680년 사이에 영국 식민지 바베이도스에서는 주요 인구 집단이 유럽인 담배 재배자들에서 아프리카인 설탕 재배자들로 바뀌었고, 그 과정에서 아메리카의 영국 식민지 가운데 가장 부유하고 인구가 많은 식민지가 되었다. 18세기 동안 영국의 설탕 소비량(대부분 중국산 차에 넣어 소비했다)은 1인당 4파운드에서 18파운드로 증가했다. 영국은 작은 섬나라여서 증가하는 설탕 수요를 충족시킬 만한 땅이 없었던 까닭에 1655년 에스파냐로부터 큰 섬 자메이카를 강탈했다. 1700년까지 토지와 기계, 노예에 막대한 투자가 이루어진 데 힘입어 자메이카가 바베이도스를 앞질렀다. 그후 일찍이 에스파냐로부터 빼앗은 프랑스 식민지 생도맹그가 1791~1804년 대규모 노예 반란이 일어나 플랜테이션 단지가 파괴되기 전까지 설탕 생산에서 선두를 달렸다.

네덜란드가 도입한 이후 담배는 브라질에서 (설탕 다음으로) 두번째로 중요한 수출품이 되었다. 1612년부터 영국령 식민지 버지니아도 유럽과 여타 지역들에서 증가하는 담배 수요를 채워주었다. 그 밖에 열대에서 재배한 다른 수출 작물로는 인디고와 벼가 있었다. 북아메리카는 유럽에 모피와 목재를 수출하는 주요 공급처가 되었다. 뉴잉글랜드 식민지들도 영국령 서인도 제도에 식량과 목재를 공급했다.

이 모든 아메리카산 수출품은 밖에서 들어오는 수입품과 균형을 이루었다. 인도양과 중국에서와 달리, 아메리카에서는 유럽산 제조품이 상당히 중요했다. 17세기에는 네덜란드 상품이 우세했지만, 1670년 이후 프랑스와 영국의 상품과 해상 운송이 빠르게 성장했고, 1750년 이후로는 영국이 압도적인 우위를 점했다. 1815년 서인도 제도는 직물과 자기를 수출한 아시아 시장과 더불어 영英 제국에서 가장 중요한 수출용 시장이었다. 당시 영국령 인도가 캐나다보다 조금 더 작은 시장이었다는 것은 주목할 만한 사실이다.

대서양 경제에서 아프리카의 역할은 노예 노동의 공급처를 훌쩍 넘어섰다. 국제무역에 전반적으로 관여한 아프리카의 경험은 아메리카의 경험보다는 아시아의 경험에 훨씬 더 가까웠다. 아시아인과 마찬가지로 아프리카인은 오래전부터 (대체로 무슬림 중개인을 통해) 외부 세계와 시장 중심 거래를 해오고 있었고, 유리한 입장에서 새로 찾아온 유럽인과 교류했다. 아메리카와 달리 아프리카는 유럽 및 아시아와 같은 질병들을 공유했던 터라 유럽인과 새로 접촉하고도 인구 붕괴를 겪지 않았다. 이 시기 아프리카에서 식민지 정복은 거의 없었다.

사하라 이남 아프리카인은 오래전부터 대서양과 인도양에서 교역해온 이유와 거의 같은 이유로, 즉 매력적인 가격에 원하는 상품을 구하기 위해 유럽인과의 대서양 교역에 참여했다. 광범한 상업망 덕에 유럽은 아시아와 유럽산 직물, 브라질산 담배, 서인도산 설탕으로 만든 럼주를 포함해 다양한 상품을 아프리카에 공급할 수 있었다. 아프리카에서 수요가 가장 많았던 상품은 매우 다양한 디자인과 소재로 만든 직물이었다. 예컨대 1593년부터 1607년까지 서아프리카 황금 해안Gold Coast에서 네덜란드 한 나라가 다른 많은 직물들에 더해 리넨 약 3000만 야드를 팔았다. 쇠막대와 각종 금속 제조품뿐 아니라 구리와 황동 제품까지 포함하는 금속 상품도 아프리카에서 수요가 많았다. 유럽 교역상들이 현지 사정을 속속들이 알아감에 따라 아프리카인은 빡빡하게 흥정을 하고 구입하는 상품의 질과 종류를 아주 깐깐하게 따졌다.

그 이전 사하라 횡단 교역과 인도양 교역에서와 마찬가지로, 서아프리카의 초창기 대서양 교역에서도 주요 상품은 황금이었다. 황금 해안의 아프리카인은 1482년 교역 증진을 위해 포르투갈이 현지에 작은 요새를 짓는 것을 허용했다. 요새의 이름은 상 조르주 다 미나São Jorge da Mina 성[포르투갈어로 mina는 광산이라는 뜻이다—옮긴이]이었지만(나중에 엘미나 성으로 개칭), 실제 금광들은 내륙 깊숙한 곳에 있었다. 이 해안의 황금 교역은 1533년부터 영국 상인뿐 아니라 네덜란드 상인까지 끌어들였다(1637년 네덜란드가 포르투갈로부터 황금 해안을 빼앗았다). 서아프리카는 서유럽에 금을 공급하는 주요 생산지가 되었다. 금 수출량은 16세기 후반기 연평균 2만~2만 5000온스에서 17세기 전반기 연평균 3만 2000온스로 증가했다. 황금 채굴과 제련, 거래는 아프리카인이 빈틈없이 지킨 독점 활동이었다.

서아프리카는 캠우드camwood라고 알려진 적색 염료목, (사향고양이의 사향샘에서 얻는) 사향액, 상아, 동물 가죽, 밀랍 등 다양한 임산물도 판매했다. 나이저 삼각주의 베냉 왕국은 직접 재배한 톡 쏘는 후추, 황금 해안에서 높게 평가받은 면직물과 돌 구슬을 비롯한 제조품을 초기 포르투갈 상인에게 팔았다. 1650년 이전에 노예는 서아프리카의 수출품 가운데 그리 중요한 상품이 아니었다. 반면에 17세기 전반기에 아프리카 중서부의 앙골라를 위시한 지역들에서는 브라질을 목적지로 하는 노예 무역의 규모가 연간 1만 3000명으로 증대했다. 한 가지 원인은 이 지역 사람들이 유럽인이 원하는 황금을 비롯한 상품들을 가지고 있지 않으면서도 유럽 선박에 실려오는 상품들을 열렬히 원했다는 데 있다. 1650년 이후 아메리카에서 노예 수요가 증가함에 따라 아프리카 노예는 갈수록 중요해졌다. 대서양 노예 무역으로 거래된 아프리카인 1250만 명 가운데 4분의 3 이상은 1651년에서 1815년 사이에 수송되었다. 비교를 하자면, 사하라 사막을 가로지른 아랍인 노예 무역의 규모는 1350~1600년 연간 약 6300명(당대 대서양 노예 무역의 규모보다 훨씬 컸다)에서 1601~1800년 연간 약 8000명(당대 대서양 노예 무역의 규모보다 훨씬 작았다)으로 증가했다. 대서양 노예 무역이 노예로 전락한 사람들에게, 그리고 그들이 떠나간 아프리카 사회들에 끼친 영향은 확실하게 말하기가 훨씬 더 어렵다.

노예가 되어 해외로 실려가는 것은 잔혹하고 비통한 경험이었다. 한정된 수의 1인칭 서사와 여타 자료에 근거해 말하자면, 대다수는 전쟁이나 습격중에 포로로 붙잡혔던 것으로 보인다. 포획자들 역시 아프리카인이었지만, 공통된 아시아인이나 유럽인 정체성이 드물었던 것만큼이나 공통된 아프리카인 정체성도 드물었다. 그들은 적 공동체에 속한 사람이나 적어도 자기네 공동체 외부의 사람을 붙잡았다. 많은 이들이 가족 집단의 일부로 붙잡혔지만, 이후 배우자, 형제자매, 자녀 등과 떨어져 따로 수송되어 트라우마를 안고 살아가야 했다. 아프리카인 포획자들은 붙잡힌 여성과 어린이의 경우 자기네 사회에 통합하기도 했지만, 성인 남성의 경우 언제나 팔아넘겼다. 그렇게 팔린 성인 남성은 대개 해안의 항구까지 가는 도중에 수차례 되팔렸다. 친척과 고향을 잃고 끌려간 포로들은 극심한 고통에 시달렸고, 일부는 낙담하여 저항할 의지, 심한 경우 계속 살아갈 의지마저 잃곤 했다. 일단 항구에 도착하고 나면 포로들은 상품으로서 잘 팔릴 수 있도록 음식과 충분한 보살핌을 제공받았는데, 유럽인 노예상이 보통 의사를 고용해 노동 효율을 떨어뜨릴 수 있는 포로의 육체적 결함, 포로 자신뿐 아니라 동료들의 목숨까지 위협할 수 있는 질병 등을 진찰했기 때문이다. 노예상에게 선택을 받고 다른 수백 명과 함께 선박에 실리고 나면 포로들은 연령과 성별에 따라 분류되었다. 성인 남성은 가장 위험한 부류로 간주되어 갑판 아래에 대개 둘씩 짝지어 사슬에 매인 채로 감금되었다. 여성은 대체로 새로운 포획자에게 덜 대들었기 때문에 보통 사슬에 매이지 않은 채로 감금되었다. 아기와 유아는 어머니나 다른 여성들과 함께 지냈고, 스스로를 돌볼 수 있는 어린이는 자유롭게 지냈다. 노예들을 욱여넣은 짐칸은 발을 뻗고 잘 수 없을 정도로 비좁았다. 하루에 두 번 유럽에서 가져온 콩과 곡물 같은 음식에 아프리카에서 구입한 조미료를 뿌린 식사가 제공되었다. 노예선은 보통 아프리카에서 대서양을 건너는 동안 마시기에 충분한 양의 담수를 선적했지만, 비축량이 적을 때면 배급량을 줄이기도 했다. 포로들은 가리개가 없는 통에 대소변을 봐야 했다. 주기적으로 통을 비웠지만, 파도가 거칠 때면 비우는 일을 미루다가 배설물이 흘러넘치기도 했다. 불결하기 그지없는 환경은 으레 멀미로 인한 구토나 질병으로 인한 설사 때문에 더욱 악화되었다. 잘 관리된 선박의 경우 노예들이 실린 짐칸을 주기적으로 바닷물로 청소했고, 아마 식초로 악취를 줄였을 것이다. 그렇게 하더라도 비좁고 불결한 공간에서는 질병이 빠르게 퍼질 수 있었다.

노예선에서 일하는 사람들은 매일 마주하는 참상에 면역되어 있었지만, 전반적으로 보아 다른 사람들보다 더 잔인하지는 않았을 것이다. 두 가지 주요 요인이 노예를 다루는 그들의 방식을 좌우했다. 첫째, 비록 성공한 경우가 거의 없긴 하지만 노예 반란은 아주 현실적인 근심거리였다. 선원들은 자연히 스스로를 보호하고 선박을 장악하려 시도하는 어떠한 포로든 처벌하려 했다. 반란은 해안이 아직 시야에 있을 때 가장 빈번하게 일어났다. 망망대해에서는 반란이 드물었지만, 포로들이 가혹한 운명에서 벗어나는 길을 택할 위험이 있었다. 그래서 노예상은 노예의 자살을 막도록 설계된 그물을 설치했다. 노예를 다루는 방식을 좌우한 더 결정적인 요인은 돈을 벌려는 욕구였다. 학대나 질병 때문에 사망한 노예는 완전한 손실이었다. 불구가 된 노예는 팔 수 없었을 것이다. 선박 의사의 보살핌, 최소한의 위생 준수, 충분한 식사 제공 등은 친절이 아니라 가능한 한 많은 노예를 살려서 수송하려는 노력이었다.

노예의 우울증은 또다른 문제였다. 노예의 기운을 북돋기 위해 음악을 연주하고 강제로 춤을 추게 했다. 먹지 않으려는 노예에게는 우격다짐으로 음식을 밀어넣었다. 수백 년에 걸쳐 상승한 평균 생존율은 그런 노력이 성공을 거두었음을 시사한다. 그렇지만 평균 사망률은 18세기 후반에도 여전히 놀랄 만큼 높은 11퍼센트였다. 노예선의 근본적인 문제는 두창과 이질 같은 전염병이 다수의 목숨을 앗아갈 수 있다는 것이었다. 평균은 표준이 아니었다. 노예선 소유주와 투자자의 수익은 확실하지 않았다. 노예는 너무 자주 죽음이라는 운명을 맞았다.

노예의 이탈과 그에 얽힌 분쟁에서 발생한 손실이 아프리카인에게 얼마만큼 영향을 주었는지 가늠하기는 어렵다. 노예제 폐지를 지지하는 유럽인은 아프리카 대륙의 대부분이 인구를 잃고 야만 상태로 전락했을 것이라고 생각했지만, 19세기에 노예 항구 너머의 내륙까지 처음 들어간 탐험가들은 뜻밖에도 질서 정연하고 번창하고 인구가 많은 공동체들을 발견했다. 몇 가지 조건이 노예 무역이 인구에 끼친 영향을 완화했을 것으로 추정된다. 주로 인구 밀도가 꽤 높은 지역들에서 노예를 데려왔고, 같은 장소에서 계속 데려온 것이 아니라 노예 무역이 성장함에 따라 내륙으로 점점 더 깊숙이 들어가면서 데려오곤 했다. 그리고 남성에 편중해(전체의 약 3분의 2) 수출했기에 그 반대인 경우보다 출생률에 끼친 영향이 적었다. 게다가 신세계에서 들어온 식물들, 특히 카사바 덕에 노예를 가장 많이 공급한 아프리카 중서부 지역에서 주기적인 기근이 완화되었다. 최상의 추정치에 따르면, 대서양 노예 무역의 절정기에 사하라 이남 아프리카의 인구는 정체되었거나 감소했다. 대서양 노예 무역이 쇠퇴한 19세기에 아프리카의 인구는 다시 증가했다.

아프리카의 사회적·경제적 손실과 관련해 한때 흔했던 다른 믿음들도 그릇된 것으로 밝혀졌다. 예컨대 노예를 내주고 입수한 화기火器가 아프리카에서 파괴를 불러왔다는 생각은 화기가 공격만큼이나 방어에도 유용했고, 그런 무기를 구할 수 있다고 해서 전쟁이 일어날 가능성은 낮았으며, 아프리카로 수출된 무기의 양이 1인당으로 계산하면 특별히 많지 않았다는 사실을 간과한 것이다. 수입품이 아프리카의 생계 기반을 갉아먹었다는 주장도 과장된 것으로 보인다. 대개 직물 수입품은 현지의 의류 제작을 대체하지 않고 보완했다. 철 수입품은 아프리카의 철 제련업에 어느 정도 타격을 주었을 테지만, 현지 대장장이들은 수입된 쇠막대를 실용품으로 제작하며 일거리를 늘릴 수 있었다. 노예선으로 끌려간 사람들이 겪은 고통이야 전혀 과장이 아니지만, 노예 무역이 아프리카에서 초래한 피해는 한때 생각했던 것만큼 오래 지속되지 않았다.

18세기에 유럽의 대서양 교역은 그 규모와 가치 면에서 아시아 교역만큼이나 중요해졌다. 브라질의 노예 기반 경제는 설탕과 담배와 금을, 서인도 제도는 설탕과 커피를 제공했다. 북아메리카는 어류, 모피, 목재, 벼, 인디고를 공급했다. 이 상품들은 아프리카에서 점점 많이 들어오는 노예뿐 아니라 유럽산 수출품과도 균형을 이루었다. 아시아산 상품은 대서양 시장들에서 갈수록 중요해졌다. 인도산 면포는 아프리카 시장에서 필수품이었고 아메리카 시장에서도 중요했다. 영국의 대서양 교역은 여섯 배 확대되었다. 선박은 갈수록 커졌고, 해상 보험은 손실 위험을 줄여주었다. 상인들이 항구에 머무는 기간을 18세기 초 평균 100일에서 18세기 말 평균 50일로 단축하는 법을 배워감에 따라 상품을 대서양 건너편으로 운송하는 비용이 낮아졌다. 그 결과 왕복 항해 비용이 내려갔고, 한 선박이 1년에 왕복 항해를 한 번이 아니라 두 번 마칠 수 있게 되었다.

결론

1350년부터 1815년까지 세계는 얼마나 바뀌었는가? 그 이전 시대보다는 많이 바뀌었을 테지만, 그 이후 200년보다는 적게 바뀌었을 것이다. 전 세계적 접촉과 교환은 더 잦아지고 격렬해졌다. 1350년 이래 세계 경제가 대략 세 배 성장한 것은 사실이지만 1인당 부는 변하지 않았는데, 흑사병과 아메리카 인디언 인구의 급감에도 불구하고 세계 인구 역시 세 배 증가했기 때문이다. 물론 일부 사람들은 형편이 나아졌지만, 전 세계 노예의 수 역시 상당히 증가했다. 음식 공급과 분배는 개선되었지만, 늘어난 인구는 그만큼 환경과 자원에 압력을 가했다.

어떤 것들은 분명 순환적이었다. 17세기에 설립된 특허 무역 회사들은 1815년까지 모두 사라지거나 변형되었다. 프랑스와 네덜란드의 동인도회사는 1790년대에 사업을 중단했고, 영국 동인도회사는 1815년까지 무역에서 손을 떼고 인도 영토를 통치하는 데 집중했다. 그러나 지원 기관들—주식 시장, 보험 회사, 은행—은 계속 번창했다. 네덜란드와 영국, 신생 미국은 모두 1815년까지 대서양 노예 무역을 불법화했지만, 노예 플랜테이션만큼은 수십 년 더 운영했다.

동양과 서양 사이 경제적 균형은 크게 바뀌지 않았다. 아시아인은 여전히 세계 최대 상품 생산자였고, 대서양까지 아시아산 상품이 유통되었다. 유럽 내에서 경제적 선두 자리는 이베리아와 지중해에서 북쪽 네덜란드와 프랑스, 특히 영국으로 이동했다. 사하라 이남 아프리카인은 세계 경제와 더 긴밀히 연결되었지만, 유럽인과 아랍인의 몇 안 되는 고립 영토를 예외로 하면 여전히 자기네 대륙을 통제하고 있었다. 경제와 인구가 가장 크게 변한 곳은 아메리카였다. 유럽인은 아메리카 식민지들에 뉴에스파냐, 뉴네덜란드, 뉴잉글랜드 등 새로운 유럽을 의미하는 이름을 붙였다. 그렇지만 인구 구성 면에서나 문화 면에서나 1815년 아메리카의 큰 지역들은 여전히 아메리카 인디언의 땅이었거나, 새로운 아프리카가 되어 있었다.

CHAPTER
09

르네상스, 종교 개혁, 정신 혁명

근대 초 세계의 지성과 예술

마누엘 루세나 히랄도

"과거에 우리는 세계의 가장자리에 있었습니다. 지금 우리는 중심에 있습니다." 공학자이자 인문주의자인 페르난 페레스 데 올리바Fernán Pérez de Oliva는 1524년 코르도바시의 귀족들에게 과달키비르강을 항행 가능하게 만들자는 긴급 프로젝트를 제안하면서 이런 이유를 들었다. 그리고 이어서 말했다. "그런 운명의 변화는 이제까지 결코 없었습니다." 실제로 서유럽인은 오랫동안 세계의 주변부로 밀려날까 걱정하다가 갑자기 피할 수 없는 역동적인 연계들로 이루어진 일종의 세계 그물망의 한가운데에 예상치 못하게 걸려들었다. 그런 경험은 그들만의 전유물이 아니었다. 다른 대륙들에서도 같은 변화를 겪은 터였다. 14세기에 유럽인 탐험가와 노예상, 선교사가 대서양의 해안과 섬에서 이전까지 기록되거나 보고된 적이 없는 사람들을 처음으로 맞닥뜨린 새롭고 충격적이고 대개 폭력적이었던 만남은 상호 적응과 발견의 과정을 촉발했다. 그 과정에 갈수록 많은 사람들이 참여했고, 그들 대다수는 '인류는 하나다'라는 결론에 이르렀다.

산업화 시대 이전만 해도 유럽은 그 과정에서 중추적 역할을 하지 못했다. 르네상스 시대부터 계몽주의 시대까지 세계화는 상이한 문화들이 점차 서로를 알아가고 단속적으로 교류하는 가운데 여러 방향으로 느리게 진행되었다. 서로가 낯선 두 집단은 먼저 몸짓과 표정, 목소리를 혼합해 불완전한 대화를 시도했다. 모든 교환은 번역자와 통역자가 중재했는데, 때로 오해를 조장해 역효과를 낳기도 했고, 행운이나 판단력으로 분쟁을 솜씨 좋게 가라앉히기도 했다. 콜럼버스의 첫 대서양 횡단 항해를 예로 들어보자. 이 항해에는 히브리어와 아랍어에 더해 어쩌면 아람어을 비롯한 다른 언어들까지 구사한 통역자 루이스 데 토레스Luis de Torres가 동행했다. 우리는 가령 담배를 피우는 토착민을 보고 깜짝 놀란 토레스가 유럽과 아시아의 언어들로 질문하려고 부질없이 시도하는 장면을 상상해볼 수 있다. 첫 접촉은 서로를 이해하려는 시도를 단념한 채 곧잘 폭력과 죽음으로 끝나곤 했다. 오늘날 우리가 이른바 '미접촉' 부족과 연관짓는 조직적 전략—도피 또는 은신—은 아직 널리 행해지기 전이었다. 생존자들의 관점에서 보면, 불가피한 상황에 적응하는 것이 대개 최선의 선택지였다. 멀리서 찾아온 새로운 사람들은 눌러앉으려고 온 것이지 고국으로 돌아갈 의도로 온 것이 아니었다. 일례로 아스텍인이 생각한 가능성, 즉 낯선 사람들이 선물을 교환하고 나면 응당 감명을 받고 떠날 가능성은 실행 불가능한 것으로 입증되었다. 부와 권력을 과시하는 행동은 유럽 침략자를 저지한 것이 아니라 오히려 끌어들였다. 유럽인은 현실보다 꿈에 영향을 받았고, 실질적 성취보다 승리를 상상했다. 모험가들은 기사도적인 항해 문학에서 유래한 가상의 영웅주의 모델을 공유하고 있었다. 포르투갈의 국민 시인 루이스 드 카몽이스Luís de Camões는 아시아 항해에서 돌아온 직후인 1572년 서사시 『우스 루지아다스Os Lusíadas』에서 고전적인 어구를 바꾸어 모험가들의 정신을 표현했다. "출항하라. 그것이 필요하다. 생존? 그것은 불필요하다."

해전과 지상전에 관한 전통적인 서사에 '세계화 DNA'라고 부를 만한 것이 담겨 있는 것은 아니다. 오히려 그 DNA는 새로 도착한 외부인과 기존 토착민 사이에 느리고 때로 고통스러웠지만 보통 평화롭게 형성된 문화적 관계를 통해 추적할 수 있다. 서로 딴판인 두 문화는 장기간의 수렴이라는 맥락에서 서로의 특징을 교환했고 몇몇 측면에서 갈수록 닮아갔다. 그 과정은 비록 비가역적이긴 했지만(또는 적어도 아직까지 원래대로 되돌아가지 않았지만), 그럼에도 의도치 않은 실수와 우발 사태 탓에 때때로 혼란에 빠지는 시행착오의 과정이었다.

그 과정은 지구 환경의 변화라는 더 큰 과정의 일부였다. 분리된 대륙들이 주고받은 미생물과 동식물은 기존의 풍경과 생활을 영원히 바꾸어놓았다. 16세기 이래 그 무엇도 완벽하게 '순수'하거나 '원시적'인 것으로, 또는 '인위적'이거나 '자연적'인 것으로 보일 수 없었다(도그마에 푹 빠진 정신이라면 그렇게 볼 수도 있었겠지만). 전 세계를 아우르는 연결망은 접촉하는 모든 집단과 장소를 '오염'시켰다. 우리가 현재의 장소에서 살아가는 까닭은 십중팔구 우리 자신이나 조상이 다른 어딘가에서 이주해왔기 때문이다.

더욱이 이국적인 문물의 매력은 새롭거나 새로이 확대된 욕구와 소비, 중독의 습관을 낳았다. 예컨대 북경에서 저 멀리 멕시코의 도자기 모방자들, 보스턴의 다과회 참석자들, 암스테르담의 대황大黃(지난날 중국의 비밀 약재) 재배자들에게로 중국 문물을 소비하는 습관이 퍼져나갔다. 장애물은 언어였다. 파인애플을 한 번도 본 적 없는 사람에게 그것을 어떻게 설명할 수 있겠는가? 그렇지만 어떤 공동체에서 초콜릿이나 커피, 차—또는 즐거움을 주는 기술, 구애 관행, 노동자용 저렴한 음식—가 사교 의례의 일부가 되고 나면, 그 이전으로 돌아가기란 어려웠다.

여하튼 근대 초 세계 전역에서 정신 혁명이 일어난 이유는 전에 없던 광대한 소통의 공간 또는 무대에서 (적어도 일정한 수준에서는) 상호 이해의 얼개와 번역 규약이 출현했기 때문이다. 그 공간 또는 무대에서 사람들은 관념과 제도를 배양하고 재생산하고 활용할 수 있었다. 이런 전제 조건을 세계 제국들은 분쟁을 조장하는 방식보다는 공동체를 형성하는 방식으로 제공했다. 결국 세계 제국들은 자국에 속한 집단들을 공동의 이익과 모험, 상호 의존 네트워크, 충성의 초점, 결혼 동맹, 물질적 풍요의 기회, 심지어 서로 공유하는 정서와 신념, 이데올로기 등으로 연결하는 방법을 각양각색으로 발견했다.

세계화의 가장 오래된 형태는 문화 세계화다. 문화 세계화는 다른 모든 형태—경제·기술·과학·생태 세계화—를 가능하게 만들었다. 과거에 선호했던 세계사 서사, 즉 유럽을 나머지 세계에 투영해온 과정으로서의 서사—섭리적·선형적·진보적 서사—의 제약을 넘어서고자 한다면 이런 사실을 유념할 필요가 있다. 그런 서사는 14세기부터 19세기까지 전개된 사태를 마치 생존에 적합한 우월한 문명이 야만을 상대로, 또는 선택받은 '인류'—또는 인류의 일부—가 야만인을 상대로 목적론적 승리를 거두는 진화적 에피소드였던 것처럼 묘사한다. 그렇지만 당시 사람들이 스스로 문명으로 규정한 '중심들'은 그들이 정복하거나 착취할 수 있는 열등한 곳으로 치부한 '주변부들'과 마찬가지로 세계 곳곳에 흩어져 있었다.

'중심부'와 '주변부'가 조우했을 때 언제나 정복자나 식민지 개척자가 예상했던 결과가 나온 것은 아니다. 열등하다고 간주된 문화들이 생존하여 인간의 회복력을 입증하곤 했다. 크레올 공동체가 출현했는가 하면 백인이 토착민처럼 생활하기도 했다. 아메리카에서는 기니와 앙골라의 생활 방식을 투영하는 아프리카인 정착지와 도시가 형성되었다. 마닐라와 멕시코에서는 중국인 구역이 번성했다. 유럽에서는 아메리카 토착민이나 아시아인의 군장과 우두머리가 자기네 권리를 요구했다. 북아메리카에서는 힌두교도 상인과 중국계 무슬림이 환영을 받고 인종들이 뒤섞였다. 인간이 보여준 이 모든 새로운 면모는 사회와 문화, 생활의 중간 형태들을 반영했고 또 만들어냈다.

그 결과 대도시 중심지들이 늘어나고 주민들이 전례 없이 뒤섞이고 주변부들이 새로 생겨남에 따라 지정학이 새로운 국면으로 접어들었다. 새로운 중심지에는 으레 이곳이야말로 덕성과 탁월함을 기르기에 알맞은 장소, 신이 설계한 장소, '순교자'와 성인과 영웅이 활동했거나 그들의 유물이 있는 고결한 장소라며 찬양하는 글을 쓰는 아첨꾼들이 있었다. 경쟁적 다극 구조라고 부를 만한 이런 국제 정세는 문화적 수렴 시대의 효과 중 하나였다. 이 시대에는 멀리까지 여행할 경우(특정 시기 특정 장소에서는 그리 멀리까지 가지 않더라도) 토착민 가톨릭 사제, 물라토 은수자, 메스티소 광명파Illuminati, 성스러운 '혼혈인', 카리스마적인 개신교 목사, 불교도와 무슬림 전도사를 만날 수 있었다. 그런가 하면 국제적 다극 구조는 정치적 혼합체들과 공존했다. 예컨대 유럽에는 이질적인 제후들의 영토와 권리를 하나의 왕조에 대한 충성을 중심으로 결합한 '복합 군주국들'이 있었다. 중국의 경우 나머지 세계의 영향을 대부분 배척하는 통치자들의 정책에도 불구하고 만주족 치하에서 정치적 혼합체가 갈수록 커지고 다양해졌다. 에도 시대 일본에서는 지방 영주인 다이묘들이 상당한 자율성을 획득했으며, 그중 일부는 시간이 흐름에 따라 개별 노선을 걸어갔다.

기독교권

세계적 사건들은 사상가들에게 새롭고 거대한 물음에 답할 것을 요구했다. 유럽 기독교권은 16세기에 조각이 났다. 가톨릭의 종교 개혁은 트리엔트 공의회(1545~1563)를 거치며 대항 종교 개혁으로 변모했으며, 이로써 개신교의 분리 독립은 무력이 아닌 다른 방법으로는 되돌릴 수 없는 귀결이 되었다. 한편, 개신교 자체

아스텍족을 정복하는 장면들을 그린 병풍은 17세기 멕시코에서 인기를 누린 장식품으로서 (이 그림처럼) 언제나 필리핀과 일본 예술 작품의 영향을 보여주었다. 신세계 주민들의 교역 범위는 에스파냐 군주국에 흡수된 결과 엄청나게 확대되었다.
설명 글 정보: 펜실베이니아주립대학의 아마라 솔라리Amara Solari 교수와 매슈 레스톨Matthew Restall 교수가 제공.

도 갈수록 늘어나는 종파들로 갈라졌다. 서로 경쟁하는 카리스마와 영성이 급증했고, 알려진 적 없는 먼 곳의 이교도 세계가 발견되어 신학자들 사이에서 길고도 복잡한 논쟁을 촉발하고 철학자들이 탐구할 새롭고 곤혹스러운 문제들을 열어젖혔다. 1577년 에스파냐의 펠리페 2세 정부는 '지리 보고서Relaciones Geográficas'라고 알려진 체계적인 자료를 편찬할 목적으로 신세계의 관료들에게 설문지를 보냈다. 설문 문항은 토착민들의 "이해력, 성향, 생활 방식, 그들에게 여러 언어가 있는지 아니면 어떤 공통어가 있는지 여부, 이교도 시절 그들이 어떠했는지, 그들의 기도, 의례, 좋은 관습과 나쁜 관습" 등이었다. 답변을 받은 관리들은 권위나 신성神性을 알지 못하는 이교도들이 있다는 데 놀랐다. 일부 토착민 공동체들은 과거란 존재하지 않으며 직접 감각할 수 있는 것말고는 실재하는 것이 없다고 보았다. 다른 공동체들은 (에스파냐인의 관점에서 보면 똑같이 이상하게도) 재산 개념이 없거나 식인과 근친상간을 금하는 자연법을 알지 못했다.

유럽 탐험가와 선교사가 세계에 복음을 전하는 동안에도 기독교권은 변했다. 유럽은 다른 지역에 전파할 수 있는 교리 교육법과 공동생활 실험을 찾아내는 연구실 기능을 했다. 많은 관찰자들은 아메리카 토착민과 카스티야 농민을 같은 범주에 집어넣었다—둘 다 단순한 시골 사람들로서 지능이 한정된 까닭에 자신의 행동에 대한 법적 책임을 온전하게 지지 못한다고 보았다. 심각한 판단 착오나 그릇된 행동을 피하려면 그들 모두 후견인의 감독이나 도덕적 지도를 받아야 했다. 이렇게 보면 해외 확장은 광범한 규모로 법적 개입을 하고 도덕적 관점에서 민족지를 비교하는 활동이었다. 이를 위해 조사관들은 외국의 생경한 방식을 이해할 수 있도록 상이한 사회들에서 유사점과 공통 요소를 찾거나 고안했다. 탐험가들은 언제나 "이상해 보일지 모르겠지만, 이런저런 구조나 부족이나 관습은 무엇을 닮았는가?"라고 물었다. 멕시코 정복자 에르난 코르테스는 유명한 '보고 편지Cartas de relación' 중 한 편에서 테노치티틀란의 대신전을 가리켜 여러 개의 탑이 있는 모스크처럼 생겼다고 말했다.

이와 비슷하게 신대륙 주민들도 공격을 모면하려면 새로 온 사람들을 이해하려 애써야 했다. 마야인 일부는 에스파냐인을 멕시코 중부의 오래된 침략자들 중 한 무리로 여겼던 것으로 보인다. 분고국豐後國에서 일본인 상인과 선교사는 '인도에서 온 사람들'로 여겨졌다. 이방인에 대응하는 최선의 방법은 그들의 영향에 점차 적응하는 한편 그 영향을 조절하는 길이었을 것이다. 유동적인 변경에서는 토착 권위가 분

〈데지마〉. J. M. 판 레인던van Lijnden의 그림을 C. W. 밀링Mieling이 다색 석판으로 인쇄한 작품. 에도 시대에 일본이 서양과의 직접 교역을 허용한 유일한 장소인 나가사키만의 인공 섬 데지마에 있었던 네덜란드 교역소를 보여준다.

산되거나 약했으므로 그렇게 하기가 비교적 수월했다. 칠레의 아라우칸족이나 북아메리카 대평원의 코만치족은 기병을 활용하고 화기를 사용하는 법을 배워 침략자에게 유리한 기술 간극을 빠르게 메웠다. 그들은 예속시킬 수 없는 세력이었고, 따라서 에스파냐 군주국과 상호 존중 및 공동 이익, 그리고 어느 정도는 상호 이익에 기반해 서로의 관계를 협상할 수 있었다. 다소 차이는 있었지만 일본에서도 비슷한 타협이 우세했다. 에도 막부는 일본에 침투한 포르투갈인과 에스파냐인을 추방하거나 제거하고 이제 막 시작된 가톨릭교의 개종 활동을 차단한 뒤, 1634년 나가사키만에 건설한 인공 섬 데지마에 네덜란드 상인을 수용했다. 데지마섬은 일종의 격리 지역이었는데, 외국인이 일본의 '신성한 땅'을 더럽히는 것은 허용되지 않았기 때문이다.

종교는 도구적이었다. 종교는 정복자에게 놀라운 성공에 대한 섭리적 설명과 복음적 정당화를 제공해주었다. 기독교권의 최고 중재자 교황은 일찍이 그런 설명과 정당화를 지지했다. 1455년 교황 니콜라우스 5세는 칙서 「로마누스 폰티펙스Romanus pontifex」에서 무슬림과 이교도로부터 빼앗은 서아프리카 영토에 대한 지배권을 포르투갈 군주 아폰수 5세와 그의 후계자들에게 주었다. 1493년 교황 알렉산데르 6세는 아라곤의 페르난도와 카스티야의 이사벨에게 이미 발견했고 앞으로 발견할 대서양의 다른 섬들을 영유할 권리와 복음화할 의무를 부여했다. 다른 한편 새로운 제국들의 초기에 토착민 신민들은 자신들에게 강요된 상황을 유리하게 전유하고 활용할 전망을 종교가 제공한다고 보았다. 세례를 받은 기독교도의 지위는 이교도의 지위와 크게 달라 보였기 때문이다. 예컨대 신앙의 형제애에 따른 권리말고는 그 어떤 권리로도 보호받지 못한 채 대서양을 건너온 아프리카인 노예들에게는 그렇게 보였다—노예선의 승선 통로에서 그들에게 성수를 뿌릴 때 세례에 동의하는지 여부를 묻지도 않았고, 사전에 그들에게 교리를 가르치지도 않았다.

다시 유럽으로 돌아가면, 비록 모호함의 정도는 지역별로 달랐을지라도 유럽 어디서나 섭리의 설계는 불분명해 보였다. 지중해의 도시 공화국들, 특히 제노바, 피렌체, 베네치아는 흑사병 이후 번창하면서도 이단과 광신적 숭배를 길러내는 듯이 보였다. 교황의 권위와 수도회의 기반은 부패와 분열로 손상되었다. 1453년 기독교권 동방에서 가장 오래되고 덕망 높은 도시였던 콘스탄티노플이 무슬림 튀르크족에게 함락되었다. 십자군은 거듭 패배하며 쇠퇴해갔다. 사기꾼, 거짓 예언자, 가짜 성인, 마녀가 등장해 어둠의 왕국이 도래한다고 으름장을 놓았는가 하면, 비열하고 이기적인 기독교 통치자들이 신의 뜻에 반하는 골육상잔 전쟁에 뛰어들었다. 이런 상황에서 거룩한 소명이나 목회자로서의 책임을 받아들인 개인들은 주님의 길을 예비하고 그

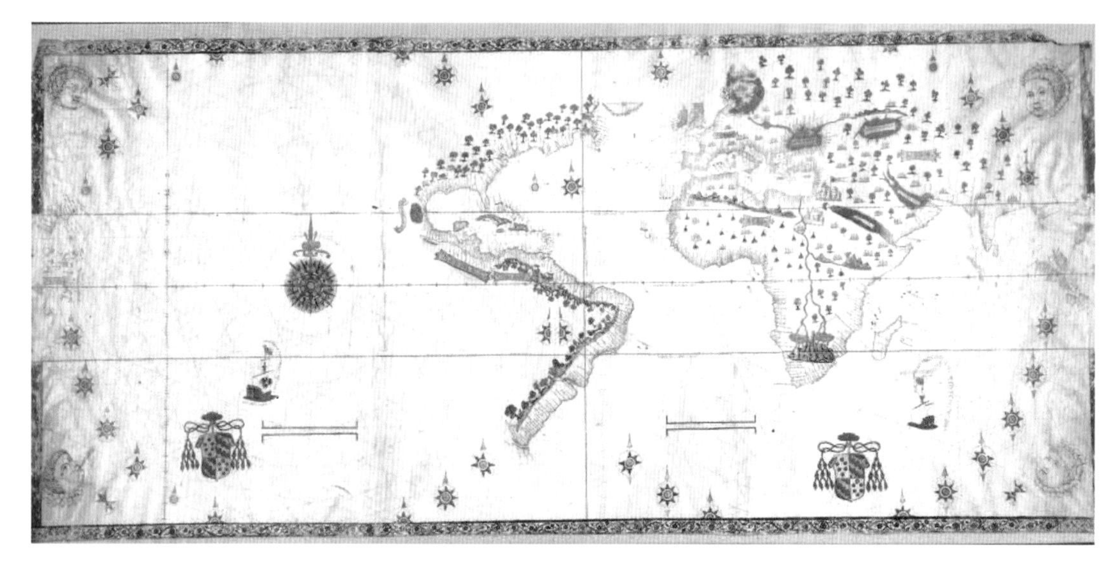

살비아티 평면구형도Salviati Planisphere, 1525년경. 이 세계 지도는 '토르데시야스 선'—에스파냐와 포르투갈이 대서양에서 이론상 각국의 항해 영역을 나누는 경계로 합의한 남북 방향의 분계선—을 보여준다. 실제로는 그 경계선을 정확히 정할 방법이 없었다. 이 지도는 (관습대로) 아직 탐험하지 않은 지역들을 상상의 물질로 채우지 않고 미래에 탐험할 공백으로 남겨두었다.

길을 올곧게 만들고자 애썼다.

1517년 (당시) 아우구스티누스회 수사 마르틴 루터가 면벌부에 반대하는 95개 논제를 비텐베르크 교회에 내걸기 한참 전부터 서유럽은 (종말론적인 분위기까지는 아니더라도) 섭리주의적이고 개혁주의적인 분위기에 휩싸여 있었다. 인쇄술의 확산, 탐서耽書라고 부를 만한 취향의 등장, 성서에 대한 통제할 수 없는 접근과 재해석, 성서 번역본의 급증, 토착어로 거행하는 전례典禮에 호의적인 움직임 등은 모두 새로운 형태의 신앙심을 자극했다. 16세기와 17세기에 전도자들은 도시 빈민, 영성이 부족한 시골 주민, 외진 곳에 고립된 공동체, 심지어 먼 타국의 노예와 새 개종자까지, 이전에 간과했던 대상들에 초점을 맞추었다. 유럽의 재기독교화는 종교 재판을 열어 마녀를 '망치'로 심판하고(박해자들의 표현), 비신자를 근절하고, 하느님에 대한 믿음의 부족이나 미신적이고 이교적인 우선순위에 부적절하게 복종하는 자세를 드러내는 점성술과 점복 같은 민중 문화의 뿌리 깊은 특징들을 퇴치하려는 노력으로 나타났다.

통치자들의 권력 증대는 그 과정의 일부, 즉 한 가지 원인이자 결과였다. 하지만 그게 전부는 아니었다. 군주들은 신성한 목표를 선호했지만 어디까지나 속권과 경쟁하지 않거나 속권을 손상시키지 않는 한에서였다. 위협을 느낄 경우 국가들은 가톨릭교든 개신교든 교회를 상대로 인정사정없이 한껏 권력을 휘둘렀다. 다른 많은 점들과 마찬가지로 이 점에서도 종교 개혁 이후 유럽 군주들의 태도는 오늘날 흔히 생각하는 것만큼 갈라지지 않았다. 독일 군주들이 개신교를 받아들일지 말지, '통치자가 자기 영토의 종교를 결정한다cuius regio, eius religio'는 원칙을 어떻게 실행할지 결정한 방식은 아메리카와 아시아의 토착민 엘리트층이 기독교를 받아들일지 거부할지를 놓고 논쟁한 방식에 비견될 수 있다. 모든 경우에 진실을 찾는 가장 쉬운 방법은, 어떤 결정이 과연 권력에 이바지했는지를 따져보는 것이다.

영적 실험은 당대의 특징이 되었다. 좋은 예로는 1471년 먼저 필사본으로 나온 뒤 나중에 인쇄본으로 출간되어 널리 읽힌 토마스 아 켐피스Thomas à Kempis의 『그리스도를 본받아Imitatio Christi』가 있다. 공동생활 형제회의 구성원인 토마스가 염두에 두었던 독자는 성직자와 수사였지만, 책은 '내면'의 영적 생활을 가꾸고 싶어하던 평신도 사이에서 인기를 얻었다. 어느 모로 보나 더 선정적인 사례로는 메시아적 수사 지롤라모 사보나롤라Girolamo Savonarola가 있다. 사보나롤라는 화장품을 비롯한 사치품과 부적절하다고 알려진 서적을 불태운 '허영의 소각'을 강행한 이후 1498년 피렌체 시뇨리아 광장에서 그 자신이 화형에 처해졌다. 사보나롤라가 설교할 때면 인본주의자들이 칭송하는 모든 것에 더해 메디치 가문, 남색, 교황까지 싸잡아 맹비난하는 그의 사자후를 듣기 위해 수천 명의 군중이 몰려들었다. 얼마 후에 에스파냐에서 시스네로스Cisneros 추기경은 규율을 강요하고 도덕적 기준에 도전하는 철저한 성직자 개혁에 착수했다. 그러자 수도 서원誓願을 내팽개친 일부 성직자들은 첩을 포기하느니아프리카로 달아나 무슬림 사이에서 사는 편을 택했다. 그렇지만 개선을 이루어내는 것뿐 아니라 결점을 드러내는 것도 개혁의 성과였다. 사회적 문제는 종교적 심성에 이바지했다. 인구가 계속 증가하고 빈부 격차가 갈수록 심해지는 가운데 교회 위계제에 속한 많은 이들의 세속적 탈선은 추문과 불만을 유발했다. 재정과 군사, 행정의 측면에서 신민들의 부담을 가중시킨 국가들의 권력 증대도 같은 결과를 가져왔다. 개신교도들이 당대와 조금 앞선 시기에 활동한 재세례파처럼 전쟁 포기, 화폐 폐지, 재산 공유와 같은 이상에 끌렸던 것은 놀랄 일이 아니다.

아메리카에 교리를 배우지 않은 토착민들이 있긴 했지만, 유럽에도 똑같이 신앙교육을 받지 않은, 특권과 번영을 별로 누리지 못하는 사람들이 많았다. 가톨릭교와 개신교의 위계제와 단체가 새로운 종교적 사고와 관행을 고취하려 시도했던 것은 비개종자들을 개종시키고 충분히 개종하지 않은 이들의 신앙심을 굳건히 해야 하는 과제에 대응하는 활동이었다. 실제로 개신교의 개혁이든 가톨릭교의 개혁이든 교회 엘리트층이 추진한 하나의 하향식 운동, 즉 그들이 중세부터 이어져온 민중의 종교를 자신들의 질서와 규율 관념에 따라 적대시하고 재형성하려던 운동의 일부였다고 주장하는 것은 솔깃한 일이다. "모든 미신을 억압해야 한다"라고 트리엔트 공의회는 선언했다. 그런 이유로 인문주의적 신학자들은 성인聖人들의 역할은 특권적인 중재자의 역할로 국한된다고 설명했다. 모든 기적의 원천은 오직 하느님이었고, 인간사에 하느님이 개입한다는 주장은 삼가고 의심해야 했다. 이교는 유럽 어디서나 출현하는 것처럼 보였다. 1553년 보르도에서 어느 예수회 수사는 인접한 시골 마을 주민들이 "미사에 참석한 적도 없고 교리를 들어본 적도 없다"고 불평했다. 1615년 다른 예수회 수사는 "이곳에도 하느님을 알지도 못하고 하느님의 존재를 믿지도 않는 사람들이 많은 마당에" 다수의 동료들이 아시아나 아메리카에서 선교하기를 원한다며 당혹감을 토로했다. 1693년 발트 지방의 스웨덴 총독은 광신을 미연에 방지하고 "미신으로 오용될 만한 것을 남기지 않기 위해" 특정한 돌과 나무를 없애라고 지시했다.

작자 미상의 1498년 그림. 피렌체의 시뇨리아 광장에서 평소처럼 아이들이 뛰놀고 상거래가 이루어지는 가운데 사보나롤라를 처형하기 위한 장작더미와 연료를 쌓고 있다.

기성 종교 일반의 특징적인 방식대로, 가톨릭 당국은 특히 기적과 성유물을 인정하는 권리를 통제함으로써(이와 관련한 논쟁이 오늘날까지 이어지고 있다) 의례에 대한 독점권을 강요했다. 예를 들어 1622년 3월 12일 교황 그레고리우스 15세는 이시드로 라브라도르Isidro Labrador, 필리포 네리Filippo Neri, 아빌라의 테레사, 로욜라의 이냐시오, 프란시스코 사비에르를 한꺼번에 시성諡聖했다. 이 가운데 마지막 두 사람은 예수회 소속으로, 전자는 예수회의 창시자이고, 후자는 중국에서 선교를 시작한 직후 사망한 대담한 선교사다. 이시드로 라브라도르는 결혼한 평신도로서 비를 내리게 하고 수원水源을 찾을 수 있었으며, 1606년 에스파냐의 최종 수도가 된 마드리드의 시내와 궁정에서 많은 이들의 공경을 받아 이 지역의 수호성인이 되었다. 성녀 테레사는 여성의 특성, 작가의 특성, 교회 박사의 특성을 결합한 비범한 인물로서 카르멜 수녀회를 개혁하고 내면을 성찰하는 신심을 추구했다. 『자서전』에서 테레사는 자기 신앙의 첫 단계를 이렇게 설명했다.

> 집 옆에 있던 정원에서 우리는 은수사 놀이를 하였는데, 돌을 쌓아 작은 기도용 쉼터를 만들고 나면 자꾸 머리 위로 무너지곤 했다. 그래서 한 번도 바라던 대로 하지 못했다. 나는 가능할 때면 자선을 베풀었지만, 많이 하거나 자주 하지는 못했다. 나는 기도하고자 고독을 찾았으며, 기도를 수없이, 특히 묵주 기도를 많이 했다. 다른 소녀들과 함께 우리는 수녀원의 수녀 놀이를 즐겨 했다.

피렌체 출신 필리포 네리는 테레사처럼 조직을 꾸릴 줄 아는 사람이었다. 그는 아시아에서 선교하려는 성 이냐시오의 계획을 모방할 가능성을 단념하고 로마에 머무르며 신앙을 키우기로 결심한 이후 오라토리오회를 창설했다. 적절하게도 그는 전대사全大赦[가톨릭에서 잠벌暫罰을 모두 사면하는 일—옮긴이]를 받으려는 사람들을 위해 피렌체의 주요 성당 일곱 곳을 도는 순례 경로를 고안했다. 똑같이 적절하게도 그의 유해가 안장된 성당은 '새로운 성당Chiesa Nuova'이라 불리고 있다. 이처럼 가톨릭교회가 몇 사람을 성인으로 인정한 것은 행동의 본보기로 삼을 대중적 모델을 확립하는 데 도움이 되었다. 그렇지만 역효과도 있었는데, 성유물 숭배는 경건한 감정과 기적을 낳을 수도 있었지만 많은 논평자들이 지적했듯이 미신이나 심지어 마술로 흐를 수도 있었기 때문이다. 여하튼 그런 숭배는 보편 교회, 즉 국지적인 신심을 잃더라도 예수 그리스도와 성모 마리아에 대한 신심과 공경을 더욱 강화하기로 결정한 중앙 집권적 교회의 관점에서 보면 미심쩍은 것이었다.

신심과 미신 사이에 위치한 기이한 성유물 소장품은 민중 종교와 개혁 종교가 함께 요란한 소리를 내는 가톨릭 신앙의 '기관실'과 비슷했다. 좋은 예로 에스파냐 펠리페 3세의 왕비인 오스트리아의 마르가리타가 1611년 설립한 마드리드의 엥카르나시온 수녀원이 있다(마르가리타는 장남인 미래의 펠리페 4세를 낳은 침대를 이곳 수녀들에게 진기한 물품으로 주었다고 한다). 인접한 왕궁과 통로로 연결된 수녀원의 성유물 보관실은 장방형의 넓은 공간으로서, 유리 원통에 보관된 빌라노바의 성 토마스의 팔과 성 빌립의 팔을 비롯해 공경받는 성인들의 유해와 종교화로 가득했다. 이곳의 은십자가에는 그리스도를 매달았던 십자가의 파편 하나와 못 몇 개, 그리스도의 입술을 적신 해면을 옮겼던 것으로 추정되는 막대기의 한 조각, 그리스도의 얼굴을 닦았던 천, 그리고 그리스도의 무덤에서 가져온 돌 하나가 포함되어 있다. 이탈리아, 독일, 에스파냐, 저지대 국가들 출신 성인과 순교자의 성유물을 700점 넘게 전시하고 있지만, 보관실에서 가장 귀한 유물은 매년 7월 26일과 27일에 '기적적으로' 액화하는 성 판탈레온의 피가 담긴 유리병이다.

숭배의 공적 형태에 일어난 변화는 사생활에 영향을 주었다. 16세기 후반기에 중혼重婚, 약속 위반, 간통, 그 밖의 비뚤어진 습관을 고발한 사건이 자주 종교 재판소의 관심을 끌었다. 합스부르크 왕가 치하의 에스파냐와 포르투갈 군주국에서 종교 재판소의 주 업무는 기독교로 개종했다고 거짓 주장하는 유대인과 무슬림의 가면을 벗기는 것이었다. 그렇지만 시간이 지남에 따라 종교 재판관의 관심은 미신과 마술에 대한 조사로 옮겨갔다—그 과정에서 노예든 자유민이든 물라토와 흑인 하인들이 "마술 걸기 전문가이자 미약媚藥 사기꾼"으로 강한 의심을 받았다. 한편, 잉글랜드에서는 가톨릭교도가 똑같이 체계적인 박해를 받았던 반면, 제노바에서는 칼뱅이

자기 교리의 적들을 모조리 제거하는 데 성공했다. 그중 미카엘 세르베투스Michael Servetus는 두 번 형벌을 받았는데, 프랑스에서 가톨릭교도들에 의해 모형으로 불태워졌고, 1553년 제노바에서 삼위일체를 부인하고 성인 세례를 옹호한다는 이유로 칼뱅주의자들에 의해 산 채로 화형당했다.

유럽의 엘리트층이 민중 종교를 통제하는 일만큼이나 전 유럽을 복음화하는 일에 노력을 기울였음에도, 독일과 프랑스, 스위스, 헝가리, 스칸디나비아, 네덜란드의 일부에서는 가톨릭교회로부터 개신교가 분리 독립하여 지역과 지방 수준에서 종파들이 급증하는 역설적인 결과가 나타났다. 스코틀랜드와 잉글랜드에서는 왕가의 주도 아래 가톨릭교회와 영국 교회를 분리하는 독특한 종교 개혁이 진행되었다. 아이러니하게도 이 분리를 실행한 헨리 8세는 1521년 교황 레오 10세에게 '신앙의 수호자'로 인정받은 바 있었다. 가톨릭 유럽에서는 그렇게 극적인 사태가 벌어지지 않았다. 그렇지만 에스파냐, 프랑스, 포르투갈의 군주들은 각각 '가톨릭교도', '가장 기독교도다운 신자', '가장 충실한 신자'를 자처하면서도 교황의 세속적·영적 권력과 끊임없이 마찰을 빚었다(다만 교황의 권력을 완전히 제거하지는 않았다). 프랑스에서 자립적 형태의 가톨릭교로 이행하던 추세는 "교황은 프랑스 왕국의 규칙과 관습, 법률을 존중해야 한다"고 주장하는 칙령을 발표해 '갈리아의 자유'를 확립한 1682년에 절정에 이르렀다.

역설적이게도 예수회 수사들이 교황에게 서약하는 특별한 순명順命은 교회의 수장에게 복종할 의무와 국가의 수장에게 복종할 의무 간의 갈등—"카이사르의 것은 카이사르에게 바치고, 하느님의 것은 하느님에게 바쳐라"—을 가장 분명하게 보여준 상징이었을 것이다. 로욜라의 이냐시오는 직업 군인으로서의 경험을 투영해 예수회를 구상했으며, 한없는 전우애와 자기희생 같은 덕목들이 예수회의 학교와 대학뿐 아니라 선교 활동까지 강화할 것이라고 전망했다. 실제로 예수회는 선교 영역에서 갈수록 대단한 활약을 보였다.

교황의 병사이자 세계 가톨릭교의 충분한 자격을 갖춘 대리인인 예수회에 대해 개신교는 강한 적대감을 보였다. 그렇지만 종파 간 적의를 불러일으킨 양편의 차이점들은 당파적인 과장 때문에 왜곡되었다. 예정설, 믿음에 의한 구원, 은총의 본질 등을 둘러싼 격렬한 논쟁은 대부분 학술적 배경에서 신학자와 법률가 사이에 전개되었다. 유럽인 대다수는 현세는 많든 적든 고통을 받는 곳이고 진짜 중요한 삶은 사후에야 시작된다는 데 동의했다. 유럽의 '다른' 기독교도들 — 동방 정교회 신도들 — 도 서방 교회의 진통과 비슷한 논쟁과 개혁을 겪었다. 베네치아와 폴란드, 어쩌면 제노바까지 방문한 콘스탄티노플 총대주교 키릴로스 루카리스Kyrillos Loukaris는 '현혹하는 전통'을 신앙과 성경의 인도로 대체하려 했다 — 그 이유로 1638년 암살당했다. 그로부터 오래지 않아 한 무리의 급진주의자들은 러시아 차르 알렉세이를 설득해 궁정에서 통속적 신심과 이교적 음악을 금지하게 했다. 그들의 개혁으로 모스크바를 '제3의 로마'로 보는 옛 관념이 새로이 활기를 띠긴 했지만, 동방 정교회의 '구교도들'은 한 세기 전에 라틴 기독교권에서 진행된 종교 개혁의 근본적 특징들을 반영하는 개혁 의제들을 거부했다.

전 세계적 개종

1617년 페루에서 리마의 로사Rosa of Lima가 죽자 현지 총독의 호위병은 지나치게 독실한 문상객들이 그녀의 시체를 강탈하지 못하도록 거듭 개입해야 했다. 그녀의 옷 조각을 유물로 가져가려는 그들의 열의가 얼마나 대단했던지 만약 그냥 놔두었다면 시체가 알몸이 되었을 것이다. 로사는 1671년 시성되었다. 페루의 흑인 성인 마르틴 데 포레스Martin de Porres는 치료자, 돌봄자, 돼지와 고양이의 보호자로서 보통 손에 빗자루를 들고 있는 모습으로 묘사되는데, 1639년에 죽었지만 1837년에야 시

성모 마리아의 부모가 예루살렘의 황금문 앞에서 껴안는 장면. 마르틴 알론소 데 메사Martín Alonso de Mesa와 후안 가르시아 살게로Juan García Salguero가 리마에 있는 '성모 마리아의 무원죄 수태 교회'를 위해 1620년경 제작한 작품.

복되었다. 두 사람에 대한 민중의 신심은 시간이 갈수록 깊어졌다. 1531년 토착민 후안 디에고Juan Diego에게 발현한 과달루페의 성모에 대한 신심과 마찬가지로, 이 아메리카인 성인들은 전 세계에서 열망하는 가톨릭교의 새로운 차원을 대표하는 사례였다. 1640년 에스파냐 왕위와 포르투갈 왕위가 분리되기 전까지 '행성왕'이라는 별칭으로 불릴 자격이 있었던 에스파냐의 펠리페 4세는, 브라질의 네덜란드인 개신교도들이나 테르나테의 부유한 술탄국 출신 무슬림 전도자들(1580년대에 필리핀 민다나오섬에 도착했으며, 이들의 후손은 지금도 '무어인'으로 알려져 있다)처럼 교리와 신조가 다른 적들을 마주할 때면 독특한 영성을 바탕으로 섭리에 대한 자신의 호전적인 신

멕시코 탁스코의 산타 프리스카 대성당에 있는 성 마르틴 데 포레스의 형상. 으레 검은 얼굴과 손에 빗자루를 든 모습으로 묘사되는 마르틴 데 포레스는 수도자로 받아들여지기 전에 도미니쿠스회에서 하인으로 신앙생활을 시작했다는 사실을 상기시킨다.

앙을 표출하곤 했다. 네덜란드의 몇 차례 해외 모험사업을 빼면, 대다수 개신교 선교사들은 뒤늦게 선교에 나섰다. 하지만 예외도 있었다. 북아메리카의 알곤킨족을 이스라엘의 잃어버린 지파들 중 하나로 여긴 선교사 존 엘리엇John Eliot은 17세기 뉴잉글랜드에 '기도 타운'을 여럿 건설했다. 이들 타운에서 토착민 목회자들은 무슨 말을 하는지 알아듣지도 못하고 경청하는 회중에게 성서를 읽어주었다.

한동안 프란체스코회와 예수회는 일본에서 놀라운 성공을 거두었다. 그들은 먼저 영주를 개종시킨 다음 그의 추종자와 신민을 기독교화하는 기존의 하향식 모델을 따랐다. 지방 엘리트들과 분리 독립할 가능성이 있는 엘리트들 사이에서 기독교가 확산되자 자연히 외세의 침투를 우려하게 된 쇼군들이 박해에 나섰음에도, 1630년경 일본에는 세례를 받은 기독교도가 10만 명 넘게 있었다. 기독교 사제들이 일본에 처음 도착했을 때만 해도 당국은 그들이 불교 승려들의 권력에 대항하는 유익한 평형추 역할을 할 수 있을 것으로 내다보았다. 그렇지만 16세기 말에 그들은 갈수록 침공의 선봉처럼 보였다. 1597년 노령의 사무라이, 목수, 여러 명의 아이를 포함한 일본인 순교자 스물두 명이 예수회 수사 세 명과 프란체스코회 수사 한 명과 함께 십자가에 못 박혀 처형되었다. 1639년부터 가톨릭교는 불법화되었고 19세기 들어 한참 지나서까지 줄곧 불법이었다.

중국에서는 비슷한 개종 전략을 구사할 수 없었는데, 초점을 맞출 만한 지역 영주들이 없었기 때문이다. 오히려 중국 국가는 강성하고 고도로 중앙 집권화되어 있었다. 중국에서 예수회의 초기 낙관론은 고아를 비롯해 인도 내 포르투갈의 고립 영토들에서 손쉽게 거둔 성공을 빼면 근거가 없는 것이었다. 1522년 중국 앞바다에서 몰래 하선을 준비하던 중 사망한 프란시스코 사비에르는 중국 개종이 장차 일본에서 거둘 성공의 신성한 전조이기를 소망했다. 그러나 예수회의 선교 노력은 비록 시골 농민층 사이에서는 놀라우리만치 높은 개종 비율을 달성하긴 했지만 언제나 부족했다. 관료와 조신 가운데 개종한 이는 드물었고, 황족을 개종시키기란 거의 불가능했다. 개종자에게 조상 숭배, 불교 신심, 일부다처제, 순전한 미신 등을 그만두게 하기는 어려운 것으로 드러났는데, 대체로 이것들을 기독교로 인해 달라진 믿음과 양립할 수 있는 관습으로 여겼기 때문이다. 예수회 수학자이자 지도 제작자로 1583년부터 본격적으로 선교를 시작한 마테오 리치는 관료의 복장을 받아들였고, 깊은 유교 학식, 서양 과학에 대한 강의, 예술·천문·지도 제작 기술로 고위 관료들을 매료시켰다(다만 그의 세계 지도는 약간의 소동을 야기했는데, 관료 계층이 보기에 중국이 너무 작게, 그리고 충분히 세계의 중심이 아닌 위치에 그려져 있었기 때문이다). 그는 중국인 질의자들을 위해 이해하기 쉬운 가톨릭 입문서를 썼고, 1610년 북경에서 죽기 전에 기독교도 공동체를 형성했다. 그러나 그의 끈기 있는 전략은 결국 실패했다. 1644년 중국을 침공해 명나라 왕조를 전복한 만주족의 통치자들은 서양의 기술에 감탄하면서도 이민족의 종교를 피했다. 로마에서는 이른바 '중국식 전례' 논쟁이 일어나 예수회의 그간 노력이 의심을 받고 무색해졌다. 비판자들은 예수회 선교사들이 이교도측과 비정통적이고 기회주의적인 타협을 했다고 공격했다. 예를 들어 하늘나라를 한자 천天으로 번역한 것을 문제삼아 천이 물질적 장소와 지고한 원리 중에 무엇을 의미하냐고 따져 물었다. 예수회 일부가 성인 공경과 유사하다며 옹호한 중국의 조상 숭배가 기독교와 양립할 수 있느냐고도 물었다. 교황 클레멘스 11세는 1704년 그런 교리들을 비난하여 논쟁에 종지부를 찍었다. 20년 후 중국 당국은 더이상 기독교를 전도하지 못하도록 금지했다. 그렇다고 해서 전도가 수반한 문화 교류나 논쟁이 끝났던 것은 아니다. 오히려 예수회의 보고서를 계기로 중국이 유럽인의 상상 속으로 파고들었다. 중국은 찬미자들에게는 본받아야 할 정치적·지적 모델이었던 반면, 회의론자들에게는 피해야 할 모델이었다. 중국을 복음화하려던 가톨릭의 실험이 흔들리는 동안 네덜란드 개신교도들은 말루쿠 제도와 셀레베스섬에서 현지 귀족의 아들들을 위한 학교를 설립하는 등 전도에 공을 들였지만 별반 성공하지 못했다.

아메리카에서는 기독교 전파에 실질적인 진척이 있었다. 전도는 에스파냐 군주국 특유의 방식으로, 즉 도시가 문화의 중심지로 기능하면서 주변 일대에 영향을 끼치는 방식으로 전개되었다. 1521년 과거 아스테카 영토를 정복하는 활동을 완료한 멕시코에서는 열성적이고 호전적인 성직자들이 실질적인 변화를 이루어냈다. 프란체스코회는 토착민 수백만 명에게 세례를 주고, 교리 문답서를 발행하고, 병원을 짓고, 토착민 성직자를 교육할 신학교를 설립했다. 개종 전략을 낙관하던 이 단계에서 거둔 가장 두드러진 성과는 누에바에스파냐의 틀라텔롤코에 성직자 양성을 목표로 산타크루스대학을 설립한 것이었다.

대규모 조직을 갖춘 오래된 토착 종교 전통들이 있는 메소아메리카와 신세계의 다른 지역들에서 섭리주의와 유토피아주의의 분위기는 기독교의 시작을 알리는 전조였다. 성직자들이 개종 대상인 토착민을 파악하고자 수집한 데이터는 그들의 상징과 관념, 신성한 공간, 숭배를 기독교의 용어와 형식에 맞추어 변경한 사례들을 보여준다. 유럽 사람들은 치열하게 논쟁을 벌였다. 예수회 수사 호세 데 아코스타José de Acosta는 아스테카 최고 통치자 몬테수마를 사망에 이르게 하고 잉카 황제 아타우알파를 처형한 일이 기독교의 진출에 악영향을 끼쳤다고 생각했는데, 두 사람을 개종시켰다면 신민들을 개종시키기가 한결 수월했을 것이기 때문이다. 수장들과 그들의 가문을 선교의 최우선 목표로 삼아야 하고, 그들의 '위엄과 권위'를 빼앗거나 그들을 예속시키는 것은 실수라고 그는 생각했다. 토착민 귀족의 적절한 지위와 그들을 개종시키는 방법에 대한 논쟁에서 유럽인은 두 편으로 나뉘었다. 한편은 동화의 가능성을 열어두고 유럽인 정복자와 토착민 계통 여성의 결혼에 찬성한 반면, 반대편은 반란과 불복종(간혹 봉기를 촉발했다)을 우려했다.

양편은 몇 가지 기본적인 가정을 공유했다. 아메리카 토착민을 완전한 인간으로 분류할 수 있다 할지라도, 인류의 파노라마에서 그들에게 알맞은 위치를 확인하고 아리스토텔레스가 말한 이성의 기준에 의거해 그들의 문명을 평가할 필요가 있었다. 그 기준에 부합하는 항목이 적을수록 열등한 문명이었다. 유럽인 누구도 중국인이나 잉카인을 문명인의 반열에서 배제하기를 원하지 않았다. 그러나 숲과 초원에 흩어져 사는 사람들의 경우 과연 문명인인지 덜 분명했다. 식인종은 인류 가운데 최하 등급이었고 합법적으로 전쟁 피해자와 노예로 전락시킬 수 있었다. 1537년 교황 바오로 3세는 교서 「수블리미스 데우스Sublimis Deus」에서 아메리카 토착민에게 그리스도의 신앙을 받아들일 완전한 자격이 있다고 공표했다. 기독교의 과제는 그들에게 "설교를 하고 삶의 모범을 보임으로써" 신앙을 가르치는 것이었다. 이보다 조금 앞서 틀락스칼라의 도미니쿠스회 주교 후안 가르세스Juan Garcés는 이렇게 단언했다. "인디언 아이들은 무어인과 달리 아집을 부리거나 가톨릭 신앙을 불신하지 않는다. 그들

카케타에서 선교사로 일한 예수회 사제 호세 세군도 라이네스José Segundo Lainez가 토착민 의복을 입고 깃털 달린 머리쓰개를 얹은 모습.

은 에스파냐인보다 더 쉽게 배운다."

적어도 에스파냐 군주국에서는 아메리카 토착민에게 자연법의 보호를 받고 위해를 당하지 않을 자격이 있다는 생각이 널리 받아들여졌음에도, 그들을 기독교에 동화시켜야 한다는 생각은 계속 남았다. 그 결과 서로 구분되는 두 공동체—비슷한 법률과 제도를 갖춘 '인디언 공화국'과 '에스파냐인 공화국'—가 확립되었다. 이 체제에 아파르트헤이트나 불평등은 없었다. 오히려 성직자들의 꾸밈없는 목표는, 대대로 유대인과 무어인의 영향에 노출된 탓에 불완전한 기독교 신앙을 갖게 된 유럽인 이주민의 타락상으로부터 토착민의 순수함을 지키는 것이었다. 훌륭한 양치기가 양 떼를 보호하고자 울타리를 치는 것은 합당한 일이었다. '인디언 공화국'의 법률은 '전염'을 막는 수칙으로 가득했다. 그럼에도 두 공동체의 상호 의존과 통혼은 중단되지 않았다. 유럽인 여성은 거의 없었으며, 특히 칠레 같은 변경 지역에서 인종 간 결혼이나 사실혼을 통해 태어난 아이들은 부모의 의심할 바 없는 상속인이 되었다.

전도의 속도와 환경은 다양했다. 예컨대 페루는 멕시코와 달랐다. 페루에서는 정복자들 사이에 내전이 발발해 초기 식민 사회가 1550년까지 혼란에 빠져 있었다. 부왕副王 정부가 통제권을 장악하는 데에도 더 오래 걸렸다. 전반적으로 페루 성직자들은 멕시코 프란체스코회의 유토피아주의를 공유하지 않았다. 그러나 호전적인 선교 교회는 어디서든 대항 종교 개혁의 산물인 제도권 교회와 경쟁하거나 공존할 수밖에 없었다. 수도회들의 책임은 갈수록 늘어났다. 우상 숭배를 근절하려 애쓰는 과정에서 교리를 대충 가르친 뒤 다수에게 한꺼번에 세례를 주는 초기 전도 방법의 결점이 드러났다. 그러자 예수회는 모범 절차를 확립했다. 부왕의 궁정이 있었던 멕시코시티와 리마 같은 도시들에서 예수회는 두 '공화국' 귀족의 자녀를 교육하고 예수회 신입 수사를 양성하기 위해 대학과 학교, 신학교를 세웠다. 그리고 다른 지역들에서는 잘 관리되는 생산성 높은 사유지를 유지함으로써 영향력을 확대했다. 더 먼 곳, 이를테면 파라과이부터 베네수엘라까지 이어지는 브라질의 접경 지역이나, 소노라부터 텍사스까지 이어지는 북부 국경 지대에서 예수회는 곳곳을 누비며 선교를 이어갔으며, 이로써 전도의 가능 범위와 한계를 드러냈다. 1767년 카를로스 3세에 의해 추방될 때까지 예수회는 아메리카의 최전선에서 활약했다.

불교와 이슬람교의 선교

기독교가 전 세계를 무대로 전도하는 동안 다른 종교들도 문화 영역을 넓히고 개혁 운동을 경험했다. 중국에서 불교는 개혁가 운서주굉雲棲袾宏과 감산덕청憨山德清에 힘입어 친숙한 종교, 승려의 전유물이 아니라 민간과 가정에서 수행할 수 있는 종교가 되었다. 평신도도 붓다에게 기도하고, 채식을 실천하고, 사프란색 장삼을 입기 시작했다. 18세기에 팽소승彭紹升은 르네상스 시대 이래 유럽 종교 개혁가들이 했던 것과 꽤 비슷하게, 누구나 실천할 수 있는 기법으로서 묵상과 참선을 장려했다. 그보다 조금 전에 일본에서 승려 게이추契沖는 오래된 가집歌集인 『만엽집萬葉集』의 해설본을 펴내 독자들에게 영적 안내를 제공했다. 학자 모토오리 노리나가本居宣長는 개신교도가 성서에 의존하듯이 『만엽집』을 도덕심을 고양하는 독서의 원천으로 활용했다. 일본에서 기독교가 금지된 것은 불교가 귀족과 상인, 농민 사이에서 확산되는 데 도움이 되었다.

불교 선교의 가장 강한 추동력은 1570년경 몽골로부터 생겨났다. 황허강부터 티베트 가장자리까지 뻗은 영역의 주도인 후허하오터呼和浩特('푸른 도시'라는 뜻)를 건설한 알탄 칸Altan Khan은 이교에도 심취했지만 그보다 정치에 더 힘을 쏟았다. 자신의 권력을 정당화하고 또 중국 서부 국경의 다른 통치자들과 경쟁하는 문명화 사명에 영향을 주기 위해 알탄 칸은 불교를 지원하고, 절을 세우고, 사과나무로 만든 정교한 목판에 새겨진 신성한 텍스트에 대한 연구를 후원했다. 알탄 칸의 요청에 따라 티베트의 통치자요 환생자인 달라이 라마가 1576년과 1586년 몽골을 방문했다. 일부 관습은 근본적으로 개혁되었다. 인신공희와 유혈 의례는 금지되었다. 몽골 샤머니즘에서 샤먼이 불러내는 신령을 형상화한 옹곤ongon은 불태워지고 불상으로 대체되었다. 그러자 귀족이 서둘러 불교를 받아들였고, 이내 귀족 가문의 젊은 승려들이 불경을 번역하는 과제에 자신을 바치기 시작했다. 중국과 티베트의 의술이 샤먼의 주술보다 우월함을 입증한 네이치 토인Neyiči Toyin의 선교에 힘입어 불교는 1630년대에 만주에 진출했다. 1644년 만주족 왕조가 중국을 차지한 이후 불교는 더욱 빠르게 팽창했는데, 만주족 통치자가 불교 선교사들을 새로 정복한 제국을 평화화하는 정치적 과제의 동맹으로 여겼기 때문이다. 그 과정에서 새로운 신들 및 기존의 미신들

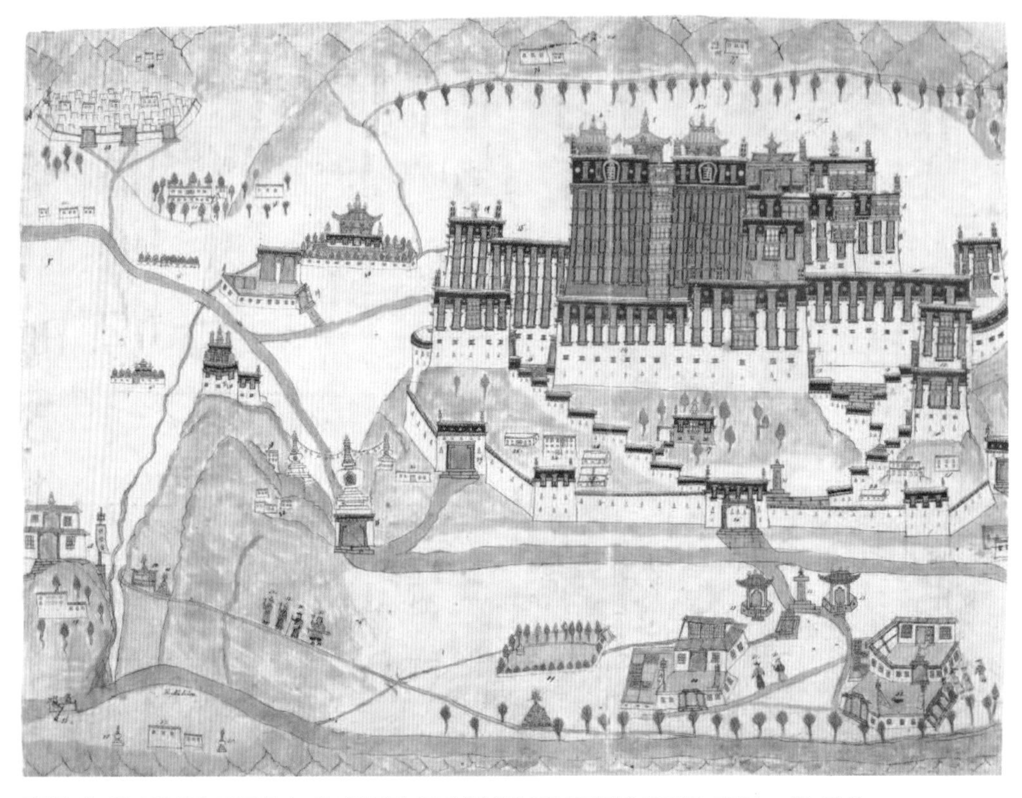

라싸를 대표하는 건축물인 포탈라궁과 조캉 사원 전경. 1850년대 후반 영국 국경 관리 에드먼드 헤이Edmund Hay가 정보 수집의 일환으로 떠돌이 라마승에게 의뢰한 그림.

이 뒤섞였으며, 옹곤을 불태웠음에도 옹곤이 상징했던 자연 숭배는 사라지지 않았다. 종교의 역사에서 부지기수인 사례처럼, 옹곤에서 쫓겨난 신령들이 불교의 사원과 예술품에 자리를 잡는 등 혼합주의가 나타났다.

한편, 이슬람은 동남아시아와 아프리카에서 주로 네 가지 방법으로, 즉 교역, 선교, 성전聖戰, 왕조 간 결혼을 통해 팽창했다. 상인과 선교사가 힘을 합해 전도 경로를 개척했고, 그 경로를 따라 진출한 경건한 무슬림들이 이교도 통치자를 위해 대리인, 관료, 행상, 세관원으로 일했다. 그들이 정착한 곳이면 어디서든 현자와 신비주의자가 뒤이어 나타나 예언자 무함마드의 메시지를 전하고 불신앙의 어둠을 물리치거나 필요한 경우 이교의 흠집을 불로 지져 없애는 과제에 열중했다. 그 과정에서 크게 활약한 수피sufi들은 이교도의 감성에 호소하는 데 능했는데, 감정의 힘과 창조의 성스러움에 민감한 전통을 가지고 있었기 때문이다. 16세기에 인도양을 탐험한 포르투갈 항해자들은 자바와 수마트라의 일부에 이미 단단히 자리잡은 수피들을 발견했다. 훗날 이 지역에서 기독교가 존재감을 키워가는 동안에도 수피들은 특히 자바 중부에서 강력한 술탄들의 지원을 받으며 계속 활동했다. 같은 시기 서아프리카에서는 무슬림 상인들이 현지 귀족 여성들과 결혼을 했는데, 이 지역의 일부다처제는 그들이 네트워크의 범위를 넓히는 데 도움이 되었다. 토착민 지도자가 이끄는 이슬람 종파들이 급증했고, 쿠란 선생과 학자도 크게 늘어났다. 1655년 나이저 강둑에서 생활하던 어느 선생은 "율법, 쿠란 해석, 예언자의 전통, 문법, 구문론, 논리, 수사, 운율"에 관한 수업을 광고했다. 수업료는 학생의 자산 수준에 비례했으며, 오늘날 우리가 비교문헌학이라 부를 법한 방법을 가르쳤다.

종교 혼합주의와 각양각색 결과

종교들이 본래 기원한 장소와 문화로부터 밖으로 퍼져나간 것은 세계화 시대에 교류 확대에 따른 불가피한 결과였다. 그후로 각 종교의 '순수한' 특색을 어떻게 보존할 것인지에 대한 논쟁이 지금까지 계속되고 있다. 오늘날 이를테면 리우데자네이루, 고아, 베네치아의 축제를 살펴보면 공히 사순절 전야에 열리지만, 축제의 세부는 대부분 다르다. 메카 순례를 뜻하는 하지haji를 준비하는 무슬림들은 모두 무함마드가 애초 실천했던 금욕적인 극기를 재연하려 하지만, 그 방식은 지역별로 판이하다. 보존해온 모든 의례, 고수해온 모든 전통에는 변화의 씨앗이 들어 있으며, 모든 공동체는 자기네 정체성에 대한 의식을 반영하여 의례와 전통을 조정한다. 이런 이유로 근래의 여러 연구에서 학자들은 특정 종교와 근대의 새로운 구성원들을 중재한 관례에 초점을 맞추었다. 예컨대 신세계에서 토착민, 물라토, 흑인 공동체는 특정한 소망과 불만을 반영하는 자기네 신심회信心會를 갖추고 있었다. 17세기 잉글랜드 내전기에 출현한 퀘이커파는 독특한 정숙주의 방식으로 내면의 평화를 추구했다. 브라질이나 쿠바의 도망 노예 공동체는 선조들의 과거 아프리카 시절을 떠올리게 하는 관행과 믿음을 보존했다. 대부분의 경우 그런 관행과 믿음에는 기독교적 요소가 섞여 있었다. 이를테면 요루바족의 신 예마야와 성모 마리아를, 또는 기존 신들과 성 갈렙이나 성 바실리오를 섞는 식이었다. 천년왕국 운동은 세상이 끝나기를 열망한 급진적 개신교도들부터 '마지막 세계 황제'를 기다리는 프란체스코회 영성파Spiritual Franciscans, 이와 비슷한 절정 단계를 거쳐 과거의 권력과 자유를 되찾기를 소망한 아메리카 토착민 예언자들에 이르기까지, 다수의 새로운 종교적 국면들을 관통했다. 역설적이게도 기독교와 이슬람교, 불교가 세계종교의 지위로 도약한 시대는 문화의 여러 측면이 세속화된 시대이기도 했다. 그 시대에 과학—세계적 지성이라고 부를 만한 것의 새로운 형태—은 더 뛰어난 문화적 적응력과 더 넓은 호소력을 입증해 보였다.

서양의 과학과 계몽사상

전통적인 설명에 따르면, 근대 과학은 서양, 특히 유럽의 '과학 혁명'과 함께 시작되었다. 그렇지만 전 세계적 관점에서 보면 이 용어의 두 단어 모두 미심쩍다. 자연을 분류하는 새로운 방식, 즉 관찰에 근거하고 이전까지 비주류였거나 실행하지 않은 방법으로 확증하는 방식은 하룻밤 사이에 생겨난 것이 아니었다. 그런 의미에서 과학의 성격이 혁명적이었다고 보기는 어렵다. 과학이 다른 무언가를 희생시키는 '혁명'이 일어났던 것도 아니다. 과학이 세속적 학문이 되기까지 오랜 시간이 걸렸거니와 과학자가 성직자를 대체하지도 않았다. 과학과 종교가 서로 독립적이라는 관념은 (비록 종종 주장되긴 했지만) 19세기 들어서야 비로소 널리 받아들여졌다. 그전에는 대담한 의문이 제기될 경우 이성과 실험으로 도출한 데이터와 계시를 받아 선포한 진리 사이의 대화가 서서히 오랫동안 이어졌다. 니콜라스 스테노Nicolas Steno, 코페르니쿠스, 데카르트, 라이프니츠, 뉴턴 같은 뛰어난 지성의 소유자들은 지구의 나이, 태양계에서의 지구의 위치, 원자론의 증거, 운동의 법칙, 미적분학의 영역, 광학 작용 등을 탐구했다. 그렇지만 이들 중 누구도 종교적으로 도출한 진리의 가치를 무시하지 않았다. 오히려 르네상스 시대 이래 이들과 동시대의 과학적인 사람들의 일관된 생각은, 인류를 포함하는 자연을 관찰을 통해 알 수 있고 그런 앎으로부터 보편적인 법칙을 추론해낼 수 있다는 것이었다.

근대 과학의 출현은 전 세계적 문화 교류의 원인이자 결과였다. 근대 과학은 유럽 팽창의 산물이었는데, 16세기 초부터 유럽으로 쏟아져 들어오는 데이터—분류할 수 없고 심지어 상상할 수도 없었던 새로운 데이터—에 역동적으로 대응하는 과정에서 과학이 출현했기 때문이다. 그렇지만 데이터가 쏟아져 들어온 이 놀라운 현상, 즉 진위를 가려내는 방법에 관한 새로운 합의를 낳은 현상은 같은 시기 세계의 먼 저편에서도 비슷하게 발생했다. 존 로크는 『인간 오성론』에서 시암의 통치자가 네덜란드인 사절과 오후 내내 대화를 나눈 일화를 들려준다(라이프니츠와 흄도 이 일화를 인용했다). 사절은 "물이 충분히 차가워지면 그 위에서 사람이 걸을 수 있습니다. 물이 고체로 단단히 얼어붙으면 그 위에서 코끼리라도 걸을 수 있습니다"라고 말했다. 그러자 왕은 "내 자네를 현명하고 정직한 사람이라 생각해 자네가 들려준 기이한 이야기들을 모두 믿었네. 그런데 이제 보니 자네가 줄곧 거짓말을 했음이 분명하구려"라고 단언했다. 왕에게 얼음은 상상할 수도 없는 물질이었다. 유럽에서와 마찬가지로 아시아 대부분의 지적 분위기는 경험적으로 검증되지 않은 소식을 수용하는 데 적대적이었다. 문화적 편견은 일정한 역할을 했다. 유교가 르네상스를 맞은 중국과 일본, 한국에서는 서양인에게 호의적인 견해가 형성되기 어려웠다. 이를테면 서양인은 조선의 유학자 퇴계 이황이 말한 새나 짐승 같은 범주로 분류되는 족속이었다. 중국 관료들은 고전 문헌을 열심히 학습하면서 겸양의 자세를 배운 터라 17세기 후반 유럽인 사이에 흔했던 상대적으로 무례한 예절을 좋게 보기가 어려웠다.

17세기 후반은 '고대파'와 '근대파'의 논쟁이 가장 치열하게 벌어지던 때였다. 전자는 고대에 미덕이 있으며 고대와 대등해지는 방법은 고대를 모방하는 것뿐이라고 보았다. 반면에 후자는 세상이 진보하므로 새로운 것이 더 낫기 마련이라고 보았다. 르네상스 시대에, 또는 몇몇 측면에서 그 이전에 시작된 논쟁은 1688년 샤를 페로Charles Perrault가 『위대한 왕 루이의 세기Le Siècle de Louis le Grand』를 발표한 일을 계기로 갑자기 치열해졌는데, 여기서 페로는 만약 호메로스가 프랑스 태양왕 루이 14세의 교양 있는 시대에 살았다면 과거보다 더 위대한 작품을 썼을 것이라는 대담한 주장을 폈다. 이 한 가지 사례를 들어 페로는 자기 시대의 미덕이 고전기 그리스와 로마의 미덕을 능가한다는 의견을 표명했다. 단호한 호메로스 옹호자들이 응수했지만, 근대파는 고대의 상아탑이 무너졌다고 선언하고 그 수비대를 풍자하는 작품을 발표했다. 고대파가 가장 좋아한 반격—근대인은 '거인의 어깨 위에 선 난쟁이'에 불과하다—은 12세기에 처음 언명되었지만, 역사와 문학, 과학, 정치사상 분야의 종사자들 사이에서 상호 적대감이 과거 어느 때보다도 강해진 논쟁의 새로운 국면에서 재활용되었다.

유럽의 다른 나라들에서도 논객들이 같은 테마를 놓고 다투었다. 에스파냐에서는 혁신의 필요성을 지지하는 사람들과 '새로운 것은 무엇이든 해롭다'고 역설하는 사람들이 서로 맞섰다. 잉글랜드의 조너선 스위프트는 1704년 『책들의 전투The Battle of the Books』를 펴내 논쟁에 뛰어들었는데, 여기서 고대 저자의 책들과 근대 저자의 책들이 밤중에 왕궁 도서관에서 생명을 얻어 서로 치고받는다고 상상했다.

계몽주의라고 알려진 운동의 정신을 근거로 판단하건대, '새로운 것은 무엇이든 해롭다'라는 스위프트의 경고는 효과가 없었다. 18세기에 이성, 과학, 실용성은 교육받은 유럽인 대다수의 가치관을 지배했다. 18세기가 세계 여행과 탐험에 가속이 붙은 시대, 새로운 관념이나 기법, 기술, 인력 조직법을 시험해본 시대이기도 했던 것은 우연이 아니다. 자연 연구자들은 자신에게 오류가 없다고 확신했고, 자신들이 모든 물음에 답할 수 있을 것으로 예상했다. 지도 제작술의 진전, 이를테면 삼각측량, 순수 수학과 응용 수학, 특히 경도 문제를 해결한 존 해리슨John Harrison의 크로노미터를 비롯해 눈부시게 개선된 도구 등은 세계 지도를 바꾸어놓았다. 학회, 초심자 아카데미, 비공식 살롱과 카페(점점 더 많은 남녀가 참여할 수 있었다)의 교육받은 공중 사이에서는 발명과 발견의 소식—엉뚱하고 놀라울수록 더 열렬히 기대한 소식—을 퍼뜨리는 새로운 방식들이 형태를 갖추었다. 이름에 '가제트Gazette'와 '머큐리Mercury' 같은 단어가 들어간, 갈수록 늘어나는 신문과 정기간행물은 뉴스의 확산을 촉진하는 한편 활기를 더해가는 여론을 전달했다.

계몽주의의 근간은 인간의 완전성에 대한 낙관적 자신감, 아울러 현명한 정책으로 '공적 혜택과 이익'을 보장할 수 있다는 확신이었다. 많은 논자들에 따르면 절대주의적 군주 및 몽매주의적 기독교와 동일시할 수 있는 혼돈의 원리들에 맞서 표명된 계몽의 원리들에 힘입어, 인류는 야만에서 문명으로 나아가는 도정에 있었다. 위대한 에스파냐 군주 카를로스 3세가 사망한 1788년, 항해사 호세 바르가스 폰세José Vargas Ponce는 『마젤란 해협을 통과한 항해 이야기』에서 이런 견해를 역설했다. 잦은 항해로 해운 경로가 한결 안전해졌다고 그는 설명했다. 모래톱과 암초의 위치가 확실하게 기록되었고, 정확한 관찰과 측정이 이루어져 선박이 경로를 벗어나지 않게 되었다. 옛 기법이 개선되고 새 기법이 도입되어 "지난날 상존했던 위험이 사라졌다". "인간의 창의력" 덕에 위험천만한 폭풍을 예견하고 피할 수도 있게 되었다. 저자의 말대로 위대한 탐험가들과 그들의 발견은 "지리 체계를 완성했다". 지구가 속속들이 알려져 그 체계에 더이상 중요한 수정을 가할 수 없을 정도였다. 남은 과제는 잔존하는 불확실성을 없애는 것이었다. 지구를 완벽히 지배하기 위해 인류가 앞으로 해야 할 일이라고는 "정확성의 마지막 정점"에 도달하고 "선조들이 미완으로 남긴 것을 바로잡는" 것이 전부였다. 그렇지만 사적 영역에는 의심이 넘쳐났으며, 바르가스 유의 수사법은 명확한 결과를 얻는 데 따르는 문제들을 거의 감추지 못했다. "자연의 결점을 인위적으로 보완하는 것"은 바르가스의 생각만큼 쉬운 일이 아니었다. 물론 그렇다고 해서 지리학과 지도 제작술의 인상적인 성취를 부인할 수 있는 것은 아니었다.

지표의 실제 배치를 정확하고 점점 더 완전하게 재현한 지리, 오늘날이라면 '계몽 지리'라고 부를 법한 것은, 과학 기관들이 잉글랜드와 프랑스에서 처음 출범한 이후 오래도록 발전해온 과정의 결과였다. 영국 왕립학회는 1660년 건축가이자 천문학 교수인 크리스토퍼 렌Christopher Wren 경이 의장을 맡은 모임에서 저명한 학자 열두 명이 "물리-수학적 실험 지식을 증진하기 위해" 발족했다. 그들이 모토로 채택한 호라티우스의 '누구의 말도 곧이곧대로 받아들이지 마라Nullius in verba'라는 경구는 교권보다 경험의 신뢰도가 더 높다는 생각을 암시했다. 학회 회원들은 오늘날이라면 과학 전문직이라 부를 사람들이었다. 그들은 매주 만나 자연사, 연금술, 화석, 혜성, 천구, 천체 같은 다양한 주제를 논의했다. 그들은 1662년 회보를 발간하기 시작했고 3년 후 『철학 회보Philosophical Transactions』를 창간했다. 처음부터 왕의 후원을 받은 학회는 학문 분야, 교육 분야, 상업 분야 등 다양한 영역의 관심사—탐험과 관련된 주제가 언제나 최우선으로 다루어질 수 있도록 힘쓴 교역 회사들의 관심사를 포함해—를 논할 수 있었다.

유럽 대륙의 중요한 연구 기관으로는 1666년 설립된 프랑스 과학 아카데미와 1667년 설립된 파리 천문대가 있었다. 잉글랜드 왕립학회와 달리 어느 정도 공적 통제를 받은 두 기관 모두 지도와 해도를 개선하고 수정하는 데 주력했다. 프랑스 천문학의 개척자로서 애초 정원사로 직업 생활을 시작했다고 하는 장 피카르Jean Picard

존 바이런John Byron의 1763년 세계 일주 항해기에 묘사된 파타고니아의 거인들. 오른쪽 뱃사람의 상대적으로 작은 몸집은 터무니없는 과장이다.

는 당시 수도원의 원장이었다. 1645년 피카르는 위대한 천문학자 피에르 가상디Pierre Gassendi의 조수로 일하던 중 일식을 관찰하고 고무되어 과학에 뛰어들었다. 그는 렌즈를 이용해 빛의 굴절을 관측하고 새로 개선된 진자시계를 활용해 자오선 간격을 측정했다. 1679년 그는 날짜별로 경도와 위도를 배열한 일련의 표인 『천체력Connaissance des Temps』을 간행하기 시작했다. 이를 뛰어넘는 천체력은 1776년 영국의 『항해력Nautical Almanac』이 간행되기 전까지 없었다. 앞서 말한 진자시계를 발명한 크리스티안 하위헌스Christiaan Huygens는 데카르트의 네덜란드인 제자였다. 1655년 하위헌스는 오리온성운을 발견하고 토성의 위성들을 관측한 이후 지구의 모양이 양극 쪽이 납작하고 적도 쪽이 부푼 회전 타원체라는 이론을 제안했다. 1669년 프랑스 과학아카데미는 사부아 태생 천문학자 조반니 도메니코 카시니Giovanni Domenico Cassini를 새 회원으로 받아들였는데, 그는 볼로냐대학 천문학 교수이자 태양의 외견상 운동과 크기의 변화량에 관한 케플러의 연구를 계승한 학자였다. 카시니는 일식이 발생하는 시기의 차이를 바탕으로 경도를 계산하는 방법을 개선했다.

그렇지만 이내 학회에서 다반사인 대립이 뒤따랐다. 카시니는 피카르를 적대하고 하위헌스를 공격했다. 카시니의 뛰어나고 자기중심적인 지도 아래 과학 아카데미는 프랑스와 세계의 지도를 전례 없는 정확도로 제작하기 위해 경도와 위도 데이터를 수집하는 데 주력했다. 파리 천문대의 서쪽 탑 3층에 카시니는 10도 간격으로 경도선과 위도선이 그려진 7미터 너비의 세계 지도를 펼쳐놓았다. 그리고 중요한 장소의 경도와 위도에 관한 신뢰할 만한 보고가 들어올 때마다 세계 지도에 적절한 데이터를 추가했다. 그 결과물은 파리 천문대의 한계와 천문학적 발견을 지상의 측정법으로 확인할 수 없는 실정 때문에 왜곡되었다. 그럼에도 경험적 원리에 의거해 정량화와 검증이 가능하도록 수행한 이 프로젝트는 과학의 역사에서 비할 바 없이 중요한 사업이었다. 카시니는 가이아나, 이집트, 카리브해, 대서양 벽지를 목적지로 하는 탐험에 관한 안내서를 발행했다. 마다가스카르, 시암, 중국의 예수회 선교사들은 카시니에게 데이터를 보냈다. 국제 협업은 프로젝트의 전제 조건이었다. 영국 천문학자 에드먼드 핼리Edmund Halley는 희망봉에서 도움을 주었고, 장 드 테베노Jean de Thévenot는 고아에서 유익한 관측 자료를 보내주었다. 지도 제작자들의 진척 상황을 확인하고자 천문대를 방문한 '태양왕' 루이 14세는 호기심이 동해 세계 지도 위를 성큼성큼 걸어 다니면서 여러 장소를 자신의 발로 가리켰다.

지도 제작과 탐험에서 비롯되는 문제들은 국가 간의 온갖 경쟁을 부추기는 정치적 쟁점이 되었다. 지구의 크기 및 형태와 관련된 난제를 해결하기 위해 전문가들은 이론에서 실천으로 눈길을 돌려 천문학, 역학, 지구물리학, 공학 분야의 신기술을 적용했다. 1615년 지구의 크기를 완벽하게 계산하려던 측지학의 아버지 빌레브로르트 스넬Willebrord Snell은 지구가 완벽한 구체라고 가정했다. 그렇지만 프랑스 과학 아카데미는 세계 지표의 여러 장소에서 측정한 자오선 1도의 길이들 사이에 차이가 있다는 이유로 지구의 양극 쪽이 팽창해 있을 가능성을 제시했다. 반면에 뉴턴의 운동 법칙은 회전 축에서 바깥쪽으로 작용하는 힘 때문에 지구의 적도 부근이 부풀어 있을 것으로 예측했다. 영국과 프랑스의 예측 경쟁은 1730년대에 프랑스의 주도 아래 라플란드와 에콰도르까지 고생스레 원정대를 보내 자오선 1도의 길이를 측정한 결과, 뉴턴의 승리로 끝이 났다. 라플란드 원정은 피에르 루이 드 모페르튀이Pierre Louis de Maupertuis가 주도했고, 에콰도르 원정은 샤를 드 라 콩다민Charles de La Condamine, 피에르 부게Pierre Bouguer, 루이 고댕Louis Godin, 조제프 드 쥐시외Joseph de Jussieu가 에스파냐의 두 과학 영재이자 해군 장교 후보생인 호르헤 후안Jorge Juan과 안토니오 데 울로아Antonio de Ulloa의 보조를 받아 수행했다. 지구가 완벽한 구체가 아니라는 것이 입증되자 그간의 소동을 요약하는 '새로운 지리'라는 표현이 생겨났다.

기대치는 더욱 높아졌다. 18세기 중엽에 이르자 누구나 예컨대 바다에서 경도를 어떻게 알아내느냐 하는 지극히 심각한 문제의 해결책이 금방 나올 것이라 내다보았다. 잘 모르는 먼 바다에서의 해상 교역이 갈수록 늘어나던 시대에 해운업을 보호하려면 항해사가 해도에 표시된 위험 요소들과 관련해 자신의 위치를 반드시 알아낼 수 있어야 했다. 항해한 거리를 측정하는 기존 방법들은 모호하고 일관성 없는 결과를 낳았다. 16세기 이래 유럽 군주들은 큰 보상을 약속하며 누구든 이 문제를 해결할 수 있도록 유도했다. 이론상으로는 측시학을 활용해 두 지점의 시간 차, 예컨대 선박이 있는 지점과 출발항 또는 합의된 자오선 사이의 시간 차를 알면 경도를 구할 수 있었다. 그러자면 해상에서 시간을 정확히 알 수 있어야 했지만, 완벽한 정밀도를 갖추었거나 선박의 움직임에 영향을 받지 않는 항해용 시계는 당시 시계 제작자들의 기술 수준을 넘어서는 것으로 보였다. 그러던 중 1760년대에 교육을 별로 받지 못한 잉글랜드 시계공 존 해리슨이 꼭 필요한 혁신적 요소들을 갖춘 크로노미터를 고안해냈다. 그후로는 크로노미터가 제대로 작동하지 않을 위험이 항해를 괴롭혔으며, 항해사는 방심하지 않고 크로노미터를 끊임없이 점검해야 했다.

18세기 초에는 정복할 수 없을 것처럼 보이는 두 가지 제약이 과학을 가로막았다. 바로 괴혈병과 말라리아였다. 두 질병은 장거리 항해와 열대 원정의 사망률을 높여 탐험을 방해했다. 말라리아는 기나나무의 껍질에서 얻는 퀴닌 분말로 치료할 수 있었지만, 괴혈병을 치료하거나 예방할 방법은 알려져 있지 않았다. 그러나 많은 경우 외견상 폭력이나 반란, 절망 때문에 일어난 듯한 해난에 관한 보고서들의 행간에는 사실 괴혈병이 도사리고 있었다. 1569년 캘리포니아와 태평양을 탐험한 세바스티안 비스카이노Sebastián Vizcaíno는 "이 질병을 막는 약물이나 인위적 조치는 존재하지 않으며 오직 풍부하고 신선한 음식만이 치료에 도움이 될 수 있다"라고 기록했다. 1740년부터 1744년까지 조지 앤슨George Anson은 이른바 '젠킨스의 귀 전쟁'[1739년부터 1748년까지 벌어진 영국과 에스파냐의 해상 패권 전쟁으로, 에스파냐 당국에 나포된 뒤 귀가 잘린 영국 상선 선장 로버트 젠킨스의 이름에서 유래했다—옮긴이] 기간에 세계를 일주했다. 앤슨은 마닐라 갤리온[에스파냐의 무역선—옮긴이]을 나포했지만, 함께 항해한 선원 1900명 중 1400명을 괴혈병, 각기병, 실명, "정신박약, 광기, 경련"으로 잃었다.

이 사망률은 경각심을 불러일으키고 체계적인 연구를 자극했으며, 그 과정에서 카리브해를 다녀온 경험이 있는 해군 군의관 제임스 린드James Lind가 바닷물, 황산 용액, 그리고 마늘과 겨자, 서양고추냉이, 퀴닌, 액상 몰약을 섞은 혼합물 등을 포함하는 열두 가지 항해 치료법을 시도했다. 피실험자들은 모두 같은 음식을 먹었다. 아침 식사로는 설탕을 넣은 죽, 점심 식사로는 양고기 수프나 선원용 건빵을 곁들인 푸딩, 저녁 식사로는 보리와 건포도, 또는 쌀과 까치밥나무 열매, 또는 고기 스튜가 나왔다. 환자 한 명은 공복에 사과주 1파인트와 황산 용액을 먹었다. 다른 두 명은 매일 식초 두 스푼과 죽만 먹었다. 가장 고통스러워하는 환자는 바닷물을 마셨고, 다른 두 명은 매일 오렌지 두 개와 레몬 한 개를 받았다. 나머지는 겨자 혼합물을 받았다. 린드에 따르면, 오렌지와 레몬을 먹은 두 환자는 놀라우리만치 회복되어 곧바로 업무에 복귀할 수 있었다. 그리고 더 기적적이게도 둘 다 죽지 않았다. 린드가 검증한 예방법은 1760년대에 제임스 쿡 선장이 적용한 엄격한 선상 위생과 결합하여 괴혈병의 발생을 막는 데 이바지했다.

괴혈병 외에 계몽 과학에 굴복한 질병은 두창뿐이었다. 이는 오스만 제국 주재 영국 대사의 부인 메리 워틀리 몬터규Mary Wortley Montagu가 현지에서 배운 민속 의술인 인두법을 유럽에 도입한 결과였다. 하지만 16세기 의사 파라셀수스의 추종자들이 개시한, 경험적 방법을 지지하는 도전에도 불구하고, 의학은 여전히 고대 히포크라테스와 갈레노스의 학설에서 벗어나지 못하고 있었으며, 의사는 사람을 치료하는 만큼이나 죽일 공산이 컸다. 그렇지만 다른 과학들은 계속 성과를 냈다. 그중 가장 뛰어난 성과로는 1783년 앙투안 라부아지에가 산소를 분리한 것과 1768년 라차로 스팔란차니Lazzaro Spallanzani가 미생물의 발생을 관찰한 것이 있다. 스팔란차니는 생물 자연 발생설을 의심함으로써 창조주에 대한 믿음을 되살리는 한편, 19세기 세균설의 발전을 예고했던 것으로 보인다.

한편, 1751년부터 1772년까지 본문 17권과 도판 11권으로 계몽사상을 집대성한

런던 서더크에 있었던 레버 박물관Leverian Museum의 실내 경관. 1806년 해체되기 전까지 이곳은 세계 각지의 진기한 물품들을 소장한 가장 흥미로운 유럽 박물관 중 하나였다. 설립자 애슈턴 레버Ashton Lever는 물품과 표본 다수를 쿡 선장에게서 수집했다.

유명한 출판물『백과전서: 과학·기술·공예에 관한 이성적 사전』은 '발견하려는 열의'를 당대의 과잉 중 하나로 비난했다. 출간 기획을 총괄한 편집장 드니 디드로는 "장거리 탐험은 새로운 야만적 유목민 세대를 낳았다"면서, 그들을 가리켜 "너무 많은 땅을 본 나머지 결국 어디에도 속하지 않는, 바닷물의 표면에 사는 양서류 같은 사람들", 뿌리 또는 도덕이 없는 사람들이라고 역설했다. 디드로는 계몽주의의 '평신도 대사제', 이 운동의 공리주의적 가치관과 세속주의, 당국 비판의 대변인으로 칭송받은 인물이다. 그런 까닭에 디드로의 견해는 흥미로운 문제를 제기한다. 만약 유럽 탐험가들이 먼 바다에서 온갖 고난을 겪은 뒤 귀환해 자신이 목격한 놀라운 사람들을 매도했다면, 그들은 분명 실패했다는 평가를 받았을 것이다. 그래서 그들 다수는 거짓말을 했다. 그 결과, 르네상스 시대부터 '고결한 야만인'이라는 관념이 서양인의 마음속에 자리잡기 시작했다. 사라졌다고들 하는 과거의 황금시대를 투영한 그 야만인은 서양인이 오리노코 강둑이나 통가의 해변, 알래스카의 빙원에서 봤다고 생각한 가상의 인물이었다. 1719년 출간된『로빈슨 크루소』에서 대니얼 디포는 이 관념과 이것에서 영감을 받은 서사를 포착하여 서양인 주인공이 원주민 프라이데이Friday를 식인종으로부터 구출해 하인으로 삼고 일종의 또다른 자아로 재형성하는 이야기를 썼다. 쿡 선장이 1779년 하와이 해변에서 찔려 죽기 전에 말했다는 '맨 처음 보는 사람'이 되려는 욕망은, 다른 곳으로 향하는 독자의 시선을 놀라운 사건으로 돌려놓는, 태곳적부터 여행 문학을 뒤덮은 신비감과 불가분한 것이었다. 탐험가들의 진실성은 언제나 미심쩍다. 그러나 우리는 그들의 텍스트가 어쩌면 기만적일지 모른다고 생각하면서도, 마치 모든 왜곡을 바로잡을 만큼 강력한 렌즈인 양 여행 문학을 지금까지도 읽고 있다.

동양의 계몽사상

산업화 이전까지 동양과 서양의 관계는 한결같았다. 유럽 및 아메리카와 비교해 동양과 아시아 남쪽 가장자리의 경제들이 더 부유했고, 그곳 국가들이 더 강력했다. 그렇기는 해도 영향의 교환과 문화의 수렴이 서서히 이루어진 중간 단계를 살펴볼 필요가 있다. 예컨대 17세기에 중국 관료들은 예수회의 천문학에 매료되었고, 그 천문학에 의거해 지상과 천상의 조화가, 따라서 국가의 성공이 달려 있는 신성한 의례의 일정을 조정했다. 예수회의 보고서를 접한 라이프니츠는 1697년 펴낸 저서에서 유럽 독자들을 위해 '중국발 소식'을 갱신하고 중국인이 비록 물리학과 수학에서는 더이상 아닐지라도 가치관과 도덕, 정치에서 유럽인보다 우위에 있다고 단언했다. 친중국 견해를 공유한 볼테르는 중국의 극작품 「조씨 고아趙氏孤兒」를 「중국 고아L'Orphelin de la Chine」로 각색했고, 자신이 혐오하는 기성 종교들의 대안으로 유교를 권했다. 준수할 수 있는 질서, 합리성, 우주를 이해할 가능성을 믿는 데 더해 학식을 존중하는 중국은 볼테르에게 문명의 명백한 요소들을 구현한 나라로 보였다. 프랑수아 케네François Quesnay 역시 중국 정치체에 매료되어 유교가 전제정을 억제한다고 생각했고, 민중의 풍족하고 건강한 삶의 질이라는 중요한 척도로 중국이 얼마나 선정善政을 펴는지를 가늠할 수 있다고 보았다. 그렇지만 이른바 '계몽적 전제정'의 반대자들은 중국 왕조의 절대주의를 선호하는 케네와 볼테르를 풍자하면서 유럽 법률 체계보다 중국 법률 체계에서 가차없는 처벌과 고문을 더 일반적이고도 잔인하게 자행한다고 지적했다. 법치와 삼권 분립, 제한된 정부를 옹호한 몽테스키외는 유럽과 달리 동아시아는 전제정을 낳기 쉽다고 생각했다.

유럽의 계몽된 공중은 중국의 이국적인 풍물—자기, 차, 직물, 칠기, 폭죽, 심지어 찻집을 짓거나 다층탑을 세우는 것이 크게 유행한 공원까지—을 좋아하는 취향에도 굴복했다. 왕궁과 귀족 대저택의 거주자들은 중국에서 영감을 받은 자기류와 벽지에 둘러싸여 지냈다. 일본과 인도도 실내 장식에 비슷한 영향을 주었다. 네덜란드 동인도회사 소속으로 일본 나가사키에서 체류한 엥겔베르트 캠퍼Engelbert Kämpfer는 일본의 가혹한 형벌을 비판하면서도 낮은 과세율을 칭찬함으로써 일본의 제도에 대한 호기심을 자극했다. 특히 낮은 과세 수준은 유럽의 계몽주의 경제사상가들이 몰두하는 주제가 되었다. 애덤 스미스는 자유를 침해하고 시장을 왜곡한다는 이유로 조세를 '얼마간 유해한' 것으로 보았다. 몽테스키외는 일본을 동양적 전제정의 악덕을 구현한 실례로 여긴 반면, 볼테르는 일본 국가의 법률이 (아마도 환경의 이로운 영향 덕분에) 자연의 법칙을 구현한 것으로 보인다고 지적했다. 볼테르가 보기에 "세계에서 으뜸가는 입법자, 철학자, 신학자"인 브라만 계층이 다스리는 인도는 일본보다도 더 나은 모델이었다. 페르시아와 오스만 제국도 유럽 소비자들에게 이국적인 이미지와 유럽 방식의 대안을 제공했다. 예컨대 몽테스키외의 『페르시아인의 편지』나 모차르트의 〈후궁 탈출〉은 전제정에 대한 비판과 동양의 관대함 및 명민함에 대한 찬사를 결합함으로써 19세기의 오리엔탈리즘을 예고했다. 서양의 일부 관찰자들은 오스만 제국이 종교적 관용을 베풀고 법률을 존중하고 교역을 장려한다고 보았다. 그렇지만 전반적으로 술탄의 전제정, 고분고분한 신민, 심각한 정치적 부패에 대한 부정적인 의견이 호의적인 판단보다 우세했다.

모든 것을 고려할 때, 유럽인은 아시아로부터 배울 것이 아시아에 가르칠 것보다 더 많았다. 예수회는 중국 황제에게 에우클레이데스의 기하학 저술을 가르칠 수는 있었지만 자기네 표준 교육 과정에 도취된 중국인에게는 거의 영향을 주지 못했다. 중국 황제들은 예수회의 천문학자, 지도 제작자, 화가, 시계공, 수력 공학자, 총기 제작자에게 감탄하면서도, 서양의 모델을 매우 선별적으로 수용했다. 1793년 영국 사절단이 지구의, 크로노미터, 과학 기구, 원형적 산업 제품 등 감탄을 자아낼 만한 물건을 잔뜩 가지고 중국에 도착했지만, 청나라 건륭제는 영국 사절이 삼궤구고두三跪九叩頭[황제를 알현할 때 세 번 절하고 아홉 번 머리를 땅에 조아리는 예—옮긴이]를 행하지 않으려는 것을 미개한 태도로 해석했다. 영국 사절단에 대한 중국의 공식 판단은 "그들은 중국이 원하는 것을 아무것도 가지고 있지 않다"는 것과 "궁정에 상주하게 해달라는 청을 거부한다"는 것이었다. 일본은 네덜란드인—엄격한 제약을 받긴 했지만 일본에서 유일하게 교역을 허가받은 유럽인—을 통해 접한 서양 과학의 몇 가지 측면에, 특히 식물학과 천문학에 더 관심을 보였다. 일본에서 유교의 부흥은 경험주의를 칭송하는 일종의 대항 문화를 자극했으며, 이시다 바이간石田梅巖의 경우 모든 인간의 평등에 관한 이론을 개진하기까지 했다. 한국과 베트남의 경험주의자들도 중국의 우세한 영향에 반발했지만, 서양의 영향을 직접 받아들인 경우는 거의 없었다.

괴물로 들어가기: 혁명의 이념과 나폴레옹의 이념

알렉시 드 토크빌은 프랑스 혁명으로 사회가 파괴되지 않았더라면 프랑스가 영국보다 먼저 산업 시대의 선두로 나섰을 것이라고 지적했다. 자신의 세계를 잃어버린 이 교양 있는 지방 귀족의 시각에서 보면, 프랑스 혁명은 사회로부터 유익한 인력과 필요한 제도를 앗아간 야만적인 폭거였다.

계몽주의와 프랑스 혁명의 관계는 복잡하다. 두 용어는 서로 거북하게 양립하던 특징과 사건의 집합들을 포함한다. 계몽주의가 프랑스 혁명으로 이어졌다는 것은 성급한 가정이다. 계몽주의의 경우, 한편에는 세속성이 뚜렷한 이신론적·자연주의적 계몽주의가 있었다. 그러나 지중해 연안에는 계몽주의의 다른 갈래, 즉 가톨릭 편에서 교황에게 경의를 표하는 한편 바로크 시대로부터 물려받은 감수성으로 마술을 경계하고 저주를 거는 눈에 주의하는 갈래가 있었다. 이 갈래의 성취로는 밀라노 사람 체사레 베카리아의 저서 『범죄와 형벌Dei delitti e delle pene』(1764)에 얼마간 힘입은 고문 폐지와, 나폴리의 기인으로 온건하고 이성적인 '인간의 시대'를 꿈꾼 잠바티

스타 비코의 비전이 있다. 북유럽에도 한편에는 인간 행위 능력의 무한한 가능성을 굳게 믿은 불굴의 낙관주의자들이 있었지만, 다른 한편에는 주로 이신론적 철학자들 사이에 당대의 '대가들'과 권위자들에 대한 신뢰를 보류한 비관주의자들이 있었다. 장자크 루소는 모든 정부情婦를 버리고 모든 친구와 절교하며 열심히 살아간, 당대의 가장 영향력 있는 사상가 중 한 명이었다. 1750년 공모전에서 수상한 논문에서 루소는 예술과 과학이 인류를 개선했음을 부인하고 사회 변화와 문명이 원시적 선량함을 타락시켰다고 주장했다. 루소의 추종자들은 북아메리카 오대호의 휴런족과 남태평양의 '미개인'을 예로 들었는데, 여러 탐험가와 선원이 관찰한 바에 따르면 그들은 자유연애—잊지 말자—를 포함하는 자연적 지복 상태에 있었다. 루소의 추종자들에게 사회란 형제애를 공유하고 '공동선'이라는 추상적 원리의 인도를 받고 '일반 의지'에 복종하는 시민으로서 서로 연결되어 있는 개인들의 총체였다. 누구든 일반 의지를 따르기를 거부하는 사람은 "자유로워지도록 강제해야" 했다.[일반 의지에 복종하도록 강제해야 한다는 의미—옮긴이] 후대 사상가들은 타인의 자유를 침해하지 않는 한 개인의 자유는 무한하다고 지적했지만, 루소의 급진주의는 누구든 호소할 수 있는 사상으로 줄곧 남아 있었다. 예컨대 먼저 불의와 무지, 부패를 이유로 절대군주들을 권좌에서 몰아낸 정치적 분쟁에서, 그리고 훗날 이른바 고결한 야만인과 타락한 문명인을 대비한 더 폭넓은 문화적 투쟁에서 루소의 사상이 주장의 근거로 제시되었다.

한편, 1789년 7월 14일 프랑스 파리에서 스스로를 국민이라 부르는 성난 군중이 바스티유 감옥을 습격했다. 이 사건은 위대한 해방으로 알려진 대혁명의 신화적인 시발점이 되었다. 보통사람과 일종의 고결한 야만인—공동선을 추구하는 '국민'의 도움을 받아 선천적인 선량함을 발현할 수 있는—을 동일시한 루소의 사상이 이 사건에 영향을 주었다. 정도에서 벗어난 귀족을 수감해오던(악명이 자자했던 수감자들 중에 사드 후작도 있었다) 바스티유 감옥은 군중의 습격으로 텅 비었다. 왕실 금고는 실정으로 재정을 탕진한데다 미국 독립 전쟁과 흉작으로 인한 궁핍에 개입하느라 더욱 악화되어 이미 텅 비어 있었다. 1789년 5월 루이 16세는 재정 위기를 타개하고자 1614년 이래 휴면 상태였던 프랑스의 대의기구인 삼부회를 소집했다. 이로써 실험적인—따라서 예측할 수 없는—정치적 과정이 시작되었다. 그 과정은 엘리트층 내부의 반발, 온건 단계, 급진 단계, 전체주의적 절정이라는 네 단계를 거쳤다. 18세기 막바지에 프랑스는 변화를 서술하는 인간 사회의 방식에 새로운 종류의 서사를 도입했다. 바로 혁명이었다.

혁명revolution의 어원인 라틴어 'revolútĭo'는 '원래 자리로 되돌아가는 행위'를 의미한다. 그러나 삼부회에 소집된 대표들은 비통한 기억으로 무장하고 있었고, 한자리에 모이기 무섭게 국민의 일반 의지를 해석할 권한을 부여받은 '국민의회'를 자처하고 나섰다. 그 시점부터 짧은 간격으로 사건이 연이어 발생해 결국 신의 선택을 받은 국왕이 아닌 국민의 주권이 선포되기에 이르렀다. 전체 네 단계 중 처음 세 단계에 해당하는 기간 동안 교회가 민법의 적용을 받게 되었고, 성직자와 귀족이 처형되었으며, 마침내 군주정이 폐지되었다. 1793년 1월 21일 루이 16세가 단두대에서 처형된 일은 이제 군주정 폐지를 돌이킬 수 없음을 상징하는 사건이었다. 마지막 단계에 귀족, 사제, 군인, 기능공, 농민, 남성, 여성 등 점점 많은 사람들이 혁명기 공포 정치의 희생양이 되는 동안 군주국 동맹—오스트리아, 프로이센, 에스파냐—이 프랑스를 상대로 전쟁을 선포했다. 프랑스 공화국이 모든 전선에서 침략국들과 싸우는 동안 '공안위원회'는 비상사태에서 자의적인 재판으로 반혁명 혐의자들을 사형에 처했다. 당시 국면의 경찰국가, 효율적인 검열, 국가 테러리즘은 서구의 역사에서 전례가 없는 즉흥적인 제도였다. 1794년 7월에만 1584명이 단두대에서 처형되었다.

과학은 움츠러들지 않았다. 연구자들은 단두대에서 잘린 머리들이 7초 동안 의식을 유지한다는 사실을 확인했다. 같은 해에 공화국은 에콜 폴리테크니크École Polytechnique를 설립해 민간과 군사 공학자의 양성에 엄청난 영향을 끼쳤다. 계몽주의가 낳은 인물들 중 일부는 혁명가로 부상했으며, 그중 코르시카 출신 포병 장교 나폴레옹 보나파르트는 당시 상황에서 자신을 운명과 역사를 실현할 '스트롱맨'으로 인식했다. 그는 1799년 쿠데타를 일으켜 군사 독재자가 되었고, 1804년 '신의 은총' 덕분이 아니라 자력으로 황제로 즉위했다. 그는 이탈리아와 이집트 원정에서 지상전의 천재성을 유감없이 발휘한 터였다. 그렇지만 해군 문제, 지정학, 세계 전략에 대한 이해에서 천재성만큼이나 뚜렷한 약점이 있었고, 정치와 전쟁에서 갈수록 카리스마적 지도력 유형의 한계를 드러냈다.

나폴레옹은 혁명적 이상의 이름으로 대군을 동원했고, 장악한 지역들에서 균일한 행정과 군사적 규율을 강요했다. 또한 기하학적이고 합리적인 선을 따라 지역 간 경계를 수정하고, 융통성 없는 법률을 적용하고, 교회를 복종시키고, 행정 기구를 수립해 상대에게 굴욕을 주는 방식으로 자신의 선전을 퍼뜨리는 한편 피정복민의 문화재를 체계적으로 약탈했다. 그는 잉글랜드와 프랑스 사이에 오래도록 이어져온 전쟁의 마지막 장을 열었고, 1794년 혁명가들이 폐지했던 노예제를 프랑스령 카리브해에 강요하려 했으며, 오스트리아, 러시아, 에스파냐를 비롯한 우방과 동맹국을 마음 내키는 대로 여러 차례 배신했다. 1814년 처음으로 패한 뒤 이탈리아 엘바섬에 유배되었다가 가까스로 탈출한 나폴레옹은 프랑스에서 마지막 '100일' 통치를 재개했다. 하지만 그의 운은 1815년 6월 18일 벨기에 워털루에서 벌어진 전투를 넘지 못했다. 전투 초기 나폴레옹은 적장 웰링턴 공의 예비대 투입을 유도하고자 적군의 우익과 교전했다. 그다음 무시무시한 프랑스 기병대가 중앙 우측의 영국군, 네덜란드군, 독일군[하노버 왕국, 브라운슈바이크 공국, 나사우 공국의 병력—옮긴이]을 정면에서 공격했다. 마침내 좌측에서 프로이센 증원군이 나타나 "사정없이 해치워라" 하고 외치며 프랑스군 예비대를 압도했다. 케임브리지대학 졸업생으로 훗날 성직자가 되는 윌리엄 리크William Leeke는 고작 열일곱 살의 나이에 제52경보병연대의 소위로서 워털루 전투를 경험했다. 회고록에서 그는 당시 전황을 이렇게 회상했다.

아이티 혁명의 가장 유명한 지도자 투생 루베르튀르가 포로로 잡혀 투옥되기 전에 그를 프랑스의 영웅으로 묘사한 1802년의 대중적 판화.

자크루이 다비드의 〈나폴레옹의 대관식〉. 교황에게서 왕관을 건네받아 직접 머리에 얹은 나폴레옹이 특유의 허세를 부리며 황후에게도 왕관을 씌워주고 있다.

연속 포격에 앞서 대기하는 것 외에 할일이 전혀 없는 것은 교전중인 병사에게 생길 수 있는 가장 불쾌한 일이다. 나는 우리 위로 발사하는 아군 포탄의 궤도를 자주 눈으로 쫓으려 했다. 당신 머리 위를 지나가는 포탄을 쫓는 것보다는, 비록 가끔 발생하는 일이기는 해도 당신을 향해 날아오는 포탄을 찾아내는 편이 훨씬 더 쉽다.

리크는 자신의 경험을 돌이켜 상술할 만큼 오래 살았다. 나폴레옹도 마찬가지였다. 하지만 나폴레옹은 영광을 얻는 데 전념했던 시절이 지나간 이후 원하던 대로 잉글랜드의 평온한 시골로 은퇴하지 못하고 남대서양의 외딴섬 세인트헬레나로 유배되어 말년을 보내야 했다.

낭만주의

만약 역사의 법칙 같은 것이 있다면, 그것은 아마도 순환적 변화, 삶의 모든 것이 처음과 거의 똑같이 끝나는 변화의 법칙일 것이다. 그런 이유로 르네상스 시대를 사로잡았던 질문—사람들의 행동과 역학을 포함하는 자연이라는 책을 어떻게 읽을 것인가—이 계몽주의 시대에도 다시 제기되었다. 그러다 19세기 초에 이르러 전통과 혁신, 르네상스와 계몽주의가 섞인 새로운 감성, 나아가 이성의 노예가 되는 데 저항하고, 감정을 존중하고, 자연에 감응하고, 인간성을 넘어 야생성과 야만 상태에서 아름다움을 발견하는 감성이 형태를 갖추었다. 이 감성은 개인의 정서와 창조적 자율성을 고양시킨 예술 및 문학과 관련하여 낭만주의라는 이름을 얻었다. 이성에 대한 온갖 낙관론과 확신에도 불구하고, 에스파냐의 위대한 화가 프란시스코 고야의 표현대로 "이성의 잠은 괴물들을 낳는다". 그 괴물들은 정치적인 것—가령 에드먼드 버크가 우려하는 시선으로 주시한 프랑스 혁명과 같은 혁명—일 수도 있다. 이신론과 무신론 같은 종교의 변형일 수도 있다. 이른바 산업 혁명과 함께 시작된 기계화 역시 분명한 탈선 현상을 야기했다. 일례로 19세기 초 러다이트 운동은 직공들로부터 일자리와 생계를 빼앗으려 드는 방적기와 직조기를 파괴했다.

낭만주의 시대에 이성은 감정이라는 완충제에 부딪혔고, 자연으로 돌아가려 하고 낭만적 숭고라는 이상을 좇는 사람들에 의해 견제 받았다. 낭만주의자들은 상상, 직관, 영감에 더해 심지어 정념까지도 자유롭고 가치 있는 행동의 길잡이로 재평가했다. 그들은 인간의 소산보다 자연의 소산이 더 우월하다고 보았다. 그림 같은 경치—묘사할 가치가 있는 경치—를 찾아 그들은 산을 오르고, 화산을 들여다보고, 전 세계의 섬과 황무지, 숲, 내륙 벽지를 탐험했다. 그들에게 자연과의 조우는 비이성적이거나 초이성적인 열정에 대한 이끌림과 불가분한 것이었다. 그런 열정의 예로는 가정된 차이와 상상된 타자성에 집착하는, '민족'정신에 대한 숭배나 본질주의적 민족주

오리노코강 인근 '정글 오두막'에 있는 '여행의 대가' 알렉산더 폰 훔볼트와 기진맥진한 조수 에메 봉플랑. 에두아르트 엔더의 그림. 뒤죽박죽인 표본과 과학 기구가 흡사 약탈품처럼 보인다.

의에 대한 헌신이 있었다.

그럼에도 상반된 추세들은 공존했다. 한편에는 보편주의적 가치관을 추구하는 추세가, 다른 한편에는 낯선 것에 이끌리는 추세가 있었다. 두 추세의 공존을 대표하는 인물로는 프로이센 출신 '여행의 대가' 알렉산더 폰 훔볼트가 있다. 저서 『코스모스Kosmos』—세계를 온전히 기술하려는 시도—를 쓰기 위해 훔볼트는 여러 대륙을 샅샅이 훑었다. 1845년부터 1862년까지 조금씩 발표된 이 저작의 목표는 저자의 말대로 "다양성 속의 통일성을 인식하고, 과거의 발견으로 드러난 개개의 측면들을 모두 이해하고, 전체를 놓치지 않으면서도 현상들을 따로따로 판단하고, 외피로 덮여 있는 자연의 본질을 파악하는 것"이었다. 훔볼트는 단순히 관찰하는 데 그치지 않고 인류와 나머지 자연의 관계를 이해하려 했다. 그의 시대가 남긴 위대한 유산은 인류와 자연이 서로 불가분하다는 원리의 지혜를 인정했다는 것이다.

CHAPTER
10

감정과 경험을 통한 연결
근대 초 세계의 군주, 상인, 용병, 이주민

안자나 싱

서론

1325년, 이븐바투타는 고향 탕헤르를 떠나 메카로 향하는 순례 길에 올랐다. 당시 세계 각지에서 도덕적·영적 이유로 순례에 나서는 것은 흔한 관행이었다. 이 점에서 이븐바투타는 예외였는데, 성지를 찾아 참배한 뒤 고향으로 돌아가지 않고 순전한 호기심에 더 멀리까지, 오늘날의 이라크와 이란을 거쳐 남쪽으로 동아프리카 스와힐리 해안의 킬와까지 내려갔다가 다시 아라비아로 북상한 다음 육로로 인도까지 들어갔기 때문이다. 델리와 구자라트를 방문한 뒤 그는 배를 타고 아라비아해를 가로질러 몰디브와 스리랑카에 도착했다. 그리고 벵골만과 남중국해를 지나 북경에 이르렀다. 20년 하고도 1년 후, 그는 모로코로 귀향하는 여정을 시작했다. 급할 것은 없었다. 도중에 인도 남부, 페르시아만, 시리아, 이집트를 들렀다. 1349년, 마침내 고국의 도시 페스에 도착했다. 거의 사반세기 동안 여행한 것이다. 그러고도 여행 욕구가 충분히 채워지지 않았던지 이듬해 에스파냐로 여행을 떠났다. 1351년 그는 사하라 사막을 가로질러 당시 말리 제국까지 갔다. 그곳에서 2년을 보낸 뒤 이전과 다른 경로로 다시 사하라 사막을 지나 모로코로 돌아간 다음 자신의 여행 경험을 『여러 지방의 기사奇事와 여러 여로旅路의 이적異蹟을 목격한 자의 보록寶錄』이라는 필사본에 담아냈다.

이븐바투타의 생애는 근대 초에 아프리카-유라시아 세계가 어떻게 연결되어 있었는지 보여주는 실례다. 역사가들은 특히 입수 가능한 증거가 저자의 말뿐인 경우 여행기를 의심하는 경향이 있다. 여행기의 세부 서술을 확인해보면 모순이 수두룩하다. 그럼에도 여행 이야기는 삶의 굵직한 문제, 물리적·문화적 경계와 환경 사이의 사건, 시간 및 공간을 조명하는 데 도움을 준다. 이븐바투타의 여행기에는 육지로 연결된 세 대륙을 사람과 상품이 가로지른 세계가 그려진다. 시리아와 아라비아 사막, 힌두쿠시산맥, 히말라야산맥처럼 횡단할 수 없는 험준한 지형을 만났을 때, 사람들은 여정을 이어가기 위해 배를 탔다. 아라비아는 아프리카 동해안, 인도 서해안과 연결되어 있었다. 선박으로 아라비아해를 곧장 가로질러 아프리카와 인도까지 갈 수 있었다. 인도 동해안은 벵골만을 건너는 항해를 통해 버마 및 말레이반도와 연결되어 있었다. 항해자는 말라바르에서 수마트라와 자바까지 곧장 갔다. 중국 동쪽과 남쪽 바다까지 가기도 했다. 지중해 유럽, 아라비아, 아프리카 동해안, 인도 서해안과 동해안, 동남아시아, 중국의 항구 도시들은 접합점—이동을 시작하는 공간, 문화 교류가 이루어질 수 있는 공간—이었다. 바다는 거의 언제나 사람들을 연결하는 매개였다. 지구와 더 넓은 우주에 대한 지식이 한정되었던 시절, 기술을 활용해 기껏해야 작은 이권만을 누리던 시절에는 환경이, 특히 풍계와 천연 항구가 해로와 항해 시기를 결정했다.

15세기 이래 이븐바투타의 세계는 엄청나게 확대되어 거의 알아볼 수 없을 만큼 변형되었다. 새로운 항로를 따라 대양을 누빈 항해자들은 세계를 둘러싸는 전례 없는 연계를 만들어냈다. 황금에 이끌려 대서양 항해를 시작한 유럽인이 위험을 무릅쓰고 서아프리카와 카나리아 제도에 도착하고 결국 아시아까지 가는 해로를 찾고자 대서양을 횡단한 이후, 질병과 기술은 문화 교류의 기존 역학을 바꾸어놓았다. 상업은 으레 폭력을 수반하게 되었고, 그 결과는 으레 파괴적이었다. 서아프리카 사람들이 노예가 되어 유럽으로 실려가는 동안 유럽인 침략자들은 아프리카 북서부 앞바다에 있는 카나리아 제도에서 토착민의 문화와 정체성을 짓뭉개버렸다. 유럽인이 신세계로 세력을 넓혀감에 따라 바다는 죽음과 파괴를 멀리까지 투사하는 매개체가 되었다. 대서양 건너편 카리브해의 아라와크족과 타이노족은 거의 궤멸되었다. 1498년, 바스쿠 다가마가 뱃길로 인도에 도착했다. 선박들이 함포를 탑재하고 있었으므로 다가마는 교역 협상이 타결되지 않았을 때 토착민 항구와 선박을 포격할 수 있었다. 무장한 채 육로로 침공하는 외세는 남아시아에 새로운 것이 아니었다. 특정한 해로나 항구를 지배하려는 해적이나 해양 제국주의자도 마찬가지였다. 그러나 마치 당연하다는 듯이 폭력을 동반하는 해상 교역은 처음 겪는 사태였다. 제1차 항해에서 인도 항구 캘리컷에 도착하고 몇 년 후 제2차 항해에서 코친을 방문한 바스쿠 다가마는 아시아의 바다에 분주한 교역망이 있음을 깨달았다. 수백 년간 아랍의 다우선, 인도의 선박, 중국의 정크선이 아시아 각지의 수많은 항구를 종횡으로 오가며 교역해온 터였다. 매년 여름마다 남서에서 북동 방향으로 불어 아프리카에서 인도와 그 너머까지 항해할 수 있게 해주는 계절풍을 타고 상인들이 목화, 비단, 자기, 귀금속, 향신료, 설탕, 곡물, 조류, 짐승 등을 거래했다. 정향, 육두구, 소두구, 계피, 후추 같은 향신료는 세계에서 중량 단위당 가장 값비싼 상품이었다. 유럽에서 온 교양 없

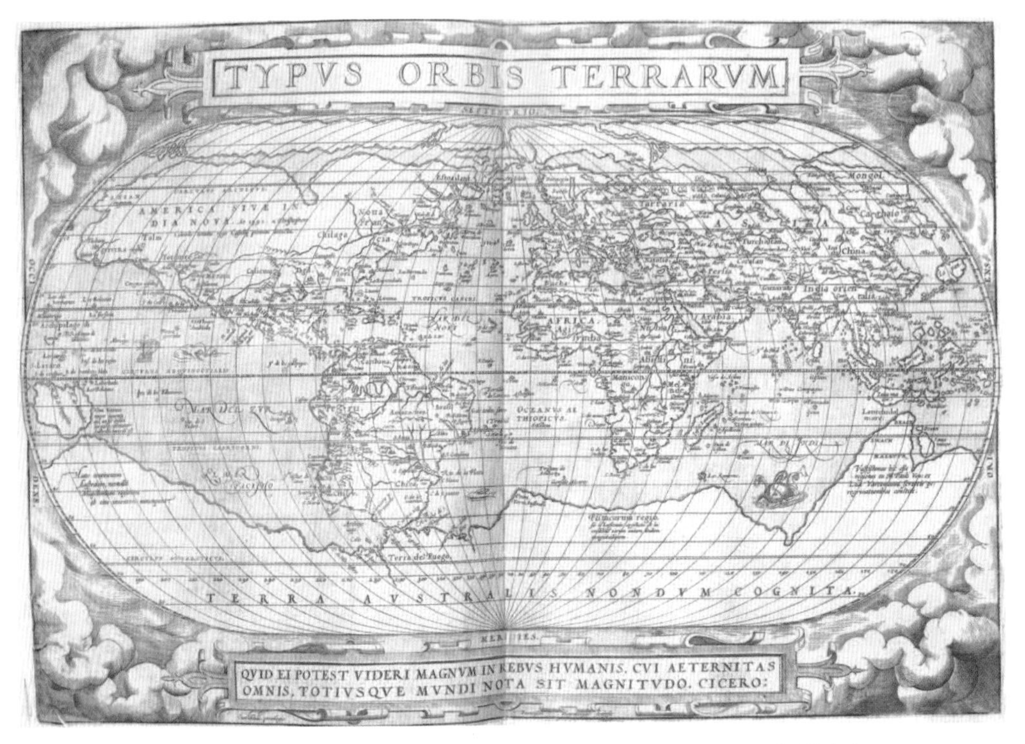

아브라함 오르텔리우스Abraham Ortelius의 지도책 『세계의 무대Theatrum orbis terrarum』(안트베르펜, 1570)에 수록된 세계 지도. 16세기 유럽인이 상상한 세계의 이미지 가운데 가장 널리 복제된 이미지 중 하나다. 지도 아래쪽 키케로의 글은 "세계 전체의 광대함과 영원함을 아는 이에게 인간의 그 어떤 성취인들 위대해 보이겠는가?"라는 뜻이다.

는 야심가들은 부러운 천혜의 자원을 가진 이 지역에서 초라하게 간청하는 존재였다. 16세기 포르투갈의 일화에 따르면, 바스쿠 다가마가 바닷길로 인도에 도착하는 데 성공한 뒤 포르투갈로 돌아왔을 때 비미오주Vimioso 백작이 그에게 인도에서 어떤 상품을 가져왔고 그 대가로 인도 사람들이 포르투갈의 어떤 상품을 원했느냐고 물었다. 다가마는 인도에서 후추, 계피, 생강, 호박琥珀, 사향을 가져왔고 인도인이 금, 은, 벨벳, 진홍색 천을 원했다고 답했다. 그러자 백작은 다가마에게 "그렇다면 그들이 우리를 발견한 셈이로군!" 하고 말했다. 아시아의 대부분에서 서양인은 적어도 18세

정박중인 아랍의 다우선들. 헨리 워런Henry Warren의 작품. 배경에는 웅장한 항구의 입구가, 전경에는 편히 쉬는 선원들이 보인다. 19세기 '동양'의 퇴색해가는 위엄과 낭만적인 나태를 표현한 유럽 특유의 이미지.

기 후반기 전까지는 정복자인 경우보다 의뢰인인 경우가 더 많았다. 신세계의 대부분에서 서양인은 토착민의 협력자였으며, 토착민은 심지어 식민 통치에 종속된 후에도 줄곧 자기네 역사의 주인이었다.

20세기 말에 이르러 역사가들은 유럽 중심주의를 포기하기로 합의했다. 유럽 중심주의에 따르면 근대 서양의 부상은 근대 초에 이상적인 모델 또는 '기적'이었고 나머지 세계는 그 모델에 순응하지 못한 것이다. 이제 학자들은 서양의 부상을 아시아가 중심에 있는 이야기에서 일시적으로 벗어난 현상으로 재해석하기 시작했다. 세계경제의 중심—가장 생산적이고 상업적으로 가장 활발한 사회들이 있는 지역—은

중국 또는 자바의 정크선을 서양식으로 표현한 판화로, 16세기 후반 해양 아시아의 경제에 관한 네덜란드의 연구를 선도한 얀 판 린스호턴Jan van Linschoten의 책에 실린 삽화다. 물론 실제 정크선을 본 적이 없었던 판화가는 선박의 형태를 잘못 재현하고 방향타 대신에 키 손잡이를 그려 넣었다.

결국 아시아에서 유럽으로, 인도양과 아시아 해양에서 대서양으로 이동했다. 그러나 서양의 부상은 활동 영역별로 각기 다른 속도로, 느리고 단속적으로 진행되었다. 서양인은 유럽의 교역상과 화물선이 인도양에 난입한 덕에 동양의 경제적 기회를 활용할 수 있었고, 유럽의 세력들이 신세계의 자원을 전유한 덕에 부에 접근하는 방법을 엄청나게 개선할 수 있었다. 그런 만큼 서양이 세계의 패권 세력으로 부상하는 과정은 16세기에 대서양 제국들과 교역로들이 처음 확립되면서 시작되었다고 말할 수 있다. 바로 그 과정이, 적어도 돌이켜 생각할 때, 이 장에서 다루는 기간—서양인이 갈수록 존경을 얻고 나머지 세계의 대부분에서 영향력을 행사한 기간—동안 세계사의 가장 뚜렷한 특징이었을 것이다. 그렇지만 그 과정은 19세기 들어서도 한참 후에야 완료되었다. 19세기에 서양은 새로운 기술과 상업·금융 기관에 힘입어 필적할 수 없는 생산성과 능가할 수 없는 무력을 갖추었다.

군주와 용병의 제국들

근대 초 서반구의 중요한 특징 중 하나는 상인과 자본, 교역 허브가 지중해에서 대서양으로 이동했다는 것이다. 베네치아, 제노바, 밀라노는 쇠퇴의 징후를 보인 반면에 리스본, 암스테르담, 런던은 지난날 상업을 지배했던 남유럽에서 상인과 상품을 끌어들이며 대두하고 있었다. 대서양을 건넜다가 돌아오는 해로들이 발견된데다 바스쿠 다가마를 통해 대서양을 거쳐 인도양까지 가는 해로까지 발견된 결과, 유럽의 중심이 지중해에서 멀어졌다.

1492년부터 1500년까지 크리스토퍼 콜럼버스, 아메리고 베스푸치, 바스코 누네스 데 발보아, 페드루 알바르스 카브랄, 존 캐벗[이탈리아 이름은 조반니 카보토—옮긴이]의 선구적인 항해가 이루어졌다. 이 항로 개척자들은 유럽과 신세계를 연결하여 대서양 양편을 영원히 바꾸어놓았다. 아메리카 토착민은 이 대륙에서 거주 가능한 거의 모든 지역에 터를 잡고 있었다. 먼저 유럽인과, 뒤이어 아프리카 노예와 조우한 아메리카 토착민은 그로부터 심대한 영향을 받았다.

유럽인 침입자들은 혀를 내두를 만큼 다양한 방식으로 아메리카의 자원을 전유했다. 토착민이 분열되어 있거나 수가 적거나 대비가 부족해서 저항하지 못한 일부 지역들에서는 폭력—학살, 테러, 대규모 추방—만으로 원하는 바를 얻을 수 있었고, 얼마 남지 않은 토착민 노동자를 정착민이나 노예로 대체할 수 있었다. 그렇지만 대부분의 지역들, 특히 에스파냐 군주국에 굴복하기는 했으나 부유하고 기술 사용에 능숙한 안데스와 메소아메리카에서는 협상과 감언이설로 토착민 협력자를 포섭해 도움을 받아야만 제국을 운영할 수 있었다. 에스파냐가 장악한 지역들은 운 좋게도 이방인에게 호의적인 문화가 있는 곳, 새로 찾아온 사람을 동맹, 배우자, 중재자, 상업 파트너, 그리고 아득하고 신성한 수평선의 아우라를 지닌 성자로 환영하는 곳이었다. 설령 폭력을 최소화한 경우라도 토착민 인구는 경악스러울 정도로 감소했는데, 토착민이 자연 면역을 갖추지 못한, 유럽에서 연원한 질병들이 그들의 목숨을 최대 90퍼센트까지 앗아갔기 때문이다(오늘날 미국의 남서부는 알려지지 않은 이유로 인구 급감을 겪지 않았다).

침입자들이 가장 주목한 보상은 금과 은이었다. 아스테카와 안데스의 보물은 유럽인을 매료시켰다. 먼저 보물을 모조리 약탈한 침입자들은 은—당시 세계에서 가장 유용했던 교환 수단—을 어마어마하게 채굴할 수 있음을 알아챘다. 특히 오늘날의 멕시코 사카테카스와 볼리비아 포토시의 '은의 산'에 전례 없이, 비할 바 없이 많은 은이 매장되어 있었다. 설령 금과 은이 없는 지역일지라도 이용할 수 있는 다른 자원이 넘쳐났다. 아메리카는 목재, 모피와 가죽, (담배와 퀴닌을 비롯한) 새로운 약재의 광대한 저장고이자 식용 식물, 특히 옥수수와 감자의 새로운 공급처였다. 무엇보다 아메리카에는 특히 목장과 플랜테이션 운영을 비롯한 새로운 활동을 위해 개발할 수 있는 땅이 있었다. 플랜테이션은 주로 사탕수수를 재배했지만, 갈수록 담배와 목화도, 그리고 정착민과 노예를 부양할 식량도 재배했다. 브라질의 투피족은 포르투갈이 숲을 빼앗고 아프리카인 노예를 데려와 사탕수수 플랜테이션을 조성하는 동안 인구가 급감했다. 대서양을 면하는 유럽, 아프리카 서해안, 아메리카(라틴 아메리카와 카리브해가 중요한 역할을 했다) 사이의 무역은 생산물과 시장을 연결했다. 유럽에서 아프리카로 무기와 직물, 포도주가, 아프리카에서 아메리카로 노예가, 아메리카에서 유

식민지 시대 이전 메소아메리카에서 자연을 통제하는 힘은 제각기 이름을 가진 신성한 속성들의 모음으로 표현되었다. 예컨대 이 도판의 틀랄테쿠틀리Tlaltecuhtli처럼 태양 요소, 지구 요소, 남성 요소, 여성 요소, 샤먼 요소의 결합체로 표현되었다. 서양 선교사들은 메소아메리카의 토착 종교가 그리스와 로마의 이교와 비슷할 것이라 예상하고서 틀랄테쿠틀리를 대지의 남신 또는 여신과 동일시했다.

럽으로 정화正貨와 원료가 수송되었다. 이 무역으로 많은 사람들이, 특히 설탕과 노예 교역상들이 큰돈을 벌었다.

인구학적 재앙에도 불구하고, 적어도 토착민 생존자 중 일부는, 빈곤층이나 노예로 전락하거나 백인 정착민이 원하지 않는 변두리 땅으로 쫓겨나지 않았을 경우, 새로운 기회를 얻을 수 있었다. 에스파냐 제국에서 다수의 토착민 군장과 공동체는 에스파냐인이 가져온 새로운 경제적 기회를 활용했다. 개중 일부는 이전에 알지 못했던 시장에 수출하기 위해 특히 카카오와 코치닐 염료의 생산량을 늘렸고, 다른 일부는 유럽에서 들여온 가축을 기르거나 비단 생산 기술을 연마하는 등 새로운 활동에 뛰어들었다. 또 일부는 예수회나 프란체스코회 선교사들과 함께 여분의 음식과 가축을 정착민과 교역상에게 판매하는 대규모 농촌 사업을 추진했다. 남아메리카의 마푸체족과 18세기 북아메리카 평원의 코만치족 같은 다른 토착민들은 그들 자신이

아프리카 베냉의 통치자Oba와 좌우의 수행원을 묘사한 동판. 궁정 생활을 기록한 이런 동판이 16세기 베냉 궁전의 벽을 장식했다. 뒤편의 두 인물 형상은 베냉을 방문한 포르투갈인을 묘사한 것으로 보인다.

제국주의적 사업가가 되어 이웃 부족들로부터 공물을 강제로 걷어가고 에스파냐령 접경 지역에서 뇌물을 받거나 약탈을 자행했다.

이른바 발견의 시대, 19세기 식민 제국들, 그리고 20세기 대부분의 역사를 기록한 민족주의적 서술 방식은 탈식민 시대에 들어 완전히 바뀌었다. 문서고의 자료를 새롭게 바라보고 읽는 방식들, 문헌 기록이나 시각 기록, 구전에 근거해 때로는 사료의 행간을, 때로는 문서고의 침묵을 메우는 방식들은 역사 서술의 본질과 목적, 결점에 대한 이해를 높이는 데 도움을 주었다. 이제 우리는 토착민이 주도권을 얼마나 쥐고 있었는지, 식민 시대의 역사를 형성하는 데 얼마나 기여했는지 이해할 수 있다. 탈식민 시대 역사가들은 유럽 세력들이 토착민과 조약을 통한 주권 양도를 협상했던 활동—아무리 기만적이거나 불평등한 활동이었다 할지라도—을 분석하고 있다. 한 예로 영국 총독 리처드 웰즐리Richard Wellesley가 1795년부터 1805년까지 남아시아에 도입한 '종속적 동맹 원칙'이 있다. 18세기 후반까지 인도 아대륙에서 무굴 제국과 마라타 왕국의 권력이 쇠퇴했다. 당시 인도에는 영토와 인력을 놓고 다투는 약소국이 많았다. 그런 이유로 이웃 국가의 공격을 막아주겠다는 영국의 보호 제안을 많은 통치자들이 받아들였다. 영국 동인도회사—영국 국가로부터 인도에 대한 책임을 넘겨받은 영리 조직—는 여러 번왕국藩王國과 일련의 조약을 체결해 배후지의 영토를 대폭 넓힐 수 있었다. '동맹'의 조건에 따라 인도 통치자들이 군대를 유지하는 것은 금지되었다. 번왕국들은 '보호'의 대가로 동인도회사 '종속 병력'의 유지비를 지불했다. 비용을 지불하지 못한 인도 통치자들은 영토의 일부를 빼앗겼다. 1801년 아와드의 통치자와 하이데라바드의 통치자는 각각 영토의 절반 이상을 동인도회사에 넘겨줄 수밖에 없었다. 다른 국가들도 비슷한 이유로 영토를 양도해야 했다. 에스파냐, 포르투갈, 프랑스, 영국 제국은 모두 비슷하게 토착민—틀림없이 상업적·정치적 기회주의를 노린 사람들—과 체결한 법적 계약을 통해 생겨났다. 그것은 정복이나 점령보다는 토착민의 주권을 전유하고 땅을 획득하는 합법적·경제적 수단에 더 가까웠다.

비록 토착민 협력자들이 제국의 약탈품을 나누어 가질 수는 있었지만, 당시의 우세한 생산 모델은 무자비한 착취를 자행함으로써 토착민과 흑인으로 이루어진, 인종으로 규정되는 하층민을 만들어내고 있었다. 특히 식민지 경제에서 토착민 노동력을 배제할 수 있는 지역들에서 이런 일이 발생했다. 토착 경제가 외세의 정복을 견디고 살아남은 모든 곳에서 유럽인은 노동력과 공물을 잔인하고 과도하게 쥐어짜는 방법으로 재산을 최대한 많이 모으려 했다. 다른 곳에서 착취는 경제 재편의 출발점이었다. 초기 에스파냐령 아메리카는 정착민 엘리트층을 유지하기 위해 엥코미엔다encomienda 제도, 즉 토착민에게 군사적 보호와 가톨릭 신앙에 대한 교육을 제공한

초콜릿을 담도록 설계된 잔으로 코코넛 껍질로 만들고 은으로 장식했다. 17세기에 태평양을 건너 멕시코로 수입된 이 잔은 장거리 교역에 따른 경제적·문화적 변형을 잘 보여주는 예다—현지의 취향과 용도에 맞추어 제작된 인공물.

다는 조건으로 그들로부터 노동력이나 공물을 징수할 수 있는 권리를 '엥코멘데로스encomenderos'에게 위탁하는 제도에 의존했다. 에스파냐 국왕이 노동력을 고갈시키고 의욕을 꺾는다는 이유로 이 제도를 급히 폐지했음에도, 토지가 에스파냐인과 혼혈인의 수중으로 넘어감에 따라 점점 더 많은 토착민이 사실상 날품팔이로 전락했다.

기존 모델이 없었으므로 해외의 유럽 제국들은 정치적 제도를 임시변통으로 마련해야 했다. 초기에 제국 건설자들은 중세 지중해 해양 제국들의 전통, 즉 총독과 중앙에서 지정하는 재판소를 통해 항구 도시들의 귀족 권력과 의사擬似 봉건적인 궁정백Pfalzgraf들의 관할권 사이에서 균형을 잡은 전통에 크게 의존했다. 그 대안으로 16세기 말부터 특히 잉글랜드와 네덜란드에서는 정부의 권한을 특허장을 받은 교역 회사에 위임하기 시작했다. 내륙으로 거의 팽창하지 않고 특정한 교역을 통제하고자 해안의 여러 거점, 고립 영토, 섬을 실로 꿰듯이 연결했던 대다수 유럽 제국들에는 이 두 가지 방법으로 충분했고, 18세기 들어서야 영토를 확장하면서 기존의 방법들을 적절히 조정할 필요성이 생겼다. 그렇지만 에스파냐 제국은 달랐다. 1521년 광대하고 거의 통치할 수 없을 만큼 멀리 있는 아스테카의 영토를 획득한 이래 에스파냐 제국은 교역뿐 아니라 생산까지 통제하는 방대한 사업체였다. 비상 통치라고 할 만한 기간 이후에, 그리고 언제나 토착 권력 중심들과 협력하는 얼개 안에서, 새로운 종류의 국가가 서서히 출현했다. 그것은 대부분의 관직을 국왕에게서 수여받고 '박식한' 전문직들이 다수의 관직을 차지한 관료제 국가였다. 그리고 전례 없는 사회의 요구에 부응하기 위해 국왕이 새로운 법률 수천 개를 대량으로 제정함에 따라 관할권이 아닌 법이 정부의 주된 책무가 된 법령 국가였다.

이 시대의 특징인 해상 제국들은 느림보 거인이었다. 덩치가 지나치게 커서 관절 연결이 부실했고, 변방을 향해 기운 없이 손끝을 뻗고 있었을 뿐 불충분한 정보 체계 탓에 기다란 팔다리를 의도대로 움직이지 못했다. 그들은 18세기 말과 19세기 초에 비틀거리거나 무너졌다. 1763년 프랑스는 신규 정착민이 부족해 북아메리카에서 지상 제국을 만들려던 시도를 포기했다. 그리고 1802년 아메리카에서는 프랑스의 주요 식민지였던 카리브해 아이티에서 노예들이 반란을 일으켜 프랑스 정착민을 몰아냈다. 그 무렵 에스파냐 제국과 네덜란드 제국은 유럽 내 전쟁으로 약해지기 시작했고, 전쟁이 계속되면서 결국 허물어졌다. 한편 프랑스와 에스파냐를 동시에 상대하는 전쟁을 지속할 수 없었던 영국은 북아메리카 식민지들을 대부분 상실했다. 압도적인 산업 기술로 벼려낸 유럽 제국들의 새로운 시대가 이미 시작되고 있었지만, 그 이야기는 이 책의 나머지 장들에서 다룰 것이다.

한편, 구세계에서는 제국들(또는 오늘날 우리가 제국이라 부르는 국가들)이 여전히 우세했다. (이전과 이후의 국가들과 비교해) 덩치가 컸던 이 국가들은 정복을 통해 형성되었고, 적어도 어느 정도는 강탈을 통해 유지되었으며, 단일한 충성 또는 상위 정체성이라는 얼개 안에 다수의 공동체와 문화를 포괄했고, 으레 통합적이거나 적어도 보편적인 체하는 이데올로기를 설파했다. 일부 지역들에서는 국가 체제가 제국과 나란히 등장하거나 아예 제국을 대체하고 있었다. 유럽에서는 새로운 국가 주권 원칙 때문에 로마 제국과 비슷한 정치체를 되살릴 가능성이 갈수록 줄어들었다. 가장 비슷한 모조품, 즉 중부 유럽을 대부분 통합했으나 전체를 중재하는 선출된 통치자에 대한 충성심이 약했던 신성 로마 제국은 차츰 와해되었다. 통치자들이 중국 황제에 비길 만한 지위를 열망한 동남아시아에서는 오늘날의 태국, 미얀마, 라오스, 캄보디아, 베트남을 중심으로 국가들이 세력 균형을 이루어 패권국이 출현하지 못했다. 그러나 정치체의 표준에 가까운 것은 여전히 제국이었다. 예를 들어 유럽, 아시아, 아프리카를 연결하는 교차로에서 오스만 제국이 출현했다. 오스만의 정치 구조는 풍요롭고 다채로운 환경에서 작동했다. 지중해 동부, 중앙아시아, 이집트, 인도와의 교역과 정치적 관계는 오스만의 부의 원천이 되었으며, 그것을 바탕으로 오스만 통치자들은 장거리와 단거리 교역에 적합한 다수의 교차점을 가진, 광대하고 안정적인 지상·해상 제국을 건설했다. 오스만은 '서양'과 충돌한 '동양' 세력이 아니었다. 오스만은 비잔티움 제국을 물리쳐 대체했고, 발칸반도에서 기독교도의 보호자 역할을 넘겨받았다. 오스만은 '당연히' 몽골계와 튀르크계 선조들의 제국 관념에 크게 빚지고 있었지만, (거의 유럽 제국주의자들만큼이나) 로마 제국 역시 염두에 두고 있었다. 에스파냐가 아스테카를 정복하는 동안 오스만은 시리아, 팔레스타인, 이집트, 아라비아로 팽창했다. 16세기 중엽까지 오스만은 유럽의 3분의 1과 지중해 연안의 절반을 정복했다. 오스만은 후대의 수에즈 운하를 파서 인도양에서 영향력을 넓히는 방안도 고려하고 있었다. 에스파냐 제국이 지중해 서부와 대서양 전역에서 권력을 강화하고자 전략적으로 움직이는 동안, 오스만은 지중해 동부를 '튀르크의 호수'로 바꾸고 아라비아해에서 권력을 잡으려 노력했다. 오스만에서 고정된 제위 계승 규칙은 형제끼리 서로 경쟁하고 살해하여 통치자 자리를 차지하는 방식으로 대체되었는데, 술탄들이 여러 첩으로부터 다수의 후계자를 얻었기 때문이다. 이 시기 이슬람의 율법에 따르면 남성 한 명은 가진 자원에 따라 아내를 최대 넷까지 둘 수 있었고 노예 첩은 무제한으로 둘 수 있었다. 술탄이 아내에게서 얻은 자식은 물론 적자였으며, 첩에게서 얻은 자식도 적출로 인정받고 제위에 대한 권리를 주장할 수 있었다. 제위 계승 방식이 약점의 근원이었다면, 일관되지 않은 통치 방식은 오히려 강점의 근원이었을 것이다. 오스만은 사실상 제국의 모든 지역 혹은 지방마다 현지에 맞는 독특한 체제—일부 영역은 술탄의 가족이나 노예에게, 다른 일부 영역은 토착 수장에게, 또다른 일부 영역은 비적이나 해적에게 맡기는 식으로—를 고안한 덕에 전체 체제를 유연하게 유지할 수 있었다. 동시에 술탄은 제국의 어디서나 정당성, 공물을 부과하는 복잡한 제도, 그 제도로 지탱하는 대규모 상비군의 궁극적인 원천으로서 제국 전체에 통일성을 부여했다. 그렇지만 오스만 제국은 몇 가지 결정적인 측면에서 변화하는 조건에 잘 적응하지 못했다. 제위 계승 문제를 도저히 해결하지 못했고, 인쇄물로 명령을 알리는 방법에 적응하지 않았다. 또한 바다의 사방이 해협으로 가로막힌 탓에 유럽의 해상 제국들이 얻은 부를 공유하지 못했다. 16세기 오스만의 권력을 규정했던 자원 조달과 주민 정착 제도로는 기후 변화의 압력에 대처할 수 없었다. 극심한 추위와 가뭄은 결국 젤랄리 반란(1519~1659)으로 이어졌다. 소빙하기의 기후, 유목민의 습격, 지방의 무질서가 함께 작용하여 제국의 인구, 농업, 목축, 경제에 타격을 주었다. 인구가 정체되었고, 접경 지역에서 권력 찬탈자들이 제국의 기반을 갉아먹었다. 18세기 들어 오스만 제국은 서서히 수축하기 시작하면서 서양인이 두려움에 사로잡혀 상상한 거대한 괴물로서의 위상을 잃어갔다.

오스만 술탄들은 수니파 무슬림이었던 반면, 오늘날 이란에서 등장한 사파비 왕조(1502~1736)의 국가는 시아파였다. 왕조를 세운 이스마일 1세는 도시 아르다빌에서 수피 종단의 수장이었고, 현지 튀르크인과 불만을 품은 다른 이교 부족들의 지원을 받아 우즈베크계 튀르크인 연합으로부터 타브리즈를 빼앗는 데 성공했다. 1501년 7월, 이스마일은 샤Shah[이란의 통치자를 가리키는 칭호—옮긴이]로 즉위하고

시아파 이슬람을 국교로 선포했다. 뒤이은 10년 동안 그는 이란을 대부분 정복하고 이라크의 바그다드와 모술 지방을 병합했다. 16세기에 오스만인과 우즈베크인은 사파비 제국과 끊임없이 전쟁을 벌였으며, 포르투갈 교역상들은 페르시아만의 호르무즈섬을 장악하고 본토 해안에 허술한 요새들을 세웠다. 그렇지만 샤 아바스의 치세에 사파비 왕조는 놀라운 군사적 승리를 거두었고, 효율적인 행정 체제를 수립해 유럽 열강뿐 아니라 무굴 제국과도 교역을 촉진하고 정치적 관계를 개선했다. 랜드마크 건축물이 몇 채 들어선 이스파한은 사파비 예술과 건축의 중심지로 부상하여 이웃 제국들의 장대한 수도와 어깨를 견주었다. 오스만과 무굴의 영역에서와 마찬가지로 사파비 제국에서도 기독교도 교역상은 이익을 주는 한 환영을 받았다. 세 제국 모두 정당화를 위해 종교에 의존하면서도 비무슬림 공동체를 용인했다.

그렇지만 종교적 다원주의는 지속되기 어려웠다. 사파비 제국 동쪽 남인도의 무굴 제국에서는 분명히 그랬다. 무굴 제국은 몽골-튀르크 계통인 차가타이 칸국의 후손인 자히르웃딘 무함마드 바부르가 1526년 창건했다. 중앙아시아 페르가나 분지 태생으로 훗날 카불의 통치자가 된 바부르는 아프간 출신 통치자 이브라힘 로디로부터 자신들을 구해달라는 델리 귀족들의 요청을 받았다. 그에 따라 1526년 벌어진 파니파트 전투에서 바부르는 델리 지역민들과 허물어지는 델리 술탄국에서 이탈한 탈영병들의 지원을 받아 이브라힘 로디를 살해했다. 바부르는 몽골의 정복자 칭기스칸과 세계 지배를 열망한 튀르크인 티무르의 후예였다(또는 그렇게 주장해 납득시켰다). 무굴 제국은 16세기 초부터 18세기 중엽까지 북인도를 대부분 통합한 뒤 영토를 더욱 넓혔다.

무굴의 황제들 가운데 바부르의 손자 악바르는 제국의 세력을 강화하여 가장 위대한 황제라는 평가를 받았다. 악바르는 인도의 북부와 서부, 중부뿐 아니라 오늘날의 아프가니스탄과 방글라데시 일부까지 병합했다. 그리고 행정을 조직하고 군대를 혁신했다. 인질을 잡아두고 복수를 경고하는 한편 신중한 유화책과 회유책으로 상대를 달래는 체제를 통해 그는 정복당한 힌두교 수장들과 평화를 유지했다. 무굴 제국에는 바다로 진출하는 두 가지 주요 통로가 있었다. 하나는 구자라트, 다른 하나는 벵골이었다. 아라비아해, 인도양, 벵골만에서 이미 수백 년간 해상 교역을 해온 터였지만, 악바르의 치세에 배후지의 평화로운 상황에 힘입어 아랍인, 아프리카인, 버마, 말레이 세계, 동남아시아와의 교류가 확대되었다. 악바르는 오래지 않아 해상 교역과 항구 도시의 이점을 깨달았다. 1571년 델리에서 새로 건설한 수도 파테푸르 시크리로 궁정을 옮긴 이후 그는 해상 진출로를 만드는 데 주력하기 시작했다. 수도를 기준으로 구자라트는 남서쪽, 벵골은 남동쪽에 있었다. 교역과 과세를 통해 그는 동남아시아뿐 아니라 아프리카와 아랍 세계에서도 오는 교역상들의 부에 접근할 수 있었다. 무굴 제국의 연대기 작가들은 무한히 확장할 수 있는, 세계에서 가장 장대한 제국에 관해 부단히 이야기했다. 악바르의 아들 자한기르와 손자 샤 자한은 제국 건설 프로젝트를 이어가며 영토를 추가한 데 더해 타지마할 같은 웅장한 건축물까지 지어 제국의 부와 권세를 과시했다. 자한기르의 황후들 중 한 명인 누르 자한은 아름답고 카리스마 있는 여성으로서 자신의 인성과 재산, 궁정 내 위치를 활용했을 뿐 아니라, 황제가 말년에 술과 아편에 중독되어 약해졌을 때 자기 가문의 연대와 인맥, 종교적 구조와 상징을 활용해 권력을 움켜쥐기까지 했다. 세속적 권력을 얻고자 종교적 자원을 동원한 셈이었다. 샤 자한의 아들 아우랑제브는 18세기 초에 남인도를 병합하여 제국의 판도를 최대로 넓혔다.

이런 위업은 약점의 근원을 가렸다. 오스만 제국과 마찬가지로 무굴 제국은 반란과 내전이 되풀이되지 않도록 막아줄 제위 계승의 규칙을 결코 확립하지 못했다. 무굴 제국은 이전 정복의 비용을 충당하기 위해 영토 확장을 계속하는, 궁극적으로 지속 불가능한 전략에 의존했다. 토착 군주들이 황제에게 종속된 통치자가 됨에 따라 엄청나게 늘어난 엘리트층은 제국 통치의 기반인 궁정 귀족을 위협했다. 무엇보다 제국을 갈라놓는 온갖 종교 집단과 종족 집단 간의 반목을 억누를 수가 없었다. 악바르는 포괄적인 종교를 새로이 선보이려 애썼지만, 그의 계승자들은 대부분 엘리트층의 지지를 확보하기 위해 힌두교도, 시크교도, 기독교도 등을 소외시킨 채 이슬람으로 되돌아갔다. 기후 변화는 제국의 곤경을 악화시켰다. 오스만 제국에서 갖가지 문제를 일으키고 있었던 북반구의 소빙하기는 17세기경부터 인도 아대륙에서도 강우 패턴을 바꾸기 시작했다. 대폭 약해진 무굴 제국과 여타 지역 국가들은 18세기 초에 가뭄에 대처하고자 분투했으며, 영국 동인도회사는 이 기회를 활용해 인도를 장악할 수 있었다. 인도 아대륙은 기후 변화와 잘못된 식민 통치에 기인한 재앙적인 기근에 시달렸다. 아우랑제브가 서거한 후 제국은 정체되었다. 한때 세계의 직물 공급처였던 인도는 탈산업화되기 시작했고, 영국령 인도가 무굴 제국의 역할을 빼앗은 19세기 중엽까지 해외 시장을 모두 잃어버렸다—어느 정도는 영국 제조업에 유리하도록 설계된 착취 방법의 결과였다.

역사가들은 보통 무굴 왕조는 '인도'의 통치자였던 반면에 포르투갈인은 인도에서 줄곧 외국인이었다고 본다. 그렇지만 사실 포르투갈인 바스쿠 다가마는 1498년 인도에 도착했고, 캘리컷의 통치자 사모린에게 적대를 당하자 그의 항구를 포격해 파괴한 뒤 코친의 통치자와 친구가 되었다. 그러니까 다가마가 바부르보다 25년 앞서 인도에 도착한 셈이었다. 해로와 육로로 왔다는 차이는 있었지만 다가마와 바부르 둘 다 외부인이었다. 두 사람 모두 한정된 인력과 재원을 가지고 있었지만, 바부르의 손자 악바르는 인구 밀도와 농업 생산성이 높은 인더스-갠지스강 유역을 통제해 세입을 얻고 군대를 양성함으로써 무굴 제국의 기반을 공고히 다질 수 있었다. 반면에 해안에서는 수익을 내기 위해 힘겹게 교역할 수밖에 없었다. 포르투갈인은 아랍인과 토착민 상인들과 경쟁해야 했고, 이내 인도에 도착한 다른 유럽인까지 상대해야 했다.

연안 지역에 정착한 포르투갈은 결국 무굴 제국과 타협을 봐야 했다. 정착 초기에 포르투갈은 구자라트와 벵골, 데칸 지방의 해안에서 거류 공간의 경계를 알아보려 했는데, 그런 곳에서는 무굴 제국의 접경을 정하는 것이 끊임없는 협상의 문제였다. 제국의 가장자리에 있긴 했지만, 포르투갈은 무굴 제국이 북부에서 퍼뜨리는 미사여구와 남부 접경의 요동치는 현실이 상반된다는 사실을 잘 알고 있었다. 포르투갈은 흥미로운 방법으로 스스로를 정당화했다. 다시 말해 인도 국가Estado da Índia의 북부에서 공장을 급속히 늘려가면서 공장 추가 설립과 인도와의 교역을 허가해달라고 무굴 통치자에게 간청하는 네덜란드, 프랑스, 영국, 덴마크의 동인도회사들은 새로 들어온 외국인이라고 주장했다.

아시아에는 중세 목축 제국의 전통을 이어가는 몽골족과 우즈베크족이 통치하는 유목 영역들도 있었다. 그렇지만 그 영역들의 미래 전망은 어두웠는데, 우세한 화력을 가진 정주 국가들에 둘러싸여 있었기 때문이다. 17세기 인도양의 오만에서는 새로운 종류의 토착 제국—당시 유럽인이 형성하고 있던 제국과 다르지 않은 해상 제국—이 등장해 포르투갈의 전초 기지들을 빼앗고 서로 느슨하게 동맹을 맺은 항구 도시들의 연결망을 구축했다. 같은 시기 일본의 에도 막부는 류큐 제도를 복속시키고 북단의 섬들을 정복하는 등 마침내 과거 통치자들이 꿈꾸었던 제국의 성격을 띠기 시작했다. 모스크바 공국은 1552년 카잔을 정복하고 1550년대부터 1690년대까지 느릿느릿한 유혈 원정을 통해 시베리아를 어느 모로 보나 피상적으로 복속시키면서 러시아 제국으로 변모했다. 러시아 제국은 아시아에서 출현한 일련의 광대한 육상 제국들 중 하나였으며, 비교적 작고 고립된 농경 정착지들 외부에서는 본질적으로 공물을 징수하는 사업체, 즉 토착민 및 사냥꾼들에게 모피를 요구하고 강탈하는 사업체였다. 한편, 아프리카의 제국들은 유라시아의 제국들에 비해 전반적으로 안정성이 떨어지긴 했지만 그들 못지않게 나름의 방식으로 신민과 희생자를 억압했다. 송가이 제국은 1490년대부터 나이저강 유역을 지배하다가 16세기 말에 이르러 당대의 가장 걸출한 제국 승부사 중 한 명인 모로코의 아마드 알만수르에 의해 정복당했는데, 만수르는 에스파냐가 대서양 건너편으로 파병한 것과 흡사하게 사하라 사막 건너편으로 군대를 보냈다. 아프리카에서 가장 오래된 제국이었던 에티오피아는 무슬림의 도전과 포르투갈의 어색한 '도움'의 손길(궁극적으로 체제를 전복하려던 시도)을 견뎌냈다. 자이르강 유역에서 포르투갈의 영향 아래 있던 토착 국가들은 제국 규모로 성장하다가 이따금 급속도로 작아지곤 했다. 림포포강과 잠베지강 사이에 자리한 음웨네 무타파 제국—소금, 금, 노예, 사향, 코끼리를 모으는 데 능했다—은 외부의 정복 시도를 모두 물리쳤지만, 제국의 중앙부가 약해지고 가장자리가 침식되면서 서서히 무너져갔다. 서아프리카의 툭 튀어나온 지역에서는 제국적 성격까지는 아니더라도 군사적이고 포식적인 성격을 구현한 국가들이 백인 노예상에게 전쟁 포로를 공급하는 데 열중했다. 토착 노예에 대한 수요가 비교적 적었던 아메리카에서는 토착 제국들이 유럽의 다른 영향, 즉 유럽에서 도입된 말[馬]에 반응했다. 코만치족과 마푸체족은 말을 타고 드넓은 평원을 탐험할 수 있었다. 19세기 아메리카의 마지막 위대한 토착 제국의 주인인 수Sioux족은 백인의 제국주의에 필적하는 모습, 즉 예로부터 거주해온 삼림과 고지대에서 말을 타고 밖으로 나와 종속 부족들을 공포 정치로 지배하는 모습을 보여주었다.

상술한 제국들의 성취 가운데 일부는 비록 도덕적 가치는 없었을지라도 규모 면에서 인상적이었다. 하지만 근대 초의 어떤 제국도 중국에 필적할 수는 없었다. 당시 중국은 가장 부유하고 가장 생산적이고 가장 인구가 많고 (동아시아와 동남아시아의 다른 제국들에) 가장 본보기가 되는 제국이었다. 몽골족의 원나라를 몰아낸 명나라는 중국의 역대 왕조 중 가장 안정적이되 전제적인 축에 들었다. 명나라는 내정의 안정을 중시해 세력 확장을 단념했지만, 17세기 전반기에 기근과 역병으로 나타난 기후 변화의 영향에 잘못 대처하여 백성들의 믿음을 저버렸다. 청나라의 만주족—명나라 황제들을 자신들에게 의존하게 만든 다음 뒤통수를 쳤다—은 1640년대에 최고 권력을 차지했다. 명나라와 청나라는 함께 근대 초 중국을 형성했다. 명나라는 국가 행정의 영역에서 관제를 완비했다. 이 계층화된 제도에서 최고위 관리들은 거의 모두 북경에서 진사進士라는 과거 시험을 치르고서 관료제에 들어갔다. 관리의 비행

'네 마리 곰'을 뜻하는 마토토페Mato-tope. 1832~34년 북아메리카에서 민족지 탐험을 개척했던 막시밀리안 추 비트 Maximilian zu Wied와 동행한 카를 보트머Karl Bodmer의 그림. 마토토페는 1830년대에 수족의 제국주의에 저항한 만단족의 영웅이었다. 만단족의 생존자들은 결국 천연두와 수족의 권력에 떠밀려 고향인 미주리강 상류를 떠날 수밖에 없었다.

과 부패를 조사하기 위해 설치한 관청 도찰원都察院은 정부의 별도 감찰 기관이었다. 지방의 행정은 세 기관[승선포정사사, 제형안찰사사, 도지휘사사—옮긴이]이 담당하고 각기 중앙 정부의 내각에 보고를 올렸다. 승상 직위는 폐지되었고, 그 대신 황제가 내각대학사들의 보필을 받아 친히 정사를 돌보았다.

유럽부터 명나라와 청나라까지, 하나의 공통된 가닥이 근대 초 제국들을 연결했다. 이 제국들은 모두 역사가들이 말하는 군사 혁명, 가볍고 다루기 쉬운 화기의 도입을 계기로 일어난 혁명을 겪었다. 이런 화기의 사용법을 남자들에게 훈련시켜야 했으므로 군대를 유지하는 제도가 발전했다. 이는 정복을 완료하고 나면 군대를 해산한 중세 튀르크 제국, 몽골 제국과의 주된 차이점이었다. 상비군은 군주들에게 더 많은 권력을 안겨주었다. 군대는 외부의 적을 격퇴하고 내부의 반란을 진압했다. 군대를 유지하려면 끊임없이 돈을 공급하고, 새로운 조직 체계를 마련하고, 행정 기구를 관료제화해야 했다. 문서 사용의 도움을 받아 팽창한 관료제 역시 근대 초 제국들의 공통점이었다.

궁정, 관료제, 입법부

발타자르 헤르비르Balthazar Gerbier는 1592년 네덜란드 공화국의 미델뷔르흐에서 망명자인 위그노교도 부모의 아들로 태어났다. 그의 삶과 시대는 근대 초 국가들 사이의 이주와 정치적 관계뿐 아니라 문화 혹은 언어의 경계를 넘나든 후견인-피후견인 관계까지 잘 보여준다. 헤르비르는 예술가였으며, 캘리그래퍼와 판화가로서 훈련을 받으면서도 정치적 경력을 추구했다. 헤르비르는 숙련된 세밀화가 겸 제도사로 일했고, 오라녜 공작 마우리츠의 환심을 샀으며, 그의 지시에 따라 1616년 네덜란드 사절 노엘 더카론Noël de Caron의 런던행에 동행했다. 그곳에서 헤르비르는 예술 지식과 서법書法, 건축, 소묘 분야의 전문 기술을 활용해 정치적 경력을 계속 추구했다. 제1대 버킹엄 공작 조지 빌리어스George Villiers는 헤르비르를 요크 하우스에 있는 예술 소장품의 큐레이터로 임명했다. 헤르비르는 페테르 파울 루벤스에게 공작을 소개했고, 훗날 루벤스와 외교 교섭 및 예술 거래를 중개하는 비공식 파트너십을 맺기도 했다. 시간이 흐름에 따라 헤르비르는 다양한 행정적·정치적 과제를 추가로 책임지게 되었고, 공작의 문화적·정치적 대리인으로서 자신이 수행한 이질적인 직책들을 수많은 자전적 글에 요약해놓았다. 펜과 지식을 활용하는 헤르비르의 기술은 그의 말대로라면 "수학, 건축, 소묘, 회화, 위대한 공公들을 위해 무대, 가면극, 쇼, 오락거리 고안하기, 그 밖에 보기 드문 각양각색 사람들로부터 얻은 여러 비결"을 망라했다. 어쩌면 후견인의 스파이였을지도 모르는 헤르비르는 궁정 사회에서 영향력 있는 예술·정치 고문으로 자리매김했다. 1631년 찰스 1세는 헤르비르를 브뤼셀의 잉글랜드 주재관으로 임명했다. 프랑스 출신 위그노교도 부모에게서 태어난 네덜란드인이 유럽에서 잉글랜드를 대표하게 된 것이다. 훗날 헤르비르는 기사 작위를 받고 잉글랜드로 돌아가 국왕을 위한 오락 진행자로 일했다.

10년 후인 1651년, 한 익명의 '권위자'가 글을 발표해 찰스 1세를 악의적으로 공격했다. 「둘도 없는 찰스의 성격: 국내외 몇몇 각료와 국가 고문관의 갖가지 원본 의사록, 급송 문서, 수기에서 발췌」라는 제목의 그 글은 독자들에게 이전 군주[영국 내전의 결과로 1649년 처형당한 찰스 1세—옮긴이]의 부패한 체제를 알려주겠다고 주장했다. 익명으로 발표되기는 했으나 이 글은 발타자르 헤르비르의 것으로 여겨졌다. 헤르비르는 국왕의 총신으로 지낸 자신의 과거를 참회하고 새로운 공화국 체제에서 호의를 구하고자 애썼다. 그에게 공감해 친구가 된 사람은 거의 없었지만, 정계의 동시대인들도 그의 수완과 지식만큼은 무시하지 못했다. 많은 이들이 그를 믿지 못할 사람으로 치부했지만, 헤르비르 본인의 생각은 달랐다. "[그는] 타고난 신의와 기질로는 세상 그 누구에게도 지지 않고, 둘째가라면 서러울 정도로 비밀을 엄수한다는 뚜렷한 증거를 내놓았다." 그런데 이렇게 이해타산적인 사람이 발타자르 헤르비르 한 명만은 아니었다.

앤서니 셜리Anthony Shirley는 유라시아의 여러 궁정에서 개인으로 활약하고 국적과 애국심보다 실용주의에 근거해 정치적 파트너들을 선택한 또다른 인물이었다. 옥스퍼드대학에서 수학한 앤서니 셜리는 네덜란드와 프랑스에서 여러 임무를 수행하고 아프리카 서해안과 중앙아메리카를 탐험했다. 1598년 그는 페라라시의 소유권을 둘러싼 논쟁에 참여하고자 잉글랜드인 지원자 무리를 이끌고 이탈리아로 갔다가 잉글랜드와 페르시아 간 교역을 증진할 생각으로 다시 페르시아로 넘어갔다. 페르시아를 부추겨 오스만 제국과 전쟁을 벌이도록 유도하는 것도 그의 목표였다. 샤 아바스 1세에게 잘 보인 셜리는 미르자Mirza라는 경칭을 받았고, 기독교도 상인이 페르시아에서 교역할 권리를 얻어냈으며, 군대 양성에 일조했다. 아바스 1세의 대리인으로서 유럽으로 돌아온 그는 모스크바, 프라하, 로마 등 여러 도시를 방문했다. 요컨대 잉글랜드 사람이 유럽의 여러 궁정에서 페르시아의 대표 역할을 수행한 것이다. 잉글랜드는 그를 반역자로 간주했다. 1603년 제임스 1세가 그를 투옥한 사건을 계기로 잉글랜드 하원은 「사과와 만족의 형식The Form of Apology and Satisfaction」이라는 문서를 작성해 하원의 특권 중 하나인 의원 불체포 특권을 주장했다[앤서니 셜리는 형 토머스 셜리와 함께 투옥되었는데, 형이 하원의원이었다—옮긴이]. 1605년 셜리가 프라하에 있을 때 신성 로마 제국의 황제 루돌프 2세는 그에게 백작 직위를 하사하고 임무를 맡겨 모로코로 파견했다. 그 이후 이 사절은 리스본과 마드리드로 갔는데, 에스파냐 국왕은 그를 환대하고 탐사 함대의 제독으로 임명했다. 적어도 네 국가의 수장을 섬긴 그는 충성을 직무의 일부로 여겼다. 발타자르 헤르비르와 앤서니 셜리 같은 사람들은 값을 치르기만 하면 어떤 후견인에게든 충성했다. 출생지, 문화적 정체성, 종교, 언어 등에 구속받지 않은 그들의 변화하는 충성은 정치적 대리인 또는 중개인이라는 직업의 직접적인 소산이었다. 15세기부터 18세기까지 유럽과 아시아의 국가들

1737년 궁전의 창가에 모습을 드러낸 마르와르와 조드푸르의 통치자 바크트 싱Bakht Singh. 그는 황제의 명을 거역하고 공물을 바치지 않아 무굴 제국을 사실상 무너뜨리는 데 일조한, 고분고분하지 않은 토후들 중 하나였다. 무굴 제국은 1739년 페르시아 침공군에게 치욕을 당한 뒤 영국 동인도회사의 권력에 의존하는 신세가 되었다.

화가 요한 조파니Johan Zoffany는 1784년 존 모던트John Mordaunt 대령의 영국산 닭과 아우드 통치자의 인도 현지 챔피언 닭이 맞붙은 유명한 닭싸움을 직접 목격했을 것이다. 이 그림을 인도 정복의 비유로 여길 수도 있지만, 함께하는 스포츠는 영국 엘리트층과 토착 엘리트층이 서로 친분을 쌓고 정치적 협력 관계를 맺는 방편이었다.

간에는 문화적 경계를 넘나드는 외교가 증가했다. 예컨대 네덜란드인 요안 퀴나우스Joan Cunaeus는 사파비 왕조 아바스 2세의 궁정을 방문했고, 같은 네덜란드인 디르크 판 아드리험Dircq van Adrichem은 사절단을 이끌고 무굴 황제 아우랑제브의 궁정을 찾아갔으며, 잉글랜드 외교관 토머스 로Thomas Roe는 무굴 황제 자한기르의 궁정을 방문했다. 아프리카-유라시아 국가들 간에는 국경을 넘고 여러 문화를 아우를 수 있는 엘리트층을 통한 특사와 선물 교환이 갈수록 빈번하게 이루어졌다.

당대의 많은 통치자들처럼 인도의 군주들도 각료와 사절을 만나기 위해 대체로 궁정에 붙어 있었다. (바부르의 후계자) 후마윤부터 무굴 황제들은 친히 발코니에 나가 신민들과 자신을 연결하기 시작했다. 자로카 다르샨Jharokha Darshan(문자 그대로 '발코니 청중')이라 불린 이 오래된 힌두 관행은 황제의 질병, 쇠약, 쿠데타, 죽음에 대한 뜬소문을 잠재우는 방법이기도 했다. 자로카 다르샨은 보통 수도의 요새와 궁전에서 했지만, 군주가 제국의 판세를 넓히거나 지역을 시찰하는 동안에는 신민과 군인에게 군주의 모습을 보여주기 위해 도아시아야나 만질do-ashiayana manzil이라는 이동식 2층 목조 주택을 사용했다. 무굴 제국의 회화 유파는 그렇게 백성 앞에 모습을 보인 황제들을 몇 점의 그림으로 묘사했다. 1911년 델리에서 영국의 국왕 조지 5세와 왕비 메리는 전통에 따라 붉은 요새Red Fort의 발코니에 모습을 드러냄으로써 인도 아대륙의 아주 긴 통치자 명단에 대한 공적 기억에 자신들을 아로새겼다.

근대 초는 정부의 3대 기관 중 하나로 법률 제정을 담당하는 입법부가 등장한 시기이기도 하다. 그 이전에는 군주가 변경 가능한 전통 내에서 법률을 결정했지만, 14세기부터 변화의 속도가 빨라지고 그에 맞추어 법령이 늘어남에 따라 법률 제정의 성격이 차츰 변해갔다. 14세기와 15세기에 잉글랜드 군주들은 나머지 서양의 추세와 비슷하게 칙허장을 통해 법률을 도입했지만, 의회 의원들도 논쟁과 청원서(훗날 법안이라 불렸다)를 통해 입법을 발의할 수 있었다. 그렇지만 법률을 제정하고 폐지하는 대의 기관의 역할이 확대된 것보다 더 근본적인 전환은 주권의 개념 자체가 변한 것이었다. 중세의 주권은 정의를 선언할 수 있는 절대적 권리로 규정할 수 있지만, 16세기 들어 주권은 적어도 유럽에서는 갈수록 법률을 제정할 절대적 권리로 이해되었다.

군주의 권력이 신에게서 직접 받은 것인지 아니면 국민과 그 대표들을 거쳐서 받은 것인지를 놓고 이론가들이 언쟁을 벌임에 따라 주권을 누가 행사해야 하는지를 둘러싼 분쟁이 흔해졌다. 잉글랜드 내전기에 의회는 혁명적 기구가 된 데 더해 국왕에게 맞서는 저항의 중심으로 자리매김했으며, 국민을 대표해 법률을 통과시킬 권리, 정부 예산을 감독할 권리, 조약을 비준할 권리, 필요할 경우 행정부와 사법부의 구성원을 탄핵할 권리 등 다양한 권리를 획득했다. 1776년 아메리카 13개 식민지의 연합이 영국으로부터 독립한다고 선언했을 때, 그들은 방금 말한 권리들을 만장일치로 의회에 부여했다. 그후 대통령제 국가로 수립된 미합중국에서 법률 제정은, 일부 대수롭지 않은 예외를 빼면, 의회의 고유한 권한으로 남아 있다. 미국의 건국자들이 그 이전 100년간 활동한 프랑스와 잉글랜드 정치 이론가들을 토대로 구체화한 이 모델은 세계의 대부분에서 하나의 본보기가 되어왔다.

한편, 이제 막 생겨난 입헌주의와 나란히, 권리에 대한 새로운 학설이 서양의 정치 담론을 바꾸기 시작했다. 이 학설은 어느 정도는 중세 '필멸자들의 공동체', 즉 공통의 도덕적 의무에 얽매이는 공동체에 관한 학설을 확장한 것이었다. 그러나 다종다양하고 각양각색인 인류를 유럽인의 눈앞에 드러낸 문화 간 접촉의 실제 결과는 마치 연금술과 같았다. 다시 말해 그런 접촉의 결과로 본래 서양에서 도덕적 공동체의 성원 자격을 정하는 데 쓰였던 모호한 기준이 서양 외부에도 적용되는 보편적인 규준으로 바뀌었다. 1484년 태어난 바르톨로메 데 라스 카사스Bartolomé de Las Casas는 유럽인이 라틴 아메리카 토착민을 억압하는 실태를 처음으로 폭로했다. 회심을 경험한 뒤 도미니쿠스회의 사제가 되고 결국 주교가 된 그는 에스파냐인과 동등한 아메리카 토착민 신민의 권리를 법률로 보호하는 노력을 배가해달라며 에스파냐 국왕을 설득했다. 그의 논변은 주로 실용적이라기보다 도덕적이었고(경제적으로 유익한 '부왕' 제도를 유지하려는 국왕의 관심에 호소하긴 했지만), 인간 집단들 사이에서 우월과 열등을 가르는 명확한 선천적 차이는 없다고 역설했다. 라스 카사스는 비록 실질적인 변화는 별로 이루어내지 못했지만, 1550년 에스파냐 바야돌리드에서 후안 히네스 데 세풀베다Juan Ginés de Sepúlveda와 벌인 논쟁에서 토착민의 대의를 대변했다. 그는 에스파냐의 아메리카 정복의 도덕성을 문제삼았다. 그리고 토착민이 선천적으로 유럽인보다 열등하며 따라서 토착민을 노예로 삼고 문명화해야 한다는 생각에 반론을 폈다. 책을 많이 쓴 그는 1552년 출간한 『인디언 파괴에 관한 간결한 보고Brevísima relación de la destrucción de las Indias』에서 토착민을 착취하거나 학대한 에스파냐인을 규탄했다. 에스파냐어로 몇 가지 판본으로 출간된 이 책은 이후 라틴어로 세 개, 이탈리아어로 세 개, 영어로 네 개, 프랑스어로 여섯 개, 독일어로 여덟 개, 네덜란드어로 열여덟 개 판본으로 나왔다.

대개 인권을 빼앗은 사례를 계기로 논의되긴 했지만, '양도 불가능한 인권'이 있다는 생각이 차츰 계몽적 담론으로 스며들었다. 아메리카 대륙과 남태평양에서 '고결한 야만인'이 발견되자 유럽의 일부 사상가들은 '보통사람'에게 영예를 주고 더 나아가 권력까지 맡기는 쪽으로 기울어갔다(비록 프랑스 혁명기에 권력을 맡은 보통사람들이 그것을 남용하여 권위주의적 정치를 지지하는 19세기의 반동을 초래하긴 했지만). 그런가 하면 개인주의—개인의 권리가 사회 집합체의 권리보다 선행하고 우선한다는, 처음부터 논쟁이 분분했던 이념—가 갈수록 유기적인 '사회 계약' 개념과 경합을 벌였는데, 이에 따르면 개인들이 통치자 또는 국가에 의해 권리를 박탈당한 것이었다. 토머스 제퍼슨이 초안을 작성한 1776년 미국 독립 선언문은 개인 권리의 언어를 구현하고 있었으며, 세계 전역에서 혁명적 선언의 모델이 되었다.

1833년 영국은 노예제를 불법화했다. 영국 정치인이자 박애주의자인 윌리엄 윌버포스William Wilberforce가 1787년부터 노예제 폐지를 공개적으로 촉구하며 투쟁한 지 수십 년 만의 일이었다. 미국의 페미니스트, 노예제 폐지론자, 강연자였던 애비게일 켈리 포스터Abigail Kelley Foster는 급진적 개혁을 주장하며 열변을 토한 인물로 기억되고 있다. 애비 켈리Abby Kelley라는 애칭으로 불린 그녀는 퀘이커 집안에서 태어나 퀘이커 학교에서 교육을 받고 매사추세츠주 린Lynn에 있는 퀘이커 학교에서 교사로 일했다. 그후 노예 해방 운동가 윌리엄 로이드 개리슨William Lloyd Garrison의 추종자가 되었고, 1835~1837년 린 여성 반노예제 협회의 서기로 활동했다. 1838년에는 개리슨과 함께 뉴잉글랜드 비저항 협회를 창설했다. 1837년과 1838년 각각 뉴욕과 필라델피아에서 열린 제1회와 제2회 전미 여성 반노예제 대회에도 참석했다. 미국 의회는 1865년 1월 31일 미합중국에서 노예제를 폐지하는 내용의 헌법 수정 조항 제13조를 통과시키고 같은 해 12월 6일 비준했다. 제13조는 "노예 제도 또는 강제 노역 제도는 당사자가 정당하게 유죄 판결을 받은 범죄에 대한 처벌이 아닌 한 미국 또는 그 관할 아래 속하는 어느 장소에서도 존재할 수 없다"고 규정했다. 브라질도 1850년 노예 무역을 불법화했지만, 노예상은 1888년 노예 해방법이 제정될 때까지 밀항을 통해 새 노예를 브라질로 계속 들여왔다.

제국들은 오늘날의 우리라면 환경이라고 부를 법한 것을 관리하는 문제—이국적인 에덴동산을 지속 가능한 방식으로 개발하고 숲, 토양, 사냥의 산물 등 개발 가능한 자원을 보존하는 문제—와 관련해 새로운 종류의 정치를 낳는 데에도 일조했다. 조수, 일식과 월식, 계절과 풍향 패턴, 식물상과 동물상 등 자연에 관한 상세하고 정확한 기술이 세계 전역으로 퍼져나갔다. 새로운 정보와 통찰이 유럽에서 아시아, 아프리카, 아메리카로 쏟아져 들어갔다. 이익을 극대화하려는 중상주의적 동기 역시 수익 가능성을 좇아 수많은 식물과 물체 등을 철저히 검토하는 데 이바지했다. 한편, 18세기 지식의 영역에서는 자연과 구별되는 의미의 생태를 연구하는 학문이 뿌리를 내렸다. 18세기 칼 폰 린네의 연구는 '제국적' 자연관을 대표했다. 린네는 당대의 손꼽히는 생태학자이자 이성과 이해를 통해 자연을 지배하려는 인간의 시도를 전형적으로 보여주는 인물이었다. 자연은 신의 수수께끼가 아니라 그 원리를 이해하여 지배해야 할 무엇이었다.

제국의 경계에서는 상반되는 태도들이 충돌했다. 아메리카 토착민은 자연에 관해 서양인과 전혀 다르게 생각했다. 어느 토착민 학자는 자신들의 자연관을 이렇게 요약했다. "땅은 (…) 생존 수단이 아니라 우리의 활동 무대다. (…) 땅은 우리 존재의 일부, 역동적인 것, 중요한 것, 실재하는 것이다. 땅은 우리 자신이다." 이와 비슷하게 오스트레일리아 원주민의 환경 철학에서 인간은 자연을 관리하고 해석하는 존재가 아니라 관찰하고 인식하고 사용하는 존재였다. 자연을 대하는 이런 자세야말로 그들의 천재성, 4만 년 넘게 생존할 수 있게 해준 천재성의 본질이었다. 토테미즘과 꿈, 법을 통해 표현된 그들의 철학은 유럽의 물질주의적 인간 중심주의와 현저히 대비되는 비물질주의적 생태 중심주의라고 말할 수 있었다. 이슬람의 경전 쿠란에는 자연 친화적인 태도와 윤리가 담겨 있다. 마셜 G. 호지슨Marshall G. Hodgson은 이슬람이 "자연계의 도덕적 질서에 대한 개인의 책임을 요구"한다고 요약했다. 이슬람의 생태 윤리는 쿠란의 칼리파khalīfa(수탁)와 아마나트amānat(기탁) 개념에 의거한다. 이슬람은 자연을 신이 인간에게 준 선물, 한시적 통제권은 있지만 주권적 권한은 없는 자산으로 받아들인다.

이런 개념들도, 도교와 신도神道 전통에서 주장한 자연의 신성함도, 유럽과 일본의 환경 보존론자들이 핵심 자원의 지속 가능성을 지켜야 한다고 생각해 내놓은 실용적인 주장도, 습지를 말리고 숲을 벌목하고 멸종 위기 종을 사냥해 절멸시키는 경제적 명령을 막지 못했다—그것은 토지와 자연환경을 사용하고 통제하는 인간의 힘을 점점 더 강화하는 비가역적인 추세로 보였다. 인간은 종전까지 몰랐거나 사용하지 않았던 천연자원에 접근하는 방도를 찾아내 삶과 생활 수준을 향상시켰다. 기술적 발명과 혁신, 특히 해상 수송과 산업 생산은 경제적 생산성을 높여주었다. 그러나 생산성 향상은 헤아릴 수 없는 대가를 치르고 얻은 것이었다. 인간의 수가 1500년 4~5억 명에서 1800년 대략 9억 명으로 거의 두 배 증가함에 따라 석탄과 경작지 같은 천연자원에 대한 수요도 덩달아 증가했다. 그리고 인구가 늘어남에 따라 자연계에 가해지는 압력도 증가했다. 아프리카-유라시아와 신세계에서 국가들과 사업가들은 토지의 생산성 극대화를 목표로 삼았다. 근대 초 국가들은 점점 더 많은 토지와 천연자원을 국가의 통제 아래 두는 사람들을 보호하고 격려했다. 자원 개척자들에게 자본을 투자하고 그들을 국가의 영웅이자 사업가로 인정한 국가의 지원은 세계 각지에서 생물학적 침공과 지역 생태계 교란으로 이어졌다. 인간의 개입은 정교하고 복잡하고 다채로운 식물상과 동물상에 악영향을 주었다. 수많은 종이 멸종했다. 선구적 정착민들은 특히 아메리카와 아프리카에서 손쉽게 도살하거나 먹거나 가죽을 벗길 수 있는 풍부한 야생 동물, 조류, 어류를 발견했다. 천연자원이 넘쳐나고 무한정 많다는 생각에 변경 사회들은 앞날에 대비하지 않고 요행을 바라는 사고방식을 갖게 되었다. 정착민들은 식량과 에너지, 원료가 고갈되고 나면 그저 전유하는 방법으로 사용할 수 있는, '아직 손대지 않은' 새로운 자원을 찾아 간단히 이동할 수 있었다. 예를 들어 17세기 동안 네덜란드는 에너지의 주원료를 나무에서 이탄泥炭으로 바꾸었다. 네덜란드는 토탄을 추출하고 가공하고 운반하고 연소시키는 새로운 방법을 개발했다. 특히 운하를 통해 운송함으로써 가격을 낮추고 효용을 높일 수 있었다. 그러나 18세기 말 네덜란드의 국내 이탄 공급량은 한계에 다다랐다. 이 에너지 난국에서 빠져나가는 길은 석탄 연소인 것으로 밝혀졌다. 영국이 맨 먼저 에너지의 주원료를 생물 자원에서 화석 연료로 교체했다. 1800년경 석탄은 영국에서 가장 중요한 가정용·산업용 연료였다. 석탄, 증기력, 철의 결합은 산업 혁명으로 귀결되었다. 화석 연료 사용량이 증가함에 따라 환경이 훼손되었고, 결국 우리는 어떻게 지구에 영구적인 타격을 주지 않으면서 경제 성장을 지속할 것이냐는 난제에 봉착했다. 새로 출현한 전 지구적 사회와 그 연결성의 미래는 궁극적으로 우리가 어떻게 우리 자신과 생물권을 관리하느냐에 따라 판가름날 것이다.

문화 접촉과 사회 변화

제국주의는 백인만의 악덕도 아니었고 그 악덕을 정당화하기 위한 종교 악용도 아니었다. 그렇지만 기독교권에서만 선교사들이 제국을 둘러싸고 분열되었다. 일부 열성적인 선교사들은 제국의 선봉에 서거나 제국을 지지한 반면, 다른 일부는 제국에 도전하고 평화로운 왕국을 추구했다. 분열의 한 가지 결과는 순교의 만연이었다. 자기희생을 갈망하는 많은 기독교 선교사들이 다시는 가족과 고국을 보지 못할 것을 잘 알면서도 유럽을 떠나 먼 타지로 향했다. 1581년 에스파냐령 멕시코에서 아구스틴 로드리게스Agustín Rodríguez 수사는 다른 두 사제와 함께 푸에블로 인디언을 기독교로 개종시키기 위해 리오그란데강 상류 지역으로 들어갔다. 그곳에서 세 사람은 아무런 군사적 지원도, 에스파냐 당국과의 접촉도 없이 한 해 넘게 살았다. 그러자 사제들이 해를 입을까 우려해, 안토니오 데 에스테반 에스페호Antonio de Esteván Espejo가 이끄는 구조대가 산바르톨로메에서 출발해 콘초스강 하류로 내려가다가 리오그란데강 상류로 올라갔다. 에스페호는 뉴멕시코의 아코마에서 푸에블로 인디언 가운데 주니족과 접촉한 뒤 오늘날의 애리조나에 있었던 호피족의 정착지를 방문했다. 1583년 그는 인디언이 세 사제를 살해했다고 보고했다. 또 뉴멕시코 북부와 애리조나에 금과 은 광상鑛床이 있다고 보고하여 1590년대 후반 북아메리카 서남부를 탐험할 근거를 제공했다. 황금, 영광, 신은 세계 각지로 향하도록 자극하는 중요한 유인으로 남았다. 유럽을 떠나는 것은 영웅적이고 진취적인 행위로 여겨졌다.

순교 열의와 제국에 앞서 영적 정복을 추구하려는 욕구는 십중팔구 가톨릭교도의 포부였다. 가톨릭적 맥락 밖에서 토착민이 질병으로 절멸하지 않았을 경우에는 종교적 수사修辭가 질병의 역할을 대신했다. 극단적이되 전형적인 사례로는, 하버드에서 교육받은 역사가이자 종교 지도자로서 인디언 절멸을 지지하는 주장을 편 코튼 매더Cotton Mather(1663~1728)가 있다. 보스턴에서 태어난 코튼은 아버지 인크리즈 매더Increase Mather의 뒤를 이어 보스턴 노스 교회North Church의 목사가 되었다. 이들 부자는 역사적·종교적 문제에 관해 자주 글을 썼다. 코튼 매더는 1702년 뉴잉글랜드의 교회사를 다룬 저서 『아메리카에서의 그리스도의 위업Magnalia Christi Americana』에서 인디언을 기독교화하고 문명화하려 시도해봐야 소용없다고 주장했다. 인디언은 이스라엘의 사라진 10지파로서 사탄에 이끌려 북아메리카까지 온 것이고, 그들의 토착 의례는 악을 내보이는 것이라고 규정한 매더는 종교적 이유를 들어 그들을 절멸시켜야 한다고 주장했다. 매더의 견해에 더 온건한 동시대인들은 충격을 받았지만, 이 시기 내내 북아메리카의 백인 정착민 사이에서는 토착민을 학살해야 한다는 의견을 숨김없이 드러내는 태도가 우세했다.

누군가 공동체에 속하는지를 판정하는 핵심 기준은 그가 공동체의 규칙을 따르겠다는 의사를 표현하는지 여부다. 다른 집단을 우리 공동체에 동화시키기 위해서는 그 집단에서 지배적인 문화를 형성하는 사람들을 혼성 정체성으로 통합할 필요가 있었다. 이런 이유로 제국들은 기존 전통을 파괴하는 동시에 혼합 공동체, 혼성 문화, 크레올 언어, 혼합 종교, 임시변통 정치체, 새로운 생활 방식을 만들어냈다. 한편, 정착민 사회와 유럽 내에서는 공적 영역이 확대되었다. 계층과 교육 수준을 막론하고 과거 어느 때보다도 많은 사람들이 클럽, 커피하우스, 살롱에서, 인쇄 매체를 통해, 또 정당 내에서 국가의 문제를 의논하고 분석했다.

사람들이 아는 것은 그들이 사는 곳과 관련이 있었다. 근대 초 유럽 사람들은 자신이 하나의 도덕적인 기독교 공동체에서, 그리고 전쟁을 제한하고 규제하는 만민법—자연적 이성의 법—의 원칙을 준수하는 문명국가에서 살고 있다고 (만일 이런 문제를 생각해봤다면) 생각했다. 이익을 우선해 전쟁의 도덕적·법적 원칙을 무시하는 경우가 왕왕 있긴 했지만, 유럽 내 모든 전쟁에는 하나의 공통점이 있었다. 바로 참전국들이 언제나 공개적인 발언과 글을 통해 자국이 정당한 전쟁을 치르고 있음을 입증하려 했다는 것이다(아마도 이상한 집단의식 때문이었을 테지만, 에스파냐는 세계 어디서 전쟁을 치르든 그것이 정당한 전쟁임을 입증하려 했다). 인쇄된 팸플릿과 책자를 통해 퍼져나간 전쟁 정당화 논리는 유럽인의 정체성을 형성하는 데 일조했다. 예컨대 1700년 표트르 대제가 스웨덴 침공을 공개적으로 정당화한 캠페인은 러시아가 유럽의 도덕적·법적·정치적 공동체에 속한다는 것을 인정받으려는 노력의 일환이었다.

공적 영역 확대의 배경에는 세계화되는 세계—대양과 대륙을 가로질러 교역과 이주가 이루어짐에 따라 종전까지 따로따로 살아온 집단들이 서로를 점점 더 알아가는 세계—가 있었다. 유럽인이 장거리 해운을 지배한 터라 당대의 데이터 은행들은 서양에 몰려 있었다. 근대 초 전체 이주민의 85퍼센트는 유럽인으로 추정된다. 하지만 이 수치는 강요나 강제를 당한, 제대로 기록되지 않은 광범한 이주 사례들을 간과한 것이다. 예를 들어 동남아시아로 이주한 중국(주로 복건 출신) 노동자와 체류자, 만주와 중앙아시아로 이주한 중국 농민, 버마부터 보르네오까지 동남아시아 곳곳에 흩어져 살아간 일본인 망명자와 경제적 이주민, 백인에게 정복당해 쫓겨나거나 도피한 아메리카 토착민, 아프리카와 남아시아와 동남아시아에서 전쟁의 결과로, 또는 통치자의 명령에 따라 대규모로 이주한 집단들이 있었다. 무엇보다도 식민지에 노동력을 공급한 전례 없는 규모의 노예제는 근대 초 세계의 인구 분포를 바꾸어놓았다. 아프리카 서해안을 방문한 뒤 위험을 무릅쓰고 보자도르곶 너머까지 갔던 어느 포르투갈 탐험가는 1434년부터 1448년까지 자기 동포들이 아프리카인 927명가량을 포르투갈로 데려가 노예로 팔았다고 추산했다. 이 단계를 시작으로 19세기 말에 노예 무역이 쇠퇴할 때까지 약 2000만 명이 아프리카에서 다른 대륙으로 옮겨졌다. 그중 상당수는 대서양으로 가는 도중 노예선의 끔찍한 환경에서 목숨을 잃었다. 1789년 출간된 서아프리카인 올라우다 에퀴아노Olaudah Equiano의 자서전은 이런 대서양 횡단 항해중에 겪은 고통을 자세히 묘사한 작품으로 잘 알려져 있다. 그러나 억압당한 아메리카 토착민이 피정복 트라우마를 견디고 전통 문명의 연속성을 지켜간 것처럼, 아프리카 출신 노예들은 인생의 주도권을 포기하지 않았다. 그들은 플랜테이션에서 새로운 생활 방식을 고안해냈다. 이를테면 주인들의 그림자 아래에서 새로운 자조 단체, 새로운 종교(대개 기독교의 단편과 아프리카 신들에 대한 기억을 결합했다), 새로운 음악(악기로 즉석에서 작곡했다), 새로운 언어(출신 지역이 제각각인 노예들끼리 의사소통할 수 있도록 주로 유럽인 주인의 언어를 변경했다)를 만들어냈다. 탈주한 노예들은 여러 왕국을 건설했고, 때로 토착민 공동체와 동맹을 맺었으며, 백인이 통치하는 제국들에 둘러싸인 고립영토 국가의 독립을 수 세대 동안 지켜냈다.

비인격적 경제 요인만큼이나 감정에 좌우되는 개인 간 접촉은 알맞은 환경에서라면 대규모 이주 못지않은 문화적 결과를 가져올 수 있다. 한 예로 1534년 오늘날 퀘벡의 가스페반도에서 휴런족 족장 돈나콘나Donnaconna와 그 일행은 두 가지 환상—막대한 부와 아시아로 가는 짧은 해로—을 좇고 있던 프랑스 탐험가 자크 카르티에Jacques Cartier를 만났다. 돈나콘나는 아들 두 명을 프랑스 탐험대의 안내인으로 붙여달라는 카르티에의 요청을 들어주었다. 두 아들은 카르티에와 함께 프랑스에 갔다가 이듬해 돌아올 때 휴런족의 고향으로 가는 길을 안내했다. 1535년 카르티에 탐험대는 오늘날의 퀘백시에 있었던 휴런족의 촌락 스타다코나에서 가까운 세인트로렌스강에 닻을 내렸으며, 돈나콘나는 두 아들과 재회했다. 카르티에는 스타다코나에서 세인트로렌스강 상류로 올라가 현재의 몬트리올에 있었던 휴런족의 다른 촌락 호첼라가에 도착했다. 다시 스타다코나로 돌아온 카르티에는 돈나콘나를 활용해 향후 다른 탐험의 후원을 얻어낼 속셈으로 부하들을 시켜 족장을 배에 강제로 태웠다. 처음에 저항하던 돈나콘나는 카르티에가 1년 안에 고향으로 돌아가게 해주겠다고 약속하자 탐험대와 동행하는 데 동의했다. 돈나콘나는 갑판에서 휴런족 전사들에게 연설을 하고 그들을 돌려보낸 다음 다른 부족원 몇 명과 함께 프랑스로 향했다. 돈나콘나는 프랑수아 1세를 알현했다. 그와 부족원들은 곧 유럽의 질병에 걸려 죽었다. 그렇지만 죽기 전에 제 역할을 했다. 카르티에는 추가 탐험에 필요한 자금을 얻어냈다. 카르티에의 세 차례에 걸친 세인트로렌스강 탐험을 근거로 들어 훗날 프랑스는 장차 캐나다가 될 지역에 대한 소유권을 주장할 수 있었다.

근대 초 유럽이 인도의 항구들에 끼친 영향은 민간 영역에서 유럽인과 토착민 간 사회적 연계로 가장 뚜렷하게 나타났다. 근대 초에 인도로 이주한 유럽인 몇 명은 결혼을 통해 인도의 사회적 환경에 동화되었다. 그들의 인생사는 '동양'과 '서양'이 서로 화합했음을 실증한다. 그들은 현지인과 동등한 사람—교역상—으로서 어울리기도 했지만, 문화와 언어의 경계를 넘나드는 가족 관계를 통해 교제하기도 했다. 수백 년에 걸쳐 인도 항구들에서는 유럽인이 늘어나고 서로 다른 공동체의 개인들이 통혼을 하면서 인도-포르투갈인, 인도-네덜란드인, 영국-인도인 같은 새로운 공동체들이 생겨났다. 포르투갈 남성은 상대가 힌두교도든 무슬림이든 인도 여성과 자유롭게 결혼했다. 아시아까지 길고 혹독하고 위험천만한 항해를 떠나겠다는 유럽인 여성이 거의 없었던 만큼 이민족 간 결혼은 불가피했다. 포르투갈어는 문화의 경계를 넘어 소통하기 위한 공용어가 되었다.

해외에 새로 정착한 유럽인이나 아프리카인은 적어도 토착민 이웃만큼이나 심대한(흔히 더 심대한) 변화를 겪었다. 16세기 초부터 19세기 초까지 유럽인은 아시아에서 줄곧 해안 지역에 머물렀다. 그들의 경제적·정치적·사회적 존재감은 배후지의 정치경제에 비하면 미미했다. 마르크스주의와 신마르크스주의 역사가들은 동인도회사들이 영토를 통치하는 데 드는 비용 걱정 없이 가장 효율적으로 얻어낼 수 있었던 초기의 무역 흑자를 강조한다. 그렇지만 아시아의 여러 항구 도시와 아시아 및 유럽의 경제사에 관한 상세한 연구에 따르면, 근대 초기 동안 아시아의 항구들에서 유럽인은 실은 오랫동안 대개 힘겹게 생존해야 했다. 거의 근대 초기 내내 그들은 현지인의 선의에 의존했고, 그 선의를 잃을 경우—포르투갈과 에스파냐가 동아프리카의 대부분, 페르시아만, 중국, 일본, 그리고 동남아시아의 대부분에서 대가를 치르고서 깨달았듯이—존속할 수 없었다. 그렇지만 18세기 후반기 들어 유럽의 고립 영토들은 안보를 강화하거나 새로운 수입을 찾기 위해 정복을 통해 내륙으로 세력을 넓히기 시작했다. 서양은 19세기 이후 군사력에서 우위를 점했는데, 산업화를 이루어 화력을 대폭 강화했기 때문이다. 또한 산업화 덕에 서양은 수송의 속도를 높이고 열대 지방에 적합한 물자와 약물을 갖출 수 있었다. 그렇다 해도 생존에 가장 적합한 장기 전략은 '토착민처럼 생활하기'였다. 동양에 상인으로 도착한 네덜란드인은 레이스타펄Rijsttafel[식민지 시기 네덜란드인이 채택한 인도네시아 요리—옮긴이]을 먹는 지주로 변모했다. 아메리카에서는 정착민과 그 후손의 독특한 '크레올' 정체성이 생겨났다. 18세기 화가들이 혼성 문명의 인종적·문화적 이종 혼합을 자랑스레 드러낸 메소아메리카와 안데스에서는 인종 배경이 제각각이면서도 공통의 정체성을 지닌 개인들—인물화에서 토착민의 깃털로 장식하고 있는 사람들—로 이루어진 엘리트층이 출현했다. 토착민과의 친교가 거의 없었던 영국 식민지들에서마저 새로운 '아메리카인' 정체성이 형성되어, 북아메리카 본토의 대다수 식민지들과 모국을 갈라놓은 1776년의 반란을 자극했다.

한편, 이슬람은 중동에서 동쪽의 남아시아와 동남아시아로 전파됨에 따라 탄생지의 문화와는 전혀 다른 문화들에 의해 수용되었다. 아라비아부터 인도, 말레이시아, 인도네시아를 거쳐 필리핀까지, 다채로운 이슬람 세계 공동체가 형성되었다. 신앙 외에 문학도 이 공동체를 하나로 묶어주었다. 16세기부터 20세기까지 『1000가지 질문의 책』이 아랍어 원전에서 자바어, 말레이어, 타밀어로 번역되고 각색되었다. 이 책은 7세기 아라비아에서 예언자 무함마드와 유대인 지도자 압둘라 이븐 살람이 문답을 주고받는다고 상상하고, 후자가 의심에서 시작해 확신에 이르러 결국 이슬람을 받아들이는 여정을 묘사한다. 이 책은 언어, 거리, 문화라는 장애물을 넘어 무슬림들을 연결해주었다. 이 이슬람 텍스트가 번역되고 읽히고 퍼져나간 역사는 이슬람 문헌의 다양한 형식들, 그리고 문헌 번역과 개종이 연관되어온 역사적 과정을 입증한다. 텍스트는 연결—세계화의 또다른 형태—의 동인이 되었다. 근대 초에 정치적·지적·문화적 관념을 전달하거나 전파한 행위자 또는 중개인의 특징은 근래에 특히 후견인-피후견인 관계의 맥락에서 학계의 관심을 받고 있다.

18세기 말에 아시아에서는 제법 많은 사람들이 서쪽으로 여행을 시작—또는 재개—했다. 영어로 번역된 우르두어 2행시는 당대의 생각을 보여준다. "셰이크[이슬람의 경칭—옮긴이]는 카바 신전으로 가라지, 나는 런던으로 가련다. 셰이크는 신의 집을 보겠다지만, 나는 신의 영광을 보련다." 가장 이른 우르두어 여행기 중 하나는 문자 그대로 (탁발을 상징하는) '담요를 두른 자'를 뜻하는 유수프 칸 캄발포시Yusuf

Khan Kambalposh가 쓴 것이다. 그는 1830년대에 유럽과 북아프리카를 두루 돌아다녔는데, 한몫 잡으려는 속셈이 아니라 오로지 북인도에서 멀리 떨어진 세계를 탐험하려는 마음으로 여행길에 올랐다. 잉글랜드에서 런던을 목격한 그는 북인도의 도시 러크나우와 비교하며 이렇게 썼다. "러크나우는 약간의 혁신과 장인의 기술이 있으므로 아직은 괜찮다. 그러나 런던의 혁신적 능력, 교역, 장인의 기술에는 근처에도 가지 못한다." 산업 혁명과 관련해서는 "영국은 철제 대포, 총, 검, 종이, 직물 등을 만드는 각종 기계를 가지고 있고 순식간에 똑같은 물품 수천 개를 생산한다. 인도에는 그런 발명품에 관한 일말의 실마리라도 가진 사람이 전혀 없다"라고 썼다. 1837년 11월, 캄발포시는 베이커가에 가서 마담 투소Madame Tussaud의 밀랍 인형 박물관을 구경했다. 그곳에는 셰익스피어, 바이런 경, 월터 스콧, 새로 즉위한 빅토리아 여왕뿐 아니라 러시아 왕들과 해적들의 인물상까지 있었다. 오늘날 센세이션에 둔감해진 여행자는 캄발포시가 상술한 벅차고 놀랍고 믿기지 않는 감정을 느끼기 어려울 것이다. 서쪽으로 향한 다른 여행자들로는 1752년부터 1806년까지 살았던 미르자 아부 탈렙 칸Mirza Abu Taleb Khan, 거의 동시대인인 딘 마호메드Dean Mahomed(1759~1851), 1765년 유럽행 항해에 나선 루트풀라Lutfullah, 1766년부터 1769년까지 유럽을 여행한 문시 이타사무딘Munshi I'Tasamuddin이 있다. 이런 여행기 장르를 더 폭넓게 읽어보면 옥시덴탈리즘 의식—동쪽으로 여행한 유럽인이 느꼈던 감정에 비견될 만큼 생생한 감정이 담긴, 서양을 이국적으로 보는 이미지—을 엿볼 수 있다.

이렇게 변경되고 확대된 세계 여행기는 대체로 남성의 공간이었던 공적 영역에 공급되었다. 그렇지만 공적 영역은 여성도 개척할 수 있는 공간이었다. 서양에서는 여성의 지위가 바뀌었다. 1550년대에 이탈리아 북부 파도바에서 해부학자 가브리엘레 팔로피오Gabriele Falloppio는 여성의 시체를 절개해 예상치 못한 작동 방식을 밝혀냈다. 기존의 의학 이론과 달리, 여성은 본래 남성을 만들려던 자연의 실패작에 불과한 것이 아니었다. 유럽에서는 유례없이 많은 여성 통치자들이 등장했다. 프랑스에서 섭정

〈러크나우의 시장〉. 1850년대에 다양하고 호감 가는 이국적 풍경을 찾아 인도를 여행한 윌리엄 카펜터William Carpenter(1818~1899)의 그림.

을 한 용맹한 카트린 드 메디시스(1519~1589) 같은 일부는 정치적 술책으로 남자들을 조종했고, 스코틀랜드의 변덕스러운 메리 여왕(재위 1542~1567) 같은 다른 일부는 성서에서 경고하는 이브의 이야기 같은 삶을 재연했다(연인이나 총신의 유혹에 넘어갔다). 메리 여왕과 동시대를 살아간 스코틀랜드의 개신교 설교사 존 녹스는 권좌의 여성을 '괴물 같은' 탈선 사례로 보았다. 대부분의 여성 통치자들은 엘리자베스 1세(재위 1558~1603)가 말한 '국왕의 심장과 위'에 대한 찬사를 받았다. 달리 말해 남자들은 남성처럼 통치하는 여성에게 찬사를 보냈다. 남성처럼 통치한 여성 통치자는 유럽 밖에도 있었다. 1640년대에 자이르강 유역 은동고 왕국의 은징가 여왕은 '남성

서양의 산업화로 인해 전통적인 인도 산업 태반의 맥이 끊겼다. 유럽 밖에서는 미국과 훗날의 일본만이 유럽과 경쟁할 수 있었던 것으로 보인다. 1841년 존 페니먼John Penniman이 자랑스레 묘사한 뉴욕의 노벨티 제철소 그림은 손으로 색칠한 이 석판화의 바탕이 되었다.

이 되겠다'라고 선언했다. 이와 비슷하게, 거의 17세기 내내 수마트라섬 아체를 통치한 여자들은 젠더 개념을 곡예하듯 교묘히 활용했다.

가톨릭교와 개신교가 투쟁하는 가운데 유럽의 평범한 가정에서는 여성의 전통적인 역할—가정 일과의 수호자—이 새로이 중시되었다. 어머니는 소박한 신앙과 경건한 관행을 한 세대에서 다음 세대로 전해주는 난롯가의 복음 전도자였다. 어머니들의 선택에 따라 일부 지역에서는 가톨릭교가 생존했고 다른 일부 지역에서는 개신교가 약진했다. 성직자들은 자기네 권력을 위해 엄격한 결혼 규율을 강요했는데, 그 규율의 한 가지 부수적 효과는 남성 약탈자로부터 여성을 지키고 남편이 죽은 뒤 아

근대 초 세계에서 가장 강력한 여성 통치자 중 한 명이었던 러시아의 여제 예카테리나 2세의 도도한 포즈(원하는 대로 엉뚱하거나 요염하거나 용맹한 포즈를 취할 수도 있었다). 1757년 예카테리나가 채용한 덴마크인 궁정화가 비질리우스 에릭센의 그림.

내의 재산을 보호한 것이었다. 17세기 후반 매사추세츠에서 청교도 설교사로 활동한 코튼 매더는 분만 중 사망을 끊임없이 두려워하기 때문에 여성이 남성보다 도덕적으로 우월하다고 생각했다.

그렇지만 오늘날 페미니스트가 말하는 여성의 '선택지'는 그리 늘어나지 않았다. 산업화 전까지 여성은 새로운 경제적 기회를 충분히 누릴 수 없었다. 자유와 영향력을 원하는 여성에게 최선의 선택지는 과부로 지내는 것이었다. 아내의 살해 욕구를 자극했을 법한 이 상황의 가장 두드러진 특징은 너무나 많은 남편이 살아남았다는 것이다. 16세기와 17세기 유럽 대부분에서 남편은 아내보다 확인된 가정 내 살인을 더 많이 저질렀다. 그리고 여성은 비록 처지가 나아지긴 했지만 여전히 대개 피해자였다—남편에게 얻어맞았고, 고해신부에게 질책을 들었으며, 사회적 규칙에 얽매였고, 법정에서 기만당했다.

이런 현실에서 개인주의가 여성에게 도움이 되었다. 모든 남성이 선천적으로 평등하다면, 여성은 어떠한가? 몽테스키외는 선천적 평등에서 여성을 배제할 이유가 없다고 보았다. 오늘날 페미니즘이라 부르는 사상—여성들이 집합적으로 사회의 한 계급을 구성하고, 역사적으로 억압받아왔으며, 해방을 누릴 자격이 있다는 사상—은 1792년의 두 저작에서, 즉 올랭프 드 구즈Olympe de Gouges의 『여성과 여성 시민의 권리 선언』과 메리 울스턴크래프트Mary Wollstonecraft의 『여성의 권리 옹호』에서 등장했다. 두 저자 모두 생계를 꾸리기 위해 안간힘을 써야 했고, 자유분방한 성생활을 했으며, 비극적으로 죽었다. 울스턴크래프트는 1797년 향년 38세에 출산 후 산욕열로 사망했고, 드 구주는 1793년 프랑스 혁명중에 국왕 내외를 옹호했다는 이유로 단두대에서 처형되었다. "여성이 교수대에 오를 수 있다면 연단에도 오를 수 있어야 한다"라고 드 구주는 말했다. 두 저자 모두 주부와 어머니로서의 미덕을 칭송하는 기존의 여성 전통을 전면 거부했으며, 오히려 여성의 악덕을 인정하고 남성의 억압을 비난했다.

어린이는 비록 동등한 존재로 대우받진 못했지만, 이런 변화가 일어나는 동안 새로운 위치와 중요성을 얻게 되었다. 유럽에서 장애를 가지고 태어난 아이들은 '스스로와 공동체에 유익한' 사람이 되도록 장애를 '바로잡는' 데 중점을 두는 특수 시설에서 생활했다. 1770년대에 런던 기아 양육원은 장애아의 잠재력을 이해하고 가늠하기 위해 도제 제도를 도입했다. 이 제도의 근간을 이룬 생각은, 어느 아이든 어떤 신체적 결함이 있든 간에 아동기의 의존 상태에서 성인기의 독립으로 나아갈 기회를 얻어야 한다는 것이었다.

18세기에 유럽인은 '야생' 아이—홀로 자란 고아나 늑대가 기른 아이—를 길들이려는 노력에 집착했다. 그런가 하면 남아프리카, 인도네시아, 오스트레일리아에서는 아이를 '야만으로부터 보호'하고 기독교를 포함하는 기본 교육을 제공하기 위해서라며 토착민 부모로부터 자녀를 강제로 빼앗았다. 유럽인은 유연성과 가변성을 지닌 토착민 아이를 교육해 '문명화'할 수 있다고 가정했다. 토착민 아이를 선교 유치원에서 가르친 경험은 교육이 식민주의에 필수적이었음을 입증한다. '문명화' 사명은 '타자화된' 아이를 규율하고 식민지 사회권력 체제를 유지하는 수단이었다. 제도화된 식민지 교육은 토착민 아이를 문명화하고 그의 '이교도' '원주민' 생활을 완전히 바꿔놓는 비결이었다. 그 교육은 삼중의 목표에 이바지했다. 첫째는 식민지 관료제의 하층에서 일할 수 있도록 식민 본국의 기본적인 언어를 교육받은 사람들을 길러내는 목표, 둘째는 기독교를 전 세계에 전파하는 목표, 셋째는 어쩌면 대중을 더 많이 개종시킬 수 있을지 모르는 토착민 선교사를 양성하는 목표였다. 식민지 교육은 아동기부터 균일한 문화적·사회적·정치적 정체성 의식을 형성하기 위해 선교사의 아내, 여교사, 식민지 행정관의 아내 등 여성을 참여시키는 데 초점을 맞춘 젠더화된 프로젝트이기도 했다.

그러나 아이를 주조한다고 해서 자신의 출생 집단을 반드시 멀리하게 되는 것은 아니었다. '여성 족장'으로 알려진 위대한 여성 전사가 이 점을 잘 보여준다. 그녀는 19세기 초 중앙아메리카 평원의 그로방트Gros Ventre 부족에서 태어났다. 그녀는 10세에 크로Crow 부족에게 붙잡혔고, 부족의 관습에 따라 입양되었다. 그녀를 입양한 아버지는 활과 총을 쏘는 법, 말을 타거나 걸어서 사냥하는 법을 가르쳤다. 그녀는 훤칠하고 강인한 명사수이자 능숙한 버펄로 사냥꾼으로 자랐다. 전사와 습격자로서의 재능에 힘입어 그녀는 부와 명성, 위신, 권력을 얻었다. 부족 원로들에게도 인정받아 크로족을 대표하는 족장 회의에 여성으로서 유일하게 참석했다. 1851년 미국은 래러미 요새 조약을 체결해 크로족과 그로방트족의 평화를 중재했다. 지난 40년간 보지 못한 친척을 만나고 싶었기 때문인지 여성 족장은 그로방트족을 방문해 자신을 입양한 크로족과의 위태로운 평화를 굳게 다지려 했다. 하지만 그녀의 무용武勇

에 관해 듣고서 위험한 적으로 여긴 그로방트족 전사 다수가 안타깝게도 도중에 그녀를 살해하고 말았다.

결론

우리는 근대 초 세계를 연결하고 변형한 행위자인 군주, 용병, 상인, 이주민의 행로를 추적했다. 항해와 해운 기술로 말미암아 새로 알려진 지역들과 집단들이 정신적으로나 물리적으로나 하나의 세계를 공유하게 되었다. 근대 초 세계화라는 재편 과정에서 역사와 정체성을 잃어버린 노예와 토착민, 여타 집단으로부터 얻은 교훈은 오늘날에도 필요한 생존 기법을 알아내는 데 도움이 될 것이다. 우리는 근대 초의 세계를 포괄적으로 조망하고 동반구와 서반구의 상이한 사회들을 저마다 독특하고 일시적인 문화로 인식해야만 인류의 과거와 현재, 미래의 역사를 온전히 이해할 수 있을 것이다.

PART
05

The Great Acceleration

대가속

온난해지는 세계에서 빨라지는 변화
—1815년경부터 2008년경까지

CHAPTER
11

인류세
변혁적인 두 세기의 배경

데이비드 크리스천

인류세 소개하기: 1815~2015년

관습적인 역사 연구의 관점에서 보면, 지난 두 세기는 변혁기였다. 생활 방식, 기술, 정치, 이념, 경제, 예술, 감수성 등에서 이전 사회들과 근본적으로 다른 세계가 생겨났다. 생물권 전체를 고려하면 이 변화는 더욱 극적으로 보인다. 지난 200년은 45억 년 지구의 역사에서 전례가 없는 혁명기였다.

오늘날 우리가 세계에 끼치는 영향을 파악하려면, 세계를 단순히 인류의 역사가 아니라 지구의 역사 안에 놓고 바라볼 필요가 있다. 우리 행성의 역사상 최초로 단

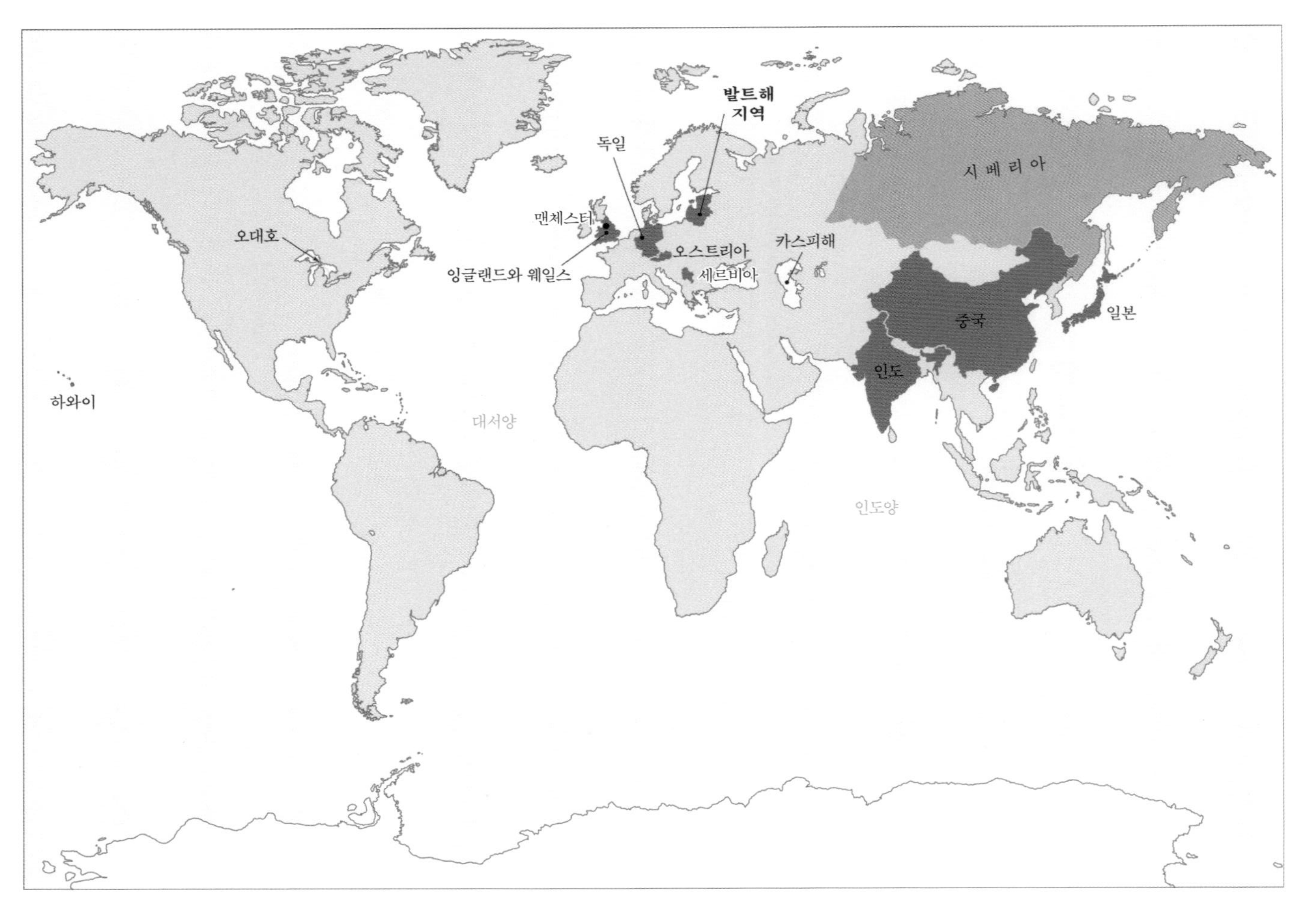

제11장에서 언급하는 장소들.

일 종(호모 사피엔스)이 지구 표면의 변화를 좌우할 정도로 생물권을 통제하게 되었다. 불과 200년 만에 우리 인류는 지구를 바꾸는 종이 되었다. 우리 자신이 무엇을 하고 있는지를 우리가 이해하든 못하든, 향후 수십 년간 인류의 활동은 향후 수백 년간 지구에 심대할 영향을 끼칠 것이다. 이 장에서 나는 오늘의 세계를 만든 혁명적 변화를 기술한다.

다른 많은 학자들처럼 나도 지난 빙하 시대 말기인 1만 1700년경 전에 시작된 홀로세가 이제 끝났고 우리가 새로운 지질 시대인 '인류세Anthropocene'에 들어섰다고 주장한다. 이 단어는 '인간'을 뜻하는 그리스어 어근 'anthropo-'에서 유래했다. 따라서 인류세는 대충 말해서 인류가 지배하는 지질 시대를 의미한다.

인류세라는 관념의 짧은 역사를 살펴본 뒤 나는 인류세와 관련한 거대한 변화를 가늠하는 몇 가지 척도를 제시할 텐데, 그 변화의 **규모**와 **속도**가 너무도 두드러지기 때문이다. 그런 다음 현 시대의 깊은 역사적 뿌리를 기술할 것이다. 이 장의 둘째 부분에서는 18세기 후반부터 현재까지의 주요한 기술·경제·사회·환경 변화를 기술할 것이다.

인류세라는 관념

대다수 역사가들은 지금의 세계가 이전 수천 년간의 세계와 완전히 다르다는 데 동의할 것이다. 우리는 다르게 살고 있다. 인구도 더 많다. 우리의 사회, 경제, 이념, 기술도 다르다. 우리는 삶을 다르게 경험하고 있다. 오늘날의 세계는 흔히 '현대 세계'라고 일컬어진다. 그러나 '현대'라는 단어는 그간 너무 많은 방식으로 쓰여온 터라 지난 두 세기의 가장 뚜렷한 특징이 무엇인지 분명하게 규정하는 데 더이상 도움이 되지 않는다. '인류세' 관념이 더 분명한 이유는 더 정확한 주장을 하기 때문이다. 무엇보다 이 관념은 지구에 끼치는 인간의 영향력이 기하급수적으로 증대했고, 따라서 현 시대의 결정적인 변화는 인간과 생물권의 새로운 관계에서 비롯된다는 생각을 시사한다. 지금 우리는 지구의 기후 또는 암석과 지형의 풍화와 같은 자연의 거대한 체계에 의한 변화에 필적할 만큼 엄청난 변화를 일으키고 있다. 인간이 초래하는 이런 변화는 대부분 먼 미래에 지질학적 기록으로 나타날 것이며, 바로 이것이 우리가 새로운 지질 시대에 접어들었다고 말하는 것이 타당한 이유다.

일부 학자들은 아주 일찍부터 지구에 끼치는 인류의 영향력이 증대하고 있음을 알아챘다. 18세기 말 프랑스 박물학자 뷔퐁 백작Comte de Buffon은 역사를 일곱 시대로 나누었다. 그중 마지막은 '인간의 힘이 자연의 힘을 도운' 시대였다. 일반적으로 컴퓨터 연산의 선구자로 알려진 찰스 배비지Charles Babbage는 1835년 현대 산업이 막대한 양의 이산화탄소를 대기로 배출하고 있으며 그 결과가 "충분히 알려져 있지 않다"라고 썼다. 1870년대에 이탈리아 학자 안토니오 스토파니Antonio Stoppani는 우리가 '인류 시대Anthropozoic era', 즉 인류가 "영향력과 보편성 면에서 지구의 강력한 힘에 비견될 만한 새로운 지구적 힘"이 되는 시대에 들어섰다고 주장했다. 20년 후 스웨덴 화학자 스반테 아레니우스Svante Arrhenius는 화석 연료를 막대한 규모로 연소시킬 경우 지구의 기후가 변할 것임을 보여주었다. 그 이후 20세기 초에 러시아 지질학자 블라디미르 베르나츠키Vladimir Vernadskii와 프랑스 고생물학자이자 예수회 수사인 테야르 드 샤르댕Teilhard de Chardin은 둘 다 인류가 지배하는 새롭고 강력한 지구 권역, 즉 '정신권Noösphere'(그리스어 'nous'는 '정신'을 의미한다)의 출현에 관해 썼다.

20세기 초만 해도 과학은 우리 인간이 생물권을 바꾸고 있다는 급진적인 관념을 정당화하기에는 아직 너무 부정확했다. 그러나 현대 환경 운동, 생태학과 환경 과학 같은 새로운 연구 분야들이 부상한 이후인 20세기 후반기 들어 그 관념이 주목을 받았다. 북아메리카 오대호에서 종의 변화를 연구하던 미국 생물학자 유진 F. 스토머Eugene F. Stoermer는 1980년대 초에 '인류세'라는 용어를 사용해 자신이 관찰하고 있는 인류의 엄청난 영향을 표현했다.

인류세 관념은 기후학자 파울 크뤼천Paul Crutzen이 2000년에 사용한 이후 널리 쓰이기 시작했다. 사람들이 주목한 이유는 크뤼천이 지구의 대기를 감싸고 보호하는 오존층을 인간의 활동(특히 프레온 가스라고 알려진 화학 물질 사용)이 어떻게 파괴하는지를 설명해 노벨상을 받은 학자였기 때문이다. 2000년 어느 학회에서 참석자들이 끊임없이 홀로세를 언급하는 데 짜증이 난데다 현대 사회들이 초래한 엄청난 변화를 잘 알고 있던 크뤼천은 불쑥 이렇게 말했다고 한다. "그만합시다! 우리는 더이상 홀로세에 있지 않습니다. 우리는 인류세에 있습니다."

2000년 무렵이면 그런 주장을 뒷받침하는 증거를 무시하기 어려웠으며, 2002년 과학저널 〈네이처〉에 기고한 논문에서 크뤼천은 인간의 활동에서 기인하는 여러 혁명적 변화를 열거했다. 가장 눈에 띄는 변화는 지구의 기후계를 변경할 조짐을 보이는 어마어마한 양의 화석 연료 연소였다. 찰스 킬링Charles Keeling이 1958년부터 하와이에서 측정한 결정적인 수치들은 대기 중 이산화탄소 농도가 빠르게 증가하고 있음을 보여주었다. 그렇지만 킬링이 측정한 농도의 중요성은 먼 과거의 대기 조성을 알려주는 작은 기포가 담긴 남극 대륙의 빙상을 상세히 연구한 후에야 분명하게 드러났다. 빙상 분석을 통해 킬링이 기록한 이산화탄소 농도가 거의 지난 100만 년을 통틀어 가장 높은 수치라는 사실이 밝혀졌다. 2016년의 한 연구는 현재 인간 활동으로 인한 이산화탄소 배출 속도가 "지난 6600만 년 동안 전례가 없는" 수준이라고 추정한다.

1896년 아레니우스가 주장했듯이, 대기 중 이산화탄소 농도가 증가할 경우 열에너지가 우주 공간으로 빠져나가기 전에 그 에너지를 흡수하는 이산화탄소 분자(아울러 메탄, 수증기, 그 밖의 비슷한 기체들)의 '온실 효과' 때문에 필연적으로 기후가 더 온난해질 것이다. 이산화탄소는 대기 중에 수십 년간 머물러 있으므로, 그 온실 효과는 수 세대 동안 지속될 것이다. (또다른 강력한 온실가스인 메탄의 대기 중 농도는 지난 두 세기 동안 이산화탄소보다 더 빠르게 증가했지만, 메탄은 더 빠르게 분해된다.)

이산화탄소 농도가 증가한다는 증거를 들어 크뤼천은 제임스 와트의 증기 기관, 즉 광범한 석탄 연소를 처음으로 부추긴 기계가 개발된 약 200년 전부터 인류가 생물권을 바꾸기 시작했다고 본다. "인류세는 18세기 말부터, 즉 극빙極氷에 갇힌 기체를 분석한 결과로 알 수 있듯이 지구에서 이산화탄소와 메탄의 농도가 증가하기 시작한 무렵부터 시작되었다고 말할 수 있다"라고 크뤼천은 썼다. 이 장에서 나는 크뤼천이 주장한 인류세의 시작 시점을 받아들인다. 물론 지역마다 인류세에 도달한 시점은 각기 다르며, 인류세가 지구에 끼치는 영향의 전모는 많은 학자들이 '대가속Great Acceleration' 기간이라 부르는 20세기 후반에야 명확히 드러났다. 그럼에도 인류세의 시작 시점과 화석 연료 혁명을 연관짓는 것은 타당하다.

크뤼천은 2002년 논문에서 생물권에 대한 인간의 영향이 증대하고 있음을 뚜렷이 보여주는 다른 증거들도 열거했다. 세계 인구는 불과 200년 만에 거의 열 배로 늘었다. 인류의 에너지 사용량은 20세기 동안 열여섯 배 증가했다. 인류는 무엇보다 비료를 제조하느라 대기 중 질소를 다른 어떤 자연적 과정보다도 빠르게 포집하고 있었다. 인간의 활동으로 최대 50퍼센트의 지표면이 변경되었다. 인류는 접근 가능한 담수의 절반을 사용하고 있었다. 벌목으로 열대림 지대가 줄어들고 있었다. 그리고 인류가 지구의 자원을 점점 많이 사용함에 따라 다른 종들이 지난 수천만 년을 통틀어 가장 빠른 속도로 멸종하고 있었다.

2000년 이래 다른 많은 학자들도 우리가 지구의 역사에서 대변혁기를 지나고 있다는 생각을 받아들였다. 2009년 새로운 '인류세'를 도입하자는 공식 제안이 '제4기 층서 소위원회'에서 논의되기 시작했다. 이 학술 기구는 지구 역사에서 규칙적인 빙하 시대들에 의해 좌우된 지난 250만 년의 지질 시대 구분을 결정한다. 지질학자들에게 새로운 시대를 도입한다는 결정은, 인류가 미래의 지층에서 눈에 띌 만한 규모의 변화를 일으켰다는 것을 의미한다. 달리 말하면, 수백만 년 후에 외계인 고생물학자가 지구를 연구하다가 우리 인간이 야기한 변화를 인지하리라는 것을 의미한다. 실제로 그들이 인지할 만한 인류세의 증거가 점점 쌓이고 있다.

인류세 측정하기: 통계 스케치와 다수의 하키 스틱

이런 변화의 규모를 이해하려면 측정이 필요하다. 그러므로 이 절에서는 근래의 주요한 변화 중 일부를 측정하고 홀로세 동안의 변화와 비교할 것이다. 그렇게 하면 일련의 '하키 스틱'을 보게 된다. 다시 말해 오랜 기간 완만하게 상승한 뒤 갑자기 요동치듯 상승하는 그래프를 보게 된다.

가장 잘 알려진 하키 스틱은 대기 중 이산화탄소 농도를 나타낸다. 찰스 킬링과 그를 계승한 학자들이 측정한 수치는 불과 50년 동안 대기 중 이산화탄소 농도가 300ppm에서 오늘날 400ppm으로 30퍼센트 넘게 증가했음을 보여주었다. 반면

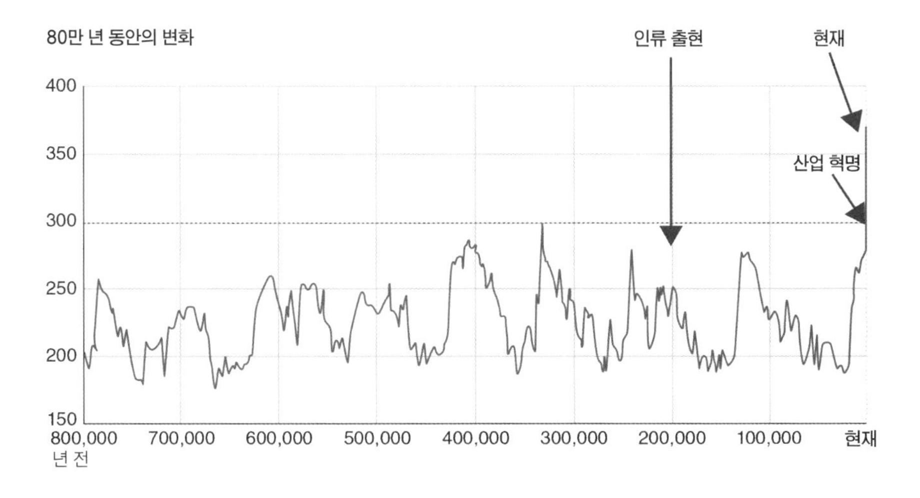

지난 80만 년 동안의 이산화탄소 농도의 변화.

에 남극 빙하를 분석한 수치는 근대 이전 적어도 80만 년 동안 이산화탄소 농도가 300ppm 이하였음을 보여주었다. 두 시기의 수치—근대 들어 급등한 이산화탄소 농도와 근대 이전 250ppm 부근에서 오르내린 농도—를 합하면 통계학자 버전의 하키 스틱을 얻게 된다. 지난 200년간 지구의 기후에 아주 이상한 일이 일어난 것이다.

이제 우리는 다른 많은 하키 스틱들도 알고 있으며, 그중 일부는 기간이 수천 년에 달한다. 하지만 독자들이 세세한 서술에 질리지 않도록 여기서는 가장 중요한 하키 스틱들에 초점을 맞추고, 주로 바츨라프 스밀Vaclav Smil의 연구에 근거하는 표 하나의 수치를 사용할 것이다(다른 표들은 변화의 규모를 조금 다르게 추산하는 수치를 제시할 테지만, 중요한 것은 큰 그림이다).

첫번째 그래프는 크뤼천이 2002년 논문에서 지적한 놀라운 인구 증가세를 보여준다. 처음 10만 년간 아주 천천히 증가하고 그다음 10만 년간 조금 더 빠르게 증가한 인구는 지난 200년 동안 자그마치 60억 명이 늘어나는 급증세를 보였다. 그리하여 세계 인구가 9억 명에서 70억 명 이상으로 불어났다. 그렇게 늘어난 사람들은 더 많은 자원, 더 많은 음식, 더 많은 의복, 더 많은 재화를 필요로 했다. 따라서 자원을 추출하는 데 필요한 에너지 소비량이 덩달아 증가한 것은 놀랄 일이 아니다. 정작 놀라운 사실은 에너지 소비량이 인구보다도 빠르게 증가했다는 것이다. 표 11.1의 데이터에 따르면 지난 200년간 인구는 약 25배 증가했지만, 몇몇 추정치에 따르면 에너지 사용량은 거의 100배 증가했다. 세번째 하키 스틱 그래프는 그 결과를 보여준다. 1인당 사용 가능한 에너지의 양은 지난 200년간 적어도 3배 증가했고, 2000년 전과 비교하면 거의 15배 증가했다. 오늘날 사람들의 평균 에너지 사용량은 유사 이래 거의 내내 사용할 수 있었던 에너지 양의 거의 15배에 달한다. 이렇게 풍부한 에너지가 극히 불균등하게 분배되고 있긴 하지만, 수십억 명의 물질적 생활 수준이 에너지 덕에 높아진 것은 사실이다. 네번째 그래프는 이런 변화의 가장 심대한 영향 중 하나, 즉 인간 수명의 증가세를 보여준다. 유사 이래 대체로 평균 기대 수명은 20년에

표 11.1 홀로세와 인류세의 인류 역사에 대한 통계 자료

B~G는 바츨라프 스밀의 책 *Harvesting the Biosphere*에,
H는 이언 모리스의 *Why the West Rules—for Now*에 근거하며, 1만 년 이전 데이터를 삽입했다.

시대	A: 연도 0=기원후 2000년	B: 인구 (백만 단위)	C: 총 에너지 사용량 M. GJ/Yr (=B*D)	D: 1인당 에너지 사용량 GJ/cap/Yr 처음 세 수치는 최대한 추정	E: 기대 수명 (연수) 처음 세 수치는 최대한 추정	F: 최대 정착지 인구 (천 단위) 첫 수치는 최대한 추정
홀로세-인류세	-10,000	5	15	3	20	1
	-8,000					3
	-6,000					5
	-5,000	20	60	3	20	45
	-2,000	200	1,000	5	25	1,000
	-1,000	300	3,000	10	30	1,000
	-200	900	20,700	23	35	1,100
	-100	1,600	43,200	27	40	1,750
	0	6,100	457,500	75	67	27,000
	10	6,900	517,500	75	69	

이 표에 근거하는 그래프들은 아주 큰 하키 스틱들 가운데 중요한 몇 가지를 보여준다. 하키 스틱 모양에서 머리 부분은 홀로세에 속하고 대부분은 인류세에 속한다(붉은 화살표는 약 200년 전 인류세의 시작 시점을 나타낸다).

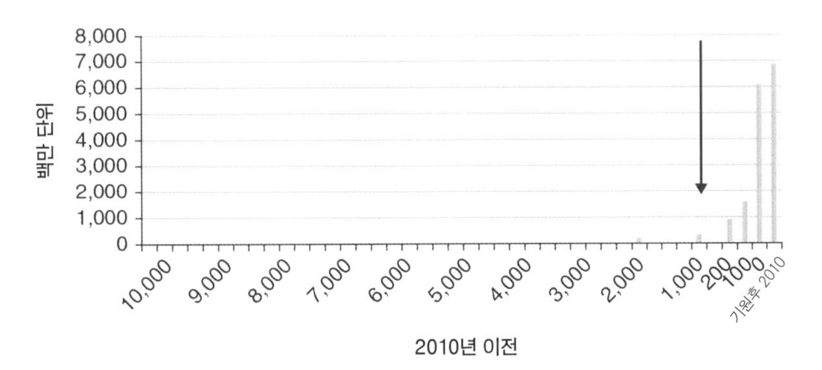

인구 성장. 홀로세와 인류세(백만 단위).

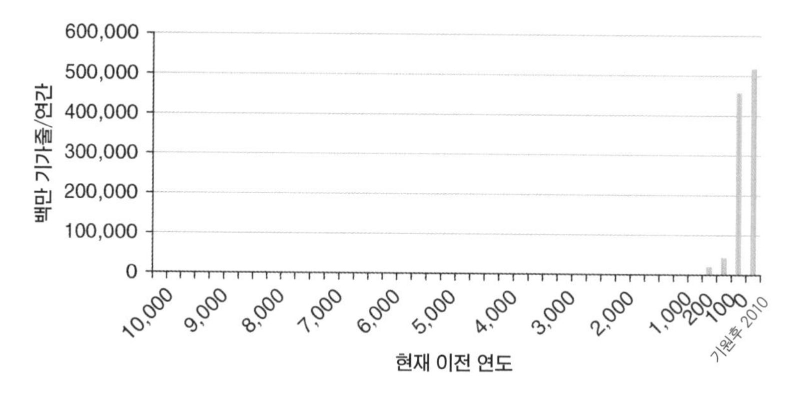

총 에너지 사용량. 홀로세와 인류세(백만 기가줄/연간).

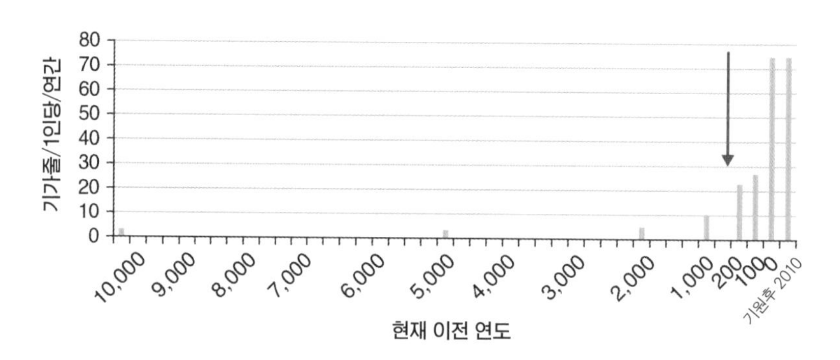

1인당 에너지 사용량. 홀로세와 인류세(기가줄/1인당/연간).

서 30년 사이를 오갔는데, 대개 영양 상태가 좋지 않았고, 병자와 부상자를 위한 의료가 미비했고, 대다수 사회에서 절반 이상의 아기가 5세 이전에 죽었기 때문이다. 인류세 200년 동안 인간 수명은 주로 유아와 병자, 고령자를 보호하고 먹이고 치료하는 더 나은 방법을 배운 덕에 두 배로 늘었다. 마지막 그래프는 가장 큰 축에 드는 도시들의 규모를 보여준다. 이 규모는 인간 사회들의 복잡성 증대를 가늠하는 간접적인 척도인데, 이언 모리스가 지적한 대로 대도시에서 행정을 관리하고 물자를 공급하고 치안을 유지하는 일은 경제, 정치, 사법, 물류 수송 면에서 복잡한 난제이기 때

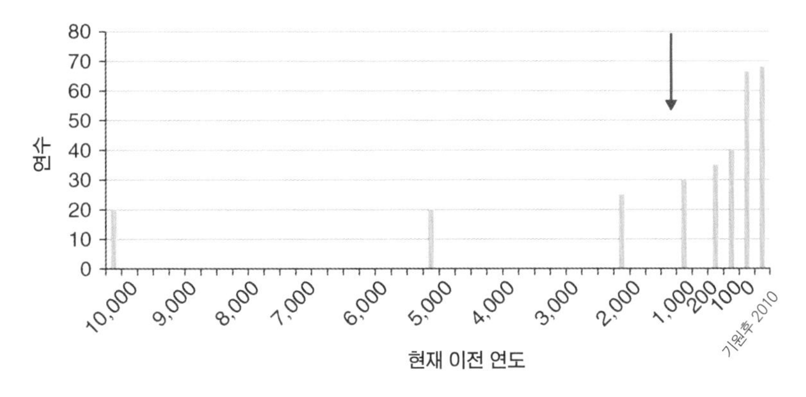

기대 수명. 홀로세와 인류세(연수).

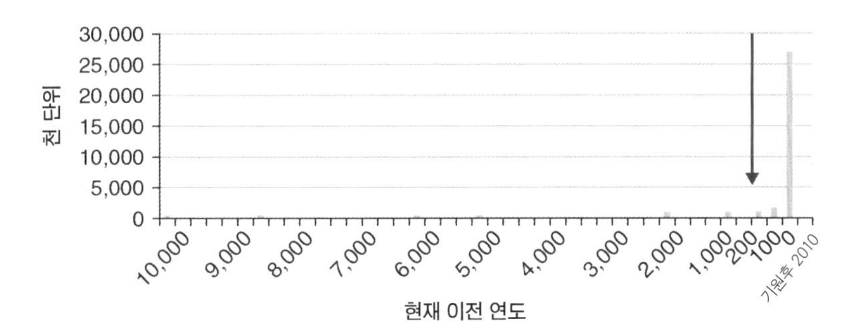

최대 정착지들의 규모. 홀로세와 인류세(모리스의 저서 632쪽에 근거).

문이다. 이 그래프에서도 지난 200년간 나타난 급증세, 즉 100만 명을 겨우 넘는 정착지 규모에서 20배 넘게 큰 현대 상하이와 같은 규모로 증가한 추세를 확인할 수 있다.

인류의 역사 전체, 심지어 지구의 역사 40억 년을 놓고 보더라도 지난 200년 동안 이루어진 변화는 폭발적이고도 혁명적인 변화였다. 무엇이 이런 변화를 일으켰을까?

인류세의 뿌리

환경사가 존 맥닐John McNeill은 "몇 차례 큰 변화가 일어나 우리를 인류세 쪽으로 조금씩 움직였지만, 그중 최대 변화는 1750년 이래 화석 연료 채택과 에너지 사용량 급증이었다"라고 썼다.

이 변화를 설명하려면 그것을 인류 역사 전체라는 맥락 안에 놓고 살펴볼 필요가 있다. 인류세를 추동한 것은 혁신이었다. 다시 말해 인간 사회를 조직하고 생물권의 자원과 에너지 흐름을 활용하는 새로운 기술과 새로운 방식이었다. 다른 어떤 종도 호모 사피엔스처럼 혁신하지 못한다. 정녕 혁신이야말로 우리 종의 가장 뚜렷한 특징일 것이다. 우리의 기술적 창의성은 상당 부분 인간의 언어에서 기인한다. 지난 수십만 년 가운데 어느 시점에 우리 조상들은 가까운 친척인 유인원들의 언어와 달리 아주 효율적인 언어 형태들을 발전시켜 새로운 생각과 정보를 대대로 공유하고 차곡차곡 저장할 수 있게 되었다. 그런 새로운 생각과 정보 유형을 바탕으로 인류는 환경을 관리하는 새로운 방식을 깨쳤다. 그 결과, 비록 숱하게 퇴보하고 막다른 길에 봉착하기도 했지만, 우리 종은 역사를 통해 집단적 생태 능력을 함양할 수 있었다. 지구상에 생명이 존재한 40억 년 동안 다른 어떤 종도 집단 학습을 통해 혁신을 지속하는 이런 능력을 보여주지 못했다. 이 점에서 인류세는 호모 사피엔스와 함께 늦어도 20만 년 전에 출현한 인간의 특성을 고려해야만 이해할 수 있는 지질 시대다(제1장과 제2장 참조).

환경에 관한 정보를 축적함에 따라 우리 조상들은 생물권 도처의 에너지와 자원 흐름을 통제하는 힘을 키워나갔다. 제1장에서 추적한 이주 사례들의 관건은 혁신이었는데, 새로운 환경으로 들어갈 때마다 새로운 기술, 새로운 환경 지식, 새로운 생존법이 필요했기 때문이다. 예컨대 빙하 시대에 시베리아에 거주한 사람들은 매머드를 사냥하는 법, 매머드 가죽으로 따뜻한 옷과 거처를 만드는 법, 매머드 고기를 영구

동토에 묻어두는 법, 그리고 매머드 상아를 조각하는 법을 알아야만 했다.

그러나 혁신의 속도와 결과는 천차만별이었다. 몇몇 시대에는 혁신의 속도가 감지하기 어려울 정도로 느렸지만, 오늘날에는 누구나 알아챌 만큼 빠르다. 어떤 혁신은 소소했던 반면, 어떤 혁신은 혁명적이었다. 활과 화살이나 사냥 기법의 개선은 국지적으로 중요했다. 반면에 소수의 혁신은 판도를 완전히 바꾸어 인류 역사를 새로운 경로로 나아가게 했다. 기술적 측면에서 그런 혁신은 노다지를 발견한 것이나 마찬가지였다. 인간 언어의 출현은 그런 정도의 변화였다. 지난 10만 년 동안 세계 여러 지역에서 출현한 농업 기술도 마찬가지였다. 농업은 거대 혁신으로 평가받는데, 생물권 도처의 에너지 흐름을 훨씬 더 많이 이용할 수 있는 방법을 농민에게 제공했기 때문이다. 농민은 소나 밀처럼 이용할 수 있는 종들의 생산량을 늘리는 한편 잡초나 쥐처럼 필요하지 않은 종들의 생산량을 줄이는 방향으로 환경을 바꾸었다. 그렇게 해서 그들이 얻은 에너지의 근원은 식물이 광합성을 통해 양분으로 전환시키는 태양의 빛 에너지였다. 농업은 인간으로 하여금 생물권의 동력인 광합성 에너지의 오랜 흐름에서 더 많은 몫을 차지할 수 있게 해주었다.

그 변화는 혁명적이었다. 인류는 더 많은 식량을 생산하고 더 많은 장작을 때고 가축의 근력을 더 많이 이용할 수 있게 되었다. 에너지가 늘어나는 가운데 인구가 증가했고, 더 많은 사람들이 더 다양하게 생활하는 가운데 더 많은 생각들이 교환되었으며, 그에 따라 혁신 자체의 속도가 빨라졌다. 이런 변화는 지난 5000여 년간 인류 역사를 좌우한 농업 혁명을 낳았다. 그리고 인간이 에너지를 통제하는 힘을 키워감에 따라 인구만 증가한 것이 아니라 도시의 규모, 국가와 제국의 힘, 조직화된 종교의 활동 범위, 교역 회사의 부와 권력도 덩달아 증대했다.

1500년 이후 인류는 지구 전역에 걸쳐 관념과 상품, 부를 교환하기 시작했으며, 그에 따라 혁신에 다시 한번 가속이 붙었을 뿐 아니라 혁신에 투자하려는 마음도 커졌다. 최근의 한 연구는 지난 200년간 전 세계 교역의 가치 총액이 6000배 넘게 증가했다고 추산한다. 혁신의 속도가 가장 빨랐던 곳은 대서양 지역인데, 아시아와 인도양의 거대한 시장에 접근할 길을 모색하던 유럽의 뱃사람과 교역상이 세계 각지를 항해하는 방법을 맨 먼저 발견했기 때문이다. 최초의 세계 교역망을 통제한 유럽의 회사들과 정부들은 유사 이래 거의 내내 서로 떨어져 지내온 지역들이 연결되면서 생겨난 부와 관념의 거대한 흐름에 접근하는 특권을 누렸다. 유럽 학자들은 새로운 천체, 새로운 나라, 새로운 민족, 새로운 종교와 조우했다. 새로운 정보는 전통 종교와 지식에 대한 의문을 불러일으키는 한편 우주론, 지리학, 물리학, 생물학에 관한 새로운 관념에 뿌리박은 근대 과학의 양분이 되었다.

이 모든 측면에서 혁신은 갈수록 세계화되는 세계에서 속도를 높여갔다. 새로운 부는 유럽의 과학, 공학, 상업에 기운을 불어넣어 지적으로나 사업적으로나 활기찬 사회, 카를 마르크스가 말한 최초의 '자본주의' 사회를 만들어냈다. 또한 세계 시장은 치열한 경쟁을 낳아 정부와 기업으로 하여금 경쟁자보다 더 많이 생산하고 더 많이 판매하기 위해 혁신에 나서도록 부추겼다. 그리고 혁신의 산물인 상업 자본과 지적 자본은 유럽의 몇몇 사회를 산업 혁명으로 떠밀었다.

그런데 가속되는 혁신에도 불구하고 결국에는 성장이 멈출 것이라고 생각할 이유가 있었는데, 농업 사회가 사용할 수 있는 에너지의 양에 한계가 있었기 때문이다. 농업 문명은 광합성을 통해 전환되는 에너지와 식량 공급에 의존했다. 농업 문명은 농산물을 섭취하는 인간과 동물의 노동력에서, 그리고 삼림 지대의 장작에서 에너지를 얻었다. 풍력과 수력에서 얻는 에너지의 양은 훨씬 적었다. 따라서 에너지를 관리한다는 것은 곧 인간의 노동이나 말과 황소 같은 가축의 고된 노동을 관리한다는 것을 의미했다. 그러나 이 방식으로 동원할 수 있는 노동의 양은 (페달과 트레드밀 같은 기계식 장치를 이용한다 해도) 경작지와 연간 수확량의 규모에 의해 제약을 받았다.

몇 세기 전, 일부 사회들은 이미 이 에너지 한계에 도달하고 있었다. 애덤 스미스를 위시한 몇몇 경제학자는 에너지 흐름이 점차 줄어들어 성장이 멈출 것이라고 주장했다. 그들은 결국 임금이 하락하고, 인구도 줄어들고, 생태 적소를 차지한 다른 모든 유기체처럼 인간 사회 역시 한계에 부딪히리라 내다보았다.

1750~1900년: 인류세의 획기적인 기술들

홀로세처럼 인류세도 엄청난 양의 새로운 에너지 흐름을 열어젖힌 획기적인 혁신과 함께 시작되었다.

18세기에 여러 기업가와 발명가는 수억 년간 화석 연료에 축적되고 저장된 에너지 흐름을 활용할 수 있는 혁신을 우연히 알아냈다. 1850년 이래 인류의 에너지 사용량을 나타낸 아래의 그래프는 화석 연료의 변혁적 역할을 보여준다. 1850년, 인류의 에너지 수요를 대부분 채워준 것은 여전히 생물 자원(땔나무와 인간과 동물의 노동력)이었다. 2000년, 인류의 에너지 사용량 중 겨우 9분의 1정도만 생물량에서 나왔고 나머지 대부분의 에너지는 석탄과 석유, 천연가스 같은 화석 연료에서 나왔다. 지금은 화석 연료 없는 세계를 상상할 수조차 없다.

결정적 돌파는 쉽게 이루어지지 않았는데, 화석 연료를 어떻게 효율적으로 사용할 수 있는지가 전혀 분명하지 않았기 때문이다. 석탄, 석유, 천연가스는 여러 사회에서 익숙한 자원이었다. 카스피해 일대에서 지면 위로 새어 나오는 석유는 역청의 형태로 선박의 틈을 메우는 데 쓰이거나, 액체의 형태로 약물로, 또는 이따금 천연가스처럼 조명을 밝히는 데 쓰였다. 아마도 석유는 비잔티움 해군이 해전에서 사용한 가연성이 매우 높은 물질인 '그리스의 불'의 성분이었을 것이다. 송나라의 철기 제작자들은 목탄이 부족한 시기에 석탄을 대량으로 사용해 철제 무기와 갑옷을 생산했다. 하지만 석탄은 임시로 사용한 것으로 밝혀졌는데, 대부분의 석탄을 송나라가 통제하는 핵심 영토 외부인 중국 북부에서 가져와야 했기 때문이다.

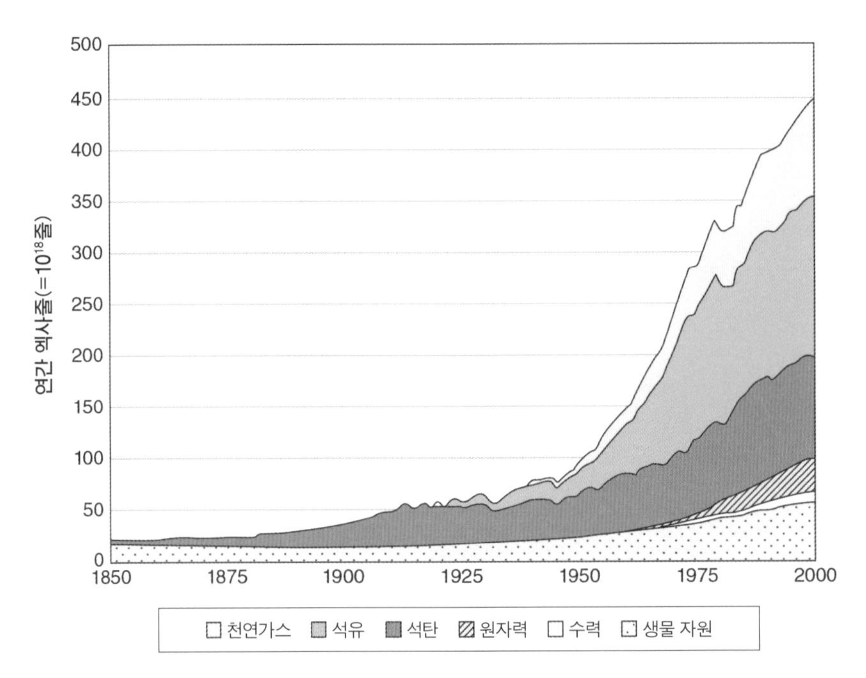

1850년 이래 인류의 에너지 사용량. 화석 연료의 변혁적 역할을 보여준다.

오랫동안 화석 연료는 중요한 자원이 아니었으며 거기에는 그럴 만한 이유가 있었다. 대부분의 석탄과 석유, 가스는 지면 아래 깊숙이 묻혀 있었으며, 석탄과 석유는 지저분한데다 전통 기술로는 사용하기가 어려웠다. 그렇지만 앞서 봤듯이 세계 여러 지역의 정부와 기업가는 바다 건너편의 육지나 자기네 영토의 외진 지방에서 새로운 식량원과 에너지원을 탐색하고 있었다. 값싼 에너지를 찾는 기업가적 투자자들의 지원을 받은 이 탐색을 통해 결국 결정적인 돌파구가 열렸다.

돌파가 이루어진 곳은 당시 세계에서 상업적으로나 지적으로나 가장 역동적인 지역이었던 유럽이었다. 영국은 유럽 본토의 북서쪽 앞바다에 있는 작은 섬나라로서 야심 찬 정부, 활기찬 경제, 전 세계를 아우르는 교역망을 갖추고 있었다. 그러나 일찍이 16세기 초부터 목재와 토지 부족, 땔나무 가격 폭등에 시달렸다. 영국은 아메리

산업화 초기 잉글랜드 셰필드의 굴뚝 풍경으로, 1884년 미국인 방문객 윌리엄 리딩William Rideing의 말마따나 셰필드 기준으로는 "무척 맑은 날"이었다고 한다. 이곳의 공장들은 "인류세 초기의 전형적인 제조 시설"이었다.

카 대륙 및 발트해 지역과 교역해 부족한 목재를 얼마간 조달했고, 더 효율적인 윤작, 개선된 사육법, 소농층을 쥐어짜 조성한 더 크고 상업화된 농장으로 토지의 생산성을 끌어올렸다. 한편, 잉글랜드에는 신석기 시대부터 난방용으로 사용해온, 비교적 쉽게 얻을 수 있는 석탄이 많았다. 16세기경 잉글랜드의 제빵사와 양조업자, 벽돌과 유리 제조공이 가열용으로 석탄을 사용하기 시작했고, 갈수록 일반 가정들도 추운 겨울에 지저분한 연기가 발생함에도 불구하고 석탄으로 난방하기 시작했다. (17세기 후반 일기 작가 존 에벌린John Evelyn은 런던을 "에트나 화산, 불카누스의 궁전, (…) 또는 지옥의 변두리"에 비유했다.) 석탄을 구할 수 있었던 까닭은 잉글랜드 북부가 저 멀리 독일까지 이어지는, 탄층이 지면에 가까운 지질학적 지대의 일부이기 때문이다(존 맥닐은 이 지역을 '석탄기 초승달 지대'라고 부른다). 게다가 잉글랜드의 많은 탄광이 강에서 가까운 곳에 있었으므로 런던 주변 해안까지 석탄을 값싸게 운송할 수 있었다.

석탄은 1750년경 이미 잉글랜드와 웨일스에 삼림 430만 에이커(두 지역 총 면적의 약 13퍼센트)만큼의 에너지를 제공했고, 1800년경에는 1100만 에이커(총 면적의 약 25퍼센트)만큼의 에너지를 제공했다. 석탄은 잉글랜드 제조업자들에게 가장 중요한 가열 연료원이 되어 일부 역사가들의 말대로 잉글랜드 경제를 '최초의 화석 연료 경제'로 만들었다. 런던은 만약에 삼림지에서 얻는 에너지에만 의존했다면 세계 최대 도시 중 하나로 성장하지 못했을 것이다. 석탄을 연료로 사용하는 산업들은 일자리를 제공했으며, 일자리는 조혼을 부추기고 출산율을 끌어올렸다. 에너지 부족, 캐내기 쉬운 석탄, 역동적이고 빠르게 성장하는 인구와 경제는 더 효율적인 석탄 채굴과 사용 방법 개발을 자극하는 강력한 유인이 되어 석탄 관련 산업에 대한 투자를 이끌어냈다. 이 요인들은 18세기 무렵 유럽의 여러 사회에서 갈수록 뚜렷해진 과학 정신과 맞물려 18세기 잉글랜드에서 결정적인 돌파가 이루어지는 데 이바지했다.

돌파의 관건은 석탄을 사용해 열을 발생시키는 데 그치지 않고 역학적 에너지까지 발생시킬 방법, 이를테면 실을 잣거나, 직조기와 펌프, 도르래를 움직이거나, 객차와 선박에 동력을 공급할 방법을 찾는 것이었다. 18세기 초에 많은 석탄 생산자들은 이미 석탄을 연료로 쓰는 '뉴커먼Newcomen' 증기 기관을 이용해 채굴이 깊어질수록 탄광에 들어차는 물을 퍼내고 있었다. 그러나 뉴커먼 증기 기관은 석탄 가격이 저렴한 탄광을 뺀 다른 곳에서 사용하기에는 효율성이 너무 떨어졌다. 이것은 석탄으로 가열한 보일러에서 나온 증기가 하나뿐인 실린더 속으로 들어간 다음 냉각되면서 실린더 일부분에 진공이 형성되고, 그리하여 피스톤이 아래로 내려가면서 펌프가 작동하는 방식의 기관이었다. 가열과 냉각을 끊임없이 반복해야 했으므로 극히 비효율적이었고 막대한 양의 석탄과 물을 필요로 했다.

많은 엔지니어들이 뉴커먼의 기관을 개량하려 시도했다. 그중 가장 성공한 제임스 와트는 스코틀랜드 출신의 능숙한 도구 제작자로서 당대의 주요 엔지니어, 땜장이, 자연철학자, 기업가 등과 친분이 있었다. 와트는 1763년 뉴커먼 기관을 수리해달라는 부탁을 받고 증기 기관을 처음 접했다. 그리고 그 비효율성에 충격을 받았다. 1765년 일요일 오후에 산책을 하다가 와트는 불현듯 뉴커먼 기관을 개량할 방법을 떠올렸다. "내가 떠올린 생각은, 증기는 탄성체여서 진공 속으로 흘러 들어갈 것이므로, 실린더와 배기된 용기 사이에 기체가 오갈 수 있다면 증기가 용기로 흘러 들어갈 것이고, 그렇게 들어간 증기는 실린더를 냉각시키지 않아도 응축될 수 있다는 것이었다. (…) 전체 구상이 그려지자 나는 골프하우스에서 더이상 걷지 않았다."

와트는 성공적으로 작동하는 모형을 만들었지만, 실물 크기의 증기 기관을 완성하기까지 수년간 숱하게 고치고 재정 지원을 받고 첨단 공학을 적용해야 했다. 그는 1769년 첫 특허를 취득했는데, 혁명을 일으킬 만한 증기 기관이 발명되었다는 소식이 곧바로 퍼져나갔다. 이는 여러 나라에서 에너지를 발생시키고 사용하는 새로운 방법에 대한 수요가 높아지고 있다는 신호였다. 전 지구적으로 연결된 세계에서 와트는 러시아에서 일해달라는 제안까지 받았다. 1776년, 버밍엄의 기업가 매슈 볼턴Mattew Boulton의 재정과 공학 지원을 받아 와트는 증기를 따로 분리된 응축기로 내보내 냉각시키는 방식으로 주主 실린더의 높은 온도를 유지할 수 있는 증기 기관을 만들었다.

이것은 난관을 돌파한 결정적인 발명이었다. 와트의 증기 기관은 어디서든 기계 동력을 값싸게 제공할 수 있는 최초의 화석 연료 기계였으며, 와트와 볼턴은 그런 증기 기관을 필요로 하는 광범한 시장이 있음을 알고 있었다. 1776년 볼턴은 새뮤얼 존슨Samuel Johnson 박사의 전기 작가 제임스 보즈웰James Boswell에게 이렇게 말했다. "저는 이곳에서 전 세계가 갖고 싶어하는 것을 판매할 겁니다. 동력을요." 1800년경

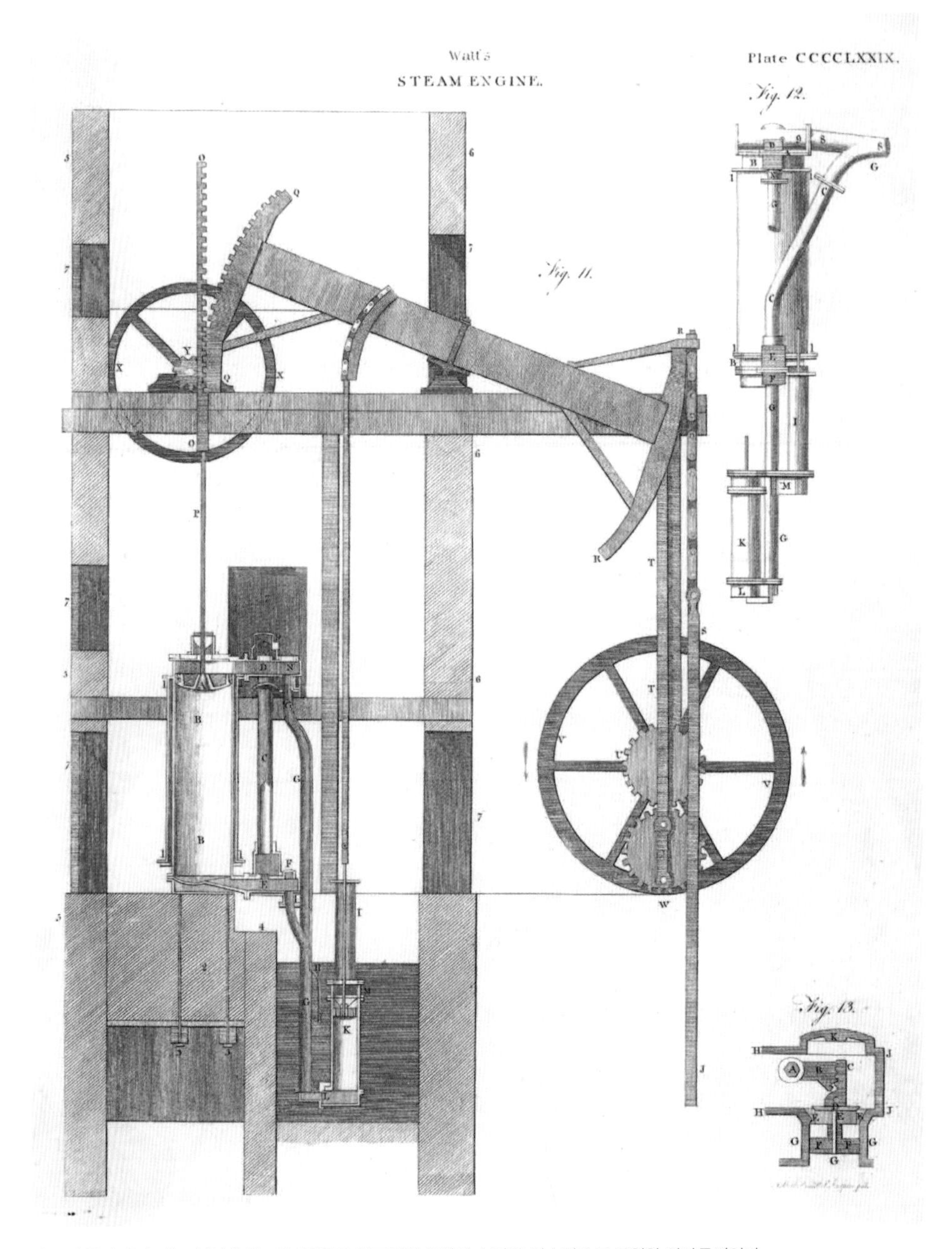

와트의 증기 기관. 와트 본인에게는 계시적이고 창조적인 통찰의 순간을 기술적으로 구현한 결과물이었다.

영국에서는 와트의 증기 기관 약 500대가 작동하고 있었으며, 영국의 급증하는 면직 공장에서 가장 효율적인 동력원으로 사용되어온 수력을 이제 증기력이 밀어내고 있었다. 1830년대 말이면 증기력이 영국 산업에서 가장 중요한 동력원이었다.

범선을 예외로 하면, 와트의 증기 기관만큼 많은 동력을 공급하는 원동기는 역사상 처음이었다. 1750년에 두 마리 말로 쟁기질을 하는 농민은 겨우 1000와트 정도를 통제했으며, 네 마리 말이 끄는 마차도 2500와트 이상의 동력을 내지 못했다. (와트라는 단위를 제임스 와트의 이름을 따서 명명한 것은 우연이 아니다. 다만 와트 본인이 고안한 단위는 '마력'이었다.) 화석 연료 혁명 이전에 가장 강력하고 흔한 원동기는 말이 끄는 쟁기와 마차였다. 이와 비교해 와트의 증기 기관은 초창기 모델부터 (10~15마력에 해당하는) 7000~1만 와트를 전달했고, 이내 개량이 이루어져 동력을 더욱 키웠다. 그다음 두 세기 동안 원동기의 동력은 급증세를 보였다. 1850년경 영국 증기 기관차의 기관사는 20만 와트를 통제했고, 오늘날 일본 초고속 열차의 기관사는 약 1300만 와트를 통제하며, 보잉 747기나 에어버스 380기의 기장은 1억 와트를 책임진다. 말 두 마리를 부린 농민과 비교해 10만 배의 동력을 사용하고 있는 것이다.

표 11.2 1800~2000년 동력원의 연대기와 각 동원력이 전달한 동력

연도	동력원	전달한 동력(와트)
1750	두 마리 말로 쟁기질하는 영국 농민	1,000
1750	네 마리 말이 끄는 프랑스 마차	2,500
1780	와트의 초기 증기 기관	7,000
1795	와트의 개량된 증기 기관	10,000
1850	영국 증기 기관차	200,000
2000	일본 초고속 열차	13,000,000
2000	보잉 747 또는 에어버스 380	100,000,000

통계 출처: Vaclav Smil, 'A New World of Energy', *Cambridge World History*, Ⅶ, pt. 1, p. 173.

화석 연료 혁명의 도약: 19세기

화석 연료 혁명은 영국에서 시작되었고, 19세기 중엽까지도 세계 이산화탄소 배출량 가운데 영국의 몫이 50퍼센트 이상이었다. 그렇지만 더 강력한 기계에 대한 수요가 워낙 많았던 터라 와트의 증기 기관은 곧 다른 나라들로 전파되어 여러 신기술을 낳기 시작했다. 증기 기관 같은 획기적인 기술들이 수많은 개량을 자극하고 고무함에 따라 혁신의 물결이 연이어 밀려왔다.

증기력은 18세기 후반과 19세기 전반의 첫 물결을 지배했다. 증기력의 효과는 영국에서 가장 뚜렷하게 나타났지만, 머지않아 세계 도처에 영향을 주기 시작했다. 1814년 나폴레옹 전쟁이 끝난 이후 외국의 엔지니어, 관료, 기업가가 영국으로 몰려와 신기술을 배우고 또 가능하면 탈취하려 했다. 증기 기관 기술은 특히 북서 유럽과 신생국 미국에서 빠르게 확산되었다.

광산에서 물을 퍼내는 데 사용된 증기 기관은 더 깊은 탄층에 접근할 수 있게 해주어 채굴 가능한 탄광의 수를 늘려주었고, 채굴 비용을 줄여주었으며, 값싼 에너지를 필요로 하는 더 많은 산업에서 석탄을 사용할 방법을 개발하도록 엔지니어와 기업가를 자극했다. 방적기나 역직기에 사용된 증기력은 직물 공장의 생산량을 대폭 늘려주었다. 그리하여 원면 수요가 증가했고, 늘어난 수요에 이끌려 미국 남부 주들에서 목화 플랜테이션이 증가했으며, 결국 이집트와 중앙아시아 같은 다른 지역들에서도 목화를 재배하기에 이르렀다. 직물 생산량이 증가함에 따라 염료와 표백제 수요도 덩달아 증가했다. 그 수요는 석탄에서 얻는 값싼 열에너지, 석탄의 풍부한 화학적 성질에 대한 연구와 더불어 화학 물질 산업 생산의 토대가 되었다. 이런 혁신들은 대부분 프랑스, 벨기에, 독일에서 도입되었다. 특히 독일 기업들은 화석 연료 기술을 더 효율적으로 활용하는 난제에 과학적 방법을 처음으로 체계적으로 적용하기 시작했다.

혁신의 두번째 물결은 19세기 초 증기 기관을 바퀴 위에 올려놓고 선박 안에 집어넣었을 때 시작되었다. 철도는 무겁고 부피가 큰 화물(석탄을 포함해)을 육로로 운송하는 비용을 대폭 줄여주었다. 그리하여 인류 역사상 처음으로 육상 운송의 비용이 수상 운송의 비용만큼 낮아졌다. 아메리카 대평원에서, 심지어 (결국에는) 러시아의 스텝 지대나 인도의 평원에서도 사람과 생산물, 화물을 실어나르는 사업의 경제성이 갑자기 높아졌다. 철도는 대서양 양편에서 투자 붐을 일으켰다. 그리고 철도 덕에 가축, 생산물, 사람, 석탄을 운송하는 비용이 낮아지고 철길과 객차 생산에 필요한 철과 강의 수요가 높아지면서 일군의 새로운 사업들이 출현했다. 한편, 증기 기관은 바다를 통한 교역과 이주의 규모를 수십, 수백 배로 키움으로써 수상 운송 역시 완전히 바꾸어놓았다. 증기 기관은 일찍이 1807년부터 하천 선박에(로버트 풀턴Robert Fulton이 볼턴과 와트의 증기 기관을 외륜선의 원동기로 설치했다), 1822년부터 해상 선박에 동력을 공급했다. 철도와 증기선은 다른 많은 기술 분야에서, 특히 야금술 분야에서 혁신을 추동했다. 1860년대에 미국 제철업자 윌리엄 켈리William Kelley는 용해된 선철에 공기를 주입해 철을 강으로 바꾸는 효율적인 방법을 발견했다. 이 공정은 영국 기업가 헨리 베서머Henry Bessemer에 의해 개선되었고, 훗날 파쇠와 저급 석탄을 사용하는 지멘스-마르탱Siemens-Martin 공법으로 발전했다. 이로써 강철의 가격이 통조림 같은 소비재에 사용할 수 있을 정도로 갑자기 저렴해졌다.

석탄 수요는 치솟아 올랐다. 세계의 석탄 생산량은 1800년 1500만 톤에서 1900년 8억 2500만 톤으로 55배 증가했다. 값싼 역학적 에너지는 노동의 성격 자체를 바꾸어놓았다. 기계에 석탄을 공급하는 비용이 노예에게 곡물을, 말에게 건초를 먹이는 비용보다 저렴해짐에 따라 농장과 플랜테이션, 운송업에서 노예와 동물의 노동은 결국 기계의 노동으로 대체되어갔다. 증기 기관에 투자한 기업가들은 노동자들을 대규모 공장—일찍이 18세기 후반에 수력을 사용하는 면직물 제조업에서 개척한 조직 형태—으로 불러모으는 편이 합리적임을 알아챘다. 공장은 인류세 초기의

〈비, 증기, 속도—그레이트 웨스턴 철도〉. 산업화 초기의 낭만주의를 포착한 J. M. W. 터너Turner의 작품.

전형적인 제조 시설이 되었다.

18세기 말에 값싼 에너지는 전기 같은 여러 새로운 기술 분야에서 실험과 투자를 고무하고 있었다. 1820년대에 마이클 패러데이는 자기장 안에서 금속 코일을 움직이면 전류가 발생한다는 결정적인 발견을 했다. 그후 베르너 폰 지멘스를 비롯한 사람들이 발명한 발전기 덕에 전기를 대규모로 발생시킬 수 있게 되었다. 전기는 화석 연료에서 나오는 에너지를 멀리 떨어진 수백만 채의 공장과 주택에 효율적으로 분배하는 방법을 제공했다. 토머스 에디슨과 조지프 스완이 발명한 백열전구는 노동과 여가에 쓸 수 있는 일조 시간을 사실상 늘려주었다. 통신 기술 분야에서도 혁신이 일어났다. 19세기 초에 소식을 전하는 가장 빠른 방법은 2000년 전과 마찬가지로 말

〈강 대량 생산을 위한 베서머 공법〉. 프리츠 게르케Fritz Gehrke의 작품. 베서머 공법의 초기에 구경꾼들을 경악시킨 혁신적인 성과를 소나기처럼 쏟아지는 불꽃으로 표현했다.

노동 시간을 연장한 에디슨의 백열전구는 산업 발명품의 아이콘으로 자리잡았다.

을 이용하는 것이었다. 1837년 발명된 전신은 거의 빛의 속도로 통신할 수 있게 해주었다. 19세기 말에 전화와 무선 통신은 먼 거리를 가로질러 즉각 연락을 주고받을 수 있게 해주었다.

19세기 후반에 화석 연료 기술은 세계 각지로 전파되기 시작했다. 농업이 지구 구석구석까지 도달하는 데 거의 1만 년이 걸렸던 반면에 화석 연료 혁명은 두 세기 만에 세계를 일주했고, 부와 권력의 전 세계적 분포를 바꾸어놓았다. 화석 연료 기술은 거의 농경 시대 내내 상대적으로 중요하지 않았던 대서양 연안의 여러 국가에 풍요를 선사했다. 그러나 화석 연료 기술을 뒤늦게 받아들인 세계의 다른 지역들은 상대적으로 뒤처지게 되었다. 그중 중국, 인도 아대륙, 동지중해 같은 지역들은 18세기 후

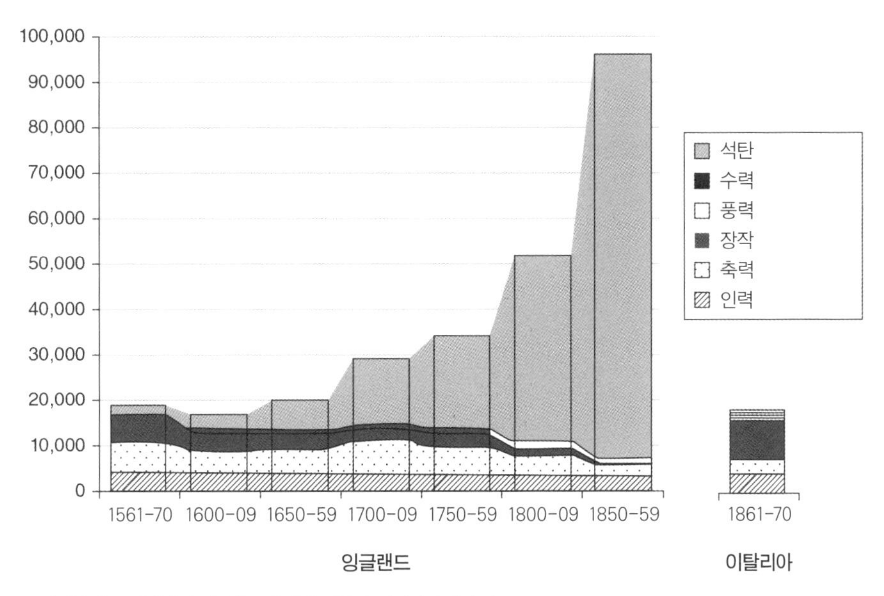

16세기부터 19세기까지 잉글랜드의 석탄 사용량. 이탈리아와의 비교.

반까지도 권력과 부의 주요 허브로 기능한 곳이었다.

1750년, 세계의 다른 대다수 사회들은 인간과 동물의 노동력, 목재, 풍력, 수력에서 에너지를 얻던 때에 영국은 이미 에너지 소비량의 40퍼센트를 석탄으로 충당하고 있었다. 당시 잉글랜드와 웨일스는 여전히 주로 비화석 연료에 의존하던 이탈리아와 비교해 에너지를 아홉 배 많이 소비하고 있었다. 세계적 차원에서 보면 차이가 더욱 두드러졌다. 1750년까지도 중국과 인도는 세계의 주요 생산국으로서 일부 추정치에 따르면 세계 총생산량의 55퍼센트를 차지한 반면, 영국과 미국은 겨우 몇 퍼센트를 차지하는 정도였다. 1860년경 중국과 인도 두 나라는 세계 총생산량의 불과 28퍼센트를 차지했고, 영국과 미국의 비중도 그와 비슷했다. 1913년경 중국과 인도는 세계 총생산량의 고작 5퍼센트를 차지한 반면, 영국과 미국은 약 46퍼센트를 차지했다(영국 32퍼센트, 미국 14퍼센트). 인류 역사를 통틀어 권력과 부의 전 세계적 분포가 그렇게 급변한 것은 유례가 없는 일이었다.

당대인들은 전례 없는 사태가 벌어지고 있음을 알아챘다. 1837년 프랑스의 혁명가 오귀스트 블랑키Auguste Blanqui는 프랑스 혁명만큼이나 근본적인 기술적·경제적 변혁이라는 의미로 영국이 '산업 혁명'을 경험하고 있다고 주장했다. 그렇지만 그는 변화의 정도를 과소평가한 셈이었다. 1851년 런던 수정궁에서 만국박람회가 개최될 무렵까지 짧은 기간에 유라시아 대륙의 변두리에 자리한 이 작은 섬나라는 석탄에서 나는 풍족한 에너지에 힘입어 지구상 가장 강력한 국가로 변모했다.

그러나 유럽과 북아메리카의 다른 나라들이 곧 영국을 따라잡기 시작했다. 그 과정에서 그들은 자원이 풍부한 지역을 차지하고자 전 세계를 무대로 새로운 제국주의적 정복에 뛰어들었다. 폭발물의 위력 증대(1866년 알프레드 노벨이 나이트로글리세린을 바탕으로 다이너마이트를 발명했다), 개량된 권총과 기관총(첫번째 화석 연료 전쟁인 미국 독립 전쟁에서 처음으로 대규모로 사용되었다)의 발명, 증기력을 사용하는 철제 전함 건조 등을 포함하는 군사적 혁신 덕에 새로운 식민지를 획득하기가 더 쉬워졌다. 또 철도를 이용해 병사와 무기, 군수품을 과거 어느 때보다도 더 빠르게, 더 많이 실어 나를 수 있었다. 이런 새로운 무기들은 19세기 후반에 유럽 열강이 전 세계를 빠른 속도로 장악해간 이유를 설명해준다.

화석 연료 무기는 무시무시하고 끔찍했다. 최초의 철제 포함砲艦 네메시스Nemesis호는 화석 연료를 사용하는 해군과 전통 해군 사이에 벌어진 초기의 주요 전쟁들 중 하나인 1839~1842년 아편 전쟁에서 결정적인 역할을 했다. 화석 연료에 힘입어 승전한 영국은 독약 아편을 판매하는 자국의 교역상에게 시장을 개방하도록 중국에 강제했다. 증기력으로 작동하는 외륜 2개를 장착하고 32파운드 함포 2문과 더 작은 함포 15문을 탑재한 네메시스호는 수심이 얕은 하천에서 항행할 수 있었고, 때로 다른 군용 범선을 예인하기까지 했다. 영국 해군 사령관 고든 브레머Gordon Bremer 준장은 네메시스호가 어떻게 "요새 5채, 포대 1개, 그리고 함포 115문을 탑재한 군용 정

〈빅토리아 여왕과 앨버트 공이 막을 여는 1851년 만국박람회, 수정궁〉. 1851년 J. 맥네빈MacNeven의 그림. 다른 수천 가지 성과를 전시하는 공간으로 쓰인 수정궁은 그 자체가 산업 공학의 개가였다.

크선 9척"을 파괴했는지 묘사했다. 이로써 네메시스호는 "적에게 그들이 어떻게 방어 혹은 예방 조치를 취하든 간에 우리가 적절하다고 생각하는 대로 그들의 국내 하천 어디서나 어느 때고 영국 국기를 펼칠 수 있음을 입증했다". 줄루족처럼 기껏해야 창으로 무장한 전통적인 전사들에게는 병사 한 명의 살상력을 엄청나게 높여준 기관총이 네메시스호만큼이나 무시무시한 무기였다.

19세기 후반과 20세기 전반에 혁신의 세번째 물결이 일었다. (등유를 사용하는) 조명 수요가 늘어나는 가운데 (자동차용) 내연 기관이 발명되자 두번째 화석 연료인 석

광둥성 주장강 삼각주에서 중국의 군용 정크선들을 격파하는 영국의 네메시스호, 설퍼호, 칼리오페호, 란호, 스탈링호. 토머스 알롬Thomas Allom의 1858년 작품.

유에 대한 수요가 급증하기 시작했다. 석탄과 비교해 석유는 운송하기가 더 쉽고 더 많은 에너지를 농축하고 있었다. 석유는 자동차부터 전차, 공기보다 비중이 큰 최초의 항공기에 이르기까지 일군의 새로운 기술을 낳았고, 에너지 생산의 지리를 바꾸어놓았다. 유전은 탄전만큼이나 중요한 전략적 요충지가 되었으며, 카스피해부터 펜실베이니아까지, 결국에는 페르시아와 아라비아까지 지난날 에너지 자원이 별로 없었던 지역들이 석유의 핵심 공급처가 되었다. 혁신의 세번째 물결이 이는 동안 화석 연료 기술은 더 널리 확산되었다. 특히 러시아 제국에서, 그리고 인류세의 기술 덕에 변혁으로부터 이익을 얻은 최초의 비서구 국가인 일본에서 화석 연료 기술을 채택했다.

신기술은 그것을 맨 먼저 채택한 국가들에서마저 대가를 요구했다. 영국, 유럽, 미국에서 난개발된 산업 도시는 매연과 공업용 화학 물질에 공기와 물이 오염된 환경에서 값싸고 비위생적인 공동 주택을 짓도록 조장했다. 1862년 맨체스터를 방문한 어떤 사람은 어웰강에 대해 이렇게 썼다. "염색 공장과 표백 공장에서 나온 짐마차 몇 대 분량의 오염 물질을 강에 쏟아버린다. 그리고 배수관과 증기 보일러에서 펄펄 끓는 물질이 강으로 배출된다. (…) 결국 강보다 액체 비료의 흐름에 더 가까워진다." 치열한 산업 경쟁은 공장에서 잔혹한 규율, 아동 노동, 임금 삭감을 부추겼다. 산업재해가 빈발했지만 피해자는 거의 보상을 받지 못했다. 이런 열악한 조건에서 노동조합이 부상하는 한편 자본주의를 전복하고 임금 노동자들이 통치하는 사회를 건설하는 데 주력하는 새로운 혁명적 이데올로기인 사회주의가 대두했다.

신기술의 중심지들 밖에서는 그 파괴적 영향이 더 심각하게 나타났다. 전통 제국들의 힘이 공산품 무기류에 의해 분쇄된 것과 마찬가지로, 농경 시대에 세계에서 으뜸가는 직물 생산국이었던 인도의 숙련공 생산 부문 전체가 증기력을 사용하는 직물 생산에 의해 파괴되었다. 영국이 인도산 값싼 직물로부터 자국 시장을 보호하기 위해 인도 아대륙을 충분히 통제하기 시작한 이후로 인도는 더욱 빠르게 쇠퇴해갔다. 인도의 주요 철도 노선들을 부설한 사업도 인도보다 영국에 더 이익이 되었다. 영국은 철도 노선과 차량을 대부분 제조했다. 결국 세계 최대 규모로 뻗어나간 인도의 철도망은 주로 영국 병력을 빠르고 저렴하게 이동시키는 한편 인도산 값싼 원료를 수출하고 (상대적으로 비싼) 영국산 제조품을 수입하려는 목적으로 설계되었다. 아메리카, 아프리카, 아시아의 설탕, 목화, 고무, 차, 기타 원료에 대한 수요 증가는 플랜테이션 경제에서 환경을 파괴하는 농법을 조장했다.

1900년 무렵이면 다른 모든 혁명적 변혁기와 마찬가지로 인류세도 좋은 소식과 나쁜 소식을 모두 가져왔다는 것이 이미 분명하게 드러났다. 인류세는 경제학자 조지프 슘페터Joseph Schumpeter가 말한 '창조적 파괴의 돌풍'이 전 지구적 규모로 나타난 사례였다.

20세기와 '대가속'

20세기 전반기의 역사와 후반기의 역사는 딴판이었다. 전반기에는 주요 화석 연료 강국들 간에 두 차례 전쟁이 일어나 유럽의 심장부와 다른 많은 국가들이 막대한 타격을 입었고 세계 전역에서 경제 성장과 교역의 속도가 느려졌다. 1차대전이 발발한 뒤 세계 수출액이 약 4분의 1 감소했고, 1933년까지도 세계 교역 총액이 1913년의 총액보다 적었다. 산업의 심장부에서 벌어진 두 차례 내전으로 유럽은 식민 제국들에 대한 통제력도 상실했다. 반면에 20세기 후반기에는 50년간 상대적 평화가 지속된 덕에 역사상 가장 놀라운 경제적·기술적 호황을 누릴 수 있었다. 일부 학자들은 화석 연료 혁명이 전 세계로 확산된 20세기 후반기야말로 인류세가 실제로 시작된 시기라고 주장한다.

19세기 후반은 골드러시가 세계적 규모로 일어난 시기, 즉 화석 연료 매장지와 신기술이 원료와 노동력, 에너지를 차지하기 위한 폭력적이고 혼란스러운 경쟁을 부추긴 시기였다. 주요 산업국 간의 그런 경쟁은 결국 유럽 내에서 발발한 뒤 아프리카, 아시아, 태평양까지 번져나간, 극도로 파괴적인 전쟁들로 이어졌다. 그 전쟁들에서 기관총, 고성능 폭약, 공중에서 투하하는 폭탄, 로켓의 초기 형태를 비롯해 화석 연료 혁명의 무시무시한 무기들이 전부 사용되었다.

19세기 후반에 영국은 경제와 군사, 기술을 선도하는 국가의 지위를 잃어가고 있었다. 1820년부터 1913년까지 영국의 GDP가 6배 증가하는 동안 독일의 GDP는 9배 증가했고, 미국의 GDP는 무려 41배 증가했다. 1913년경 미국—증가하는 인구가 드넓은 영토를 점점 더 활용하는, 막대한 자원을 가진 역동적인 산업 사회—은

1차대전 중 독일의 기관총 부대.

이미 세계 총생산량의 거의 19퍼센트를 차지하고 있었다. 독일의 몫은 약 9퍼센트였고, 영국의 몫은 8퍼센트를 조금 넘는 정도에 불과했다.

20세기 초에 다른 두 나라도 산업화에 박차를 가하고 있었다. 러시아 제국과 일본이었다. 러시아는 비록 정부의 형태가 구식이었지만 막대한 자원을 가지고 있었으며, (독일군 최고 사령부를 비롯한) 일각에서는 러시아가 산업화를 통해 경제적·군사적 초강대국으로 급부상할 것을 우려했다. 일본의 산업화는 대체로 정부에서 관리했고, 서양의 기술을 체계적으로 차용하고 채택하는 방식으로 이루어졌다. 그러나 일본은 산업화에 필요한 자원이 부족하다는 문제를 안고 있었다. 일본은 다른 곳에서 자원을 찾아야 했고, 그런 필요성에 이끌려 동아시아에서 제국으로 발돋움하는 길을 추구했다.

갈수록 경쟁이 치열해지는 이 환경에서 여러 강국의 주요 인물들은 제국주의적 정복이 미래의 권력과 부에 극히 중요하다고 판단하기 시작했다. 영국에서 앨프리드 밀너Alfred Milner 경은 1910년 이렇게 썼다. "산업 대국이 자국이 통제하는 지역들 내에서 생산한 원료, 자국의 주요 산업들이 의존하는 원료를 확보하는 것은 어느 때고 작은 이익이 아니며, 특정한 상황에서는 사활이 걸린 문제일 것이다." 조지프 체임벌린Joseph Chamberlain은 1889년 이렇게 말했다. "외무성과 식민성의 주 업무는 새로운 시장을 발견하고 기존 시장을 지켜내는 것이다. 육군성과 해군성은 대체로 이 시장들을 방어하고 우리의 상업을 보호하기 위해 대비하는 데 몰두하고 있다." 세실 로즈Cecil Rhodes는 식민지가 생존에 반드시 필요하다고 주장하면서 경제 성장의 속도가 조금이라도 느려지면 카를 마르크스 같은 사회주의자들이 예견한 내전이 발생할 수 있다는 이유를 들었다. "영국 제국은 먹고사는 문제다. 내전을 피하고 싶다면 제국주의자가 되어야 한다."

세계의 산업화된 강국들 대다수가 이렇게 서로 비슷한 태도로 정책을 구상하던 상황에서 1914년 세계대전이 발발한 것은 어쩌면 그리 놀랄 일이 아닐 것이다. 얽히고설킨 동맹 관계 탓에 유럽의 주요 강국들 모두가 몇 주 만에 오스트리아와 세르비아의 국지적 분쟁에 휘말려들었다. 1차대전의 교전국들은 가장 앞선 현대식 무기를 사용했고, 현대 자본주의 사회들의 막대한 부에서 전비를 조달했다. 기관총이 병사를 수천 명씩 살육하는 동안 전투 사이 물에 잠긴 참호에서는 현대 의술이 부상자를 살려냈다. 전쟁의 필요는 혁신을 자극하기도 했다. 일례로 내연 기관이 개량되어 전차와 공기보다 비중이 큰 항공기에 장착되었다. 독일에서는 1909년 개발된 하버-보슈 공법을 활용해 폭약과 인공 비료를 생산했다.

1918년 1차대전이 끝났을 때 애초 이 전쟁을 야기했던 문제들 중 해결된 것은 거

카를 마르크스. 자본주의는 결국 불평등 심화 때문에 무너질 테지만 제국주의가 한동안 안전판 역할을 할 수 있을 것이라고 주장했다.

의 없었으며, 20년 후 일본이 만주를 침략하고 독일이 폴란드를 침공한 데 이어 다시 한번 세계대전이 발발했다. 2차대전은 1차대전보다 더 광범하고도 파괴적이었는데, 정부들이 팀을 이루어 더 강력한 항공기, 군함, 폭탄, 로켓탄, 적의 잠수함과 항공기를 탐지하는 더 나은 방법, 더 성능 좋은 무선 통신, 더 파괴적인 폭약, 전시 암호를 해독하는 더 뛰어난 기계식 계산기를 고안했기 때문이다. 유럽뿐 아니라 중국과 만주, 동남아시아, 대서양과 태평양에서도 전투가 벌어졌다. 육군의 기동성이 좋았던 데다 공군력을 광범하게 사용한 탓에 민간인 사상자가 전투원 사상자보다 더 많이 발생했다. 전 세계 사망자 수는 6000만 명을 넘었을 것이다. 유럽에서만 1차대전 수치의 네 배인 약 4000만 명이 사망했다. 대부분 유대인인 600만 이상의 사람들이 도살장 같은 수용소에서 학살당했다. 1945년 미국이 8월 6일과 9일 각각 히로시마와 나가사키에 사상 최초로 원자 폭탄을 투하하자 전쟁은 마침내 끝이 났다. 미국에서 '맨해튼 프로젝트'라는 대대적인 정부 주도 연구를 통해 개발된 원자 폭탄은 히로시마에 떨어지자마자 8만 명의 목숨을 앗아갔다. 그리고 1년 내에 방사능 피폭과 여타 부상 때문에 사망자 수가 거의 15만 명으로 늘었다. 그로부터 10년 후, 미국과 소련은 수소 폭탄 개발을 완료했다. 이것은 태양의 심장부에서 열을 발생시키는 메커니즘과 동일한 핵융합 반응을 일으키는, 원자 폭탄보다도 섬뜩한 무기였다.

2차대전이 추축국의 패배로 끝나자 세계에서 가장 크고 자원이 풍부한 두 나라인 미국과 소련이 '초강대국'으로 떠올랐다. 소련은 1917년 혁명 이후 러시아 제국을 밀어내고 수립되었다. 마르크스주의 이데올로기를 지침 삼아, 그리고 대부분 서구에서 차용한 여러 혁신을 바탕으로, 소련은 고도로 중앙 집권화된 무자비한 정부의 능력을 총동원하여 강력한 산업·군사 조직을 구성했다. 2차대전중에 막대한 손실을 입었음에도 소련은 1950년까지 산업을 대부분 재건했고, 동유럽을 군대로 점령한 채 미국의 명실상부한 맞수로 자리매김했다. 1949년, 중국에서 마오쩌둥의 공산당이 정권을 잡았다. 이로써 20세기 중엽 세계에서 가장 크고 인구가 많은 두 나라를 공산당 정부가 통치하게 되었다.

그 무렵이면 화석 연료를 먼저 채택한 사회들이 화석 연료 혁명으로 엄청난 부와 권력을 얻긴 했지만, 결국에는 자원 기반이 가장 넓은 국가들이 이 혁명의 주요 수혜자가 되리라는 것이 분명하게 드러났다. 자원 기반이 더 좁은 산업 국가들은 전쟁을 치르면서 약해졌고, 패전한 일본은 제국이 되려는 야망을 내려놓아야 했으며, 해외 제국을 지켜낼 수단과 의지를 모두 잃어버린 유럽의 식민 열강은 이후 20년이 조금 넘는 세월 동안 식민지를 단념했다. 영국은 1947년 인도와 파키스탄의 독립을, 1963년 케냐의 독립을, 그다음 10년간 아프리카와 아시아에서 모든 식민지의 독립을 인정했다. 프랑스와 네덜란드 역시 결국 아시아 제국을 포기했다. 1970년까지 탈식민화를 통해 70개 넘는 신생국이 탄생했다.

2차대전의 주요 교전국 가운데 손실을 가장 적게 입은 미국은 세계에서 가장 부유하고 강력한 국가로 부상했다. 1950년경 미국 경제는 세계 GDP의 4분의 1 이상을 차지했다. 1차대전에서 교훈을 얻은 승전국들은 서독과 일본에 징벌적 제재를 가하지 않고 오히려 두 나라 경제의 재건을 촉진했으며, 그 덕에 두 나라는 곧 빠르게 성장하기 시작했다.

당시 세계는 두 개의 커다란 세력 블록으로, 즉 자본주의 경제 블록과 공산주의 계획 경제 블록으로 갈라져 있었다. 국제 연합과 국제 통화 기금을 비롯해 전후에 창설된 세계 기구들이 국제 교섭과 금융 거래에 필요한 얼개를 제공하긴 했지만, 실제 권력은 두 초강대국과 그들이 각기 지배하는 세력 블록에 있었다.

이 새로운 세계적 얼개 내에서 수십 년간 경제 성장이 점점 더 빠르게 이루어지는 동안 화석 연료 혁명이 마침내 세계의 대다수 지역들에 도달했다. 소련의 계획 경제가 1991년 붕괴하고 중국이 1980년대부터 시장 경제로 돌아선 사실은 자본주의 세계의 시장 주도형 사회들이 화석 연료 기술의 가능성을 활용할 수 있게 해주는 혁신을 도입하는 데 더 능했음을 시사한다. 2000년까지 자본주의 경제는 세계를 대부분

아랍에미리트 두바이에 있는 세계 최고 높이 건물 부르즈 할리파. 높게 짓기 경쟁을 벌인 초고층 건물들 중 하나로서 2009년에 완공되었다.

지배하기에 이르렀다.

20세기 후반기에 인류는 지표면에서 변화를 일으키는 단연 중요한 존재가 되었다. 이렇게 인류의 능력과 영향력이 갑작스레 증대되면서 일어난 변화를 가리켜 많은 학자들은 '대가속'이라 부른다. 인류세 전체와 마찬가지로 대가속도 그 규모를 파악하는 것이 중요하다. 일관성을 위해 아래 서술에서는 한 가지 출처에서 수치를 인용했다.

1950년에서 2000년까지 불과 반세기 만에 세계 인구는 30억 명에서 60억 명으로 갑절이 되었다. 유례가 없는 인구 성장률이었다. 과거에는 이처럼 인구가 폭발적으로 늘어날 경우 전 세계적인 기근으로 이어졌지만, 20세기 후반기에는 식량 생산량이 인구보다도 더 빠르게 증가했다. (화석 연료에서 동력을 얻는 토목 기계를 사용해 수천 개의 댐을 건설하면서) 개간 영역이 확대되고, 살충제가 도입되고, 인공 비료가 광범하게 사용되고, 생산성이 높아지도록 유전자를 조작한 밀과 쌀 품종이 채택되었기 때문이다. 인공 비료 생산은 화석 연료가 비기계적 제조 공정에까지 심대한 영향을 준다는 것을 잘 보여준다. 하버-보슈 공법은 공기 중 질소를 고정해 (비료의 원료인) 암모니아를 합성하는데, 질소가 워낙 안정적인 물질이라 반응을 일으키려면 에너지가 아주 많이 필요하기 때문에 화석 연료 시대에 들어서야 비로소 실행할 수 있게 된 방법이다. 사실상 화석 연료(대부분 석유)를 음식으로 바꾸는 공법인 셈이다.

달러화 기준 세계 GDP의 가치는 인구보다도 빠르게 증가해 50년 만에 15배로 불어났다. 달리 말하면, 인류세에는 소비 증가가 인구 증가보다 훨씬 더 중요한 변화의 요인이었다. 인구 증가 수치와 GDP 증가 수치를 결합하면, 불과 50년 만에 1인당 부가 7배 이상 증가했다고 추정할 수 있다. 석유와 천연가스의 세계 생산량도 1950년에서 2000년 사이에 적어도 7배 증가했다.

인류의 생활 방식도 몰라보게 바뀌었다. 대부분의 사람들은 구석기 시대에 곧잘 이동하는 가족 집단에서 생활했고, 농경 시대 1만 년 동안 작은 촌락에서 농민으로 생활했다. 반면에 2000년경 전체 인류의 절반 이상은 대도시에서 생활하고 있었다. 20세기 후반기에 호모 사피엔스는 기존의 지배적 생활 방식인 농민의 삶에서 벗어나 도시에 거주하는 종이 되었다. 빠른 도시화가 가능했던 것은 어느 정도는 도시가 죽음의 덫—오염된 공기, 불결한 주택, 더러운 하천, 각종 질병의 매개체가 있는—에서 더 건강하고 깨끗하고 생산적인 장소로 변모했기 때문이다. 이런 변화에 기여한 요인으로는 음식을 비롯한 물자 운송의 개선, 노동 기회의 확대, 정수와 배수를 위한 하수관 체계의 도입, 의료의 발전, 1940년대부터 대량 생산된 항생제를 비롯한 새로운 약물의 도입 등이 있었다. 보건, 영양 상태, 교육, 위생이 개선됨에 따라 세계 도처에서 수십억 명의 생활 수준이 향상되고 기대 수명이 두 배로 늘어났다. 많은 사람들이 이런 변화의 혜택을 받지 못했지만 수십억 명은 혜택을 받았으며, 그들의 시각에서 볼 때 인류세는 생활 수준이 갑자기 대폭 높아지는 변화를 의미했다.

화석 연료 혁명의 초창기부터 그 악영향을 막으려는 시도는 줄곧 있었다. 예컨대 대기 오염을 줄이고, 석유에서 납을 제거하고, 기업이 강과 바다, 대기로 배출하는 오염 물질을 제한하려 시도했다. 특히 20세기 후반기에 인간의 증대하는 영향력과 환경 운동의 출현에 대응하여 지역 환경을 보호하기 위한 법률이 제정되었다. 그런 법률 중 다수는 공장과 자동차가 인근의 하천이나 대기의 질에 끼칠 수 있는 영향이나 트롤선의 어획량을 제한한다. 각국 정부는 환경에 끼치는 인간의 영향이 일정 선을 넘어설 경우 자연 환경뿐 아니라 인류까지 위태로워진다는 것을 깨닫기 시작했다.

혁신의 새로운 물결들은 '대가속'을 추동했다. 일부 혁신은 양차 대전을 치른 20세기 전반기에 개척된 것이었다. 2차대전중에 군사적 목적을 위해 개발된 로켓은 소수의 사람들을 달에 보낼 수 있게 해주고 로봇형 차량을 보내 태양계를 탐사할 수 있게 해주었다. 화석 연료 토목 기계와 디젤 펌프는 지표면을 변형해 도시와 댐, 도로를 건설할 수 있게 해주었으며, 특히 후자는 세계의 대수층에서 담수를 퍼 올려 급성장중인 도시들의 갈증을 풀어주는 쉽고도 값싼 방법을 제공했다. 더 강력한 엔진, 더 뛰어난 항법 장치와 음파 탐지기, 엄청나게 큰 그물을 가진 트롤선은 1950년에서 2000년 사이에 어획량을 1900만 톤에서 9400만 톤으로 늘렸다. 비행기, 기차, 선박은 과거 어느 때보다도 많은 사람과 재화를 세계 각지로 실어날랐다. 1940년대 후반에 디지털 계산의 기본 원리가 발견되고 트랜지스터가 발명되어 전기 혁명, 컴퓨터 확산, 휴대 전화, 인터넷의 토대가 놓였다—세계 곳곳에서 비용을 아주 적게 들이고도 빛의 속도로 소통할 수 있게 해준 변화였다. 과학 지식 일반도 과거 어느 때보

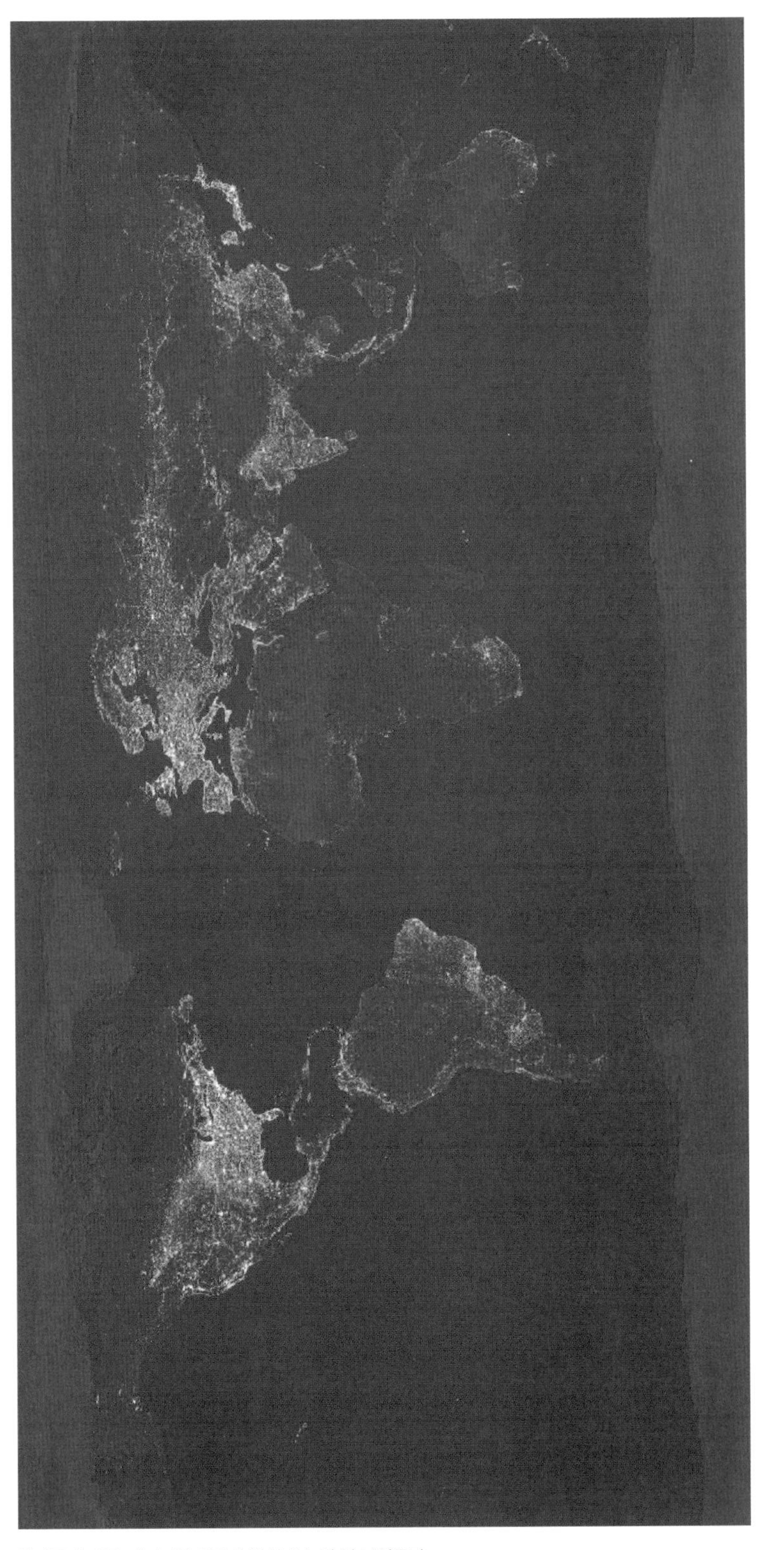

한밤중의 지구. 에너지를 어디서 많이 쓰는지 잘 보여준다.

다도 빠르게 증대되어 우주의 역사, 진화의 방식, 지구 시스템의 작동을 새로운 시각에서 이해하게 해주었다. 오늘날 새로운 생각을 공유하고 축적하며 이루어지는 집단 학습은 인류 역사상 가장 강력하게 혁신을 추동하고 있다.

이런 변화는 20세기 후반기에 나머지 세계로 널리 확산되었다. 아시아에서 일본이 먼저 화석 연료 혁명을 개척했지만, 20세기 후반기 들어 한국, 대만, 싱가포르, 홍콩이 그 뒤를 따랐다. 20세기 말에는 대국인 중국과 인도까지 자본주의 경제 쪽으로 움직이면서 화석 연료 혁명에 합류했다. 오늘날 막대한 천연자원과 인력을 보유한 중국과 인도는 지난 200~300년의 쇠퇴기를 뒤로하고 다시 한번 초강대국으로 부상하고 있다.

20세기 후반에 먼저 대서양 심장부에서, 뒤이어 나머지 세계에서도 엘리트 집단만이 아니라 빠르게 성장중인 중간 계급까지 제법 풍족한 생활을 누리게 되었다. 또한 번영이 지속되고 고된 육체노동의 상당 부분을 기계가 떠맡게 되면서, 세계의 여러 지역에서 젠더 관계에 뚜렷한 변화가 일어나고 예로부터 남성의 몫이었던 많은 역할을 여성이 수행하게 되었다.

인류세의 풍족한 에너지와 자원 덕분에 가능했던 변화들 중 상당수는 인류에게 이로웠다. 과거 어느 때보다도 많은 사람들이 더 나은 삶을 누리게 되었다.

'해로운 인류세'와 생물권에 끼치는 인류의 영향

다른 모든 '창조적 파괴'의 시기와 마찬가지로 대가속 시기에도 어두운 면이 있다. 각종 혜택을 동반하는 '이로운 인류세'가 있는가 하면 진보를 위협하는 위험 요소들을 동반하는 '해로운 인류세'도 있다.

그런 위험 요소들 중 일부는 인류세의 혜택을 좀더 평등하게 분배하지 못하는 데에서 비롯된다. 역사상 가장 많은 사람들이 얼마간 풍족하게 살고 있지만, 인구가 증가하고 부가 불공평하게 분배되는 까닭에 지독한 가난에 허덕이는 사람의 수도 과거 어느 때보다도 많다. 2005년 30억 명 이상(1900년 세계 총인구보다 많은 사람들)이 하루에 미화 2.50달러 이하로 생활했다. 부의 총액이 증가하긴 했지만, 부의 분배는 역사상 가장 불평등하게 이루어지고 있다. 2014년 세계 인구 중 부유한 상위 10퍼센트가 세계의 전체 부 가운데 87퍼센트를 통제한 반면, 하위 50퍼센트는 겨우 1퍼센트를 통제하는 데 그쳤다. 화석 연료 혁명에서 아직 혜택을 얻지 못한 사람들은 산업 혁명 초기의 건강에 해롭고 비위생적이고 위태로운 생활 조건으로 고통받고 있다. 오늘날 새로운 질병은 일단 출현하고 나면 여행을 통해 무서운 속도로 퍼져나갈 수 있으며, 박테리아와 바이러스도 현대 의학이 따라가지 못할 만큼 빠르게 이동하고 뒤섞이고 진화할 수 있다. 이런 유의 팬데믹 가운데 최악은 1차대전이 끝나갈 무렵 발병해 3000만 명—전사자 총수를 상회하는 숫자—의 목숨을 앗아간 인플루엔자[일명 스페인 독감—옮긴이]였다. 그런 팬데믹은 비행기 여행자를 매개로 단 며칠이나 몇 주 만에 세계 각지로 확산될 수 있다. 한편, 현대인들, 특히 현대식 부의 형태로부터 혜택을 가장 적게 받은 사람들은 현대 생활의 스트레스와 복잡성 때문에 새로운 심리적 고통을 받아왔다. 앞으로 불평등이 심화될 경우 온갖 불만이 팽배할 것이고, 그렇게 만연한 불만은, 현대의 각종 무기를 감안하면, 일찍이 19세기에 사회주의자들이 예견한 전 세계적 계급 전쟁으로 귀결될지도 모른다. 일부 위험 요소는 부유층과 빈곤층 모두에 영향을 준다. 핵무기가 발명된 이상 우리는 생물권 대부분과 함께 인류세의 혜택까지 모조리 쓸어버릴 핵 홀로코스트의 가능성을 결코 무시할 수 없다.

시각화하기 더 어렵긴 하지만 종합적으로 생각하면 더 위험한 사실은, 인류의 안녕의 토대인 생물권을 우리 자신이 위협하고 있다는 것이다. 이 위험을 이해하려면 인류가 생물권 전체에 끼치는 영향이 얼마나 큰지 가늠해봐야 한다.

인류세를 학습하는 북극곰. 위기를 자초한 종의 개체들이 북극곰을 지켜보고 있다.

'대가속' 시기에 인류는 생물권의 변화를 일으키는 가장 강력한 요인이 되었다. 심지어 침식, 생화학적 순환, 자연 선택, 판구조처럼 기후를 바꾸는 자연적 요인들보다도 더 강력한 요인이 되었다. 이 변혁은 여러 방식으로 입증할 수 있다. 앞서 지적했듯이 이산화탄소 농도가 과거 100만 년 동안의 평균 농도보다 훨씬 더 높은 수준까지 불과 50년 만에 30퍼센트 증가했다. 대부분 인공 비료 제조 때문인 질소 순환의 변화는 더욱 극적이다. 1890년, 인간이 고정하는 질소는 연간 약 15메가톤이었던 반면, 야생 식물이 고정하는 질소는 거의 일곱 배 많은 100메가톤이었다. 1990년, 그간 경작지가 늘어난 까닭에 야생 식물이 고정하는 질소는 약 89메가톤에 불과했던 반면, 인간이 고정하는 질소는 이제 118메가톤에 달했다. 이 변화가 위험한 이유는 인공 비료를 남용할 경우 조류藻類가 이상 증식해 해수와 담수를 오염시키고 수중 산소를 고갈시켜 어류를 비롯한 수중 생물을 죽일 수 있기 때문이다.

인류는 수많은 화학 물질을 생성했으며 그중 다수는 유독성이다. 핵무기 실험 과정에서 발생하는 방사성 물질과 본래 합성물로 존재하는 알루미늄 같은 금속들의 순수한 형태는 앞으로 문제가 될 것이다. 순전히 인간의 창안물인 플라스틱은 오늘날 대양에서 거대한 섬을 이루는가 하면 도시 지역의 쓰레기 매립지를 가득 채우고 있다. 이렇게 신물질이 급증하는 것은 약 24억 년 전에 산소 비율이 높은 대기가 형성된 이래 한 번도 없었던 일이다. 1980년대에 파울 크뤼천을 위시한 학자들은 배출된 프레온 가스(냉장고와 에어로졸 스프레이에 널리 쓰인 염화불화탄소)가 성층권으로 올라가 오존층(해로운 자외선이 지면에 닿지 않게 막아주는)을 파괴한다는 것을 보여주었다. 다행히 프레온 가스의 영향은 조기에 파악되었고, 1987년 국제 협약이 체결되어 프레온 가스 생산량과 사용량이 급감했다. 그 결과 오존층은 안정되었고, 이 추세를 유지한다면 결국 저절로 회복될 것이다. 한편, 현재 인류는 건물을 짓고 도로를 깔고 도시를 건설하느라 침식과 빙하 작용을 일으키는 모든 자연력보다도 많은 흙을 옮기고 있다. 이제껏 광물과 화석 연료를 찾아 지하에 뚫은 터널도 수없이 많다. 또한 자연 유수량으로 다시 채울 수 있는 속도보다 열 배나 빠른 속도로 대수층에서 담수를 퍼내고 있다. 이런 활동의 악영향은 먼 미래에 틀림없이 나타날 것이다.

우리는 특히 다른 유기체들에 심대한 영향을 끼쳐왔다. 인류가 지구의 자원을 사용하면 할수록 다른 종들이 사용할 수 있는 자원은 그만큼 줄어든다. 그런 이유로 오늘날 생물의 멸종률은 지난 500만 년의 멸종률보다 1000배나 높게 나타나고 있다. 바츨라프 스밀은 인류의 자원 소비량 증가세와 다른 대다수 종들의 자원 소비량 감소세가 현저히 대비된다는 것을 잘 보여주는 통계 자료를 제시한다. 그는 19세기 초에 인류의 생물량(모든 인체에 포함된 탄소의 총량으로 측정)이 모든 야생(가축이 아닌) 포유류의 생물량을 넘어섰다고 추정한다. 1900년경 탄소를 기준으로 육생 야생 포유동물들의 생물량은 약 10메가톤, 인류의 생물량은 약 13메가톤이었다. 2000년, 육생 야생 포유동물들의 생물량은 대폭 감소한 5메가톤이었던 반면, 인류의 생물량은 크게 증가한 약 55메가톤이었다. 소와 양 같은 가축의 생물량은 더욱 빠르게 증가했다. 탄소를 기준으로 1900년 약 35메가톤에서 2000년까지 120메가톤으로 급증세를 보였다. 이 수치들은 2000년경 인류와 가축이 육생 포유류 전체 생물량의 97퍼센트 이상을 차지했다는 것을 의미한다. 이 통계 자료 하나만으로도 우리가 생물권을 지배하는 종으로 급부상했음을 알 수 있다.

경고 신호

이 정도로 막대한 인류의 영향력은 위험하다. 우리는 생물권—지구의 표면을 형성하는 대기, 대양, 육지, 식물상, 동물상이 서로 연결된 체계—에 회복력이 있다는 것을 알고 있다. 그러나 우리는 이 복잡한 체계의 한 부분이 돌변하여 다른 모든 부분에 영향을 줄 수 있다는 것도 알고 있다. 거의 1만 2000년 전, 그러니까 수백만 년에 걸친 변덕스러운 온난기 이후 10만 년간 빙하 시대가 지속된 뒤, 세계의 기후는 빙하 시대보다 한결 온난한 기온에서 갑자기 안정되었다. 홀로세의 이례적으로 안정적인 기후는 인류 역사에서 농경 시대 전체의 배경이었다. 오늘날 인류의 영향은 이 안정적인 기후계를 위협하고 있다. 문제는 인류의 영향이 (지역이 아닌) 세계 전역에서 기후계를 임계점 이상으로 밀어붙일 가능성이 높고, 그럴 경우 그것이 인류에게 반갑지 않은 새로운 상태로 급변할 수도 있다는 것이다. 예를 들어 빙하가 녹을수록 열이 (흰 얼음에 의해) 반사되지 않고 다른 물질들에 흡수될 테고, 위험한 양성 되먹임 순환에 따라 지구 온난화가 더욱 빠르게 진행될 것이다. 이와 비슷하게 수분을 보존하는 숲을 벌채할수록 숲과 그 위쪽의 공기가 건조해져 삼림지가 초지나 사막으로 빠

'두꺼비 삶기'. 지구 온난화 가속은 너무도 간단히 무시되곤 하지만 인류세를 규정하는 특징으로 보인다.

르게 변모할 수 있다. 마지막으로 우리는 핵무기를 대량 사용할 경우 생물권 전체가 즉각적이고도 파멸적인 타격을 받으리라는 것을 알고 있다.

이런 임계점을 확인하려는 가장 세심한 시도 중 하나는 근 10년간 인간의 '안전한 활동 공간'을 규정하려 노력해온 스톡홀름 회복 센터Stockholm Resilience Centre의 작업이다. 이 연구소는 중요한 '지구 한계'를 밝히는 과제를 수행해왔다. 이 한계를 넘어서는 인류의 활동은 재앙적인 파국을 몰고 오거나 인간 사회를 심각하게 훼손하는 변동을 야기할 수 있다. 현재까지 스톡홀름 회복 센터는 다양한 정도의 정확도로 가늠할 수 있는 아홉 가지 지구 한계를 확인했다. 지구 한계를 어림하는 잣대에는 기후 변화, 오존층, 생물 다양성, 삼림 면적, 해양 산성도, 담수 이용, 생물권 내 인과 질소의 순환 등이 포함된다. 이 가운데 기후 변화와 생물 다양성 감소가 가장 중요하며 그 한계치를 "실질적·지속적으로 넘어설 경우 지구 체계를 새로운 상태로 몰아갈 가능성이 있다"라고 연구소는 주장한다.

지구의 아홉 가지 한계 중 하나라도 인류가 넘어섰을까? 어떤 답변이든 상당한 오차 범위를 포함하기 마련인데, 생물권이 워낙 복잡한 터라 그 작동에 관해 우리가 바라는 만큼 정확하게 기술하기란 불가능하기 때문이다. 각각의 지구 한계마다 넓은 불확실성의 영역 또는 위험 증대 영역이 존재한다. 그 영역을 넘어서면 위험한 결과가 나올 확률이 올라가는 것으로 보인다. 두 가지 핵심 한계 중 하나인 생물 다양성의 경우, 오늘날의 멸종률을 보건대 불확실성의 영역을 아주 명확하게 한참이나 넘어선 것으로 보인다. 기후 변화의 경우, 오늘날 대기 중 이산화탄소 농도 400ppm은 350~450ppm인 불확실성의 영역에 속한다.

토지 사용, 특히 삼림에 대한 인류의 영향도 우리를 불확실성의 영역으로 밀어넣었다. 현재 애초 삼림 면적의 약 62퍼센트가 남아 있는데, 이 수치는 불확실성 영역의 추정 범위인 54~75퍼센트에 속한다. 생화학적 흐름, 특히 현재 불확실성의 영역을 한참 넘어선 인과 질소의 흐름도 위험의 또다른 원인이다. 다만 생화학적 흐름의 영향은 지구 전역보다 지역 수준에서 나타날 가능성이 높다.

결론

지난 200년 동안 사용 가능한 자원의 종류와 양이 엄청나게 늘어나면서 인류의 역사, 인간과 지구의 관계에 혁명이 일어났다. 이 확연한 변화는 과거에는 생각할 수조차 없었던 풍요를 가져와 수십 억 명의 생활 수준을 높여주었다. 그러나 많은 사람들은 여전히 지독한 가난 속에서 살고 있다. 이런 변화를 가능하게 해준 에너지와 자원의 거대한 흐름은 오늘날 다른 많은 종들에게 해롭고 인류의 미래 세대에게도 해로울 것이 분명한 방식으로 생물권 전체를 위협하고 있다. 이 장에서 나는 이런 변화를 이해하는 것이 미래 세대에게 이로울 법한 방식으로 우리의 놀라운 힘을 관리하는 방법을 찾는 데 반드시 필요하다는 믿음으로 인류세의 변천을 기술했다.

그런데 인류세는 인간 본성과 인류 역사에 관해서도 중요한 것들을 말해줄 수 있다. 이 장의 논증이 대체로 옳다면, 우리가 혁신을 지속시키는 집단 능력을 바탕으로 결국 생물권을 지배하리라는 것은 오래전부터 정해진 결론이었을 것이다. 하지만 정확히 언제 어떻게 지배할 수 있을지는 불분명했다. 어쩌면 인류세가 중국에서 먼저 시작될 수도 있었을까? 또는 혹시 중세 바그다드에서 시작될 수도 있었을까? 만약 그랬다면 매우 다른 세계가 형성되었을 것이다. 인류세가 걸어온 길을 정확히 설명하려면 인류 역사의 장기 추세뿐 아니라 지난 수십 년간 호모 사피엔스가 겪은 온갖 우여곡절까지 세심하게 조망해야 한다.

CHAPTER

12

근대 세계와 그 악마들

예술과 학문, 사상에서의 이데올로기와 그 이후—1815년~2008년

파올로 루카 베르나르디니

20세기 초 프랑스와 이탈리아에서 예술의 전위에 섰던 미래파는 설득력 있고 자각적이고 야심 차고 완전하고 긍정적이고 심지어 도취적이기까지 한 근대성의 이미지를 제시한 유일한 예술 운동일 것이다. 미래파는 비행기, 기차, 마천루를 자연의 한계를 넘어서는 듯한 속도, 가속적 변화, 인간 성취의 상징이자 영혼으로 이상화했다. 이탈리아 파시즘—낭만주의적·고전적 과거와 근대성의 가장 순수한 표현 둘 모두에 깊숙이 관여한 정당이자 독재정—이 미래파를 꽤 애호한 것은 놀랄 일이 아니다. 그 보답으로 미래파 일부는 적어도 처음에는 얼마간 맹목적인 열정에 이끌려 파시즘을 고수했지만, 미래파 다수는 애당초 이탈리아의 1차대전 개입을 지지한 사람들이었다. 미래파와 더불어 인간의 행위 능력은 결국 무대의 중앙에 자리매김했다. 프랑스 혁명이 무신론을 정치적 유행으로 만든 지 한 세기가 조금 더 지난 시점에 미래파는 신이 제거되었다며 축배를 들었다. 인간을 강력하게 그리는 이미지에서 신은 주변화된 반면, 기계는 세속화된 세계의 천사가 되었다.

독일의 유물론 철학자 에른스트 카프Ernst Kapp(1808~1896)—19세기에 텍사스의 외떨어진 켄들 카운티에 시스터데일Sisterdale이라는 유토피아적 정착지를 세우는 데 일조했다—에 따르면, 기계와 도구, 기계적 장치는 인체의 연장에 지나지 않았다. 다시 말해 인간의 한정된 능력을 강화하기 위해 만들어진 의수와 의족이었다. 오늘날 컴퓨터, 아이팟, 휴대 전화 등은 분명 '인공 팔다리'이기도 하며, 인간의 능력을 전례 없는 수준까지 끌어올리는 기능을 한다. 진화론을 낳은, 또는 적어도 맨 먼저 표명한 찰스 다윈을 에른스트 카프와 함께 읽으면, 근대성이 어떻게 신의 통제에서 벗어난 개인—기계마저 자기 능력의 '연장'으로 삼을 정도로 진화한 개인—하나만을 우주의 중심에 놓았는지를 쉽게 이해할 수 있다.

같은 시기에 이데올로그들은 기존의 권력 체제를 뒤엎을 핵심 요인으로 대중을 꼽았다. 많은 이데올로그들은 프랑스 혁명으로 세계가 '거꾸로 뒤집혔다'고 강조했으며, 프랑스 혁명의 정신력을 대변한 사람들은 적어도 유럽에서는 문자 그대로 구체제를 급진적으로 전복한 이 '레볼루티오revolutio'에 관해 곰곰이 생각할 수밖에 없었다. 카를 마르크스는 여러 차례의 '전복'에 근거해 자신의 사회사상과 정치사상을 개진했다. 마르크스는 정치와 사회 영역에서는 자본가들에게서 상품 생산자들에게로 부(즉 권력)를 옮김으로써 자본주의를 바로잡을 것을 제안했고, 철학 영역에서는 추론을 통해 어떤 우주가 드러나든 정신이 아닌 '현실'을 그 우주의 중심에 놓음으로써 G. W. F. 헤겔의 '정신 철학'을 뒤엎으려 했다.

마르크스는 '계급class' 개념을 18세기 생물학에서 차용했다. 19세기 초 독일 낭만주의자들이 촉진한 개인의 힘찬 부상은 노동자, 군대, 국민(그리고 훗날 유권자), 당원,

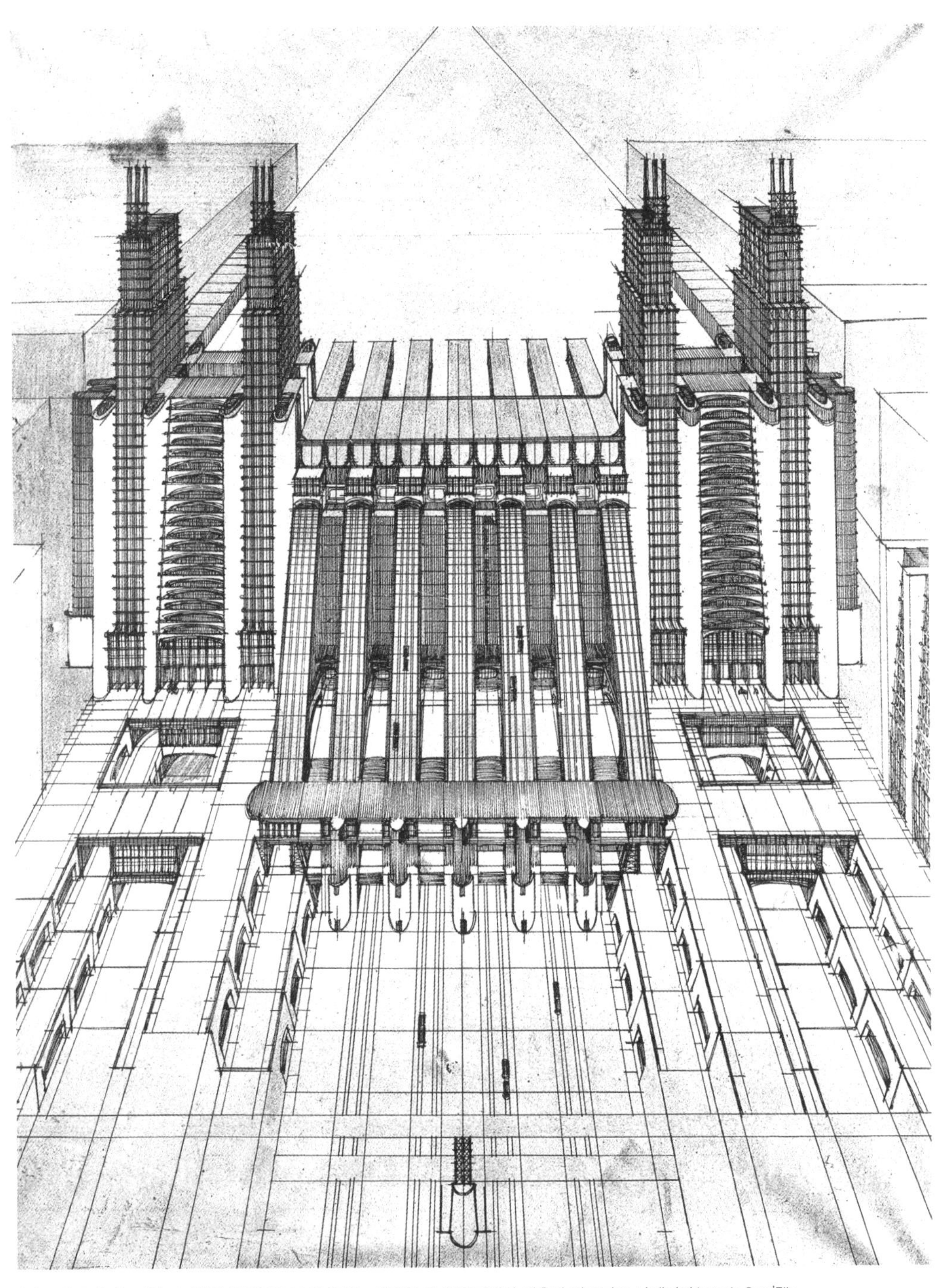

〈신도시 투사도〉. 마치 기계처럼 체계적으로 건설하는 환경을 구상한 미래파 건축가 안토니오 산텔리아Antonio Sant'Elia의 1914년 작.

여성, 여타 '계급들' 같은 집단들의 부상과 대비되었고 또 그에 의해 상쇄되었다. 그 결과는 강력한 변증법이었다. 다시 말해 1815년 이래 세계의 정신생활을 형성해오고 있는 일 대 다수의 충돌이었다. 개인은 정치적·사회적 관점에서 보면 맨 처음부터 전투에서 패했지만, 정신세계에서 개인의 역할은 전례 없는 정점에 도달했다.

그런 개인들은 마치 19세기 초의 낭만주의적 영웅에서 오늘날 할리우드 영화의 악전고투하는 주인공으로 변한 것과 비슷한 상황에 처해 있다. 그사이 20세기 전반기에 한편에는 '개인'과 개인주의적 이데올로기들이, 다른 한편에는 '대중'과 대중 이데올로기들이 있었으며, 양편의 긴장과 화합은 예술의 가장 생산적인 원천 중 하나였다. 미래파가 이 점을 잘 보여준다. 필리포 토마소 마리네티Filippo Tommaso Marinetti를 위시한 이탈리아 미래파 운동은 기술과 산업, 그리고 자연에 대한 인간의 승리를 강조했다. 그들은 초기에 이탈리아 파시스트당과 강한 유대를 보였지만, 미래파에는 파시스트에 반대하고 좌파를 지지하는 사람들도 있었다. 특히 무솔리니가 2차대전에서 패한 이후, 미래파의 양편은 화합하는 데 실패했다. 미래파 운동은 19세기와 20세기의 한 가지 강력한 테마, 즉 개인의 우선순위와 대중의 욕구 사이의 갈등을 잘 보여준다.

결국 대중도 개인도 반론의 여지 없는 승리를 거두지 못했다. 이는 서구 세계뿐 아니라 비서구 세계에서도 마찬가지였다. 비서구 세계는 특히 지난 두 세기 동안 서구의 가치, 태도, 양식, 추세, 유행뿐 아니라 모호성, 딜레마, 모순, 비극까지 뒤따르고 모방하고 증폭하고 이따금 '완성'했다. 포스트모던 시대에 들어서야, 이번에도 서구가 확고히 장악한 조건에서나마, 전 세계적 긴장 관계의 균열과 틈새에서 (때로는 광범한) '지역' 문화들이 다시 출현하고 세계 무대에 새롭게 자리매김하기 시작했다.

논란이 분분한 문명의 네 기둥

네 기둥은 역사가 페르낭 브로델이 저서 『현대 세계Le Monde Actuel』에서 당대 세계의 근간이자 모든 문화 연구에 적용 가능한 네 요소로 꼽은 공간, 사회, 경제, 집단 심성을 확장한 것이다. 지난 200여 년 동안 점점 빨라지는 세계화의 영향 아래 네 요소는 서로 뒤섞였고, 결국 포스트모던적 자의식과 균일성을 낳았다. 여기서 나는 네 요소와 내가 말하는 네 '기둥'을 결합하려 시도할 것이다. 지난 200여 년에 걸친 세계의 지적·정신적·예술적 역사를 세속인의 사원으로 시각화한다면, 이 훌륭한 고층 건물 혹은 대형 복합 건물의 특징은 건축물 전체에 안정성과 품위, 심지어 아름다움까지 부여하는 견고한 대리석(또는 어쩌면 철근 콘크리트) 기둥들일 것이다.

첫째 기둥인 **대중 사회**는 (독재자나 텔레비전 사회자의 말에 고분고분 따르는 것처럼 보일지라도) 자신의 운명을 대개 무의식적으로 스스로 만들어갈 수 있는 유동적이고 강력한 집단인 '대중'의 기원이다. 어떤 의미에서 '대중'은 그 이전에도 존재했지만, 그들은 고대 이집트에서처럼, 또는 근래까지 중국에서처럼 천년왕국적이고 막강한 전체주의 국가와 통치자에게 종속되어 있었거나, 정주 지역을 침공한 스텝 제국처럼 이동 생활을 하는 제국들의 일부였다(제5장 참조). 두 경우에 자율성을 박탈당한 대중은 보통 수동적인 역할에 머물렀다. 그렇지만 18세기 유럽에서 인구 혁명이 일어난 이후, 대중은 분열을 일으키는 장거리 이주에 참여할 필요 없이 경계가 정해진 국가의 공간 안에서 강력한 행위자로 기능하기 시작했다. 그들은 서서히 만만치 않은 세력이 되었다. 1789년과 1830년 프랑스 혁명은 결코 '대중 혁명'이 아니었지만, 1848년과 1870년 프랑스 혁명뿐 아니라 1917년 러시아 혁명에서도 대중은 중대한 역할을 했다. 도시가 성장하고 일부 지역에서 산업화가 진행되면서 형성된 노동자 대중은 농민 대중보다 더 가시적이고 동질적인 집단이었다. 천년왕국적인 농민 대중은 결집력이 떨어졌고, 넓은 영역에 흩어져 살았으며, 프롤레타리아트의 '가시성'을 결여하고 있었다. 농민 봉기만으로는 19세기에 유럽과 아시아에서 벌어진 대중 시위만큼 많은 사람들을 열정적으로 끌어들일 수 없었다. 14세기에 명나라가 권력을 잡는 데 일조한 홍건적의 난조차 19세기 대중 시위에는 미치지 못했다.

학자와 작가, 예술가 모두 대중의 새로운 힘을 묘사했다—고뇌에 찬 낭만주의자든 마르크스주의자든 그 힘을 속박에서 풀려나 팔다리를 쭉 뻗은 거대한 프로메테우스 같은 영웅으로 묘사했다. 예를 들어 이탈리아 화가 주세페 펠리차 다 볼페도 Giuseppe Pellizza da Volpedo(1868~1907)는 유명한 그림 〈제4신분Quarto Stato〉에서, 계층을 수직으로 나누는 전통 사회에서 서로 다른 '신분'이었던 농민과 노동자를 뒤섞었다. 이 그림은 지금까지도 세계 사회주의의 시각적 아이콘으로 쓰이고 있다—다만 이제는 전 세계에서 사회주의를 대표하는 이미지의 자리를 놓고 체 게바라(1928~1967)의 이미지와 경쟁하고 있다. 그러나 19세기의 대다수 관찰자들은 '대중'을 역사의 주체이자 객체로 인식하지 않고 오히려 다수의 계급으로 나누었다. 어느 정도는 그 결과로, 대중 사회에서 사회학을 비롯해 완전히 새로운 분과들이 탄생했다. 예컨대 노벨 문학상 수상자 엘리아스 카네티Elias Canetti(1905~1994)는 저서 『군중과 권력Masse und Macht』에서 독특하고 강력하고 억누를 수 없는 대중의 새로운 세계적 힘을 완벽하게 이해한 반면에, 귀스타브 르봉Gustav Le Bon(1841~1931) 같은 사회학자들은 대중을 어떻게 조절하고 독재정과 (아돌프 히틀러를 포함하는) 정치 지도자에게 이바지하게 만들 수 있는지 알려주는 안내서를 썼다.

정치적 관점에서 보면 '대중'은 응집되었지만, 정신세계의 관점에서 보면 '대중'은 '양 떼'에서 '공중公衆'으로 바뀌었다. 아니, 더 정확히 말하면 세속화되었다. 위르겐 하버마스Jürgen Habermas가 『공론장의 구조 변동Strukturwandel der Öffentlichkeit』(1962)에서 설득력 있게 입증한 대로, 18세기 이전에는 알려지지 않았거나 별다른 영향이 없었던 '공론장'이 18세기 초에 형성된 뒤 저자와 예술가를 좌우하기 시작했다. 이제 저자와 예술가는 '시장'의 욕구와 갈증을 채우느라 걸작을 완성하고픈 소망을 갈수록 포기하게 되었다. 요한 볼프강 폰 괴테(1749~1832)가 그런 경우였는데, 세계 최초의 대중 시장 저자인 그는 오랫동안 최고의 베스트셀러였던 성서를 자신의 책들로 밀어냈다. 근대 초만 하더라도 '대중', '시장', '공중' 같은 개념들은 존재하지 않았거나, 적어도 모든 수준의 지적 생산을 좌우할 만큼 영향을 끼치지 않았다. 그렇지만 대중의 문해율이 높아질수록—이 장에서 다루는 기간에 나타난 대표적인 변화—시詩부터 상업물에 이르기까지 갖가지 지적 산물을 대중이 결정할 가능성도 그만큼 높아졌다. 한편, 지식인과 예술가는 공중을 기쁘게 하기 위해서만이 아니라 이른바 '최대 다수의 최대 행복'을 목표로 이데올로기적으로 구상한 대중 사회의 형태를 구현하기 위해서도 글을 썼다. '최대 다수의 최대 행복'이라는 표현을 만든 제러미 벤담Jeremy Bentham(1748~1832)부터 그의 감탄스러운 맞수 존 스튜어트 밀John Stuart Mill(1806~1873)까지 공리주의적 유토피아주의자들은 개인주의와 집단의 행복을 조화시키고자 애썼다. 결함이 꽤 많은 밀의 『자유론On Liberty』(의미심장하게도 다윈의 『종의 기원』과 같은 해인 1859년에 발행되었다)은 이 시도에 내재하는 모든 어려움을 보여주었다. '대중'에 대한 묘사는 특히 대중문화에서 갈수록 심란해졌다. 메리 셸리Mary Shelley(1797~1851)는 소설 『프랑켄슈타인Frankenstein』(1818)에서 개인 과학자의 혼란한 정신에서 태어난 생명체를 묘사했으며, 근대 픽션은 대중을 마치 낭만주의적 프로메테우스의 해로운 버전처럼 구속에서 풀려나 세상을 파괴할지도 모르는 괴물로 그렸다. 조지 A. 로메로George A. Romero의 영화 〈시체들의 새벽Dawn of the Dead〉(1978)은 특히 동유럽에서 지금도 영화와 픽션으로 만들어지고 있는 호러물을 개시했다.

근대 후기 세계를 지탱하는 둘째 기둥은 프랑스 혁명과 함께 탄생한 근대 국가다. 근대 국가는 그 성격에 내재하는 전체주의적 목표를 추구하는 도중에 여러 외양으로 공고해지고 때로 물러졌는가 하면, 사회민주주의를 포함하는 다수의 형태로 조금 변경되거나 크게 변형되었다. 갖가지 특징—거의 완전한 대의민주주의, 그리고 이와

〈제4신분〉. 주세페 펠리차 다 볼페도의 1901년경 작품. 그림 속 대중은 자동인형을 닮았는데, 이는 화가의 사회주의 이념의 핵심에 자리한, 인간은 위대한 동시에 고되게 노동하는 존재라는 생각을 나타낸다.

관련된 성문화와 헌법, 삼권분립—과 지난날 더 넓은 세계로 투사했던 제국의 권력을 가진 근대 국가는 전례 없는 힘의 구현체였다. 근대 국가는 권위의 다른 원천들을 대체했고, 국경 내에서 폭력을 독점했으며, 인구와 자원을 거의 불가항력적으로 동원할 수 있었다. 근대 국가의 권력은 지난 두 세기 동안 대부분의 문화적·지적 생산물에 그 흔적을 남겼다. 초기에 학자, 작가, 화가, 음악가는 근대 국가의 창설과 성취를 찬양했다. 그후 다른 지식인들은 근대 국가의 성격과 가치에 의문을 제기하며 그에 대항하는 여러 유토피아—처음에는 순전히 사변적이었지만 훗날 가장 끔찍한 방식으로 실현되기도 했다—를 구상했다. 그런 유토피아 가운데 애초 구상대로 실현된 것은 없었고 일부는 전혀 실현되지 않았다. 초기 공산주의자들은 대체로 자유의지론적이고 무정부적인 이력 때문에 모든 형태의 국가를 경멸했다. 후일 공산주의자들이 실제로 국가를 장악하거나 건설했을 때(그중 일부는 지금도 다양한 형태로 존속한다), 그 결과물은 '파리의 예언자들'이 설계했던 유토피아보다 1789~1795년 프랑스의 자코뱅 국가에 더 가까웠다. 예컨대 현대 중국은 공산당이 얄팍하고 허술한 민주주의의 껍데기를 두른 채 실제로는 그와 다른 명백한 구조를 통해 통치하는, 엄청난 규모의 자코뱅적 국가다.

근대 국가의 탄생과 확산은, 비록 처음에는 전형적인 유럽 현상이었지만, 유럽 국가들이 세계 패권 세력으로 부상한 1789~1945년뿐 아니라 탈식민 시기를 거쳐 현재에 이르기까지 근대 전체를 통틀어 지성사와 정신사, 예술사에 깊은 영향을 주었다. 근대 국가가 세계 전역으로 퍼져나간 현실은 유럽 중심적 견해를 정당화하는데, 앞으로 살펴볼 것처럼 유럽의 옛 '문화적 패권'—비옥한 개념—에 대한 탈유럽적 '반발'마저 대개 언어와 스타일, 테마, 표현 양식 면에서 유럽 문화의 흔적을 간직하고 있기 때문이다. 근대 국가는 세계사로부터 유효한 탈유럽적 국가 형태들을 아주 빠른 속도로 빼앗았다. 1776~1898년 장기간에 걸쳐 먼저 북부에서, 뒤이어 중부와 남부에서 정치적 독립을 이루어낸 아메리카 대륙의 경우도 마찬가지다. 북아메리카와 남아메리카 모두 유럽 통치자를 내쫓고 각자의 문화적 정체성을 찾으려 분투하면서도 유럽의 문화적·지적 가치관 및 스타일과의 연관성을 뚜렷이 보여주었다. 같은 기간 유럽 열강은 일본과 태국을 제외한(그러나 청나라 후기에 위기를 맞고 대체로 '유럽화'된 중국 내 전략적 요충지들을 포함한) 아시아 대부분을 정복했다. 또 유럽 열강은 에티오피아(이탈리아에 잠시 식민화된 시기에도 고유한 문화를 유지했다)를 뺀 아프리카 거의 전역과 여타 몇몇 장소도 장악했다. 적어도 1940년대에 탈식민화가 시작되기 전까지, 19세기와 20세기의 지적 생산물에는 제국주의적 성격이 반영되었다. 식민 시대 작가들, 아울러 반식민 또는 탈식민 작가들(이들 역시 제국주의의 소산이다)은 서구 세계의 대부분에서, 그리고 아프리카 거의 전역에서 문화의 추세들을 형성했다.

근대 국가는 예나 지금이나 공격적이다. 근대 국가에 내재하는 공격성은 식민 사

〈1808년 5월 2일: 맘루크의 돌격〉. 프란시스코 고야의 1814년 그림으로, 이민족 침략자들의 이국적인 복장과 '결사전'에 돌입한 반란자들의 소박한 의상, 조잡한 무장 상태를 대비해 보여준다.

업에서 드러났을 뿐 아니라 1870년 프로이센-프랑스 전쟁에서도 폭발했다. 그때 이래 계속 확대된 근대 국가의 공격성은 결국 (국제 연맹이 억압하려 시도한 이후) 2차대전의 홀로코스트로 귀결되었다. 이처럼 인류 역사에서 전례가 없는 수준의 폭력은 문학과 예술, 음악에 널리 반영된 참화를 야기했다. 파블로 피카소의 〈게르니카Guernica〉(1937)는 일찍이 19세기 초 프랑스가 에스파냐를 침공했을 때 프란시스코 고야(1746~1828)가 양편 모두 저지른 만행을 연작으로 명료하게 기록하면서 개시한, 인간의 잔혹성과 파괴를 더할 나위 없이 탁월하게 묘사하는 일련의 그림들 중 하나일 뿐이다.

예술가들은 '숭고' 개념을 확장해 덜 명확하되 진실한 방식으로 국가의 공격성을 표현하기도 했다. 18세기에 칸트와 에드먼드 버크(1729~1797)가 정식화한 숭고 개념은 유럽뿐 아니라 중국과 라틴 아메리카에서도 가장 대담하고 호소력 있는 동시에 섬뜩한 예술의 특징, 즉 섹스부터 폭력까지 인간 생사의 모든 측면을 극단적으로 묘사하는 예술의 특징이 되었다. 실제로 국가가 폭력 독점을 강제함에 따라 개인들은 그런 국가의 이미지를 점점 더 전유했다. 그들은 이를테면 쿠엔틴 타란티노Quentin Tarantino 같은 영화감독들과 마우리치오 카텔란Maurizio Cattelan과 데이미언 허스트Damien Hirst 같은 예술가들의 선조 격이었다. 영국 영화감독 피터 그리너웨이Peter Greenaway 같은 다른 예술가들은 사변적인 영화 〈동물원A Zed & Two Noughts〉(1985)에서처럼 공포에 대한 묘사를 자의식적으로 성찰했다. 이런 예술 추세를 낳은 것은 근대 국가가 키우고 축적하고 마침내 발산한 엄청난 파괴력이었다. 국가 권력의 수중에 있는 원자 폭탄이 세계를 멸망시킬 수 있었던 냉전기 동안, 문화 생산자들은 이 극단적인 선택지에 집착하게 되었다. 네빌 슈트Nevil Shute의 1957년 소설 『해변에서On The Beach』(1959년 스탠리 크레이머Stanley Kramer 감독이 블록버스터 영화로 각색했다) 같은 작품들은 거의 모든 사람의 마음에 자리잡고 있던 광범한 불안감을 드러냈다. 그 불안감의 그림자는 지금까지도 현대 사회에 어른거리고 있다.

근대 후기 세계의 셋째 기둥은 엄청난 힘을 갖게 된 과학과 기술이다. 엘리자베스 시대에 프랜시스 베이컨이 꿈꾼 '학문의 진보'는 국가 기관과 민간 기업에 힘입어 빅토리아 시대에 실현되었고, 수차례 '과학 혁명'을 거쳐 21세기까지 면면히 이어지고 있다. 이른바 '제4차 과학 혁명'과 그 핵심인 정보 통신 수단은 오늘날 토론 주제를 독점하다시피 하고 있다. 과학과 기술은 지식과 예술의 생산에 직접적으로도 간접적으로도 영향을 주었다. 새로운 제지 기술과 인쇄 기술은 세계 출판업의 중심을 영

피터 그리너웨이의 1985년 영화 〈동물원〉의 스틸 컷. 공포에 대한 묘사를 자의식적으로 성찰하는 장면.

국으로 옮겨놓았다. 1980년대 중반에 도래한 전자 기술은 종전까지 인쇄물을 통해서만 찾을 수 있었던 정보에 접근하는 방식을 완전히 바꿔놓았다. 이제 아무나 어떤 종류의 정보든 공표할 수 있고, 세계 어디서든 인터넷을 통해 정보에 접근할 수 있다. 발터 벤야민이 말한 예술 작품의 '아우라', 지난날 예술 작품 복제에 신비감을 더해주었던 '아우라'는 기술적 복제로 인해 사라졌다. 지금은 예술 작품이 (심지어 원작과 똑같이) 복제될 수 있을 뿐 아니라 세계 전역에서 소비자 수십억 명에게 팔릴 수도 있다.

기술의 도움 없이는 상상할 수도 없었던 새로운 예술 형식들—오늘날로 치면 인터넷, 그리고 모호하고 복잡다단하고 끊임없이 진화중인 세계와 관련된 형식들—은

'예술'의 지위와 관념 자체에 도전하고 변화를 가져왔다. 먼저 발명된 사진과 19세기 말에 발명된 영화는 세간의 관심을 새로운 예술로 끌어모으는 데 그치지 않고 '예술'과 '예술 작품'의 의미 자체에 대한 의문까지 불러일으켰다. 영화 산업의 창시자인 뤼미에르 형제는 영화는 오락으로 치부하면서도 사진은 '예술'의 한 형식으로 여겼다. 그러나 이 차이는 격렬한 논쟁의 주제가 되어왔다.

크림 전쟁(1853~1856)의 전황을 담은 사진들이 처음 공개되었을 때, 그것들은 공식 기록으로 보기에는 너무 조잡하다고 여겨졌고, 일반적으로 글쓰기의 장식과 수사법에 의존하던 서사로 보기에는 너무 현실적이라고 여겨졌다. 결국 사진은 회화와 조각 같은 예술이 되었지만, 그런 '전통' 예술의 위상과 개념까지도 폭넓은 도전에 직면하고 있었다. 사진은 서구의 산물이었지만 세계의 다른 지역들로 곧장 퍼져나갔다. 그런 지역에서는 외국 통치자뿐 아니라 거대하지만 정적이고 취약한 자기네 전통에 불만이 많은 현지 엘리트층까지도 강압적으로 '근대화'를 도입했다. 예컨대 19세기 오스만 제국에서 사진은 느리게 확산되었지만 엄청난 심성의 변화를 가져왔다—21세기에 이집트와 시리아, 팔레스타인의 내전을 보도한 소셜미디어의 영향을 예고하는 사례였다. 엘리사베타 판테Elisabetta Pante와 파우스토 초나로Fausto Zonaro처럼 예술가에서 사진가로 변신한 이탈리아인들의 작업은 오스만 제국에 심대한 영향을 주었다. 청나라 후기에도 사진—기록과 예술 작품 사이에서 그 위상이 불분명했다—은 중국의 현황, 관습, 전통, 문제에 관한 소식을 퍼뜨려 근대화를 촉진하는 등 큰 영향을 끼쳤다. 죄인을 '천 번 칼질해' 죽이는 끔찍한 능지처참을 기록한 사진은 그런 참혹한 관습의 폐지를 앞당겼다. 중국에서 마지막 능지처참은 1904년 북경에서 집행되었다.

과학과 기술이 낳은 새로운 예술적 도구와 추세 가운데 하나는 전자음악이었다(카를하인츠 슈톡하우젠Karlheinz Stockhausen부터 폴 랜스키Paul Lansky까지). 근대 특유의 또다른 산물인 새로운 다학제 분야에서는 예술과 과학이 어우러졌고, 지적 생산의

크림 전쟁 시기 야영지. 온갖 발명품이 필요하긴 했지만, 사진은 19세기 후반 전쟁의 실상을 후방에 전해주었다.

장르와 목표라는 관념 자체가 희미해졌다. 요컨대 과학과 기술은 기존의 소통 형태들을 구식으로 만듦으로써 '우리가 알고 있는 세계'의 지적·정신적·예술적 구성 요소들에 강력하게 도전한다. 인간과학 개념은 19세기에 확대되어 결국 심리학(그 자체로 의학의 새로운 분과였다) 내에서 발전한 가장 부르주아적인 분과인 정신분석을 포함하기에 이르렀다. 지크문트 프로이트의 가장 타당한 사상은 '극단'에 관한 사상이라는 지적은 아마도 참일 것이다. 그렇지만 프로메테우스적 개인의 내밀한 영역에 관한 그의 탐구는 분명 정신의 온갖 콤플렉스와 트라우마를 밖으로 끄집어냈다. 귀스타브 쿠르베Gustave Courbet의 1866년 작 〈세상의 기원L'Origine du Monde〉은 마치 나

유네스코 세계문화유산인 팔미라에서 이슬람국가ISIS 전투원에 의해 파괴된 건축물의 아치. 2016년 3월 27일.

머지 신체와 분리된 듯한 여성의 몸통과 외음부를 묘사한 그림으로, 향후 정신분석의 영향을 예견한 작품처럼 보인다. 정신분석은 모든 예술에 깊은 영향을 주었다.

근대 후기 세계의 넷째 기둥은 세속화다. 네 기둥 가운데 세속화는 세계적 수준에서 문화적·정신적·지적·예술적 산물에 가장 미묘한 영향을 준다(종교가 서구 세계나 아프리카의 전통 종교와는 다른 역할을 해온 중국 역시 세속화의 영향을 받고 있다). 대중, 근대 국가, 과학과 기술은 모두 '예술과 문학'이 없는 지역에서도 출현할 수 있었다. 그러나 신의 현존 또는 부재는 모든 정신적·지적·예술적 산물의 핵심 요소다. 예술은 인간 세계와 영원한 신에 대해 이야기하면서 가변성과 영원성의 충돌을 끊임없이 묘사했으며, 그런 묘사를 통해 예술적 실천을 정당화하고 가장 깊은 의미를 표현했다. 이렇게 가변성의 조건과 거룩한 장소의 근본적인 역할을 강조하는 세계관은 예술의 신성한 차원을 옹호한다. 그런 세계관은 인간이 존재의 신비에 반응할 때 '신성한 영감'을 받는다고 암시한다. 이런 이유로 1789년 이후 이른바 '무신론으로의 전환'은 인류의 모든 지적·예술적·정신적 생활에 막대한 영향을 끼쳤다.

'신은 죽었다'는 니체의 유명한 단언은 적어도 그 전에는 신이 존재했음을, 삶의 자연스러운 종점인 죽음까지 신이 함께했음을 암시했다. 프랑스 혁명은 그 기원과 성격의 측면에서 상당 부분 종교 전쟁, 매우 종교적인 기독교 프랑스를 장악하기 위한 신념들 간의 투쟁이었다. 그렇지만 광란으로 치달으며 급속히 변질된 프랑스 혁명은 세속화된 무신론적 세계의 토대를 놓았다. 당시 폭도가 거룩한 장소를 모독하고 성직자를 욕보이고자 노트르담 대성당으로 끌고 간 돼지들은 지금도 세계의 지적 공간을 배회하고 있다. 무신론은 그전에도 있었지만 별로 중요하지 않았고, 이신론자 다수는 신의 존재를 부인하지 않고 오히려 신이 세계를 창조했음을 인정했으며, 신플라톤주의자를 비롯한 많은 학자들은 무신론의 위험에 대해 경고했다. 18세기까지 무신론은 대체로 파리의 지성계에 국한된 사상이었다.

그렇지만 19세기 초부터 무신론은 국제 지성계에서 단연 중요한 사상이 되었다. 그후로 무신론은 구체제의 무신론을 압도하는 굉장한 기세로 퍼져나가면서 세계의 지적 생산—'신神 발명'부터 니체와 그 추종자들의 인간 신격화에 이르기까지—을 좌우하기 시작했다. 프랑스 혁명이 물려준 '뒤집힌 세상'에서 신에게는 인간의 산물이라는 딱지가 붙었다. 무신론은 신생국 미국부터 오스트레일리아까지 신세계에서는 여전히 의심을 사고 그리 환영받지 못했으며 중국과 일본에서도 드문드문 영향을 주는 데 그쳤지만, 유럽 철학에서, 그중에서도 근대 후기의 새로운 창안물인 국립 대학들의 지적 분위기에서 대성공을 거두었다.

그렇지만 무신론이 일종의 새로운 국교로 자리잡기까지는 오랜 시간이 걸렸다. 1810년 빌헬름 폰 훔볼트(1767~1835)가 베를린에 진정한 '근대적' 대학을 최초로 설립했음에도 독일 대학들에서 무신론자는 환영받지 못했고, 19세기 말에야 다수가 되었다. 그사이에 세속화를 추구한 사람들은 교회의 개념 레퍼토리를 거의 전부 전유했다. 진보는 새로운 섭리, 사회적·도덕적 재생, 새로운 세례가 되었고, 부활은 '부흥 Risorgimento'이 되었다—민족국가를 창설해 자신들의 운명을 실현하려던 민족들은 '부흥' 개념을 다시 전유했다. 본래 국가가 교회의 자산을 몰수하는 폭력적 행위를 의미했던 세속화 개념은 큰 변화를 겪었다. (헤겔이 고안한 용어를 사용하자면) 세속화 개념은 '지양Aufhebung'되었는데, 이는 기독교의 이념, 이상, 의미가 속화俗化되었음을 뜻한다. 무신론은 '신격화된' 국가에 대한 새로운 숭배와 잘 어울리면서도, 간혹 청년층에 인간의 삶은 하찮은 것이고 따라서 자살은 좋은 것이라는 비관주의적인 생각을 퍼뜨리기도 했다. 비스마르크 시대 독일의 관료들은 철학 교사 에두아르트 폰 하르트만Eduard von Hartmann에게 학생들이 절망하여 스스로 목숨을 끊고 있으니 스승 아르투어 쇼펜하우어Arthur Schopenhauer로부터 물려받은 부정적인 세계관Weltanschauung을 거부하라고 충고했다. 독일 제2제국에 필요한 것은 병사였지, 정상적이고 훌륭하게 살아가기는커녕 약물에 의존하고 싸울 줄 모르는 슬프고 창백하고 우울한 젊은이가 아니었다.

마르크스는 "종교는 인민의 아편"이라는 말로 무신론에 완전한 정치적 차원을 부여했다. 1917년에서 1992년 사이에 소련부터 중국까지, 북한부터 쿠바까지 공산주의 세계의 지적·예술적·정신적 산물들은 대부분 '신 없는 세계'를 증언했으며, 그 세계는 대중, 노동자, 세속적 행복, 그리고 근대 문명에 이바지하는 자연을 신의 대용물로 삼은 '무신론적 예술'(그리고 철학)에 반영되었다. 예술 창작은 개인주의를 일체 벗어버린 듯한 '집단' 활동이 되었다. 시골 사회에서 산업주의로, 특히 정통 기독교에서 국가 무신론으로 이행한 비극은 그 이행기가 지나간 직후 공산주의 정권과 파시즘 정권의 이데올로기와 체계적인 검열(중국에서는 지금도 건재하다)에 압도당한 많은 러시아 예술가들의 작품에서 찾아볼 수 있다. 전체주의 체제하의 문화적 산물은 설령 있다 해도 십중팔구 졸작이며, 가장 흥미로운 작품들은 박해받거나 비난받거나 추방당한 반체제 인사들의 것이다. 공산주의 러시아에서 소설 작품들은 강제 수용소의 참상을 만천하에 드러냈다. 마오쩌둥의 아내 장칭江青은 '혁명 모범극[様板戲]'을 홍보해 세계 문화계에 진출하려 시도했으나 아무런 주목도 받지 못했으며, 프랑코와 히틀러, 무솔리니가 후원한 예술은 정적들과 망명자들의 작품과 비교하면 내재적·외재적 가치가 거의 없었다. 나치 독일에서는 '퇴폐 척결'이라는 명목으로 예술 작품을 파괴하고 검열했다.

세속화는 전체주의와 권위주의 체제 외부의 예술에도 영향을 주었다. 프랑스에서 탄생한 예술 운동인 사실주의는 예술가들의 관심을 세속적 현실의 '지금 여기'로 집중시키는 한편 데카당스 같은 극단적인 반응들을 불러일으켰다. 에밀 졸라Émile Zola(1840~1902)는 시칠리아 출신 조반니 베르가Giovanni Verga, 일본의 고바야시 다키지小林多喜二와 미야모토 유리코宮本百合子 같은 작가들에게 영향을 끼쳤다. 세속화는 건축과 음악—종전에는 종교 전통이 지배했던 예술—에서도 나타났다. 세속 건축은 엄밀하고 빈틈없는 기하학의 극단적인 '합리성'을 받아들였다. 제노바 출신 렌초 피아노Renzo Piano, 카탈루냐 출신 엔릭 미랄레스 모야Enric Miralles Moya, 아르헨티나 출신 세사르 펠리César Pelli, 미국 출신 폴 루돌프Paul Rudolph 같은 근래 주요 건축가들의 작품은 전통에 반발하는 오랜 흐름을 잘 보여준다.

대중과 국가, 기술과 무신론. 이 네 기둥은 근대 후기를 지탱하는 동시에 한정해왔다. 신을 빼앗긴 세계, 비관주의와 니힐리즘을 포함하는 온갖 가능성에 열려 있는 듯한 세계라고 해서 부정적인 결과만 나타나는 것은 아니다. 무신론과 유물론은 긍정적이고 즐거운, 진정으로 에피쿠로스적인 철학을 증진할 수 있다. 유물론자 마르크스는 비관주의자가 아니었으며, 이는 프리드리히 엥겔스와 블라디미르 레닌도 마찬가지였다. 일찍이 프랜시스 베이컨이 대중 사회가 출현하기 한참 전에 지적했듯이 근대 국가는 대중과 기술을 필요로 하지만, 정교 분리 원칙에 따르면 전통 종교는 근대 국가의 요건에 들어가지 않는다. 그렇지만 '사적 영역'에 한정된 종교는 신권 정치의 간섭을 받지 않는 까닭에 사람들의 삶에 끼치는 영향력을 오히려 키울 수도 있다. 신권 정치는 이미 19세기 중엽에 시대에 뒤떨어진 것으로 보였다. 예컨대 19세기 중엽 신생국 이탈리아는 로마를 점령한 뒤 교황의 역할을 '영적 영역'으로 국한하고 국가의 영역과 분리했다. 복음서의 정신과 말씀에 따르더라도 빌라도의 물음에 예수는 "내 왕국은 이 세상 것이 아니다"라고 답했다.

세속화의 물결에서 살아남기 위해 가톨릭교회는 신의 존재—존재의 이유ratio essendi—를 부정하지 않는 선에서 스스로를 최대한 세속화해야 했다. 가톨릭교회는 먼저 프랑스에서 '사회적 쇄신' 원칙을 받아들였고, 집단주의적 이상에 다가갔다. 1789년 이래 세속화된 세계에서 이해 가능한 정체성을 찾으려는 교회의 노력은 '근대의 요구'와 '복음서의 교의' 사이에서 갈등하는 가톨릭 지식인들의 작업을 대부분 좌우해왔다. 가톨릭교회는 성性부터 사회주의에 이르기까지 가장 넓은 범주들, 강력한 세력들과 전투를 벌였다. 비록 세속적 권력을 잃긴 했지만, 가톨릭교회는 세계에서 가장 강력한 영적 추동력 중 하나로 남아 있다.

프랑스 혁명 이후 신학과 종교는 주변화되었다. 그 결과는 광범한 종교 거부만이 아니라 동양 종교들의 '다른 신'을 조우한 사람들이 주도한, 신으로 돌아가는 신비적 형태의 힘찬 흐름으로도 나타났다. 독일 낭만주의라는 비옥한 지적 요람 안에서 활동한 프리드리히와 아우구스트 빌헬름 슐레겔 형제는 학문적 수준이 아닌 '대중' 수준에서 신으로의 회귀를 개시했다.

지금까지 검토한 네 기둥은 서구에서는 근대화 과정에서 중추적 역할을 했지만, 나머지 세계에서는 발전 지연과 폭력을 수반하는 등 양면적인 결과를 가져왔다. 비서구 사회들은 과도하고 즉흥적인 '서구화'로 고통받았다. 구체적으로 중국에서 네 기둥은 뒤늦게 인구 폭발의 격통을 겪은 기존의 대중 사회로부터, 그리고 오래되긴 했지만 충분히 개발되지 않은 과학적 잠재력으로부터 발전했다. 그러나 탈식민 세계

베를린 장벽 붕괴 이후 건축가 렌초 피아노는 기술 면에서 선구적인 설계를 바탕으로 베를린의 포츠담 광장을 '휴면중인 황무지'에서 '엄밀한 기하학'을 보여주는 '유럽에서 가장 넓은 건축 부지'로 바꿔놓았다.

에서 네 기둥은 서구의 규준—시장의 요구와 당대의 유행에 근거하는 규준—에 지금까지도 크게 의존하는 지적·예술적·정신적 추세와 산물을 낳았다. 한편, 조로아스터교, 유교, 불교를 비롯한 종교들에 대한 서구의 접근법은 대개 '오리엔탈리즘'의 형태, 즉 '타자'를 '열등한 존재'로 여기는 일종의 지적 식민주의라는 의미에서 문화적으로 착취하는 형태를 띠었다.

근대화는 누구에게나 정신적·지적·예술적 '우주'에 다가갈 기회를 공평하게 제공하며 매끄럽게 진행되었는가? 전혀 그렇지 않다. 예컨대 오늘날 되살아나고 있는 듯한 이슬람 신정 국가들은 세속 권력과 종교 권력의 결합을 쉽게, 영원히 해체하는 일이 가능하지 않다는 것을 입증했다. 근대성이 제대로 자리잡기도 전에 탈근대성이 들어온 곳에서 대중 사회, 기술, 국가 권력, 무신론이 형성한 복잡하고 취약한 체제는 끊임없이 도전을 받았다. 더욱이 그 결과는 창의성에도 해로운 것으로 보인다. 이슬람국가 테러리스트들이 중동의 기념비적 건축물과 도시 유적—서구 문명의 발상지로 인정받는 이라크 내 유적을 포함해—을 파괴하는 동안 세속화에 반발하며 맹목적인 신앙으로 회귀한 사람들은 예술 작품도, 견실하고 설득력 있는 지적·문화적 산물도 내놓지 못했다. 서구의 가치관에 도전하는 그들은 정신의 영역을 제거하려는 완고한 태도를 퍼뜨리기도 한다. 서구에 대한 '타자'의 대규모 반발이라고 간주되는 현상은 서구 내에서도 (특히 예술가와 지식인 사이에서) 전통과 기득권층, 주류를 거부하는 형태로 나타났다. 대중 우상화와 국가 권력에 반발한 사람들은 극심한 개인주의를 부추겼다. 튼튼한 네 기둥이 근대 후기의 사원을 받치고 있을지 몰라도 침입자들은 사원의 문을 뚫고 들어갔다.

'-주의'의 시대

대중의 출현, 중앙 집권 국가의 공고화, 세속화, 기술 혁명은 함께 작용하여 정신생활과 문예 활동 일반을 영위할 조건을 형성했다. 이 네 요인이 그때까지 알려지지 않은 엄청난 활력을 불러일으켜 만들어낸 조건에서 예술적·문학적·지적 산물은 세계 시장에서 매매되는 상품이 되었다. 또 전 세계가 공유하는 취향과 유행이 나타났다. 더 근래에 포스트모더니즘은 질의 높고 낮음을 무시하는 갖가지 대동소이한 스타일, 이데올로기, 서사, 예술품, 가치관을 낳았다.

'대중'은 기만적인 개념인 것으로 드러났다. 정신적·예술적 삶의 행로를 결정한 것은 프롤레타리아트가 아니었다. 늦어도 1945년까지 부르주아지는 중앙 집권 국가를 존중하는 방법으로 결정권자가 되었다. 부르주아지는 기술을 사용했고, 과학을 옹호했고, 정부가 교회와의 분쟁을 완전한 승리로 매듭짓기를 열망하며 새로 유행시킨 무신론을 대개 내키지 않는 마음으로 지지했으며, 이런 수고의 보상을 충분히 받았다.

현지 문화들이 이런 부르주아 가치관에 도전하기도 했지만, 그런 문화조차 대체로 대규모 탈식민 국가의 일부였다. 예를 들어 인도의 10억이 훌쩍 넘는 시민들은 영국 중간 계급이 남기고 간 기준에 따라 살아가고 있다. 미라 네어Mira Nair 감독의 발리우드 영화 〈몬순 웨딩Monsoon Wedding〉(2000)은 이 현상을 분명하게 보여준다. 빠르게 성장하면서 할리우드와 발리우드에 모두 도전하는 나이지리아 영화 산업 '놀리우드' 역시 영국이 남기고 간 탈식민 환경에서 영화를 제작하고 있다. 일반적으로 탈식민 사회들은 축구부터 영화까지, 음악부터 패스트푸드까지 서구의 문화를 흡수하고 확대한다.

그러나 서구가 개시한 이런 세계적 문화 균질화 과정은 처음부터 맹렬한 저항에 부딪혔다. 유럽에서는 부르주아지가 귀족뿐 아니라 농민과 프롤레타리아트까지 희생양 삼아 세계를 주도하는 역할을 맡았다는 것이 분명해졌을 때 저항이 시작되었다.

지식인들 특유의 저항 형태는 계몽주의—대중, 국가, 세속주의, 과학에 대한 우세한 이념의 원천—를 거부하는 것이었다. 반자본주의자들은 이성을 사용하고 남용해 구축한 보편적 가치관을 가리켜 냉혹한 착취 수단이라고 비난했다. 또다른 표적은 19세기 서구의 교육 제도였는데, 국가들이 오락은 대체로 민간 부문에 남겨두면서도 학교만큼은 집요하게 통제했기 때문이다. 국가들은 다수의 문화 변용 전략을 포함하는 복잡한 과정을 통해 문해율을 최대한 높이고, 의무 교육을 도입하고, 문학과 예술의 정전正典을 정하고, 농민과 프롤레타리아를 시민과 군인, 부르주아의 대용물로 바꾸었다. 나는 '정전' 확립이 근대의 특징이자 문화 일반에 가장 해로운 요인 중 하나였다고 생각한다. 내가 보기에 국가에서 보수를 받은 지식인들의 산물인 정전은 세계 문학과 예술, 사상의 진짜 걸작들을 배제했고, 그리하여 학습 과정을 따분하게 만들었다. 나는 현대 지식인들이 정전 명단에 들기 위해 예술적 통합성을 유지하기는커녕 곧잘 자신의 특성을 바꾸는가 하면 심지어 대량 판매보다도 명망 있는 상을 더 원한다고 생각한다. 전형적인 실례인 노벨상은 적절한 작가들의 작품을 정전에 집어넣는 동시에 주류를 어지럽힐 가능성이 있는 작가들을 배격한다.

반대자들은 절대적으로 특수한 것, 계몽주의의 보편적 범주들에 들어맞지 않는 것의 가치를 옹호했다. 반면에 유력하거나 발전중인 다른 사상 추세들은 개인주의, 자유주의, 다원주의 같은 범주화를 지지했다. 이 장에서 다루는 기간 내내 '-주의들'이 갈수록 억지할 수 없을 정도로 번성했다. 이름을 잘못 붙인 '자유주의의 세기'(자유주의는 개인 자유와 자유시장의 성장을 함축하기 때문이다)에 낭만주의를 위시해 자유주의에 반대하는 다른 이데올로기들이 수많은 추종자를 끌어모았다. 근대 문명과 고결한 야만인을 대비한 장자크 루소의 저술은 마술적 세계, 즉 자연, 영혼, 신, 동식물이 훼손되지 않았지만 폭력적인 자연환경에서 함께 살아가는 세계를 재발견할 필요성을 예시했다. 루소는 자연계와 자연법에 대한 향수에서 영감을 받은 이 테마를 대표하는 인물이었다. 그림Grimm 형제의 문학부터 스위스 작곡가 요하임 라프Joachim Raff와 그의 1869년 교향곡 〈숲속에서Im Walde〉까지, 낭만주의는 길들여지지 않았고 길들일 수도 없는 자연이라는 관념에 새로이 활력을 불어넣었다. 기술에 의존하는 오늘날 세계에서 지식인들은 고립된 영역이라는 상상 속의 개인주의적 유토피아와 '어머니 자연'과의 새로운 접촉을 공들여 표현하는 방법으로 대응하고 있다. 오늘날의 지식 의제에서 자연은 두드러진 위치를 차지하며, 자연주의적 작품들은 헨리 데이비드 소로Henry David Thoreau의 『월든Walden』(1854)부터 존 크라카우어Jon Krakauer의 『야생 속으로Into the Wild』(1996)에 이르기까지 기다란 선으로 이어져 있다.

그다음으로 출현한 큰 '-주의'인 공산주의 또는 완전한 집산주의는 적어도 처음

리들리 스콧 감독의 1982년 영화 〈블레이드 러너〉.

에는 국가의 모든 형태에 반대했다. 공산주의와 나란히 무정부주의는 더욱 급진적인 도전을 제기했다. 마르크스와 프루동Proudhon을 비롯한 많은 사람들의 집단주의적 유토피아는 예컨대 '자유지상주의적' 또는 '무정부-자본주의적' 사상 학파의 거센 반발에 부딪혔다. 오스트리아 경제학자 카를 멩거Carl Menger에게서 연원한 이 사상은 루트비히 폰 미제스Ludwig von Mises가 미국으로 이주해 머리 로스바드Murray Rothbard를 비롯한 미국인 제자들을 가르치면서 확산되었다. 공산주의로 구현된 집단주의의 극단과 자유지상주의로 구현된 개인주의의 극단 간의 중요한 전투는 지금도 벌어지고 있다. 그렇지만 두 학파 모두 이제까지 역사에 패배해왔다.

모든 이론을 평준화하고 진리 탐구를 포기한 채 끝없는 '담론'을 지지하는 '포스트모더니즘'은 아마도 역대 가장 평온한 '-주의(이즘)'일 것이다. 프랑스 혁명을 가리켜 '신기원'을 여는 사태라며 맨 먼저 환호한 청년 헤겔은 혁명의 여파 속에서 "당신은 현재보다 나아지는 것이 아니라 가능한 최선의 방식으로 현재가 될 것이다"라고 말했는데, 그때 어쩌면 포스트모던 철학을 꿈꾸고 있었을지도 모른다. 하나의 '지구촌'으로 변한 세계의 광대한 시장에서 문화 산업은 전례 없이 생산물을 늘려가고 있다. 그 결과는 '-주의'의 종말, 또는 적어도 지적·문화적 유행에 따라 하나의 '-주의'가 다른 '-주의'에 우세를 점하는 상황이다. 모든 '-주의'는 비교적 평화롭게 공존할 수 있다. 마르크스주의와 실존주의, 자유주의와 자유지상주의, 페미니즘과 트랜스젠더리즘, 사실주의와 극사실주의, 무정부주의, 집단주의, 그 밖에 혹 있을지 모르는 수백 가지 다른 '-주의'를 막론하고 말이다.

기술, 국가, 대중에 대한 숭배는 세속화 과정의 완결과 맞물려 무솔리니, 히틀러, 레닌, 스탈린 치하의 국가와 같은 '현대 독재정'을 초래하는 데 일조했다. 1870~1945년의 암흑기 이전과 이후에 지식인들이 다른 세계, 즉 과거와 미래의 유토피아를 이상화하는 쪽으로 기울었던 것은 거의 자연스러운 현상으로 보인다. 이번에도 19세기는 지적 추세의 거대한 실험실이었다. 대부분의 '대중'이 구체제의 신앙심을 고수하긴 했지만, 이제는 신을 대신할 존재를 찾는 사람들도 많았다. 지식인들은 이를테면 니체가 구상한 '초인'—신의 대용물—이나, 막스 슈티르너Max Stirner의 『유일자와 그의 소유Der Einzige und sein Eigentum』(1844)에 나오는 슬픈 프로메테우스 같은 절대적이고 구속받지 않는 개인주의자를 제시했는데, 이런 인물형들은 엄청난 인기를 얻었다. 국가보다 과학에 더 관심을 기울인 작가들조차 부정적이고 비관적인 세계를 상상했다. 계몽주의 시대에 소심하게 첫발을 내딛은 과학소설은 쥘 베른의 소설부터 리들리 스콧 감독의 영화 〈블레이드 러너Blade Runner〉(1982)에 이르기까지 긴 전통으로 확장되었다—이 전통에서 미래의 악몽은 현재의 악몽을 더 큰 규모로 미래에 투영한 것에 지나지 않는다. 때로는 초인을 희화화하는 소설 속 세상과, 현실에서 초인을 자처하는 자들이 제안하고 만들어내고자 하는 잔혹하고 로봇 같은 국가—적을 학살하고 반대파를 말살해 구현하려는 유토피아—를 분간하기가 어려웠다.

중앙 집권적 민주주의 복지 국가를 옹호하는 사람들은 결코 부족하지 않았다.

그런 국가가 오늘날 인정할 만한 형태를 갖춘 뒤—이탈리아에서는 1861년, 프랑스에서는 1870년, 독일에서는 1871년—때때로 뒷걸음질하고 멈추기를 반복한 끝에 1945년 이후 새로운 헌법과 함께 강력하게 다시 등장하기까지는 오랜 시간이 걸렸다. 그 국가는 지적인 변호, 이론적인 정당화, 그리고 개선과 '완성'을 위한 권고를 끊임없이 필요로 했고 지금도 필요로 한다. 그 국가는 열전과 냉전을 치러 초인형 통치자들을 물리쳤지만, 마르크스주의자와 자유지상주의자 양편 모두의 적인 자코뱅 스타일의 국가, 즉 사유 재산을 존중하지 않고 인명을 경시하는 국가는 여전히 건재하다. 오늘날 '주류' 사상과 '비주류' 사상은 유례없이 치열하게 대립하고 있다. 현재 어떤 사상이 다른 사상보다 더 높게 평가받고 더 높은 위치를 차지하는 이유는 그 사상에 내재하는 우세성이나 정합성이나 타당성 때문이 아니라 공중의 찬사와 지지를 받기 때문인데, 이는 근대 특유의 현상이다. 근대는 한편의 '집단주의'와 반대편의 '개인주의'를 비롯해 전에 없이 많고 다양한 이데올로기들을 낳았다.

부르주아화의 종식

견고한 부르주아지가 지배한 시장은 세계를 주도하는 힘이면서도 '질서 위반'을 허용했고 지금도 허용하고 있다. 달리 말하면, 예술가는 부르주아지를 즐겁게 하려면 그들에게 '충격'을 주어야 한다. 이런 환경에서 예술 생산은 '좌파'를 찾아보기 어려운 방향으로 기울어간다—1945년 이후 토리노부터 로마까지 주요 출판사, 지식인, 예술가가 수십 년간 문화계를 독점한 이탈리아의 상황이 이러했다. 예술은 흔히 '공동 사업', 즉 판매를 촉진하고 개인의 재산을 증식하기 위한 수단이 된다. 이 장에서 다루는 기간 거의 내내 보수주의, '반동', 구체제에 대한 온건한 향수가 남아 있긴 했지만, 학교와 대학, 학술원, 그 밖에 국영 기관에서는 전위 예술 운동이 융성했다. 전위 예술가들은 제도화된 사상 학파들과 경쟁하기를 원했다. 전위 예술가들, 그리고 근대의 새로운 산물인 '비평가'들은 다다이즘부터 초현실주의에 이르기까지 자신들의 운동에 '-주의(이즘)'로 끝나는 이름을 붙였다. 비평가들은 문화 생산 과정에서 공중과 예술가 사이 중재자가 되었다—다만 비평 활동의 의도치 않은 결과로 그들의 운동은 대개 정치적 중립 지대에 고립되었다. 테오도어 아도르노Theodor Adorno는 1969년 아주 현대적인 방식(자동차 사고)으로 사망하기 전에 그런 문화 생산 과정에 '문화 산업'이라는 딱지를 붙였다. 예술가들, 그리고 '자유로운' 지식인 일반의 절대적인 '무정부 상태', '자유', '특이성'은 시장의 요구였으며, 그런 지식인들이 생산한 '상품'을 홍보하고자 '기벽'이라는 적절한 표현으로 규정되었다.

움베르토 에코Umberto Eco가 언젠가 말했듯이, '묵시록적' 인물들은 실은 체제에 가장 잘 융화되는 부류로 드러났다. 그들은 돈을 많이 벌었을 뿐 아니라 겉보기에 체제에 도전함으로써 체제의 정당성을 효과적으로 입증하기까지 했다. 2016년 초 데이비드 보위David Bowie의 사망은 그의 경력—사회 부적응자와 반항자의 옹호자로 시작해 (음반 1억 4000만 장을 판매한) 자본가로서 칭송을 받고 성공한 경력—을 되돌아볼 계기를 제공했다. 이런 식으로 반항자들은 자본주의와 유화한다. 또한 그들은 독재정을 비판함으로써(남아공을 비판한 가수 피터 가브리엘Peter Gabriel부터 수단을 비판한 배우 조지 클루니George Clooney까지) 미국식 '자유민주주의' 형태—'역사상 가장 완벽한 통치 체제'—의 '현존 권력'을 지지한다. 미국식 모델을 지구 전역으로 확장하는 방법으로 세계의 모든 분쟁과 빈곤, 문제를 종식할 수 있다는 것이다.

지적·정신적·예술적 상품 생산자의 '기벽'은, 적어도 20세기의 마지막 40년간 탈근대성이 출현하기 전까지는, 일반적으로 그의 특이한 작품과 짝을 이루었다. 1789년 이래 그런 기벽을 보이는 예술가들이 꾸준히 늘어났으며, 전위 예술가들과 그들의 작품은 당대의 심성, 기득권층의 모든 분파, 심지어 상식에까지 도전하는 것처럼 보였다. 취향과 합리성에 의해 조절되던 고전적 패러다임과 신고전적 패러다임

시장 자본주의를 활용하는 성공의 본보기가 된 '사회 부적응자와 반항자의 옹호자' 데이비드 보위.

은 몰락하고 극단적인 기벽에 자리를 내주었다. 그렇지만 예술가들의 극단적인 기벽 역시 거의 즉각 제도화되었고, 이따금 가능한 경우에는 미술관에 전시되거나 무대에서 축성되었다. 2011년 개관한 태즈메이니아의 모나MONA, Museum of Old and New Art 미술관은 가장 극단적인 기벽의 '제도화', 따라서 정치적 중립화를 보여주는 가장 완벽한 실례다. 미술관에 갇히는 것은 "모든 형태의 전위 예술의 예측 가능한 운명"이었으며, 모나 미술관은 간혹 진정으로 혁명적인 전위 예술의 목표를 방탄유리로 둘러싼 채 급진적인 예술과 대중의 화합을 이끌어내고 있다.

음악 영역에서는 아널드 쇤베르크Arnold Schönberg가 클래식 음악을 해체하기 시작했다. 그후 루치아노 베리오Luciano Berio부터 다케미쓰 도루武満徹까지 다른 음악가들도 쇤베르크를 좇아 조성을 해체했다. 미국 음악가 존 케이지John Cage는 한 걸음 더 나아가 침묵만이 흐르는 곡 〈4분 33초〉를 작곡했다. 그런가 하면 1961년 피에로 만초니Piero Manzoni는 자신의 배설물을 깡통에 담은 〈예술가의 똥Merda d'artista〉을 발표했는데, 이 '미술품'은 지금도 예술 시장에서 비싼 가격에 팔리고 있다. 이런 식으로 모든 예술적 '과도함'이 그림과 조각, 영화로 만들어져 결국에는 시장이 포화되기에 이르렀다.

오늘날의 포스트모던 세계에는 더이상 전위 예술이랄 것이 없는데, 모든 것이 수용 가능하고 또 실제로 수용되며 시장 자체가 극히 다변화되어 있기 때문이다. 그렇지만 기존의 판매 전략들은 여전히 유효하다. 이탈리아 시인 가브리엘레 단눈치오Gabriele d'Annunzio는 책을 더 많이 팔기 위해 자신의 사망 소식을 발표한 것으로 유명하다. 지금도 다수의 예술가들과 세계 전역의 지식인들은 그런 사업가적 수완을 구사한다. 새로운 기술은 그런 수완을 확장할 뿐 전혀 제약하지 않는다.

더욱이 개인 발언자와 발화된 메시지의 내용 사이의 새로운 관계—근대의 특징—는 그 발언에 내재하는 진실의 가치를 완전히 바꾸어놓는다. 발언하는 사람이 실제 발언 내용보다 한없이 더 중요하다. 이는 근대의 성숙기뿐 아니라 포스트모던 세계에서도 가장 강력하고도 위험한 수법이다. 근대 초기에는 이단자가 누구든 간에 이단이 문제였던 반면, 근대 성숙기에는 검열이 약화되는 가운데 새로운 형태의 사상 '필터링'이 도입되었다. 말을 하거나 글을 쓰는 사람이 유명할수록 그 내용이 터무니없는지 아니면 분별 있는지와 무관하게 메시지의 청중과 영향력이 늘어난다. 오프라 윈프리와 교황은 각자의 발언이 얼마나 독창적인지 모방적인지와 무관하게 둘 다 영향력이 크다. 카리스마 없는 사람이 말한 정치적·사회적·경제적 조언은 중심부의 주목을 끌지 못하는데, 그 내용 때문이 아니라 그런 조언이 주변부의 청중에게만 들리도록 빈틈없이 단속하는 체제 때문이다. 예를 들어 일반적으로 유럽에서 자유지상주의적이거나 종교적인 발언자는 중심부의 청중을 얻지 못하지만, 미국에서는 미국 헌법의 자유주의적 기원과 정부의 연방 형태 때문에 중심부에서 자유지상주의적 해석을 받아들일 여지가 더 많다. 또한 미국 헌법에서 정교 분리를 천명하고 있음에도 미국의 모든 예술과 학문에서는 지금도 진정으로 종교를 고수하는 태도와 유럽의 영성보다 풍성한 영성을 찾아볼 수 있다. 그렇지만 미국에서 비주류인 개인이나 '싱크탱크'는 제아무리 신뢰할 만하고 견실하더라도 눈에 띄지 못하고 영향력을 갖지 못한다. 부언하자면, '싱크탱크'는 르네상스 시대 '아카데미'와 계몽주의 시대 살롱의 후신이다. 뛰어난 아이디어는 끊임없이 고안되지만, 유명 인사의 축성을 받지 못한 아이디어는 대부분 결실을 맺지 못하고 사용되지 않으며 심지어 들리지도 않는다.

다른 세계, 그리 다르지 않은 세계

유럽 중심적 세계관은, 설령 1815년부터 2008년까지 내내 타당하지는 않을지라도, 적어도 1960년대까지, 즉 오늘날 관련 시장들을 지배하고 있는 감정과 생각, 예술의 한가운데서 결국 탈식민 세계가 출현한 시점까지는 타당하다. 중국의 문학 정전 가운데 중요한 역할을 하는 4대 명저는 모두 19세기 이전에 쓰였다. 『삼국지연의』와 『수호전』은 14세기 작품이고, 『서유기』는 16세기 작품이며, 『홍루몽』은 1791년에 초판이 나왔다. 청나라 말기에 예술가들과 사상가들은 점점 늘어나는 유럽의 전초 기지와 상업용 고립 영토에서 '외세의 존재'를 상당히 강하게 느꼈다. 1912년 청나라가 비극적인 최후를 맞은 이후 일어난 '신문화 운동'은 학문과 정치의 모든 영역에서 서양의 이상을 제창하고 유교를 단호히 배격하면서 일찍이 근대화의 길을 닦았다. 중국의 거대한 경계 외부가 아닌 내부에서 본보기를 찾은 중국 지식인들은 과거의 진정한 중국 왕조들의 통치에 대한 향수를 드러냈다. 그들의 회고적 시각은 프랑스 혁명과 왕정복고의 여파 속에서 글을 쓴 프랑스의 일부 보수적 저자들의 시각과 비슷했다. 서양의 문화적 침투의 위험을 완벽하게 간파했던 공자진龔自珍 같은 다른 중국 저자들은 서양 고전 작품들이 중국어로 처음으로 대량 번역되던 시기에 그런 추세를 구체적으로 지적했다. 공자진은 중국의 독창적인 정신, 전통, 개개인의 뛰어난 재능이 부족하고 또 사라지고 있다고 탄식했다. 일본은 메이지 유신을 통해 중국보다 더 힘차고도 빠르게 근대화를 추진하여 그때까지 비교적 고립된 채로 지내온 섬나라에 서양의 문물을 도입했다. 에드워드 즈윅 감독이 2003년 영화 〈라스트 사무라이〉에서 실감나게 묘사한 막부는 소멸했고, 그와 함께 1000년을 이어온 봉건 문화도 막을 내렸다. 일본 제국의 서구화는 곧 파괴적인 내분에 대한 이야기였고 지금도 그렇다(2차대전 패전을 계기로 이 내분에 다시 불이 붙었다). 주류 대중문화는 때로는 조심스럽게, 때로는 무비판적으로 서구식 모델로 기울었던 반면에, 작가 미시마 유키오부터 영화감독 구로사와 아키라에 이르기까지 20세기 일본 문화의 중심인물들은 막부, 사무라이, 명예 예찬, 신, 고국의 막대한 유산을 상기시켰다. 일본 문화계의 이런 파편화는 (중국과 달리 영토의 일부조차 서구에 의해 정치적으로 정복당한 적이 없다는 사실을 고려할 때) 특별한 역사적 위상을 지닌 이 나라에서 문화생활의 특징으로 남

아쿠타가와 류노스케의 단편을 차용한 구로사와 아키라 감독의 1950년 영화 〈라쇼몽〉은 한 사무라이가 치욕스럽게 살해된 사건을 여러 관점에서 회상한다. 영화에서 명예를 지키는 등장인물은 소박한 나무꾼뿐이다.

아 있다.

그렇지만 정복은 다양한 형태로 나타날 수 있다. 19세기 서구 문화의 주요 산물들은 동쪽으로 차츰차츰 스며들면서 뒤늦게 도래했음에도 기존의 문화를 대체하는 서구 문명의 힘을 보여주었다. 서구 문화의 산물에는 각종 신문과 잡지, 나중에 발명된 라디오와 텔레비전, 인터넷에 더해 한때 서구의 독점 기관이었던 근대 대학까지 포함되었다. 대학의 형태들은 옥스퍼드, 소르본, 볼로냐 대학이 설립되기 한참 전부터 존재했지만, 대체로 '마드라사madrasa'[이슬람의 고등 교육 기관—옮긴이] 같은 종교 교육 기관이거나 인도 북부 우타르 프라데시 주에 있었던 날란다 같은 불교 학문사였다(2014년 새롭게 개교한 날란다대학은 아마도 세계에서 가장 오래된 대학일 것이다).

세계 전역으로 퍼져나간 대학 모델은 19세기 서구에서 가장 성공한 독일식 대학 체계에서 유래했다. 볼티모어의 존스홉킨스대학은 미국에서 독일식 모델을 표준 모델로 확립했다. 이 모델이 태평양 세계로 침투한 사실은 오늘날 세계적 명문으로 꼽히는 도쿄대학의 사례가 잘 보여준다. 도쿄대학은 메이지 시대인 1877년 법학, 이학, 문학, 의학의 4학부로 설립되었고, 나중에 쇼헤이코昌平黌(1789년 개설), 요가쿠쇼洋學所(1855년 개설), 슈토쇼種痘所(1860년 개설) 등 기존의 세 개 기관을 통합했다. 예방 접종은 대혁명 이후 프랑스 군대에 의해 체계적으로 전파된 서구 문명의 획기적인 성과로서 메이지 유신 전야에 일본의 모든 학교에서 학과목으로 채택되었다. 도쿄대학은 1955년 '핵 연구' 기관까지 설립하는 등 점차 서구의 대표적인 학문들을 도입했다—세계 곳곳에서 반핵 운동이 활발하게 벌어지기 시작하던 때에 일본 정신의 새로운 '개방적' 성격을 보여주는 행보였다.

모든 교환이 일방향이었던 것은 아니다. 먼저 유럽에서, 뒤이어 미국에서 중국과 일본의 예술가, 음악가, 작가의 존재감이 커지면서 동양으로 침투한 서양의 이상, 인물, 이데올로기, 문화적 태도와 균형을 맞추었다. 가쓰시카 호쿠사이葛飾北齋 같은 예술가들은 빈센트 반 고흐, 폴 고갱, 에곤 실레, 구스타프 클림트 같은 유럽 예술가들과 아르누보 운동에 엄청난 영향을 주었다. 극동의 양식뿐 아니라 몇몇 테마도 서구 문화 안으로 들어갔고, 또 서구 문화에 의해 변형되었다. 일례로 호쿠사이가 몹시 외설적인 1820년 작 〈어부 아내의 꿈〉에서 그린 문어는 프랑스 작가 앙드레 피에르 드 망디아르그André Pieyre de Mandiargues의 포르노에 가까운 소설부터 오스트리아 화가 알프레트 쿠빈Alfred Kubin의 환상적인 그림에 이르기까지 서구 예술가들이 애용하는 테마 중 하나가 되었다. 거대한 두족류는 허먼 멜빌의 전설적인 걸작 『모비 딕』(1851)에 나올 정도로 미국에도 널리 알려졌다. 심지어 자코모 푸치니의 미완성 오페라 〈투란도트〉(1926)에도 호쿠사이에 대한 언급이 숨겨져 있다.

그사이에 극동은 서양의 이념과 이데올로기를 받아들였다. 심지어 서양 철학이

호쿠사이의 1814년 작 〈어부 아내의 꿈〉. 호쿠사이의 이미지들—이 그림과 같은 강렬한 에로티시즘부터 육지와 바다의 잊을 수 없는 풍경까지—은 일본 예술이 세계 무대에서 영향력을 키우는 데 일조했다.

극동에서 주류가 되기까지 했다. 마르틴 하이데거의 전집은 일본어로 번역된 반면, 동양 철학의 신학적 기반은 최근에 재발견되기 전까지 점차 정당성도 잃고 독자도 잃었다. 한편, 극동은 마오쩌둥의 문화 혁명—이 자체가 잘못 해석한 마르크스주의 신조로부터 자극을 받았다—전까지 서양의 유행을 받아들이는 동시에, 만화처럼 본래 대중문화에 속하는 문화의 형식들을 완성하고 그와 관련한 생산을 늘려나갔다. 일본은 서양의 만화와 동양의 기존 판화라는 두 전통을 접목함으로써 오늘날 동양의 '독특한' 산물로 평가받는 강력한 창작물인 망가漫畵를 발전시켰다.

1815년 이후 세계에서는 한때 서로를 전혀 몰랐던 문화들 간의 상호 작용이 점차 증가했다. 문화의 세계화와 더불어 유럽의 전초 기지들은 강력한 국가로, 즉 처음에는 미국으로, 그다음에는 캐나다, 오스트레일리아, 나이지리아로 변모했다. 신생국 미국은 절실히 필요한 문화적 정체성을 찾기 위해 유럽의 이념과 지식인을 수입했으며, 파시즘이 흥기한 뒤 유럽 지식인들은 독일과 이탈리아에서 미국으로 쏟아져 들어갔다. 그 결과 미국의 대중문화와 대량 생산 분야에서 유럽산 콘텐츠와 이데올로기에 크게 의존하면서도 새로운 매체—영화부터 텔레비전까지—와 결부된 여러 혁신이 이루어졌으며, 이로써 미국은 유럽의 지적 자손에서 예술, 자유시장, 개인주의적 가치의 강력한 생산자로 변모했다. 미국 대중문화의 매력은 2차대전 이후 미국이 전 세계 문화계와 지성계를 좌우하고 냉전 이후 더욱 심대한 영향을 끼치는 데 이바지했다.

세계의 다른 부분들은 세계 문화를 형성하는 데 더 작은 역할을 했다. 라틴 아메리카의 예술과 사상이 의존성에서 벗어나 고유한 정체성을 갖추기까지는 오랜 시간이 걸렸다. 라틴 아메리카 저자들은 2차대전 후에야 세계 무대에 힘차게 진출했다. 아르헨티나와 콜롬비아의 소설가들은 힘겨웠던 식민 시대, 그 이전의 모호한 '선사시대', 그리고 독재정과 허술한 민주정에 에워싸인 위태로운 현재를 재구성하기 위한 공간을 확보하면서 라틴 아메리카의 지적·문화적 영역을 세계 무대로 이끌었다.

탈근대적 전환: 가변성, 불확실성, 다원주의, 그리고 그 적들

이 장의 마지막 절은 최근 수십 년에 초점을 맞춘다. 이 기간 동안 '세계 문명', 즉 차이의 일부를 선택적 균일성으로 대체하는 문명이 예견되거나 심지어 이미 출현한 것으로 보인다—아직 남은 문화적·지적 차이는 사방에 만연한 균일성에 대한 자각적 반발로 이해하는 편이 가장 타당하다. 2차대전 이래 탈식민화가 진행되고, 큰 국가들이 쪼개지고, 자본주의와 민주주의에 찬성하는 놀랍도록 광범한 합의가 이루어지는 가운데 세계는 평화, 번영, 세계화의 길을 따라 내달려온 것으로 보인다. 이전의 많은 독재 국가들이나 탈식민 군사 정권들은 적어도 (합헌적인) 서류상에서나마 미국식 자유민주주의를 향해 나아가고 있다—다만 그들이 자유민주주의 국가로 변모하는 데 성공한다는 보장도, 심지어 이 행보를 지속할 것이라는 보장도 없다. 1980년대 초 이래 특히 통신 영역에서 비약적으로 발전한 과학은 '디지털 인문학'과 같은 새로운 분야와 기존의 음악, 문학, 시각예술 분야에서 패턴, 구성, 형식, 내용을 완전히 바꾸어놓았다. 학습과 학문을 하는 공식적인 장소에서 인터넷은 적어도 서구 세계에서는 검열을 전복했다. 한편, 고급 문학부터 노골적인 외설물에 이르기까지 무슨 내용이든 스크린에 띄우는 듯한 인터넷 때문에 평범한 사람들은 좋은 것과 나쁜 것, 독창적인 것과 표절한 것, 가짜와 진짜를 구별하기 어려워지고 있다. 오늘날 '예술'과 '순전한 상품' 사이 경계는 흐릿해지고 있으며, '추한 것'과 '아름다운 것', '견실한 것'과 '결함 있는 것' 등의 경계도 마찬가지다. 사이버 공간의 철학자들은 논리학, 인식론, 윤리학, 존재론 분야에서 디지털 혁명으로 일어난 심대한 변화를 파악하고 설명하기 시작했다. 인터넷은 '단일 언어'라는 19세기 말의 유토피아적 꿈—일찍이 고대와 르네상스 세계에서도 꾸었던 꿈—을 마침내 사실상 실현했다. 19세기에 사회공학자들이 구상했던 순진한 유토피아인 에스페란토Esperanto와 볼라퓌크Volapük 같은 인공어들은 살아보지도 못하고 죽었다. 영어는 전 세계에서 구사하는 언어로서 '자연 독점'을 누리고 있으며 앞으로도 오랫동안 이 지위를 유지할 것이다.

구텐베르크 성서 이래 거의 500년간 문명의 가장 논쟁적인 물건 중 하나라는 영광스러운 자리를 지켜온 인쇄된 코덱스 형태의 책은 오늘날 복제가 가능하다. 전자책은 새로운 '물리적 아우라'를 갖고 있는데, 이는 전자책의 인공물로서의 성격, 온갖 형태로 제작할 수 있고 운반할 수 있는 물성에서 유래하는 일종의 아름다움이다. 종이책을 읽는 것은 오래된 자동차를 운전하거나 오래된 자전거를 타는 것과 같다. 그렇지만 종이책을 읽는 행위는 '문화'와 '지식'이라는 관념 자체에 영향을 주거니와, 전통적인 독자들 거의 모두가 애서가인 인문학과 창작 문학 분야의 작업에서 큰 비중을 차지한다. 반면에 학문 분야에서는 이제 종이가 꼭 필요하지 않다. 예를 들어 이 책의 독자들은 여전히 '실물 책'을 사랑하는 사람들의 범주에 속할 테지만, 옥스퍼드대학출판부는 전자책을 제작해 이를테면 전통적인 책이 아직도 비싸고 구하기 어려운 귀한 상품인 남수단의 가톨릭 대학에 제공할지도 모른다.

적어도 세계의 몇몇 큰 지역에서는 과거에 대한 체계적이고도 열렬한 관심이 증가하고 있다. '희망'처럼 미래를 지향하는 개념들이 예컨대 버락 오바마의 2008년 대통령 선거 운동 등에서 이따금 다시 부각되긴 하지만, 미래를 통제할 힘은, 적어도 서구 세계와 서구화된 세계에서는, 과학과 '자유민주주의'에 맡겨져 있다. 개념으로서의 희망은 여전히 신학과 종교의 수중에 있는 미래와 연관되는데, 오늘날 신학과 종교는 이제껏 알려지지 않은 다양한 숭배 집단과 그 하위 집단, 교파를 통해, 그리고 탈근대성이 선사한 가치의 '등가'에 힘입어 다시 한번 수많은 사람들의 영혼을 정복하고 있다. (마르크스, 또는 에른스트 블로흐Ernst Bloch의 『희망의 원리Das Prinzip Hoffnung』와 연관된) 세속화된 형태의 희망은 지난날 메시아적 공산주의의 표지가 되었다가 이제 쇠퇴하고 있는 것으로 보인다. 우리 중 일부는 만족스럽고 풍족한 현재를 살아가고 있고, 아직 충족되지 않은 욕구와 이상에 대한 기대를 미래에 걸어둘 필요가 없다. 다른 한편, 우리 모두에게 미래는 그저 환영하기에는 너무나 많은 위험을 내포하고 있는 것으로 보인다. 많은 유권자들—환경을 낭비하는 사람들, 주류 이데올로기에 반발하는 사람들, 경제적으로 씀씀이가 헤픈 사람들—은 미래를 거부해온 것처럼 보인다.

반면에 기억은 전적으로 과거에 속한다. 어떤 종교도 미래에 이루어질 모종의 구원 그리고/또는 부활을 언급하지 않은 채 그저 조상 숭배에만 기댈 수는 없다. 희망보다 기억이, 또는 차분하고 만족스러운 현재의 시점에서 느긋하게 과거를 관조하는

2008년 미국 대통령 선거 운동 중 신시내티대학에서 연설하는 버락 오바마.

견해가 우세한 상황은 안정적인 사회—이를테면 그리스의 지적 유산과 자신들의 장대한 역사에 관해 숙고한 로마 제국 전성기의 사회—의 특징으로 여길 수 있을 것이다. 탈근대성은 기억 숭배를 강화하는 동시에 다른 무엇보다 미래의 유토피아를 훼손했다. 예컨대 유럽과 미국에서 홀로코스트에 대한 기억은 강력한 문화 산업이 되었고, 독일 역사에 관한 연구를 심화시키는 등 긍정적인 부수 효과를 가져왔지만, 자유민주주의 국가를 자유뿐 아니라 인간의 삶까지 수호하는 유일무이한 국가 형태로 부당하게 정당화하는 식의 부정적인 결과를 가져오기도 했다.

더구나 국가들은 자기네 존재를 정당화하기 위해 선별하고 때로는 왜곡한 기억을 조장한다. 영화가 그 증거다. 더이상 가치의 결정권자가 없는 세계에서 궁극적인 기준이 되어온 것은 시장이다. 여느 시장처럼 영화 시장에서도 거대한 독점 기업들이 가장 강력하며, 할리우드 영화는 문화계에서 독점 기업에 가장 가까운 위치를 점하고 있다. 할리우드 영화는 문화의 최신 현황을 반영할 뿐 아니라 극히 강력한 방식으로 최신 현황을 결정하기까지 한다. (적어도 세계의 눈으로 보기에는) 미국이 구현하고 있는 자유민주주의적 가치관을 대체로 옹호하는 할리우드 영화는 역사를 무척 사실적으로 표현하여 생동감을 주는 한편 진실한 감정과 도덕성에 영원한 가치를 부여한다.

세계를 아우르는 문화적·예술적·지적 시나리오는 균일성보다 균열을 더 많이 드러낸다. 문화적 세계화는 광범한 저항에 직면하고 있다. 책의 운명은 문화적 세계화의 모순을 상징적으로 보여준다. 2001년 폭도의 손에 죽기 전에 리비아 독재자 무아마르 알 카다피는 세계의 카메라들 앞에서 책 한 권을 흔들었다. 자신의 독재권을 변호하기 위해 집어든 낡은 리비아 헌법 법전이었다. 아랍 지도자에게 쿠란은, 유대교 근본주의자에게 구약 성서는, 기독교 극단주의자에게 신약 성서는 지금도 신성한 가치를 지닌 책이다. 금융 경제와 실물 경제의 큰 축인 중국에서 당국이 금지하는 책을 구입하려는 사람은, 이미 얼마 남지 않았고 앞으로 결국 모두 폐점할 것으로 보이는 홍콩의 '자유로운' 서점들까지 가야 한다. 경전으로 찬양받지도 않고 위험한 사상을 전파하는 수단으로 금지되지도 않을지라도, 곳에 따라 책은 구하기 어려운 상품이다. 세계의 다른 큰 부분인 아프리카는 소수의 자유로운 국가들을 빼면 주민들을 교육하는 데 어려움을 겪고 있으며, 에티오피아부터 감비아까지 뇌수막염과 에이즈가 활개를 치는 사하라 이남 벨트 지역에서는 책을 구하기 어렵다. 그러므로 세계화 과정은 분명 완결되지 않았으며, 이런 미완 상태는 좋든 나쁘든 간에 정신적·예술적·지적 영역에도 해당한다.

종교, 전제적 권력, 계급 격차, 인간적·사회적 불평등은 프랑스 혁명을 계기로 귀족, 노예, 그리고 여성과 소수자의 법률상 무능력과 함께 사라진 것으로 보였다. 1815년 시점에 '구체제'를 복원하려던 사람들은 영원한 무덤에서 다시 일어나려 애쓰는 '유령들'로 묘사되었다. 그러나 그 유령들은 결코 영면에 들지 않았으며, 폭군과

나폴레옹 전쟁을 수습한 빈 회의(1814~1815)는 영국 대표 캐슬레이Castlereagh의 빈정대는 표현대로 "일하기보다 왈츠를 추기 위한" 회의로 악명이 높았다. 풍자화가들은 빈 회의를 무도회로 묘사하곤 했으며, 그중 가장 신랄한 이 이탈리아 풍자화는 빈 회의를 '죽음의 무도'—역병이 휩쓴 중세 후기와 근대 초기에 유럽 예술가들이 즐겨 다룬 소재 중 하나—로 표현했다.

독단론자는 타협이나 폭력을 통해 진보를 근절하고 아직 남은 계몽주의의 희미한 빛을 꺼뜨릴 기회를 호시탐탐 노리면서 여전히 현대 세계를 배회하고 있다. 한편, 탈근대성은 모든 이데올로기의 등가를 전제하고 조장함으로써 모든 형태의 이론적 지식을 담론으로 바꾸고 모든 취향 문제를 개인적 선택지—여러 선택지 중 하나—로 축소하고 있다. 그렇지만 겉보기에 세계화된 세계, 즉 균일한 세계는 실은 균일성과는 거리가 멀다. 서구 내에서도, 그리고 '주변부'에서는 더 자주, 강력한 세력들이 서구의 문화적 전통의 영향력에 도전하고 있다. 그 영향력은 서구가 패권을 잡기 전부터 존재하긴 했지만, 지난날 아주 컸던(그러나 오늘날 줄어들고 있는) 무력과 부의 격차에 의존해 전 세계로 퍼져나갔다. 과거와 달라진 환경에서 그 영향력은 과연 살아남을 수 있을까?

CHAPTER
13

변화무쌍한 정치와 사회

관계, 제도, 분쟁, 서구 헤게모니의 시작부터 미국 패권의 시작까지

제 러 미 블 랙

1815년 이후 사회적 관계와 정치적 정의定義에 영향을 주는 변화의 가능성이 희망과 두려움으로 다가왔다. 이는 전 세계적 현상이었지만, 지역별 양상은 천차만별이었다. 희망과 두려움에 초점을 맞추는 역사가는 기존의 사회 구조와 정치 구조를 등한시하고 변화에 적응해가는 구조보다 인간의 대응에 내재하는 휘발성과 역동성이 더 중요하다고 시사할 위험이 있다. 그러나 이 기간에 일어난 변화의 정도를 감안하면, 기존의 사회적 관습과 정치적 규범은 놀라우리만치 변화를 견디고 살아남았다. 이데올로기의 압력도 마땅히 고려해야 한다. 당시 많은 사람들은 보수적이었으며, 특히 여성을 대하는 종교 기관과 신자들의 태도가 그러했다.

프리츠 랑의 1927년 영화 〈메트로폴리스〉. 이 영화에서 주인공은 잔인하게 설계된 디스토피아에서 계급 적대를 극복하고자 애쓴다.

그렇다 해도 연속성보다는 변화의 정도와 속도가 더 두드러졌다. 1800년에 수를 늘려가던 미래학자 집단일지라도 뒤이은 한 세기 동안 일어난 변화에 깜짝 놀랐을 것이다. 1900년까지 더욱 늘어난 미래학자들 역시 변화의 속도가 빨라지고 범위가 넓어짐에 따라 미래 예측을 수시로 바꾸었다. 미래학을 평가하는 가장 쉬운 방법은 이를테면 1903년 최초의 동력 비행이나 1969년 최초의 달 착륙(지난날 픽션의 소재로 쓰인 성과)처럼 당대인을 경악시킨 기술 변화와 그 함의에 대한 논평을 살펴보는 것이다. 그럼에도 많은 사람들에게는 남녀 관계나 세대 간 관계의 변화가 더 두드러져 보였을 것이다. 공손함을 경시하고 선택을 중시하고 규범의 개인주의를 추구하는 변화는 이전과는 확연히 다른, 엘리트 집단에 국한되지 않은 태도의 변화였다.

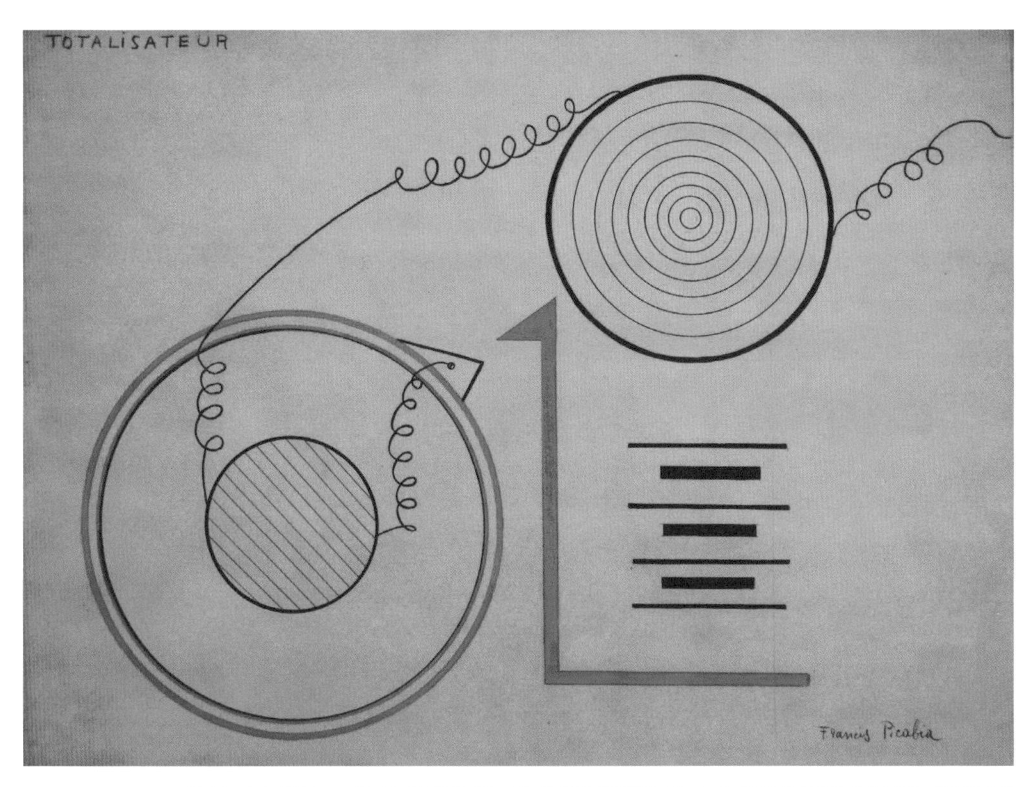

프랑시스 피카비아Francis Picabia의 1922년경 그림 〈총계액 계산기Totalisateur〉. 여기서 표현한 기계 시대는 전체주의의 전횡과 변덕스럽고 불완전한 인본주의 사이에 자리잡은 것처럼 보인다.

이런 변화는 세계 전역에서 나타났다. 그렇지만 지역별로 편차가 상당히 컸는데, 이데올로기적 전략이 변화를 일으키고 또 변화에 대응하는 과정에서 일정한 역할을 했기 때문이다. 일부 국가들에서는 (서구의 덜 구조화된 영향과 통제력도 중요하긴 했지만) 외세의 통치, 특히 제국의 통치 경험에 대응하기 위해 변화가 반드시 필요하다는 주장이 제기되었다. 그 배경에는 대개 분개하는 정서가 있었는데, 특히 20세기에 서구의 소비주의 모델에 대응한 공산권과 최근 수십 년간 서구화에 대응한 이슬람권에서 그런 정서가 강했다.

그렇지만 외세의 영향에 대한 다른 많은 반응은 특히 개인 수준에서는 실제로 훨씬 더 긍정적으로 나타났다. 통치 집단은 외세의 영향을 거부하고 심지어 자기들끼리 단결해 권력을 강화하기도 했다. 그럼에도 19세기에 영국과 20세기에 미국이 전파한 외래 모델과 관습의 일부 측면은 쉽게 채택되었다. 단연 중요한 실례는 언어였다. 사람들은 영어 어휘의 의미나 어휘가 표현하는 가치관을 받아들이지 않으면서도 영어의 상징과 구조를 전유하는 식으로, 문화를 채택하지 않으면서도 언어를 채택할 수 있었다. 그렇지만 그들이 다른 언어를 사용하면서 어느 정도 받아들인 상대주의는 기존의 가치관에, 따라서 관계에 강하게 도전했을 뿐 아니라 외래의 영향에 개방적인 태도를 부추기기까지 했다. 그 결과, 세계 통합과 그에 따른 관념과 이미지의 확산이 1815년 이후 기간의 핵심 요소들이 되었다.

제국들의 변형

세계 통합 과정에서 가장 중요했던 시기는 19세기인데, 일반적으로 아주 먼 곳에서 끼치는 영향을 (적어도 지속적으로는) 경험하지 않았던 사회들이 19세기에 외부의 압력에 노출되었기 때문이다. 더욱이 증기력이 사용되고 해운과 철도에 적용됨에 따라 교류의 속도가 엄청나게 빨라졌다. 통합의 맥락과 결과는 예컨대 중국, 일본, 뉴기니, 뉴질랜드 등 지역에 따라 크게 달랐다. 중국은 군데군데 띄엄띄엄 근대화되었고, 일본은 체계적이고도 포괄적으로, 뉴질랜드는 정착민과 토착민에 따라 상반된 방식으로 근대화되었으며, 뉴기니의 대부분은 전혀 근대화되지 않았다. 핵심 요소는 기존 사회와 문화의 성격 및 정체성이었다. 1900년대에 (결정적인 무력을 동반한) 영국의 세력에 노출된 이후 근대화를 겪은 티베트와 나이지리아 북부의 사례에서 드러났듯이, 근대화의 충격은 흔히 트라우마를 남겼다. 1904년 영국 병력은 티베트의 수도 라

데스 스타Death Star, 조지 루커스 감독의 1983년 영화 〈스타워즈 에피소드 6: 제다이의 귀환〉에서. 스타워즈 시리즈에서 제국주의는 디스토피아에 가깝긴 해도 구제할 가능성이 있는 미래에 되살아난 위협으로 새롭게 상상되었다.

싸로 진군하여 그 이전에 중국에 존재했던 다양한 문화적 형태들과는 다른 문화적 도전을 제기했다.

제국주의는 19세기 세계정세에서 거의 규범이나 마찬가지였고, 중국과 이집트, 에티오피아, 일본 같은 야심 찬 비서구 국가들의 특징이기도 했다. 제국주의는 이웃한 민족들 사이에서 선교, 역사적 운명, 승리주의, 인종주의, 문화적 오만의 형태로 나타나기도 했다. 이런 형태의 제국주의는 근대 서구 열강을 가리키긴 하지만, 수단을 상대하는 이집트의 태도와 오가덴 지역을 상대하는 에티오피아의 태도에서도 나타났다. 제국주의는 경제적 기회를 찾는 강대국 간 경쟁에서도 드러났다. 영국이 가장 강력한 제국 권력이 된 것은 어느 정도는 경제·상업·금융 제도와 해군력에 힘입은 일이었지만, 1792년부터 1815년까지 프랑스 혁명 전쟁과 나폴레옹 전쟁을 치르면서 다른 서구 제국들이 큰 타격을 입었기 때문이기도 하다. 아직 인구 조사가 이루어지기 전인 1900년경 세계에 약 16억 명이 살던 때에 영국은 세계 지표면의 5분의 1과 대부분 인도에 거주하는 4억 명을 포괄하는 제국을 가지고 있었다. 600만 제곱마일의 영토와 5200만 명의 인구로 이루어진 프랑스 제국은 대부분 아프리카에 있었다.

아이러니하게도 제한된 범위에서나마 제국의 통제력에 반대하는 세력이 생겨난 것은 어느 정도는 제국들 내에서, 특히 영 제국 내에서 서구의 이념과 관행(정체성과 정치적 행위의 공동체, 정치화, 특히 민주화)이 확산되었기 때문이다. 인도 국민회의는 1885년, 이집트 국민당은 1895년에 설립되었다. 그렇지만 서구 세력에 포섭된 전통적인 현지 엘리트층을 포함해 당대에 서구의 통치에 순종한 현지인도 상당히 많았다. 예컨대 인도의 번왕들은 영국령 인도 제국과 이 제국에 복무하는 브라만 서기들의 행정을 보완했다. 이렇게 현지인의 순종하는 태도는 제국 통치—일반적으로 강압만 한 것이 아니라 순응을 이끌어내기도 했다—에 대응하는 오래된 방식들의 연장선상에 있었다.

그런데 19세기에, 실은 1919~1920년까지 제국 권력이 전 세계로 팽창했음을 감안하더라도, 제국 권력이 더 포괄적인 영향력을 행사하게 된 시기는 20세기였다. 이것은 어느 정도는 영화, 컬러 사진, 인터넷을 통해 더 강렬하고 매력적인 시각 이미지가 퍼져나갔기 때문이고, 어느 정도는 사회적·정치적 참여 관행이 확대되고 문해율이 높아졌기 때문이다. 요컨대 (광범한 탈식민화를 경험한) 20세기가 아이러니하게도 제국주의의 고전기인 19세기보다 세계화에 훨씬 더 중요했던 시기로 드러났다.

흔히 그렇듯이 이 역설은 얼마간 말재간에 지나지 않는데, 무엇보다 20세기 역시 제국주의 시대나 마찬가지였기 때문이다. 특히 소련은 1917년부터 1991년까지 러시아 제국을 공산주의 독재정으로 통치했다. 소련은 1917년 러시아 혁명 이전까지 러시아에 속해 있다가 그 이후 잠시 독립을 누렸던 에스토니아, 라트비아, 리투아니아, 우크라이나, 조지아, 아르메니아 등지를 장악했고, 2차대전 말기에 폴란드, 루마니아, 동독으로부터 영토를 획득했다.

더욱이 20세기의 세계화는 인구의 대다수에게 다가가려 시도했다는 점에서 그 이전의 세계화보다 더 집요했다. 예를 들어 베트남 전쟁에서 미국이 했던 것처럼 분쟁중에, 그리고 더 일반적으로 정책 수단을 통해 현지인의 '마음을 얻으려는' 시도가 이루어졌다. 이런 노력은 제국의 영토 통제력이 약해지는 듯 보일지라도 그것을 대체하는 문화적 영향력이 매우 강력하다는 것을 시사했다.

이 논점은 제국 통치에 대한, 그리고 더 일반적으로는 정부에 대한 이데올로기적 도전이 갈수록 중요해지고 있음을 분명하게 보여주었다. 공산주의가 보편적인 대의를 표방하긴 했지만, 그 이후 유럽 열강의 식민지 통치라는 좁은 모델에서 벗어나 전세계적 모델—미국의 영향력에 달린 문제—이 된 것은 공산주의와 경합한 서구의 이데올로기였다. 일반적으로 근대화의 관점에서 이해되고 제안된 진보는 식민주의와 제국 통치를 대신할 이론과 실천에 대한 탐색을 수반했다. 미국인들(그리고 특히 좌파에 맞선 영국과 프랑스의 논평가들)은 근대화를 통한 성장과 사회적·정치적 발전을 증언했다. 존 F. 케네디 대통령 임기에 미국은 근대화 이론에 명백히 관여했다. 당시 미국에서 근대화는 전 세계적 뉴딜 정책의 한 형태—자본주의, 민주주의, 자유주의를 채택하는 국가들을 만들어내려는 시도—로 여겨졌다. 이 이데올로기를 추구한 케네디는 베트남에서 공산주의를 저지하려 했다.

기술 역시 근대화와 관련이 있었다. 특히 1890년대에 교류가 도입되면서 사용량이 늘어난 전기가 근대화를 촉진했다. 전기는 세계 어디서나 유익한 변화를 가져오는 방안으로 보였다. 댐에 대한 예찬은 전력電力과 관련한 이미지와 이데올로기의 한 측면이었는데, 수력 발전이 석탄보다 더 깨끗하게 에너지를 생산하고 또 자연을 길들이는 방법으로 여겨졌기 때문이다. 이집트 나일강의 아스완 댐과 같은 주요 댐들은 근대성에 이르는 분명한 수단으로 제시되었고, 그런 이유로 영화에서 찬양을 받았다.

전 세계적 수준에서 핵심 요소는 세계 인구의 대부분이 거주하는 동아시아와 남아시아에서 일어나는 변화였다. 1945년 인도는 영 제국의 일부였고, 일본은 미국과

문화 혁명기 중국의 홍위병.

필사적으로 싸우고 있었으며, 장차 1949년에 내전에서 승자로 떠오를 중국의 공산주의 운동은 당시 미국에 반대하는 입장이었다. 1960년대 후반 공산주의 독재자 마오쩌둥이 주도한 '문화 혁명'은 모든 정보와 토론, 성찰을 공산당의 처방을 정당화하고 되풀이하는 데 이바지하는 수단으로 만들려는 광포한 시도였다. 다시 말해 불완전한 현실을 통제하려는 시도였다.

반면에 2008년경 일본은 미국 동맹 체제의 확고한 일원이었으며, 중국과 인도는 자본주의를 맞이하기 위해 이전의 (서로 다른) 국가사회주의 체제를 어느 정도 조정한 채 미국과의 교역을 앞다투어 늘리고 있었다. 그렇지만 이 변화의 과정은 심각한 정치적 곤경을 수반했으며, 19세기에 유럽 국가들이 신세계—미국과 라틴 아메리카 둘 다—를 상대로 했던 것처럼 빚을 내고 수출품을 흡수해 아시아의 성장에 자금을 대는 미국의 능력에 어느 정도 달려 있었다. 2000년대에 중국의 정치적 자기주장과 문화적 정체성은 갈수록 미국에 대항하고 서구의 활동 모델들과 대립했다. 그러나 매우 중요한 이 위험 요인을 감안하더라도, 중국에서나 미국에서나 사람들은 본질적으로 동일한 물질문화를 바탕으로 그 문화를 조직하고 그로부터 이익을 얻는 가장 좋은 방법을 찾기 위해 경쟁하고 있었다.

도시

국제 수준의 변화는 개별 사회들 내부의 변화에 매우 중요한 것으로 드러났다. 여기서 사회 대신 '국가'라는 용어를 사용할 수도 있지만, 그럴 경우 사회는 국가마다 각기 다른 궤도와 관련하여 이해하는 편이 최선이라는 의미를 함축하게 된다. 일부 측면, 특히 전쟁의 영향이라는 측면과 지난 20세기와 관련해서는 그렇게 이해하는 편이 타당하지만, 다른 측면 및 기간과 관련해서는 그리 타당하지 않다. 사람들에 관한 한, 정치적·사회적 관계의 핵심 열개는 개인적 경험이다. 그리고 경험은 그 본성상 시간의 흐름에 따라 변한다. 1815년 이후 경험은 갈수록 빠르게 변해왔는데, 무엇보다 사람들이 시골에서 도시로 대규모로 이주함에 따라 경험의 맥락이 바뀌어왔기 때문이다. 1815년에는 세계 인구의 대다수가 시골에 살았지만, 2008년에는 다수가 도시에 살고 있었다. 게다가 이 과정은 점점 빨라지고 있다. 이렇게 변화하는 정치적·사회적 관계의 기본적인 맥락을 형성한 것은 인구 증가·경제 발전·관료제화·도시화의 역학이었다. 베를린의 인구는 독일 제국의 수도가 되기도 전인 1850년부터 1870년까지 세 배 증가해 87만 명이 되었다. 도시들은 1851년 런던 만국박람회 같은 대규모 기술 전시회를 개최함으로써 상징적 권력을 보여주었다. 또한 도시들은 제국의 중심이자, 예컨대 런던 트래펄가 광장에 있는 넬슨 기념탑과 같은 제국의 아이

이 사진 속 상파울루의 상황처럼 브라질에서는 도시화가 무분별하게 진행된 탓에 그러지 않았다면 더 성장할 수도 있었을 만한 도시들이 무시무시하고 불결하고 제어 불가능하고 허울만 좋은 구역들에 둘러싸이게 되었다.

콘을 전시하는 공간이었다.

도시화는 20세기 들어 가속이 붙었다. 예컨대 브라질 상파울루의 인구는 1930년 100만 명에서 1990년 1710만 명으로 늘었다. 세계 각지의 도시 기반 시설은 극심한 중압을 받았다. 급수, 보건, 주거, 교통 등의 문제가 발생했다. 개발 도상 세계의 인구 중 안전한 식수와 위생 설비를 사용할 수 있는 비율은 시골 지역보다 도시 지역에서 더 높았다. 그럼에도 많은 도시 지역들에 깨끗한 물이 부족해 전염성 질병이 더 쉽게 확산되었다. 최근에 도시로 이주해온 사람들은 건강을 돌볼 여력이 거의 없었으며, 그중 다수는 불결함, 질병, 극빈과 더불어 변두리 주거 구역, 특히 무단 점유지에서 살았다. 그런 도시 지역에서는 치안을 유지하기 어려운 것으로 드러났으며, 정치적 관계의 핵심 지표인 국가의 권한이 대개 제약을 받았다. 갱단들은 이를테면 파키스탄의 카라치 같은 도시들에서 큰 구역을 장악하기 위해 자기들끼리, 그리고 경찰과 경합을 벌이면서 폭력 사건 발생률을 끌어올렸다. 1998년 브라질의 대도시 상파울루의 살인 건수는 8000건 이상이었다. 정치적 관계의 또다른 형태인 부패는 도시 성장의 핵심 측면이었는데, 특히 건축 허가 및 토지 매매와 관련되었다.

갈수록 도시화되는 세계에서 상술한 정치적 측면들만 나타났던 것은 아니다. 그에 더해 도시는 주요 분쟁이 일어나는 장소, 특히 1830년 브뤼셀에서, 그리고 1830년, 1848년, 1870년 파리에서 일어난 것과 같은 반란 전투의 무대가 되었다. 20세기 들어서도 마찬가지였다. 도시에서 통제력을 유지하려던 사람들은 누구나 그 공간 구조 탓에 애를 먹었다. 널찍한 대로에서는 기병과 전차가 이동할 수 있었지만, 시리아 알레포 같은 오래된 도시들에서 좁은 거리로 이루어진 복잡한 미로는 심각한 문제를 야기했다. 도시는 줄곧 기존 질서에 대항하는 움직임의 진원지였다. 대중 시위는 예컨대 1956년 부다페스트, 1969년 쿠알라룸푸르, 1981년 카사블랑카, 1989년 베이징에서처럼 진압되었다. 그렇지만 1989년 동東베를린과 부쿠레슈티의 시위를 포함해 1980년대에 핵심 도시들에서 일어난 시위는 동유럽에서 공산주의 통치를 전복하는 데 큰 역할을 했다.

서구와 나머지

서구의 권력과 영향력, 모델이 확연히 우세해 보였던 20세기의 정치적 전개에 대한 서구의 표준적인 서사와 분석은 21세기 초에 이르자 예전만큼 유력하지 않았다. 21세기 초까지 세계의 부와 인구 중 비서구가 차지하는 비율이 증가했거니와 비서구의 정치 모델과 경제 모델을 기꺼이 지지하는 태도까지 생겨났다. 20세기에는 서구의 모델을 거부하는 이런 유형의 주요 모델마저도 유럽의 산물인 공산주의였다. 다른 모델들도 서구의 사상에 기대를 걸었다. 일례로 1919년 5월 4일 중국에서 일어난 운동은 과학적이고도 민주적인 '신문화'를 추구했다. 그에 반해 21세기에는 중국, 인도, 싱가포르 등지에서 비서구적인 합의주의corporatism 모델이 개진되었다.

또한 21세기에는 서구의 흥기에 초점을 맞추지 않는 19세기와 20세기 역사에 대한 해석을 제시하는 것이 더 적절해 보였다. 서구의 기술이 낳은 물질문화, 또는 민주주의와 공산주의를 포함해 서구에서 유래한 이데올로기에 주안점을 두어 역사를 해석할 경우에는 서구의 흥기에 대한 비서구의 대응에 초점을 맞추는 접근법이 그럴듯해 보였다. 그러나 그런 접근법은 비서구에서 서구 문물을 차용하는 과정을 좌우하거나 적어도 그 과정에 큰 영향을 준 적응과 혼합주의의 역할을 충분히 강조하지 않았다. 게다가 서구의 영향이 약해지거나 다른 영향들과 공존하게 되면서 비서구 문화들이 되찾은 행위 능력도 강조할 필요가 있었다. 특히 20세기 후반에 동양과 이슬람에서는 전통적인 사회 규범의 활력이 뚜렷하게 되살아났으며, 아프리카의 정치에서는 일부 논자들이 예측했던 계급 적대가 아닌 종족 정체성이 출현했다.

이 중요한 요인들은 세계의 대부분을 장악한 서구의 취약성에 주목하게 했다. 처음에는 군사력으로, 그다음에는 만연한 소비주의로 숨겼던 서구의 취약성은 유럽의 식민 열강이 제시한 미국식 통제 모델과 영향 모델에서 먼저 나타났다. 그렇지만 서구와는 다른 경로로 근대성에 이르겠다는 자의식적 접근법은 제국주의와 서구화에 대한 반발의 일환으로 확산되었다. 사실 그런 접근법은 새로운 것이 아니었다. 일찍이 19세기 후반에 일본의 메이지 유신과 중국의 양무洋務운동이 그런 접근법을 제시한 바 있었다—게다가 두 운동은 특정한 과거상과 특정한 미래상을 연결하는 능력을 보여준 사례들 중 가장 주목받은 사례에 지나지 않았다. 일본에서는 제국의 정당성과 급진적 변화가 양립할 수 있었지만, 1911~1912년 제국이 전복되고 공화국으로 대체된 중국에서는 그런 조합이 유지될 수 없었다. 설령 이것이 '비서구'의 한계였다 할지라도, 서구 역시 같은 한계를 안고 있었다.

국가, 정부, 정치

1815년 이후 기간을 서술해 주목받은 정치사는 대부분 '서구' 내부의 분쟁에 초점을 맞추고 있다. 그런 분쟁에 대한 다양한 서사와 분석은 흥기하는 세력과 쇠락하는 세력의 충돌이라는 논제뿐 아니라 이데올로기적·지정학적·경제적 경쟁까지 다룬다. 제각기 장점이 있긴 하지만 그런 서사와 분석 가운데 총체적 설명을 제대로 해내는 것은 없다. 한 가지 이유는 주요 열강의 통치 엘리트층이 내린 선택이, 그리고 그와 관련해 그들이 실행한 정책 목표가 그런 서사와 분석에 반영되어 있기 때문이다. 19세기에 열강의 엘리트층은 정책 수립 과정에서 비교적 한정된 비엘리트 집단들만을 고려했지만, 20세기에는 권위주의 사회와 전제적 정치 체제에서마저 비엘리트 집단들에 더 신경을 썼을 뿐 아니라 대중의 견해까지 확인하려 했다. 실제로 여론은 정치적 능력과 효과를 판단할 때 고려해야 하는 사항 중 하나가 되었다. 대중의 정의도, 대중의 역할에 대한 이해도 다양했다. 그럼에도 대중에 대한 우려는 엘리트층이 선전에 관심을 기울이고 소비자에 맞추어 정치적 메시지를 조정한 이유 중 하나였다.

엘리트층이 대중의 견해에 대응했든 아니면 대중의 견해와 계속 거리를 두었든 간에, 적어도 관료제의 발전 및 그와 관련한 풍조와 허례허식을 척도로 볼 때 국가의 부상은 엘리트층의 공통 화제였다. 관료제라는 용어를 만든 18세기 프랑스 경제학자 장클로드마리 뱅상 드 구르네Jean-Claude-Marie Vincent de Gournay는 정부의 잠재력을 감지했다. 당시 이미 서구의 많은 지식인과 일부 통치자 및 각료들은 정부를 활용하고 또 변형함으로써 사회를 개혁하고 개선할 수 있기를 희망했다.

〈왕궁 빈터에 모인 부르봉 병사들을 축성하는 교황 비오 9세, 1849년 9월 9일 이탈리아 나폴리〉. 아킬레 베스파Achille Vespa의 그림.

19세기 동안 과학적 이해와 합리적 계획의 관점에서 중시된 공리주의와 어느 정도 맞물려 이런 추세가 계속 이어졌다. 행정은 안정을 유지하고 사법을 관리하는 문제보다는 변화를 지향하는 통치의 문제가 되었다. 이와 관련해 전통 엘리트층은 서서히 쇠퇴했다. 행정의 관료제화가 진행됨에 따라 행정관도 갈수록 훈련을 받고 전문화되었다. 정보, 특히 인구 조사와 과세 자료는 행정관에게 꼭 필요한 조수였다.

정부는 혼자가 아니었다. 19세기 서구의 풍조는 갈수록 기술적 관념과 역량을 본보기로 삼았다. 국가 관념이 갈수록 강화되었으며, 표준화를 위한 노력도 마찬가지였다. 행정 사무의 기계화와 사무실의 발전도 중요했다. 타자기의 사용은 기교의 기계화와 관련이 있었다.

근대성과 진보에 대한 숭배는 계보의 가치보다 효율의 가치를 더 중시하도록 부채질하는 중대한 정치적·사회적 결과를 가져왔다. 능력주의 풍조와 함께 대폭 확대된 기관들—공무원·군사·전문직·교육 기관—은 모두 새로운 사회적·문화적 기득권층이 형성되는 데 큰 영향을 주었다. 입헌 정체에도 중대한 변화가 있었다. 특히 입헌주의는 갈수록 민주주의의 관점에서 이해되었다. 민주주의의 성격은 당대의 기준, 특히 남성에게, 일반적으로 재산을 가진 남성에게 국한된 참정권 기준 때문에 몹시 제약을 받았다. 그럼에도 민주화는 변화의 정당화를, 그리고 시민 전체, 또는 적어도 시민 일부의 권리와 소망의 정당화를 의미했다. 이런 민주화의 영향을 받아 19세기에 민족국가가 강조되었고, 공화주의, 또는 적어도 국민에게 책임을 지는 군주국에 대한 관심이 증가했다.

이런 사회적·정치적 변화와 맞물려 문학, 음악, 건축, 조각을 비롯한 예술 영역에서 독특한 민족적 작품으로 보일 수 있는 형식과 내용이 강조되었다. 더욱이 특정 국가에서 적절하다고 평가받는 역사적 서술, 고고학과 인류학 연구가 발표될 때면 그에 어울리는 '배경 이야기'가 덧붙여졌다. 정부는 대중의 지지를 끌어올리기 위해 공교육의 일환으로 역사를 의도적으로 활용했고, 교과서와 교과 과정을 이용해 과거를 가공했다.

군사화는 국가의 변화를 추동한 전 세계적 화제였다. 무기류는 기술 변화와 함께 현저히 정교해지고 전문화되었으며, 그로 인해 군사적 대비와 전쟁에 드는 비용이 증가했다. 수공업으로 제작하는 화기火器의 성능이 제아무리 좋다 할지라도, 수공업 생산보다는 효과적인 대량 생산이 훨씬 더 유리했다. 대량 생산은 자본과 조직화를 필요로 하는 생산 공정의 중요한 변화를 수반했다. 예를 들어 중요한 무기인 후장식 단

1차대전기 독일의 병력 동원.

발총과 그 이후 연발총을 도입하려면 무엇보다 고품질의 강선腔線, 노리쇠, 탄창용 스프링, 급탄 장치를 대량으로 생산하고 탄약을 필요한 만큼 대량으로 공급할 수 있어야 했다.

이렇게 신무기를 효율적으로 대량 생산하는 것은 이제 이따금 변화하는 상태가 아니라 지속적인 과정이 된 '합목적성'에 대처하는 핵심 자세였다. 이제 변화는 빠른 속도로 계속해서 일어나면서 기존의 관행에 도전하고 비용을 대폭 끌어올리는 과정이 되었다. 독일 크루프사 에센 공장의 작업장 공간은 1908년까지 5년간 해마다 평균 5.2에이커씩 늘었고, 그 이후 1914년까지 해마다 6.4에이커씩 늘었다. 1차대전이 발발하기 전에도 크루프사는 매달 모든 구경의 포탄 15만 개를 생산하고 있었다.

그 배경에는 강한 호전성이 있었다. 그 호전성에는 국가의 발전과 개인의 남성성에 필요하기도 했던 신념, 실은 두 가지를 지탱하기 위해 꼭 필요했던 신념이 반영되어 있었다. 국가가 국민의 생명에 대한 권리를 가지고 있다는 그 신념은 널리 퍼진 징집 관행으로 아주 빈번하게 표출되었다. 국가는 종교적 감정이나 노동자들의 국제 연대처럼 군에 복무하지 않을 이유보다 군사적 복종 관습을 우선시했다.

20세기의 국가

국가는 사회적·경제적 문제에서 갈수록 영향력을 키워갔다. 어느 정도는 국제적 군사 경쟁과 적절한 인구를 징집군에 공급할 필요성 때문에, 국가는 이후 삶에 대한 정신적 대응보다 사회의 인적 기관을 통한 대응을 우선시하겠다는 방침을 '복지' 정책으로 표명하기도 했다. 그 이후 20세기를 거치면서 다양한 정치 체제를 통해 표명된 평등주의, 즉 모든 사람이 사회의 권리, 이익, 의무를 공평하게 나누어야 한다는 신념은 평등을 보장하기 위한 계획을 촉진했다. 예로부터 좌파와 연관되어온 이 신념은 권위주의적 관행, 특히 토지를 포함하는 사유 재산을 몰수하는 관행을 낳았다. 이런 평등주의적 목표와 수단은 전체주의와 적을 잔인하게 다루는 행태를 조장했다. 소비에트, 중국, 쿠바의 공산주의 정권뿐 아니라 다른 많은 포퓰리즘적 좌파 정권들에서도 이런 결과가 나타났다. 그에 반해 혼합 경제를 채택해 산업의 상당 부분이 국가의 통제 밖에 있는 사회들에서 평등주의적 열망이 낳은 문제는, 사회주의와 자본주의의 관계를 관리하는 최선의 방법이 무엇이냐는 것이었다.

이데올로기와 무관하게 정부들의 관행은 대개 국민에 대한 책무성accountability에 적대적이었다. 예를 들어 민주주의 국가들에서 이 적대감은, 비록 공공연하지 않은 암시적인 방식이긴 해도, 법관이나 도시 계획 설계자처럼 국가에 고용된 자칭 엘리트들이 대중의 신념과 오락을 가치 있고 존중할 만한 것으로 인정하기를 꺼리는 태도로, 그리고 자신들이 사회적 가치와 행위를 규정하고 관리할 최적임자라는 자기만족적 확신으로 드러났다. 20세기 동안 정부의 활동 범위가 넓어지면서 이런 통제 추세는 더욱 심화되었는데, 대부분의 경우 활동 확대가 사회적 단속을 수반했기 때문이다. 권위주의 사회에서나 민주주의 사회에서나 교육, 보건, 주거, 법과 질서의 영역에서 반사회적으로 간주된 행위는 면밀히 감시와 경고를 받는 문제, 그리고 많은 경우 국가 기관의 통제를 받는 문제가 되었다.

부유한 OECD 국가들에서 GDP 중 국가 지출의 비율은 1965년 25퍼센트에서 (GDP가 대폭 증가한) 2000년 37퍼센트로 올라갔다. 그렇지만 공공 부문의 확대, 특히 복지 국가의 확대는 나머지 경제에 심각한 부담이 되었다. 세계 곳곳에서 정부의 권한과 기관이 대폭 확대됨에 따라 정부를 운영하는 사람들, 또는 정부로부터 이익을 얻는 사람들은 소득과 지위를 얻었다. 여러 나라에서 공무원들은 협상을 통해 상대적으로 안전하고 안락한 위치를 차지할 수 있었다. 대개 정부 확대는 '블루칼라' 직업보다 '화이트칼라' 직업을 높게 치는 뚜렷한 계급 요소를 포함했다. 서구식 관료제는 식민지에서 벗어나 독립을 획득한 국가들에서도 계속 유지되고 확대되면서 새로운 사회적 서열과 행위의 패턴을 규정하는 데 중요하게 작용했다. 일례로 이집트는 1950년대부터 1985년까지 공직을 원하는 모든 대학 졸업생에게 관료제의 일자리를 제공했다.

지역적인 것

이런 종류의 저술에서는 지면이 넉넉하지 않을 경우 지역적 차원은 잊어버리고 세계적 차원이나 적어도 국가적 차원에 초점을 맞추기 십상이다. 이는 위태로운 행보인데, 대다수 사람들에게는 지역적인 것이 그들의 경험을 대부분 규정하고 또 세계적 발전과 압력에 대응하는 그들의 방식에 영향을 주기 때문이다. 그렇지만 일반적으로 영향의 방향은 세계와 국가 수준에서 지역 수준으로 향했으며, 특히 정부의 경우에 그러했다. 미국과 같은 연방 체제들에서마저 어느 정도는 2차대전과 냉전 때문에 중앙 정부가 더 강력해졌다.

1960년대부터 인도 중앙 정부는 외부의 도전이 아니라 다른 여러 나라에서도 나타난 변화에 대응하여 권한을 확대했다. 그것은 정치와 정부를 다수의 이해관계와 권력의 중심들을 조정하는 수단으로 이해하던 시각에서 더 중앙 집권적이고 덜 다원주의적인 권한 개념을 지지하는 시각으로 이행하는 변화였다. 이 변화에 큰 영향을 끼친 것은 근대화와 성장을 이루어내는 방안으로서 정부의 개입과 계획이 중요하다는 확신, 그리고 근대화와 성장을 달성하기 어렵다는 현실이었다. 아이러니하게도 지역 환경에 가장 열심히 대응하기 마련이고 또 일반적으로 가장 적합했던 지역적 해결책은 흔히 지역 수준에서 관심을 받는 데 큰 어려움을 겪었다.

평등주의, 공동체, 편견

목표 또는 수사적 전략으로서의 평등주의는 좌파의 전유물이 아니었다. 민중이나 민족을 운운하는 우파 포퓰리스트들도 공동체 개념을 옹호했다. 가부장적 보수주의자들은 민족은 (신체처럼) 유기적 성격을 가지고 있으며 따라서 한 사람의 건강은 모두의 건강이라는 의식을 비롯해 다양한 견해로부터 영감을 받았다.

그런 의식은 여성과 어린이에 대한 국가의 관심이 커지는 추세와 관련이 있었으며, 그 관심은 인권의 발달에 중요하게 작용했다. 19세기 후반과 20세기에 여성에게 일련의 심대한 변화가 일어났다(남성은 그중 일부는 공유하고 다른 일부는 공유하지 않았다). 표준 의제들, 즉 산업화, 도시화, 존대의 감소, 세속화, 문해율 증가 등은 남성뿐

영국령 인도 제국에서 처음으로(1921년) 여성의 투표권을 인정한 주州인 첸나이에서 투표하려고 줄을 선 여성들. 2016년부터 지금까지 첸나이에서는 여성 투표자가 남성 투표자보다 더 많다.

아니라 여성에게도 엄청난 영향을 주었다. 여성의 권리에 관한 한 핵심 권리는, 국가가 도입하고 확대하는 공교육 제도로부터 소녀도 소년만큼 혜택을 받는 것이었다. 공교육 덕에 여성의 문해력이, 따라서 상황을 고려하고 선택지를 구상하고 계층 이동을 시도하는 능력이 대폭 향상되었다.

그렇지만 양성 평등과는 거리가 먼 측면들도 많았다. 몇 가지 차이는 바람직했다. 예컨대 여성은 징집되지 않았고 전투를 치르리라 기대되지 않았다. 그 결과, 비록 수많은 여자들이 양차 세계대전에서 희생자와 사상자가 되긴 했지만, 남자들과 같은 정도로, 또는 같은 방식으로 해를 입는 사태를 피할 수 있었다. 반면에 퍽 유감스럽게도 여성은 자신의 몸에 대한 통제와 일터라는 측면에서 불평등한 상황에 직면했다. 사회적·문화적 추세와 발전은 여성이 선천적으로 열등하다는 종전의 믿음을 허무는 데 중요하게 작용했다. 그 대신 남성과 여성의 차이가 사회적·문화적으로 부호화된다는, 여성은 필연적으로 열등하다는 믿음을 전혀 동반하지 않는 견해가 강조되었다. 그 결과 중 하나로 여성이 전국 수준에서 남성과 동등한 투표권을 처음으로 획득한 때는 뉴질랜드에서는 1893년, 미국에서는 1920년, 영국에서는 1928년이었다.

20세기 후반기에는 체제의 진짜 성격이 어떻든 간에 어느 체제에서나 인권을 지지한다는 입장을 더 많이 표명했다. 하지만 실제 상황은 대개 그렇지 않았다. 예를 들어 어느 나라에서나 법치의 중추는 모든 국민에게 공평한 정의라고 선언했지만, 많은 사람들은 법에 의지할 길이 없었다. 실제로 이 장에서 다루는 기간 내내 인구의 대다수에게 법의 세계는 국가와 공직자들의 세계가 아니었다. 그들에게 공직자들은 흔히 도움 주기를 꺼리는 저 멀리 있는 부류로, 또는 제 잇속만 차리는 부패한 부류로 보였다. 오히려 그들은 법이 아닌 다른 방도에, 특히 중요한 정치적 수단인 지역 친족 관계망의 도움에 의지했다. 국가 기관과 공직자의 부패는 정부에 대한 존중과 대개 국가 자체에 대한 존중을 무너뜨리는 주된 문제였고 지금도 마찬가지다.

법은 상이한 공동체 개념들의 등록부이자 조정 장치로서 중요했다. 공동체 개념은 사회적·경제적·정치적·이데올로기적·종교적 변화의 결과로 크게 변화했고, 그 맥락은 국가에 의해 엄청나게 달라졌다. 가장 성공한 국가들은 종족의 기반과는 다른 공동체와 정치의 기반을 규정할 수 있었다. 특히 1901년부터 1914년까지 해마다 이민자를 거의 100만 명씩 받아들인(후일 1990년대의 몇 년 동안은 이민자 수가 200만 명에 달했다) 미국은 대다수 국가들보다 분파 차이를 극복하는 데 성공한 미국 문화를 만들어냈다. 그렇지만 이민에 따른 심각한 문제들이 없었던 것은 아니다. 특히 아프리카계 미국인(20세기에 사회의 허용 수준에 따라 흑인이나 니그로 등 여러 용어가 쓰였다)은 미국의 기회와 포용 관념의 오점이었다. 더이상 노예는 아니었다 할지라도 아프리카계 미국인은 남부의 주들만이 아니라 전국 수준에서도, 이를테면 군대와 스포츠 등에서도 몹시 차별을 당했다. 게다가 그들이 특히 2차대전 기간에 공장 취업 기회를 찾아 북부와 서부 해안의 도시들로 대규모로 이주하자 인종 차별은 더욱 심각한 전국 차원의 문제가 되었다.

결국 인종 차별을 불법화하는 정부의 조치를 이끌어낸 흑인 민권 운동은 1950년대에 상당한 성공을 거두었고, 1960년대에 더욱 큰 결실을, 특히 1965년 투표권법이라는 결실을 맺었다. 아이젠하워 대통령 임기(1953~1961)의 미국 정부는 소련이 미국 국민의 불만을 활용할 것을 우려해 1950년대에 인종 차별 철폐에서 핵심적인 역할을 했다. 요컨대 인종 차별 철폐는 어느 정도는 미국을 강화하려는 냉전기 목표의 산물이었다. 미국의 공식 역사에서 이 측면은 차별 철폐의 성공이 민권 운동에서 유래했다는 생각보다 덜 매력적인 것으로 여겨져왔다.

사회적 불평등 문제는 개혁으로 충분히 해소되지 않았다. 차별에 분노한 사람들은 특히 1960년대에 로스앤젤레스에서, 그리고 디트로이트 같은 몇몇 중서부 도시에서 소요를 일으켰다. 그럼에도 흑인 분리주의와 인종주의는 대중 운동으로 발전하지 못했고, 대다수 흑인 지도자들은 주류 정치, 특히 민주당을 통해 공동체의 이해관계를 추구했다. 20세기 후반의 인구학적 변화는 미국 공공 문화의 성격에 중요한 다문화주의로 귀결되었다. 그렇지만 2016년 도널드 트럼프의 대통령 당선으로 드러났듯이, 다문화주의 역시 논쟁의 대상이 되어왔다.

다른 국가들은 다문화주의를 유지하는 데 더 어려움을 겪었다. 예컨대 1947년 인도가 독립한 이래 수십 년간 집권해온 정당인 인도 국민회의는 다문화주의를 지지했지만, 그후 힌두 분리주의를 추구하는 인도 인민당의 도전을 받았다. 인도에는 세계 최대 무슬림 소수 집단이 있으며, 힌두교도와 무슬림의 오랜 평화적 공존이 앞으로도 지속될 수 있을지는 불분명하다.

증오의 이데올로기들

여러 국가에서 민족주의는, 그리고 19세기와 20세기의 제국 구조로부터 독립하는 문제는, 이론이야 어떻든 간에 실제로는 하나의 종족 집단에 초점을 맞추는 정치 문화를 낳았다. 그런 정치 문화는 다수 종족 집단 외부의 집단들에 대한 차별과 잔혹 행위로, 1933년부터 1945년까지 아돌프 히틀러 치하 나치 독일에서 가장 분명하게 나타난 병리학으로 이어질 수 있었다. 독일의 운명에 대한 히틀러의 메시아적이고 묵시록적인 견해는 유대인을 유독 혐오하여 홀로코스트를 통해 그들을 파괴하려는 시도를 동반했다. 히틀러는 1939년부터 1942년까지 유럽을 대부분 정복한 뒤 유럽 내 유대인을 절멸시키려 시도했으며, 그 결과 약 600만 명의 유대인이 대부분 아우슈비츠를 비롯한 학살수용소들에서 살해되었다. 이 정책의 세부가 기밀로 다루어지긴 했지만, 독일 공중은 '유대인에 대한 전쟁'이 무엇을 의미하는지 충분히 알고 있었다. 히틀러는 결국 미국, 소련, 영국의 거북한 연합에 의해 격퇴되었다.

나치가 점령한 유럽에서만 수백만 명이 살해된 것은 아니었다. 사회를 개조하고 이른바 전제적 보수주의를 극복하겠다고 결심한 공산주의자들도 수백만 명을 비슷한 운명으로 이끌었다. 특히 1924년부터 1953년까지 집권한 이오시프 스탈린 치하 소련과 1949년부터 1976년까지 통치한 마오쩌둥 치하 중국에서 그런 사태가 벌어졌다. 두 경우 모두 공산당의 통제를 통한 변혁이 필요하다는 믿음과 독재 체제의 결합이 그런 결과를 가져왔다. 특히 모든 것을 국유화하는 형태로 공표된 집산주의는 자기 토지에 대한 애착이 강한 농촌 사회에서 인기가 매우 없었다. 집산주의를 추진한 국가 기관과 집단 농장 기득권층은 시골의 식량을 강제로 몰수해 공산주의 이데올로기와 관심의 초점인 도시 산업 노동자들에게 공급함으로써 혼란과 고통을 가중시켰다. 또한 집산주의에는 전 세계에서 중요했던 도시-시골 관계의 정치가 반영되어 있었다.

베를린의 크롤 오페라하우스에서 연설하는 히틀러. 1940년 7월 19일.

그런 체제 탓에 더욱 악화된 부실한 국가 경영은 대규모 기근을 초래했다. 특히 1930년대 우크라이나(당시 정복을 당해 소련의 일부였다)와 1958~1962년 '대약진 운동'을 펼친 중국에서 극심한 기근이 발생했다. 농업을 혁신하려는 시도는 대규모 살해와 소련의 굴라크 같은 강제 수용소에 수많은 사람들이 수감당하는 사태를 수반했다. 이와 비슷한 혼란의 패턴은 다른 곳에서도, 예컨대 1960년대 초 쿠바와 1970년대 캄보디아에서도 나타났다. 두 사례 중 전자는 대규모 이민으로, 후자는 인구의 상당수—아마도 3분의 1 이상—가 학살당하고 캄보디아의 사회적·제도적 구조가 파괴되는 결과로 이어졌다.

분열과 분열성

지금까지 논한 모든 논점은 강조할 필요가 있다. 마치 토론회나 텔레비전 패널 프로그램에 참석한 것처럼 이데올로기와 정치를 무슨 고상한 대안인 양 제시하는 경우가 많기 때문이다. 이런 견해는 실상을 호도하는 것이다. 적어도 국내에서는 정치를 대체로 평화롭게 유지한 나라들에서마저 위태로웠던 쟁점들을 과소평가하는 것이자, 세계의 대부분에서 예나 지금이나 정치가 실제로 얼마나 폭력적인지를 감추는 것이다. 우리는 라틴 아메리카, 아프리카, 아시아뿐 아니라 1960년대 이래 유럽에서도 정치의 폭력성을 쉽게 확인할 수 있다. 그리스, 포르투갈, 에스파냐에서는 쿠데타가 발생했거나 쿠데타 시도가 있었고, 1989년 루마니아에서는 무자비한 독재정이 폭력적으로 전복되었으며, 1990년대 유고슬라비아에서는 내전이 발발했다. 이 기간 내내 높게 유지된 군사비는 각국 정부가 전쟁을 얼마나 중시했고 또 우려했는지를 입증하는 강력한 증거다.

과거 분쟁의 유산은 미국(내전)과 프랑스(비시 정부)부터 아일랜드(영국에 맞선 독립전쟁과 내전)와 에스파냐(내전)에 이르기까지 여러 국가의 정치와 정치 문화에서 여전히 중요하다. 이런 분쟁은 가족 수준, 공동체 수준, 그리고 국가 수준에서 분열적이고 대개 쓰라린 기억을 남겼을 뿐 아니라 정치적 제휴와 관계를 결정하는 데에도 영향을 끼쳤다. 따라서 정치적 관계를 구성하는 정체성과 쟁점에 대한 사람들의 이데올로기와 관심에서 과거가 어떤 역할을 하는지 마땅히 고려해야 한다. 그러지 않을 경우 정치적 관계의 내용에 영향을 주는 과거 인식의 역할을 과소평가하게 된다.

냉전

1946년부터 1989년까지 국제 권력 정치를 규정한 것은 소련이 이끄는 공산권과 미국이 이끄는 반공권의 대립이었다. 이는 군사, 정치, 이데올로기, 문화, 경제를 망라한 대립이었다.

냉전은 세계 전역을 넘어 인간을 최초로 달에 보내기 위한 우주 개발 경쟁으로 확대되었다(미국이 이기긴 했지만 숱한 곤경을 겪고 막대한 비용을 들여야 했다). 인류에게 필요한 미래를 위해 두 블록이 내놓은 전혀 양립 불가능한 이데올로기와 견해는 냉전의 기저를 이루고 또 냉전에 엄청난 에너지를 불어넣었다. 공산권의 논자들은 소련이 주도하는 평등의 이미지를 진보의 길이자 보장책으로 제시한 반면, 반공권의 논자들은 공산주의가 본질적으로 전체주의적이며 자유를 파괴한다고 주장했다.

가장 두드러진 베트남 전쟁과 핵무기 경쟁뿐 아니라 중동, 사하라 이남 아프리카, 중앙아메리카의 분쟁까지, 20세기 후반에 일어난 수많은 대립과 분쟁은 일반적으로 냉전의 시각에서 고찰된다. 그러나 이 시각은 대체로 결정적이었던 외국의 개입과 무기 공급을 훌륭하게 설명하긴 하지만, 냉전과는 다른 이 투쟁들의 독특한 성격을 감안하지 않는다. 특히 20세기 후반에 발생한 분쟁들 다수의 원인인 탈식민화는 그 기원, 경과, 결과 면에서 냉전과는 달랐으며, 따라서 두 가지를 섞지 않는 것이 중요하다.

냉전의 기원은 1917년 러시아 볼셰비키 혁명까지 거슬러올라간다. 이 혁명은 영국, 캐나다, 프랑스, 일본, 미국 등 14개 외국 열강이 개입한 러시아 내전으로 이어졌다. 이는 냉전의 '뜨거운' 단계였으며, 실제로 1921년부터 일반적으로 말하는 냉전과 비슷한 상황이 장기간 지속되었다. 따라서 1945년 이후 상황은 1941년부터 1945년까지 소비에트와 서구가 협력한 휴지기가 끝나고 이전의 냉전이 재개된 것이었다.

1945년 이후 냉전의 초기 초점은 유럽과 동아시아였다. 2차대전의 막바지에 소련군과 서방군이 진군한 영역들 사이의 경계선은 전후에 양편 모두 각자의 위치를 고

핵폭탄을 탑재하기 위해 준비중인 조종사 '킹' 콩 소령(슬림 피킨스). 스탠리 큐브릭 감독의 1964년 영화 〈닥터 스트레인지러브〉의 한 장면.

수하고 더 유리한 위치를 추구함에 따라 단층선으로 굳어졌다. 초기에 공산주의 진영은 비록 이란, 그리스, 필리핀에서 권력을 잡는 데 실패하긴 했지만, 큰 진전을 이루어냈다. (그리스를 뺀) 동유럽을 장악했고, 중국 내전(1946~1949, 전투원 수와 전투 면적 면에서 지금까지도 최대 규모의 분쟁)에서 승리했으며, 1950년 남한 침공을 개시했다. 이 팽창주의는 정치적·군사적 반발을 불렀다. 1949년 유럽 내 소련의 추가 전진을 막기 위해 북대서양조약기구NATO가 설립되었고, 한국 전쟁(1950~1953)에서 북한의 승리를 막기 위해 대규모 군사 개입이 이루어졌다. 미국은 북대서양조약기구뿐 아니라 한국 전쟁에서도 중추적 역할을 했다. 1950년대 초 냉전이 본격적으로 시작되었고, 북아메리카와 서유럽에서 군사비가 대폭 증액되었다.

서유럽 식민 제국들의 몰락을 계기로 특히 중동, 사하라 이남 아프리카, 중앙아메리카에서는 공산권과 반공권이 경쟁할 여지가 생겼다. 미국은 동남아시아에서 특히 베트남에, 그보다 덜한 정도로 캄보디아와 라오스에도 대규모로 개입했지만 성공을 거두지 못했다. 베트남 전쟁에 대한 분석은 논쟁이 분분한 문제로서 지금까지도 특히 대對게릴라전 전략의 실행 가능성과 관련해 군사 작전을 수행하는 최선의 방법을 둘러싼 토론에서 화제에 오르고 있다. 베트남 전쟁은 공군력, 특히 폭격의 장점과 한계에 대한 숱한 논쟁을 낳기도 했다.

미국은 베트남 전쟁에서 패전한(그렇지만 남베트남 사람들에게는 패전이 아니었다) 손실을 1970년대 초 중국과의 관계를 개선하고 그리하여 소련에 큰 타격을 준 외교적 재편으로 얼마간 만회했다. 외교적 재편의 원인은 소련과 중국이 서로 공산권의 맹주가 되고자 각축을 벌이다가 생긴 균열에 있었다. 양국은 1960년대 초에 상당히 마찰을 빚다가 1960년대 말이면 서로 대립하고 일정한 적대감을 보이기에 이르렀으며, 미국의 리처드 닉슨 대통령은 그 기회를 틈타 중국의 지지를 얻는 데 성공했다. 그 결과 소련은 양면 전쟁을 우려해야 하는 처지가 되었다.

1940년대 후반 미국의 소련 봉쇄 전략은 1960년대에 소련의 영향력이 확대됨에 따라 성공하지 못할 것으로 전망되었지만, 중국이 미국 편에 서자 더 지속할 수 있을 것으로 보였다. 1975년 북베트남이 미국의 지원이 끊긴 친서방 남베트남을 정복하긴 했지만, 1978~1979년 중국은 베트남을 침공함으로써 소련과의 동맹이 그런 공격을 막지 못할 것임을 보여주었다.

1980년대 초 미국과 소련 사이 긴장 관계가 다시 불타올랐다. 양편 모두 새로운 첨단 무기를 배치했다. 소련은 1979년 아프가니스탄에 군사 개입을 하고 1981년 폴란드의 인기 있는 비공산주의 개혁을 저지하여 불안과 긴장을 고조시켰다. 1983년 소련측에서 마치 전쟁이 임박한 것처럼 행동이 필요하다고 생각하는 가운데 개전 가능성이 전망되었다.

그러나 소련에서 젊은 지도자 미하일 고르바초프가 새로 집권한 1985년부터 긴장이 완화되었다. 공산권을 강화하려던 고르바초프의 개혁 정책은 본래 의도와는 다르게 1989년 동유럽 공산주의 정권들의 몰락과 1991년 소련의 붕괴로 귀결되었다. 공산주의 통제 체제를 수정하려던 시도는 실패로 끝났다. 동유럽 정권들은 변화를 원하는 대중의 압력을 저지할 만한 힘도 없었고 지원도 받지 못했다. 뒤이은 대규모 시위, 1989년 11월 베를린 장벽 붕괴, 동독 정권의 위태로운 상태는 나머지 동유럽에도 영향을 주었다. 결국 성공하지 못하긴 했지만, 오직 루마니아에서만 1000여 명의 사상자를 내면서까지 공산주의 정권의 붕괴를 저지해보려는 유의미한 시도가 있었다. 그에 반해 중국의 공산주의 정부는 통제력을 유지했다. 소비에트 블록이 직접적인 외부 압력 없이도 급속히 붕괴되는 사태는 1980년대 중반까지도 논평가들을 놀라게 했을 것이다. 소련의 아프가니스탄 전면 개입으로 시작해 공산주의 세력 중심지들의 위기로 끝난 파란만장한 10년간의 붕괴 과정은 역사의 예기치 않은 성격, 우발성의 작용, 개인들의 역할을 보여주는 실례다.

변화하는 정체성

지난 두 세기 동안 정체성이 변화한 정도는 이제껏 충분히 연구되지 않은, 눈에 띄게 경시된 논제다. 19세기 후반에 사람들이 도시로 이주하고 문해력이 확산되고 공교육 제도가 발전하면서 한 세기 전보다 민족에 더 초점을 맞추는 해석이 제시되긴 했다. 그러나 그 해석은 당시 기득권 정치의 일부였는데, 상이한 사회 집단들이 하나의 민족 안에서 서로 연결되어 있다는 '수직적' 사회관을 전제했기 때문이다. 핵심 요소는 사회 구조라고 생각하는 사람들은 그런 해석을 거부했고 지금도 거부하고

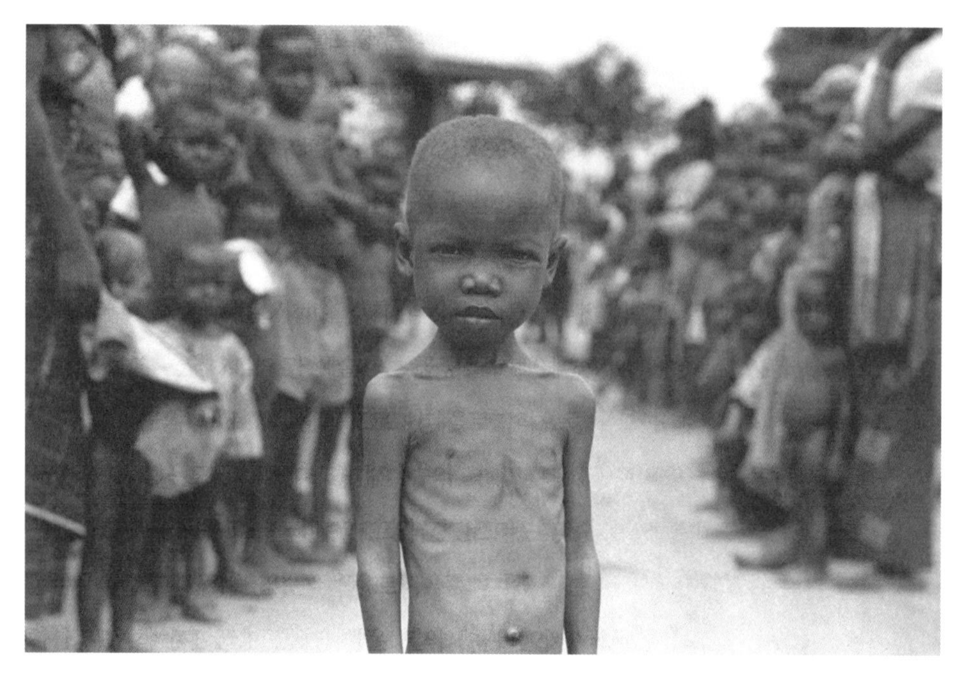

1967~1970년 비아프라 전쟁중의 나이지리아 아이.

있다. 이 마르크스주의적 접근법은 특히 19세기에 큰 영향을 끼쳤지만 오늘날에는 다소 한계가 있어 보인다. 서구 지식인들이 마르크스주의 대신 택한 다른 분석은 정체성—특히 젠더 정체성, 섹슈얼리티 정체성, 종족 정체성—에 근거하는 분석이었다. 이런 정체성은 기껏해야 전체 정체성의 일부였으며 대개 교조적인 방식으로 제시되었다. 종교를 경시하는 경향은 이 분석의 심각한 결함이었다. 정치적·사회적 정체성과 이익 같은 전통적인 논제들을 다루기 꺼리는 경향도 마찬가지였다.

그렇지만 이는 어디까지나 서구의 관점에서 서술한 정체성과 관계였다. 비서구의 범주는 대개 서구의 범주와 다르며, 비서구에서 과거처럼 서구의 개념들이 유보 조건 없이 사용될 가능성은 별로 없다. 예컨대 서구의 제국 통치에서 벗어난 국가들에서 20세기 후반 민주주의의 토대를 다지는 일은 예상보다 훨씬 더 어려운 것으로 드러났다. 논평가들은 1967~1970년 비아프라 전쟁을 치른 나이지리아처럼 종족 분열이 참혹한 내전의 원인으로 밝혀진 국가들에서 부족주의가 너무 강하다고 불평했다. 새로 독립한 국가들이 경제 관리에 실패한 것도 심각한 문제였다. 게다가 여러 나라에서 정부의 특징이었던 부패의 정도를 고려하면 독립이 어떤 사회적 편익을 가져왔는지도 의문이었다. 2000년대에 이라크와 아프가니스탄을 서구식 사회와 정치 체제로 재건하려던 시도가 초기의 낙관론 및 상당한 노력과 지출에도 불구하고 완전히 실패하자 서구의 전제에 오류가 있다는 것이 더 분명하게 드러났다. 1989~1991년 공산권이 무너졌을 때 외부의 논평가들이 동유럽과 소련에서 신앙심의 힘을 '발견'했던 것처럼, 이런 실패는 사회적·정치적 관계에 대한 서구의 종전 모델들이 본질적으로 이데올로기와 기대에 근거했다는 것을 보여주었다. 앞으로는 기존의 서술을 전반적으로 다시 써야 할 공산이 크다.

종교

이 장에서 다루는 기간의 막바지로 갈수록 정치적·사회적 관계와 정체성에 관한 논의에서 종교를 배제하는 접근법은 설득력을 잃어갔다. 종교는 이 기간에 가장 과소평가된 요인 중 하나로 꼽힌다. 한 가지 원인은 이 기간의 새로운 측면으로서 특히 20세기에 두드러졌던 종교에 대한 적대감에 있다. 자칭 진보주의자들은 이데올로기와 도덕의 원천으로서의 종교가 맡는 공적 역할을 대체로 폄하했으며, 일각에서는 의미, 희망, 신념의 사적 원천으로서의 종교를 망상으로, 섹슈얼리티와 마찬가지로 인류학과 심리학, 사회학을 통해 이해하는 것이 최선인 주제로 취급했다. 요컨대 종교를 상대주의의 관점에서 철저히 검토해야 한다는 것이었다.

권위주의 국가들은 종교가 대중의 충성을 저해한다고 여겨 세속화를 열렬히 옹호했다. 예컨대 소련과 공산주의 중국은 무신론을 공식 신조로 삼고 종교적 관습을 근절하고자 중요한 조치를 취했다.

기성 신앙들에 도전한 것은 적대적인 정부만이 아니었다. 세속주의와 회의주의의 광범한 흐름에 더해 신자를 자처하는 사람들 사이에서도 종교의 역할을 축소하려는 움직임이 있었다. 순종적 태도, 가부장적 권위, 사회적 온정주의, 핵가족, 노인 공경 등이 쇠퇴하는 전반적인 사회적 추세는 기성 종교들에 큰 타격을 주었다.

그렇지만 이 장에서 다루는 기간 내내 종교의 활력을 나타내는 수많은 징후가 있었다. 일례로 20세기 후반 미국의 공적 생활에서 종교의 역할은 더 중요해졌고, 미국인 절대다수는 신자를 자처했다.

오랫동안 서구 제국주의와 경계를 공유했지만 그 경계에 갇히지 않았던 기독교는 유럽 밖에서 지지를 유지하고 교세를 넓히는 끈질긴 능력을 계속 발휘했다. 개종한 지역들의 경험은 비록 다양하긴 했지만 이 장에서 다루는 주제의 중요한 일면이었다. 16세기에 에스파냐와 포르투갈에 정복된 이후 개종한 라틴 아메리카는 거의 대부분 가톨릭 사회로 남아 전 세계 기독교도 가운데 가톨릭교도가 다수를 점하는 데 기여했다. 그렇지만 라틴 아메리카 대부분에서 개신교 복음주의가 갈수록 세를 키우기도 했다.

아마조니아와 파타고니아에서 기독교는 부족의 믿음과 경쟁하는 선교 종교로 머물렀고, 적극적인 차별을 포함해 아메리카 원주민의 위치와 문화에 대한 더 광범한 공격에 관여했다.

사하라 이남 아프리카, 중동, 필리핀에서 기독교는 이슬람의 중대한 도전에 직면했다. 두 종교의 대립은 이라크, 나이지리아, 필리핀 남부 등지에서 폭력을 유발했다. 종교적 신념은 나이지리아의 무슬림 하우사족과 기독교도 요루바족의 차이 같은 종족 간 차이와 관련이 있었다.

기독교와 마찬가지로 이슬람도 통일된 세력이 아니었다. 이슬람 세계에는 중요한 종족적·문화적·정치적·경제적 차이뿐 아니라 신학적 균열도 있었다. 그중 가장 중요한 균열은 이란에서 우세한 시아파와 이슬람 세계 대부분에서 우세한 수니파를 갈라놓았다. 수니파는 시아파를 종파 분리론자들로 간주해 공적 후원을 제약하고 대개 가혹하게 차별했다. 이 분열은 특히 시아파 이란과 수니파 이라크가 격렬한 전쟁을 벌인 1980~1988년에 정치적 긴장 관계와 뒤얽혔다. 한편, 이슬람과 힌두교의 충돌은 남아시아에서 정치적 긴장의 주요 측면으로서 1947년 인도와 파키스탄의 분리 독립과 특히 카슈미르 지역을 둘러싼 유혈 분쟁으로 이어졌다.

흔히 이슬람을 가리켜 '근본주의' 신조라고 말하지만, 그것은 무척 다채로운 종교를 지나치게 단순화하는 것이다. 기독교의 다양성처럼 이슬람의 다양성에도 신앙, 소망, 구원에 관한 각자의 견해를 개진하겠다는 개인과 공동체의 결심이 어느 정도 반영되어 있었다. 아울러 신앙의 패턴에, 그리고 비애를 견디고 변화를 이해하는 인간의 능력에 영향을 끼치는 사건들의 압력이 반영되어 있었다.

종교는 예컨대 티베트의 불교와 이스라엘의 유대교처럼 곧잘 정체성의 가장 중요한 초점으로 기능했다. 종교의 다채로운 발현 형태들은 종교가 과학의 진보에 의해 불필요해지고 세속주의에 의해 주변부로 밀려난 시대착오적인 것과는 거리가 멀다는 것을 보여주었다.

새로운 세계 질서인가, 비대칭적 불안정성인가?

1991년 소련이 몰락하자 미국이 지배하는 새로운 세계 질서가 출현할 것으로 전망되었다. 특히 소련의 종속국들이 패하거나 위협당한(1991년과 2003년의 이라크, 1995년과 1999년의 세르비아처럼) 이후 그런 전망이 무성했다. 금융 시장의 자유화와 국유 자산의 민영화를 포함하는 자유시장 자유주의와 연관된 미국식 경제 모델과 금융 모델이 확산됨에 따라 미국의 권력은 더욱 강력해 보였다.

이 접근법의 신뢰도는 2000년대 들어 여러 방면에서 극적인 도전을 받았다. 이슬람 세계, 특히 아프가니스탄과 이라크는 근본주의자를 비롯한 여러 적수를 통해 미국과 그 동맹들에 저항했다. 가장 극적인 저항은 2001년 민간 항공기를 납치해 뉴욕과 워싱턴 DC를 공격한 사건이었다. 이로써 이슬람 근본주의자들은 테러리즘 수법을 능숙하게 구사할 수 있음을 입증해 보였다. 그들은 서구화라고 알려진 추세에 대한 대중의 적대감도 활용할 수 있었다. 지역민을 깎아내리고 서구와는 다른 가치관을 위협하는 그 추세는 흔히 세계화로 제시되었다.

2000년대부터 중국과 러시아의 한층 공격적인 자세, 더 구체적으로 말하면 미국의 선택지를 줄인 양국의 협력 역시 미국의 권력을 약화시켰다. 이는 1970년대에 시작된 미국과 중국의 외교 관계에 크게 역행하는 행보였다. 그 결과로 동중국해에서 중국을, 또는 동유럽에서 러시아를 상대하는 미국의 능력이 크게 약화되었다.

그 배경에는 지난날보다 미국을 더 강하게 비판하는 세계 각지의 목소리들이 있었다. 그들은 미국이 아닌 다른 나라들에서, 특히 중국에서 대안 모델을 찾으려 했다. 2015년 성장률에서 중국을 앞지른 인도는 또다른 모델이었다. 두 모델은 미국 모델보다 덜 자유주의적이었다. 중국 모델은 일당 국가였으며, 인도 모델은 더 합의주의적인 국가였다.

이 상황이 '새로운 세계 질서'에 이르렀는지는 불분명한데, 그런 평가는 분쟁 없는 세계가 가능하다는 것을 전제하기 때문이다. 가능하다는 생각은 유토피아적 세계관이다. 무엇보다 자원이 끊임없이 압력을 받는데다 인구가 급증하고 있기 때문이다.

미국과 여타 나라들이 이해관계와 모델을 놓고 벌이는 다툼에만 초점을 맞출 경우 분쟁의 다른 원천, 독립적이거나 적어도 자율적인 원천이 있음을 경시하게 된다. 이를테면 여러 나라가 내전과 무력 정치에 반란이 겹치는 분쟁을 겪었다.

폭력을 사용해 정치적 결과를 얻는 것은 공통된 추세였다. 가장 분명한 실례는

천황 퇴위 계획을 발표하는 아키히토. 2016년 7월 13일.

폭력의 수준이 줄곧 높았던 아프가니스탄, 시에라리온, 라이베리아, 유고슬라비아였다. 종족 간 긴장 관계와 더 넓은 지정학적 경쟁도 중앙아프리카, 특히 콩고와 르완다에서 벌어진 참혹한 내전에서 결정적인 역할을 했다. 1990년대 말과 2000년대 초의 콩고 내전은 2차대전 이후 가장 많은 사상자를 냈다. 이 복잡한 분쟁에는 종족 차이의 정치화와 르완다를 비롯한 아프리카 이웃 국가들의 개입이 반영되어 있었다. 이와 비슷한 오래된 분쟁이 아프리카의 다른 국가들에서도 벌어져왔다. 실로 중앙아프리카공화국, 소말리아, 수단 등지의 관점에서 보면, 정치적 발전을 상서롭게 서술할 그 어떤 근거도 찾기 어렵다. 불안정에 빠진 지역은 인접한 지역들까지 끌어들일 수 있다.

미래를 내다보는 견해들은 서로 엇갈렸다. 특히 러시아와 북대서양조약기구 또는 중국과 일본 사이에 재래식 전쟁이 일어날 가망에 초점을 맞추어야 할지 아니면 아프가니스탄의 반군 같은 반란 집단들의 저항에 주목해 대반란전에 초점을 맞추어야 할지 불분명했다. 2008년 무렵이면 냉전 이후 1990년대의 낙관론이 아주 먼 기억처럼, 과거의 산물이자 순진한 생각처럼 보였다. 중단되거나 역행하는 추세, 오판으로 판명된 예측 등의 방식으로 역사의 불연속적 성격이 확연히 드러났다. 미래는 지금과 어떻게든 다를 것이라고 예상할 이유는 전혀 없다.

새로운 세계관들

종교계에서는 세속의 정치적·사회적 관계를 신의 의도를 고려하여 설명하는 세계관을 제시한 반면, 새로운 세계관들은 이미 논한 변혁적 이데올로기들뿐 아니라 새로운 공간 관념들까지 포함시켰다. 그중 가장 두드러진 것은 1969년 인간을 달에 착륙시키는 데 성공한 미국의 아폴로 계획에 담긴 공간 관념이었다. 이 계획은 하나의 전체로서의 지구를 보여주는 사진을 유산으로 남겼다. 그것은 환경론자의 전체론적 견해에 부합하는, 하나의 세계라는 강력한 이미지였다.

같은 시기에 지구의 공간 분포에 대한 새로운 해석들이 제시되었다. 그중 가장 논쟁적인 해석은 독일 마르크스주의자 아르노 페터스Arno Peters가 1967년에 고안해 1973년에 발표한 도법圖法이었다. 세계 지역들 간의 관계를 기존과 다른 관점에서 포착한 페터스는 도법이란 본질적으로 정치적인 문제라고 주장했다. 면적을 정확히 표현하는 페터스의 도법에 담긴 세계관은 면적이 아닌 방위를 정확히 표현하는 전통적인 메르카토르 도법의 세계관과 대비되었다. 유럽 제국들의 시대가 막을 내렸고 현대 기술이 발전하고 있으므로 새로운 지도 제작법이 필요하다는 페터스의 주장은 국제적 호응을 얻었다. 열대 지방의 실제 면적을 보여주는 페터스의 도법은 제3세계의 관심과 제3세계에 대한 관심에 부합했으며, 그런 이유로 국제 원조기구들은 세계 수준의 정치적·사회적 관계에 대한 정부들의 견해와 매우 다른 견해를 제시하는 페터스의 도법을 힘주어 지지했다. 페터스의 세계 지도는 (새로운 가치관을 반영하는 새로운 표현을 사용하자면) 정치적으로 올바른 아이콘이 되었다. 이 세계 지도는 세계주의적 시각, 사회적 관심사, 재분배 전략을 융합한 기구인 국제개발문제독립위원회에서 발행한 '브란트 보고서' 『북과 남: 생존을 위한 계획North-South: A Programme for Survival』(1980)의 표지에 실리는 동시에 보고서 안에서 칭송을 받았다.

페터스의 도법은 비록 진지하게 비판받을 여지가 있긴 했지만, 세계를 지도에 어떻게 표상하는 것이 최선이냐는 쟁점을 극적으로 제기했다. 1989년 지도책 『페터스 세계 지도』에서 그는 모든 지도를 동일한 축척으로 그렸다. 그 결과 전통적인 지도책들보다 아프리카, 아시아, 남아메리카의 면적은 더 넓게, 유럽과 북아메리카의 면적은 더 좁게 표현되었다.

페터스의 도법보다 덜 극적인 아서 로빈슨Arthur Robinson의 1961년 도법은 주요 대륙들을 끊김 없는 형식의 지도에 최대한 면적-축척의 왜곡 없이 나타내기 위해 고안되었다. 이 도법은 1898년 고안되어 종전까지 영향력을 발휘해온 판 데어 그린텐Van der Grinten의 도법보다 면적 면에서 더 정확했는데, 후자는 메르카토르 도법의 관행을 계승한 터라 온대 위도의 면적을 과장해서 나타냈다.

상이한 도법들은 세계사를 다루는 방법이 단 한 가지가 아님을 일깨우는 유익한 증거다. 서구 제국의 지배력이 확실한 논제처럼 보였을지 모르지만, 차드와 미얀마, 나이지리아, 수단 등의 나라에서 그 지배력은 고작 60여 년간 지속되었을 뿐이며, 1825년 무렵 캐나다 이남 아메리카 대륙 본토에서 유럽 제국들은 이제 기껏해야 조각들만 통제할 뿐이었다. 게다가 2010년대 후반의 관점에서 보면, 영국령 인도와 프랑스령 알제리처럼 더 길었던 제국 통치기마저 갈수록 세계사의 한 기간에 지나지 않는 것으로 보인다. 영국은 1947년 인도에 대한 통제를 포기한 뒤로는 세계 최대 제국의 나머지 부분들에 대한 자국 대중의 관심을 불러일으키기 어려웠는데, 그 제국의 논리라는 것이 대부분 사라진 상태였기 때문이다.

세계 도처에서 탈식민화는 안정적인 정치 체제로 곧장 이어지지 않았다. 아메리카에서 탈식민화는 국가 간 전쟁과 내전으로 이어졌다. 1861년부터 1865년까지 가장 유명한 미국 남북 전쟁이 벌어졌을 뿐 아니라 멕시코와 중앙아메리카 대부분에서도 분쟁이 끊이질 않았다. 쿠데타가 빈발한 아프리카와 아시아의 사정도 매한가지였다. 여러 국가에서 무력은 강압력을 유지하고 특히 지역 분리주의를 억누르기 위해 어디서나 사용하는 정치의 표준 수단이었다. 탈식민 국가들은 대개 국가의 위계 밖에 있는 집단과 지역을 관용하는 관행을 결여하고 있었다. 오히려 국가 권력을 사용해 그런 집단과 지역의 폭력적 대응을 부추겼다.

국가들 사이에 남은 제국주의의 유산, 즉 현지의 여러 정체성, 이해관계, 견해를 전혀 고려하지 않고 그어놓은 국경선은 곧잘 문제를 일으켰고 숱한 비판을 받았다. 같은 맥락에서 식민지 시절 이후 아프리카에서 일어난 종족 분쟁의 한 원인으로 유럽 제국주의의 관행이 지목되었다. 더 일반적으로는 이웃한 국가들이 흔히 서로 다른 가치관을 개진한 까닭에 국경이 중요한 심리적 경계로 기능하기도 했다.

많은 탈식민 국가들이 민주주의를 운용하는 데 어려움을 겪었다 할지라도, 개발도상국의 탈식민 역사에서 민주주의의 자리를 무력과 독재가 대신 차지했다고 말하는 것은 잘못이다. 가장 큰 탈식민 국가인 인도는 비록 어려움이 없진 않았지만 독립하면서 수립한 민주주의 체제를 유지했다. 1981년부터 2003년까지 총리를 역임한 마하티르 빈 모하맛 총리[2018년 다시 총리가 되었다—옮긴이]의 말레이시아 정권 같은 여러 권위주의 정권은 대개 민주주의와 법치의 측면을 포함하는 혼합 정체의 형태를 유지했다.

탈식민화와 신생 독립국 간의 분쟁은 소련이 지배하는 공산권과 미국이 이끄는 반공산권의 냉전 투쟁과 뒤얽혔다. 1950년대와 1960년대에 격렬했던 이 투쟁은 1970년대 들어 누그러들었는데, 소련과 갈라선 공산주의 중국과 미국의 관계가 더 가까워졌기 때문이다. 이 관계는 냉전에서 미국의 결정적인 강점이었다. 경제의 회복력과 국가 역량을 이용해 채권 시장에서 자금을 조달한 1980년대 레이건 정부의 능력도 미국의 강점이었다. 미국이 채권에 의존한 이유는 자원을 동원해 소련이 따라오지 못할 수준으로 군사력을 증강하기 위해서였다. 소련은 돈이 부족했을 뿐 아니라 채권 시장에서 자금을 조달할 수도 없었다.

1989년 소련과 동유럽에서 공산주의가 붕괴되고 중국과 베트남이 세계 경제에 통합되면서 1990년대에 새로운 세계 질서가 자리잡았다. 초기에는 더 안정적이고 자유주의적인 세계에 대한 낙관론이 우세했다. 1945년 국제 연합 창설에 걸었던 큰 기대가 되살아났고, 세계 다자주의가 확실히 작동할 수 있을 것으로 전망되었다.

이 확신은 세계 도처에서 종족·종교 분쟁이 부활하면서 급속히 허물어졌다. 1990년대에 정체성과 분쟁을 형성하고 표현한 것은 냉전기의 이데올로기적 분열이 아니라 지역 수준의 종족성이었다. 이 상황은 2000년대 들어 이슬람이 자유주의적 국제주의에 제동을 거는 새로운 '국제주의'를 제시하면서 더욱 심화되었다.

그 결과는 근래에 각계에서 자신감의 위기로 나타났다. 유럽 제국들과 유럽 내 공산주의가 몰락한 이후 사람들이 자유를 얻었음에도 자유주의적 소망은 이루어지지 않았다. 진보적인 미래가 예상되기는커녕 많은 이들이 보기에 어두운 과거로 돌아가는 듯한 위협적인 상황이 다가왔다. 1990년대에 르완다와 유고슬라비아에서 일어난 학살은 정치적 타락의 분명한 징후였다. 길게 보면 확연히 드러나듯이, 벨라루스와 카자흐스탄 같은 신생 독립국들은 권위주의적 해결책에 의존했다.

1980년대, 1990년대, 2000년대 초의 경제 성장은 수많은 사람들을 빈곤에서 구해주었지만, 경제 성장에 따른 혼란을 반기지 않은 집단도 많았다. 세계화에 대한 적대감은 대개 자유시장 경제에 대한 의구심을 의미했다. 실행 가능한 마땅한 대안이 없었음에도 최근까지 불만은 계속 퍼져나갔다. 한때 수많은 사람들을 고무했던 국제 수준의 화합, 협력, 통일된 목표는 줄곧 요원한 희망일 뿐이었다.

에필로그

과거를 전문 분야로 삼고 현재의 격변에서 지나치게 자주 영감을 얻는 역사가들은 미래를 멀리하라는 현명한 충고를 듣곤 한다. 그러나 미래는 아직 오지 않은 과거일 뿐이다. 미래는 예측할 수 없는 방식으로, 때로는 축음기의 상태 나쁜 바늘처럼 레코드판의 홈을 건너뛰거나 긁는 식으로 찾아올 것이다. 그렇지만 과거의 사건과 미래가 모종의 연속성으로 묶이지 않을 가능성은 낮다. 신과 직통으로 통화하는 예언자, 또는 별, 손금, 찻잎 등의 비밀을 엿보는 특권을 가진 점술가가 아니라면, 미래에 대해 말하는 방법은 좋든 싫든 하나밖에 없다. 바로 과거에 근거해 말하는 방법이다. 그리고 그 일을 해내기에는 선견자나 예언자보다 역사가가 더 적합하다.

우리는 이 책의 논제들을 되돌아보고서 그것들이 앞으로 어떻게 될지 상상해볼 수 있다. 발산과 수렴은 아마도 새롭거나 익숙하지 않은 방식으로 계속될 것이다. 어느 의미에서 세계화는 수렴이 강하게 일어나는 단계, 즉 문화들이 서로의 전통, 개념, 취향, 솜씨를 교환하고 그 결과로 서로 닮아가는 단계라고 말할 수 있다. 예컨대 우리는 일부 종교들이 갈수록 전 세계를 지향하고 포용성을 넓혀감에 따라 서로 구별하기 어려워질 것으로 예상할 수 있다. 또한 언어들이 영향을 주고받고, 주류 음악이 갈수록 세계주의적인 음악이 되고, 퓨전이 음식의 특징이 되고, 같은 상표와 상품이 모든 시장을 정복하고, 다문화주의가 점점 더 얼룩질 것으로 전망할 수 있다. 수렴이 언젠가 발산을 완전히 대체할 수도 있다—결국 모든 사람이 문화적으로 균질한 세계, 즉 민주주의 체제에서 투표하고, 자본주의에 의지하고, 영어를(또는 한때 명확하고 정확한 언어였으나 그후로 형체가 없어진 어떤 언어의 모조물을) 구사하고, 트위터에 올릴 만한 글자 수로 사고하는 세계에서 살아갈 수도 있다—고 생각하는 것은 솔깃한 일이다. 그러나 그런 일은 일어나지 않을 것이다. 적어도 수렴이 발산을 밀어내는 일은 없을 것이고, 세계화의 외피 아래서 발산은 계속될 것이다. 설령 언젠가 단일한 세계 문화가 출현한다 해도 그것은 기존의 다채로운 문화들에 추가된 또하나의 문화일 것이다. 문화, 취향, 언어 가운데 주변부의 것은 사라질 테지만 나머지는 대부분 번창할 것이다. 한 가지 이유는 사이버 공간이 게토들로 쪼개져 있고 각각의 게토 안에서 서로 마음이 맞는 소수 집단이 어떠한 기벽이든 길러낼 수 있기 때문이고, 다른 이유는 모든 응집 과정이 분열성 반응을 촉발하기 때문이다. 환경 보호론자들이 멸종 위기종을 지키고자 안간힘을 쓰는 것처럼 소수 집단들은 쇠약한 언어, 사라져가는 요리법, 버림받은 예술, 시대에 뒤진 것처럼 보이는 관습을 보존하고자 분투한다. 어떤 획일적인 거대 문화에 동화될지 모른다는 두려움보다 더 전통의 쇄신이나 발명을 자극하는 것은 없다.

세계의 주도권—일부 집단들이 다른 집단들을 움직이고자 행사하는 힘—은 부와 무력의 균형이 변화함에 따라 계속 이동할 것이다. 미국 납세자들이 더이상 지구를 지배할 수단을 갖고 있지 못하고 그럴 의향도 보이지 않는 현 세계에서 앞으로 주도권을 쥘 가장 유력한 후보는 중국이다. 그렇지만 중국의 전망은 다음 네 가지 주된 원인 때문에 그리 밝지가 않다. 첫째, 한 자녀 정책의 결과로 인구가 고령화되고 있다. 둘째, 지역 동맹이 부족하고 모든 인접국과 분쟁—이데올로기 분쟁이나 영토 분쟁—을 벌이고 있다. 셋째, 국내 통합이 공고하지 못하다. 일종의 전시장 같은 지역인 홍콩에 독특한 자치권을 부여하는 '일국양제'를 채택하고 있고, 동부에서 대만을 비롯한 분리주의 운동들을 상대하고 있으며, 빠르게 발전하는 특권적 지역들과 시골의 방대한 저개발 배후지 사이에 경제적 이해관계의 커다란 간극이 존재한다. 넷째, 중국의 가장 심각한 구조적 문제는 일당 국가와 시장 경제라는 지속 불가능해 보이는 조합을 추구한다는 것이다. 공산당이 절대 권력을 쥐고 있긴 하지만, 경제적 부는 공산당과 별로 겹치지 않는 부르주아지의 수중에 집중되어 있다. 권력은 부의 뒤를 따른다는 타당하고 오래된 마르크스주의적 이유 때문에라도, 중국은 정치적 격변을 피하기 위해 정치권력과 경제권력의 균형을 조정할 필요가 있다. 지난 200년간 중국이 세계 권력 정치에서 제 기량을 발휘하지 못한 주된 이유는 아마도 악정惡政에 있을 것이다. 그러나 필요한 변화를 일으키는 대담한 선정을 편다면, 중국은 막대한 인력, 강한 교육 전통과 제도, 급속한 경제 성장을 바탕으로 초강대국으로 부상할 가장 유력한 후보다. 지난 수십 년간 하나의 초강대국 미국이 모든 경쟁국을 위축시킨 독특한 상황은 필시 다른 상황으로 바뀔 것으로 보인다. 만약 중국이 미국의 패권을 넘겨받지 못한다면, 다극 세계가 그 뒤를 이을 것이다. (미국과 중국을 포함해) 주요 지역 강국들이 영원한 긴장 상태와 출렁이는 평형 상태—변화하는 적대 관계, 동맹 관계, 협상 관계에 달린 세력 균형 상태—에서 서로 경쟁할 것이다.

환경 훼손은 예측 가능한 미래에 계속될 것이고 아마도 더 악화될 것이다. 저 멀리 있는 태양의 에너지 공급과 종잡을 수 없는 미생물 진화에 따른 기후 변화와 질병 때문만이 아니라 인위적인 훼손의 주요 원인들을 통제할 수 없기 때문이기도 하다. 환경을 가장 크게 훼손하는 인위적인 원인은 바로 소비다. 인구 증가도 한 가지 원인이긴 하지만, 20세기에 세계 인구가 약 4배 증가하는 동안 1인당 평균 소비량—대부분 미국과 유럽에 집중되었다—은 거의 20배 증가했다. 만약 소비량이 일정하게 유지되었다면, 세계 인구가 5배까지 증가하더라도 생물 다양성 감소, 토양 오염, 탄소 배출, 사막화, 대기와 물 오염, 자원 고갈이 심화되지 않았을 것이다. 오늘날의 지속 불가능한 소비 수준은 틀림없이 더 높아질 것이다. 지난날 혜택을 받지 못했던 사람들이 미국인과 유럽인이 지금까지 공평한 몫보다 훨씬 많은 자원을 탕진해왔다며 이제 자신들도 그들과 똑같은 양과 질의 음식, 물, 옷, 화석 연료, 상품을 누리겠다고 요구—불합리한 요구가 아니다—하고 있기 때문이다. 우리는 걷잡을 수 없는 소비를 통제하지 못한다. 그런 소비의 원인이 무엇인지 모르기 때문이다. 일부 분석가들에 따르면 만족을 모르는 우리의 뿌리 깊은 욕구 때문이고, 다른 분석가들에 따르면 경쟁적 경제 체제의 역학 때문이다. 진화심리학에서 말하는 경쟁자 평가에 기인하는 벗어날 수 없는 충동, 제로섬 게임에서 포만감을 추구하는 기만적 감각도 원인으로 꼽힌다. 또한 우리는 두 가지 영향을 피할 수 없다. 첫째, 민주주의는 소비를 부추긴다. 유권자들은 경제 성장에는 표를 주는 반면에 장기간의 긴축 정책은 감내하지 않을 것이기 때문이다. 둘째, 프랑스 속담처럼 입맛은 먹을수록 생긴다. 번영은 낭비를 조장하고 풍요는 고갈을 불러온다.

늘어난 소비의 비가역성은 변화의 속도가 조만간 전반적으로 느려질 가망이 별로 없다는 것, 오히려 변화의 속도가 무한정 빨라지지 않을 이유가 없다는 것을 일깨운다. 변화가 느려지거나 역행할 법한 상황을 상상할 수는 있다. '시계를 거꾸로 돌리는' 초대형 재앙, 변화를 자극하는 문화의 교환이 중단되는 사태 등이 그런 상황이다. 하지만 그런 예측 불허의 상황이 발생할 가능성은 당분간 없다. 오늘날이라면 립 밴 윙클Rip van Winkle[워싱턴 어빙의 단편 소설 제목으로, 주인공 립 밴 윙클이 산에서 하룻밤 자고 일어났더니 20년이 흘러 있었더라는 이야기다—옮긴이]이 낮에 잠깐 눈을 붙였다가 깨더라도 놀라운 세계와 혼란스러운 경험이 그를 맞이할 것이다.

그러므로 갖가지 악영향, 이를테면 불안, '미래 충격', 두려움, 그리고 변화가 자신들의 문화, 정체성, 일자리, 안보 따위를 위협한다고 느끼는 사람들의 반동적(때로는 폭력적) 대응 등을 피할 길은 없을 것이다. 우리는 하나의 실패한 해결책과 똑같이 실패한 정반대 해결책 사이에서 오락가락하고 있다. 지나친 계획과 무모한 규제 완화 사이에서, 전제정과 민주정, 전체주의와 무정부 상태, 권위주의와 자유지상주의, 다원주의와 종족 중심주의, 이데올로기적 세속주의와 비이성적 종교 사이에서 허둥대고 있다. 기만적일 정도로 단순하고 악의적인 '최종' 해결책들이 변화가 두려워 몸부림을 치는 유권자들을 끌어당기고 있다. 대중을 착취하는 선동가들이 경쟁하듯 내놓는 강령들 사이에서 갈팡질팡하는 사람들의 행태는 내가 보기에 그들이 통제 불능으로 보이는 변화에 직면해 얼마나 당황하고 있는지를 알려주는 척도다. 인간 가치관의 모순점 중 하나는 우리 대부분이 부단한 변화를 바라는 동시에 익숙함을 선호하는 매우 보수적인 편견을 고수한다는 것이다. 변화는 어쩌면 좋을지도 모르지만 언제나 위험하다. 변화의 위험을 느낄 때, 사람들은 마치 이불을 꽉 움켜쥐는 아이처럼 안전을 붙잡으려 한다. 자신에게 무슨 일이 벌어지고 있는지 이해하지 못할 때, 그들은 공포에 사로잡힌다. 대공포는 마치 고행자의 채찍처럼 사회를 후려친다. 지식인들은 '포스트모던' 전략에서, 즉 무관심, 아노미, 도덕적 상대주의, 과학적 불확정성, 혼돈 포용하기, 나는 신경 안 쓴다는 태도je-m'en-foutisme에서 위안을 구한다. 유권자들은 불확실성에 대응해 시끄러운 소인배와 겉만 번지르르한 해결책에 굴복한다. 종교들은 교조주의와 근본주의로 변질된다. 대중은 변화의 원인으로 추정되는 것들에, 특히 이민자와 국제기구에 등을 돌린다. 국가들은 자원이 고갈될지 모른다는 두려움 탓에 잔혹하고 값비싼 전쟁을 일으킨다.

급속한 변화는 지혜와 도덕을 뺀 모든 것을 계속 침범할 것이다. 더 나은 세상을 만들려면 더 나은 사람들이 필요하지만, 개개인이 진정으로 정화淨化되는 드문 경우를 빼면 사람들을 개선할 방도는 없다. 여하튼 조작을 통해 개인을 정화하는 것은 불가능하다. 과거에는 세 가지 방법을 시도했다.

첫째, 체제를 개선하는 방법이다. 다시 말해 국가와 사회의 배열을 손질해 사람들을 유덕하게 만들 수 있는 사회적·정치적 환경을 조성하는 방법이다. 이것은 거의 지난 3000년 내내 대다수 정치사상가들의 원대한 목표이긴 했지만, 우리는 이 방법을 포기한 것으로 보인다. 그토록 긴 실패의 기록은 반박할 여지가 없다. 모든 유토피아는, 비록 진심이 담긴 인상적인 지지를 받긴 하지만, 몹시 혐오스러운 재앙 또는 디스토피아로 보인다. 모든 유토피아주의자는 시민을 개선하는 사회의 힘에 대한 그릇된 신념을 피력한다. 그들 모두 우리가 가상의 아버지 같은 존재들, 삶을 비참하게 만들 것이 분명한 존재들에 고분고분 복종하기를 원한다. 수호자, 프롤레타리아 독재자, 참견하는 컴퓨터, 뭐든 다 아는 신권정치가, 가부장적 현인 등으로 제시되는 그 존재들은 우리를 대신해 생각하고, 우리 삶을 지나치게 규제하고, 우리를 짓눌러 찌부러트리거나 잡아당겨 늘여서 위안이라곤 없는 순응 상태에 가둬놓는다. 모든 유토피아는 프로크루스테스[그리스 신화에서 손님을 침대에 눕히고 키가 침대보다 크면 다리를 자르고 작으면 잡아 늘였다는 악당—옮긴이]의 제국이다. 현실 세계에서 구현한 유토피아적 비전에 가장 가까운 사례는 20세기에 볼셰비키와 나치가 건설한 국가다. 대다수 사람들의 궁극적인 유토피아는 적이 없는 세계이며, 그 세계를 구현하는 가장 빠른 길은 적을 몰살하는 것이다. 이상적인 사회를 찾는 것은 행복을 추구하는 것과 비슷하다. 목적지에 도착하고 나면 환상이 깨지기 마련이므로 희망을 품고 여행을 이어가는 편이 더 낫다.

둘째, 종교를 통해 인류를 개선하는 방법이다. 그런데 과연 종교가 사회 공학이나 정치 공학보다 조금이라도 더 나을까? 종교는 악한 사람들의 악함을 정당화하는 것 못지않게 선한 사람들의 선함을 설명한다. 그러나 사람들을 선하게 만드는 방법으로서 종교의 기록은 신통치 않다. 종교가 자신을 완전히 바꾸었다고 단언하는 사람들이 곧잘 '다시 태어났다'고 말하긴 하지만, 그들의 행동을 면밀히 따져보면 종교의 효과는 미미해 보인다. 평균적으로 종교인들은 비종교인들 못지않게 악행을 저지를 수 있는 것으로 보인다. 텔레비전 전도자들의 추문, 또는 광신적 자살 폭탄 테러범들, 고문하고 참수하는 사람들의 잔혹 행위는 진심으로 받아들인 신앙과 양립할 수 있는 것으로 보인다. 종교는 평화에 이바지하는 경우보다 폭력을 정당화하기 위해 남용되는 경우가 더 많다. 종교적 규율에 민감하거나 구원의 부름에 귀를 기울이는 사람들의 삶에서조차 성결함은 보통 오랫동안 유예된다. 세 교황 요한 바오로 2세, 베네딕토 16세, 프란치스코는 지난 50년간 다양한 방식으로 도덕을 가장 효과적으로 대변했을 테지만, 그들의 권고는 신도 대다수의 귀에 들어가지 않았고, 성직자 태반에게가 닿지 않았다. 일부 종교들은 실질적인 자선 활동을 조직하고, 예술을 고양하고, 헌신을 인도하고, 공동체를 형성하고, 가정생활을 보살피고, 고통받는 자들에게 위안을 주는 식으로 세계에 이바지한다. 그러나 도덕적 정체 상태를 끝내려면 선함 그 이상이 필요하다. 종교들이 염원할 수 있을 뿐인 어떤 기적이 필요하다.

셋째, 과학으로 인류를 개선하는 방법이다. 사회와 종교는 인류를 개선할 수 없을지라도, 어쩌면 과학은 할 수 있을지도 모른다. 일찍이 플라톤이 제시한 완벽한 사회는 그 사회가 완벽한 개인들로 구성되어야 한다는 전제에 어느 정도 달려 있었다. 따라서 가장 뛰어난 시민들에게는 후손 늘리기를 독려하는 동시에 우둔하거나 불구인 아이들은 자라서 자녀를 낳지 못하도록 근절해야 했다. 19세기 유럽과 북아메리카에서는 인종주의—이른바 인종적 열등함을 유전되는 성격 결함 탓으로 돌렸다—와 다윈주의의 한 형태—자연 선택의 이점을 인위적으로 늘릴 수 있다고 믿는 형태—의 영향 아래 우생학이 되살아났다. 나치 독일은 우생학적 이념을 가장 열렬하게 채택하고 그 논리를 실현했다. 열등한 사람들의 번식을 막는 가장 좋은 방법은 그들을 죽이는 것이라는 논리였다. 유대인, 집시, 동성애자 등 국가가 유전적으로 열등하다고 규정한 범주에 속하는 사람은 누구든 절멸당할 수 있었다. 히틀러는 선택적 교배를 통해 자신이 생각한 주인 인종을 완벽한 인종으로 만들려고 시도했다. 그러나 키가 크고 강인하고 파란 눈과 금발을 가진 남녀를 실험 대상처럼 짝지어 태어나게 한 아이들은 시민 자질, 지도력, 불굴의 인생 역정 등에서 다른 사람들보다 평균적으로 더 나은 점도 못한 점도 없어 보였다.

나치의 도를 넘은 행태 탓에 우생학은 수 세대 동안 인기가 없었다. 하지만 우생학적 발상은 오늘날 새로운 외양으로 돌아오고 있다. 이제 우리는 유전자를 조작한 아기를 낳을 수 있다. 우수한 정자를 보관한다는 정자은행을 이용해 맞춤 아기를 구매할 수 있다. 여러 유전적 특성과 연관된 특정한 유전자를 가려내는 방법 덕에 소위 바람직하지 않은 특성이 배아의 유전 물질에 들어가지 않도록 미리 걸러내는 것이 이론적으로 가능해졌다. 그 결과는 유전자를 선택하는 사람들의 기준—불완전하고 편향적이고 아마도 단명할 듯한 기준—에 의거할 때만 확실히 더 나아 보일 것이다. 일각에서는 인간의 뇌를 인터넷과 연결해 도덕적으로는 아닐지라도 지적으로 완벽해질 수 있으리라 상상하지만, 그 결과는 분명 데이터는 지나치게 많지만 지혜는 부족한 로봇 같은 인간일 것이다.

간단히 말해 과거의 특징을 이루어온 테마들의 전개 양상을 미래에 투영해보면, 암울한 미래가 다가올 것으로 예측된다. 미래학의 수정 구슬은 울적하리만치 뿌옇다. 위안거리가 두 가지 있기는 하다. 첫째, 비관주의는 재앙에 대비해 스스로를 보호하는 좋은 방법이다. 둘째, 예언자의 기능은 틀리는 것이다. 예언자는 카산드라처럼 아무도 옳은 경고에 주의하지 않는 저주에 걸려 있기 때문이다[그리스 신화에서 아폴론은 카산드라에게 예지력을 주었다가 그녀의 사랑을 얻지 못하자 예언의 설득력을 빼앗는 저주를 내린다—옮긴이]. 주도권의 위험한 이동, 문화적 발산과 수렴의 계속되는 긴장 관계, 변화는 점점 빨라지지만 도덕이나 지혜는 전혀 따라가지 못하는 상황에 직면한 우리는 예측에 실패할지도 모른다. 그렇지만 예측 실패가 성공적인 대책을 마련하도록 자극할지도 모른다. 과연 어느 누구라도 유효한 대책을 생각해낼 수 있을까?

독서안내

서론

de Wall, F. B. M., and Tyack, P., (eds.), *Animal Social Complexity* (Cambridge, MA: Harvard University Press, 2003).

Fernández-Armesto, F., *So You Think You're Human?* (Oxford: Oxford University Press, 2004).

Jeeves, M. (ed.), *Rethinking Human Nature* (New York, NY: Eerdmans, 2011).

Lewis, M. T., *Cézanne* (London: Phaidon, 2000).

McGrew, W. C., *The Cultured Chimpanzee* (Cambridge: Cambridge University Press, 2004).

Whitehead, H., *The Cultural Life of Whales and Dolphins* (Chicago: Chicago University Press, 2015).

Wright, W. (필명 S. S. Van Dine), *The Bishop Murder Case* (New York, NY: Charles Scribner & Sons, 1929).

제1장 빙하 시대에 출현한 인류

Gamble, C. S., *Settling the Earth: The Archaeology of Deep Human History* (Cambridge: Cambridge University Press, 2013).

Gamble, C. S., Gowlett, J. A. J., and Dunbar, R., *Thinking Big: The Archaeology of the Social Brain* (London: Thames & Hudson, 2014).

Gellner, E., *Plough, Sword and Book: The Structure of Human History* (London: Collins Harvill,

1988).
Grove, M., 'Change and Variability in Plio-Pleistocene Climates: Modelling the Hominin Response', *Journal of Archaeological Science* 38 (2011), 3038-47.
Kelly, R., *The Lifeways of Hunter-Gatherers: The Foraging Spectrum* (Cambridge: Cambridge University Press, 2013).
Meltzer, D. J., *First Peoples in a New World: Colonizing Ice Age America* (Berkeley: University of California Press, 2009).
Mitchell, P., *The Archaeology of Southern Africa* (Cambridge: Cambridge University Press, 2002).
Oppenheimer, S., *Out of Eden: The Peopling of the World* (London: Robinson, 2004).
Pettitt, P. B., *The Palaeolithic Origins of Human Burial* (London: Routledge, 2011).
Potts, R., 'Variability Selection in Hominid Evolution', *Evolutionary Anthropology* 7 (1998), 81-96.
Shryock, A., and Smail, D. L., (eds.), *Deep History: The Architecture of Past and Present* (Berkeley: University of California Press, 2011).
Smith, M., *The Archaeology of Australia's Deserts* (Cambridge: Cambridge University Press, 2013).
Stringer, C., *The Origin of Our Species* (London: Allen Lane, 2011).

제2장 빙하 속 마음

Arsuaga, J. L., *The Neanderthal's Necklace* (New York: Basic, 2004).
P. Bahn, P., and Vertut, J., *Journey Through the Ice Age* (Berkeley, University of California Press, 1997).
Chauvet, J. M., *Dawn of Art* (New York: Abrams, 1996).
Clottes, J., *Return to Chauvet Cave: Excavating the Birthplace of Art* (London: Thames & Hudson, 2003).
Cook, J., *Ice-Age Art* (London: British Museum Press, 2013).
Gamble, C., *The Palaeolithic Societies of Europe* (Cambridge: Cambridge University Press, 1999).
Hoffecker, J. F., *Landscape of the Mind: Human Evolution and the Archaeology of Thought* (New York: Columbia University Press, 2011).
Lawson, A., *Painted Caves: Palaeolithic Rock Art in Western Europe* (Oxford: Oxford University Press, 2012).
Lewis-Williams, J. D., and Clottes, J., *The Shamans of Prehistory: Trance Magic and the Painted Caves* (New York: Abrams, 1998).
Lindsay, J., *The Origins of Astrology* (Colchester: TBS The Book Service Ltd, 1971).
Marshack, A., *The Roots of Civilization* (Columbus, OH: McGraw-Hill, 1972).
Mithen, S. J., *Thoughtful Foragers* (Cambridge: Cambridge University Press, 1990).
North, J. D., *Stars, Minds, and Fate: Essays in Ancient and Medieval Cosmology* (London: The Hambledon Press, 1989).
Renfrew, C., and Zubrow, E., (eds.), *The Ancient Mind: Elements of Cognitive Archaeology*

(Cambridge: Cambridge University Press, 1994).
Sahlins, M. D., *Stone Age Economics* (London: Routledge, 1972).
Stringer, C., and Gamble, C., *In Search of the Neanderthals: Solving the Puzzle of Human Origins* (London: Thames & Hudson, 1993).
White, R., *Prehistoric Art: The Symbolic Journey of Humankind* (New York: Harry N. Abrams, 2003).

제3장 온난해지는 세계로

Allaby, R., Fuller, D., and Brown, T., 'The Genetic Expectations of a Protracted Model for the Origins of Domesticated Crops', *Proceeding of the National Academy of Science* 105 (2008), 13982-9.
Baker, G., and Goucher, C., (eds.), *The Cambridge World History: Volume 2, A World with Agriculture, 12,000 BCE-500 CE* (Cambridge: Cambridge University Press, 2015).
Bar-Yosef, O., and Valla., F. R., (eds.), *Natufian Foragers in the Levant: Terminal Pleistocene Social Changes in Western Asia* (Ann Arbor: University of Michigan Press, 2013).
Bellwood, P., *First Farmers: The Origins of Agricultural Societies* (Oxford: Blackwell, 2005).
Cowan, C. W., and Watson, P. J., (eds.), *The Origins of Agriculture: An International Prespective* (Tuscaloosa: University of Alabama Press, 2006).
Cronin, T. M., *Principles of Paleoclimatology* (New York: Columbia University Press, 1999).
Denham, T., and White, P., (eds.), *The Emergence of Agriculture: a Global View* (London: Routledge, 2007).
Frachetti, M., *Pastoral Landscapes and Social Interaction in Bronze-Age Eurasia* (Berkeley: University of California Press, 2008).
Harlan, J., *Crops and Man* (Madison: American Society of Agronomy, 1992).
Jones, M., *Feast: Why Humans Share Food* (Oxford: Oxford University Press, 2007).
Jones, M., Hunt, H. V., Kneale, C. J., Lightfoot, E., Lister, D., Liu, X., and Motuzaite-Matuzeviciute, G., 'Food Globalisation in Prehistory: The Agrarian Foundations of an Interconnected Continent', *Journal of the British Academy* 4 (2016), 73-87.
Mei, J., and Rehren, T., (eds.), *Metallurgy and Civilisation* (London: Archetype, 2009).
Mithen, S. J., *After the Ice: A Global Human History, 20,000-5,000 BC* (Cambridge, MA: Harvard University Press, 2003).
Rindos, D., *The Origins of Agriculture: An Evolutionary Prespective* (Orlando, FL: Academic Press, 1984).
Ruddiman, W. F., *Plows, Plagues, and Petroleum: How Humans Took Control of Climate* (Princeton, NJ: Princeton University Press, 2005).
Sherratt, A., *Economy and Society in Prehistoric Europe* (Princeton: Princeton University Press, 1997).
Tanno, K.-I., and Willcox, G., 'How Fast was Wild Wheat Domesticated?', *Science* 311 (2006),

18-86.
Ucko, P., and Dimbleby, G. W., (eds.), *The Domestication and Exploitation of Plants and Animals* (Chicago: Aldine Press, 1969).
Vavilov, N. I., *Agroecological Survey of the Main Field Crops* (Moscow: Academy of Sciences, 1957).
Willcox, G., 'The Roots of Cultivation in Southwestern Asia', *Science* 341 (2013), 39-40.

제4장 농민의 제국들

Broodbank, C., *The Making of the Middle Sea: A History of the Mediterranean from the Beginning to the Emergence of the Classical World* (London: Thames & Hudston Ltd, 2013).
Bryce, T., *The Kingdom of the Hittites* (Oxford: Oxford University Press, 2005).
Cline, E. H., (ed.), *The Oxford Handbook of the Bronze Age Aegean* (Oxford: Oxford University Press, 2010).
Crawford, H., (ed.), *The Sumerian World* (London: Routledge, 2013).
Earle, T. K., (ed.), *Bronze Age Economics: The Beginnings of Political Economies* (Boulder, CO: Perseus, 2002).
Fokkens, H., and Harding, A., (eds.), *The Oxford Handbook of the European Bronze Age* (Oxford: Oxford University Press, 2013).
Lloyd, A. B., *Ancient Egypt: State and Society* (Oxford: Oxford University Press, 2014).
Loewe, M., and O'Shaughnessy, E. L., (eds.), *The Cambridge History of Ancient China* (Cambridge: Cambridge University Press, 1999).
Pool, C. A., *Olmec Archaeology and Early Mesoamerica* (Cambridge: Cambridge University Press, 2007).
Trigger, B. G., *Understanding Early Civilizations: A Comparative Study* (Cambridge: Cambridge University Press, 2003).
Wright, R. P., *The Ancient Indus* (Cambridge, 2010).
Yasur-Landau, A., *The Philistines and Aegean Migration at the End of the Late Bronze Age* (Cambridge: Cambridge University Press, 2010).

제5장 물질생활

Abu-Lughod, J. L., *Before European Hegemony: The World System, A.D. 1250-1350* (New York, NY: Oxford University Press, 1989).
Angel, J. L., 'Health as a Crucial Factor in the Changes from Hunting to Developed Farming in the Eastern Mediterranean', in M. N. Cohen and G. J. Armelagos (eds.), *Paleopathology at the Origins of Agriculture* (New York, NY: Academic Press, 1984).
Anthony, David W., *The Horse, the Wheel, and Language: How Bronze-Age Riders from the Eurasian Steppes Shaped the Modern World* (Princeton: Princeton University Press, 2007).

Bellah, R. N., and Joas, H., (eds.), *The Axial Age and its Consequences* (Cambridge, MA: Belknap Press, 2012).

Benedictow, O. J., *The Black Death, 1346-1353: The Complete History* (Woodbridge: Boydel and Brewer, 2004).

Benito i Monclús, P., (ed.), *Crisis en la edad Media: Modelos, Explicaciones y Representaciones* (Barcelona: Editorial Milenio Lleida, 2013).

Biraben, J. N., 'Essai sur l'évolution du nombre des hommes', *Population* 34 (1979), 13-24.

Brooke, J. L., *Climate Change and the Course of Global History: A Rough Journey* (New York: Cambridge University Press, 2014).

Burger, R. L., *Chavin and the Origins of Andean Civilization* (London: Thames & Hudson, 1992).

Campbell, B., *The Great Transition: Climate, Disease and Society in the Late-Medieval World* (New York: Cambridge University Press, 2016).

Chang, C-s., *The Rise of the Chinese Empire: Nation, State, and Imperialism in Early China, ca. 1600 B.C.-A.D.* (Ann Arbor, MI: University of Michigan Press, 2007).

Cline, E. H., *1177 B.C.: The Year Civilization Collapsed* (Princeton: Princeton University Press, 2014).

Collins, P., *From Egypt to Babylon: The International Age: 1500-500 BC* (Cambridge, MA: Harvard University Press, 2008).

Cunliffe, B., (ed.), *The Oxford Illustrated History of Prehistoric Europe* (Oxford: Oxford University Press, 2001).

Di Cosmo, N., *Ancient China and its Enemies: The Rise of Nomadic Power in East Asian History* (New York, NY: Cambridge University Press, 2002).

Elvin, M., *The Retreat of the Elephants: An Environmental History of China* (New Haven: Yale University Press, 2004).

Evans, S. T., *Ancient Mexico and Central America: Archaeology and Culture History* (3rd ed., New York: Thames & Hudson, 2013).

Gadgil, M., and Ramachandra G., *This Fissured Land: An Ecological History of India* (Oxford: Oxford University Press, 1992).

Goldstone, J. A., 'Efflorescences and Economic Growth in World History: Rethinking the "Rise of the West" and the Industrial Revolution', *Journal of World History* 13 (2002), 323-90.

Harper, K., *The Fate of Rome: Climate, Disease, & the End of an Empire* (Princeton: Princeton University Press, 2017).

Harris, W. V., (ed.), *The Ancient Mediterranean Environment between Science and History* (Leiden: Brill, 2013).

Hoffman, R., *The Environmental History of Medieval Europe* (New York: Cambridge University Press, 2014).

Keys, D., *Catastrophe: An Investigation into the Origins of the Modern World* (New York, NY: Random House, 2000).

Landers, J., *The Field and the Forge: Population, Production, and Power in the Pre-industrial West* (New York: Oxford University Press, 2003).

Lieberman, V., *Strange Parallels: Southeast Asia in Global Context, c. 800-1830.* 2 vols. (New York, NY: Cambridge University Press, 2003, 2009).

Little, L, K., (ed.), *Plague and the End of Antiquity: The Pandemic of 541-750* (New York: Cambridge University Press, 2007).

Marks, R. B., *China: Its Environment and History* (Lanham, MD: Rowman and Littlefield, 2012).

May, T., *The Mongol Conquests in World History* (London: Reaktion, 2012).

McCormick, M., *Origins of the European Economy: Communications and Commerce A.D. 300-900* (New York, NY: Cambridge University Press, 2001).

McEvedy, C., and Richard J., *Atlas of World Population History* (New York: Penguin, 1978).

McNeill, J. R., and McNeill, W. H., *The Human Web: A Bird's Eye View of World History* (New York, NY: W. W. Norton, 2003).

McNeill, W. H., *Plagues and Peoples* (New York: Anchor Books, 1976).

Morris, I., *Why the West Rules—For Now: The Patterns of History, and What They Reveal About the Future* (New York, NY: Farrar, Strauss, and Giroux, 2010).

Moseley, M. E., *The Incas and their Ancestors: The Archaeology of Peru* (Rev. ed. London: Thames & Hudson, 2001).

Newfield, T. P., 'The Causation, Contours and Frequency of Food Shortages in Carolingian Europe, c.750-c.950', in Pere Benito i Monclús (ed.), *Crisis en la Edad Media: Modelos, Explicaciones y Representaciones*, pp. 117-72 (Editorial Milenio Lleida, 2013).

Newfield, T. P., 'Human-Bovine Plagues in the Early Middle Ages', *Journal of Interdisciplinary History* 64 (2015), 1-38.

Newman, J. L., *The Peopling of Africa: A Geographic Interpretation* (New Haven: Yale University Press, 1995).

Nur, A., with Burgess, D., *Apocalypse: Earthquakes, Archaeology, and the Wrath of God* (Princeton: Princeton University Press, 2008).

Quilter, J., *The Ancient Central Andes* (New York: NY: Routledge, 2014).

Rasmussen, S., Allentoft, M. E., Nielson, K., Orlando, L., et al., 'Early Divergent Strains of Yersinia Pestis in Eurasia 5,000 Years Ago', *Cell* 163 (2015), 571-82.

Rosen, W., *Justinian's Flea: Plague, Empire, and the Birth of Europe* (New York: Viking, 2007).

Skillington, K., *History of Africa*, 3rd edn. (New York, NY: Palgrave Macmillan, 2012).

Thapar, R., *Early India: From the Origins to AD 1300* (London: Allen Lane/Penguin, 2002).

Van De Mieroop, M., *A History of the Ancient Near East, ca. 3000-323 B.C.* (Malden, MA: Wiley Blackwell, 2004).

Wertime, T. A., and Muhly, J. D., (eds.), *The Coming of the Age of Iron* (New Haven, CT: Yale University Press, 1980).

Wolpert, S., *A New History of India*. 8th edn. (New York, NY: Oxford University Press, 2009).

제6장 지적 전통들

Chadwick, H., *The Church in Ancient Society: From Galilee to Gregory the Great* (New York: Oxford University Press, 2001). 대가다운 저작.

Chadwick, H., *East and West: The Making of a Rift in the Church, from Apostolic Times to the Council of Florence* (Oxford: Oxford University Press, 2003).

Cochrane, C. N., *Christianity and Classical Culture: A Study of Thought and Action from Augustus to Augustine* (New York: Oxford University Press, 1957). 고전적 저작.

Esposito, J. L., (ed.), *The Oxford History of Islam* (New York: Oxford University Press, 1999).

Fagan, B., *From Black Land to Fifth Sun: The Science of Sacred Sites* (Reading, MA: Perseus Books, 1998).

Foltz, R. C., *Religions of the Silk Road: Overland Trade and Cultural Exchange from Antiquity to the Fifteenth Century* (New York: St. Martin's Griffin, 1999). 통찰력 있는 연구.

Garlake, P., *Early Art and Architecture of Africa* (Oxford: Oxford University Press, 2003).

Grant, E., *The Foundations of Modern Science in the Middle Ages: Their Religious, Institutional, and Intellectual Contexts* (New York: Cambridge University Press, 1996). Grant는 중세 유럽 대학들의 지적 논쟁이 근대 과학 혁명으로 이어졌고, 과학 혁명에 힘입어 서구가 이슬람 세계를 앞지를 수 있었다고 주장한다.

Gutas, D., *Greek Thought, Arabic Culture: The Graeco-Arabic Translation Movement in Baghdad and Early 'Abbasāid Society* (Abingdon: Routledge, 1998).

Jaspers, K., *The Origin and Goal of History* (London: Routledge & Kegan Paul, 1953).

Lapidus, I. M., *A History of Islamic Societies* (2nd edn., Cambridge: Cambridge University Press, 2002). 사려 깊고 균형 잡힌 개관.

Leff, G., *Medieval Thought: St. Augustine to Ockham* (Baltimore, MD: Penguin Books, 1958). 이슬람의 영향을 공정하게 평가하는 읽기 쉬운 개관.

Louth, A., *Greek East and Latin West: The Church AD 681-1071. The Church in History*, Vol. 3. (Crestwood, NY: St. Vladimir's Seminary Press, 2007).

Needham, J., *The Grand Titration: Science and Society in East and West* (Toronto: University of Toronto Press, 1969).

Needham, J., *Science in Traditional China* (Cambridge, MA: Harvard University Press, 1981). 중국 과학과 기술을 개척한 위대한 학자 Needham의 간략한 개론서 두 권.

Pelikan, J., *Christianity and Classical Culture: The Metamorphosis of Natural Theology in the Christian Encounter with Hellenism* (New Haven: Yale University Press, 1993). 애버딘대학에서 자연 신학에 관해 강의한 내용.

Provan, I., *Convenient Myths: The Axial Age, Dark Green Religion, and the World That Never Was* (Waco, TX: Baylor University Press, 2013). 분석 범주들에 관한 비판적 사고.

Reat, N. R., *Buddhism: A History* (Berkeley, CA: Asian Humanities Press, 1994). 비판적이고 명료한 검토.

Ropp, P. S., *China in World History* (New York: Oxford University Press, 2010). 읽기 쉽고 흥미로운 안내.

Scharfstein, B-A., *A Comparative History of World Philosophy from the Upanishads to Kant* (Albany: State University of New York Press, 1998). 대담하고 박식하고 아주 읽기 쉬운 탁월한 저작.

제7장 성장

Benjamin, C., (ed.), *The Cambridge World History IV: A World with States, Empires, and Networks, 1200 BCE-900 CE* (Cambridge: Cambridge University Press, 2015).
Crosby, A., *Ecological Imperialism: The Biological Expansion of Europe, 900-1900* (Revised edn., Cambridge: Cambridge University Press, 2003).
Cunliffe, B., *By Steppe, Desert, and Ocean: The Birth of Eurasia* (Oxford: Oxford University Press, 2015).
Diamond, J., *Guns, Germs and Steel: The Fates of Human Societies* (New York: Norton, 1997).
Fagan, B., *The Long Summer: How Climate Changed Civilization* (New York: Basic Books, 2004).
Gellner, E., *Nations and Nationalism* (Oxford: Blackwell, 1983).
Johnson, A., and Earle, T., *The Evolution of Human Societies: From Foraging Groups to Agrarian States* (2nd ed., Standford: Stanford University Press, 2000).
Kedar, B., and Wiessner-Hanks, M., (eds.), *The Cambridge World History V: Expanding Webs of Exchange and Conflict, 500 CE-1500 CE* (Cambridge: Cambridge University Press, 2015).
Maddison, A., *The World Economy: Historical Statistics* (Paris: Organisation for Economic Co-operation and Development, 2003).
Morris, I. *Why the West Rules—For Now: The Patterns of History and What They Reveal About the Future* (London: Profile, 2010).
Morris, I., *The Measure of Civilisation: How Social Development Decides the Fate of Nations* (London: Profile, 2013).
Morris, I., *Foragers, Farmers, and Fossil Fuels: How Human Values Evolve* (Princeton: Princeton University Press, 2015).
Renfrew, C., and Paul B., (eds.) *The Cambridge World Prehistory*. 3 vols. (Cambridge: Cambridge University Press, 2015).
Yoffee, N., (ed.), *The Cambridge World History III: Early Cities in Comparative Perspective, 4000 BCE-1200 CE* (Cambridge: Cambridge University Press, 2015).

제8장 수렴하는 세계

Braudel, F., *Civilization and Capitalism, 15th-18th Century*. 3 vols. (Trans. Siân Reynolds, New York: Harper and Row, 1979-1982).
Canny, N., and Morgan, P., (eds.), *The Oxford Handbook of the Atlantic World 1450-1850* (Oxford: Oxford University Press, 2011).
Cantor, N., *In the Wake of the Plague: The Black Death and the World It Made* (New York: Free

Press, 2001).
Casale, G., *The Ottoman Age of Exploration* (New York: Oxford University Press, 2010).
Curtin, P. D., *Cross-Cultural Trade in World History* (New York: Cambridge University Press, 1984).
Eltis, D., Richardson, D., Behrendt, S. D., and Florentino, M., *Voyages: The Transatlatic Slave Trade Database*. 2008년 시작. https://www.slavevoyages.org/에서 구할 수 있다.
Fagan, B., *The Little Ice Age: How Climate Made History 1300-1850* (New York: Basic Books, 2000).
Frank, A. G., *ReORIENT: Global Economy in the Asian Age* (Berkeley: University of California Press, 1998).
Parthasarathi, P., *Why Europe Grew Rich and Asia Did Not: Global Economic Divergence, 1600-1850* (Cambridge: Cambridge University Press, 2011).
Pomeranz, K., *The Great Divergence: China, Europe, and the Making of the Modern Economy* (Princeton: Princeton University Press, 2000).
Russell, P., *Prince Henry 'the Navigator': A Life* (New Haven: Yale University Press, 2000).
Tracy, J. D., (ed.), *The Rise of the Merchant Empires: Long-Distance Trade in the Early Modern World, 1350-1750* (New York: Cambridge University Press, 1990).

제9장 르네상스, 종교 개혁, 정신 혁명

Bossy, J., *Christianity in the West* (Oxford: Oxford University Press, 1985).
Brockey, L., *Journey to the East The Jesuit Mission to China, 1579-1724* (Cambridge, MA: Harvard University Press, 2007).
Cohen, H. F., *The Scientific Revolution: A Historiographical Inquiry* (Chicago: University of Chicago Press, 1994).
Delumeau, J., *Catholicism between Luther and Voltaire: A New View of the Counter-Reformation* (Louisville, KY: Westminster John Knox Press, 1977).
Fernández-Armesto, F., and Wilson, D., *Reformations: A Radical Interpretation of Christianity and the World, 1500-2000* (New York: Scribner, 1997).
Gay, P., *The Enlightenment*. 2 vols. (London: W. W. Norton & Company, 1995).
Hodgson, M., *The Venture of Islam*. 3 vols. (Chicago: University of Chicago Press, 1977).
Israel, J., *Radical Enlightenment: Philosophy and the Making of Modernity* (Oxford: Oxford University Press, 2001).
Jacob, M., *Scientific Culture and the Making of the Industrial West* (Oxford: Oxford University Press, 1997).
Jardine, L., *Wordly Goods: A New History of the Renaissance* (London: W. W. Norton & Company, 1998).
O'Malley, J. W., (ed.), *The Jesuits: Cultures, Sciences and the Arts, 1540-1773* (Toronto: University of Toronto Press, 2015).
Rubiés, J., *Travel and Ethnology in the Renaissance: South India through European Eyes,*

1250-1625 (Cambridge: Cambridge University Press, 2000).
Shapin, S., *The Scientific Revolution* (Chicago: University of Chicago Press, 1998).
Wakeman, F., *The Great Enterprise: The Manchu Reconstruction of Imperial Order in Seventeenth-Century China* (Berkeley: University of California Press, 1986).
Waley-Cohen, J., *The Sextants of Beijing: Global Currents in Chinese History* (London: W. W. Norton & Company, 1999).

제10장 감정과 경험을 통한 연결

Alcock, S. E., D'Altroy, T. N., Morrison, K. D., and Sinopoli, C. M., *Empires: Perspectives from Archaeology and History* (Cambridge: Cambridge University Press, 2001).
Belmessous, S., (ed.), *Empire by Treaty: Negotiating European Expansion, 1600-1900* (New York: Oxford University Press, 2014).
Bently, J. H., *Old World Encounters: Cross-Cultural Contact and Exchanges in Pre-Modern Times* (Oxford: Oxford University Press, 1993).
Flores, J., 'The Mogor as Venomous Hydra: Forging the Mughal-Portuguese Frontier', *Journal of Early Modern History* 19 (2015), 539-62.
Mathisen, A., 'Charting Childhood Disability in an Eighteenth-Century Institution', *The Journal of History of Childhood and Youth* 8 (2015), 191-210.
May, H., Kaur, B., and Prochner, L., (eds.), *Empire, Education and Indigenous Childhoods: Nineteenth-Century Missionary Infant Schools in Three British Colonies* (Farnham: Ashgate Publishing Limited, 2014).
Mazzaoui, M., (ed.), *Safavid Iran and Her Neighbors* (Salt Lake City: University of Utah Press, 2003).
Mosca, M. W., *From Frontier Policy to Foreign Policy. The Question of India and the Transformation of Geopolitics in Qing China* (Standford: Standford University Press, 2013).
Noldus, B., and Keblusek, M., *Double Agents: Cultural and Political Brokerage in Early Modern Europe* (Leiden: Brill, 2011).
Perdue, P., *China Marches West: The Qing Conquest of Central Eurasia* (Cambridge, MA: Belknap Press, 2005).
Piirimäe, P., 'Russia, the Turks and Europe: Legitimations of War and the Formation of European Identity in the Early Modern Period', *Journal of Early Modern History* 11 (2007), 63-86.
Ricci, R., *Islam Translated: Literature, Conversion, and the Arabic Cosmopolis of South and Southeast Asia* (Delhi: Permanent Black, 2011).
Richards, J. F., *The Unending Frontier: An Environmental History of the Early Modern World* (Berkeley: University of California Press, 2003).
Waldman, C., (ed.), *Biographical Dictionary of American Indian History to 1900* (Revised eds., New York: Checkmark Books, 2001).
Worster, D., *Nature's Economy: A History of Ecological Ideas* (Cambridge: Cambridge University

Press, 1994).

제11장 인류세

Christian, D., *This Fleeting World: A Short History of Humanity* (Great Barrington, MA: Berkshire Publishing, 2008).

Christian, D., *Maps of Time: An Introduction to Big History*, 새로운 서문 추가. (Berkeley, CA: University of California Press, 2011).

Credit Suisse, *Global Wealth Report 2014* (Zurich: Credit Suisse AG, 2014).

Crosby, A. W., *Children of the Sun: A History of Humanity's Unappeasable Appetite for Energy* (New York: W. W. Norton & Company, 2006).

Crutzen P. J., 'Geology of Mankind: The Anthropocene', *Nature* 415 (2002), 23.

Fernández-Armesto, F., *Pathfinders: A Global History of Exploration* (New York, NY: Norton, 2007).

Frederico, G., 'How has world trade changed in 200 years', January 2016, https://www.weforum.org/agenda/2016/02/how-has-world-trade-changed-in-200-years/?utm_content=buffera6d34&utm_medium=social&utm_source=twitter.com&utm_campaign=buffer.

Headrick, D., *Technology: A World History* (Oxford: Oxford University Press, 2009).

Hobsbawm, E., *The Age of Extreme* (London: Weidenfeld & Nicolson, 1994).

Maddison, A., *The World Economy: A Millennial Prespective* (Paris: OECD, 2001).

Malm, A., *Fossil Capital: The Rise of Steam Power and the Roots of Global Warming* (London: Verso, 2016).

McNeill, J. R., *Something New Under the Sun: An Environmental History of the Twentieth-Century World* (New York: Norton, 2000).

McNeill J. R., and Pomeranz, K., (eds.), *Cambridge History of the World, Vol. VII* (Cambridge University Press, 2015).

Picketty, T., *Capital in the Twenty-First Century* (Trans. A. Goldhammer, Cambridge, MA: Harvard University Press, 2014).

Pomeranz, K., *The Great Divergence: China, Europe, and the Making of the Modern World Economy* (Princeton: Princeton University Press, 2000).

Rockström, J., and Klum, M., *Big World Small Planet: Abundance within Planetary Boundaries* (Sweden: Max Ström Publishing, 2015).

Rockström, J., Will Steffen, Noone, K., Persson, Å., Chapin III. F. S., Lambin, E. F.,... Foley, J. A., 'A Safe Operating Space for Humanity', *Nature* 461 (2009), 472-5; updated in Steffen W., Richards, K., Rockström, J., Cornell, S. E., Fetzer, I., Bennett, E. M.,... Sörlin, S., 'Planetary Boundaries: Guiding Human Development on a Changing Planet', *Science* 343 (2015), 1-15.

Smil. V., *Harvesting the Biosphere: What We Have Taken from Nature* (Cambridge, MA: MIT Press, 2013).

Steffen, W., Grinevald, J., Crutzen, P., and McNeill, J., 'The Anthropocene: Conceptual and Historical Prespectives', *Philosophical Transactions of the Royal Society A* 369 (2011), 842-67.

Steffen W., Richards, K., Rockström, J., Cornell, S. E., Fetzer, I., Bennett, E. M.,... Sörlin, S., 'Planetary Boundaries: Guiding Human Development on a Changing Planet', *Science* 343 (2015), 1-15.

Uglow, J., *The Lunar Men: The Friends Who Made the Future: 1730-1810* (New York: Faber & Faber, 2002).

Wrigley, E. A., *Energy and the English Industrial Revolution* (Cambridge: Cambridge University Press, 2011).

Zalasiewicz, J., and Freedman, K., *The Earth After Us: What Legacy Will Humans Leave in the Rocks?* (Oxford: Oxford University Press, 2009),

Zalasiewicz, J., and Waters, C., 'The Anthropocene', in *Oxford Research Encyclopedia, Environmental Science* (New York, NY: Oxford University Press, 2015). doi: 10.1093/acrefore/9780199389414.013.7.

Zeebe, R. E., Ridgwell, A., and Zachos, J. C., 'Anthropogenic Carbon Release Rate Unprecedented During the Past 66 Millions Years', *Nature Geoscience* 9 (2016), 325-29.

제12장 근대 세계와 그 악마들

Aalavi, S., *Muslim Cosmopolitanism in the Age of Empir* (Cambridge, MA: Harvard University Press, 2015).

Adorno, T. W., *Critical Models* (New York, NY: Columbia University Press, 2005).

Bayly, C. A., *The Birth of the Modern World 1780-1914: Global Connections and Comparisons* (Malden: Blackwell, 2004).

Beiser, F. C., *After Hegel: German Philosophy 1840-1900* (Princeton: Princeton University Press, 2014).

Bell, U. J., Herberichs, C., and Sandl, M., (eds.), *Aura und Auratisierung: mediologische Perspektiven im Anschluss an Walter Benjamin* (Zurich: Chronos, 2014).

Black, J. *The Power of Knowledge: How Information and Technology Made the Modern World* (New Haven: Yale University Press, 2014).

Borthwick, M., (ed.), *Pacific Century: The Emergence of Modern Pacific Asia* (Boudler, CO: Westview Press, 2014).

Brook, T., *Death by a Thousand Cuts* (Cambridge, MA: Harvard University Press, 2008).

Buzan, B., *The Global Transformation: History, Modernity, and the Making of International Relations* (Cambridge: Cambridge University Press, 2015).

Chadwick, W., *Women, Arts and Society* (5th edn., London: Thames & Hudson, 2012).

Conrad, P., *Modern Times, Modern Places* (New York: Knopf, 1999).

Croce, B., *History of Europe in the Nineteenth Century* (London: Allen & Unwin, 1953).

Crossley, P. K., Hollen Lees, L., and Servos, J. W., *Global Society: The World Since 1900* (Boston: Houghton Mifflin, 2004).

Curry-Machado, J., (ed.), *Global Histories, Imperial Commodities, Local Interactions* (New York: Palgrave Macmillan, 2013).
Edgerton, D., *The Shock of the Old: Technology and Global History since 1900* (New York: Oxford University Press, 2006).
Fernández-Armesto, F., *A Foot in the River* (Oxford: Oxford University Press, 2014).
Fitzmaurice, A., *Sovereignty, Property and Empire 1500-2000* (Cambridge: Cambridge University Press, 2014).
Goodlad, L. M. E., *The Victorian Geopolitical Aesthetic: Realism, Sovereignty, and Transnational Experience* (Oxford: Oxford University Press, 2015).
Gordon, A., *A Modern History of Japan from Tokugawa Times to the Present* (3rd edn., New York: Oxford University Press, 2014).
Jones, G., *Beauty Imagined: A History of the Global Beauty Industry* (Oxford: Oxford University Press, 2015).
McGrath, A. E., *The Twilight of Atheism* (New York, NY: Doubleday, 2004).
Manuel, F. E., *The Prophets of Paris* (Cambridge, MA: Harvard University Press, 1962).
Morat, D., (ed.), *Sounds of Modern History: Auditory Cultures in 19th and 20th Century Europe* (New York: Berghahn Books, 2014).
Moyn, S., and Sartori, A., (eds.), *Global Intellectual History* (New York: Columbia University Press, 2013).
Nowell Smith, G., *The Oxford History of World Cinema* (New York: Oxford University Press, 1999).
Osterhammel, J., *The Transformation of the World: A Global History of the Nineteenth Century* (Princeton: Princeton University press, 2014).
Readman, P., Radding, C., and Bryant, C., (eds.), *Borderlands in World History 1700-1914* (Basingstoke: Palgrave Macmillan, 2014).
Said, E.,*Orientalism* (New York, NY: Vintage, 1978).
Stowall, E. T., *Transnational France: The Modern History of a Transnational National* (Boulder, CO: Westview, 2015).
Wenzlhuemer, R., *Connecting the Nineteenth-Century World: The Telegraph and Globalization* (Cambridge: Cambridge University Press, 2013).

제13장 변화무쌍한 정치와 사회

Beckett, I., *The Great War 1914-1918* (London: Routledge, 2001).
Black, J., *The Cold War: A Military History* (London: Bloomsbury, 2015).
Black, J., *The Holocaust: History and Memory* (Bloomington: Indiana University Press, 2016).
Clark, C., *The Sleepwalkers: How Europe Went to War in 1914* (New York: Harper, 2015).
Duara, P., *Decolonization: Perspectives from New and Then (Rewriting Histories)* (New York: Routledge, 2004).
Ferguson, N., *The Pity of War: Explaining World War I* (New York: Basic Books, 2000).

Fussell, P., *The Great War and Modern Memory* (New York: Oxford University Press, 2000).
Gaddis, J. L., *The Cold War: A New History* (London: Penguin, 2005).
Gilbert, M., *The First World War: A Complete History* (New York: Holt, 1996).
Hobsbawm, E., *The Age of Extremes: A History of the World, 1914-1991* (New York: Vintage, 1994).
McCormick, J., *Understanding the European Union: A Concise Introduction* (3rd edn., New York, NY: Palgrave Macmillan, 2005).
Murray, W., and Millet, A. R., *A War to Be Won: Fighting the Second World War, 1937-1945* (Cambridge, MA: Harvard University Press, 2000).
Rostow, W. W., *The Stages of Economic Growth* (Cambridge: Cambridge University Press, 1962).
Rothermund, D., *The Routledge Companion to Decolonization* (New York: Routledge, 2006).
Sadar, Z., *Islam Beyond the Violent Jihadis* (London: Biteback, 2016).
Scott, D., *Marketing the Moon* (Cambridge, MA: MIT Press, 2014).
Short, P., *Mao: The Man Who Made China* (London: Taurus, 2017).
Slaughter, A.-M., *A New World Order* (Princeton: Princeton University Press, 2005).
Staley, D. J., *History and Future* (Lanham: Lexington, 2007).
Therborn, G., *The World: A Beginner's Guide* (Malden, MA: Polity Press, 2011).
Thomas, H., *Armed Truce: The Beginnings of the Cold War, 1945-46* (Sevenoaks: Sceptre, 1986).
Weinberg, G., *A World at Arms: A Global History of World War II* (Cambridge: Cambridge University Press, 1995).
Wesseling, H. L., *The European Colonial Empires* (New York, NY: Longman, 2004).
Westad, O. A., *The Global Cold War: Third World Interventions and the Making of Our Times* (Cambridge: Cambridge University Press, 2005).
Woods, N., (ed.), *The Political Economy of Globalization* (Basingstoke: Palgrave, 2001).

옮긴이의 말

이 책은 영국 옥스퍼드대학 출판부에서 펴내는 '도판과 함께 읽는 옥스퍼드 역사 시리즈The Oxford Illustrated History' 가운데 세계사 편이다. 1980년대부터 출간된 이 시리즈는 유럽사(선사, 고대, 중세, 근대), 기독교, 르네상스, 종교 개혁, 십자군, 바이킹, 양차 대전, 제3제국, 주술과 마법, 과학사, 근대 중국, 연극, 오페라, 성서, 책 등 다양한 주제와 시대를 망라한다. 각 권에는 해당 주제의 저명한 학자들이 참여하는데, 엮은이를 맡는 한 사람이 얼개를 짜고 그에 맞추어 전문 학자들이 저마다 한두 장씩 쓰는 식으로 구성된다. 국내에 번역된 이 시리즈의 책으로는 『옥스퍼드 과학사』(반니)와 『옥스퍼드 유럽 현대사』(한울) 등이 있다.

이 세계사 편의 원서는 2019년 초에 출간되었다. 30년 넘게 이어져온 역사 시리즈에서 세계사 편이 최근에야 나왔다는 사실이 다소 의외이긴 하지만, 그만큼 세계사라는 주제를 한 권으로 다루기가 어렵다는 방증일 수도 있겠다. 그도 그럴 것이 다른 편들은 대체로 얼마만큼의 기간을 어떤 세부 주제로 써야 하는지 분명한 데 비해, 세계사 편은 기간을 얼마만큼으로 잡아야 할지(지구의 탄생부터? 인류의 출현부터? 문명의 발상부터?), 무슨 세부 주제를 다루어야 할지(정치, 사회, 경제, 문화, 물질생활, 기술, 전쟁, 혁명, 국제관계 등) 불분명하기 때문이다.

세계사 편이 1980년대나 1990년대에 나왔다면 아마도 당시 관행대로 문명의 발상부터 서술했을 것이다. 그렇지만 2019년에 나온 이 책은 인류의 출현부터 서술한다. 여기에는 그동안의 연구 성과뿐 아니라 역사를 바라보는 시각의 변화도 반영되어 있다. 과거에는 역사의 주된 내용이 인간의 활동, 특히 문명인의 활동이었다면, 이제는 그 범위가 넓어져 문명 이전 인간은 물론이고 우주, 지구, 환경, 기후, 생명체, 질병 등 비인간 동인들까지 포괄하기에 이르렀다. 실제로 이른바 '빅 히스토리' 분야(이 책의 저자들 중 한 명인 데이비드 크리스천이 이 분야의 개척자다)의 책들은 으레 우주의 탄생부터 시작한다. 요컨대 현재 알려져 있고 추론할 수 있는 과거의 거의 모든 변천이 역사라는 이름으로 서술할 만한 주제가 된 것이다.

이 책은 이런 역사관의 변화를 반영하는 최신 세계사 책이라고 말할 수 있다. 고대 문명의 발상부터 서술하는 관습적인 세계사 책과 달리 이 책은 그보다 훨씬 이전인 인류의 초창기, 즉 호미닌의 세계에서 사피엔스가 등장해 진화해간 시기를 꽤 비중 있게 다룬다(다만 지구사 책이 아닌 까닭에 지구의 탄생까지 거슬러올라가지는 않는다). 지리 범위도 말 그대로 전 세계다. 저자들은 인간이 터를 잡고 살아간 세계의 모든 지역을 발산과 수렴, 변화라는 맥락에서 되도록 공평하게 서술한다. 철 지난 서구 중심주의는 이 책에서 찾아볼 수 없다. 또 역사에서 어떤 비가역적 추세나 바람직한 목표를 상정하지도 않는다. 문명의 발달 수준을 잣대로 각 문화를 평가하지도 않는다. 오히려 저자들은 당혹스러울 정도로 가지각색이고 변화무쌍한 인간 문화들의 다양성 전체를 최대한 포괄하려 한다.

흥미로운 점은 이 다양성이 저자들 각각의 서술에서도 드러난다는 사실이다. 일부 저자들은 인류의 성취를 대견하게 보고 때때로 감탄하는 반면에 다른 저자들은 인류의 소산을 회의적인 시선으로, 심지어 거의 냉소적인 시선으로 바라본다(대체로 전자가 근대 이전을, 후자가 근대 이후를 다룬다는 것은 우연이 아니다). 또 어떤 저자는 과거와 현재의 연속성에 초점을 맞추는 데 비해 어떤 저자는 인류의 혁신과 변혁에 주목한다. 장기적 추세와 보편성에 중점을 두는 저자가 있는가 하면 단기적 우발 사태와 특수성을 세심하게 살피는 저자도 있다. 이 책 자체가 세계사 전체를 조망하는 데 필요한 시각의 다양성을 예증하는 셈이다.

세계사는 과거의 변천에 관한 새로운 연구 성과를 담아내기 위해 일정한 간격으로 새로 쓰일 필요가 있다. 이 책은 그런 새로운 성과를 충실히 담아내고 있다. 책 말미의 독서안내를 보면 알 수 있듯이, 저자들이 참고한 저술은 대부분 21세기에 쓰인 책들이고(출간 직전인 2015년 이후 저작도 적지 않다) 나머지도 거의 20세기 후반기의 책들이다. 그런 만큼 우리 시대에 읽기 적절한 최신 세계사라 할 만하다.

또 이 책은 '코로나19 시대'를 살아가는 우리가 인류의 역사를 되돌아보고 앞날을 전망할 때 유념해야 할 두 가지 중요한 장기 추세를 알려준다. 하나는 인류가 처음부터 줄곧 자연에 속박된 존재였다는 것이다. 이 책에서 여실히 드러나듯이 태양 극소기, 계절풍, 엘니뇨 등 지구 기후계의 변동은 문명의 흥망을 좌우해왔다. 흥성한 문명의 배경에는 온난한 기후와 적절한 강우량이, 쇠락한 문명의 배경에는 한랭한 기후와 폭우 또는 가뭄이 있었다. 산업 혁명 이래 인류세 동안 인간이 자연의 속박에서 벗어난 것처럼 보였지만, 근래의 전례 없는 자연재해와 기후 위기는 우리가 오만하게도 자연의 한계를 시험하려다 파국을 자초하고 있음을 알려준다. 다른 하나는 때때로 창궐하여 문명과 사회에 심대한 타격을 입힌 전염병의 위력이다. 저자들이 적지 않은 분량을 할애해 서술하듯이 페스트, 두창, 출혈열, 인플루엔자 같은 전염병은 인구를 급감시키고 경제를 마비시켜 지정학적 판도를 바꿀 정도의 영향을 주었다. 14세기 흑사병의 시대를 살다간 이슬람 역사가 이븐할둔은 페스트가 휩쓸고 지나간 후의 결과를 이렇게 요약했다. "동방 문명에도 서방 문명에도 민족들을 파괴하고 인구 집단들을 사라지게 하는 해로운 역병이 엄습했다. 역병은 문명의 좋은 것들을 대부분 집어삼키고 앗아갔다. (…) 도시와 건물은 황폐해졌고, 도로와 표지판은 지워졌으며, 촌락과 저택은 텅 비었고, 왕조와 부족은 약해져갔다. 인간이 거주하는 세계 전체가 바뀌었다." 흑사병 못지않게 코로나19도 "문명의 좋은 것들"을 빼앗고 "인간이 거주하는 세계 전체"를 바꾸고 있다. 10여 년 후에 우리는 21세기의 기후 위기와 2020년의 코로나 사태를 되돌아보면서 또 어떤 세계사를 쓰게 될까?

도판 출처

30 dieKleinert / Alamy Stock Photo

32 Wikimedia / hairymuseummatt (원본 사진), DrMikeBaxter (2차 저작물) / CC BY-SA 2.0

35 L. Wadley, 'Recognizing Complex Cognition through Innovative Technology in Stone Age and Palaeolithic Sites', *Cambridge Archaeological Journal*, 2013

39 C. Gamble, et al., *Thinking Big: How the Evolution of Social Life Shaped the Human Mind*, Thames & Hudson, 2014

43 C. Gamble, *Settling the Earth*, fig 2.3, Cambridge University Press, 2013

47 Global landcover map © ESA-MEDIAS France / Postel

49 Nick Drake의 무료 제공

63 © The Trustees of the British Museum

71 © Bruno Compagnon / Sagaphoto / age fotostock

75 © Suzi Eszterhas / Minden Pictures / age fotostock

78 © CM Dixon / Heritage Image / age fotostock

81 Natural History Museum, Vienna. © De Agostini Editore / age fotostock

86 Ulmer Museum, Ulm. © Fine Art Images / age fotostock

87 Granger Historical Picture Archive / Alamy Stock Photo

89 Vesus from Hohle Fels, Museum of Prehistory, Blaubeuren. Photo: Hilde Jensen. © University of Tübingen

91 Prof. C. S. Henshilwood, Evolutionary Studies Institute, University of Witwa-

tersrand, South Africa
93 Anthropology and Ethnography Museum, Turin. © DEA / G DAGLI ORTI / De Agostini Editore / age fotostock
97 Museum of Anthropology and Ethnography, St. Petersburg. Photo: Thilo Parg / Wikimedia Commons / CC BY-SA 4.0
101 robertharding / Alamy Stock Photo
103 Wikimedia / José-Manuel Benito Álvarez
107 National Archaeological Museum, Saint-Germain-en-Laye, France. © DEA / G DAGLI ORTI / De Agostini Editore / age fotostock
116 2017년 튀빙겐대학(책임자 N. Conrad 교수)이 시부두 동굴에서 수행한 고고학적 발굴
118 firina © 123RF.com
122 © DEA PICTURE LIBRARY / De Agostini Editore / age fotostock
125 the Oriental Institute of the University of Chicago의 무료 제공
129 Phillip C. Edwards
131 (위) © CM Dixon / Heritage Image / age fotostock
131 (아래) INTERFOTO / Alamy Stock Photo
133 Photo: C. Jarrige, Mission Archéologique de l'Indus (M.A.I.)
136 Louvre Museum, Paris. © Werner Forman Archive / Heritage Image / age fotostock
140 © Hari Mahidhar / Dinodia Photo / age fotostock
143 © DEA / G DAGLI ORTI / De Agostini Editore / age fotostock
148 © Asko Parpola
152 © Arco / J. Pfeiffer / Arco Images / age fotostock
165 Heritage Image Partership Ltd / Alamy Stock Photo
166 Chad Zuber © 123RF.com
168 National Museum of Anthropology, Mexico City. © DEA / G Dagli ORTI / De Agostini Editore / age fotostock
170 Archeological Museum, Varna, Bulgaria. Photo: Jack Sullivan / Alamy Stock Photo
173 (위) Konstantin Aksenov © 123RF.com
173 (아래) National Museum of Archaeology, Malta. © Werner Forman / UIG / Universal Images Group / age fotostock
177 National Museum, New Delhi, India. Angelo Hornak / Alamy Stock Photo
180 The Schøyen Collection, MS 2064. The Schøyen Collection, Oslo and London
184 © Panorama Media / Panorama Stock RF / age fotostock
187 Karachi Museum, Pakistan. © Robert Harding Produc / robertharding / age fotostock
189 © The Trustees of the British Museum
197 lejoch © 123RF.com
199 National Archaeological Museum, Athens. © DEA / G DAGLI ORTI / De Agostini Editore / age fotostock

204	Metropolitan Museum of Art, New York. © agefotostock Art Collection / age fotostock
217	British Museum, London. © Zev Radovan / BibleLandPictures/ age fotostock
221	World History Archive / Alamy Stock Photo
223	Bibliothèque nationale de France
230	Michael Grant Travel / Alamy Stock Photo
231	허가를 받아 재수록. Copyright © 2017 *Scientific American*, Nature Americ, Inc의 한 사업부. All rights reserved
233	© Robert Estall / Alamy / age fotostock
235	Radu Razvan Gheorghe © 123RF.com
248	Dmitry Rukhlenko © 123RF.com
249	the 'Luttrell Psalter', c.1325-34 (Add 42130 f.170). British Library, London, UK / © British Library Board. All Rights Reserved / Bridgeman Images
250	jorisvo © 123RF.com
253	Royal Library, The Hague (MMW, 10 B 23 fol. 19v)
258	Anna Lurye © 123RF.com
263	Henry Westheim Photography / Alamy Stock Photo
274	epicstockmedia © 123RF.com
275	Mattew Ragen © 123RF.com
277	Ivan Batinic / Alamy Stock Photo
279	Pius Lee © 123RF.com
282	Pictures from History/ Bridgeman Images
291	Ms Ar 5847 fol.5 Bibliothèque Nationale, Paris, France / Archives Charmet / Bridgeman Images
294	mauritius images GmbH / Alamy Stock Photo
295	Alhambra Museum, Granada. PRISMA ARCHIVO / Alamy Stock Photo
297	Wikimedia / Gunawan Kartapranata / CC BY-SA 3.0
299	Palace Museum, Beijing. Art Collection 2 / Alamy Stock Photo
300	funkyfood London - Paul Williams / Alamy Stock Photo
308	National Museum of Korea
309	© Richard Ashworth / Robert Harding / age fotostock
326	Ernest Gelner, *Nations and Nationalism*, 1983. Cornell University Press의 허가를 받아 수정
328	© Martha Avery / Getty Images
332	National Museum, Kyzyl, Russia. © REUTERS / Ilya Naymushin
333	State Hermitage Museum, St Petersburg, Russia. © Fine Art Images / Heritage Image / age fotostock
335	Martin Molcan © 123RF.com
341	© Charles O. Cecil / age fotostock
342	Photograph © 2018 Museum of Fine Arts, Boston

360 Royal Library of Belgium, Brussels. Photo 12 / Alamy Stock Photo
363 Philadelphia Museum of Art, Gift of John T. Dorrance, 1977-42-1
364 Metropolitan Museum of Art
373 North Wind Picture Archives / Alamy Stock Photo
374 Private Collection / The Stapleton / Bridgeman Images
375 © Wolfgang Kaehler / age fotostock
376 © John Kershaw / Alamy / age fotostock
377 Yale Center for British Art, Paul Mellon Collection
379 Het Scheepvaartmuseum, Amsterdam
381 Pictorial Press Ltd / Alamy Stock Photo
382 Wikimedia / Rafa Esteve / CC BY-SA 4.0
388 Kunsthistorisches Museum, Vienna. © Fine Art Images / Fine Art Images / age fotostock
391 Granger / Bridgeman Images
394 Private Collection / The Stapleton Collection / Bridgeman Images
408 Museo de América, Madrid
410 Royal Library, The Hague via Wikimedia Commons
412 Laurentian Library, Florence. © 2006 Alinari/TopFoto
415 Museo Nazionale di San Marco, Florence. © Image Asset Management / World History Archive / age fotostock
420 Archbishop's Palace of Lima, Peru. © Fotosearch / age fotostock
421 © Hervé Hughes / hemis / age fotostock
425 Juan Lorenzo Lucero Museum, Pasto, Columbia
428 British Library, London, UK / © British Library Board. All Rights Reserved / Bridgeman Images
435 Forum Auctions의 무료 제공
440 British Library, London, UK © British Library Board. Alll Rights Reserved / Bridgeman Images
448 Granger Historical Picture Archive / Alamy Stock Photo
449 Louvre Museum, Paris. © Fine Art Images / Heritage Image / age fotostock
451 Akademie der Wissenschaften, Berlin. © akg-images.
456 © Victoria & Albert Museum
457 © National Martime Museum, Greenwich, London, Herschel Collection
458 © National Maritime Museum, Greenwich, London
461 The Metropolitan Museum of Art
462 © The Trustees of the British Museum
464 Los Angeles County Museum of Art, www.lacma.org, M.2015.69.3
473 ART Collection / Alamy Stock Photo
477 Mehrangarh Museum Trust. ART Collection / Alamy Stock Photo
478 Tate Britain, London. © Image Asset Management / World History Archive / age

fotostock

492 Victoria and Albert Museum, London V&A Images / Alamy Stock Photo

493 The Metropolitan Museum of Art

494 Rijksmuseum, Amsterdam

507 Lüthhi, D., et al. 2008. EPICA Dome C Ice Core 800KYr Carbon Dioxide Data. IGBP PAGES / World Data Center for Paleoclimatology Data Contribution Series # 2008-055. NOAA / NCDC Paleoclimatology Program, Boulder CO, USA. 더 많은 정보를 얻으려면 http://cdiac.ornl.gov/trends/co2/ice_core_co2.html 참조

516 Crosby, A., *Children of the Sun: A History of Humanity's Unappeasable Appetite for Energy* (New York: Norton, 2006), p. 162의 그래프를 조정

517 North Wind Picture Archives / Alamy Stock Photo

520 Chronicle / Alamy Stock Photo

524 National Gallery, London. © Fine Art Images / age fotostock

525 © The Print Collector / Heritage Image / age fotostock

526 Rudmer Zwerver © 123RF.com

527 Wrigley, E. A., *Energy and the English Industrial Revolution* (Cambridge University Press, 2010), p. 95의 도표를 조정

529 Pictorial Press Ltd / Alamy Stock Photo

530 © Classic Vision / age fotostock

533 Pictorial Press Ltd / Alamy Stock Photo

535 Georgios Kollidas © 123RF.com

538 Wikipedia / Donaldytong / CC BY-SA 3.0

541 Data courtesy Marc Imhoff of NASA GSFC and Christopher Elvidge of NOAA NGDC. Image by Craig Mayhew and Robert Simmon, NASA GSFC

544 © Dennis Fast

547 Alan Moir, Sydney Morning Herald

552 De Agostini Picture Library / Bridgeman Images

557 Museo del Novecento, Milan, Italy / De Agostini Picture Library / M. Carrieri / Bridgeman Images

559 Prado Museum, Madrid. © Fine Art Images / age fotostock

561 Photo 12 / Alamy Stock Photo

563 Library of Congress

564 claudiodivizia © 123RF.com

569 ITAR-TASS Photo Agency / Alamy Stock Photo

573 © Entertainment Pictures / Moviestills / age fotostock

577 Pictorial Press Ltd / Alamy Stock Photo

581 Moviestore Collection Ltd / Alamy Stock Photo

583 © Fine Art Images / Heritage Image / age fotostock

587 John Beam / Alamy Stock Photo

589 Rijksmuseum

592	© KPA / Heritage Image / age fotostock
593	Reina Sofía Museum, Madrid. © ADAGP, Paris and DACS, London 2018. Photo: Peter Horree / Alamy Stock Photo
595	© The Hollywood Archive / age fotostock
598	© World History Archive / age fotostock
600	© Florian Kopp / imageBROKER / age fotostock
604	National Museum of San Martino, Naples. © De Agostini / A. Dagl / De Agostini Editore / age fotostock
606	© Stringer / Photoshot / age fotostock
610	akg-images / Alamy Stock Photo
614	© Arnaldo Mondadori Editore S.P. / Mondadori Portfolio / age fotostock
617	Granger Historical Picture Archive / Alamy Stock Photo
620	© Gamma-Rapho / Getty Images
625	© NurPhoto / Getty Images

찾아보기

ㄱ

가나 제국 229, 241, 247
가르 수도교 235
가르세스, J. 424
가브리엘, P. 576
가브리엘레, F. 491
가상디, P. 436
가스페반도 488
가쓰시카 호쿠사이 582~583
가이센클뢰스테를레 70, 84
가이아나 436
각기병 438
갈 비하라야 사원 279
갈라파고스 핀치 54
갈레노스 439
감비아 588
개리슨, W. L. 481
갠지스강 216, 223, 255, 297, 305, 325, 337, 384, 470
건륭제 385, 443
게놈 32~33, 36, 320, 360
게르케, F. 525
게바라, C. 555
게이추 427
겔너, E.[『쟁기, 칼, 책』] 25, 34, 325~326
경제협력개발기구(OECD) 608
계단식 경작/경작지 139~140, 239, 318
계절풍 48, 212, 214, 218, 237~238, 243~244, 246, 249, 251, 365, 455
계통 지리학 33, 60
고가 국가 313~315, 334, 337~340, 349
고갱, P. 582
고대 기후 최적기 212, 239
고대 후기 소빙하기 237
고바야시 다키지 567
고아(인도) 371~372, 422, 429, 437
고야, F.[〈1808년 5월 2일〉] 450, 559
고타마 싯다르타 261
고트족 241
곡물 38, 119~120, 127~128, 133, 154, 163, 176, 192, 194, 196, 201, 213, 227, 230, 234, 245, 349, 386~387, 399, 455

공동생활 형제회 413
공자 260, 262~264, 267, 278
공자진 580
과달루페의 성모 420
과달키비르강 403
과테말라 페텐 저지대 228
관개 18, 141, 174, 181, 191, 227, 231, 239, 249, 318
광학 267, 431
괴베클리 테페 유적 151~152
괴철로 220~221, 223~224, 248
괴테, J. W. 556
괴혈병 370, 438~439
교황 그레고리우스 15세 415
교황 그레고리우스 7세 290
교황 니콜라우스 5세 411
교황 레오 10세 418
교황 바오로 3세 424
교황 베네딕토 16세 637
교황 비오 9세 604
교황 알렉산데르 6세 411
교황 요한 22세 293
교황 요한 바오로 2세 637
교황 클레멘스 11세 423
교황 프란치스코 637
구로사와 아키라[영화 〈라쇼몽〉] 580~581
구리 135, 137~138, 171, 187, 220, 227, 229, 336, 397
구슬 27~28, 59, 102~103, 135, 163, 171, 638
구일라 나퀴츠 동굴 126
구자라트 366~367, 371, 380, 383, 453, 469~470
구텐베르크 성서 585
국제개발문제독립위원회 627
국제 연맹 559
국제 연합 537, 629
군장 사회 215
굽타 제국 228
그라나다 368
그라베트 수렵민 132
그레고리우스, 투르의『프랑크족의 역사』 290
그레이트 짐바브웨 247, 305, 345, 366
그리너웨이, P.[영화 〈동물원〉] 560~561
그림 형제 572
그림 문자 219
근대화 562, 568~569, 580, 594, 597, 609
근본주의/근본주의자 21, 588, 623~624, 635
근친상간 193, 409
금속 58, 135, 137~139, 144, 147, 151, 154
금욕주의 288
기게스, 리디아의 324
기계화 450, 605
기대 수명 21~22, 508~509, 511, 540
기독교권 311, 368, 407, 409, 411, 419, 484
기번, E. 311
기병 217, 323, 349~350, 362, 410, 601
기아 18, 29
기장 154~156, 232
길가메시 182
꽃가루 149, 154, 159

ㄴ

나가사키 380, 410, 443, 536
나스카 228, 239
나우아족 391
나이저강 222, 255, 345, 429, 471

나이저강 삼각주 397
나일강 124, 141, 174, 181, 188, 207, 222, 232, 234, 244~245, 587
나일강 삼각주 191, 200, 326
나치 567, 613, 636~638
나탈 370
나폴레옹 보나파르트 447
나폴레옹 전쟁 522, 589, 595
날란다 280, 286, 581
남극 67, 111, 505, 508
남북 전쟁 628
낭만주의/낭만주의자 450, 524, 555, 568, 572
내륙 아시아 산악 회랑 지대 155
내세 68, 92, 95, 100~101, 105, 143, 171, 178, 185
네덜란드/네덜란드 동인도회사/네덜란드 서인도회사 359, 364, 368, 372~373, 375, 377, 379, 383~384, 387, 392, 395~396, 402, 410~411, 418, 421, 443, 464, 471, 476, 484, 537
네브라 88
네스토리우스/네스토리우스파 272, 277, 281, 283
네안데르탈인 27, 31~33, 38, 53, 58, 60, 66, 92~94
네어, M.[영화 〈몬순 웨딩〉] 571
노자 260, 264
노크 문화 222
녹스, J. 492
농노제 361, 387
뇌수막염 588
누르 자한 469
누비아 207~208, 222, 236, 277, 289, 326
뉴기니 62, 127, 320, 594
뉴네덜란드 402
뉴딜 정책 597
뉴욕 481, 493, 624
뉴잉글랜드 392, 396, 402, 481
뉴커먼 증기 기관 518~519
뉴턴, I. 431, 437
느릅나무 격감 159
니네베 217, 337, 340
니체, F. 565, 574
니케아 공의회 273
닉슨, R. 618

| ㄷ |

다가마, V. 370~371, 378, 455~456, 459, 470
다뉴브강 171, 305, 345
다다이즘 576
다리우스 1세 334, 337
다마스쿠스 284
다문화주의 612, 632
다원주의 468, 572, 584
다윈, C.[『종의 기원』] 128, 551, 556
다윈주의 92, 637
다이아몬드, J.[『총 균 쇠』] 319
다종 농업 146
다중 기준 집합 37
다케미쓰 도루 578
단눈치오, G. 578
단보(亶父, 주 태왕) 182
단일 기준 집합 36, 64
달라이 라마 427
달력 105, 266
담배 357, 385, 392~393, 395~396, 401, 460

대가속 506
대뇌화 지수 37, 39
대니얼, W. 377
대승불교 279~280, 297, 348
대약진 운동 614
대이주 392
대장장이 171, 223, 361, 401
대항 종교 개혁 407, 426
던바, R. 38~40, 66~68
데 발보아, V. N. 459
데 아코스타, J. 424
데 올리바, F. P. 403
데 토레스, L. 404
데니소바 동굴 33
데니소바인 33, 53
데브라 L. 프리드킨 유적 65
데칸 470
델리 453, 469, 479
델리 술탄국 288, 306, 367, 468
도끼 171, 185
도나투스파 271, 273
도르도뉴 105~106
도리스 양식 신전 258
도미니쿠스회 287, 293, 421, 424, 480
도베라이반도 26, 62~63
도시화 192, 539, 600~601, 609
도교 264, 287, 293, 483
돌고래 196~197
돌니 베스토니체 70, 80, 90, 96, 107, 136
돌도끼 57, 62
동아프리카 열곡대 47
두창 235, 347, 359, 390~391, 400, 439
드 구즈, O.[『여성과 여성 시민의 권리 선언』] 495
드 카몽이스, L.[『우스 루지아다스』] 404~405
드네프르강 171
디드로, D. 441
디아스, B. 370
디에고, J. 420
디오클레티아누스 270, 272
디포, D.[『로빈슨 크루소』] 441
딥클루프 바위그늘 70, 76

| ㄹ |

라 벤타 유적 167
라 콩다민, C. 드 437
라 페라시 유적 70, 92
라가시 189
라르사 175
라마단 278, 284
라부아지에, A. 439
라브라도르, I. 415~416
라스 카사스, B. 데[『인디언 파괴에 관한 간결한 보고』] 480
라스코 동굴 85
라싸 297, 428
라이네스, J. S. 425
라이프니츠, G. 431, 442
라인강 345
랄리벨라 277
람세스 3세 200, 327
랑, F.[영화 〈메트로폴리스〉] 592
래러미 요새 조약 496
랜스키, P. 562
러다이트 운동 450
러시아 혁명 554, 596

러크나우 491~492
레(신) 310
레 트루아 프레르 동굴 87
레닌, V. I. 567, 574
레반트 128, 225, 254, 326, 331
레버, A. 440
레비스트로스, C. 19
렙티스 마그나 341
로드리게스, A. 485
로르테 70, 77~78
로메로, G. A.[영화 〈시체들의 새벽〉] 556
로사, 리마의 419
로셀의 비너스 83, 89
로스바드, M. 573
로크, J.[『인간 오성론』] 431
록 데 세르 106
루갈 자게시 188
루돌프 2세 476
루돌프, P. 567
루드나 글라바 171
루베르튀르, T. 448
루벤스, P. P. 475
루소, J.-J. 445, 572
루이 14세(프랑스) 432, 437
루이 16세(프랑스) 446
루이기사 175
루커스, G.[영화 〈스타워즈〉] 595
루터, M. 412
뤼미에르 형제 562
르봉, G. 555
리노 동굴 76
리앙 부아 동굴 37
리치, M. 422
리크, W. 447
리피트 이슈타르 179
린 여성 반노예제 협회 481
린네, C. 482
린드, J. 439
림포포강 472

| ㅁ |

마가다 305, 337~338
마그레브 289
마닐라 378, 380, 382, 406
마드라스(첸나이) 373, 384
마드리드 416~417, 476
마라타 왕국 463
마르가리타, 오스트리아의 417
마르마라해 146
마르와르 477
마르코 폴로 351, 378
마르쿠스 아우렐리우스 236
마르크스, K. 150, 514, 534~535, 551, 566, 573, 586
마르틴 데 포레스 421
마리네티, F. T. 553
마술 90, 172, 184, 268, 416, 444
마오쩌둥 536, 567, 583, 613
마우리아 제국 226, 228, 262, 337~338
마우리츠, 오라녀 공 474
마운드빌 305, 344
마토토페 473
마푸체족 472
마푼구베 305, 345
마호메드, D. 491
만국박람회 80, 528~529, 599

만단족 473
만사 무사 284
망가(만화) 583
말라리아 202, 390, 438
말라바르 해안 367, 371, 374, 378
말레이반도 367, 454
말루쿠 제도 376, 423
말리 제국 284, 305, 345, 454
말린디 362
매더, C. 485, 494
매더, I. 485
매디슨, A. 307~308
매머드 64, 77, 80, 82, 89, 91, 97, 102~103, 131~132, 512~513
매머드 스텝 49~50, 53
매카트니, G. 384
맥닐, J. 512, 518
맥닐, W. 250
맨체스터 531
맨해튼 프로젝트 536
맹자 263~264
메디나 241, 275
메디시스, C. 드 492
메로에 왕국 222, 229
메르가르 133
메리 여왕(스코틀랜드) 492
메사 베르데 245
메쉬웨시 대족장들 326
메시아 269~270
메이지 유신 580, 582, 602
메카 273, 275~276, 278, 284, 305, 307, 429, 453
메탄 160, 505~506
메토디오스 285
멜빌, H.[『모비 딕』] 582
멩거, C. 573
모가디슈 305, 307
모라비아 285
모리스, I. 14, 17, 19, 509~510
모술 468
모스크 276, 284, 289, 298, 409
모스크바 419, 476
모아브 왕국 225
모야, E. M. 567
모차르트, W. A.[오페라 〈후궁 탈출〉] 443
모체 169, 228, 239, 305, 334, 345
모페르튀이, P. L. 드 437
모피/가죽 102, 396, 401, 460, 471
모헨조다로 174, 186~187
목재 141, 222, 249, 385, 389, 396, 401, 460, 516, 527
목탄/목탄로 71, 220~222, 224, 389, 515
목화 455, 460, 522, 531
몬테 베르데 26, 65
몬테수마 424
몽타스트뤼크 70, 88
몽테스키외[『페르시아인의 편지』] 442~443, 495
무르실리 2세 194
무솔리니, B. 553, 567, 574
무신론 450, 551, 565~567, 570~571, 622
무정부주의/무정부 상태 573~574, 576
무함마드 241, 258, 274~276, 278, 284, 310, 429, 490
묵돌 332~333
문디가크 187
문시 이타사무딘 491

문자 78~79, 174, 219, 260, 323~324, 336
물질주의적 인간 중심주의 483
미델뷔르흐 474
미도크로프트 바위그늘 61, 65
미르자 아부 탈렙 칸 491
미시시피강 244, 332
미시시피 문화 245, 344
미야모토 유리코 567
미제스, L. 폰 573
미케네 195, 198~200, 206, 214
미켈란젤로 106
밀 57, 119, 123, 130, 133, 141, 153, 155, 202, 232, 238, 387, 390
밀, J. S.[『자유론』] 556
밀너 경, A. 534

| ㅂ |

바그다드 246, 252, 281, 283, 290, 292, 348, 468, 549
바다 민족 200~201
바르가스 폰세, J.[『마젤란 해협을 통과한 항해 이야기』] 433
바벨탑 253
바빌로니아 214, 226, 266
바빌로프, N. 112, 124, 126~127
바빌론 179
바야돌리드 480
바위 돔 사원 275~276
바이러스 11, 16, 543
바이킹 240, 242, 344, 350
바츨라프 공작 346
바타비아(자카르타) 372~373, 379~380, 382
박테리아/미생물 13, 16, 91, 347, 357, 405, 439, 543, 633
박트리아 226, 232, 297
반노예제 협회 481
반달 태양 극소기 237
발견의 시대 462
발루치스탄 133, 171
방사성탄소 연대 62~66, 89, 127
방적기 350, 450, 522
배비지, C. 504
버크, E. 450, 560
베냉 462
베네딕투스회 287
베네치아 254, 366, 368, 378, 411, 419, 459
베르가, G. 567
베르나르, 샤르트르의 298
베르나츠키, V. 504
베를린 565, 599
베를린 장벽 619
베리오, L. 578
베링 육교 45, 55, 63~64
베링 해협 115
베서머 공법 525
베서머, H. 523
베스푸치, A. 459
베이더, O. N. 102
베카리아, C.[『범죄와 형벌』] 444
베트남/북베트남/남베트남 203~204, 246, 444, 466, 618, 629
베트남 전쟁 597, 616
벵골 365, 374, 378, 470
벵골만 246, 454, 469
보나벤투라 293, 300
보로부두르 375

보르네오 487
보리 57, 130, 133, 141, 202, 320, 439
보살 279
보자도르곶 487
보즈웰, J. 519
복암 동굴 26, 28, 33, 56
볼가강 345
볼라퓌크어 585
볼로냐대학 581
볼셰비키 616, 636
볼턴, M. 519
볼테르[희곡 〈중국 고아〉] 442~443
부르즈 할리파 538
부바스티스 305, 326
부장품 92, 95, 103, 154, 172, 198, 328
부하라 290, 292
북대서양 45, 214, 237, 244, 251
북대서양조약기구(NATO) 617, 625
북아메리카 평원 461
분류군/분류학 27, 51, 115, 117~118, 120, 124, 159
붉은 요새 479
붓다 261~262, 264, 278~279, 310, 427
뷔퐁 백작 504
브라상푸이 80, 90
브란트 보고서 627
브래드워딘, T. 296
브레머, G. 528
브레이드우드, L. 125
브레이드우드, R. 125
브로델, F.[『현대 세계』] 554
브뤼넬데샹, E. 69
블라디미르 1세(키예프 공국) 285
블랑키, A. 528
블랙스톤 에지 233
블로흐, E.[『희망의 원리』] 586
블롬보스 동굴 59, 70, 76, 90
비단 254, 307, 362~363, 366, 378, 455, 461, 531, 534, 539, 544~545
비둘기 동굴(타포랄트) 59
비드[『잉글랜드인의 교회사』] 290
비료 18, 192, 340, 506
비미오주 백작 456
비블로스 307
비슈누 309~310
비스마르크 제도 26, 28, 63
비스마르크, 오토 폰 566
비스카이노, S. 438
비아프라 전쟁 620~621
비옥한 초승달 지대 125, 128~129, 153, 156
비적/해적 224, 367, 384, 455, 467, 491
비코, G. 445
비트포겔, K.['동양적 전제주의'] 150
빅토리아 여왕 491, 529
빈 회의 589
빌렌도르프 비너스상 81, 83, 89
빌리어스, G. 475
빔베트카 70, 82

| ㅅ |

사냐 계곡 141
사라스와티강 172, 202
사막화 634
사망률 393, 400, 439
사무라이 422, 580~581
사바나 46, 50~51, 63, 117, 212, 322

사보나롤라, G. 413
사성제(四聖諦) 261
사자 동굴 90
사진 562, 596
사카테카스 460
사하라 사막 247, 254, 369, 398, 454, 471
사헬 222, 229, 241, 244, 255, 320
사훌 46, 55, 62~63
산텔리아, A. 552
살비아티 평면구형도 412
상아 34, 58, 66, 77, 80, 84, 96, 98, 102~103, 196, 207, 383, 397, 513
상투메 395
생도맹그 395
생드니 대성당 300
생물권 17, 19, 160, 484, 501, 503~504, 506, 512~513, 542~544, 546~549
생물 다양성 18, 48~49, 51, 61~62, 547~548, 634
생물량 50, 515, 545~546
샤 자한 469
샤니다르 70, 94, 96
샤르댕, T. 드 504
샤르트르 대성당 250
샤머니즘/샤먼 82, 84~86, 88, 100~101, 167, 169, 185, 427, 461
석기 시대/구석기 시대/신석기 시대 57~58, 65, 71, 73, 77~79, 88, 99, 106, 126~127, 132~133, 136~137, 146, 149~150, 153, 155, 159, 225, 229~230, 234, 336, 517, 539
석탄 17, 249, 350, 389, 483~484, 506, 515~519, 522~523, 527~528, 530, 597
선비족 285, 305, 349
선인동 동굴 136
설탕 358, 385, 391, 393~396, 401, 439, 455, 461, 531
성 갈렙 430
성 루카스 288
성모 마리아 417, 420, 430
성 바실리오 430
성 바울로 270~271
성 보니파키우스 287
성 토마스, 빌라노바의 417
성 파트리키우스 285
성 판탈레온 417
성상 파괴 운동 274
성전 기사단 287
세계은행 308
세균설 439
세로 세친 163~165
세르베투스, M. 418
세인트로렌스강 488
세인트헬레나 449
세헤테피브레 178
센나케리브 217
센네젬 143
셀레우코스 제국 226
셀주크 튀르크 283
셜리, A. 476
셰라트, A. 145~147
셸리, M.[『프랑켄슈타인』] 556
소르본대학 581
소송(蘇頌) 295
소크라테스 264~265
솔로몬 329~330
솔로몬 제도 26, 29, 63

송가이 제국 471
쇼군 422
쇼베 동굴 71~72, 85
쇼베, J.-M. 69
쇼펜하우어, A. 566
수도원 248, 286~287, 436
수라트 383~384
수마트라섬 26, 61, 262, 297, 367, 380, 429, 454, 493
수메르 179, 188, 205~206
수에즈 운하 466
수페 계곡 163
순교자 270, 392, 407, 417, 422
순다 45~47, 49, 51, 56
순록 동굴 92
술라웨시 26, 62
숭가 왕국 338
숭기르 102
슈톡하우젠, K. 562
슈트, N.[『해변에서』] 560
슈티르너, M.[『유일자와 그의 소유』] 574
슐레겔 형제 568
슘페터, J. 531
스레드니 스토그 171
스미스, A. 443, 514
스밀, V. 508~509, 545
스와질란드 70
스와힐리 246, 283, 362, 366, 370, 378~379, 383
스완 포인트 64
스완, J. 524
스위프트, J.[『책들의 전투』] 432~433
스콧, R.[영화 〈블레이드 러너〉] 573~574
스쿨 동굴 56, 60
스키타이족 217~218
스타다코나 488
스탈린, J. 574, 613
스테노, N. 431
스텐실 기법 82
스토머, E. F. 504
스토아주의 341
스토파니, A. 504
스톡홀름 회복 센터 547
스트링거, C. 31
스팔란차니, L. 439
슬라브족 285
시베리아 45, 53, 63~64, 89, 100, 137~138, 321, 471, 502, 512
시베리아 고기압 214, 237, 251
시부두 동굴 115~116
시스네로스 추기경 413
시스터데일 551
시암 112, 297, 431, 436
시크교 470
식물학 444
식인/식인종 409, 424, 441
신도(神道) 268, 483
신드 241
신드리아스기 67, 114, 157
신성 로마 제국 466, 476
신속(申續) 267
신아시리아 225~226
신장(新疆) 138
신장(身長) 62, 240
신타쉬타 216
신탁 181, 183~184, 203, 208

신플라톤주의 272, 293
신화 10, 68, 195, 636
실론(스리랑카) 235, 373
실존주의 574
실크로드 154~155, 254, 280~283, 378
심리학 265, 563, 621
십자군 254, 274, 287, 289, 346, 411
십자군 운동 368
쌀(벼) 119, 123, 320, 349, 439, 539
씨족 302~303, 323

| ㅇ |

아그라리아 325~326, 330~331, 334, 338
아그리젠토 258
아나톨리아 70, 98, 191, 200~201, 203, 216, 225, 231, 238, 241, 254, 270
아누비스 178
아도르노, T. 576
아드 143~144
아드리아노플 241
아라곤 368, 411
아라비아해 365, 371, 453~454, 469
아라와크족 455
아라우칸족 410
아람어 404
아레니우스, S. 504~505
아르누보 운동 582
아르다빌 467
아르데슈 69~70, 80
아르메니아 287, 596
아르수아가, J. L. 94
아르시쉬르퀴르 유적 92
아르잔 305, 332~333
아리아바타 266
아무다리야강 202
아문(신) 310, 326
아바르족 238
아바스 2세 478
아베로에스(이븐루시드) 292~293
아부심벨 207
아소카 262
아슈르 176
아슈르단 2세 329
아스완 댐 597
아스트롤라베 370
아스페로 163
아우구스투스(옥타비아누스) 234, 339, 341
아우구스티누스 104, 271, 285, 293
아우구스티누스회 412
아우랑제브 469~470, 478
아우슈비츠 613
아이엘로, L. 38
아이젠하워, D. 612
아이티 465
아이티 혁명 448
아인 가잘 유적 135~136
아인 에스술탄 유적 132
아체 493
아코마(뉴멕시코) 485
아쿠타가와 류노스케 581
아퀴나스, T. 293, 296, 301
아크로티리 198
아타우알파 424
아테네 264, 271, 340
아틸라, 훈족의 238, 347
아편 전쟁 528

아폰수 5세(포르투갈) 411
아폴로 11호 동굴 81
아프리카의 뿔 229, 255
악바르 468~469
악숨 왕국 229, 235
안토니우스 역병 235~236
안트베르펜 366
안티구아섬 394
알곤킨족 421
알레포 601
알렉산더, 헤일스의 300
알렉산드로스 대왕 228, 262, 265, 269, 337~338
알렉산드리아 학파 271
알렉세이(차르) 419
알만수르 292
알모라비드 왕조 289
알모하드 왕조 289
알바크리 284
알우마리 284
알 카다피, M. 588
알타미라 70, 80, 99
알타이 33, 63~64, 82, 215~216
알타이산맥 138, 155
알탄 칸 427
알프스산맥 366, 368, 386
알하리리 291
알함브라 가젤 295
암몬 왕국 225
암스테르담 372, 405, 459
앗바라강 222, 255
앙굴렘 70, 106
앙소(仰韶) 유적 126
앙코르 와트 248
앤드루스, P. 31
앤슨, G. 438
앨버트 공 529
야금술 58, 138, 154~155, 220, 248, 256, 336, 523
야나 코뿔소 뿔 유적 26, 63
야스퍼스, K. 259~260
야훼 268~269
얌나야 문화 138
어웰강 531
에도 시대 407, 410
에돔 왕국 225
에디슨, T. 524, 526
에리트레아 229
에부 동굴 80
에스페란토 585
에스페호, A. 485
에우클레이데스 266~267, 290, 292, 443
에이즈 588
에코, U. 576
에콰아노, O. 487
에피그라베트 수렵민 132
엔릴(신) 188
엔히크, 항해왕 369~370
엘니뇨 164~165, 214, 226, 228, 237, 239, 251
엘니뇨 남방 진동 45, 227
엘람 324~325
엘리아데, M. 85
엘리엇, J. 421
엘리자베스 1세(잉글랜드) 492
엘시비치 96~97
엘치촌 화산 251

엥겔스, F. 567
엥카르나시온 수녀원 417
여성 족장 496
여진족 252, 350
연금술 11, 259, 268, 299, 434
염화불화탄소(프레온가스) 545
영국 동인도회사 372~374, 377~378, 383~384, 402, 463, 470, 477
영국 왕립학회 434
영웅/영웅주의 166, 404, 407, 553, 555
예루살렘 254, 269, 271, 275, 287, 289, 330, 420
예르프 엘 아마르 유적 128
예리코 132
예수 그리스도 417
예수회 414, 416, 418~419, 421~426, 436, 442~443, 461
예언/예언자 101, 176, 214, 260, 274, 284, 429~430, 490, 558, 631, 638
오가덴 595
오대호 445, 504
오디세우스 87
오르텔리우스, A.[『세계의 무대』] 456
오리게네스 271
오리노코강 451
오리엔탈리즘 443, 569
오스트랄로피테신 37
오스트랄로피테쿠스 아프리카누스 37
오시리스 178
오악사카 계곡 126
오펜하이머, S. 62
오하이오강 245, 332
옥스퍼드대학 293, 296, 301, 581
옥시덴탈리즘 491
온실 효과 15, 505
올메크 165~169, 208, 227~228, 324~325
와디 함메 128~129
와리 239, 242~243
와트, J. 506, 519~523
왕몽(王蒙) 301
요루바족 430, 622
요르단강 124
용문석굴 286, 297
우가리트 201
우라르투 323
우랄산맥 171
우르 174, 178, 189, 206
우르두어 490
우림 46, 49~51, 124, 166, 212
우생학 637~638
우주론 514
운스트루트 계곡 88
운하 141, 175, 349, 366, 386, 389, 484
울로아, A. 데 437
울스턴크래프트, M.[『여성의 권리 옹호』] 495
울프 태양 극소기 251
워털루 447
원예 57, 121, 144, 227
웨일스 518, 527
웰링턴 공 447
위그노 392, 474~475
윈프리, O. 579
윌버포스, W. 481
유골 155~156, 172, 198, 202, 216, 234, 256
유다 왕국 225
유리 134, 417, 517

유물론/유물론자 567
유스티니아누스 274, 349
유스티니아누스 역병 236, 238~239, 241
유아 살해 20
유연(柔然) 제국 238
유인원 11, 39, 99, 512
유전학상 현생 인류 37, 56~58
유프라테스강 124, 141, 151, 174, 206
율리우스 카이사르 233
음웨네 무타파 제국 472
이냐시오, 로욜라의 418
이브라힘 로디 468
이븐바투타 284, 453~455
이븐시나 290, 292
이븐할둔 351~352, 360
이사벨 1세(카스티야) 368, 411
이산화탄소 160, 504~508, 544, 548
이스마일 1세 467
이스마일파 288, 290
이스터섬 26, 29
이신론 450
이질 400
인간 중심주의 483
인더스강 133, 162, 172, 185, 202, 208, 216, 225, 262, 276, 325, 337, 348
인도양 244, 254, 283, 364~370, 378, 383, 389, 396~397, 429, 458~459, 469
인류세 512
인쇄/인쇄술 250, 295~296, 298, 412, 486, 560
인종주의 595, 612, 637
인터넷 40, 540, 561, 581, 585, 596, 638
일레어, C. 69
일식/월식 266, 436, 482
일신교 269, 274, 276
잉글랜드 내전 430, 479
잉카 251, 305, 424

| ㅈ |

자그로스산맥 125, 171
자기(瓷器) 198
자동차 529~530, 540, 585
자바 297, 345, 373, 375, 377, 380, 429, 454
자연 선택 15, 31, 544, 637
자이나교도 380
자이르강 472, 492
자코뱅 국가 558
자크로스 196~197
자한기르 469, 478
잔지바르 383
잠베지강 366, 472
장티푸스 359
재세례파 414
쟁기/쟁기질 25, 142~144, 146, 148, 232, 247, 249, 318, 322, 521
저가 국가 313~315, 320, 326~327, 334, 337, 339~340, 345~346, 353
전기 우드랜드기 324
전기 형성기 227
전기 호라이즌기 227
전신 526
전차(電車) 530
점성술 259, 268
점토판 199
정신분석 563~564
정화(鄭和) 362~364, 367~370
제1차세계대전 532~534, 536~537, 543, 606

제2차세계대전 536~537, 540, 584, 596, 609, 611, 616, 625
제3세계 626
제4기 층서 소위원회 506
제국주의 190, 455, 466, 472, 484, 558, 595~596, 602, 622, 628
제노바 254, 359, 366, 368, 389, 411, 417~418, 459
제임스 1세(영국) 476
제퍼슨, T. 481
젠킨스의 귀 전쟁 438
젤랄리 반란 467
조가장(趙家庄) 유적 154
조갑(祖甲) 183
조로아스터교 569
조반니 다 몬테코르비노 283
조지 5세(영국) 479
존스, A. H. M. 311
종 공장 48, 51~52, 56, 59
종교 개혁 403, 407, 413, 418~419
종교 재판 412, 417
종말론 274
주석 135, 137, 194, 220~221, 367
주화 260, 340
줄루족 529
중가르산맥 153~154
중기 호라이즌기 239
중세 기후 이상기 244
중세 온난기 244
쥐시외, J. 437
지구라트 171, 174, 189
지니 계수 309, 317
지도(地圖) 313, 319, 412, 422, 433~434, 436~437, 443
지멘스, W. 폰 524
지멘스-마르탱 공법 523
지진 17, 196, 198~199, 201~202, 214, 220, 246, 267
직물 96, 250, 350, 357, 377~378, 383, 387, 396, 401, 442, 460, 470, 491, 522, 531
집산주의 572, 613

| ㅊ |

차(茶) 357, 377, 405
차빈 문화 227
차일드, V. G. 146
차코 협곡 245, 344
차탈 휘이크 131~132
찬드라굽타 337
찬찬 345
찰스 1세(잉글랜드) 475
참파 246
천년왕국 430
천체 105, 181, 257, 259, 262, 268, 434, 514
체임버스 경, W. 382
체임벌린, J. 534
초딜로 힐즈 70, 76
초록 사하라 48
초록 아라비아 48~49
초콜릿 405, 464
초현실주의 576
초혜산(草鞋山) 141
추축국 536
축의 시대 259~260, 266, 341~343
출생률 393, 400
출혈열 236

충적 평야 163
치무 제국 345
치아 27, 31, 36, 56, 118, 240
치품바제 유적군 331
칠리웅강 379
침팬지 38, 75~76, 91
칭기스 칸 252, 351, 468

| ㅋ |

카네티, E.[『군중과 권력』] 555
카넴 왕국 305
카르멜 수녀회 416
카르케미시 201
카르타고 225, 232, 271
카르티에, J. 488
카르파티아 분지/산맥 138, 171
카를로스 3세(에스파냐) 426, 433
카바 276, 490
카보베르데 395
카불 468
카브랄, P. A. 459
카사블랑카 601
카슈미르 623
카스카 194
카스피해 48, 138, 187, 238, 252, 276, 515, 530
카시니, J. D. 436
카우틸랴 338
카이로 284, 366, 383
카잔 471
카치 평원 133
카케타 425
카파 254, 359
카포바 동굴 82
카프제 동굴 56, 60
칸트, I. 560
칼라하리 42
칼뱅, J. 417
칼뱅파 392
칼케돈 공의회 272
캄발포시, Y. K. 490~491
캄파니아 응결 응회암 65~66
캄피 플레그레이 화산 65
캐벗, J. 459
캔터베리 대주교 296, 361
캘리컷(코지코드) 367, 371, 379, 455
캘리포니아 244, 438
캘커타(콜카타) 374, 384
커피/커피하우스 357, 377, 401, 405, 486
커호키아 245, 344
컨리프, B. 307
케네디, J. F. 597
케니프 70
케이지, J. 578
케임브리지대학 293, 301, 447
케플러, J. 436
켈리, W. 523
코로만델 해안 367, 383
코르도바 289, 403
코르도바 대모스크 289
코르시카 447
코르테스, H. 409
코만치족 410, 461, 472
코페르니쿠스, N. 431
콕스카틀란 동굴 126
콘스탄티노플(이스탄불) 272~274, 349, 366, 411, 419

콘스탄티누스 황제 272~273
콘초스강 485
콘코르디아 신전 258
콜럼버스, C. 336, 352, 389, 404, 459
콜럼버스의 교환 390
콥트파 277
쿠르베, G.[〈세계의 기원〉] 563
쿠마라지바 286
쿠비야스, M. 80
쿠빈, A. 582
쿠빌라이 칸 298, 351, 378
쿠샨 제국 305, 338~339, 348
쿠알라룸푸르 601
쿠크 습지 127
쿠푸 188
쿠피스니케 협곡 164
쿡, J. 344
퀘벡 44, 488
퀴닌 438~439, 460
크노소스 196~198
크라스니 야르 유적 147~148
크라카우어, J.[『야생 속으로』] 572
크로노미터 433, 438, 443
크뤼천, P. 505~506, 508, 545
크림반도 254, 338, 359
크림 전쟁 562~563
클라시스강 59
클라우디우스 황제 341
클라인, R. 33
클레멘스, 알렉산드리아의 271
클로비스 문화 64~65
클로비스 왕 285
클림트, G. 582
키예프 252, 285
키질 281~282
키케로 456
키프리아누스 역병 236~237
킬링, C. 505, 507
킴메르인 226, 305, 323~324, 347
킵차크 칸국 254, 306

ㅌ

타르시엔 신전 173
타바스코 165
타이노족 455
타일러, W. 361
타지마할 469
타포랄트(비둘기 동굴) 59
탄저병 359
탈레스 267
태즈메이니아 26, 45, 62, 578
테노치티틀란 345
테라섬 198
테레사, 아빌라의[『자서전』] 415~416
테르툴리아누스 271
테베 143, 326
테베노, J. 드 437
테오티우아칸 239, 255, 335, 344
테우아칸 126
토르데시야스 선 412
토마스 아 켐피스 413
토바 화산 61
토크빌, A. 드 444
토테미즘/토템 77, 100, 483
통가 441
투드할리야 4세 194

투트모세 1세 207
툰드라 28, 54, 73~74, 117, 157
튜턴 기사단 287
트라키아-킴메르 문화 224
트로이 전쟁 215
트롬스 45
트리엔트 공의회 407, 414
틀라테쿠틀리 461
티그리스강 124~125, 141, 174, 206
티글라트필레세르 3세(풀루) 336, 339
티무르 468
티베트고원 47, 140~141
티와나쿠 228, 239, 243, 255
티칼 305, 334
티티카카호 239, 255

| ㅍ |

파도바 491
파르티아 226, 339
파르티아 유목민 337
파리 만국박람회 80
파리 천문대 434, 436
파시즘 21, 550, 566, 584
파지리크의 무덤 333
파타고니아 115, 435, 622
파테푸르 시크리 469
파티마 왕조 289
팍스 몽골리카 283, 351
팍스 크리스티아나 248, 252
판구조 운동 47~48, 51
팔레스타인 177, 269, 330, 466, 562
팔미라 564
팜파 데 카냐 크루스 164
펀자브 216, 262
페니키아/페니키아인 225, 307, 334
페미니즘 495, 574
페보, S. 33
페슈테라 쿠 오아세 동굴 66
페스트/페스트균/가래톳 페스트/흑사병 211, 215~218, 224, 235~236, 238, 243, 251, 254, 359~361, 368, 402, 411
페이건, B. 257, 317
페터스, A.[『페터스 세계지도』] 626~627
페트라르카 311
펜실베이니아 61
펠로폰네소스반도 195
펠리, C. 567
펠리페 2세(에스파냐) 408
펠리페 4세(에스파냐) 417, 420
포겔헤르트 70, 80
포르피리오스 271
포스터, A. K. 481
포식/포식자 38, 75~76, 123
포토시 393, 460
표트르 대제 486
푸두헤파 194
푸에블로 인디언 485
푸치니, G.[〈투란도트〉] 582
푼트의 땅 235
풀턴, R. 523
프라체티, M. 138
프라하 476
프란시스코 사비에르 416, 422
프란체스코회 287, 293, 421, 426, 430, 461
프랑수아 1세(프랑스) 488
프랑스 과학 아카데미 434, 436

프랑스 동인도회사 383
프랑스 혁명 444, 450, 528, 551, 554, 556, 565, 568, 573, 580, 588, 595
프로이센-프랑스 전쟁 559
프랑코, F. 567
프로이센 446
프로이트, S. 563
프루동, P.-J. 573
프톨레마이오스[『알마게스트』] 290
플라이스토세 37, 39~40, 43~44, 46, 48, 53, 358
플라톤[『국가』] 195, 260, 264, 637
플라톤주의 264, 272, 341
플랑드르 247
플랜테이션 358, 385, 392~396, 402, 460, 522~523
플로레스섬/플로레스인 26, 37
피너클 포인트 59
피라미드 168, 174, 188, 324, 334~335
피레네산맥 85, 87
피렌체 366, 413, 416
피르스, T. 384
피아노, R. 567, 569
피카르, J. 434, 436
피카비아, F.[〈총계액 계산기〉] 593
피카소, P.[〈게르니카〉) 79, 559
피타고라스, 사모스섬의 264, 266
핀란드-스칸디나비아 빙상 66
필로스 199
필리포 네리 415~416

| ㅎ |

하기아 소피아 대성당 274
하데스 87
하드리아누스 장벽 305, 307
하르쿠프 207
하르트만, E. 폰 566
하버마스, J.[『공론장의 구조 변동』] 555
하버-보슈 공법 539
하서주랑 156
하얌 우루크 345
하와이 26, 29, 344, 441
하와이 군장 344
하위헌스, C. 436
하이데거, M. 583
하이데라바드 463
학살 65, 459, 613~614, 629
한국 전쟁 617
한국(한반도, 북한, 남한) 82, 278, 280~281, 307, 322, 350, 432, 444, 542, 566, 617
한자 동맹 368
할란 체미 언덕 98
할례 269, 276, 285
할슈타트 224
할슈타트 태양 극소기 213, 228
함무라비 179
합금 137, 220, 266
항공기/비행기 530, 534, 536, 540, 550, 624
항주 304~305, 351
해리스 선 240
해리슨, J. 433, 438
현생 인류/해부학상 현생 인류 27~28, 31~33, 34~37, 56~60
핼리, E. 437
향신료 235, 254, 357, 367, 370~374, 376~378, 383, 455

허드슨강 395
헉슬리, T. 32
헤게모니 591
헤겔, G. W. F. 551, 566, 573
헤로도토스 332
헤르비르, B. 474~476
헤르토 26, 34, 59
헨리 8세(영국) 418
헨트 366
헬리오도로스 기둥 309
현장(玄奘) 286
형이상학 265, 290, 301
호르무즈 365, 372, 380
호메로스 432
호메로스 태양 극소기 217, 224
호모 네안데르탈렌시스 36, 39, 65
호모 사피엔스 12, 25, 33, 36~39, 51, 53, 55, 60, 65, 72~73, 75~76, 92, 99, 114~115, 120, 157, 159, 317~319, 503, 512, 539, 549
호모 사피엔스 이달투 34
호모 수페란스 316~317, 335
호모 에렉투스 55
호모 플로레시엔시스 37
호모 하이델베르겐시스 33, 37, 39
호모속 28, 31~32, 37, 62, 114, 119, 121, 161
호미니드 99, 116, 118~119, 159
호미닌 27~30, 32~33, 36~39, 46~47, 50~56, 65~68, 73, 90, 99, 319
호박(琥珀) 456
호지슨, M. C. 483
호첼라가(몬트리올) 488
호프웰 문화 228, 331
호피족 485
홀렌슈타인슈타델의 사자인간 84, 86
홀로세 38, 42, 56, 114, 133, 149, 158, 160, 212, 505, 507, 509~511, 515, 546
홀로코스트 559, 587, 613
홍건적의 난 555
홍수/범람 100, 141, 174~175, 182, 190, 226~227, 239, 241~243, 389
홍콩 588, 633
화살 74, 114, 193, 195, 513
화약 250, 295, 298
활 193, 513
황금 해안 397
황허 126, 134, 162, 174, 183, 189~191, 205, 305, 330, 351, 427
후아이나푸티나산 386
훈족 217, 238, 241, 305, 347
훔볼트, A. 폰『코스모스』 451~452
훔볼트, W. 폰 565
휴런족 445, 488
흄, D. 431
흉노 226, 238, 332, 347
흑해 70, 138, 171, 218, 226, 252, 255, 359
희망봉 437
히로시마 536
히말라야산맥 47, 139, 454
히브리 성서 270, 329
히타이트/히타이트인/히타이트 제국 191~196, 199~200, 203, 206, 208, 214~215
히틀러, A. 555, 567, 613~614, 637
히포 271~273
히포크라테스 439
힌두쿠시산맥 454

지은이 | 펠리페 페르난데스아르메스토
Felipe Fernández-Armesto

옥스퍼드대학에서 학부와 대학원을 마친 뒤 런던대학과 터프츠대학에 재직했고, 현재 노터데임대학의 윌리엄 P. 레이놀즈 문예 석좌교수로 있다. 여러 분야와 분과를 아우르며 27개 언어로 출간된 저술 활동으로 존 카터 브라운 메달, 세계사협회 저작상, 에스파냐 지리-음식 저술상, 그리고 최근에 에스파냐에서 교육과 예술 분야 최고의 영예인 '알폰소 10세 현왕 대십자훈장'을 받았다.

- 클라이브 갬블Clive Gamble _ 사우샘프턴대학 고고학 교수
- 마틴 존스Martin Jones _ 케임브리지대학 고고학 교수
- 존 브룩John Brooke _ 오하이오대학 역사학 교수
- 데이비드 노스럽David Northrup _ 보스턴 칼리지 역사학 교수
- 이언 모리스Ian Morris _ 스탠퍼드대학 역사학 교수
- 마누엘 루세나 히랄도Manuel Lucena Giraldo _ 에스파냐 국립연구위원회 연구원
- 안자나 싱Anjana Singh _ 흐로닝언대학 역사학 교수
- 데이비드 크리스천David Christian _ 매쿼리대학 역사학 교수
- 파올로 루카 베르나르디니Paolo Luca Bernardini _ 인수브리아대학 인문학 교수
- 제러미 블랙Jeremy Black _ 엑서터대학 역사학 교수

옮긴이 | 이재만

대학에서 사학을 전공했고, 역사를 중심으로 인문 분야의 번역에 주력하고 있다. 옮긴 책으로 『포퓰리즘』 『전쟁과 평화: 전쟁의 원인과 평화의 확산』 『문명과 전쟁』(공역) 『몽유병자들』 『정치철학 공부의 기초』 『철학』 『역사』 『영국 노동계급의 상황』 등이 있다.

옥스퍼드 세계사

초판 1쇄 발행 2020년 12월 21일
초판 5쇄 발행 2024년 4월 15일

지은이 펠리페 페르난데스아르메스토 외 | 옮긴이 이재만

편집 최연희 이고호 | 디자인 백주영 | 마케팅 김선진
저작권 박지영 형소진 최은진 서연주 오서영
브랜딩 함유지 함근아 고보미 박민재 김희숙 박다솔 조다현 정승민 배진성
제작 강신은 김동욱 이순호 | 제작처 상지사

펴낸곳 (주)교유당 | 펴낸이 신정민
출판등록 2019년 5월 24일 제406-2019-000052호

주소 10881 경기도 파주시 회동길 210
문의전화 031-955-8891(마케팅) | 031-955-2680(편집) | 031-955-8855(팩스)
전자우편 gyoyudang@munhak.com

인스타그램 @gyoyu_books | 트위터 @gyoyu_books | 페이스북 @gyoyubooks

ISBN 979-11-90277-99-0 03900